中国大陆、台湾、香港、澳门行政诉讼：制度、立法与案例丛书
主编　应松年

Administrative Litigation in Taiwan: System, Legislation and Cases

台湾地区行政诉讼： 制度、立法与案例

刘宗德　赖恒盈　著

ZHEJIANG UNIVERSITY PRESS
浙江大学出版社

丛书编委会

编委会主任

应松年

中国政法大学终身教授、博导，中国法学会行政法学研究会会长

编委会成员

赵大光

最高人民法院行政庭庭长、高级法官，中国法学会行政法学研究会常务理事

胡建淼

国家行政学院法学部主任、教授、博导，中国法学会行政法学研究会副会长

刘宗德

台湾政治大学法律学系特聘教授、博导，台湾行政法学会理事长

马怀德

中国政法大学副校长、教授、博导，中国法学会行政法学研究会副会长

林　峰

香港城市大学中国法与比较法研究中心主任，法律学院副教授

米万英

澳门特别行政区检察院助理检察长，澳门大学法学院兼职助理教授

朱新力

浙江大学光华法学院常务副院长、教授、博导，中国法学会行政法学研究会
　　常务理事（执行编委）

编委会秘书

王　静

国家行政学院法学部讲师，法学博士

蒋红珍

上海交通大学国际与公共事务学院讲师，法学博士

俞　楠

中国政法大学宪法学与行政法学博士研究生

总　序

　　行政诉讼制度是一套重要的法律制度。从宪政角度看,行政诉讼是监督国家权力、保障人民权利最直接的制度保障,关系到一个国家司法救济制度的完善、人权保障程度的健全,决定着公民与国家之间格局的形成。从社会效果看,在全球化浪潮汹涌和多元文化盛行的当今时代,行政诉讼确立起一套可供操作的制度框架,能够使层出不穷的利益冲突和观念分歧消弭在这套制度框架之内,从而确保社会的稳定和进步发展。可以说,追求行政诉讼制度的完善,是现代法治进程的重要环节。

　　由于历史的原因,中国大陆、台湾、香港、澳门在行政诉讼文化和制度方面存在诸多差别。从历史进程上看,既有中国大陆自新中国成立尤其是改革开放以后的"推倒重来",也有台湾地区带着国民政府制定的"六法全书"漂洋过海后的"继往开来";从法系归属上看,既有香港地区遵循英国法律制度的"普通法系"渊源,又有台湾地区效仿德国行政法制度的"大陆法系"传统;从发展阶段上看,既有大陆在法治发展进程中从近代到现代的蹒跚学步,又有香港、台湾地区现代化法治进程基本完善,甚至面临现代化"祛魅"的后现代尴尬……带着加强对话与交流的心情,我们想要把我国大陆、台湾、香港、澳门既有的行政诉讼制度及其立法和判例的状况真实地呈现给读者(也因此,我们保留了各地在写作上的不同规范形态。由此引起阅读上的不便,敬请读者谅解),这就是本书写作的初衷所在。

　　值得一提的是,中国大陆、台湾、香港、澳门有着共同的文化背景,特别是澳门和台湾地区,在法律的移植和继受上与大陆几乎同根同源,他们的制度和实践对于大陆具有极其重要的参考价值。正值中国大陆《行政诉讼法》修改被提上议事日程之际,我们也非常期待本书的写作能够对中国大陆《行政诉讼法》的修改有所裨益。此外,在全球化、信息化的时代背景下,更好地了解和把握中国大陆、台湾、香港、澳门的法律制度,也是探索更好地求同存异和解决一国区际法律冲突的途径所在。

本丛书分为四部，分别阐述中国大陆、台湾、香港、澳门的行政诉讼制度。每一部又分别从制度、立法和案例三个方面对行政诉讼展开介绍。在"制度"部分，试图宽泛地结合有关行政诉讼理论的分析框架，较为全面和概括地再现中国大陆、台湾、香港、澳门既有的行政诉讼制度。在"立法"部分，收录了中国大陆、台湾、香港、澳门有关行政诉讼方面的法律法规，它对于"制度"部分以及紧随其后的"案例"部分都是不可或缺的依据和参考资料。最后的"案例"部分，主要收录了在中国大陆、台湾、香港、澳门行政诉讼发展史上较为重要和经典的一些案例，并且对这些重要案例作了评述。可以说，真实地展现中国大陆、台湾、香港、澳门行政诉讼制度、立法和判例的客观情况，是写作中试图保持的重要特色。

本丛书由中国大陆、台湾、香港、澳门的法官、检察官和从事研究工作的学者共同写作完成，使之能兼顾学理界与实务界对行政诉讼制度的把握。我们试图使之成为一套具有下列特色的参考资料：首先，它立足"实然"，附带"应然"，相比于对原理的探讨，更注重对现有制度、立法和司法实践的归纳分析。其次，它以介绍为主，附带简要评述，注重资料的直观性和对比性。再次，它并非纯粹的资料汇编，而试图关注到立法和司法层面的实践性，动态地展现中国大陆、台湾、香港、澳门的行政诉讼制度现状。

"红日初升，其道大光；河出伏流，一泻汪洋。"希望本书能够为我国大陆、台湾、香港、澳门在行政诉讼制度方面的交流和学习提供必要的基本资料，也希望我们的努力能够抛砖引玉，吸引更多学者参与到对行政诉讼制度的探讨和关心中来。当然，尽管是老生常谈却依然不得不指出的是，由于能力所限，错误在所难免。我们怀着与同道们对话交流的心情，希望能够得到广大读者的批评和回应。

从书编委会

2010 年 6 月

目　　录

第一章 台湾行政诉讼制度之历史沿革与现况

第一节 沿革概述

台湾行政诉讼制度之萌芽,始于清末光绪三十四年(1908)宪政编查馆与资政院提出之宪法大纲与逐年筹编事宜清单中,拟于 1913 年设立"行政审判院"之构想;而宣统二年(1910)宪政编查馆另行提出之逐年筹编事宜中,亦载有拟于 1911 年颁布《行政审判法》、设立"行政审判院"之提议,其后于厘定官制草案中,明定设立"行政裁判院",并已拟具行政裁判院官制草案,然均未见颁行,旋即革命成功清祚寿终[1]。因此,实际系自国民政府成立以后,始有行政诉讼制度之设立与运作。简言之,台湾行政诉讼法之沿革,最早为民国 3 年 5 月 18 日北京政府公布之"行政诉讼条例",当时系仿法国之中央行政法院(Conseil d'Etat)之制,设立"平政院"受理行政诉讼,惟此一时期之行政裁判制度,系代表北洋政府时期之制度。国民政府成立后,为实现五权宪法之理念,乃于民国 22 年于司法院下设行政法院,并于同年 11 月 17 日公布"行政诉讼法"(同年 6 月 23 日施行),惟其间行政诉讼事件,曾由设于行政权下之惩吏院、审政院审理,或由监察院兼理[2],直至 1932 年另行公布之"行政诉讼法",于 1933 年生效实施,

---

[1] 有关清末行政裁判制度之发轫,参照黄源盛:《民初平政院裁决书整编与初探》,载于《台湾科学委员会研究会刊・人文及社会科学》,2000 年 10 月第 10 卷第 4 期,第 495 页以下;同:《平政院裁决书整编与初探(1914—1928)》,收于氏著《民初法律变迁与裁判》,自刊 2000 年,第 132 页以下;蔡志方:《台湾第一个行政诉讼审判机关》,原载《宪政时代》1985 年 7 月第 11 卷第 1 期,收于氏著《行政救济与行政法学(一)》,三民书局,1993 年,第 244 页以下参照;又其中关于清末"行政裁判院官制草案"之介绍,可参照同书第 248 页至第 253 页。

[2] 有关国民政府时代之行政诉讼制度,请参照蔡志方:《国民政府时代之行政诉讼制度》,收于氏著前揭注 1 书第 301 页以下。

并于同年成立行政法院后[3]，始确立采司法二元化制度，并影响至今，是为台湾现行行政诉讼制度之滥觞[4]。

1932年制定公布之"行政诉讼法"，为台湾行政诉讼制度之最初规定，其制度结构内容一直维持长达67年，直至1998年10月28日修正公布并于2000年7月1日施行[5]新行政诉讼制度前为止。此一1932年"行政诉讼法"共27条，约有如下特征：(1)行政诉讼范围采概括主义(第1条[6])。(2)行政诉讼类型仅限于撤销诉讼(第1条)，但得附带提请求损害赔偿，惟赔偿范围不包含所失利益(第2条[7])。(3)关于受理诉讼之权限，由行政法院以职权裁定之(第5条)。(4)行政法院全国仅设一所，采一审终结制，对于行政法院之裁判不得上诉或抗告(第3条)，但有法定事由，得提起再审之诉(第22条[8])。(5)采诉愿前置主义(第1条)。(6)限于"人民"始得提起行政诉讼(第1条)。(7)起诉期间原则为60日(第8条[9])。(8)执行不停止原则(第9条[10])。(9)采书状审理原则，言词辩论为例外(第16条[11])。(10)有限制的职权探知主义(第15条[12])。

---

[3] 1932年11月17日制定公布"行政法院组织法"与"行政诉讼法"，均于1933年6月23日施行，行政法院则于同年9月1日正式成立运作("司法院"史实纪要编辑委员会编：《"司法院"史实纪要》(第二册)，"司法院"编印，1981年，第1371页参照)。

[4] 有关台湾行政诉讼制度之沿革，翁岳生：《行政诉讼制度现代化之研究》，载《台大法学论丛》1974年10月第4卷第1期，第81页以下；蔡志方：《台湾第一个行政诉讼审判机关——平政院》，同：《国民政府时代之行政诉讼制度》，均收于氏著《行政救济与行政法学(一)》，三民书局，1993年，第241页以下、第299页以下。

[5] 1999年7月8日"司法院"(1999)院台厅行一字第17712号令，明定新修正之"行政诉讼法"自2000年7月1日起施行。

[6] 本条规定：人民因"中央"或地方官署之违法处分致损害其权利，经依诉愿法提起再诉愿而不服其决定或提起再诉愿30日内不为决定者，得向行政法院提起行政诉讼。

[7] 本条规定：提起行政诉讼得附带请求损害赔偿；前项损害赔偿除适用行政诉讼之程序外，准用民法之规定，但第216条规定之所失利益不在此限。

[8] 本条规定：有民事诉讼法第461条所列各款情形之一者，当事人对于行政法院之判决，得向该院提起再审之诉。

[9] 本条规定：行政诉讼因不服再诉愿决定而提起者，自再诉愿决定书到达之次日起60日内为之；其因再诉愿不为决定而提起者，自满30日之次日起60日内为之。

[10] 本条规定：官署处分或决定之执行，除法律别有规定外，不因提起行政诉讼而停止，但行政法院或原处分、原决定之官署得以职权或依原告之请求停止之。

[11] 本条规定：行政诉讼就书状判决之，但行政法院认为必要或依当事人之申请，得指定日期传唤当事人及参加人到庭为言词辩论。

[12] 本条规定：被告之官署不派诉讼代理人或不提出答辩书，经行政法院另定期间以书面催告而仍延置不理者，行政法院得以职权调查事实径为判决。

（11）裁判形式分为就程序请求之"裁定"与就实体请求之"判决"二种（第 11 条、第 20 条、第 21 条[13]）；且明定"行政诉讼之判决，就其事件有拘束各关系官署之效力"（第 4 条）。（12）"行政诉讼法"未规定者（如参加制度），准用"民事诉讼法"（第 26 条）。（13）判决之执行采训令主义（第 25 条[14]）。（14）行政诉讼采有偿主义，"行政诉讼费用条例"另定之（第 24 条）。

此一 1932 年"行政诉讼法"，于 1998 年之前，分别历经五次修正，包括：

1. 1935 年 10 月 4 日仅修正"行政诉讼法"第 1 条，将原诉愿前置主义，改为选择的诉愿前置主义（或称"双轨制"）[15]。

2. 1937 年 1 月 8 日修正之"行政诉讼法"，有较大幅度之修正，条文扩增为 29 条，其重要修正内容为：（1）回复诉愿前置主义（第 1 条[16]）；（2）明定行政诉讼之当事人，谓原告、被告及参加人（第 7 条第 1 项），且关于适格被告之认定采原处分主义（第 9 条[17]）。（3）增设职权命第三人参加或许可参加制度（第 3 条[13]）。

3. 1942 年 7 月 27 日修正之"行政诉讼法"，增为 30 条，除增设职权公示送达之规定（第 26 条[19]）并延长再诉愿决定期间（第 1 条第 1 项后段[20]）外，主要修正为承认非法人团体亦有当事人能力（第 12 条第 2 项第 1 款[21]）。

----

[13]　第 11 条规定：行政法院审查诉状认为不应提起行政诉讼或违背法定程序者，应附理由以裁定驳回之，但仅系诉状不合法定程序者，应限定期间命其补正。第 20 条规定：关于行政诉讼程序上之请求，由行政法院裁定之。第 21 条规定：行政法院认起诉为有理由者，应以判决撤销或变更原处分，其附带请求损害赔偿者，并应为判决；认起诉为无理由者，应以判决驳回之，其附带请求损害赔偿者亦同。

[14]　本条规定：行政诉讼判决之执行，由行政法院呈由司法院转呈国民政府训令行之。

[15]　本条规定为：人民因"中央"或地方官署之违法处分致损害其权利者，得向行政法院提起行政诉讼。对于违法处分依诉愿法提起诉愿或再诉愿而不服其决定者亦同。已提起诉愿或再诉愿者，非俟诉愿或再诉愿决定后，不得提起行政诉讼。

[16]　本条规定：人民因"中央"或地方官署之违法处分致损害其权利，经依诉愿法提起再诉愿而不服其决定，或提起再诉愿逾二个月不为决定者，得向行政法院提起行政诉讼。

[17]　本条规定：行政诉讼之被告，谓左列官署：一、驳回诉愿时之原处分官署。二、撤销或变更原处分或决定时，为最后撤销或变更之官署。

[18]　本条规定：行政法院得命有利害关系之第三人参加诉讼，并得因第三人之请求允许其参加。

[19]　本条规定：行政法院对于当事人之送达，如因处所不明，得依职权为公示送达。

[20]　本段规定：或提起再诉愿"逾三个月"不为决定者，得向行政法院提起行政诉讼。其中，1933 年法为"逾三十日"，1937 年法为"逾二个月"。

[21]　本款规定：诉状应记载左列各款，由原告或代理人签名盖章或按指印，其不能签名盖章或按指印者，得使他人代书姓名，并由代书人记明事由并签名。一、原告之姓名、年龄、性别、籍贯、职业、住所或居所，如系法人或"其他团体"，其名称，事务所、代表人之姓名、年龄、性别，及代表人与人或团体之关系。

4.1969 年 11 月 5 日修正之"行政诉讼法"，仅为配合"民事诉讼法"之修正，而于第 24 条配合修正"民事诉讼法"条文为第 496 条。

5.1975 年 12 月 12 日"行政诉讼法"为重大修正，本次修正为旧法最重要之变革，条文亦扩增为 34 条，其重要修正内容为：(1)明定逾越权限或滥用权利之行政处分，以违法论(第 1 条第 2 项)，使行政法院亦得审理裁量处分。(2)再延长再诉愿决定期间最长为五个月(第 1 条第 1 项后段[22])。(3)强化迟误起诉期间时申请回复原状之要件及程序(第 10 条[23])，并增订因错误致迟误起诉期间之补救措施(第 11 条[24])。(4)限制附带请求损害赔偿，应诉讼程序终结前提起(第 2 条第 1 项)。(5)增订行政法院裁判之期限(第 24 条[25])，以提高审判效率。(6)行政诉讼之判决采"不利益变更禁止原则"(第 27 条[26])。(7)明定对于先决问题得停止诉讼程序(第 25 条[27])。(8)明定行政诉讼本身之再审事由(第 28 条)，不再准用"民事诉讼法"之再审事由；另亦允许对裁定申请再审(准再审)之事由及程序(第 30 条)。(8)增加评事之自行回避原因，并明定以"曾参与该诉讼事件再审前之裁判者"为自行回避原因时，其回避以一次为限(第 6 条)。(9)删除"行政诉讼费条例另定之"之规定，行政诉讼改为无偿制。

---

〔22〕 本项后段规定：或提起再诉愿逾三个月不为决定，或延长再诉愿决定期间逾二个月不为决定者，得向行政法院提起行政诉讼。

〔23〕 本条规定：行政诉讼之提起，应于再诉愿决定书送达之次日起二个月内为之。但因天灾或其他不应归责于己之事由，致迟误起诉期间者，于其原因消灭后一个月内，得向行政法院申请许可起诉。前项申请，应以书状为之，并释明迟误期间之原因及其消灭时期。申请许可起诉，应同时补行应为之诉讼行为。许可起诉之申请，行政法院得与补行之诉讼行为，合并裁判之。

〔24〕 本条规定：人民提起行政诉讼，虽已逾期，但在再诉愿决定书送达之次日起二个月内，曾向其他机关有不服再诉愿决定之表示，并于该机关通知到达之次日起一个月内，向行政法院起诉者，视同已在法定期间内提起。

〔25〕 本条规定：行政诉讼之裁判，应规定期限；其期限，由行政法院定之。

〔26〕 本条规定：行政诉讼之判决，如系变更原处分或决定者，不得为较原处分或决定不利于原告之判决。

〔27〕 本条规定：行政诉讼之裁判，须以其他法律关系是否成立为准据者，于该法律关系尚未确定时，行政法院得依职权，或当事人之申请，暂停行政诉讼程序之进行，并通知当事人。

第二节　新法制度概况

一、2000 年新法内容

由前述可知,台湾行政诉讼旧制自 1933 年施行以来,虽曾应数次修正,惟均未更动其行政诉讼制度之基本结构内容,而此一旧法实施期间,台湾政治、经济、社会、文化情势均有重大变迁,加以教育普及、民智日开,行政争讼事件大量增加。依统计数据显示,"行政法院"1950 年在台复院办公后,当时全年新收案件仅 23 件,至 1991 年,全年新收案件已激增至 3809 件,41 年间增加达 165 倍。旧法所架构之行政诉讼制度,显已逐渐无法因应现代行政现象及变化之社会需求,尤其旧法采一级一审制,集"初审、终审、事实审、法律审"于一个审级,对人民权益之保障,殊嫌欠周。因此,各方反映,咸认有修正旧法之必要[28]。对此,"司法院"乃于 1981 年 7 月组成"行政诉讼制度研究修正委员会",延揽实务界与学者专家共同参与研修工作,搜集中外相关立法例及学说,并分区举行座谈广征各界意见,对旧法进行全面检讨修正,经长达 11 年共计开会 256 次之审慎研议,始完成修正草案,于 1993 年 2 月 18 日提请"立法院"审议,三读通过后,于 1998 年 10 月 28 日公布,并于 2000 年 7 月 1 日起正式施行[29]。

上述旧法之重要结构内容,整体而言,学者曾整理为四点特征[30]认为最为

---

〔28〕　1993 年 2 月 28 日(1993)院台厅行一字第 02590 号函附《行政诉讼法修正条文总说明》参照。

〔29〕　有关本次行政诉讼制度研究修正委员会之成立经过、组织、研修背景、研修过程、重要修正原则及内容、立法院审议过程、配合 1998 年新法实施之各项准备作业等事项,请参照前揭注 3 书第 1074 页至第 1078 页;翁岳生:《台湾之诉愿及行政诉讼制度》,收于氏著《法治国家之行政法与司法》,月旦出版社 1994 年,第 245 页至第 260 页;同:《台湾行政诉讼制度之现况与课题》,收于杨建华教授七秩诞辰祝寿论文集《法制现代化之回顾与前瞻》,月旦出版社 1997 年,第 159 页以下;吴庚:《行政争讼新制的初步检讨》,载《法官协会杂志》1999 年 6 月创刊号,第 1 页以下;蔡志方:《行政诉讼制度》,收于翁岳生《行政法》(下册),翰芦出版社,1998 年,第 1080 页以下;陈计男:《台湾行政诉讼制度改革之动向与运用状况》,2002 年 11 月 23 日第五届东亚行政法学术研讨会报告论文。另有关各次研讨会记录,可参照司法院编印:《"司法院"行政诉讼制度研究修正资料汇编》(第一册至第六册),1993 年;有关立法审议过程记录,可参照"立法院司法委员会"编:《法律案专辑·第二百四十五辑·行政诉讼法修正草案》(上、中、下),"立法院"公报处 1999 年。

〔30〕　此为仿吴庚前揭注 29 文第 1 页以下所举四项特征,但文字有所修正与增添。

重要，即：(1)限于对违法行政处分表示不服之概括主义行政裁判权；(2)原则采诉愿、再诉愿二级前置主义，且个别法又另有各种层级之异议前置规定；(3)实践上仅有一种撤销诉讼类型；(4)台湾仅设一所之单一审级行政法院。因此，本次新法之修正，除针对旧法之缺失及实践需要等问题，进行各种重大改革外，并有借此次修正，以达成建立与民事诉讼、刑事诉讼鼎足而立之行政诉讼制度之意图，故将 1975 年旧法原仅 34 个条文，一举扩增为 308 条，分为九编[31]，各编之下又各有章节。本次新法之重要修正原则如下[32]：

(一)二级二审制度

行政诉讼之审级，由旧法之一审终结，改采二级二审制度。即将行政法院分为"最高行政法院"及"高等行政法院"二级("行政法院组织法"第 2 条)，以"高等行政法院"为第一审并为事实审兼法律审，"最高行政法院"为第二审(上诉审)，原则为法律审("行政法院组织法"第 7 条、第 12 条，"行政诉讼法"第 242 条、第 254 条)。其中，第一审案件，又再分为采合议制之通常案件与独任制之简易案件(第 229 条、第 232 条)，其属适用简易程序之案件，如欲对之提起上诉或抗告者，则须以该诉讼事件所涉及之法律上见解具有原则性者[33]为限，并经"最高法院"之许可始得提起(新法第 235 条)。

(二)增加行政诉讼之范围与诉讼类型

旧法关于行政诉讼之范围，虽采概括主义，然因实践上其诉讼类型仅有处分撤销诉讼一种，故实际上并未满足"宪法"有关完整而无漏洞权利保护之要求。新法一方面明定除法律别有规定外，一切公法上争议均得依本法提起行政诉讼(第 2 条)，他方面并明定行政诉讼包括撤销诉讼、确认诉讼以及给付诉讼三类型(第 3 条)，且除主观诉讼外，并包括客观诉讼。简言之，新法之法定诉讼

---

[31] 即：第一编"总则"、第二编"高等行政法院第一审诉讼程序"、第三编"上诉审程序"、第四编"抗告程序"、第五编"再审程序"、第六编"重新审理"、第七编"保全程序"、第八编"强制执行"、第九编"附则"。

[32] 按依司法院印：《行政诉讼法新旧条文对照表》，1999 年 1 月，新法修正原则计列有 21 项，本书仅择其重要者稍作说明，尚请留意。

[33] 2005 年 12 月 1 日"最高行政法院"2005 年判字第 1897 号判决：按对于适用简易程序之裁判提起上诉或抗告，须经本院许可，且该许可以诉讼事件所涉及之法律见解具有原则性者为限，"行政诉讼法"第 235 条定有明文。所谓具有原则性，系指该事件所涉及之法律问题意义重大，而有加以阐释之必要。同旨，2005 年 5 月 5 日"最高行政法院"2005 年裁字第 778 号裁定、2005 年 4 月 21 日"最高行政法院"2005 年判字第 563 号判决、2005 年 2 月 24 日"最高行政法院"2005 年裁字第 288 号裁定、2005 年 1 月 28 日"最高行政法院"2005 年判字第 145 号判决参照。

类型,计有撤销诉讼(第 4 条)、请求应为行政处分诉讼(第 5 条,即课予义务诉讼)、确认诉讼(第 6 条)、合并请求损害赔偿或其他财产上给付之诉讼(第 7 条)、一般给付诉讼(第 8 条)、维护公益诉讼(第 9 条)、团体诉讼(第 35 条)[34]、选举罢免诉讼(第 10 条)等种类[35]。

上开各种诉讼类型中,以撤销诉讼、课予义务诉讼、确认诉讼以及一般给付诉讼为典型诉讼类型。其中,涉及行政处分之诉讼类型,包括:处分撤销诉讼、诉愿决定撤销诉讼(以上撤销诉讼)、怠为处分之诉、拒绝申请之诉(以上课予义务诉讼)、处分无效确认诉讼、处分违法确认诉讼(以上确认诉讼),以及请求不为行政处分之预防性不作为诉讼(一般给付诉讼)等诉讼类型。其中,上开涉及以行政处分为其诉讼对象之诉讼,现行法系采"原处分主义[36]",其被告适格亦采"机关主义[37]",以"原处分机关为被告"。

(三)一级诉愿前置主义并废止再诉愿

原"司法院"所提"行政诉讼法"修正草案系为迁就行政部门之反应,而保留再诉愿,采所谓"双轨并行制[38]"。惟此一设计经"立法院"否决,回归"单轨制",废除再诉愿,以减少行政争讼之层级。亦即,依新法规定,提起撤销诉讼及课予义务诉讼,原则应经诉愿程序,始得提起(第 4 条、第 5 条);至于提起其他类型之诉讼程序,则无诉愿前置主义之适用。

(四)强化诉讼参加制度

旧法时代之诉讼参加制度,规定颇为简略[39],新法为增进诉讼经济并防止

---

〔34〕　又论者有谓新法第 35 条之规定,为本条规定之特殊诉讼类型(利他型团体诉讼)者,请参照彭凤至:《论行政诉讼中之团体诉讼——兼论行政诉讼法第三十五条之再修正》,收于翁岳生七秩诞辰祝寿论文集《当代公法新论(下)》,元照出版社,2002 年,第 99 页以下。

〔35〕　关于新法规定之"法定诉讼类型"究有多少种类,以及是否承认法定外诉讼类型(新法第 2 条修正理由三参照)等问题,目前学说仍存有相当争议;有关论述,请参照刘宗德、彭凤至:《行政诉讼制度》,收于翁岳生编《行政法》(下册),翰芦出版社,2000 年,第 1154 页以下[刘宗德执笔];吴庚:《行政争讼法》(修订版),自刊 1999 年,第 96 页以下;同:《行政诉讼中各类诉讼之关系》,载《法令月刊》第 49 卷第 11 期,第 3 页以下;陈计男:《行政诉讼法释论》,自刊,2000 年,第 155 页以下参照。

〔36〕　"行政诉讼法"第 4 条第 1 项、第 2 项、第 24 条参照。

〔37〕　"行政诉讼法"第 22 条、第 24 条参照。

〔38〕　即不服行政处分者,经诉愿后,得选择提起再诉愿或向高等行政法院(草案称"地区行政法院")起诉;其选择再诉愿者,不服该再诉愿决定者,得向"最高行政法院"(草案称"中央行政法院")起诉。

〔39〕　即仅规定于旧法第 8 条之"职权或许可利害关系第三人参加",其余规定则准用民事诉讼法。

　　裁判结果之分歧，而强化诉讼参加之设计。亦即，于本法之立法过程中，关于现行法诉讼参加制度之设计，系分别参照《德国行政法院法》第 65 条、第 66 条[40]之诉讼参加、《日本行政事件诉讼法》(旧)第 22 条、第 23 条[41]之诉讼参加[42]，以及民事诉讼辅助参加制度后，综合整理而来。简言之，本法首先仿日本法例，将诉讼参加之类型分为"第三人之诉讼参加"与"行政机关之诉讼参加"；而关于"第三人之诉讼参加"制度，再仿德国法例区分"必要参加"与"普通参加"之设计，将现行法之第三人参加诉讼制度，进一步区分为"必要共同诉讼之独立参加"与"利害关系人之独立参加"；此外，同时并参酌日本法类推适用民事诉讼法之例，将民事诉讼之"利害关系人辅助参加"与"告知诉讼"制度，亦独自规定于本法中。因此，现行法定有四种诉讼参加，包括[43]：必要共同诉讼之独立参加(第 41 条)、利害关系人之独立参加(第 42 条)、利害关系人辅助参加(第 44 条第 2 项后段)与告知诉讼(第 48 条准用"民事诉讼法"第 65 条)，以及行政机关

---

　　[40]　《德国行政法院法》第 65 条规定：诉讼程序尚未确定终结前，或尚在上级审系属中，法院得依职权或依申请，命法律上利益将受裁判影响之第三人参加诉讼(第 1 项)。第三人就系争法律关系之利害，裁判必须对其合一确定时，法院应命第三人参加诉讼(必要参加)(第 2 项)。依第 2 项规定参加之人逾 50 人者，法院得以裁定命于一定期间内申请者，始得参加诉讼。此一裁定不得声明不服。此一裁定必须登载于联邦公报公告之。此外亦必须另外登载于裁判预计可能发生影响地域内所发行之新闻纸。法院所订期间，自刊登于联邦公报起，至少必须为 3 个月。在新闻纸必须登载到期日。对于迟误期间之回复原状，准用第 60 条之规定。对于显然将受裁判重大影响者，纵未申请，法院亦应命其参加(第 3 项)。命参加之裁定应送达所有当事人，该裁定必须载明事件之现况及命参加之理由。对于命参加之裁定不得声明不服(第 4 项)。第 66 条规定：参加人于当事人申请范围内，得提出独立之攻击及防御方法，并得有效采取一切诉讼行为。必要之参加始得提出实体上不同之申请。(以上条文引自陈敏等译：《德国行政法院法逐条释义》，"司法院"印行，2002 年 10 月，第 643 页、第 659 页[萧文生译])。

　　[41]　第 22 条(第三人之诉讼参加)规定：第三人权利因诉讼之结果而受有侵害之虞时，法院得依当事人或该第三人之申请或依职权，已决定，命该第三人参加诉讼(第 1 项)。法院为前项决定前，应事先听取当事人及第三人之意见(第 2 项)。第三人为第 1 项之申请经以决定驳回者，得对该决定提起实时抗告(第 3 项)。依第 1 项规定参加诉讼之第三人，准用"民事诉讼法"第 62 条规定(第 4 项)。第三人依第 1 项规定申请参加时，准用"民事诉讼法"第 68 条之规定(第 5 项)。第 23 条(行政机关之诉讼参加)规定：法院认为其他行政机关有参加之必要时，得依当事人或该行政机关之申请或依职权，以决定命该行政机关参加诉讼(第 1 项)。法院为前项决定前，应事先听取当事人及该行政机关之意见(第 2 项)。依第 1 项规定参加诉讼之行政机关，准用"民事诉讼法"第 69 条之规定(第 3 项)。

　　[42]　"司法院"编印：《"司法院"行政诉讼制度研究修正资料汇编(一)》，1986 年，第 784 页[林纪东主席结论]；同《修正数据汇编(三)》，第 915 页以下[陈瑞堂委员发言]参照。

　　[43]　陈计男前揭注 35 书第 106 页以下参照。

之诉讼参加(第 44 条第 1 项、第 2 项前段)。

亦即,本法明定之诉讼参加,可大别为第 41 条之参加(必要共同诉讼独立参加)、第 42 条之参加(利害关系人独立参加)。

(五)强化暂时性权利保护制度

关于暂时权利保护制度,除修正旧法"执行不停止原则"外,因应诉讼类型之增加,并增加假扣押与假处分两种制度(合称"保全程序")。其中,关于撤销诉讼处分无效确认诉讼,适用停止执行制度,其他诉讼类型,适用保全程序处理。亦即:

1. 现行法虽仍采执行不停止原则(第 116 条第 1 项),惟关于停止执行制度之适用范围(第 117 条)、停止执行之原因、申请程序(第 116 条第 2 项、第 4 项)、法院裁定停止执行之内容(同条第 5 项)、停止执行裁定之撤销(第 118 条)等事项,均有详细规定。此外,并增订于行政诉讼起诉前,亦得申请停止执行(第 116 条第 3 项、诉愿法第 93 条第 3 项)。

2. 现行法新设第七编保全程序,其中,为保全公法上金钱给付之强制执行,得申请假扣押(第 293 条第 1 项);如系公法上之权利因现状变更,有不能实现或甚难实现之虞者,为保全强制执行,得申请假处分(第 298 条第 1 项)[44]。

(六)强化诉讼审理程序并增设简易诉讼程序

1. 关于行政诉讼程序之开始、诉讼程序之进行及终结,采"处分权主义",当事人就具体事件是否请求法律救济,原则上尊重当事人之意愿,法院须受当事人声明或主张之拘束,不得再依职权为之。例如,程序本于当事人声明而开始(第 105 条、第 231 条、第 238 条、第 273 条、第 284 条等)、当事人得合意停止诉讼程序(第 183 条、第 184 条)、撤回诉讼(第 113 条、第 114 条、第 262 条、第 289 条)、和解终结诉讼(第 219 条)、诉讼标的之舍弃或认诺(第 202 条)、裁判不得逾越当事人声明之范围(第 218 条准用"民事诉讼法"第 388 条)等,均属之。至于程序之进行,则采职权进行主义[45],但依程序之性质涉及当事人权益(如诉讼程序之停止、辩论权等当事者权)者,亦纳入"当事人进行主义"之色彩,而与民事诉讼程序几无太大差别。

---

[44] 关于行政机关之行政处分,不得为假处分(第 299 条)。本条条文用语,容易使人误会关于请求应为行政处分诉讼(课予义务诉讼)之暂时权利保护制度,不得申请假处分,惟通说与实务均以假处分方式为之。

[45] 例如,送达(第 61 条)、期日之指定、开闭、指挥言词辩论(第 84 条、第 94 条、第 124 条)、裁定停止诉讼程序、撤销停止诉讼程序之裁定、命续行诉讼程序(第 177 条、第 178 条、第 180 条、第 186 条准用"民事诉讼法"第 173 条、第 178 条、第 186 条等),均属之。

2.关于事实之认定,采"职权探知主义",即:(1)法院应依职权调查事实关系,不受当事人主张之拘束(第125条第1项);(2)关于当事人自认之事实,法院仍应为其他必要之调查(第134条);且(3)法院于撤销诉讼或为维护公益诉讼,应依职权调查证据(第133条)。此外,并规定当事人之文书提出义务[46],对于他造之证据妨害行为,设有推定效力之规定(第135条、第163条、第165条)。

3.关于行政诉讼进行之方式,新法采言词、直接及公开审理主义。即除别有例外规定得不经言词辩论情形[47]外,"高等行政法院"之裁判,应本于言词辩论为之(第188条第1项)[48];法官非参与裁判基础之辩论者,不得参与裁判(同条第2项),其参与言词辩论之法官有变更者,原则应更新辩论(第132条准用民事诉讼法第211条);且诉讼之辩论及裁判之宣示,应于公开法庭行之(第243条第2项第5款)。

4.法官对于裁判基础事实关系之重要事实及证据,得为自由评价及衡量,仅受法官内部良心及经验法则之拘束,故采"自由心证主义"。亦即,行政法院为裁判时,应斟酌全辩论意旨及调查证据之结果,依论理及经验法则判断事实之真伪(第189条第1项前段)。

5.为加速诉讼事件之进行,减轻法院工作之负担及当事人劳费,对于简易事件[49],新法设有简易诉讼程序(第229条至第237条)。

6.于司法二元化制度下,为免不同法院系统之裁判结果发生歧异,就"先决问题"新法设有停止诉讼程序之规定。亦即,行政诉讼之裁判须以民事法律关

---

[46] 本法第163条规定:"左列各款文书,当事人有提出之义务:一、该当事人于诉讼程序中曾经引用者。二、他造依法律规定,得请求交付或阅览者。三、为他造之利益而作者。四、就与本件诉讼关系有关之事项所作者。五、商业账簿。"第164条规定:"公务员或机关掌管之文书,行政法院得调取之。如该机关为当事人时,并有提出之义务。""前项情形,除有妨害'国家'高度机密者外,不得拒绝。"

[47] 例如,第107条第2项、第188条第3项、第194条等属之。

[48] 另于简易诉讼之裁判(第233条第1项)与"最高行政法院"之裁判(第253条第1项前段),前者规定得不经言词辩论,后者则明定原则不经言词辩论(即采书面审理原则)。

[49] 新法第229条规定:"左列各款行政诉讼事件,适用本章所定之简易程序:一、关于税捐课征事件涉讼,所核课之税额在新台币三万元以下者。二、因不服行政机关所为新台币三万元以下罚锾处分而涉讼者。三、其他关于公法上财产关系之诉讼,其标的之金额或价额在新台币三万元以下者。四、因不服行政机关所为告诫、警告、记点、记次或其他相类之轻微处分而涉讼者。五、依法律之规定应适用简易诉讼程序者。""前项所定数额,'司法院'得因情势需要,以命令减为新台币二万元或增至新台币二十万元。"另"司法院"依上述第229条第2项规定,于2001年10月22日以(2001)院台听行一字第25746号令,以命令将该条第1项之金额或价额,提高为十万元。

系是否成立为准据,而该法律关系已经诉讼系属尚未终结者,行政法院应以裁定停止诉讼程序(第 177 条第 1 项)。除前项情形外,有民事、刑事或其他行政争讼牵涉行政诉讼之裁判者,行政法院在该民事、刑事或其他行政争讼终结前,得以裁定停止诉讼程序(同条第 2 项)。于"民事或刑事诉讼之裁判,以行政处分是否无效或违法为据者",现行法强调行政法院就行政处分是否无效或违法有专属审判权[50],明定此类案件之先决问题,"应依行政争讼程予确定之"(第 12 条第 1 项);如"前项行政争讼程序已经开始者,于其程序确定前,民事或刑事法院应停止其审判程序"(同条第 2 项)。

(七)明定各种裁判之内容与方式

关于行政诉讼裁判之方式、种类、裁判之效力,本法均分别设有规定[51]。其中较重要者:

1.于撤销诉讼之裁判,仿日本法制,采情况判决制度(第 198 条、第 199 条),并明定公法上结果除去请求权之裁判方式(第 196 条[52]),于处分涉及金钱或其他代替物之给付或确认者,并得以不同金额之给付或数额之确认代替撤销判决(第 197 条[53])。关于撤销或变更原处分或决定判决之效力,明定就其事件有拘束各关系机关之效力(第 216 条第 1 项),且对第三人亦有效力(第 215 条)。

2.于课予义务诉讼,于原告之诉有理由时,如案件事证明确,应判命行政机关作成原告所申请内容之行政处分;如案件事证尚未臻明确或涉及行政机关之行政裁量决定者,应判命行政机关遵照其判决之法律见解对于原告作成决定(第 200 条)。

3.于一般给付诉讼,明定适用情事变更原则(第 203 条)。

---

[50] 综观新法整个修正过程,多数委员虽表示行政法院就行政处分违法与否之审查,为"专属"行政法院之权限;此一多数意见,最后虽未能作成结论,惟关于处分是否无效或违法,应优先由行政法院判断乙节,似为一致意见(司法院行政诉讼制度研究修正委员会第 33 次、第 34 次、第 51 次、第 90 次、第 91 次、第 218 次会议记录参照)。

[51] 相关内容,可参照刘宗德、彭凤至前揭注 35 书第 1199 页以下[彭凤至执笔];陈计男前揭注 35 书第 505 页以下。

[52] 本条规定:行政处分已执行完毕,行政法院为撤销行政处分判决时,经原告申请,并认为适当者,得于判决中命行政机关为回复原状之必要处置。另依公法上结果除去请求权得提起之诉讼类型,主要为新法第 7 条之合并请求损害赔偿或其他财产上给付之诉讼,以及第 8 条之一般给付诉讼。

[53] 本条规定:撤销诉讼,其诉讼标的之行政处分涉及金钱或其他代替物之给付或确认者,行政法院得以确定不同金额之给付或以不同之确认代替之。

（八）增设"重新审理"制度[54]

依"司法院"行政诉讼制度研究修正委员会会议记录[55]，现行法规定之"重新审理制度"系仿照《日本行政事件诉讼法》（旧）第 34 条[56]之"第三人再审制度"，惟因再审之概念，通常限于原判决既判力所及之人始得提起，第三人既未参与前审之审判即无再审可言，遂舍"第三人再审"之名称，而援用"少年事件处理法"之用语[57]，称为"重新审理"[58]。然就此一制度之渊源言，恐仍与《法国民事诉讼法典》（旧）第 474 条规定[59]之"第三人再审（Tierce opposition，或称第三人撤销（异议）之诉）"制度存有相当关联[60]。

---

〔54〕 关于新法之重新审理制度，参照陈计男：《行政诉讼法上之重新审理》，载《法令月刊》1999 年 12 月第 50 卷第 12 期，第 3 页以下；赖恒盈：《"行政诉讼重新审理制度"之检讨》，载《万国法律》2000 年 8 月第 112 期，第 36 页以下。

〔55〕 "司法院"编印：《"司法院"行政诉讼制度研究修正资料汇编（五）》，1985 年，第 356 页以下、第 360 页以下、第 434 页以下（尤其翁岳生及杨建华二氏发言）。

〔56〕 本条规定：权利因撤销处分或裁决之判决而受侵害之人，如因非可归责于己之事由致未能提出可影响判决之攻击或防御之方法者，得以之为理由，对确定终局判决，以再审之诉，声明不服；前项之诉之提起，应自知悉确定判决之日起 30 日内为之；前项期间为不变期间；第一项之诉，自判决确定之日起经过 1 年者，不得提起。

〔57〕 同法第 64 条之 1、第 64 条之 2 参照。

〔58〕 陈计男前揭注 35 书 714 页，吴庚前揭注 35 书第 263 页以下参照。

〔59〕 本条规定为："未经代理亦未受传唤之人，其权利因判决而受有侵害者，得提起第三人再审（Une partie peut former tierce-opposition à un jugement qui préjudicie à ses droits, et lors duquel, ni elle ni ceux qu'elle repésente, n'ont été appelés）。"本条规定于其新民事诉讼法典第 582 条，仍被保留，关于本条规定之日文译本，请参照［日］谷口安平、若林安雄、上北武夫、德田和幸：《注释フランス新民事诉讼法典》，法曹会，1978 年，第 329 页以下。

〔60〕 按：（1）《日本民事诉讼法》（旧）第 483 条曾有"诈害再审制度"（第三人再审之诉之一种）之规定，其现行民事诉讼法虽未再采用，然仍存有"独立当事人参加制度"之设计，依彼学者之说明，上述二制度均可追溯至法国民事诉讼法之第三人再审之诉，而属同一系列诉讼型态，兼子一：《日本民事诉讼法に对する佛兰西法の影响》，原载《杉村教授还历祝贺论文集》，收于氏著《民事法研究》（第 2 卷），酒井书店，1954 年，第 24 页以下参照。而于其现行行政事件诉讼法下，有关民事诉讼法第 71 条之独立当事人参加之规定，彼学者通说亦认为依同法第 7 条规定得予准用（南博方编：《条解行政事件诉讼法》，弘文堂，1987 年，第 541 页［宍户达德、金子顺一执笔］、第 576 页以下［松泽智执笔］）。（2）台湾目前民事诉讼法尚无第三人再审之设计，惟同法第 54 条规定之诉（指"……或主张，因其诉讼之结果，自己之权利将被侵害者"部分），学者亦认为可追溯源至法国前述第三人再审之诉者（吕太郎：《试探主参加诉讼之真相》，收于氏著《民事诉讼之基本理论》，智胜出版社，1999 年，第 74 页以下，尤其76 页、77 页参照）；又"司法院"民事诉讼法修正委员会于其"民事诉讼法修正草案"初稿，亦

所谓重新审理，系指因撤销或变更原处分或决定之判决，而权利受损害之第三人，如非可归责于己之事由，未参加诉讼，致不能提出足以影响判决结果之攻击或防御方法者，得对于确定终局判决申请重新审理（第284条）。法院如认为其申请有理由者，应以裁定命为重新审理（第288条），并即回复原诉讼程序，依其审级更为审判（第290条第1项），且申请人（第三人）于回复原诉讼程序后，当然参加诉讼（同条第2项）。可知，现行法之重新审理制度，系诉讼参加制度之配套机制，具有补充诉讼参加制度之不足，以及缓和撤销诉讼判决对世效之功能。

（九）增设权限争议之解决方法与释宪申请权

台湾法院体系系采司法二元化制度，关于行政诉讼与民事、刑事诉讼之审判，分别由不同性质之行政法院与普通法院审理。故于发生审判权冲突时，宜设有解决之道。对此，现行法明定"行政法院就其受理诉讼之权限，如与普通法院确定裁判之见解有异时，应以裁定停止诉讼程序，并申请"司法院"大法官解释"（第178条），故就审判权之消极冲突，设有解决方法；于申请大法官解释后之处理方式，依"司法院"大法官释字第540号解释，于诉讼经民事法院以无审判权裁定驳回，另向行政法院起诉，并以有无审判权有疑义申请大法官解释，经大法官解释认为系民事事件，行政法院无审判权后，行政法院应即将案件移送于普通法院，普通法院于受理移送之案件后，应即回复诉讼事件之系属[61]。此外，于二系统法院见解并无不同，而人民对之有争议情形，"司法院"释字第305号解释则准许人民得于裁判确定后，申请"司法院"大法官解释解决[62]。惟目前解决方式，对于因确定审判权归属所致延滞诉讼救济之不利益，最终仍由人民负担，尚非良善设计。

（十）修正裁判之强制执行

新法增订第八编"强制执行"，亦即：撤销判决确定者，关系机关应即为实现

明言仿法国法例，采"第三人撤销之诉"制度（"司法院"印：《"民事诉讼法修正草案"初稿补订条文暨说明》，第507条之1至之5参照，转引自陈计男前揭注54文第7页注2，关于本条内容，氏著前揭注35书第685页注2参照），惟其并非如重新审理系以新判决代替原确定判决，而仅系请求撤销原确定判决中对第三人不利益部分之判决（"司法院"编印：《"司法院"民事诉讼法研究修正资料汇编（十）》，第347页以下、第367页以下）。

[61]　又于2003年2月7日修正"民事诉讼法"时，增订第182条之1明定"审判权之合意"，该条第1项规定：普通法院就其受理诉讼之权限，如与行政法院确定裁判之见解有异时，应以裁定停止诉讼程序，申请"司法院"大法官解释。但当事人合意愿由普通法院为裁判者，由普通法院裁判之。

[62]　另"司法院大法官审理案件法"第5条第1项第2款、第7条第1项第2款参照。

判决内容之必要处置(第304条)〔63〕；如行政诉讼之裁判系命债务人为一定之给付者，此一裁判得为执行名义〔64〕，申请高等行政法院强制执行(第305条第1项)，债务人为"中央"或地方机关或其他公法人者，并应通知其上级机关督促其如期履行(同条第3项)。至于强制执行机关则明定得由高等行政法院下设执行处为之，惟亦得嘱托普通法院民事执行处或行政机关代为执行(第306条第1项)，有关强制执行之程序，原则视执行机关为法院或行政机关而分别准用"强制执行法"或"行政执行法"之规定(同条第2项)。依目前实务做法，高等行政法院较少自为执行，于行政机关申请强制执行情形，原则系嘱托"法务部行政执行署"代为执行；于人民申请执行情形，通常系嘱托普通法院民事执行处代为执行。

(十一)诉讼费用之规定

关于行政诉讼应否征收费用，现行法仍延续旧法无偿主义之精神，明定不征收裁判费(第98条第1项)，以宣示行政诉讼系以保障人民权益、确保台湾行政权之合法行使为宗旨，惟仍应征收"其他进行诉讼之必要费用"(同条第2项)，以维公平原则。

(十二)逐条列举准用民事诉讼法

鉴于新法具有确立独自之行政诉讼制度，以与民刑事诉讼制度鼎足并立。故有关各项诉讼程序及审理原则，均尽量予以明文详尽规定，其有须准用"民事诉讼法"者，亦采逐条列举准用方式，使行政诉讼程序成为一自给自足之复杂体系〔65〕，并使"行政诉讼法"与"民事诉讼法"之重要区别，因有大量重复或类似规定，致趋于隐晦不明。再者，由于采逐条列举方式，于准用之"民事诉讼法"条文发生修正时，应如何准用，将造成解释上之疑义，实际上此一问题已经发生〔66〕。

二、2007年修正内容〔67〕

新法施行后，虽已就台湾行政诉讼制度完成基本建制，然因本次新法之修

---

〔63〕 如有违反本条规定者，新法并未设有制裁之方法。

〔64〕 此外，依据新法成立之和解，及其他依新法所为之裁定得为强制执行者，或科处罚锾之裁定，亦均得为执行名义(第305条第4项)。

〔65〕 学者有认为此一逐条列举之立法方式，较诸旧法抽象准用方式，为一进步之立法技术者，吴庚前揭注29文第6页。

〔66〕 按新法公布后，"民事诉讼法"随即于1999年2月3日、2001年2月9日、2003年2月7日、同年6月25日历经四次重大修正。

〔67〕 以下，主要整理自2007年7月4日"行政诉讼法"部分条文修正总说明，以及本次修正条文。

正,自准备研修以迄完成立法逾 17 年,于该期间,台湾地区法制、社会结构及经济环境均有重大变迁,且行政争讼事件大量增加,而其原所参酌之行政诉讼理论及相关制度亦有长足发展,而新法所准用之"民事诉讼法"亦历经多次修正,故有再次研究检讨之必要。

又新法行政诉讼采无偿制,不征收裁判费,部分民众在无真实纷争之情形下,频繁兴讼,耗费台湾有限之司法资源,并对其他民众合法诉讼权益产生排挤,延宕其审理时程,不但高等行政法院深受冲击,亦造成"最高行政法院"沉重之负担,故有关现行法中免征裁判费之规定亟待检讨。另就遏止滥诉、强化上诉及再审功能等议题,亦属迫切需要解决之问题。

因此,"司法院"为因应上开情事,新法甫施行不久,即于 2001 年 3 月间,再度成立"行政诉讼制度研究修正委员会",延揽学者专家及实务界人士,共同研究修正行政诉讼,除搜集相关之立法例及学说,亦函询各机关学校及职业公会之意见,作为研修之参考,并拟具相关修正草案函送"立法院"审议。惟前开草案经送"立法院"后,并未能完成审议,而其间立法委员尤清、吕学樟、郭林勇、江义雄等 50 人,另行就行政诉讼实务上亟待修正之"审判权错误改采移送制"、"诉讼费用"、"诉讼代理人"及"再审部分"等议题,提出"行政诉讼法部分条文修正草案",其中增订 11 条、修正 9 条,合计 20 条,经"立法院司法委员会"审查,就"审判权错误改采移送制"及"再审部分"之修正,委员会审查通过,其余部分经 2007 年 1 月 12 日、同年 1 月 17 日两次"立法院"朝野党团协商,就行政诉讼裁判费之征收额,获致按件征收新台币 4000 元,适用简易诉讼程序之事件,按件征收新台币 2000 元,少量定额征收裁判费;另上诉审律师强制诉讼代理之规定,则暂不予增修之具体结论,经"立法院"于 2007 年 6 月 5 日三读通过,同年 7 月 4 日公布。

本次修正计增订"行政诉讼法"第 12 条之 1 至第 12 条之 4 及第 98 条之 1 至第 98 条之 6 等条文,并修正第 49 条、第 98 条至第 100 条、第 103 条、第 104 条、第 107 条及第 276 条等条文,计增定 10 条、修正 8 条,合计 18 条。本次修正条文定自 2007 年 8 月 15 日施行[68],其修正重点如下:

(一)向无审判权法院起诉改采职权移送制

为保障当事人免于因诉讼审判权归属认定及移转而受有不利益,增订行政法院对其认无受理权限之诉讼,应依职权移送至有受理诉讼权限之法院,免除人民承受审判权错误之不利益,以保障其诉讼权(第 12 条之 1 至第 12 条之 4、第 107 条第 1 项第 1 款但书)。

[68] "司法院"2007 年 7 月 31 日院台厅行一字第 0960016042 号令。

(二)少量定额征收裁判费以节制滥诉

诉讼费用包含裁判费及其他进行诉讼之必要费用，原则上由败诉之一造负担。基于司法资源属之合理分配及使用者付费原则，并防止滥行诉讼，将原免征裁判费之设计，改采按件定额酌征裁判费。关于裁判费之定额征收，于起诉，按件征收裁判费新台币 4000 元；于适用简易诉讼程序之事件，征收新台币 2000 元；于特定之申请事件、抗告等，征收新台币 1000 元（第 98 条、第 98 条之 1 至第 98 条之 6、第 99 条、第 100 条、第 103 条、第 104 条）。

(三)修正诉讼代理之规定

行政诉讼当事人若欲委任代理人，除可委任律师为诉讼代理人外，其委任非律师为代理人者，明确规定其资格，并排除与当事人有亲属关系者得充任诉讼代理人之规定[69]。亦即，在税务、专利行政事件，会计师、专利师或依法得为专利代理人者，经审判长许可，亦得为诉讼代理人；如当事人为公法人、中央或地方机关、公法上之非法人团体时，其所属专任人员办理法制、法务、诉愿业务或与诉讼事件相关业务者，亦得为诉讼代理人（第 49 条）。

(四)修正再审期间之起算规定

为免对于确定判决反复争执，本次增订对于再审之诉之再审确定判决不服，复提起再审之诉时，其 5 年再审期间自原判决确定时起算。但再审之诉有理由者，自该再审判决确定时起算（第 276 条第 5 项）。

第三节　修正草案之内容

整体而言，台湾现行行政诉讼制度，无论于制度结构或体系内容，较诸德、法等先进国家，可谓已不遑多让，且自新法公布施行至今，行政法院审判实践与态度，亦随同大幅改变，对人民权益之保护，相较于旧法情形实不可同日而语。然因现行行政诉讼制度，从修法过程、立法审议、施行前准备，以迄 2000 年 7 月 1 日施行，期间长达十余年。此一期间，世界上法制及相关理论已多所变革，加

---

〔69〕 本法修正前第 49 条原规定为：当事人得委任代理人为诉讼行为。但每一当事人委任之诉讼代理人不得逾三人（第 1 项）。行政诉讼应以律师为诉讼代理人。非律师具有左列情形之一者，亦得为诉讼代理人：一、依法令取得与诉讼事件有关之代理人资格者。二、具有该诉讼事件之专业知识者。三、因职务关系为诉讼代理人者。四、与当事人有亲属关系者（第 2 项）。前项第二款、第四款之诉讼代理人，行政法院认为不适当时，得以裁定禁止之（第 3 项）。

以新法本身因立法技术等因素,现行法仍有若干规定有欠妥适。因此,新法一经施行,实务上即陆续产生若干问题亟须解决。对此,"司法院"复于2001年3月成立研究修正委员会,再次进行新法之检讨修正作业。研究修正委员会为博采众议,除收集相关资料外,并函请各级行政法院、各机关学校团体表示意见,并于研修会开会期间,分别于北、中、南三区举办座谈会。研修会自2001年3月2日起至2002年6月27日止,共计举行29次会议,就优先审议议题部分,完成"行政诉讼法部分条文修正草案"[70],随即函请"行政院"及各行政机关就修正草案表示意见,并就其意见完成草案条文之修正后,送请"立法院"审议[71](以下称"第一次草案"),但未经审议。

其后,该研究修正委员会仍持续运作,一方面就前次未完成修正议题部分继续从事修正作业,他方面并配合实务陆续产生问题及学说发展,进行研究修正。最后于2006年1月9日完成最终修正作业,完成"行政诉讼法部分条文修正草案"[72](以下称"第二次草案"),"司法院"随即将该草案依法公告并送"立法院"审议中[73]。

鉴于前开2002年、2006年二次送请"立法院"审议,均未能完成审议,嗣后,本法虽曾于2007年因立法委员提案,再就审判权错误采移送制、扩大诉讼代理人资格、征收行政诉讼裁判费等相关条文送请"立法院"审议,并于同年6月5日三读通过、7月4日修正公布、8月15日施行,惟其仍存有相当亟待修正之处。因此,"司法院"续就2007年修正条文及2007年所提修正草案暨近年因"民事诉讼法"多次修正后本法需配合修正之条文再次一并检讨,并于2009年6月9日提出"行政诉讼法部分条文修正草案"(以下称"第三次草案"),计修正63条、增订5条[74],共68条条文,预计于同年6月中旬提出于"立法院"审议。

以下,仅就前开三次修正草案内容,稍作说明。

---

　〔70〕　有关此一《"行政诉讼法部分条文修正草案"总说明及修正草案对照表》,可自下列"司法院"网站取得:http://www.judicial.gov.tw/行政诉讼/行政诉讼.htm。

　〔71〕　"司法院"已于2002年8月28日以"司法院"(2002)院台厅行一字第32918号函,将研修会审议结果,即"行政诉讼法部分条文修正草案"、"行政诉讼法施行法修正草案"及"行政诉讼费用法草案"送请"立法院"审议(《"立法院"第五届第二会期第三次会议议案关系文书》2002年10月5日第181页以下参照)。

　〔72〕　有关本次"行政诉讼法部分条文修正草案总说明及修正草案",可自下列"司法院"网站取得:http://jirs.judicial.gov.tw/GNNWS/download.asp? sdMsgId=2848。

　〔73〕　"司法院"2006年1月11日以院台厅行一字第0950001084号函。

　〔74〕　有关本次"行政诉讼法部分条文修正草案",可自下列"司法院"网站取得:http://jirs.judicial.gov.tw/GNNWS/download.asp? sdMsgId=15807。

一、第一次草案修正重点

本次修正之重要内容，依其研修会所列修正优先议题[75]，约有如下：

(一)有关准用民事诉讼法之立法方式

由于现行法采每章、节逐条列举准用之立法方式，于民事诉讼法经大幅度修正后，"行政诉讼法"原准用之条文已有修正或增加，致造成适用上之困扰。又因明文具体列举方式，反有排除类推适用之作用，易使"行政诉讼法"欠缺弹性与灵活性。因此，对于应否维持此种于个别法条逐条列举准用"民事诉讼法"条文之立法方式，抑或删除目前各编章节末之准用条文，而单以一条文概括规定准用"民事诉讼法"，即有检讨必要。本次草案乃将现行列举准用"民事诉讼法"之方式，改为例示准用。除保留于各章节之列举准用"民事诉讼法"之规定外，增订概括性准用规定。亦即，"民事诉讼法"之规定，除本法已规定准用者外，与行政诉讼性质不相抵触者，亦准用之（草案第307条之1）。同时，修正增列本法部分章节所准用之"民事诉讼法"条文（草案第59条、第83条、第104条、第131条、第132条及第176条等）。

(二)应否明定准用民事诉讼之督促程序或为类似规定

现行法实施前，关于"劳工保险局"对于投保单位之劳工保险费与滞纳金债权，系经由民事督促程序实现，于现行法实施后，因前开债权属公法上金钱债权，且新法已设有一般给付诉讼，因此为数众多之此类案件，乃大量涌进三所高等行政法院[76]，造成实务上之庞大负担[77]。因此，实务界乃有参照民事诉讼之制度，增订类似督促程序规定，以解决此类涉及大量金钱给付之行政诉讼事件之提议。对此，研修会检讨结果，认为前开劳保事件之情形，系于"行政执行法"修正实施前所发生，于该法实施后，国家对于人民之公法上财产请求权，已可借

---

[75]　按本次研修会系就重要、须先行解决之优先议题，予以讨论，至于其他议题，例如，有关"诉讼类型"、"职权调查规定"、"应否增列裁判方式弹性之规定"、"是否有限制上诉审程序之必要"、"暂时权利保护制度"，以及行政法院组织法中有关"辖区划分"、"法官之任用"等规定，有无修正必要之检讨等问题，预计留待2003年9月份再行召开研修会继续讨论。

[76]　自高等行政法院成立运作，迄2001年8月为止，此类案件共收33760件。

[77]　实务上为解决此类问题，"最高行政法院"庭长、法官联席会决议曾作成决议，认为前述保险费及滞纳金之给付义务，于2001年1月1日行政执行法修正施行后，劳保局得直接移由行政执行处强制执行；因此，如劳保局提起给付诉讼，应认系欠缺权利保护必要，予以裁定驳回其诉。姑不论此一决议之合法性问题，由于高等行政法院受理此类案件，仍须作成裁定并送达，且因经济情势变迁，诸多投保单位已经结束营业，尚有须为公示送达者，对于行政法院形成重大人力负担，致使于前述决议作成后，此类案件直至2000年12月始全部审结。

由行政处分方式,径送行政执行处执行,加以现行制度已设有简易程序可资适用,故决议认为目前尚不宜准用民事诉讼督促程序,或为类似之规定。

(三)审判权错误是否采移送制

关于审判权之冲突应如何解决,虽"司法院"大法官曾作成诸多解释[78],且新法亦设有若干解决方式,惟因权限争议所生不利益,制度上仍由当事人负担。对此一不合理现象,经研修检讨后,决议于草案中增订第12条之1至第12条之4[79],仿《德国法院组织法》第17条之1规定,采移送制度。亦即,草案首先规定"以起诉时为定法院审判权之基准时",且起诉具有阻止向其他法院起诉之"法律救济途径障碍"之法律效果(草案第12条之1),且案件一旦经行政法院裁判确定者,即不容再对审判权有无问题加以争执(草案第12条之2第1项)。其次,如行政法院认为其无受理诉讼权限者,应依职权以裁定将诉讼移送至有受理权限之管辖法院;受移送之裁定确定时,受移送之法院认其亦无受理权限者,应以裁定停止诉讼程序,并申请"司法院"审理之,以确定审判权之归属(草案第12条之2第2项至第6项)[80]。

(四)应否采律师强制代理制度

新法增加许多诉讼类型,对于公法上之争议,究应提起何种诉讼,当事人往往难以判断。如当事人欠缺专业能力或其陈述能力不足,致难以为适当之声明

---

〔78〕　例如,释字第 305 号、第 418 号、第 448 号、第 466 号、第 533 号、第 540 号等。

〔79〕　草案第 12 条之 1 规定:起诉时法院有受理诉讼权限者,不因诉讼系属后事实及法律状态变更而受影响。诉讼系属于行政法院后,当事人不得就同一事件向其他不同审判权之法院更行起诉。第 12 条之 2 规定:行政法院认其有受理诉讼权限而为裁判经确定者,其他法院受该裁判之羁束。行政法院认其无受理诉讼权限者,应依职权以裁定将诉讼移送至有受理诉讼权限之管辖法院。数法院有管辖权而原告有指定者,移送至指定之法院。移送之裁定确定时,受移送之法院认其亦无受理诉讼权限者,应以裁定停止诉讼程序,并申请"司法院宪法法庭"审理之。受移送之法院经"司法院宪法法庭"裁判无受理诉讼权限者,应再移送至有受理诉讼权限之法院。当事人就行政法院有无受理诉讼权限有争执者,行政法院应先为裁定。行政法院为第二项及前项之裁定时,应先征询当事人之意见。第 12 条之 3 规定:移送诉讼如有急迫情形,行政法院应依当事人申请或依职权为必要之处分。移送诉讼之裁定确定时,视为该诉讼自始即系属于受移送之法院。前项情形,行政法院书记官应速将裁定正本附入卷宗,送交受移送之法院。第 12 条之 4 规定:行政法院将诉讼移送至其他法院者,依受移送法院应适用之诉讼法定其诉讼费用之征收。移送前所生之诉讼费用视为受移送法院诉讼费用之一部分。应行征收之诉讼费用,行政法院未加征收、征收不足或征收超额者,受移送法院应补行征收或退还超额部分。

〔80〕　另为根本解决有关审判权错误之问题,并于"法院组织法修正条文草案"第 7 条至第 10 条设有类似规定。

或主张。此一情形,如法官亦无法经由阐明方式解决诉讼类型选择问题时,往往阻碍案件审议程序之顺畅进行,致当事人无法谅解而屡有陈情案件发生。对此,三所高等行政法院即希望能有解决之道,而主张于立法政策上考虑采取律师强制代理主义,或为顾及民众可能因而负担加重,而设计其他解决之方式。对此一问题,经研修会检讨结果,决议修正第 49 条第 3 项至第 6 项,明定以非律师为诉讼代理人者,除依法令取得与诉讼事件有关之代理人资格者外,应得审判长许可;对于上诉审则采取律师强制代理制度,并设例外规定(草案第 241 条之 1 及第 241 条之 2),以充实律师代理制度。

(五)"以原就被"管辖原则之检讨

"司法院"依"行政法院组织法"第 6 条规定,设有台北、台中及高雄三所高等行政法院。新法实施至今,就三所高等行政法院收案数言,台北高等行政法院之案件,不论于质、量各方面,均远超过其他二所高等行政法院,而对法院本身造成重大负担,并使原告迅速裁判之权利有所影响。考其原因,主要系因目前行政诉讼之管辖采"以原就被"原则(第 13 条第 1 项)所致。亦即,行政诉讼向以撤销诉讼占最大宗,其中商标、专利案件之数量又长期占行政诉讼收案件数之前五名,而原处分之台湾有关主管部门绝大多数均位于台北地区,致使此类案件多集中于台北高等行政法院[81]。且就理论上言,学者亦有批评"以原就被"原则不符外国法例者[82],乃认有检讨修正必要。

对此问题,研修会决议于第 13 条增订第 4 项,明定法人、机关及团体之公务所、机关所在地、主事务所或主营业所所在地,不在台湾境内时,由"中央政府"所在地之高等行政法院管辖。此外,并明定因不动产征收、征用、拨用或公用之诉讼为专属管辖(草案第 15 条第 1 项);增加其他有关不动产之公法上权利或法律关系、关于公职务关系及因公法上保险事件之诉讼之特别审判籍,以利证据调查及人民诉讼(草案第 15 条第 2 项、第 15 条之 1、第 15 条之 2),借以减轻台北高等行政法院之负担。

(六)简易诉讼程序之检讨

新法关于简易诉讼程序,第 229 条第 1 项明定金额或价额在新台币 3 万元

---

[81] 此外,于一般给付诉讼情形,"台湾健保局"与各医事服务机构所缔结之医疗服务合约所生争议,每月向全民健康保险争议审议委员会提起之案件,平均达 8000 件左右,对于争议审议决定不服者,原由普通法院审理。然于"司法院"大法官释字第 533 号解释将之定位为行政契约后,因新法关于法院管辖权采以原就被原则之结果,此类案件预料将全部集中由台北高等行政法院审理。

[82] 吴庚前揭注 29 文第 11 页参照。

（其后提高为 10 万元）以下者，适用简易诉讼程序。此一规定系于 80 年代所草拟，与今日之民众所得及人民生活水平有所脱离[83]，故有金额过低无法达成简易诉讼简省司法资源功能之疑虑。此外，有关简易诉讼之判决书记载方式，依新法第 234 条规定，"判决书之事实、理由，得不分项记载，并得仅记载其要领"，虽已有节省法官制作判决书劳力之设计，然"民事诉讼法"尚有更为简便之裁判书制作方式[84]，"行政诉讼法"能否准用此一制作方式，亦有检讨必要。

对上述问题，研修会经检讨后决议将适用简易程序之金额或价额，自 3 万元修正提高为 10 万元，并将"司法院"得因情势需要，以命令增减之金额，修正为"减为 5 万元或增至 30 万元"（草案第 229 条）。另于当事人就判决再争执机率不高之情形，明定得将判决主文记载于言词辩论笔录或宣示判决笔录，不另作判决书，其笔录正本或节本之送达，与判决正本之送达，有同一之效力（草案第 234 条之 1）。

（七）有无增设范例诉讼之必要

为解决涉及同一行政措施之大量案件，《德国行政法院法》设有所谓"范例诉讼"[85]，台湾于新法公布尚未正式施行之旧法时期，亦曾发生有类似涉及同一行政措施之大量案件，造成法院之重大负担[86]。因此，乃有引进德国范例诉讼之建议，以资解决类似之大量案件，或将来涉及一般处分之案件。惟经研修会审议结果，以此一制度涉及问题颇广，仍有进一步检讨必要，而未纳入此次修正草案中。

（八）行政诉讼是否征收裁判费

现行行政诉讼不征收裁判费，仅征收进行诉讼之必要费用。惟自司法资源

---

〔83〕　民事诉讼事件适用简易程序之金额或价额，规定为 50 万元以下。

〔84〕　该法第 434 条第 2 项规定：法官亦得于宣示判决时，命将判决主文及其事实、理由之要领，记载于言词辩论笔录，不另作判决书。其笔录正本或节本之送达，与判决正本之送达有同一之效力。

〔85〕　"范例诉讼"系《德国行政法院法》于 1991 年 1 月 1 日第 4 次修正时，增列第 93 条之 1 之设计。其内容为：（一）存在 21 件以上系属于法院之大量案件；（二）此大量案件涉及同一行政措置；（三）均行同一种诉讼程序；（四）有同一之权利保护目的；（五）听取当事人之意见；（六）法院依其裁量决定是否进行范例诉讼程序，并选择部分事件为范例诉讼。依前开规定，范例诉讼之优点在于可自众多诉讼案件中，选出一定数量之案件进行诉讼，其余诉讼则停止进行。于范例诉讼中已经调查之结果、经证明之事实，法院得于随后诉讼中加以援用，并拒绝相关调查证据之申请，而使大量案件得以终结，节省司法资源。

〔86〕　即于 1998 年至 2000 年初，行政法院涌进约 5000 件涉及"中科院"非军职科技人员综合所得税之事件，当时曾造成行政法院人力、物力之重大负担。

应为全体人民共有以及使用者付费观点而言，行政诉讼似无不征收裁判费之特殊理由，且实务上亦已发生有因此而滥诉之例；此外，参酌台湾当前经济状况及人民生活水平，征收行政诉讼之裁判费应可为多数人民所接受。据此，研修会乃决议行政诉讼之裁判费，除法律别有规定外，当事人应预纳之；而诉讼费用之征收及计算，则另以法律定之（草案第 98 条）[87]。

（九）应否增设德国公益代表人制度之检讨

关于德国之"公益代表人制度"，系于联邦或邦之"内政部"，设置公益代表人，由其代表联邦或邦政府参与诉讼，以使联邦或邦中各部会法律之立法背景及功能，得以传递予法院供作审判之参考；或联邦或邦政府得要求其参与诉讼成为诉讼之当事人，其除可向联邦或邦行政法院提出书面意见外，并得于言词辩论时为陈述。对于此一制度之引进与否，研修会讨论结果，考虑台湾并非采联邦制，且目前并无急迫性，而决定继续研议，暂不作结论。

（十）配合"司法院"审判机关化之修正

"司法院"审判机关化系司法改革之主要目标，"司法院"大法官释字第 530 号解释并曾谕知相关法律应自该号解释公布之日起 2 年内检讨修正。亦即，应于 2003 年 10 月 5 日前将"司法院"修正为审判机关，掌理包括现行"最高法院"、"最高行政法院"、"公务员惩戒委员会"等审判机关之职掌[88]。因此，新法中有关"最高行政法院"、"行政法院"等名称，亦应配合修正。经研修会逐条检讨后，将：(1)各条文中称"行政法院"系专指高等行政法院者，均将"行政法院"用语修正为"高等行政法院"（如第 105 条、第 110 条、第 111 条、第 112 条等）；

---

[87]　此外，研修会亦同时通过"行政诉讼费用法草案"一种，明定除诉讼标的之金额或价额在 10 万元以下部分，定额征收裁判费外，其余则采分级累退方式征收裁判费，并订定其上限。至于诉讼标的价额无法核定或其核定极为困难者，裁判费定额征收（"行政诉讼费用法草案"第 4 条、第 5 条、第 6 条、第 7 条第 1 项）。另明定于抗告、对于确定之裁定申请再审、申请参加诉讼或驳回参加、申请回复原状、申请停止执行或撤销停止执行之裁定、起诉前申请证据保全、申请重新审理，或申请假扣押、假处分或撤销假扣押、假处分之裁定等情形，定额征收裁判费 1000 元（同草案第 7 条第 2 项、第 8 条、第 9 条）。再者，明定行政诉讼强制执行应征收之执行费，其执行标的金额或价额达 5000 元者，依起诉裁判费标准 1/2 征收。未达 5000 元者，免征执行费（同草案第 10 条）。此外，并规定进行诉讼之必要费用，除法律另有规定外，其项目及标准授权由"司法院"定之。邮电送达费及行政法院人员之食、宿、交通费，则不另征收（同草案第 11 条）。最后，行政法院或审判长依法律规定，为当事人选任律师为特别代理人或诉讼代理人者，其律师酬金之酌定，并明定此项酬金及在上诉审律师为诉讼代理人之酬金，为诉讼费用之一部，其支给标准由"司法院"定之（同草案第 12 条）。

[88]　惟因立法进程延宕，"司法院"组织迄未遵照大法官解释于限期内审判机关化。

（2）条文中有"最高行政法院"用语者，则一律修正为"司法院"；（3）除上开二种情形外，条文之"行政法院"用语同时涵盖高等行政法院及"最高行政法院"者，则以增订第3条之1之方式，规定"本法所称行政法院者，指'司法院'及'高等行政法院'"，以为解决。

（十一）其他

其余修正之内容[89]，值得一提者，例如：（1）现行法就课予义务诉讼疏未规定起诉期间，故参照撤销诉讼起诉期间之规定予以明定（草案第5条、第106条第1项）。（2）新法对于不经诉愿决定而提起之撤销诉讼以及课予义务诉讼之起诉期间，漏未规定，遂于草案第106条第3项、第4项，明定应于行政处分达到或公告后二个月之不变期间内为之；不经诉愿程序即得提起第5条第1项之诉讼者，应于作为期间届满后，始得为之。但于期间届满后，已逾三年者，不得提起。（3）关于再审制度，为防止当事人就同一事件一再提起再审，研修会亦决议增订第274条之1，规定：再审之诉，行政法院认无再审理由，判决驳回后，不得以同一事由，对于原确定判决或驳回再审之诉之确定判决，更行提起再审之诉。

二、第二次草案修正重点

本次修正延续第一次修正草案之成果，继续就未完成议题加以审议，并于审议完成后整合第一次修正草案内容后而成，因此，本次草案若干修正内容与第一次草案有相当重复之处，草案增、删、修条文数量颇多，总计删除4条、修正150条、增订17条，共计171条。以下，除已于前开第一次草案所论述者外，本次主要修正内容如下：

（一）配合"司法院"审判机关化修正法条用语

原第一次草案为配合"司法院"审判机关化，将行政法院分别明定为"司法院"与"高等行政法院"，惟因最后"司法院"及其他各级法院组织如何修正仍属未定，为免将来一再修正行政法院之名称用语，本次修正遂：（1）将现行条文中"最高行政法院"之用语，修正为"终审行政法院"。（2）将现行条文中"行政法院"之用语，单指"最高行政法院"或"高等行政法院"者，分别修正为"终审行政

---

〔89〕　依本次《"行政诉讼法部分条文修正草案"总说明暨对照表》，其全部修正要点共16点，包括：1.配合"司法院"审判机关化修正法条用语；2.增订起诉期间之规定；3.审判权错误改采移送制；4.修正管辖权之相关规定；5.厘清团体诉讼性质；6.充实诉讼代理制度；7.征收诉讼费用及强制执行费用；8.提高对证人及第三人之罚锾金额；9.强化当事人对证人之发问权；10.增订言词辩论之例外；11.提高适用简易程序之数额；12.简化裁判书之制作；13.修正再审规定；14.检讨准用民事诉讼法之方式及条文；15.厘清条文用语；16.其他修正。

法院"及"高等行政法院"；兼指"高等行政法院"及"最高行政法院"者，则保留"行政法院"文字。

（二）增订有关公益团体之诉讼

本次草案整合现行法第 9 条维护公益诉讼与第 35 条之团体诉讼，确立"利他的团体诉讼制度"，明定于法律有特别规定情形，公益团体于其章程所订目的范围内，得为公益提起诉讼及其限制（草案第 11 条之 1）。此外，为落实公益团体之程序参与权，并进一步规定，此一团体诉讼之特别诉讼要件（草案第 11 条之 2[90]）。因此，本次修正实已大幅扩张公益团体于行政诉讼之角色与任务，可谓进步之立法；惟因其起诉之容许性，仍须以个别法律有明文规定者为限，与现行法之设计系为解决于个别法无明文规定情形，亦得径依行政诉讼法之规定提起此类客观诉讼之目的而言，却又未免为德不足。

（三）增订滥诉罚

为防止当事人滥行起诉，增加法院之负担，造成司法资源的严重浪费，于第一审程序及上诉审程序增订诉讼显无理由，且系以滥用诉讼程序为目的者，行政法院得以滥诉为理由，裁定驳回之，并得处新台币 6 万元以下罚锾；又有鉴于人民一再滥行提起再审之诉，于再审程序亦明定得处新台币 10 万元以下罚锾（草案第 107 条、第 255 条之 1、第 278 条）。

（四）提高对证人及第三人之罚锾金额

包括：（1）将对证人受合法之通知，无正当理由而不到场者，及经再次通知仍不到场者，处罚锾之金额，分别自新台币 3000 元以下及 15000 元以下，提高为新台币 3 万元以下及 6 万元以下（草案第 143 条）。（2）对拒绝证言之证人处罚锾之金额，自新台币 3000 元以下，提高为 3 万元以下（草案第 148 条）。（3）对第三人无正当理由不从提出文书之命者，处罚锾之金额，自新台币 3000元以下，提高为 3 万元以下（草案第 169 条）。

（五）强化当事人对证人之发问权

明定发问之范围、当事人得向审判长陈明后自行发问及不当发问之限制（草案第 154 条）。

---

〔90〕 本条规定：公益团体依法律规定有程序参与权，而未适时行使者，就该事件不得提起前条之诉讼。行政行为系基于行政法院裁判为之者，或经行政法院裁判确定者，亦同（第 1 项）。公益团体于前项行政程序中，已有陈述意见之机会者，于行政救济程序不得提出未于行政程序提出之主张，但以交付或供其阅览之数据足以形成陈述意见之内容者为限（第 2 项）。前条诉讼涉及行政处分而公益团体未受行政处分之送达者，应于知悉或可得知悉行政处分时六个月内，依法提起诉愿或行政诉讼。

(六)增订当事人协力义务之规定

明定法院得定期命当事人陈述事实及指出证据方法,及因可归责于当事人之事由而迟延提出有碍于诉讼之终结时,法院得不予斟酌(草案第125条之1)。

(七)增订言词辩论之例外

明定经当事人同意者,高等行政法院得不经言词辩论而为裁判,以兼顾当事人之程序利益及实体利益(草案第188条)。

(八)提高适用简易程序诉讼标的金额或价额之数额

本次修正又再将适用简易诉讼程序诉讼标的之金额或价额再予调整,将本法适用简易程序之金额或价额自新台币3万元修正为20万元,及"司法院"得因情势需要,以命令将此数额减为新台币2万元或增至新台币20万元之规定,修正为减为新台币10万元或增至新台币50万元(草案第229条)。

(九)简化裁判书之制作

本次修正除延续第一次草案内容,明定:(1)原告之诉因显无理由而驳回之判决,其判决书内容得以简化之方式记载要领;(2)增订高等行政法院赞同行政处分或诉愿决定书之理由者,得加以引用(草案第209条);(3)在当事人就判决再争执机率不高之情形,明定得将判决主文记载于言词辩论笔录或宣示判决笔录,不另作判决书,其笔录正本或节本之送达,与判决正本之送达,有同一之效力(草案第234条之1)外,并进一步规定行政法院以原告之诉,依其所诉之事实,在法律上显无理由,而不经言词辩论判决驳回其诉时,其判决书之制作,得不分项记载事实及理由,并得仅记载其要领(草案第209条第4项)。

(十)增订通常诉讼程序事件之上诉许可规定

包括:(1)明定除本法第243条第2项所定判决当然违背法令之情形外,通常诉讼程序事件,其上诉亦应经终审行政法院之许可,及其许可之条件(草案第243条之1)。(2)明定应经许可始得上诉者,其上诉状内应表明应予许可之理由,其未表明者,应于提起上诉后20日内补具,逾期未提出者,行政法院毋庸命补正,得径以裁定驳回(草案第244条、第245条、第249条)。

(十一)修正再审规定

除第一次修正内容(草案第274条之1、第275条)外,再增订对于再审之诉之再审确定判决不服,复提起再审之诉,其期间之起算,原则自"原判决确定时起算",以限制人民再审之提起(草案第276条)。

(十二)厘清条文用语

将现行法条文用语不当及有疑义者修正厘清(草案第6条、第7条、第8

条、第 24 条、第 112 条、第 113 条、第 299 条）。其较重要者为：(1)修正第 6 条第 1 项,明定违法确认诉讼之诉讼对象,限于"已执行而无回复原状可能之行政处分或已消灭之行政处分";(2)修正草案第 7 条规定,回复旧法之制度设计,规定国家赔偿诉讼仅能以"附带"于行政诉讼方式,请求损害赔偿;(3)修正第 8 条规定,明定原则上凡因公法上原因发生给付请求,而非属课予义务诉讼之适用范围者,均得提起一般给付诉讼;(4)修正现行法第 112 条之关于反诉限制之错误用语,修改为"对于撤销诉讼及课予义务诉讼,不得提起反诉"。

(十三)其他

除第一次草案已有之修正[91]外,包括:(1)明定寄存送达自寄存之日起,经十日发生效力,并修正寄存机关保存文书期间为二个月(草案第 73 条)。(2)第三人申请阅览卷宗,修正为应经行政法院裁定许可。并增订授权"司法院"订定阅卷规则之规定(草案第 96 条)。(3)修正诉之变更或追加应予准许之条件,并增列课予义务诉讼,依法应经诉愿程序而未为之者,不适用诉之变更、追加之规定(草案第 111 条)。(4)明定法院认为诉之撤回有碍公益之维护者,应以裁定驳回,以期明确(草案第 114 条)。(5)增订涉及隐私、业务秘密之诉讼文书,持有文书之诉讼关系人得拒绝提出之规定(草案第 163 条、第 164 条、第 168 条)。(6)当事人合意停止或视为合意停止诉讼程序,于公益之维护有碍者,明定法院应于两造陈明后,于一个月内裁定续行诉讼,以免延滞(草案第 183 条、第 185 条)。(7)增订撤销诉讼中,法院得以事实未臻明确为由,仅以程序判决撤销原处分及诉愿决定,而由原处分机关再为调查处分之例外规定(草案第 195 条)。(8)明定撤销诉讼进行中,原行政处分已执行而无回复可能或已消灭者,得依申请确认行政处分为违法(草案第 196 条)。

三、第三次草案修正重点

本修正草案计修正 63 条、增订 5 条,共 68 条。增修要点如下:

---

[91] 例如:(1)限制辅佐人人数不得逾二人(草案第 55 条)。(2)增列原告在课予义务诉讼,于诉状误列被告机关者,亦属得命补正事项(草案第 107 条)。(3)将行政机关送交卷证之义务扩及所有之诉讼种类,并延长卷证之送交期间(草案第 108 条)。(4)将高等行政法院审理停止执行之申请,应征询当事人之意见,修正为得征询当事人之意见(草案第 116 条)。(5)明定损害赔偿诉讼,原告已证明受有损害,而不能证明其数额或证明显有重大困难时,法院应审酌一切情况,依所得心证定其数额(草案第 189 条)。(6)将指定宣示判决期日,自辩论终结时起不得逾七日修正为不得逾二星期(草案第 204 条)。(7)明定终结诉讼之裁定,不经言词辩论者,应公告之(草案第 207 条)。

（一）增订起诉期间之规定

1.明定诉愿机关迟延不为决定时，人民得径行提起课予义务诉讼。（修正条文第 5 条）。

2.现行法就课予义务诉讼、不经诉愿决定即可提起撤销诉讼或课予义务诉讼之情形，漏未规定起诉期间，爰明定之。（修正条文第 106 条）

（二）增订诉讼费用、诉讼救助之相关规定

1.明定其他法院将诉讼移送至行政法院者，移送前所生之诉讼费用，视为行政法院诉讼费用之一部分，并明定应补行征收诉讼费用或溢收诉讼费用之处理。（增订条文第 12 条之 5）

2.明定溢收诉讼费用之处理，准用"民事诉讼法"第 77 条之 26。（修正条文第 104 条）

3.明定准予诉讼救助之本案诉讼，于裁判确定后有关诉讼费用之征收，准用"民事诉讼法"第 114 条第 1 项之规定，及关于诉讼救助之裁定，准用"民事诉讼法"第 115 条规定，得为抗告。（修正条文第 104 条）

（三）修正管辖权之相关规定

增加其他有关不动产之公法上权利或法律关系、关于公务员职务关系及因公法上保险事件之诉讼之特别审判籍，以利证据调查及人民诉讼。（修正条文第 15 条，增订第 15 条之 1、第 15 条之 2）

（四）修正送达之相关规定

1.明定对无诉讼能力之人送达应向其法定代理人全体为之，如有应送达处所不明者，始得向其余之法定代理人为之，以保障该当事人权益。（修正条文第 64 条）

2.删除当事人或代理人未依审判长之命指定送达代收人时，得将应送达文书付邮，并以付邮时视为送达时之规定，以避免当事人遭受程序上不利益。（修正条文第 67 条）

3.充实寄存送达程序，并增订寄存送达之生效日及寄存文书之保存期限，以利程序顺利进行及兼顾应受送达人之权益。（修正条文第 73 条）

（五）提高适用简易程序诉讼标的金额或价额之数额

将本法适用简易程序之金额或价额自新台币 3 万元修正为 30 万元，及"司法院"得因情势需要，以命令将此数额减为新台币 2 万元或增至新台币 20 万元之规定，修正为减为新台币 10 万元或增至新台币 50 万元，并配合修改相关规定。（修正条文第 229 条、第 230 条）

（六）修正再审规定

明定再审之诉，行政法院认无再审理由，判决驳回后，不得以同一事由对于原确定判决或驳回再审之诉之确定判决，更行提起再审之诉。（增订条文第274条之1）

（七）厘清条文用语

将现行法条文用语不当及有疑义者修正厘清。（修正条文第5条、第6条、第12条之2、第12条之4、第24条、第62条、第70条、第75条、第77条、第97条、第112条、第259条、第273条）

（八）配合公文直式横书而为文字修正

将现行条文有关"左列"文字，全部修正为"下列"。（修正条文第16条、第19条、第24条、第37条、第39条、第43条、第57条、第81条、第105条、第111条、第121条、第128条、第129条、第145条、第146条、第151条、第163条、第200条、第209条、第229条、第243条、第244条、第253条、第259条、第273条、第277条、第286条）

（九）检讨准用"民事诉讼法"之方式及条文

1.将现行列举准用"民事诉讼法"之方式，改为例示准用。除保留于各章节之列举准用"民事诉讼法"之规定外，增订概括性准用规定，即"民事诉讼法"之规定，除本法已规定准用者外，与行政诉讼性质不相抵触者，亦准用之。（修正条文第307条之1）

2.检讨"民事诉讼法"于1999年2月3日、2000年2月9日、2003年2月7日、2003年6月25日、2007年3月21日、2007年12月26日、2009年1月21日修正公布之条文，修正增列本法部分章节所准用之"民事诉讼法"条文。（修正条文第18条、第20条、第59条、第83条、第104条、第131条、第132条、第149条、第166条、第176条、第272条）

（十）其他修正

1.参考"民事诉讼法"之修正，修正法官回避事由。（修正条文第19条）

2.第三人申请阅览卷宗，修正为应经行政法院裁定许可。并增订授权"司法院"订定阅卷规则之规定。（修正条文第96条）

3.参考"民事诉讼法"之修正，关于定期命当事人缴纳裁判费与进行诉讼之必要费用，修正由审判长为之。（修正条文第100条）

4.将行政机关送交卷证之义务扩及所有之诉讼种类，并延长卷证之送交期间。（修正条文第108条）

5.将高等行政法院审理停止执行之申请，应征询当事人之意见，修正为得

征询当事人之意见。（修正条文第 116 条）

6. 参考"民事诉讼法"修正删除审判长命庭员朗读调查证据笔录之规定。（修正条文第 141 条）

7. 检讨保障当事人对于证人发问权利之规定。（修正条文第 154 条）

8. 参考"民事诉讼法"之修正,明定损害赔偿诉讼,原告已证明受有损害,而不能证明其数额或证明显有重大困难时,法院应审酌一切情况,依所得心证定其数额。（修正条文第 189 条）

9. 明定撤销诉讼进行中,原行政处分已执行而无回复可能或已消灭者,得依申请确认行政处分为违法。（修正条文第 196 条）

10. 参考"民事诉讼法"之修正,将指定宣示判决期日,自辩论终结时起不得逾七日修正为不得逾二星期。（修正条文第 204 条）

第四节　展　望

平心而论,台湾行政诉讼法自 2000 年现行法公布实施后,整体而言,行政诉讼体系基本上已经完备,虽于其后"司法院"又有两次再提出行政诉讼法部分条文修正草案,但观其修正草案内容,仅为现行条文规定用语之厘清或若干实务技术问题之修法解决,并未更动现行体系架构。因此,将来上开修正草案如能通过施行,台湾行政诉讼制度之问题,将主要发生于若干尚有待学说与实务发展之问题,亦即实务之实践态度以及相关配套机制（例如法曹养成训练、法院之数目、行政部门对司法部门之尊重等）,将成为影响台湾行政诉讼发展之主要关键。以下,即以将来上开修正草案条文如获修正通过公布实施后,台湾行政诉讼之可能发展,稍作说明以代结论。

一、"司法院"审判机关化之影响

首先,依释字第 530 号解释,"司法院"在台湾"宪法"上之地位,为最高审判机关。因此,将来在"司法院"下,将统合现行各级法院最上级审、"公务员惩戒委员会"及"司法院大法官"之组织与职能,使"司法院"掌理包括现行"最高法院"、"最高行政"、"公务员惩戒委员会"以及"司法院大法官"之职掌。此一司法体制变革如获通过,将来台湾司法体系之审判权最终将整合于"司法院"下,但于"司法院"下仍保有高等法院或高等行政法院以下各级法院之设计,且各种诉讼案件原则上仍各保有其应适用之诉讼法规（即民事诉讼法、行政诉讼法、刑事诉讼法、公务员惩戒法以及即将大幅修正更改名称为"宪法"诉讼法之大法官审理案件法）。此一司法体制变革，既非采司法一元化亦非采司法二元化设计，且亦欠缺可供参酌之类似外国法制，因此，一旦通过实施，将对台湾司法实务发生何种影响？实非能预料。然就现行行政诉讼制度设计而论，首先冲击者即为当前理论与实务关于"审判权"与"管辖权"之概念与划分方式，应否随制度变革而作变动？尤其关于审判权冲突问题，是否仍有必要如同现制或修正草案方向，最终仍须由"司法院"审理决定？基于人民权利之实效保护要求观点，有无可能单纯采移送制度即可？换言之，传统视为"审判权"冲突或错误之问题，能否因而转变为"管辖权"冲突或错误问题处理。

二、诉讼类型精致化对先决问题诉讼之影响

台湾行政诉讼之诉讼类型，由于沿袭德国法制，给付、形成、确认等三类诉讼类型基本上堪称完备，凡公法上争议，除法律别有规定者外，原则均能提起行政诉讼寻求权利保护。而自 2000 年 7 月 1 日现行法实施至今，业已将近 6 年，台湾行政诉讼实务对于现行法所规定各种诉讼类型之功能、适用范围以及合法要件，大致已有相当经验，并逐步经由实务案例累积，而获致相当成果。甚至在诉讼类型发生错误应如何处理问题上，较诸德国法制更为先进，于第二次修正草案第 111 条第 1 项第 4 款明定应准许为诉之变更或追加；换言之，除非原告坚持不愿变更诉讼类型，否则单纯诉讼类型错误问题，已非如台湾多数学者或目前实务态度认为系属欠缺权利保护必要应予裁定驳回。此一修正条文已将原由原告承担之诉讼类型选择错误风险予以大幅祛除[92]。此一修法方向，应予

---

〔92〕 就目前情形而言，如原告为公行政（行政机关）时，"司法院"大法官或行政法院态度，均以宽认其起诉期间之遵守或时效中断问题；反之，于原告为人民情形，例如关于应提起撤销诉讼误提起处分无效确认诉讼者，现行法第 6 条第 5 项虽明文规定"应移送诉愿管辖机关"，并"不以移送时仍未迟误诉愿期间"为要件，但行政法院实践上，如原告之案件于提起无效确认诉讼时（起诉时）已逾越诉愿期间者，即径自认为原告之诉已无法补正，而径自予以裁定驳回。然原告诉愿是否逾越诉愿期间本非行政法院所应置喙，且纵使逾越诉愿期间亦仍有申请回复原状问题，行政法院纵使考虑是否逾越诉愿期间，亦无从审断准驳回，更何况纵然逾越诉愿期间原告提起诉愿仍非无诉愿利益（依"诉愿法"第 80 条规定，诉愿机关仍可依职权命原处分机关另为适法或妥当处置）。因此，就上开实务态度而论，显然高度偏袒行政部门，实有可议之处。上开实务态度，例如，2002 年 12 月 20 日"司法院"大法官释字第 553 号解释理由书谓：为确保地方自治团体之自治功能，本件台北市之行政首长应代表该地方自治团体，依"诉愿法"第 1 条第 2 项、"行政诉讼法"第 4 条提起救济请求撤销，并由诉愿受理机关及行政法院就上开监督机关所为处分之适法性问题为终局之判断，受诉法院应予受理。其向本院所为之释"宪"申请，可视为不服原行政处分之意思表示，不生诉愿期间逾越之问题（参照本院院字第 422 号解释及"诉愿法"第 61 条），其期间应自本解释公布之日起算。

肯定。所剩余者,于原告因不可归责于己之事由,而选择错误诉讼类型而迟误起诉或诉愿期间情形,得否以"原受理案件之法院收受诉状时"视为提起诉愿或其他类型诉讼之时?以缓和原告起诉风险,恐仍有待实务发展。

其次,为关于处分违法确认之诉,本次修正草案有二项重点,均在严格其起诉要件,其一为将此类诉讼之确认对象,限于"已无回复原状可能",其二为强调处分违法确认之诉亦有"确认诉讼补充性原则"之适用。本次修正结果,基本上已回复诉讼法上一项基本论点,亦即"就本案有审判权之法院对先决问题亦有审判权"。除此之外,经由"撤销诉讼、课予义务诉讼"与"处分违法确认诉讼"之制度功能明确划分,将来可经由提起例如国家赔偿诉讼等其他诉讼方式,以回避提起撤销诉讼、课予义务诉讼等特殊法定诉讼类型之情形,必将因而减少,简言之,所谓"第一次权利保护优先问题",于此已获致相当解决。因此,现行条文第 12 条[93]经由划分审判权方式以贯彻第一次权利保护优先机制之设计,因与修正草案强调"处分违法确认诉讼之补充性"以及落实"就本案有审判权之法院对先决问题亦有审判权"之草案设计,存有相当冲突,则该条规定有无继续存在必要?亦有再行检讨之余地。

三、关于集中审理制度设计之影响

现行行政诉讼法于修法之初,即面临台湾民事诉讼制度即将大幅变革之时期,其中民事诉讼制度之重大变革之一,即为改革言词辩论之准备(包括准备书状与准备程序)制度,引进争点简化整理及协商机制,以落实集中审理之制度目的;其次,为引进诉讼协同主义精神,经由修正法院诉讼指挥权、阐明权以及当事人之真实而完整陈述义务以及攻击防御方法之适时提出主义方式,以落实法院与当事人之诉讼促进义务。此类机制,基本上亦为现行行政诉讼法以及修正草案所采用[94]。惟就现行民事诉讼法之上开制度变革而言,由于台湾欠缺相关司法审判

又于类似情形,即关于全民健康保险医疗费用返还请求权,全民健保局于时效期间内向普通法院起诉返还后,嗣因诉讼中因释字第 533 号解释作成认为此类案件应属公法上争议,而向"最高法院"撤回起诉,并于 6 个月内向高等行政法院另行起诉之情形,"最高行政法院"2004年判字第 325 号判决认为其起诉错误与嗣后撤回起诉,并无可归责且无其期待可能性,而解为系争请求权并未罹于时效而消灭。

〔93〕　本条规定于二次修正过程中,均被维持。本条规定谓:民事或刑事诉讼之裁判,以行政处分是否无效或违法为据者,应依行政争讼程序确定之(第 1 项)。前项行政争讼程序已经开始者,于其程序确定前,民事或刑事法院应停止其审判程序(第 2 项)。

〔94〕　例如,现行法第 125 条、第 132 条;修正草案第 125 条、第 125 条之 1、第 132 条等属之。

环境与其他配套机制，如何落实上开制度目的，已令人强烈怀疑[95]；而在行政诉讼不经检讨其诉讼制度特质即径自引进之结果，将来实务发展如何？亦令人担忧。其次，就上述制度设计之基础理念而言，民事诉讼因采辩论主义结果，当事人对于事实主张与证据提出负有第一次责任，在此一基础上进行争点之简化、整理与协商并无太大困难；然于行政诉讼情形，因采职权探知主义结果，当事人虽亦有所谓协力义务，然因法院就事实厘清与证据调查负有第一次责任，则在此一理论基础上，如何落实争点整理等当事人诉讼促进义务，亦有待实务进一步发展与厘清[96]。

四、强制执行机制问题

现行"行政诉讼法"规定之强制执行机制，除确认判决无执行问题外，于撤销判决本亦毋庸执行，惟于有为必要处置情形，遂于第304条规定"关系机关应即为实现判决内容之必要处置"。因此。本法仅于第305条至第307条规定给付诉讼之强制执行[97]。对于本法仅以四个条文规定行政诉讼之强制执行，能否建构完整之强制执行体系，学者已有质疑[98]。如仅就现行行政诉讼之强制执行制度设计观察，于债务人为公行政情形，其强制执行显然大幅依赖行政部门之顺法意识，而使此类判决纵于形式上为给付判决，但因欠缺有效强制执行

---

[95] 例如，台湾现行速送制度并未贯彻律师强制主义，当事人本人通常无法进行争点整理等相关作业，且现行法官、律师等法曹人员，亦欠缺争点整理与集中审理之实务经验，甚至台湾现行关于法曹养成、教育训练以及法曹伦理等制度设计，亦未提供实践上开制度所须训练与条件，此已为学者所严厉批评。此外，上开制度之落实所须之其他配套机制（例如书状开示（discovery）制度、预审（pretrail）制度），现行法制规定亦有欠缺，在上开环境下，能否落实争点整理与集中审理之制度目的，诚然令人怀疑，更何况现行民事诉讼法规定中最为人诟病之"书状直送"设计，亦直接阻碍此一制度之实现。对于上述问题，行政诉讼法于设计或准用民事诉讼法时，并未为相应考虑，此均对将来实务如何实践上开制度要求，造成影响。

[96] 此一问题，在行政诉讼法第一次修正草案时，并未有明确认识（同草案第132条参照），于第二次修正草案时，虽已认识到此类问题，而删除违反书状先行或争点整理命令之失权效规定（同草案第132条参照），然对于其他配套设计（例如攻防方法之适时提出主义、当事人协力义务等），仍维持失权效设计，且亦未修改民事诉讼备受批评之书状直送设计。因此，整体而言，行政诉讼对此一问题仍属陌生。

[97] 关于本法第305条规定之适用范围，是否包括课予义务诉讼判决？学者存有争论。采肯定论者，认为得依"强制执行法"第四章关于行为或不行为请求权之执行（第127条以下），以科处怠金方式间接强制被告机关履行其义务。

[98] 翁岳生编：《行政诉讼法逐条释义》，五南书局，2002年11月，第763页以下［李建良执笔］参照。

机制而成为实质上之确认判决[99]。而就早期台湾司法实务状况而言,经行政争讼一再撤销发回重核,然仍一再重复为相同处置者,并非少见[100]。此一情形于释字第 368 号解释作成,以及本法第 216 条明定判决之拘束力后虽见改善,然制度上既欠缺相关设计,仍难免过度依赖行政部门之善意,在民众欠缺对行政部门有效强制执行机制情形下,民众将来纵使获致胜诉判决,于考虑行政部门之可能响应后,亦非无不得不再与公行政妥协之情形发生。对此类问题,现行法与修正草案均未有适当响应,显然制度化考虑仍非立法者所乐见[101]。此点如与修正草案为避免民众一再滥诉,而于草案增订科处罚锾之设计,于公行政一再违背法院判决而重复作成违法处分情形,却毫无因应制度设计者,亦表现出现行法偏袒公行政之态度。

---

[99]　按确认判决于诉讼法制史沿革上,系最晚被承认之一种诉讼类型,其原因即在于此类判决之救济功能,端赖人民之顺法意识,故只有在一国家法治发展达于一定程度时,始有可能发挥其功能之故。

[100]　1994 年 12 月 9 日"司法院"大法官释字 368 号解释之作成,即属此例。即在进入 2006 年,亦有发生经行政法院一再撤销后,原处分机关仍一再请示上级机关,上级机关并依其请示作成与行政法院判决相反之函释,原处分机关遂本于该函释而置该行政法院判决于不顾,一再为重复处分情形。此种被告机关(原处分机关)经由与上级机关联手方式,以回避行政法院判决拘束力之方式,令人对于台湾公行政之顺法精神,深感汗颜。

[101]　于诉愿情形,其"诉愿法"第 120 条于一定情形,即扮演间接强制执行之功能。亦即该条规定:公务人员因违法或不当处分,涉有刑事或行政责任者,由最终决定之机关于决定后责由该管机关依法办理。

第二章 行政诉讼事件

第一节 行政诉讼之概念

行政诉讼制度[1],系指有关以诉讼方式解决行政事件之制度总称。此一制度之形成与发展,因各国不同之历史背景及社会、政治基础,而有差异[2]。整体而言,早期大致与行政国家或司法国家之发展变迁有关,亦即主要因各国

---

〔1〕 广义的行政诉讼制度,主要有法国法制中以 Conseil d'Etat(中央行政法院)为主,而与司法裁判分流之行政裁判制度,德国法制中于司法权下设行政法院之行政裁判(Verwaltungsgerichtsbarkeit)制度,日本战后由普通法院适用特别之诉讼程序,审理行政事件之行政诉讼制度,以及英美法中以普通法院为主之司法审查(Judicial Review)制度等类型。

〔2〕 有关法国行政诉讼制度之形成与发展,请参照村上顺:《近代行政裁判制度の研究——フランス行政法の形成时代 1789—1849》,成文堂,1985 年 10 月,阿部泰隆:《フランス行政诉讼论——越权诉讼の形成と行政行为の统制》,有斐阁,1971 年 8 月);关于德国行政诉讼制度之形成与发展,请参照南博志:《行政裁判制度——ドイツにおける成立と发展》,有斐阁,1960 年 3 月;宫崎良夫:《法制国理念と官僚制》,东京大学出版会,1986 年;关于英美行政诉讼制度之形成与发展,请参照田中馆照橘《イギリスの行政行为と行政裁判法制》、《アメリカの行政行为と行政裁判法制》,均收于同著《行政裁判の理论》,有斐阁,1987 年 2 月);冈本博志:《イギリス行政诉讼法の研究》,九州大学出版会,1992 年 3 月。台湾文献部分,翁岳生:《行政诉讼制度现代化之研究》,收于氏著《行政法与现代法治国家》,自刊 1976 年 1 月,第 381 页以下;吴庚:《行政法院裁判权之比较研究》,氏著《台湾大学政治研究所硕士论文,1967 年》,第 30 页以下;同:《德国行政诉讼制度概述》,载《法律评论》1967 年 11 月第 33 卷第 11、12 期,第 2 页以下;蔡志方:《欧陆各国行政诉讼制度发展之沿革与现状》,收于氏著《行政救济与行政法学(一)》,三民书局 1993 年 3 月,第 1 页以下;傅昆成:《美国行政诉讼制度简介》,载《法律学刊》1978 年 6 月第 10 期,第 1 页以下。

不同之"行政制度"[3]传统而异;晚近则与法治主义之发展及茎本人权之保障有关。因此,行政诉讼制度与民事诉讼制度不同,于历史沿革上并非因"纷争解决"此一前法律性格之要求而生(即民事裁判制度早于私法而存在,并非因有私法之存在而设置民事裁判制度)[4],而系基于对行政之适法性控制与对贯彻人民权利保护之要求而生,此亦与行政诉讼目的论争,正相呼应。

行政诉讼制度,即系指关于以诉讼方式解决行政事件之制度。因此,有关审理机关之性质如何(例如属于行政权抑或司法权)、有无特别之行政法院或诉讼程序,原则均非所问。据此,行政诉讼制度至少包含二组概念,其一为"诉讼程序",其二为"行政事件"。兹说明如下:

一、诉讼程序

(一)争讼程序

行政"诉讼"制度为行政"争讼"制度之一环,同属国家作用上所遂行程序之一种[5]。

所谓"争讼"同时具有形式的特征与实质的特征,就其形式(程序)上特征言,系指具有下列特征之程序:(1)程序仅因当事人之意思(争讼之提起)而开始。(2)构成程序对象之事项,由提起之人以外之国家机关为裁断。(3)如有符合程序之争讼被提起,上开裁断机关即有对之加以审理并作成判断之义务。(4)审理时,当事人或利害关系人于某种程度上得为参与。(5)依据该程序所作成之裁断行为(判决、裁决、决定等),多数承认因该程序而具有特别之效力(确定力、羁束力等)。

其次,争讼之实质上特征,系指"争执之裁断"作用,亦即关于某依法律关系之存否或成立与否,于关系人间生有争执时,由国家予以有权的裁断,以消灭争执之作用之谓。准此,争讼系以"争讼性(或事件性)"有无,为其实质内容。所谓"争讼性",系指当事人间具体权利义务或法律关系之存否有关之争执。此一争讼性要求,除别有规定(如宪法诉讼制度)外,构成司法权之本质要素之一,为

---

[3] 关于行政制度概念,参照室井力:《行政制度——法治主义与行政权的优越性》,收于氏著《现代行政法の原理》,劲草书房1973年4月,第37页以下。

[4] 有关民事诉讼制度之前法律性格,兼子一著:《实体法と诉讼法》,有斐阁,1957年10月,第12页至第41页参照。

[5] 以下主要参照雄川一郎著:《行政争讼法(法律学全集9)》,有斐阁,1957年9月,第1页至第9页,雄川一郎著、赖恒盈译:《行政争讼之意义、种类及其制度之目的》,载《宪政思潮》1990年9月第91期,第113页以下。

划定司法权界限之关键概念[6]。由于此一争讼性,系以两造当事人间之"具体权利义务或法律关系"有关争执为其内容,故其争讼构造本身必须适合解决此一具体争执,从而如何确定具有"利害对立之当事人"以及作为争讼对象之"具体权利义务或法律关系",乃成为必要[7]。

又具有上开争讼之裁断性特征之程序,一般称为争讼程序[8],但反面而言,依争讼程序处理者,并不仅限于上述具有争讼裁断性质之国家作用。换言之,依争讼程序处理之对象,不以有对立之两造为必要,例如有关刑事诉讼程序、公务员之惩戒程序或诉愿程序等,属之。此类程序之产生,多有其历史沿革上之背景或系基于人民权利保护之要求而来,但仍属争讼程序之一环[9]。

(二)诉讼程序

争讼程序中,具备保护当事人权益及确保裁判之公平、正确等特质之程序(慎重之法定程序),谓之诉讼程序。其特征约有如下数点:(1)审理裁断程序原则公开;(2)程序构造上,具有对立之当事人,并由当事人以外之第三人机关(即法院[10])为事件之裁断;(3)上开裁断机关具有独立之地位,其权限之行使不受其他机关之限制,且亦承认其构成员之身份保障;(4)当事人原则有言词辩论之权利;(5)依一定之法定程序调查证据认定事实;(6)裁断行为(即判决)具有特

---

〔6〕 田中二郎:《司法权の限界——特に行政权との关系——》,收于氏著《司法权の限界》,弘文堂 1976 年,第 13 页至第 19 页;晴山一穗:《司法权の限界》,收于杉村敏正编《行政救济法 1》,有斐阁 1990 年 11 月,第 25 页至第 31 页参照。

〔7〕 就争讼概念中,有关当事人之具体明确要求言,于例如环境(或公害)事件、消费者争议事件等现代型诉讼,其当事人往往涉及不特定之多数人,且其所争执之事件(如环境污染事件),纵能明确掌握,因具有扩散性、累积性,以传统一对一之诉讼构造,亦往往无法有效因应。就此而言,争讼概念已有松动迹象。关于此一现代课题,目前多于诉讼类型、诉之利益、选定当事人、大规模或小额事件审理程序特则等场合,检讨分析。

〔8〕 又学者有谓行政争讼者,指最终审级归行政法院管辖之公法争议事件之审理程序,行政争讼法即为规范此一法规之总称。因此其包含下列三项要素:(1)行政争讼程序除行政法院审理案件之行政诉讼程序外,尚包括其前置程序;(2)行政争讼法规之对象,限于公法上争议中以行政法院为最终管辖之审级者;(3)事件本身须具有争讼(议)性(吴庚著:《行政争讼法论》(修订版),自刊 1999 年 5 月,第 2 页以下)。故其系以行政诉讼为核心概念,说明行政争讼(自氏于书中章节编排,先行政诉讼而后诉愿者,亦可见此一倾向,同书"凡例"四参照),此点与本书论述,未尽相同。

〔9〕 雄川一郎前揭注 5 书第 3 页、吴庚前揭注 8 书第 3 页。

〔10〕 此法院通常固指形式意义之法院,然亦不排除实质意义之法院,例如法国之行政法院、台湾之律师惩戒委员会与律师惩戒复审委员会(性质上相当于设在高等法院及"最高法院"之初审与终审职业惩戒法庭)。

别之效力,尤其具有实质的确定力,以阻断将来争执之重复发生。其中,诉讼程序最基本之特征,在于裁断机关之独立性与第三者性格,此为法治国家对于当事人权利保护之重要手段;其次,言词辩论之权利及依法定程序调查证据认定事实,自"适正程序"观点,亦具有重大意义。

依上开说明,则所谓"诉讼",应指由具有独立地位之第三人机关,就一定之具体争讼事件,依慎重之法定程序,作成"法之宣示"之作用而言。其中以行政事件为对象者,谓之"行政诉讼"。

二、行政事件

相对于民事诉讼在解决"民事事件",行政诉讼则在解决"行政事件"。此一"行政事件"与"民事事件"概念,于所有事件均由普通法院依相同程序审理情形,并无区别实益。故其为设有"行政法院"或"特别之行政诉讼程序"之国家,始发生问题。因此,于采司法二(多)元化或有多种诉讼程序之国家,就某一事件于诉讼上应如何处理,均直接面临如何选择法院(审判权有无问题)或诉讼程序之宿命议题。而此一问题,于行政诉讼与民事诉讼之选择上,益加深刻[11]。因此,关于"行政事件"之概念,如何妥适划定其内容范围,直接攸关人民权益[12]。然而究应如何妥适划分,无论学说理论或实务运作上,却均颇感困难,最

〔11〕　由于刑事诉讼,主要系国家行使刑罚权之刑事诉追、审判程序,理论上并无形式上对立之两造当事人,且依罪刑法定原则,一切犯罪之追诉处罚,均应依形式法律为之,故较不发生上述选择问题。又于实践上,例如对于警察机关之盘查临检行为,如相对人对之有争执时,理论上固因其行为目的究系基于刑事侦查抑或行政检查,而可能异其争讼程序。惟实际上对警察盘查临检行为提起行政争讼者并不多见,多集中于刑事诉讼(主要为妨害公务罪)中处理。又有关诉讼程序、诉讼形式之选择问题,参照滨川清:《行政诉讼の诸形式とその选择基准》,载于杉村敏正编前揭注 6 书第 47 页以下。

〔12〕　整体而言,(1)部分主要涉及行政权与司法权之关系,其主要问题集中于争讼(事件)性之检讨,亦即该事件是否有关具体的权利义务或法律关系之争执(争执解决之成熟性),以及该事件能否借由法之适用而获致解决(争执解决之法判断可能性)。对此现行法制已有若干解决方式,例如"行政诉讼法"第 178 条,"司法院大法官审理案件法"第 5 条第 1 项、第 2 项、第 7 条及第 8 条,大法官释字第 305 号、第 371 号解释参照。至于(2)、(3)部分,则涉及人民应如何利用现行诉讼制度解决争执,始符合各该制度目的、程序技术要求或人民权利保护要求之问题。其中,于民事诉讼,因诉讼之提起除有请求法院应以何种程序进行审理以及有效贯彻诉讼制度功能等技术性或制度性意义外,亦同时包括告知被告其所欲采取之解决争讼方式,为避免对被告准备诉讼时造成突袭或基于武器平等原则要求,故有关民事诉讼中各种诉讼类型之选择危险,原则均归于起诉之原告,此通常较不发生问题。反之,于行政诉讼,由于系以国家或地方自治团体等行政主体或其行政机关为相对人,其诉讼型态通常系

后遂不得不求诸各种审判权之冲突解决制度、移送制度、诉讼程序之停止等方式解决。

关于如何判断某一争议是否为行政事件，抑或属民事事件之标准，实践上约有下述二种标准。

（一）形式说或制度功能说

区别行政诉讼与民事诉讼之原始意义，在于管辖法院之不同，而非在事件本身性质之区别[13]。换言之，事件本身性质之差异，并不必然导致其所适用诉讼程序之差异。因此，何种事件应予以纳入行政诉讼程序处理，原则上属于立法政策之问题。乃有主张凡适用"行政诉讼法"以解决争执之事件为行政事件，适用民事诉讼法以解决争执之事件为民事事件者[14]。换言之，如何判断行政事件与民事事件，应视规律各该事件之实体法规中，立法者之意思如何而定[15]。于相关法规规定不明确时，则视现行行政诉讼制度与民事诉讼制度之结构、功能，

以不服公权力行为之型态出现，行政权就该争执事件往往拥有第一次判断权或有权先行单方作成决定，甚至强制执行，且其通常掌有大量资源、专业人力，地位优于一般人民。因此，若如民事诉讼般，将上开诉讼程序或诉讼之选择危险归于人民负担者，是否合理，有无过度侵害人民诉讼权之虞，则为应予严肃看待之问题。关于（4）则涉及如何避免各法院彼此间裁判（包含前提问题之理由判断）有无矛盾、审理具体事件时行政（或普通）法院应否受普通（或行政）法院裁判或行政处分效力之拘束（典型者如行政诉讼与国家赔偿诉讼之第一次权利保护优先问题），或某一事件涉及行政机关权限行使或第三人权益时，程序上应如何处理（如命其参加或先由其他法院裁判）等问题。

[13] 园部逸夫编：《注解行政事件诉讼法》，有斐阁，1989年6月，第1页[园部逸夫执笔]。

[14] 例如，学者鉴于行政上法律关系，亦有适用私法规定之情形，故有主张所谓行政事件，系指"有关行政上法律关系之争执中，适用行政事件诉讼法者"（室井力编：《现代行政法入门（1）》，法律文化社，1995年4月第4版，第302页[室井力执笔]；同编：《基本法コンメンタール·行政救济法》，日本评论社，1986年2月，第188页[原野翘执笔]参照）。

[15] 现行法中，明示或默示由普通法院或设于普通法院之机关审理者，例如：①国家赔偿事件（"国家赔偿法"第11条、第12条）；②冤狱赔偿事件（"冤狱赔偿法"第4条、第5条）、③选举（罢免）无效、当选无效、罢免等通过无效及罢免案否决无效之事件（"公务人员选举罢免法"第101条、第103条、第103条之1、第106条、第108条）；④交通违规事件（"道路交通管理处罚条例"第87条、第88条、第89条，属刑事事件）；⑤律师惩戒事件（"律师法"第41条、第47条）；⑥违反社会秩序维护法事件（"社会秩序维护法"第55条以下，属刑事事件）；⑦行政机关关于私权争执所为之裁决（如"公害纠纷处理法"第39条、"耕地三七五减租条例"第26条、"矿业法"第65条）等，均非行政事件。又⑧宪法争议事件规定由"司法院"大法官审理（"宪法"第78条、"'宪法'增修条文"第5条第4项、"司法院组织法"第3条第1项、"司法院大法官审理案件法"第2条参照）；⑨公务员惩戒事件，"公务员惩戒法"第18条以下则规定由公务员惩戒委员会审理，亦非所谓行政事件。

何者对该事件之解决,更能有效解决争议或对人民提供更周延之权利保护而定。以此一方式判断行政事件或民事事件者,可称形式说或制度功能说。

(二)实质说或法律关系说

由于裁判系"法之宣告"作用,关于民事事件应依民事(实体)法律审理判断,关于行政事件应依于行政(实体)法律审理判断,故于设有行政法院或特别之行政诉讼法规之国家,尤其继受欧陆法制之情形(如日本、台湾),除传统上向由普通法院审理者(如"国家赔偿诉讼")外,立法者于制定法律或法院于适用法律时,就该事件应制定或适用何种法律,均有意无意以理论上公私法之区别为其前提,而少有配套考虑既有诉讼制度对各该争执事件解决具有何种功能者[16]。因此,有关行政事件与民事事件之判断,遂与"公法、私法之判断"互为表里[17]。亦即认为所谓"行政事件",系指当事人间有关公法上具体权利义务关系之事件,"民事事件"则指当事人间有关私法上具体权利义务关系之事件。以此一方式判断行政事件或民事事件者,可称实质说或法律关系说。

以上两项判断标准,台湾无论在学说抑或实务见解,整体倾向采第二种标准,但在例外情形,基于人民权利保护之要求,如依现行行政诉讼制度无法获致有效救济时,则采第一种标准,许其向普通法院提起诉讼[18]。

---

〔16〕　实践上,由于立法之粗糙,纵有意规定某一事件应依循之争讼程序,其效果亦往往适得其反,更增判断上之困难,例如最近通过之"政府采购法"第74条、第83条属之。

〔17〕　有关公私法区别标准及问题,请参照吴庚著:《行政法之理论与实用》,自刊1999年6月增订五版,第28页以下,兹不赘论。

〔18〕　"司法院"大法官释字第466号解释谓:"'宪法'第十六条规定人民有诉讼之权,旨在确保人民得依法定程序提起诉讼及受公平之审判。至于诉讼救济究应循普通诉讼程序抑或依行政诉讼程序为之,则由立法机关依职权衡酌诉讼案件之性质及既有诉讼制度之功能等而为设计。台湾关于民事诉讼与行政诉讼之审判,依现行法律之规定,分由不同性质之法院审理,系采二元诉讼制度。除法律别有规定外,关于因私法关系所生之争执,由普通法院审判;因公法关系所生之争议,则由行政法院审判之";"'国家'为提供公务人员生活保障,制定公务人员保险法,由'考试院铨叙部'委托'行政财政部所属之中央信托局'办理公务人员保险,并于保险事故发生时予以现金给付。按公务人员保险为社会保险之一种,具公法性质,关于公务人员保险给付之争议,自应循行政争讼程序解决。惟现行法制下,行政诉讼除附带损害赔偿之诉外,并无其他给付类型诉讼,致公务人员保险给付争议纵经行政救济确定,该当事人亦非必然即可获得保险给付。有关机关应尽速完成行政诉讼制度之全盘修正,于相关法制尚未完备以前,为提供人民确实有效之司法救济途径,有关给付之部分,经行政救济程序之结果不能获得实现时,应许向普通法院提起诉讼谋求救济,以符首开'宪法'规定之意旨"。是以本号解释提示二项判断标准,用以决定某一事件究应适用普通诉讼程序抑或行政诉讼程序。其一为事件之性质、其二为既有诉讼制度之功能。其中后者,即与本书上开说明类似。

第二节 行政诉讼之目的与行政诉讼法之定位

一、行政诉讼之目的

行政诉讼制度，究竟系依据何种目的而运作，与民事诉讼之目的论争同，不仅攸关诉权理论之建构，亦与如何架构理想行政诉讼制度此一立法政策问题，以及如何妥适解释运用现行行政诉讼法制等问题，息息相关。

依"行政诉讼法"第1条规定，行政诉讼以保障人民权益，确保"国家"行政权之合法行使，增进司法功能为宗旨。因此，台湾行政诉讼制度之目的，包括人民权益之保护、行政适法性之审查以及司法功能之增进三者。其中，除最后一点[19]外，本法规定系将目前学说争论之"权利保护说"与"适法性控制（维持）说"二者，予以明文化（并存说）。此与民事诉讼之目的论争[20]，法律并未明定其诉讼目的，致呈现多元而复杂景象者，显然不同。然而，此一行政诉讼目的论与民事诉讼目的论之差异现象，有其理论上之深层背景，兹说明如下：

就诉讼制度之受益者为何此一观点而言，民事诉讼制度之设置，主要基于以下两种考虑：

（1）自国家方面观察，民事诉讼系为避免因自力救济对社会秩序所造成之

---

[19] 按将促进司法功能列为行政诉讼之目的，理由为何，无从查考（按本条立法理由二谓"行政诉讼之目的，在于借司法救济，以保障人民权益及确保国家行政权之合法行使，爰设本条揭示其旨"，并未将促进司法功能列为行政诉讼之目的，"司法院"印：《行政诉讼法新旧条文对照表》，1999年1月，第41页参照），此与《中华人民共和国行政诉讼法》第1条将"维护行政机关依法行使行政职权"列为行政诉讼之目的，系其行政执法因相关配套法制及财力、人力资源不足等因素，无法顺利推展行政活动，欲借法院判决强化执法效能，而为如此规定者不同（刘宗德主持：《大陆地区司法审查制度之研究》，"行政院大陆委员会"编印，1998年4月，第153页至第154页参照［赖恒盈执笔］），台湾"行政诉讼法"此一规定，恐怕容易令人误会我司法功能长期不彰。不同见解，林腾鹞著，"行政诉讼法"，三民书局，2004年6月，第41页以下，认为行政诉讼法之宗旨范围，不仅在使人民权利获得保障，使行政适法性受到监控，而更重要的是透过行政诉讼法之规定，使行使行政诉讼审判权之行政法院法官亦受到法律控制，而非积案拖延或乱判，以扫除行政法院自建制以来被称为"驳回法院"，以及因大量积案及结案期拖延之种种私法功能缺失问题。

[20] 关于民事诉讼之目的论争，约有以下诸说：（1）权利保护说；（2）法秩序维持说；（3）纷争解决说；（4）纷争之依法解决说；（5）多元说；（6）程序保障说；（7）法寻求说［邱联恭］；（8）目的不要说（搁置论）。目前德国通说为权利保护说，日本通说为纷争解决说。

影响,而由国家以公权力介入解决社会私人间所生纷争之制度(纷争解决或私法秩序维持目的)。

(2)自人民方面观察,因禁止自力救济之结果,为使人民权利受侵害时能有救济途径,乃有民事诉讼制度之设(权利保护目的)。因为上述纷争解决与权利保护二者所欲达成目的未尽相同,因此,在民事诉讼制度之目的,因学者对于诉讼受益者侧重于国家抑或人民之不同,而有纷争解决说与权利保护说之论争。

就行政诉讼制度而言[21],如众所周知,行政诉讼制度系典型的"民告官"制度[22]。在大陆法系国家,此一制度之产生,不仅于法制史上代表人民法律上地位之提升,其背后并有其政治学、社会学、法学等坚实理论基础[23]。亦即:

(1)依古典的理解,于依法行政原则下,行政系法律之执行作用,由于法律具有公平分配现有资源以及调整社会各种利益(利害)冲突之功能,故行政亦带有分配社会资源与调整利益冲突之作用(行政之公益性或公共性)。因此,在行政与私人间关系上,"行政"本身即具有"单方依法"解决社会纷争功能。因此,自国家方面观察,并无另外设置一种诉讼制度,以解决国家与人民间纷争之必要。换言之,如行政活动确实系依法执行,此时纵使国家与人民间发生争执,人民权益既然系行政依法律规定加以调整故非受有违法侵害,并无另设行政诉讼制度以保护人民权益之必要。此时,如国家仍设有行政诉讼制度,制度目的应在于确保行政活动之适法性。此点,如观察欧陆国家行政诉讼制度所规定之主要诉讼类型及各种特殊程序性规定,多集中规定如何审查行政活动适法性之撤

---

[21] 以下说明主要参照小早川光郎:《行政诉讼の构造分析》,东京大学出版会1983年8月,第35页以下,尤其第36页至第37页注(77)。

[22] 例如,关于撤销诉讼等具有不服公权力行使性质之抗告诉讼(通常须"前置程序之行政诉讼","行政诉讼法"第24条参照),行政机关原则上不得为作为原告("行政诉讼法"第4条1项、第5条、第6条参照)。就此而言,行政机关解释上似无承认其享有宪法上之"诉讼权"(或诉讼法上之诉权)。且诉讼权保障之范围"应否"扩充至行政机关与行政机关、行政主体与行政主体,或行政机关与行政主体间之诉讼,如承认所谓机关诉讼或行政主体间之诉讼,其诉权依据及构造是否与人民提起行政诉讼时相同,亦有疑问。

[23] 关于纷争与其解决方法彼此间关联性与特质之法社会学分析,民事诉讼部分则文献颇多,例如,六本佳平:《纷争と法》,收于卢部信喜等编《岩波讲座 基本法学3(纷争)》,岩波书店,1983年10月,第3页以下;田中成明:《法の考え方と用い方——现代法の役割》,大藏省印刷局平成2年7月,第36页至第64页、第325页至第346页参照。反之,行政诉讼部分则少有类似说明。

销诉讼等"抗告诉讼[24]"类型（若干情形亦承认客观诉讼），并据此设有各种特殊程序设计者（例如诉愿前置、职权调查主义、舍弃或认诺之限制、执行不停止、撤销判决之对世效力），亦可窥知行政诉讼之行政活动适法性维持之目的[25]。

（2）反之，如自人民方面观察，行政活动之适法性固然为其关心对象，然于国家与人民间发生争执情形，如何确保其权益不受违法行政行为侵害，始为人民主要关心重点。因此，如何经由行政诉讼制度以保护人民权益，即成行政诉讼之制度目的。换言之，从此一观点所设计之行政诉讼制度，无论其诉讼类型抑或是其各种程序规定，主要均在于如何强化人民宪法所保障之诉讼权，以保护其权利。例如，行政诉讼采概括主义、承认法定诉讼类型以外之类型、利害第三人诉讼权能之承认、扩张司法审查之广度与深度（如行政裁量之审查、行政活动之过程控制）、承认诉讼上和解、审级救济及再审或重新审理制度、暂时的权利保护制度等，均具有保护人民权利之规范目的。

由上开说明可知，行政诉讼制度之存在理由，主要系因人民方面之权利救济要求而来，但因行政活动之适法性与人民权益之保护二项目的，自法治主义依法行政原则观点，二者实际上互为表里[26]；亦即，整体行政诉讼制度之设计

---

　　[24] 按"抗告诉讼"之原意，系将其诉讼对象之行政处分，认为具有类似法院裁判之性质，故对之如有不服而于诉讼（主要以撤销诉讼方式）上主张时，该诉讼即具类似抗告之作用，故称为抗告诉讼。换言之，由于行政处分通常被视为系行政与人民间法律关系之互动过程中，用以确定其彼此间具体权利义务之工具，而具有决定于行政活动过程中，行政与人民间权利义务于何时点始具体化（即决定行政活动程序告一段落之收敛点所在）之功能，故类似法院之裁判。关于撤销诉讼之上诉类似性问题，兼子仁：《行政行为の公定力の理论》（第3版），东京大学出版会，1970年，第161页以下参照。

　　[25] 不仅撤销诉讼、处分无效确认诉讼等传统行政诉讼类型，即以课予义务诉讼、给付诉讼等诉讼类型而言，无论系该诉讼之特别实体判决要件抑或实体胜诉要件，仍然均以审查所争执之行政活动（包括不作为）是否违法为其主要内容。

　　[26] 在民事诉讼中，私人活动之适法性控制及私权之保护二者，虽然亦关系密切，但自私法自治观点而言，私人活动除非有违反公序良俗、法律之强制或禁止规定，或有权利滥用或违反诚信原则等情形外，一切私人活动，只要不侵犯他人权利（权利不可侵原则），原则均为法所允许。因此，在民事诉讼中，关于私人活动之适法性判断，原则以是否侵犯他人权利为主要判断标准，如他人权利受有侵害，基本上即可推定该行为为不法（权利受害→行为不法）。此时，民事法院原则仅须审查人民权利是否受有损害即可，而无须考虑人民行为之合法性。因此，民事诉讼制度之目的，并未如同行政诉讼般，以私人行为之适法性维持为其目的。反之，在行政诉讼中，行政并非不能干预人民权利，在有合宪法律之依据或授权下，行政仍得合法干预人民权利（依法行政原则）。因此，在行政诉讼中，单纯人民权利之受害，原则无法径自推定行政活动构成违法。此时，行政法院除须审查人民权利是否受有损害之外，同时尚须进一步审查行政活动之适法性。

及其相关规定,整体上如能确实达成其中一个诉讼目的,理论上亦可同时满足另一目的要求。因此,现行"行政诉讼法"遂将此二项目的,予以明文规定。

二、行政诉讼法之定位

"行政诉讼法"第 2 条规定,公法上之争议,除法律别有规定外,得依本法提起行政诉讼。就本法规定内容观之,共 308 个条文,除于各章节逐条列举明定准用"民事诉讼法"之条文[27]外,举凡(1)行政诉讼事件等行政诉讼之审判对象与诉讼类型等行政诉讼客体有关事项,(2)行政法院、当事人等行政诉讼之主体有关事项,(3)书状、送达、期日及期间、诉讼卷宗、诉讼费用等诉讼程序一般事项,(4)第一审诉讼(包括简易诉讼程序)程序、上诉审诉讼程序、抗告程序、再审与重新审理程序、停止执行与保全程序等暂时权利保护程序、强制执行程序等各种诉讼程序相关事项,全部均自为规定,体系相当完整而庞大。换言之,台湾新"行政诉讼法"规定之体例[28],既未如《日本行政事件诉讼法》(旧)采"概括准用方式"[29],亦未《德国行政法院法》除于个别条文列举准用外,兼采概括准用规定[30],且整体规定之体系结构完整。因此,立法者显然有意使本法成为

---

〔27〕　本法规定准用"民事诉讼法"之条文,依学者整理有第 18 条、第 20 条、第 28 条、第 36 条、第 48 条、第 56 条、第 59 条、第 60 条、第 83 条、第 99 条、第 104 条、第 115 条、第 131 条、第 132 条、第 136 条、第 161 条、第 166 条、第 176 条、第 186 条、第 218 条、第 221 条、第 237 条、第 272 条、第 297 条以及第 303 条共 25 个条文,计准用民事诉讼法 241 个条文,约占全部民事诉讼法条文之 38%(蔡志方:《论行政诉讼与民事诉讼共通之制度与法理》,载《月旦法学杂志》1999 年 4 月第 47 期,第 46 页至第 48 页参照)。

〔28〕　按行政诉讼法之立法体例,除行政诉讼制度性质上所特有,或有明确规定以示其重要性,或为杜绝争议而须自为规定者外,得否准用其他程序规定,应准用何种程序规定(准用民诉或刑诉程序),以及应如何准用,比较法上未尽相同。惟其准用"民事诉讼法"者,仍属多数,且多规定为凡不与"行政诉讼法"之规定明文抵触,且性质上允许者,原则均得准用。

〔29〕　《日本行政事件诉讼法》(旧)第 7 条:行政事件诉讼,本法未规定之事件,依民事诉讼之例。

〔30〕　例如,1997 年《德国行政法院法》于个别条文具体规定准用者,主要为准用"民事诉讼法"与"法院组织法"二类,其中准用"民事诉讼法"者,有第 54 条、第 57 条第 2 项、第 62 条第 4 项、第 64 条、第 98 条、第 105 条、第 123 条第 3 项、第 166 条、第 167 条第 1 项、第 183 条等规定;又第 173 条则规定概括准用,本条规定:"本法律未规定之程序,徐因法院组织法及民事诉讼法二种程序性质之原则性差异而予以排除者外,准用法院组织法及民事诉讼法。"(上开条文规定,请参照"司法院"编印:《中译德奥法日行政法院法》,1994 年 6 月,第 1 页以下参照;1997 年新法部分,宫田三郎:《行政诉讼法》,信山社 1998 年 3 月,第 310 页至第 377 页之参考资料 4"ドイツ行政裁判所法"。)

行政诉讼之一般法与基本法，而与"民事诉讼法"及"刑事诉讼法"鼎足而三[31]。

就本法此一规定体例言是否妥当，以及本法相关规定内容是否已足以反映行政诉讼之基本特质，甚至此种规定方式，能否使将来实务运作如同立法者意旨般，朝一般法与基本法方向发展等问题，均仍有待检验。然而本法既未采概括准用规定，解释上应认为立法者有意建立自给自足之独自行政诉讼法理体系，故除列举准用民事诉讼法者外，如其规定有欠缺或漏洞，原则应以其独自之行政诉讼法理予以填补，并无准用民事诉讼法之余地，且纵使于本法所列举得准用民事诉讼法规定情形，亦有其内在限制，即其准用仍不得与行政诉讼之性质有所抵触[32]。此一现行"行政诉讼法"之定位，在将来将行政诉讼准用民事诉讼规定之方式，改为兼采概括准用情形，由于立法体例仍维持相当完整而庞大，仍不影响现行"行政诉讼法"此种体系结构定位。就此点而论，除直接影响应如何准用"民事诉讼法"相关规定之问题[33]外，最重要之影响，恐怕在于此一独立自给自足之行政诉讼体系架构，配合本法第1条所宣示之行政诉讼目的及第2条明定实行行政诉讼概括主义之结果，旧"行政诉讼法"时代因当时行政诉讼制度无法提供完整而有效救济，而由民事诉讼提供"补充的权利保护途径"之情形（例如，行政契约有关争议、公务人员保险等社会保险有关争议等），今后将难以发生。换言之，台湾新"行政诉讼法"之定位，在于建立一"完整、有效且及

---

[31] "司法院"编印：《"司法院"行政诉讼制度研究修正资料汇编（一）》，1985年6月，第986页以下第三十二次会议记录各委员发言参照。

[32] 此一主张并非否认行政诉讼与民事诉讼有其共通性，仅在说明本法采用此一规定体裁之结果，于具体裁判时，纵属民事诉讼法有规定而行政诉讼法未规定之事项，如无准用规定，上开民事诉讼法或学说判例已有之相关程序规定或法理，于不抵触行政诉讼性质之范围内，行政法院自得予以吸纳作为行政诉讼独自之判例法理予以适用，并无于判决书内明示准用或类推适用民事诉讼法某一条文之必要。

[33] 例如，台湾"民事诉讼法"自从1996年起开始进行大规模修正作业（分阶段逐年大幅修正，迄今已经历五次大修法），其中为建构"金字塔型之诉讼制度"，乃引进以处分权主义及辩论主义为基础之"整理并协议简化争点程序"等促进"集中审理"之相关规定。此类"民事诉讼法"之新规定，于行政诉讼是否亦有准用或类推适用之余地。在最近一次"行政诉讼法部分条文修正草案"第132条规定中，虽明白准用，然而由于行政诉讼系以受限制的处分权主义、职权调查主义等其程序基本原则，此点与民事诉讼显有相当差异，则将来上开修正草案立法通过后，实务上应如何准用，恐仍存有重大疑义。

时的权利保护体系"[34]，此点，于解释适用"行政诉讼法"相关规定时，应特别留意。

第三节　行政诉讼事件

一、公法上争议之概念

"行政诉讼法"第 2 条规定，公法上之争议，除法律别有规定外，得依本法提起行政诉讼。本条规定具有宣示本法关于得提起行政诉讼之事件（即行政诉讼事件之范围或行政诉讼审判权之范围），系采"概括主义"。由于本法明定除法律别有规定外，举凡公法上争议原则均得提起行政诉讼，故系采"权利保护体系之概括主义"[35]，而非依存于诉讼类型、行政行为形式之概括主义[36]。就此点而言，本条规定符合"完整、有效且及时之权利保护要求"。

又本法第 2 条所称"公法上争议"，系指一切应适用公法解决之争执而言，除刑事事件已自成体系外，主要包含"宪法"性质之公法上争议，以及非"宪法"

---

〔34〕　兹举一例说明，《日本行政事件诉讼法》（旧）所规定之主观诉讼类型中，大别为抗告诉讼与当事人诉讼二大类，而《行政事件诉讼法》全部 45 个条文，几全部集中于抗告诉讼之程序规定（第 1 条至第 3 条、第 7 条至第 38 条、第 44 条、第 45 条），关于当事人诉讼之程序规定则寥寥无几（第 39 条至第 41 条），致使实践上当事人诉讼几与民事诉讼程序几乎完全相同。此等规定经彼司法实务实践结果，使原来立法者基于公私法之区别，明定除法律别有规定外，所有公法上事件均得提起行政诉讼之旨趣，萎缩成"不服公权力行使之抗告诉讼"，而所谓行政诉讼事件亦几等同于不服公权力行使之事件，其余事件则大量逃遁于民事诉讼成为民事诉讼事件。其结果，彼立法者欲借"行政事件诉讼法"逐步达成建立独自行政诉讼法体系之原意，丧失殆尽，而再次回归"行政事件诉讼特例法"时代，使行政诉讼仅系附属于民事诉讼之特别诉讼制度。

〔35〕　因此，例如规范审查诉讼、行政计划诉讼等抽象行为审查诉讼，除法律别有规定外（如"大法官审理案件法"），如该争议之法律关系为具有争讼性，均应认得依本法提起行政诉讼。例如关于都市计划之变更行为，得否提起行政争讼救济，"司法院"大法官释字第 147 号、第 156 号解释参照。

〔36〕　依本条立法理由第三点之说明谓："本条系有关行政诉讼审判权之概括规定，至公法争议之具体诉讼，仍须具备本法所定各种诉讼之要件，始得提起。"（"司法院"印前揭注 19 书第 42 页参照）从而并不承认所谓"法定外（无名）诉讼类型"，而与通说显然不同。果若如此，则本条所谓行政诉讼"审判权"之概括规定，将仅止于"限于得提起法定行政诉讼类型救济"之概括主义（例如，"行政诉讼法"第 8 条仅规定人民得提起给付诉讼，则国家或其所属行政机关，将无法提起行政诉讼），此将严重影响将来行政诉讼之类型化发展。

性质（如行政法性质）之公法上争议[37]，上开争议是否得提起行政诉讼，须视法律有无特别规定而定。因此，除非法律有特别规定应提起其他诉讼，否则举凡公法上争议，原则均得提起行政诉讼。须注意者，公法上争议原则以该争议构成"具体权利义务有关争执"，亦即具有"争讼性"为限，但仍有若干例外情形。例如：（1）因本法诉讼类型尚包括"维护公益诉讼"（第9条）此一"客观诉讼"类型，故如法律明文规定得提起行政诉讼[38]，纵该公法上争议并不具有"争讼性"，亦得提起行政诉讼。（2）台湾司法实务上承认行政机关彼此间亦得订定行政契约，故有关该契约所生争执，亦承认得提起行政诉讼[39]。此外，（3）于涉及"中央"与地方自治事项之争执情形，为确保地方自治权，实务亦承认得提起"机关诉讼"[40]。

二、行政诉讼事件之意义

按"行政诉讼法"将"行政诉讼事件"明定为第1编第1章之章名，其内容包括行政诉讼之目的、行政诉讼之种类与要件，及行政诉讼与民、刑事诉讼之关系

---

[37] 此一情形，与德国学说分类略同。即彼行政法院法第40条第1项前段规定："行政诉讼，除争议依联邦法律明定由其他法院审理者外，指宪法上争议以外之一切公法上争议。"因此，彼学者有将公法上争议区分为"宪法性质之公法上争议"与"非宪法性质之公法上争议"者，吴庚前揭注8书第40页参照。

[38] 此类规定主要集中于现行环保法律中，例如："废弃物清理法"第72条、"空气污染防制法"第81条、"水污染防治法"第72条、"土壤及地下水整治法"第49条、"海洋污染防治法"第59条等属之。

[39] 按台湾是否承认行政机关间之诉讼或行政机关对行政主体之诉讼，须视现行法及司法实务关于行政机关于实体法上及诉讼法上地位，系采何种态度而定。如肯定其亦得作为实体法上实体法律关系之主体，如订定行政契约或民事契约（吴庚前揭注17书第539页参照），亦倾向于承认机关诉讼（吴庚前揭注8书第136页参照）。

[40] 大法官释字第553号解释，亦间接肯定机关诉讼，该号解释谓：行政院撤销台北市政府延期办理里长选举之决定，涉及"中央"法规适用在地方自治事项时具体个案之事实认定、法律解释，属有法效性之意思表示，系行政处分，台北市政府有所不服，乃属与"中央"监督机关公法上之争议，惟既属行政处分是否违法之审理问题，为确保地方自治团体之自治功能，该争议之解决，自应循行政争讼程序处理。台北市如认为行政院之撤销处分侵害其公法人之自治权或其他公法上之利益，自得由该地方自治团体，依"诉愿法"第1条第2项、"行政诉讼法"第4条提起救济请求撤销，并由诉愿受理机关及行政法院就上开监督机关所为处分之适法性为题为终局之判断。另外，"诉愿法"第2条第2项规定：各级地方自治团体或其他公法人对上级监督机关之行政处分，认为违法或不当，致损害其权利或利益者，亦得提起诉愿。"地方制度法"第76条第5项规定：直辖市、县（市）、乡（镇、市）对于代行处理之处分，如认为有违法时，依行政救济程序办理。上开规定，亦间接肯认机关诉讼之可能性。

等事项。因此,本法所称"行政诉讼事件"至少具有二层意义:(1)指第2条所称公法上争议中,得依本法提起行政诉讼之事件。(2)兼具有指涉具体诉讼类型之意义。亦即,系指属于第2条之事件中,经依第4条至第10条等规定,而具体提起之诉讼类型(包括法定外(无名)诉讼类型),所欲加以处理之事件。亦即,指经划分适用具体诉讼类型后之行政诉讼事件。因此,就概念广狭而言,行政事件为最广义之概念,约略与"公法上争议"概念相同。"行政诉讼事件"之第一层意义,则为广义之概念,而第二层意义,则为狭义之概念。学者或实务所称"行政诉讼事件",主要指第一层意义之概念,即依"行政诉讼法"第2条规定,可提起行政诉讼之事件。

三、行政诉讼事件之范围

如上所述,凡公法上争议中,得依"行政诉讼法"提起行政诉讼之事件,均属行政诉讼事件。依现行法律之规定,非以行政诉讼解决之公法上争议约有以下几种:

1. "宪法"争议事件。依"司法院大法官审理案件法"第2条规定,"司法院"大法官以会议方式,合议审理"司法院"解释"宪法"与统一解释法律及命令之案件;并组成"宪法"法庭,合议审理政党违"宪"之解散案件。有关申请解释之要件,则分别"宪法"解释、统一解释或违"宪"政党之解散案件,规定于同法第5条、第7条、第19条。

2. 选举罢免事件。"行政诉讼法"第10条规定,选举罢免事件之争议,除法律别有规定外,得依本法提起行政诉讼。依"公职人员选举罢免法"第101条、第103条、第103条之1、第106条、第108条、第110条规定[41],关于选举或罢免无效、当选无效、罢免案通过或否决无效等诉讼,应由普通法院依"民事诉讼法"规定审理。

3. 交通违规事件。依"道路交通管理处罚条例"第87条:受处分人,不服主管机关依本法所为之处罚,得于接到裁决书之翌日起20日内,向管辖地方法院声明异议。法院受理前项异议,以裁定为之。不服前项裁定,受处分人或原处分机关得为抗告。但对抗告之裁定不得再抗告。第89条规定:法院受理有关交通事件,准用"刑事诉讼法"之规定。

4. 违反社会秩序维护法事件。依"社会秩序维护法"第43条及第45条规定,违反本法之处罚,分别由警察机关及地方法院或其分院简易庭裁罚。而对

---

〔41〕 "总统副总统选举罢免法"第102条、第104条、第105条、第108条、第110条、第110条等条文,亦有类似规定。

于警察机关之处罚不服者,得向该管地方法院简易庭声明异议(第 55 条),对该管地方法院简易庭之裁定不服者,得向同法院普通庭提起抗告(第 57 条)。因此,其救济程序系由普通法院依类似刑事诉讼程序为之。

5. 冤狱赔偿事件。依"冤狱赔偿法"第 4 条、第 5 条规定,冤狱赔偿之请求程序,以地方法院刑事庭为其决定机关,不服其决定者,则向"司法院"冤狱赔偿复议委员会声明不服[42]。

6. "国家"赔偿事件。"国家"赔偿案件,依"国家赔偿法"第 11 条、第 112 条规定,请求权人得依"民事诉讼法"之规定,提起损害赔偿之诉;但已依"行政诉讼法"规定,附带请求损害赔偿者,就同一原因事实,不得更行起诉。对此一规定,学者多认为台湾"国家"赔偿案件之属于"双轨制",人民得选择向民事法院提起损害赔偿之诉,亦得循行政诉讼程序,提起附带损害赔偿之请求。然因"国家赔偿法"之附带损害赔偿请求,原系配合旧"行政诉讼法"规定所为设计[43]。因此,虽谓采"双轨制",但仍不得单独行政诉讼请求"国家"赔偿。另现行"行政诉讼法"已删除"附带请求"之规定,而改于第 7 条规定为:提起行政诉讼,得于同一程序中,"合并请求"损害赔偿或其他财产上给付。故能否单独以行政诉讼请求"国家"赔偿,仍存有疑问,但实务仍采否定见解,认为"国家赔偿法"上开规定,即构成"行政诉讼法"第 2 条所称"法律别有规定",而不许其单独提起[44]。惟应注意者,"司法院"2004 年 3 月成立之行政诉讼制度研究修正委员会,最近完成"行政诉讼法"之修正草案。该草案第 7 条规定:"提起行政诉讼,得于同一程序中,附带请求损害赔偿",复将上开现行法之规定回复旧"行政诉讼法"之设计。本次修正理由谓:本条意旨系为与"国家赔偿法"第 11 条第 1 项后段之规定互为呼应,并附带于行政诉讼中为请求之前提下,得由行政法院并予审判,爰将原条文中"合并"之用语,修正为"附带",以配合"国家赔偿法"前揭规定。

7. 公务员惩戒事件。公务员之惩戒,台湾法制将之区别为"惩戒"与"惩

---

[42]　另关于戒严时期人民受损权利案件,其救济程序依"戒严时期人民受损权利回复条例"第 6 条规定准用"冤狱赔偿法"。然应注意者,关于戒严时期不当叛乱暨匪谍审判案件之补偿,依"戒严时期不当叛乱暨匪谍审判案件补偿条例"第 3 条第 3 项规定,其救济程序为诉愿及行政诉讼,故与上开冤狱赔偿案件不同。另关于二二八事件受难者之补偿,"二二八事件处理及补偿条例"第 3 条第 3 项亦规定循行政争讼程序处理。

[43]　旧"行政诉讼法"第 2 条:提起行政诉讼,在诉讼程序终结前,得附带请求损害赔偿。前项损害赔偿,除适用行政诉讼之程序外,准用民法之规定。但"民法"第 216 条规定之所失利益,不在此限。

[44]　"最高行政法院"自新行政诉讼法施行以来,即一贯维持此一立场。此类案例颇多,早期例如,2001 年裁字第 647 号裁定、2001 年裁字第 705 号裁定属之;最近例如,2005 年裁字第 443 号裁定、2005 年裁字第 669 号裁定属之。

处",前者系依"公务员惩戒法",后者则依"公务人员考绩法"为之。关于依"公务员惩戒法"所为惩戒处分,除荐任以下人员之记过、申诫得由机关首长为之外,原则上系由属于司法权一环之"公务员惩戒委员会"(公惩会)议决之,其再审议之救济,亦由公惩会受理,而不得提起行政诉讼。反之,依公务人员考绩法之惩处,则于经"公务人员保障法"之复审程序后,得提起行政诉讼请求救济[45]。

8.律师惩戒事件。关于律师惩戒案件,依"律师法"第 41 条、第 47 条规定,系由分别附属于"高等法院"及"最高法院"内之"律师惩戒委员会"及"律师惩戒复审委员会"受理。依大法官释字第 378 号解释,认为律师惩戒复审委员会具有职业法院之性质,其所为决定相当于终审判决,不得再向行政法院提起行政诉讼。

9.其他。其他例如"少年事件处理法"第 3 条、第 5 条,或"少年福利法"第 22 条规定由少年法院处理之少年保护事件或少年福利事件,规定由少年法院处理之。又检肃流氓事件,依"检肃流氓条例"第 22 条规定,由地方法院治安法庭审理,均非依行政诉讼处理。

第四节　行政诉讼之类型

各种诉讼类型之划分与承认,具有避免司法资源不当被滥用以及提供人民有效之权利保护之功能。亦即,诉讼类型系就当事人间各式各样之纷争性质、原告之请求以及法院裁判之方式,依其共通性予以整合、分类,并考虑诉讼救济与其他救济途径之关系后,所为之整理分类。因此,诉讼类型具有提供适当(适时、正确、完整、有效、经济)之权利保护模式,并使法院得以统一且合目的地处理复杂而大量发生之诉讼事件等功能。此外,于行政诉讼之诉讼类型,尚兼具有调整行政权与司法权关系之功能。简言之,行政诉讼之诉讼类型具有提供适当权利保护模式、统一处理及筛检适当诉讼方式,以及调整行政权与司法权关系等功能。又各国行政诉讼制度所承认之诉讼类型,因其诉讼类型所据以生成之环境背景之差异,故其种类、容许性、适用之对象(或纷争性质)等事项,均未尽相同;基于相同理由,纵属同一诉讼类型(例如德国、日本及台湾之撤销诉讼),理论上该诉讼类型之容许性或适用范围如何(如扩大或缩减适用范围),各国亦无作相同处理之必要。

---

〔45〕　台湾有关公务人员惩戒法制应如何设计,始能符合"宪法"之要求,亦即应否维持司法惩戒与行政惩处双轨制,向为学界与实务界之重大争议,"司法院"大法官对此亦曾表示若干意见,惟仍未有一致见解(释字第 243 号、第 298 号、第 396 号、第 491 号、第 583 号解释参照)。

一、行政诉讼类型之分类标准

行政诉讼之类型，可自种种不同观点分类，例如：

（一）客观诉讼与主观诉讼

自原告或国家设置诉讼制度之目的，与具体权益之浓淡关系，可分为"主观诉讼（contentieux subjectifs）"与"客观诉讼（contentieux objectifs）"。前者指以保护主观之个人权益为目的之诉讼，故原告起诉之资格，原则决定于其实体法上权益之保护必要性。一般而言，多数行政诉讼类型属主观诉讼。反之，原告起诉或设置诉讼之目的，非直接提供当事人权益之保护，而在达成特定立法目的者（如行政适法性之控制、公益之维护、权限争议之解决等），则为客观诉讼。因此，其原告起诉之资格，端视立法者之政策决定，即原则依个别法律之规定。例如民众诉讼、住民诉讼、利他的团体诉讼、机关诉讼等属之[46]。

就本法关于诉讼类型之规定观之，第 4 条撤销诉讼、第 5 条课予义务诉讼、第 6 条确认诉讼、第 7 条损害赔偿及其他财产上给付诉讼，以及第 8 条公法上（一般）给付诉讼，均以请求保护"自己权利或法律上利益"或其给付请求权为主要目的，故属"主观诉讼"类型。而第 9 条之维护公益诉讼，则属典型之客观诉讼[47]。有问题者，为第 10 条之选举罢免事件诉讼。按本条诉讼是否限于"主观诉讼"，依同法第 11 条立法理由二之前段说明[48]谓："前二条诉讼乃就原告适格、起诉之条件及选举罢免事件另设特别之规定"，可知其对"选举罢免事件"另设特别规定者，仅在使法律规定由普通法院管辖（如"公职人员选举罢免法"第 101 条、第 103 条、第 103 条之 1、第 106 条、第 108 条）以外之选举罢免事件，明定由行政法院管辖而已，故严格而言本法第 10 条系规定审判权之划分，并非如第 9 条之维护公益诉讼系在对"原告适格、起诉之条件……另设特别之规定"。因此，本法第 10 条规定之选举罢免事件诉讼性质，仍应认属主观诉讼之一种。

（二）抗告诉讼与当事人诉讼

依行政诉讼与公权力之关联，可分为"抗告诉讼"与"当事人诉讼"，此为

---

[46] 应注意者，主观诉讼与客观诉讼之区别，在于原告起诉或诉讼制度目的上之差异，其判断必须就法律关于该诉讼类型之适法要件，作如何之规定判断，尚不能仅依该诉讼类型之名称如何（撤销诉讼、课予义务诉讼、确认诉讼等），决定为主观诉讼抑或客观诉讼。

[47] 按维护公益诉讼本法明定为"就无关自己权利及法律上利益之事项"而提起，故属客观诉讼，以法律有特别规定者为限，始得提起。

[48] "司法院"印前揭注 19 书第 54 页。

古典之行政诉讼类型[49]。所谓"抗告诉讼(Anfechtungsklage)",系指不服公权力行使之诉讼,为古典行政诉讼之主要型态。例如,撤销诉讼、处分无效确认诉讼、不作为违法确认诉讼、课予义务诉讼等均属之。所谓"当事人诉讼(Parteistreitigkeit)",系指非直接攻击公权力行为为目的,而系有关对等当事人间公法上权利义务关系之诉讼。例如,因公法上契约有关给付之诉讼属之。

(三)始审诉讼与复审诉讼

依据诉讼之构造,行政诉讼可分为"始审诉讼"与"复审(后置)诉讼"。如人民与行政机关之法律关系,先由行政机关为第一次判断,如有不服,始于事后请求权利保护者,为"复审诉讼(nachträgliche Verwaltungsstreitsachen)"。此类诉讼为尊重行政第一次判断权,多规定须经诉愿或类似之程序,常属"后置管辖(nachträgliche Zuständigkeit)"。反之,如不以经行政第一次判断为必要者,为"始审(原始)诉讼(ursprüngliche Verwaltungsstreitsachen)",亦通常无须经诉愿或类似程序,故多属"原始管辖(ursprüngliche Zuständigkeit)"。一般而言,抗告诉讼属复审诉讼,当事人诉讼为始审诉讼。

(四)形成、给付及确认诉讼

此一分类系仿照民事诉讼,依行政诉讼之原告起诉要求法院提供之权利保护方式为何所作之分类。因此一分类与原告诉讼上请求有密切关系,故此三类诉讼,亦为所有诉之"基本类型"[50]。"行政诉讼法"第3条规定:"前条所称之行政诉讼,指撤销诉讼、确认诉讼及给付诉讼",即系依此所为之分类。其中,所谓"撤销诉讼",系指原告诉讼之内容系请求行政法院为撤销或变更行政机关所为违法行政处分判决之诉讼。所谓"确认诉讼",系指原告请求行政法院判决确认行政处分无效、公法上法律关系成立或不成立之诉讼。而所谓"给付诉讼",则系指原告请求行政法院判决命被告为一定给付(包括行为或不行为)之诉讼。

---

〔49〕　此一分类,为早期德国行政裁判制度之分类,其后鉴于某一法律关系究属上下隶属关系抑或对等关系不易判断,为避免因此而造成法院拒绝权利保护之危险,或因此一分类而否定给付诉讼之容许性,故于其1960年"行政法院法"乃废止此一传统分类(南博方前揭注2书第204页注(4)参照)。惟《日本行政事件诉讼法》(旧)(第2条参照),仍采此一分类。

〔50〕　就诉讼类型之发展言,于民事诉讼,形成诉讼为三类诉讼中最晚受承认之诉讼类型;反之,于行政诉讼,其属形成诉讼一种之撤销诉讼(Aufhebungsklage),却为最古典之诉讼类型。

然而，由于本条规定用语不使用"形成诉讼"而使用"撤销诉讼"[51]，且本法又另于第 4 条至第 6 条及第 8 条分别规定"撤销诉讼"、"课予义务诉讼"、"确认诉讼"以及"一般给付诉讼"等具体诉讼类型，因此，于本法第 4 条至第 8 条所明定之诉讼类型（法定或有名诉讼类型）外，是否承认本法所未规定之其他具体诉讼类型（法定外或无名诉讼类型），遂产生疑义[52]。对此问题，多数学者基于第 2 条概括权利保护主义之要求，予以肯定[53]。

（五）法定（有名）诉讼与法定外（无名）诉讼

此系依该诉讼类型是否为现行"行政诉讼法"所明定所为分类，亦即本法第 4 条至第 8 条规定之诉讼类型，为"法定（有名）诉讼"；反之，如非本法所明定之诉讼类型，则属"法定外（无名）诉讼"。就"行政诉讼法"所规定之法定诉讼类型而言，除上诉、再审或准再审之诉、重新审理之诉等"诉讼法上之诉"、宣告和解无效或撤销和解之诉（本法第 227 条）、债务人异议之诉（本法第 307 条）外，主要有以下几种：(1)第 4 条规定之撤销诉讼：又包括"处分撤销之诉"与"诉愿决定撤销之诉"二种。(2)第 5 条之课予义务诉讼：又包括"拒绝申请之诉"与"怠为处分之诉"二种。(3)第 6 条之确认诉讼：又包括"处分无效确认之诉"、"处分违法确认之诉"以及"公法上法律关系存否确认之诉"。(4)第 8 条之一般给付之诉[54]：又包括"财产上给付之诉"、"处分以外非财产上给付之诉"以及"公法上契约之诉"。(5)第 9 条之维护公益诉讼。(6)第 35 条之团体诉讼[55]。其中，前四者属于主观诉讼。

---

[51] 德国理论上承认此于撤销诉讼外，尚有所谓其他形成诉讼，例如变更诉讼、再审诉讼、撤销仲裁决定诉讼以及执行异议之诉等（彭凤至：《德国行政诉讼制度及诉讼实务之研究》，行政法院 1998 年研究发展项目研究报告，1998 年 6 月，第 38 页至第 39 页参照），惟其所举之其他形成判决之例，与本书所指自为行政处分之判决并不相同。

[52] 另请参照前揭注 36。

[53] 不同见解，蔡志方氏似主张本法第三条系采列举主义（氏：《论行政诉讼上各类诉讼之关系(上)、(中)》，载《月旦法学杂志》1999 年 10 月第 53 期，第 113 页以下，同杂志 1999 年 11 月第 54 期，第 115 页），此种情形，如何使权利保护不致受限于既有诉讼类型之概念外延，理论上非无盲点。

[54] 由于第 5 条规定之课予义务诉讼，为一种"特殊的给付诉讼"，故称第 8 条之诉讼为"一般给付之诉"。

[55] 本法第 35 条规定事实上属于选定当事人之一种型态，且立法者原意在于规定"利他的团体诉讼"（客观诉讼一种），然因本条规定用语之不当，而导致本条诉讼性质不明确（于最近修正草案中已修正此项错误）。亦即，本条第 1 项及第 2 项规定：以公益为目的之社团法人，于其章程所定目的范围内，由多数有共同利益之社员，就一定之法律关系，授与诉讼实施权者，得为公共利益提起诉讼。前项规定于以应为目的之非法人团体准用之。

（六）其他分类

除上开诉讼类型之分类标准外，尚有各种分类标准，例如，依起诉原告之资格，可区分为"被害人诉讼（Verletztenklage）"、"利害关系人诉讼（Interessetenklage）"、"民众诉讼（Popularklage）"、"纳税人诉讼（taxpayers' suit）"、"集团诉讼（class action）"或"团体诉讼（Verbandsklage）"[56]、"机关诉讼"或"自我（对己）诉讼"等。依起诉原告是否为处分相对人，亦可区分为"相对人诉讼（Adressatenklage）"或"第三人诉讼（Drittklage）"[57]。此类诉讼之容许性，与当事人适格，尤其原告适格问题有关。

二、各种诉讼类型之关系

一般而言，原告欲提起行政诉讼，通常须面临四项起诉风险，其所提起之诉始能进入实体审理。此四项风险包括：（1）原告所提起之诉，须为司法权之范围：除法律别有规定允许提起客观诉讼者外，其请求审判之争议须具备争讼性（司法权之界限问题）；（2）原告所提起之诉，行政法院须有审判权（不同系统审判权之冲突与解决问题）；（3）原告决定提起行政诉讼时，其所选择之诉讼类型，须适合该争议之解决（诉讼类型之选择问题）；（4）原告所提起之本案问题，如涉及先决问题或牵涉其他法律关系或裁判者，基于防止裁判矛盾或避免不当介入他法院审判权，有关该先决问题等事项之判断，须在程序上无障碍。其中，（1）、（2）部分涉及"公法上争议之概念"问题，而本项所讨论者，则为（3）部分之问题。

行政诉讼之诉讼类型，因标准之不同而有种种之分类，且行政诉讼之类型，除形成、给付及确认诉讼三种"基本类型"外，比较法上，基于行政权与司法权之关系或人民个别诉讼上请求与公益之关联程度等考虑，多于法律上具体明定各种"特殊之诉讼类型"，例如撤销诉讼、课予义务诉讼、处分无效确认诉讼等，并

---

〔56〕 此一"团体诉讼"，并非指该团体自身权益受侵害之诉讼，而系以自己名义为他人利益起诉之诉讼。因该他人是否为团体成员又可区分为"利己的团体诉讼（egoistische Verbandsklage）"与"利他的团体诉讼（altruistische Verbandsklage）"。其中，前者系指以团体名义为其成员权益而提起之诉讼，后者则指以团体名义为其团体成员以外第三人利益或一般公益提起之诉讼。另尚有分为"补充的团体诉讼（komplementäre Verbandsklage）"或"替代的团体诉讼（kompensatorische Verbandsklage）"者，前者指用以补充个人提起诉讼之不足，以扩大该个人权利保护为目的之诉讼，后者则指原须经多个人分别起诉，而由该团体代替之诉讼。

〔57〕 例如，邻人诉讼、竞争者诉讼，或附近居民对核电厂、焚化炉、高速铁路等设施之设置或运转许可提起之诉讼，均属之。

就其诉之容许性、要件、审理或裁判方式等事项,设有特别规定。此种"基本诉讼类型与特殊诉讼类型并存"规定之模式,不同于民事诉讼[58],是以行政诉讼乃发生应如何妥适厘清各种法定诉讼类型之关系问题[59]。

"行政诉讼法"第4条之撤销诉讼、第5条之课予义务诉讼、第6条之确认诉讼以及第8条之一般给付诉讼,其划分标准除考虑原告请求行政法院提供之权利保护形式(撤销判决、确认判决、课予义务判决或其他给付判决)外,尚须考虑行政权与司法权之关系,具有规定司法权何时,得就何种行政行为,于何种条件下,审查其合法性之作用。亦即,行政诉讼规定诉讼类型之目的,具有限制行政法院(司法权)介入行政活动(行政权)之时点、介入方式之作用。因此,就某一案件可能同时符合两个以上法定诉讼类型之要件时[60],依处分权主义原告虽得自由选择其所欲提起之诉讼类型,然因"行政诉讼法"所明定之各种具体诉讼类型,兼具有考虑行政权与司法权关系或行政法律关系之早期安定要求等目的(此等特殊考虑构成立法者明定各种法定诉讼类型之立法目的),原告本于处分权主义自由选择所欲提起诉讼类型之自由,于行政诉讼遂受有重大限制。亦即,就现行"行政诉讼法"所明定之撤销诉讼、课予义务诉讼、确认诉讼及一般给付诉讼四者,应如何选择适用,不仅涉及指示法院就原告之起诉应如何为审理裁判,更可能直接影响原告起诉之合法性[61]。

讨论各诉讼类型之关系,理论上必须衡量"人民权利保护要求"以及""行政诉讼法"具体明定各种诉讼类型之立法目的"等因素而定。亦即,对于因同一基础事实所衍生之行政诉讼事件,就撤销诉讼、课予义务诉讼、确认诉讼及一般给

---

[58] 按于"民事诉讼法"并无"形成、给付及确认诉讼"此等诉讼类型之明文,仅就若干特殊情形,例如将来给付之诉、证书真伪确认之诉、法律关系基础事实确认之诉、婚姻无效确认、离婚之诉等人事诉讼,设有特殊规定。

[59] 由于民事诉讼之诉讼类型,"形成诉讼"原则限于实体法或相关诉讼程序法律有明文规定时,始得提起,故能否提起形成诉讼属于如何解释适用各该法律规定之问题,原则不发生形成诉讼与给付、确认诉讼之优先劣后关系问题。至于而给付诉讼与确认诉讼之区别,主要取决于原告人民请求法院提供何种权利保护形式(给付判决抑或确认判决)而定,基于民事诉讼之当事人处分权主义,原告原则得自由选择究应提起给付诉讼抑或确认诉讼,其主要限制仅在于"原告起诉是否具有权利保护必要"而定。换言之,在民事诉讼之诉讼类型间,其彼此间原则不发生如同行政诉讼之诉讼类型间关系应如何厘清之问题。

[60] 例如,针对违法处分,可能提起处分撤销诉讼或课予义务诉讼(请求作成撤销处分);针对拒绝处分,可能提起撤销诉讼或课予义务诉讼;针对行政不作为,可能提起课予义务诉讼或一般给付之诉;针对无效处分,可能提起撤销诉讼或处分无效确认之诉;针对请求废止有事后瑕疵之处分,可能提起撤销诉讼或课予义务诉讼等。

[61] 惟"诉讼类型"之合法性与"起诉"之合法性,系属两种不同概念,尚请留意。

付诉讼四者,妥适判断其彼此关系如何后,以为决定。对于此一问题,学者未有共通见解,一般约可整理为互斥(排他)关系[62]、并存关系、补充关系[63]及转换关系四种。惟就本书观点而论,如能确实检讨各诉讼类型之一般与特别诉讼要件(或称实体判决要件),则某一公法上争议究应适用何种诉讼类型解决,纯依各该诉讼类型之诉讼要件决定即可,并无再从抽象与一般性观点,检讨各诉讼类型之关系之必要。因此,以下对于各诉讼类型之关系不再讨论,惟就人民观点而论,因诉讼类型选择错误风险,在诉讼实践上仍多由原告负担,故原告应以何种标准与顺序,选择适当之诉讼类型,仍有说明必要。故以下就原告起诉选择诉讼类型时所应考虑之因素与顺序,稍作说明。

(一)原告起诉选择诉讼类型时之考虑顺序

1.第一次考虑因素:处分撤销诉讼、课予义务诉讼优先于一般给付诉讼或公法上法律关系存否确认诉讼

台湾行政诉讼之诉讼类型,依现行法之规定,主要可分为:(1)以审查行政行为合法性为主要内容之撤销诉讼、课予义务诉讼、处分无效确认诉讼、处分违法确认诉讼;(2)以审查行政法律关系存否为主要内容之一般给付诉讼以及公法上法律关系存否确认之诉。就此两大类诉讼类型而论,其划分标准并非同一,因此,就同一案件于检讨其应适用之诉讼类型时,通常情形均可能涉及上述二类诉讼类型。例如,提起撤销诉讼目的在于恢复处分前之法律关系,因此,理论上亦可能就该处分前法律关系存否为审理对象,而提起公法上法律关系存否确认之诉或径自本于该处分前法律关系提起给付诉讼[64]。同理,于处分无效确认诉讼情形,亦同。至于处分违法确认诉讼,按其发展沿革虽为撤销诉讼之一种变形,然却具有确认法律关系基础事实之性质,构成确认诉讼之一种特殊

---

〔62〕 所谓互斥(排他)关系,系指就同一基础事实所生行政诉讼事件,仅有一种诉讼类型为适法,或其中某一部分争议(前提问题)为某种诉讼类型所独占,而排除其他诉讼类型之适用可能性,亦即于该事件无法并存二以上种类之诉讼类型。此类情形,主要系因各该诉讼类型之适法要件互不兼容,或因某一诉讼类型应优先适用而排除其他诉讼类型所致。基于诉讼经济之考虑,理想上每一具体行政诉讼事件,应尽量使之仅有一合法诉讼类型,盖若有二以上诉讼类型可供选择,如允许选择不具诉讼经济之类型,易造成司法资源之浪费。同旨,蔡志方前揭注53《论行政诉讼法上各类诉讼之关系(中)》文,第119页。

〔63〕 所谓补充关系,系自诉讼制度功能之客观观点,就同一基础事实所生行政诉讼事件,通常情形应优先适用某一诉讼类型,仅于适用该类型反而无法达成诉讼目的时,则适用其他诉讼类型以为解决。此时后一诉讼类型相对于前一诉讼类型即处于补充适用地位。一般所称"确认诉讼之补充性",即指此一补充关系而言。

〔64〕 除此之外,在撤销诉讼与课予义务诉讼之关联上,亦可能提起求作成撤销处分之课予义务诉讼。

类型[65]。至于提起课予义务诉讼本身即为给付诉讼之一形态,其与一般给付之诉间之密切关联性,更不待言。

鉴于本法立法政策上,将涉及"行政处分"之效力或违法性有关争议,特予明定各种诉讼类型,其具有特殊之政策目的。因此,就某一公法上争议之解决,同时存在提起"以审查行政处分合法性为主要内容之诉讼"以及"以审查法律关系存否为主要内容之诉讼"之可能时,基于立法者之政策决定,原则应优先考虑提起"以审查行政处分合法性为主要内容之诉讼"之可能性[66]。反之,如原告起诉请求审理之公法上争议,并非以行政处分合法性为主要内容,而系涉及行政处分以外之其他公权力行为之合法性,或其起诉请求行政机关不得作成行政处分时,鉴于立法者对之并未设有特殊诉讼类型,故原则仍应优先选择提起"以审查法律关系存否为主要内容之诉讼"(即一般给付诉讼或公法上法律关系存否确认之诉)。以上为原告起诉选择诉讼类型时之第一次考虑因素。

2.第二次考虑因素:原告诉讼上请求之目的

在原告应优先考虑提起"以审查行政处分合法性为主要内容之诉讼"之可能性时,亦即应先考虑是否提起撤销诉讼、课予义务诉讼、处分无效确认诉讼或处分违法确认诉讼时,除处分违法确认诉讼因涉及确认诉讼之补充性问题而劣后于撤销诉讼、课予义务诉讼及一般给付诉讼(后述)外,原则上究应提起撤销诉讼、课予义务诉讼抑或处分无效确认诉讼,应视原告起诉之目的为何而定。如原告起诉目的在于消灭行政处分之效力,则应选择处分撤销诉讼或处分无效确认诉讼;反之,如原告起诉之目的在于请求被告机关应为行政处分或为特定内容之行政处分者,则应提起课予义务诉讼。至于原告提起上开诉讼,其所主张处分违法或无效之原因为何,甚至是否与行政契约法律关系有无关连,均非

---

[65] 按确认诉讼原则限于请求确认"现在法律关系之诉",如系请求确认"事实"存否,其诉讼通常即不具备确认利益,而应认为不合法。惟撤销诉讼、处分无效或处分违法确认之诉,其本质即兼具确认过去事实之存否,因此,此类"事实确认"之诉,在行政诉讼而言,毋宁为一常态诉讼。此外,就台湾"民事诉讼法"而言,于2000年修正该法第247条时,即立法明文承认"法律关系基础事实存否确认之诉",其唯一限制仅在于确认利益之存否(同条第2项虽规定此一诉讼之补充性要求,然此规定仅为欠缺确认利益之一类型而已)。

[66] 但于处分违法确认诉讼,如参照德国行政诉讼实务与学说见解,认为原则不承认此类诉讼之合法性,仅于特殊例外情形(例如,于行政处分之合法性构成民刑事诉讼之先决问题情形,该民刑事诉讼(本案诉讼)已经系属于他法院,或有充分理由认为原告其即将提起此类本案诉讼者)始承认其合法性者。此时,本案诉讼即应优先于处分违法确认诉讼提起。

所问[67]。换言之,法院究应作成撤销判决、课予义务判决或处分无效确认判决,始能对原告起诉请求救济之权利或法律上利益提供保护,为其主要判断因素。

至于,原告起诉目的在于消灭行政处分效力情形,涉及撤销诉讼与处分无效确认诉讼之选择,由于本法立法者关于处分撤销诉讼与处分无效确认诉讼之区别,系以处分瑕疵类型为主要区别标准。因此,如原告究竟应提起何种诉讼,原则应视其所主张处分之瑕疵,究系得撤销之瑕疵抑或无效之瑕疵而定。惟因原告主张处分所存有之瑕疵类型,客观上究系得撤销瑕疵或无效瑕疵,究非原告所能决定。因此,遂发生原告虽主张有无效(或得撤销)瑕疵但法院却认为仅有得撤销(或无效)瑕疵,而有应提起撤销诉讼而提起无效确认诉讼,或应提起无效确认诉讼而提起撤销诉讼之问题。由于处分撤销诉讼与处分无效确认诉讼二者,各有不同之实体判决要件,于原告因不可归责于己之原因致选择错误诉讼类型时,为免其诉讼类型选择风险由原告承担影响其诉讼权之行使,本法设有若干解决途径。亦即,本法第 6 条第 5 项规定,于"应提起撤销诉讼,误为提起确认行政处分无效之诉讼,其未经诉愿程序者,'高等行政法院'应以裁定将该事件移送于诉愿管辖机关,并以行政法院收受诉状之时,视为提起诉愿"[68];本法第 111 条第 3 项第 4 款、第 4 项规定,"应提起确认诉讼,误为提起撤销诉讼者",如其已经诉愿程序者,应准许原告为诉之变更。此外,于应提起课予义务诉讼而提起处分无效确认诉讼,或应提起处分无效确认诉讼而误为提

---

[67]　例如,本于行政契约之法律关系,被告机关依契约规定所负给付义务,为作成或不作成一定内容之行政处分情形,原告起诉要求被告机关履行其给付义务(即应作成契约规定之给付义务或不应作成一定内容之行政处分却违约作成)者,仍应分别提起课予义务诉讼或处分撤销诉讼,而非一般给付诉讼。

[68]　同旨,"最高行政法院"2004 年判字第 1343 号判决:按"行政诉讼法"第 6 条第 5 项规定:"应提起撤销诉讼误为提起确认行政处分无效之诉讼,其未经诉愿程序者,高等行政法院应以裁定将该事件移送于诉愿管辖机关,并以行政法院收受诉状之时,视为提起诉愿。"其立法意旨在于行政处分无效或得撤销之救济途径不同,惟其区辨非人民所易知,如人民应提起撤销诉讼误为提起确认行政处分无效之诉讼,之后欲重行救济,其未经诉愿程序者,恐已迟误提起诉愿期间而不可得,始规定高等行政法院应以裁定将该事件移送于诉愿管辖机关,并以行政法院收受诉状之时,视为提起诉愿之时,以维其权益。可见高等行政法院受理确认行政处分无效之诉讼,应先审查有无应提起撤销诉讼之情形。如有此情形,法律既已明定应移送诉愿管辖机关受理,即不作确认行政处分无效诉讼处理,自不必审查其是否已依"行政诉讼法"第 6 条第 2 项规定,向原处分机关请求确认其无效未被允许,或经请求后于 30 日内不为确答之情形。且就提起确认行政处分无效之诉讼,为移送诉愿管辖机关之裁定,并非实体裁判,亦无先践行该条项所定行政程序之必要。

起课予义务诉讼情形，有无前开规定之类推适用，实务上曾采否定见解[69]，惟最近"行政诉讼法部分条文修正草案"第6条第4项谓：应提起撤销诉讼、课予义务诉讼，误为提起确认行政处分无效之诉讼，未经诉愿程序者，高等行政法院应以裁定将该事件移送于诉愿管辖机关，并以行政法院收受诉状之时，视为提起诉愿。又同草案第111条第3项第4款、第4项规定，于提起之诉讼种类错误情形，原告欲变更之新诉为撤销诉讼或课予义务诉讼，且该新诉依法应经诉愿程序并已经诉愿程序者，准许为诉之变更。因此，本次修正草案，显然亦采移送诉愿管辖机关以及准为诉之变更之设计。

3. 第三次考虑因素：处分无效确认诉讼与处分违法确认诉讼之确认利益

确认判决，系以审判对象存否之确认为其判决主要内容，此一判决之内容，亦同时存在于给付或形成判决中。因此，确认诉讼为所有诉讼类型之基本类型。基于诉讼经济与最大法律保护原则之要求，提起确认诉讼，以原告"有即受确认判决之法律上利益（确认利益）为必要"，此一确认诉讼之合法要件为确认诉讼之特质使然[70]。至于确认诉讼之补充性要求，则为确认利益之具体化类型之一种。因此，本法第6条第1项规定："确认行政处分无效及确认公法上法律关系成立或不成立之诉讼，非原告有即受确认判决之法律上利益，不得提起之。其确认已执行完毕或因其他事由而消灭之行政处分为违法之诉讼，亦同"；以及第3项规定："确认公法上法律关系成立或不成立之诉讼，于原告得提起撤销诉讼者，不得提起之"，即在于立法明定此一"确认利益要件"及"确认诉讼之补充性原则"。

惟因本法第6条第3项仅限于公法上法律关系存否确认之诉，有"确认诉讼补充性原则"之适用，致使处分违法确认诉讼、处分无效确认诉讼等其他确认

---

[69] 2003年度各级行政法院行政诉讼法律座谈会（法律问题14）讨论意见谓：按"诉愿人误向诉愿管辖机关或原行政处分机关以外之机关作不服原行政处分之表示者，视为自始向诉愿管辖机关提起诉愿。"固为"诉愿法"第61条第1项所明定，惟此乃为保障人民诉愿权利所为之规定，故所谓"向诉愿管辖机关或原行政处分机关以外之'机关'作不服原行政处分之表示者"应指人民意在提起诉愿寻求诉愿机关对原行政处分重为审查而言，至人民向高等行政法院起诉既系请求法院对其与行政机关间之争议为裁判，自不包括在内。另"行政诉讼法"第6条第5项系专就应提起撤销诉讼而误提起确认行政处分无效诉讼之特别规定，本于明示其一排除其他之法理，自不及于其他误用诉讼类型之情形。本件某甲就其农林补偿费向高等行政法院提起一般给付诉讼，其系请求法院裁判之意思至为明确，并非是误用起诉方式而意在对高雄县政府复议结果提起诉愿，甚为显然。从而高雄县政府前揭复议结果既于2001年3月2日送达某甲，因未记载救济期间，则诉愿期间自2001年3月3日起算，至2002年3月2日即已届满，某甲迟至2002年4月1日始提起诉愿，已逾法定不变期间。

[70] 本法第6条第1项、"民事诉讼法"第247条第1项参照。

诉讼,是否亦有确认诉讼补充性原则之适用,乃生疑义。为此,最近完成之"行政诉讼法部分条文修正草案"第6条第3项,明定"确认诉讼,于原告得提起或可得提起撤销诉讼、课予义务诉讼或一般给付诉讼者,不得提起。但确认行政处分无效之诉讼,不在此限",而以立法方式解决确认诉讼之补充性问题。此外,鉴于确认诉讼补充性问题,实际上为确认利益之具体化类型之一种。因此,配合"行政诉讼法"第12条规定[71],虽原告本得于民事或刑事诉讼程序之本案问题中,一并主张行政处分为无效或违法,然因行政法院关于行政处分是否无效或违法有最终认定权,故原告于涉及以行政处分是否无效或违法为先决问题之民刑事诉讼程序"系属前",提起处分无效或违法确认诉讼者,能否适用确认诉讼补充性原则,而以欠缺确认利益予以驳回,仍应就具体个案情形判断认定为宜。

兹就处分无效确认诉讼与处分违法确认诉讼之确认利益,分别说明如下:

(1)处分无效确认之诉

如原告提起者为处分无效确认诉讼,因处分无效确认诉讼与处分撤销诉讼其目的均在于主张处分存有使其效力消灭之事由,二者有其同构型。因此,原告于提起处分无效确认诉讼时,依本法第6条第1项前段规定,虽与处分违法确认诉讼同,均以原告有"即受确认判决之法律上利益"始得提起,惟因处分无效确认诉讼与处分撤销诉讼此二类诉讼,具有以行政处分瑕疵类型(无效之瑕疵与得撤销之瑕疵)划分其诉讼类型之功能分担特性。因此,右原告提起处分无效确认诉讼之情形,原告虽同时有提起一般给付诉讼之可能,但不宜认为其所提起之处分无效确认诉讼欠缺确认利益。简言之,处分无效确认诉讼相对于撤销诉讼、课予义务诉讼以及一般给付诉讼,并无补充性原则之适用问题。

(2)处分违法确认之诉

在原告所提起之公法上争议,如涉及行政处分效力存否问题,对此,本法既设有撤销诉讼、课予义务诉讼及处分无效确认诉讼可资适用,并分别规定其特别的实体判决要件,于原告可提起上开诉讼情形,解释上并无允许处分违法确认诉讼之必要,以免原告借由提起处分违法确认诉讼方式,规避上开诉讼类型之适用。惟此一设计既以原告具有可归责性为前提,故于原告不具可归责性致无法提起撤销诉讼等其他诉讼类型情形,如仍不准原告提起处分违法确认诉讼甚至一般给付诉讼等其他诉讼,对原告权利保护未尽周延。因此,解释上于原告因不可归责于己之事由,致无法提起撤销诉讼或课予义务诉讼情形,宜宽认

---

[71]　本条规定:民事法院或刑事诉讼之裁判,以行政处分是否无效或违法为据者,应依行政争讼程序确定之。前项行政争讼程序已经开始者,于其程序确定前,民事或刑事法院应停止其审判程序。

关于期间之回复原状等规定之适用要件[72]，使其得经由申请回复原状方式，提起撤销诉讼或课予义务诉讼。

其次，原告所提起之公法上争议，如不涉及行政处分效力存否之问题，而仅涉及行政处分之违法性判断时，由于本法第 6 条第 1 项后段明定提起"确认已执行完毕或因其他事由而消灭之行政处分为违法之诉讼"者，"非原告有即受确认判决之法律上利益"，否则不得提起。此时，如原告可提起一般给付之诉请求者，原则即应认其欠缺提起处分违法确认之诉之确认利益。惟于原告原提起处分撤销诉讼或课予义务诉讼后，诉讼审理程序中，因争执之处分效力消灭致作成撤销判决或课予义务诉讼判决已无实益情形，为避免已进行审理程序或已取得诉讼数据因诉嗣后不合法所导致之浪费，并兼顾原告之程序与实体利益之保护，解释上原告起诉之诉讼利益并不因此当然丧失，应认为原告有将原诉讼类型转换或变更为"处分违法继续确认诉讼"之利益[73]。惟因本法最近修正之第二次草案第 6 条第 3 项明定"确认诉讼，于原告得提起或可得提起撤销诉讼、课予义务诉讼或一般给付诉讼者，不得提起"，明文规定纵使于处分违法确认诉讼，如原告"得提起或可得提起一般给付诉讼者"，亦有补充性原则之适用。则将来修正草案通过后，因行政法院就处分是否违法本即有审判权，且原告本得将其诉变更为一般给付诉讼[74]，故上开"处分违法继续确认诉讼"是否应允许，解释上非无疑问。就此点而言，本次修正草案关于确认诉讼之补充性适用范围，依其修正理由[75]，似应仅限于"起诉前"之处分违法确认诉讼有其适用，而

---

〔72〕　例如，"诉愿法"第 15 条、"行政诉讼法"第 91 条关于回复原状之规定。

〔73〕　按本法第 111 条第 3 项第 2 款、第 3 款规定应准予诉之追加或变更之情形，包括："二、诉讼标的之请求虽有变更，但其请求之基础不变者"、"因情事变更而以他项声明代最初之声明"，即蕴含诉讼经济之考虑及原告权利保护要求之考虑。

〔74〕　在涉及行政法院就本案问题无审判权情形，例如"国家"赔偿诉讼或刑事诉讼，原告嗣后所转换或变更之"处分违法继续确认诉讼"，仍有其确认利益。

〔75〕　本条修正草案立法理由二谓：本条第 3 项原规定确认诉讼之补充性，限于"确认公法上法律关系成立或不成立之诉讼"，并不及于第 1 项后段之确认行政处分违法之诉讼。而认定行政处分是否违法，已有撤销诉讼作为权利保护方式，如其径行提起确认诉讼，或原得提起撤销诉讼而怠于为之，至撤销诉讼已无法提起时，始提起确认诉讼，不仅混淆行政诉讼权利保护之机制，且将使"确认已执行而无回复原状可能之行政处分或已消灭之行政处分为违法之诉讼"既无期间之限制，亦不受补充性之限制，恐将有失法律秩序之安定性。爰将原第 3 项"确认公法上法律关系成立或不成立之诉讼"，修正为"确认诉讼"，并设但书排除确认行政处分无效之诉讼，以符法理。又确认诉讼之补充性，理论上不仅系对于撤销诉讼而言，基于诉讼经济及最大法律保护原则之要求，如得提起课予义务诉讼或一般给付诉讼者，亦不得提起确认诉讼。原第 3 项仅规定确认诉讼对于撤销诉讼之补充性，未顾及课予义务诉讼及一般给付诉讼，亦欠周全，爰并予修正增列。

不及于"起诉后"始转换或变更之处分违法确认诉讼(处分违法继续确认诉讼)情形。

最后,于提起确认诉讼不违反确认诉讼补充性要求情形,处分违法确认诉讼与公法上法律关系存否确认诉讼二者,原告应先选择提起何种诉讼类型问题,本法未设规定,解释上宜视原告所提起之各该诉讼类型有无确认利益而定,并无强制原告应优先提起何种诉讼类型之必要。惟如原告起诉之目的除在于解决当前法律关系之不明确所生风险外,尚有预防将来类似问题之重复发生者,由于处分违法确认诉讼具有预防将来类似问题之重复发生,故提起处分违法确认诉讼较诸提起公法上法律关系存否确认诉讼,解释上更为适当。

4.第四次考虑因素:诉讼类型之特定与确定

就人民起诉之程序而言,无论行政诉讼或民事诉讼,基于处分权主义,均要求人民起诉前负有"特定"诉之三要素之义务。亦即原告负有特定"当事人(尤其被告)、诉之声明、诉讼标的及其原因事实"之义务[76]。鉴于行政诉讼当事人地位通常并不对等,且行政诉讼"诉讼类型"与"诉之三要素"二者,未如民事诉讼般有密切联系(即民事诉讼之诉之三要素特定后,通常即可确定原告所提诉讼类型为何),则上开原告起诉所负"诉之三要素特定义务",往往即须使法院经由阐明义务提供协助,始不致发生原告因无可归责原因而无法特定诉讼类型或特定错误时,遭法院以其起诉不合法而驳回原告之诉,致使不当限制人民诉权。此点,尤其在系争行为究由何行政机关作成、某一行为是否为行政处分无法明确判断、原告因欠缺行政机关作成该系争行政决定之相关事实或证据(即对行政决定有关信息不完整)而无法特定诉讼标的及其原因事实等情形,法院更须注意适时经由阐明等方式,尽量促使原告起诉符合法定要件[77]。简言之,经由原告起诉状所记载之内容,固可在相当程度特定原告所欲提起之诉讼类型,然因诉讼类型选择错误之风险不应由原告负担,因此,就原告起诉状所记载之诉讼数据判断(起诉后始发现诉讼类型错误者,则以该时点所获得之诉讼资料判断),原告所提起之诉讼究为何种诉讼类型,法院负有确定义务。法院认为原告所提起之诉讼类型,与原告起诉状记载所明确表示之诉讼类型不同时,应先经由阐明方式,探求原告起诉之真意,使其有补正或变更之机会,而不能径以

---

〔76〕 "行政诉讼法"第105条第1项、"民事诉讼法"第244条第1项参照。

〔77〕 关于行政机关不明确情形,"行政诉讼法"第107条第2项已有若干补救措施,其他情形,尚欠缺相关规定,还请留意。

诉不合法驳回原告之诉[78]。对上开问题，德国实务曾有以宽认"诉讼类型之转换"之容许性，以缓和原告人民因提起错误诉讼类型所产生之风险。台湾最近"行政诉讼法部分条文修正草案"第 111 条第 4 款明定于原告所"提起之诉讼种类错误"情形，明文允许为诉之变更，系采宽认"诉之变更"之容许性方式，以达缓和原告此一诉讼类型选择风险之目的[79]。

---

〔78〕 惟台湾行政诉讼实务，似采相反见解，认为原告有特定诉讼类型之义务，亦即"最高行政法院"2003 年裁字第 314 号裁定谓：按当事人提起之行政诉讼属于何种类型，依其诉状记载起诉之声明、诉讼标的及其原因事实（"行政诉讼法"第 105 条第 1 项第 2、3 款）、事实上及法律上之陈述（同法第 57 条第 5 款）等内容决之。各种诉讼类型之起诉合法要件不一，行政法院审查起诉是否合法，应先确定其诉讼类型。其诉状之记载内容如不足以确定诉讼类型，应认为起诉不合法。但其情形并非不能令其叙明或补充，行政法院应经阐明或确定诉讼关系之处置，或经审判长行使阐明权限，命为补充。其未经阐明径自认定起诉之诉讼类型者，践行之诉讼程序即有欠缺。另"最高行政法院"2004 年判字第 1359 号判决亦谓：原告提起之行政诉讼，其种类为何，应依原告诉之声明内容以认定之，而非依法律规定原告应提起之诉讼种类为何而定。至依原告之主张能否认定其诉讼种类，与能否获致其诉之声明之结论，分属二事。苟因原告所提起之行政诉讼种类错误，致无法获致其声明之结论，行政法院仍应按其诉讼种类、诉之声明为其败诉之裁判，而不得依原告应提起之行政诉讼之种类，进行诉讼要件之审查。再按原告之诉有"行政诉讼法"第 107 条第 1 项各款所定情形，而不能补正者，行政法院应以裁定驳回其诉，此观之"行政诉讼法"第 107 条第 1 项之规定自明。另依"行政诉讼法"第 264 条规定，对于裁定，除别有不得抗告之规定外，得为抗告，并不以主张裁定违背法令为要件；此与依同法第 242 条规定，对于高等行政法院判决之上诉，非以其违背法令为理由，不得为之者，不同。是高等行政法院就原告之诉是否合法及有无理由，依判决或裁定作成其意思表示，对原告之合法声明不服之权利，非无影响。则高等行政法院就原告之诉有无理由或是否合法，所作成之意思表示，须严守法律之规定，不得因作成判决之程序较作成裁定之程序严密，即谓应以裁定者，得以判决代之。

〔79〕 本条款立法理由谓：原告于起诉状应表明起诉之声明及诉讼标的，此为本法第 105 条第 1 项第 2 款、第 3 款所明定，其声明或系请求处分之撤销，或请求为特定之处分，或请求确认权利，或请求一般之给付，已一定程度得表明其诉讼种类，但原告表明错误，无法达成诉讼目的者，尚不构成诉讼要件之欠缺，经法院探求真意予以阐明，自可不限种类而容许其补正或变更。原第 3 项第 4 款仅准许原告于应提起确认诉讼，误为提起撤销诉讼时，得为诉之变更，不及于他种诉讼间之变更，对于"宪法"包括之有效的诉讼权保障，尚有未尽之处，爰修正第 3 项第 4 款，扩张容许诉讼种类变更之范围。惟变更之新诉，为独立之诉，应具备诉讼要件。因此，如拟变更之诉讼种类，应践行诉愿程序而未践行；或虽经诉愿程序，但已逾越起诉期间；或变更之确认处分无效诉讼，未向原处分机关请求确认无效；或违反确认诉讼补充性之本质，应提起撤销诉讼而提起确认诉讼者，不因本规定而使变更之新诉为合法，乃属当然之理。

（二）个别诉讼类型适用上应注意事项[80]

1. 撤销诉讼与其他诉讼

本法第 4 条规定处分撤销诉讼之目的在于废弃行政处分之效力，以回复处分前之法律关系。故凡原告起诉事实有关争执之解决，须排除处分之效力始能获致解决，且其目的在于恢复处分前之法律关系者，均应提起撤销诉讼。此时，处分撤销诉讼即具有排斥适用其他诉讼类型之作用。又为贯彻立法者于第 4 条明定撤销诉讼此一诉讼类型之立法目的，使该条规定（例如诉愿前置、起诉期间等限制）不致因诉讼技术上之原因（如提起其他诉讼类型而回避适用该条规定）而导致形骸化，通说与实务均认为在行政处分已发生存续效力情形，行政法院于他案诉讼中，因审理本案问题而须以行政处分效力存否为其先决（前提）问题或重要争点时，亦不得径自于裁判理由中否认该处分之效力，仍须令人民提起撤销诉讼。例如，本法第 6 条第 3 项、第 8 条第 2 项规定[81]属之。甚至于不同系统之民事法院或刑事法院，其审理民事案件或刑事案件须以否定行政处分"效力"（非"违法性"）为其先决问题或重要争点时，原则亦不适用"就本案问题有审判权者，就先决问题亦有审判权"之原则，仍须先经由撤销诉讼解决该先决问题或争点。本法第 12 条规定[82]，即为此一立法政策之明文。因此，撤销诉讼相对于其他诉讼类型，即具有排他效果。

2. 课予义务诉讼与其他诉讼

若原告请求之目的并非单纯撤销处分之效力以回复之前法律关系，而在于积极改变既有法律关系或实现应有法律状态者，则须视原告之诉讼上请求，须以何种行政行为（例如行政处分或行政处分以外之行为），始能改变该既有法律关系或实现应有法律状态而定。其中，如原告请求行政机关应作成行政处分或特定内容之行政处分者，即应依本法第 5 条规定提起课予义务诉讼；反之，原告请求行政机关应作成行政处分以外之其他行政行为，或请求行政不作为（包括不作成行政处分）者，则须依本法第 8 条第 1 项规定，提起一般给付诉讼。于此

---

[80]　前揭注 60 参照。

[81]　第 6 条第 3 项规定：确认公法上法律关系成立或不成立之诉讼，于原告得提起撤销诉讼者，不得提起。第 8 条第 2 项前段规定：前项给付诉讼之裁判，以行政处分应否撤销为据者，应于依第 4 条第 1 项或第 3 项提起撤销诉讼时，并为请求。

[82]　本条规定：民事法院或刑事诉讼之裁判，以行政处分是否无效或违法为据者，应依行政争讼程序确定之。前项行政争讼程序已经开始者，于其程序确定前，民事或刑事法院应停止其审判程序。

一情形，纵使行政机关对原告之请求曾作成处分[83]，原告亦无先对该处分提起撤销诉讼必要，只须提起第5条之课予义务诉讼即可。因此，如原告起诉目的在于请求作成行政处分或特定内容之行政处分，课予义务诉讼原则排斥原告提起撤销诉讼或一般给付诉讼等其他诉讼类型之可能性。

3. 处分无效确认诉讼与其他诉讼

于行政处分有违法瑕疵情形，不得提起处分无效确认之诉；反之，于处分有无效瑕疵情形，原则应提起处分无效确认之诉，其如提起处分撤销之诉，通常亦不被允许。然而，因处分是否有无效之瑕疵抑或仅为违法之瑕疵，通常难以判断，导致实务上人民为避免因逾越撤销诉讼起诉期间而遭受不利，多不问处分是否无效或违法，而一律提起撤销诉讼者。另外，由于处分是否有无效或违法之瑕疵，系依"行政程序法"第111条客观判断，非依人民个人主观认定，为避免人民因判断错误而发生程序上不利益，本法设有若干补救措施。例如：(1)第6条第5项规定，应提起撤销诉讼，误提起确认行政处分无效之诉讼，其未经诉愿程序者，高等行政法院应以裁定将该事件移送于诉愿管辖机关，并以行政法院收受诉状之时，视为提起诉愿。(2)于应提起确认诉讼，误为提起撤销诉讼情形，依本法第111条第3项第4款规定，行政法院应准予为诉之变更或追加。

另外，依"行政程序法"第113条规定请求行政机关确认行政处分无效，但被拒绝或未为确认，原属应依课予义务诉讼处理之事项，惟"行政诉讼法"第6条第1项已明文规定应提起处分无效确认诉讼，且依该诉讼更能直接达成人民起诉目的，故本条诉讼亦构成课予义务诉讼之例外。

4. 处分违法确认诉讼与其他诉讼

于处分效力仍继续存在情形，原则应提起撤销诉讼以消灭该处分之效力，不得提起处分违法确认之诉，仅请求确认该处分之违法性，而不消灭该处分之效力。因此，本法第6条第1项后段独自规定"确认已执行完毕或因其他事由而消灭之行政处分为违法之诉讼"（"处分违法确认诉讼"）此一诉讼类型后，另于第196条规定"已执行完毕时处分之撤销判决"者，此二条文规定之区别，主要即在于该处分效力是否已因执行完毕或其他事由而消灭一节。就此一问题

---

[83] 由于本法第5条规定无论系怠为处分之诉抑或驳回申请之诉，均应经诉愿程序，故除诉愿机关不作为情形外，于提起课予义务诉讼时，通常均已有拒绝处分或诉愿决定之作成。而且，无论为怠为处分之诉或驳回申请之诉，因采诉愿前置主义，故其起诉前通常亦已有诉愿决定（行政处分）之作成。

之解决[84]，其症结点恐须回溯至撤销诉讼所提供之制度功能为何，始能获致明确解答。换言之，人民为解决本案争议，而有提起撤销诉讼以撤销判决方式解除行政处分规范效力之必要者[85]，原则均应提起撤销诉讼。此时，纵使处分已

---

[84]　亦即，如行政处分之效力已消灭（即处分已"解消"）或该争议事件（本案）之解决无关于处分规范效力之解除者，理论上并无强制提起撤销诉讼或作成撤销判决之必要。因此，问题在于上述所谓无提起撤销诉讼或撤销判决必要之情形，其事由应如何解释。亦即，第6条第1项后段所谓"已执行完毕或因其他事由而消灭"之处分与第196条所谓"已执行完毕"之处分，二者应如何区别？对此，学说与实务尚未有一致见解，故发生适用上之困难。另"司法院"大法官释字第213号解释，谓："三、'行政法院'1938年判字第28号及1941年判字第16号判例，系因撤销行政处分为目的之诉讼，乃以行政处分之存在为前提，如在起诉时或诉讼进行中，该处分事实上已不存在时，自无提起或续行诉讼之必要；首开判例，于此范围内，与'宪法'保障人民诉讼权之规定，自无抵触。惟行政处分因期间之经过或其他事由而失效者，如当事人因该处分之撤销而有可回复之法律上利益时，仍应许其提起或续行诉讼，前开判例于此情形，应不再援用。"本号解释固然认为于起诉时或诉讼进行中，处分事实上已不存在者，无提起或续行诉讼之必要，反之如有可回复之法律上利益，则认为仍应许其提起或续行诉讼。然本号解释对于何谓"处分事实上已不存在或已失效"，并未进一步阐明，且许其"提起或续行诉讼"究指何种诉讼类型，亦不明确。又本号解释系于新"行政诉讼法"修正公布前作成，将来"行政诉讼法"施行后，有无本号解释之适用以及应如何适用，学者间亦有不同见解。此外，"司法院"大法官释字第546号解释，则针对人民得反复行使之权利或法律上利益，肯定其有提起行政争讼之利益。亦即，该号解释具有补充释字第213号解释之作用，指出："提起行政争讼，须其争讼有权利保护必要，即具有争讼之利益为前提，倘对于当事人被侵害之权利或法律上利益，纵经审议或审判之结果，亦无从补救，或无法回复其法律上之地位或其他利益者，即无进行争讼而为实质审查之实益。惟所谓被侵害之权利或利益，经审议或审判结果，无从补救或无法回复者，并不包括依国家制度设计，性质上属于重复发生之权利或法律上利益，人民因参与或分享，得反复行使之情形。"

[85]　德国学说显然系自此一观点出发，萧文生：《执行完毕与已消灭行政处分之救济》，收于"司法院"《行政诉讼论文汇编》（第2辑），1999年6月，第191页至第216页参照。然德国法于其他情形，似又未能完全贯彻此一实体法观点之主张，例如建筑法上邻人诉讼情形，理论上该邻人之实体法上权益（例如民法上基于不动产所有权所生相邻关系）并非建筑许可规范效力所及，此时，该邻人（第三人）可本于民法上相邻关系请求妨害排除，并无强制其须先提起撤销诉讼之必要（至于该邻人得否提起撤销诉讼则系另一问题）。又台湾关于环境保护领域，向亦认为污染排放许可并无拘束人民私法上权利之效力。例如，"最高法院"1994年台上字第2193号判例谓：按土地所有人经营工业及行使其他之权利，应注意防免邻地之损害，"民法"第774条定有明文。而空气污染防制法系行政法，其立法目的，仅在维护民众健康、生活环境，以提高生活质量，此观该法第1条之规定自明。故工厂排放空气污染物虽未超过主管机关依空气污染防制法公告之排放标准，如造成邻地农作物发生损害，仍不阻却其违法。

执行完毕，如该处分规范效力仍继续存在[86]或处分构成一方当事人合法权益之法律上原因[87]者，行政法院仍应作成撤销判决，其如有回复原状必要者，更得依第196条规定，申请法院判命行政机关为回复原状之必要处置[88]。因此，此一情形，并无法经由第6条第1项之处分违法确认诉讼获得救济，盖违法确认判决并无消灭处分规范效力之效果。反之，如处分规范效力已因法律上或事

---

[86]　此种情形，通常发生于该处分具有继续效力或有后续行为之场合。例如，警察机关对违禁品所为之没入处分执行完毕后，警察机关合法持有或处分该违禁品之基础，系源于该没入处分；如欲请求警察机关返还该违禁品，即须先将该处分予以撤销，以消灭警察机关持有或处分违禁品之法律基础。

[87]　例如，税捐稽征机关对于欠税义务人所为租税核课处分，其因此所取得之"公法上金钱债权"经依《行政执行法》执行完毕而获得满足后，该租税核课处分之规范效力，如认为构成行政机关取得前开公法上金钱债权之法律上原因者（此一部分，学说有重大争议，相关论述请参照：葛仲明：《论确定之租税裁决与税法尚不当得利返还请求权之行使》，财税研究第36卷第4期，2004年7月，第115页以下；陈敏：《租税法之返还请求权》，《政法法学评论》第59期，1998年6月，第59页以下），此时，人民如主张退税，原则须先撤销该租税核课处分以消灭该处分效力，进而使行政机关取得该公法上金钱债权之法律上原因既已溯及消灭后，使得依公法上不当得利（或称公法上返还请求）之法律关系，请求返还。另2006年"最高行政法院"2006年2月份庭长法官联席会议（一）决议，亦采类似见解。该决议谓："行政诉讼法"第213条规定："诉讼标的于确定终局判决中经裁判者，有确定力。"故诉讼标的于确定终局判决中经裁判，嗣后当事人即不得为与该确定判决意旨相反之主张，法院亦不得为与该确定判决意旨相反之判断（本院1983年判字第336号判例参照）。本件纳税义务人依"税捐稽征法"第28条规定请求退税被驳回，而提起行政诉讼，其主张核课处分适用法令错误或计算错误之部分属原确定判决意旨范围，纳税义务人自不得为相反主张而请求退税，行政法院亦不得为相反之裁判，故纳税义务人以与原确定判决确定力范围相反之理由，请求退税为无理由，高等行政法院应判决驳回。

[88]　"最高行政法院"2005年判字第197号判决谓："行政诉讼法"第196条所定之回复原状之必要处置，系法院经当事人之申请，并认为适当者，始得为之。当事人仅有促请法院审酌回复原状之必要处置，至于如何为必要处置始为适当，法院自有裁量权，不受当事人之主张拘束。故上诉人等依该条规定申请法院撤销第六届董事之核备，作为回复原状之必要处置，并非追加另一撤销诉讼，是以上开情形与诉之追加不同，原判决以该部分为诉之追加，未经诉愿，难谓为合法为由，遂予驳回，亦尚有未合。本号判决认为已依"行政诉讼法"第196条规定所采取之"回复原状之必要处置"，纵使涉及行政处分之撤销，法院亦得本于职权作成，而无另外提起撤销诉讼之必要，且亦不受处分权主义之限制，而无诉外裁判问题。此一见解，是否破坏本法明定撤销诉讼之制度目的，以及另设执行停止等暂时的权利保护制度之预设功能，恐有进一步检讨之必要。

实上理由消灭者[89]，处分效力既然已经消灭，该处分即无再以撤销诉讼予以撤销之必要。此时，原告如仍有可回复之法律上利益[90]并有确认利益时，则许其提起处分违法确认诉讼。其中，如处分规范效力于提起撤销诉讼或课予义务诉讼后判决前始消灭者，使撤销诉讼或课予义务诉讼变更（或转换）为处分违法确认诉讼，即为德国法上所谓"追加的（或继续）确认诉讼"。

5. 公法上法律关系存否确认之诉与其他诉讼

本法第 6 条第 3 项规定，确认公法上法律关系成立或不成立之诉讼，于原告得提起处撤销诉讼者，不得提起。此为"公法上法律关系存否确认之诉之补充性"（确认诉讼之补充性）之明文规定。由于本条仅规定"公法上法律关系存否确认之诉"相对于撤销诉讼有补充性，故于同条所规定之其他"处分无效确认之诉"与"处分违法确认之诉"，故有认为此二种诉讼性质上虽为"确认诉讼"但原则不发生补充性问题者。此外，本条虽规定公法上法律关系存否确认之诉相对于"撤销诉讼"，然此显然系立法之疏漏，故解释上应认为公法上法律关系存否确认之诉，相对于课予义务诉讼、一般给付诉讼，亦有补充性[91]。对于现行法上开规定，就处分无效确认诉讼不适用补充性问题而言，鉴于此类诉讼与撤销诉讼之密切关联，其究应提起处分撤销之诉或处分无效确认之诉，主要取决于系争处分瑕疵是否为得撤销或为无效之瑕疵。因此，在理论逻辑上并不生确认诉讼补充性问题，此尚无太大问题。但于处分违法确认诉讼是否亦适用确认诉讼之补充性，现行法并无明文规定，适用上发生疑义，且若准许其单独提

---

[89]　所谓法律上或事实上理由，前者如原处分经撤回、经作成另一处分以代替原处分、作成驳回申请处分后其后原申请人撤回其申请、行政处分因期间届满或条件成就而失效等情形（陈敏著：《行政法总论》，自刊 1998 年，第 339 页以下参照）。后者例如申请集会游行许可被驳回后预定集会游行期间已经过、违建拆除处分其规范对象之房屋焚毁等属之（萧文生前揭注 85 文第 205 页以下参照）。

[90]　于德国情形，仅要求有"正当利益"即可，其情形例如：①为避免重复受同一不利益处分之危险；②恢复名誉之利益；③确认判决对尔后之其他裁判具先例拘束力者（彭凤至前揭注 51 书第 103 页以下；萧文生前揭注 85 文第 213 页以下；吴绮云：《德日行政确认诉讼之研究》，"司法院"编印 1991 年，第 60 页以下；蔡志方：《行政诉讼三大诉讼类型》，1999 年 7 月 10 日台湾律师工会联合会《行政救济法制实务在职进修》论文，第 43 页、第 51 页参照）。

[91]　问题在于，公法上法律关系存否确认之诉相对于同条所规定之其他诉讼（即处分无效确认之诉、处分违法确认之诉），是否亦有补充性？对此，学说或实务未曾表示意见。

起,亦有破坏既有诉讼制度之虞[92],故本法修正草案第 6 条第 3 项遂修正为,"确认诉讼,于原告得提起或可得提起撤销诉讼、课予义务诉讼或一般给付诉讼者,不得提起之。但确认行政处分无效之诉讼,不在此限",而以立法方式解决上述确认诉讼补充性问题。

---

[92] 本法修正草案第 6 条立法理由二谓:本条第 3 项原规定确认诉讼之补充性,限于"确认公法上法律关系成立或不成立之诉讼",并不及于第 1 项后段之确认行政处分违法之诉讼。而定行政处分是否违法,已有撤销诉讼作为权利保护方式,如其得提起撤销诉讼,却径行提起确认诉讼,或原得提起撤销诉讼却怠于为之,至撤销诉讼已无法提起时,始提起确认诉讼,不仅混淆行政诉讼权利保护之机制,且将使"确认已执行而无回复原状可能之行政处分或已消灭之行政处分为违法之诉讼"既无期间之限制,亦不受补充性之限制,恐将有失法律秩序之安定性。

第三章 行政诉讼之主体

　　行政诉讼系由法院就两对立当事人间所生行政诉讼事件,以诉讼方式解决争议之程序。因此,"法院"、"原告"及"被告"三者分别构成诉讼过程之程序主体,经由此等主体于诉讼上各种交涉过程,使有关争议得于司法权裁判功能内,获致最善解决(终结诉讼)。就此一意义下,法院及原、被两造当事人,均构成"(狭义的)诉讼主体"。于此强调法院及两当事人之主体地位者[1],不仅说明此三者在诉讼程序上作为权利义务主体之地位或其扮演角色之重要性,更在使诉讼法律关系或诉讼状态不再局限于法院与原告或被告间之单面或双面(垂直)关系,进一步扩展至法院与原告或被告以及原被告彼此间之三面(垂直及水平)关系。此点于具体诉讼交涉过程中,应如何说明各主体间之权利义务关系以适切适用相关行政诉讼法规之问题上,具有重要意义[2]。又自利用诉讼程序寻求自己或他人权利或法律上利益之保护观点,除原、被告外,尚存有各式各样参与诉讼程序之人,例如诉讼参加人、代理人、辅佐人等属之,此类诉讼程序参与人在诉讼程序上亦具有一定之地位与实施诉讼之权,亦为"(广义的)诉讼主体"。

---

　　[1] 按于诉讼上除法院及两当事人外,尚有所谓证人、鉴定人、诉讼代理人、参加人等诉讼参与人,然其并非自始至终均参加诉讼,或须受当事人意思之拘束,或仅能就有限事项参与诉讼,或其目的在协助法院使诉讼进行顺畅等,而与前述法院或原、被告两当事人之地位,未尽相同。

　　[2] 此一重大课题,亦为《日本民事诉讼法》(平成8年6月26日,沄律第109号)之主要修正内容,有关诉讼法律关系之改变与当事人地位间之关联性问题,竹下守夫:《新民事诉讼法制定の意义と将来の课题》;铃木正裕:《新民事诉讼法における裁判所と当事者》,均收于竹下守夫、今井功编《讲座　新民事诉讼法 I》,弘文堂,平成10年11月)。

第一节　行政法院

一、行政法院之概念

法院为行使国家审判权之机关，其概念有主要有二：

（一）广义之法院

广义之法院，指由法官及其他有关职员所构成，除行使司法审判权外，并行使司法行政权之组织体。此一法院概念，包括法院之种类（普通法院、行政法院等）、软硬件组织、员额编制、司法行政指挥监督系统等事项在内。依台湾"宪法"第77条规定，"司法院"为台湾最高司法机关，掌理民事、刑事、行政诉讼之审判及公务员之惩戒。因此，就"宪法"所规定之司法体制而言，"司法院"既为台湾最高司法机关，理论上应兼有司法审判及司法行政之职权。然依台湾现行法制，"司法院"却仅职掌司法行政事务（"司法院组织法"第8条以下），至于司法审判事务则另由法律所规定之各级法院（普通法院）、行政法院、"公务员惩戒委员会"（同法第7条）、"司法院"大法官（同法第3条）等其他法律所设置之法院审理。因此，"司法院"大法官释字第530号解释，遂认为现行体制与"宪法"规定未尽相符，而要求尽速改善。此外，"宪法"第77条虽将"民事、刑事、行政诉讼之审判及公务员之惩戒"分别规定，然尚无法据以作为划分各种诉讼程序（民事诉讼、行政诉讼等）之宪法依据，且亦不能认为"宪法"要求应设置各种不同审判机关（如设置普通法院、行政法院等）[3]。就台湾有关行政诉讼与民事诉讼之划分言，是否制定特别之诉讼程序或设置不同之法院，乃法律规定结果，虽有其沿革上意义，但并非"宪法"之当然要求。依"司法院组织法"第7条、"法院组织法"第2条及"行政法院组织法"第1条规定，民事、刑事及其他法律规定诉讼案件及非讼事件，划归各级法院（普通法院），而关于行政诉讼审判事务，则划归行政法院，故原则采司法二元制度。另依"行政法院组织法"之规定，行政法院分为高等行政法院及"最高行政法院"二级（第2条）。其中，高等行政法院管辖事件为：（1）不服诉愿决定或法律规定视同诉愿决定，提起之诉讼事件；

---

[3]　吴庚前揭注8书第25页，认为"宪法"第77条规定系"行政诉讼与其他诉讼程序分离之宪法上依据，但诉讼事件救济程序之划分，并不以判机关分别设置为必要条件"。亦即氏认为至少有关诉讼程序之划分部分，系"宪法"上之要求，此点与本书见解不同。又释字第466号解释，亦未明示诉讼程序之划分为"宪法"上之要求。

(2)其他依法律规定由高等行政法院管辖之事件(第 7 条)。"最高行政法院"之管辖事件为:(1)不服高等行政法院裁判而上诉或抗告之事件;(2)其他依法律规定由"最高行政法院"管辖之事件(第 12 条)。又依"行政诉讼法"第 238 条第 1 项、第 242 条之规定,对于高等行政法院之终局判决,除法律别有规定外,得上诉于"最高行政法院"[4],其对高等行政法院判决之上诉,非以其违背法令为理由不得为之。可见,台湾行政诉讼系采二级二审制度,其中,高等行政法院系事实审,"最高行政法院"为法律审。至于行政法院之设置,依"行政法院组织法"第 11 条规定,"最高行政法院"设于"中央政府"所在地,目前设于台北市。同法第 6 条规定:省、直辖市及特别区域各设高等行政法院。但其辖区狭小或事务较简者,得合数省、市或特别区域设一高等行政法院,其辖区辽阔或事务较繁者,得增设之。高等行政法院管辖区域之划分或变更,由"司法院"定之。目前台湾地区共设有三个高等行政法院,分别为台北高等行政法院(设于台北市)、台中高等行政法院(设于台中市)以及高雄高等行政法院(设于高雄市)。

(二)狭义之法院

狭义之法院,专指构成审判机关行使审判权之独任法官或合议庭而言。高等行政法院之审判,以法官三人合议行之,但简易诉讼程序以法官一人独任行之("行政法院组织法"第 3 条第 1 项、"行政诉讼法"第 232 条)。"最高行政法院"之审判,以法官五人行之("行政法院组织法"第 3 条第 2 项)。又某一行政法院机构内设置有多数审判机关并配置有多数法官情形,有关其何种案件应分配予何审判机关审理之"事务分配"、"代理次序"及合议审判时"法官之配置"等事项,因间接影响审判机关裁判权之行使,故"行政法院组织法"关于其决定基准或程序设有明文规定(同法第 29 条至第 33 条参照),此类事项原则依法官自治原则处理。此种"审判机关事务分配等事项"之规定,与"法院管辖权"之规定不同,纯属内部规定,于外部效果上,因各审判机关仍具有行使审判之权限,故纵违反该内部事务分配等规定行使其审判职务,于诉讼法上原则对其所为裁判效力并无影响[5]。且相关法官或其他职员对此等法院内部措施,原则亦不得

---

〔4〕 "行政诉讼法"第 235 条规定:对于适用简易程序之裁判提起上诉或抗告者,须经"最高行政法院"之许可。前项许可,以诉讼事件所涉之法律见解具有原则性者为限。是以,关于简易诉讼之上诉,本法采"许可上诉"制度。

〔5〕 日本最判(一小)昭和 40 年 3 月 31 日判决(判例时报 443 号第 31 页以下),甚至认为地方法院本院与分院间事务分配等事项规定之违反,亦不影响其裁判之效力。然就设置分院之目的在于方便当事人利用观点言,此一判决合法性仍有疑问。

主张权益受其影响而提起撤销诉讼[6]。

"行政诉讼法"关于行政法院之规定,一般多指狭义之法院,例如法官之回避属之。惟其就行政法院之管辖等事项为规定时,所称行政法院一般仍指广义之行政法院,例如第 13 条至第 18 条有关行政法院管辖、第 105 条有关起诉状提出于行政法院等规定属之。其中,有关行政法院法官之回避(包含行政法院书记官及通译等其他人员之回避)则与如何落实公平、公正之独立审判有关,"行政诉讼法"于第 19 条至第 21 条设有规定(并准用"民事诉讼法"第 33 条至第 38 条),此一部分不拟论述。至于有关行政法院之管辖权部分,则涉及就某一事件如何决定受诉行政法院问题,且兼有当事人诉权保护及公益考虑目的,并与审判权之划分问题有关,以下进一步说明。

二、行政法院之审判权与管辖权

(一)审判权与管辖权之概念

"审判权(Gerichtsbarkeit)"与"管辖权(Zuständigkeit)"不同,"审判权"系指不同系统审判机关间之权限划分,通常与司法权之界限(如争讼性之有无)、行政诉讼概括主义(如行政诉讼事件或公法上争议之概念)、行政法院与民事法院审判权之冲突、台湾法院之国际管辖权等问题有关。反之,所谓"管辖权",则指同一系统法院间受理案件之权限划分而言。无论审判权或管辖权,均属"诉讼要件"之一,属于法院应依职权调查之事项。其中,有关审判权之欠缺、不明或冲突,原则不生补正问题;反之,如属有关"管辖权"之欠缺、不明或冲突,则可能发生请求移送管辖或指定管辖之问题[7]。

台湾现行制度系采二元诉讼制度,有关行政诉讼事件与民事诉讼事件如何划分问题,于实践上即以法院审判权有无形式显现。因此,关于某一事件普通法院与行政法院均主张有审判权之机积极冲突,以及均认无审判权之消极冲突问题,即应有解决之道。关于此一审判权冲突问题,各国解决方式不一[8]。就台湾 2007 年 8 月 15 日前之法制言,关于审判权冲突之解决,原则均由"司法院"大法官为统一解释,其申请方式约有以下三种[9]:(1)由行政法院或"最高

---

[6] 吴庚前揭注 8 书第 32 页。惟关于"司法院"对于任期届满之庭长,令其免兼庭长之人事行政行为,实务上曾发生重大争议("司法院"大法官释字第 539 号参照)。

[7] 本法第 107 条第 1 项第 1 款、第 2 款参照。

[8] 例如法国设有权限冲突法庭(Tribunal des Conflits),德国则于诉讼程序上采优先原则(Grundsatz der Priorität)及移送(Verweisung)方式,分别解决审判权之积极与消极冲突(吴庚著:《行政争讼法论》,自刊 2005 年修正三版,第 49 页参照)。

[9] 吴庚前揭注 8 书第 50 页以下参照

法院"申请解释（"行政诉讼法"第178条[10]、"民事诉讼法"第182条之1参照）；(2)由当事人申请解释（"司法院大法官审理案件法"第7条第1项第2款参照）；以及(3)由其他机关申请解释[11]（同条项第1款参照）。于经由法院申请情形，例如行政法院申请"司法院"大法官解释，解释结果认为应由普通法院管辖，行政法院无管辖权者，原受理案件之行政法院应即移送普通法院，受移送之法院应受移送之拘束不得再行移送或作不同之认定（"司法院"大法官释字第540号解释理由书），反之亦同[12]。此外，(4)依"民事诉讼法"第182条之1第1项但书规定，普通法院就其受理诉讼之权限，如与行政法院确定裁判之见解有异，而当事人合意愿由普通法院为裁判者，由普通法院裁判之。本条开启"当事人合意"选择审判法院之先例（"审判权选择契约"），将来如何运用，仍有待观察[13]。

又关于上开不同系统法院间审判权冲突问题之解决，台湾于2007年7月4日修正、同年8月15日施行之"行政诉讼法"第12条之1至第12条之4，2009年1月21日修正之"民事诉讼法"第31条之1至第31条之3，以及最近之"法院组织法修正草案"第7条至第10条等条文，仿德国法制，采移送制度。本次修正之"行政诉讼法"规定如下：

---

　[10]　本法第178条规定：行政法院就其受理诉讼之权限，如与普通法院确定裁判之见解有异时，应以裁定停止诉讼程序，并申请"司法院"大法官解释。另释字第89号与第115号，即属由行政法院或"最高法院"申请解释之例。

　[11]　另释字第466号解释关于最高法院与行政法院就公务人员保险给付事件之审判权积极冲突，即由考试院函请大法官解释解决。

　[12]　按此类申请案件，人民通常于向民事法院起诉被以无审判权驳回后，再向行政法院起诉，行政法院认为其亦无审判权时，而向"司法院"大法官申请解释。依据本号解释，如解释结果行政法院无审判权情形，原受理案件之行政法院即应将案件移送于普通法院时，如何解决普通法院以及行政法院之诉讼系属问题（普通法院之诉讼系属已因驳回裁定而消灭，如何能因移送裁定而使已消灭之诉讼系属复活？而行政法院之诉讼系属问题，由于因仅为移送裁定并无法消灭该诉讼系属，故亦生有问题。即使行政法院在作成移送裁定同时，并驳回原告之诉者，虽能消灭行政法院之诉讼系属，但在已无案件系属于法院之情形下，如何能作成移送裁定，亦有问题），应如何于诉讼理论上予以妥适解决，本号解释并未提供解决途径。因此，本号解释纵于结论上可以接受，但在实践上应如何运用，仍非无疑义。

　[13]　按关于行政法院"管辖权"之种类，依"行政诉讼法"第18条规定，并未准用"民事诉讼法"关于合意管辖之相关规定（同法第24条、第25条），解释上禁止当事人以合意方式选择管辖之行政法院，依举轻以明重之法理，则较诸管辖权更重视公益目的之行政诉讼审判权规定，当无准许由当事人以合意方式决定之理。因此，现行"行政诉讼法"此一制度设计，与上开"民事诉讼法"允许当事人合意选择审判法院之规定间，二者显然发生冲突。

首先，本法第 12 条之 1[14] 明定定审判权之基准时，为起诉时（第 1 项）；即起诉时受诉法院有受理诉讼权限者，不诉讼系属后事实或法律状态之变更而受影响（审判权恒定原则）。又为使行政法院就审判权之有无，能尽速依第 12 条之 2 之方式确定，或为避免当事人就同一事件同时或先后向不同系统法院起诉，本条同时规定诉讼已系属于行政法院者，当事人不得就同一事件向普通法院更行起诉（第 2 项），使诉讼系属发生阻碍或遮断其他法律救济途径之效果，以免混乱后续关于以移送制度解决审判权冲突问题之设计。

其次，本法第 12 条之 2[15] 规定，行政法院受理诉讼后，应先依职权调查其就该诉讼有无审判权依职权调查，如认其有受理诉讼权限而为裁判经确定者，其他法院受该裁判之羁束（第 1 项）[16]，以达尽速确定审判权之目的。亦即，如行政法院已认定其有审判权并进而为裁判经确定者，即不容再由他审判权法院为相异之认定，应受该裁判之拘束（优先原则）。又为不使诉讼审判权归属认定困难之不利益由当事人负担，如行政法院认其对诉讼无审判权，采"移送原则"，行政法院"应依职权以裁定移送"至有审判权之法院（同条第 2 项前段）；有审判权之管辖法院有数个[17]，而原告有指定者，移送至指定之法院（同条第 2 项后段）。又当事人就行政法院有无受理诉讼权限有争执者，行政法院应先为裁定（同条第 5 项）；此时，行政法院如认其无审判权，即应依本条第 2 项为移送之裁定，如认其有审判权者，应即为中间裁定，其裁定确定者，依本条第 1 项规定，其他法院受该裁定之拘束。另行政法院依本条第 2 项为移送之裁定及依第 5 项就有无受理诉讼权限为裁定前，应先征询当事人之意见（同条第 6 项），以确保当事人程序上权利，及法院关于审判权有无之判断正确。移送诉讼前，如有急

---

[14] 本条规定："起诉时法院有受理诉讼权限者，不因诉讼系属后事实及法律状态变更而受影响"（第 1 项）；"诉讼已系属于不同审判权之法院者，当事人不得就同一事件向普通法院更行起诉"（第 2 项）。

[15] 本条规定："行政法院认其有受理诉讼权限而为裁判经确定者，其他法院受该裁判之羁束"（第 1 项）；"行政法院认其无受理诉讼之权限者，应以职权以裁定将诉讼移送至有受理诉讼权限之管辖法院。数法院有管辖权而原告有指定者，移送至指定之法院"（第 2 项）；"移送之裁定确定时，受移送之法院认其亦无受理诉讼权限者，应以裁定停止诉讼程序，并申请'司法院'大法官解释"（第 3 项）；"受移送之法院经'司法院'大法官解释无受理诉讼权限者，应再行移送有受理诉讼权限之法院"（第 4 项）；"当事人就行政法院有无受理诉讼权限有争执者，行政法院应先为裁定"（第 5 项）；"行政法院为第二项及前项之裁定前，应先征询当事人之意见"（第 6 项）。

[16] 本条项使用"羁束"一语，与因管辖权错误所为移送裁定之拘束力（第 18 条准用"民事诉讼法"第 30 条）之用语不同，何以不使用"拘束"而使用"羁束"，尚未可知。

[17] 法条虽使用"数法院有管辖权"，实为"有审判权之管辖法院有数个"之意。

迫情形,为免当事人权益受损,行政法院应依当事人申请或依职权为必要之处分(第 12 条之 3 第 1 项)。

再者,行政法院认其无审判权所为移送之裁定确定时,如受移送之法院亦认其有审判权者,诉讼即由该法院审判;如认为其亦无受理诉讼权限者(审判权之消极冲突[18]),则应裁定停止诉讼程序,由该受移送法院申请"司法院"大法官解释,以终局确定审判权之归属(第 12 条之 2 第 3 项)。受移送法院经"司法院"大法官解释,确定其有审判权者,则由其审判之;如确定其无审判权者,原移送之裁定失其效力,由受移送法院再行移送至有审判权之法院(同条第 4 项)。

最后,关于移送裁定之效力,移送诉讼之裁定确定时,视为该诉讼自始即系属于受移送之法院(第 12 条之 3 第 2 项);此时,行政法院书记官应速将裁定正本附入卷宗,送交受移送之法院(检卷移送)(同条第 3 项)。另因行政诉讼以改采有偿制,且不同审判权法院之诉讼费用规定并不相同,当行政法院将诉讼移送至其他法院时,自应依受移送法院应适用之诉讼法,定其诉讼费用之征收;于行政法院移送前之诉讼程序中,已发生之诉讼费用,则列为受移送法院诉讼程序中之诉讼费用(第 12 条之 4 第 1 项);又关于应行征收之诉讼费用,行政法院未加征收、征收不足额或征收超额者,自亦应由受移送法院补行征收或退还超额部分(同条第 2 项)。

(二)行政法院之管辖

1. 管辖之种类与意义

所谓"行政法院之管辖",系指将应由行政法院审判之某一行政诉讼事件,具体分配于各个行政法院之谓。因此,管辖权与审判权不同,管辖权乃以行政法院有审判权为前提,而依事件性质分配予某行政法院行使其审判权。管辖权可自种种不同观点说明,自其分配标准之差异,有"职务管辖"、"事务管辖"及"土地管辖"(以上均属"法定管辖");自管辖权发生之根据,有"法定管辖"、"指定管辖"、"合意管辖"以及"应诉管辖";自管辖规定违反之效具言,有"专属管辖"及"任意管辖"(如合意管辖、应诉管辖)。就现行"行政诉讼法"关于管辖权之规定言,因立法者认为行政诉讼几与公益有关,而不采"合意管辖"与"应诉管辖(拟制管辖)"制度[19]。因此,在行政诉讼区分专属管辖与任意管辖,并无太

---

[18] 解释上,既然采优先原则及移送原则,已不发生审判权之积极冲突问题,因此,将来由"司法院"大法官受理之审判权冲突案件,应仅限于审判权之消极冲突情形。

[19] "司法院"编印:《"司法院"行政诉讼制度研究修正资料汇编(三)》,1986 年 6 月,第 536 页至第 553 页参照。因此,现行"行政诉讼法"第 18 条并未准用"民事诉讼法"第 24 条、第 25 条、第 26 条关于应诉管辖之规定。

大实益,仅于专属管辖与法定管辖之区分仍存有其实益。亦即于法院受理诉讼事件无管辖权,而不能请求指定管辖,亦不能为移送诉讼之裁定者,原告所提诉讼为不合法[20];或于裁判违背专属管辖而非法定管辖情形,构成裁判当然违背法令之上诉理由[21]。

至于定管辖权之时点,本法采一般诉讼法制通例,采管辖恒定原则,以起诉时为定管辖权之基准时(本法第17条)[22]。因此,起诉时行政法院有管辖权者,不因嗣后定管辖权之原因变更,而丧失其管辖权;又起诉时行政法院虽无管辖权,但嗣后取得管辖权者,基于诉讼经济,解释上得例外认为有管辖权。

(1)职务管辖。所谓"职务管辖",系指依行政法院审判权作用之性质,划分行政法院功能,并赋予相应职务之管辖,亦称"功能管辖"。主要系指各审级法院之管辖权(审级管辖,"行政法院组织法"第7条、第12条参照)而言。又例如上诉法院("行政诉讼法"第238条)、抗告法院(同法第267条)、法律审法院(同法第242条)、再审法院(同法第275条)、重新审理法院(同法第285条)、保全程序审理法院(同法第294条、第300条)、强制执行法院(同法第305条)、"简易法院"(非简易法庭)之管辖等规定等,亦属职务管辖之一种。此类管辖,因其系就客观诉讼制度运作观点,划分各级法院间功能分担,通常具有公益考虑,故一般构成"专属管辖"。

(2)事务管辖。所谓"事务管辖",学者间有认为系指各行政法院间之"审级管辖"而言[23],惟本书所指"事务管辖",系指就管辖区域相同之简易法院与地

---

〔20〕 本法第107条第1项第2款参照。

〔21〕 本法第243条第2项第3款规定:行政法院于权限之有无辨别不当或违背专属管辖之规定者,为判决当然违背法令。

〔22〕 附带一提,台湾"行政程序法"第11条至第18条以下关于行政机关之管辖权规定,论者有认为亦采管辖恒定原则者,惟该法第18条规定:行政机关因法规或事实之变更而丧失管辖权时,应将案件移送有管辖权之机关,并通知当事人。但经当事人及有管辖权机关之同意,亦得由原管辖机关继续处理该案件。因此,本法显然并未采管辖恒定原则,而仅采管辖法定原则(同法第11条第1项、第5项参照)。故于行政诉讼须经诉愿前置程序情形,"诉愿法"对此类问题既未有特别规定,仍应依行政程序法决定受理诉愿机关之规定,提起诉愿时受理诉愿机关虽有管辖权,但于诉愿程序进行中发生管辖权之变动情形者,即应依"行政程序法"第18条规定将案件移送于有管辖权之机关,至于移送之效果,则类推"诉愿法"第14条第4项(诉愿期间之遵守)、第61条(视为自始向诉愿管辖机关提起诉愿,以及移送之期限与通知义务)。

〔23〕 吴庚前揭注8书第44页;林腾鹞著:《行政诉讼法》,三民书局2004年6月,第153页。

方法院间,定其第一审诉讼事件审判权归属之管辖[24]。换言之,关于第一审诉讼事件,依诉讼事件性质是否简易、轻微及诉讼标的金额、价额多寡,而定应由初级法院、简易法院或地方法院为第一审法院之管辖而言。此一"事务管辖"之概念,于台湾仅有简易诉讼程序而未设置简易法院之情形,有无承认事务管辖之必要,抑或仅为法院内部之"事务分配"问题,学说或实务均存有争议[25]。然而纵使认属事务管辖一种,但就其设置简易诉讼程序以处理简易事件之目的言,除法律特别规定属专属管辖者外,此类管辖解释上亦非属"专属管辖"。另外,依现行"行政诉讼法"管辖权相关规定,因认为行政诉讼几与公益有关,而不采"合意管辖"与"应诉管辖(拟制管辖)"制度,因此于行政诉讼区分职务管辖与事务管辖之意义不大。

(3)土地管辖。所谓"土地管辖",指就有相同职务管辖权法院间之审判权限划分而言。亦即法律就一定地域,划为行政法院管辖区域,使与该管辖区域有一定关系之同种类职务管辖行政诉讼事件,归由该行政法院受理审判者,是为土地管辖。此类管辖,为法定管辖之一种,除法律别有专属管辖规定者外,原则属任意管辖。但任意管辖此一分类,如前所述,于台湾现行行政诉讼制度设计下,并无太大实益。

土地管辖系以案件之"当事人"或"诉讼标的"(诉之要素)与法院辖区土地之关联程度,决定其第一审管辖法院,故亦称为"审判籍(Gerichtsstand)"。于作为判断土地管辖之标准中,如以被告与行政法院管辖区域间关系,作为决定管辖之标准者,又称"普通审判籍(人的审判籍)";其以诉讼标的与行政法院管辖区域间关系定其管辖者,则称"特别审判籍(物的审判籍)"。"行政诉讼法"第13条与第14条,为关于普通审判籍之规定。同法第15条及第18条准用民事诉讼法第3条(因财产权涉讼之特别审判籍)、第6条(因业务涉讼之特别审判籍)、第15条(因侵权行为涉讼之特别审判籍)、第17条(因登记涉讼之特别审判籍)、第20条(因侵权行为涉讼之特别审判籍)等规定,为关于特别审判籍之规定;其中,本法第15条规定因不动产之公法上权利或法律关系涉讼者,专属

---

〔24〕　相同见解,翁岳生编:《行政诉讼法逐条释义》,五南书局2002年,第170页[蔡震荣执笔]。

〔25〕　杨建华:《简易诉讼程序是否为事物管辖?有争执时在第一审法院应如何处理》,载《司法周刊》1990年9月26日第487期,收于氏著《问题研析民事诉讼法(四)》,自刊1991年5月,第393页以下;姚瑞光:"民事诉讼法",自刊,1987年,第19页参照。另外,《法院办理民事调解暨简易诉讼事件应形注意事项》二、三、第二段则采"事务分配说",而不采"事务管辖说"。

不动产所在地之行政法院管辖，故同时构成专属管辖[26]。

最后，关于行政诉讼普通审判籍之认定，本法仿民事诉讼法之例，采"以原就被（原告从属被告法庭）"（actor sequitur forum rei）原则。此种规定不当强化被告行政机关之地位，而与外国立法例系依据诉讼类型及行政行为定其审判籍者，有所不同，显然不妥[27]。对此，在台湾情形，例如关于某类大量发生之案件（主要为公法上保险事件），因其被告机关所在地通常为某一高等行政法院（如台北高等行政法院），此类案件如全部由该行政法院审理裁判，不仅不利于人民实施诉讼，且亦将造成该法院之沉重负担。因此，"行政诉讼法部分条文修正草案"遂增订第 15 条之 2，改采"以被就原"之设计，以为缓和。亦即该条规定："因公法上之保险事件涉讼者，得由为原告之被保险人、受益人之住所地或被保险人从事职业活动所在地之高等行政法院管辖。""前项诉讼事件于投保单位为原告时，得由其主事务所或主营业所所在地之高等行政法院管辖。"[28]

（4）指定管辖。以上职务管辖、土地管辖均属法定管辖，所谓"指定管辖"，指于依法定管辖规定定其管辖权显然不妥或仍不能决定其管辖之情形，由其共同直接上级法院指定受理该事件之管辖法院之谓。依本法第 16 条规定：有左列情形之一者，"最高行政法院"应依当事人之申请或受诉行政法院之请求，指定管辖：①有管辖权之行政法院因法律或事实不能行审判权者。②因管辖区域境界不明，致不能辨别有管辖权之行政法院者。③因特别情形，由有管辖权之行政法院审判，恐影响公安或难期公平者。指定管辖之裁定对受指定之行政法院有拘束力，该法院原有管辖权，因指定管辖而取得优先管辖权，其无管辖权者，因之而确定取得管辖权，故不得再以对事件无管辖权为由，复移送于他法院[29]。

2. 管辖权之牵连、竞合与管辖权有无之确定、移送

同一案件往往涉及复数定管辖权之原因，如因而致使法定管辖法院有两个以上时，即发生管辖权之牵连或竞合。依本法第 18 条准用"民事诉讼法"

---

[26] 本法第 15 条关于专属管辖，规定为：因不动产之公法上权利或法律关系涉讼者，专属不动产所在地之行政法院管辖。此一规定涵义过广，造成实务适用上之疑义。因此，于最近"行政诉讼法部分条文修正草案"第 15 条遂修正为："因不动产之征收、征用、拨用或公用之诉讼，专属不动产所在地之高等行政法院管辖。""除前项情形外，其他有关不动产之公法上权利或法律关系涉讼者，得由不动产所在地之高等行政法院管辖。"

[27] 吴庚前揭注 8 书第 45 页。

[28] 类似情形，同草案第 15 条之 1 规定：关于公务员职务关系之诉讼，得由公务员职务所在地之高等行政法院管辖。

[29] 陈计男：《行政诉讼法释论》，自刊，2000 年，第 26 页。

第20条至第22条规定之结果:(1)原则上"同一诉讼,数法院有管辖权者,原告得任向其中一法院起诉"(选择管辖)("民事诉讼法"第22条)。惟如竞合或牵连之数有管辖权行政法院中,有专属管辖行政法院者,则由该专属管辖行政法院管辖。(2)如为共同诉讼之被告数人,其住所不在一法院管辖区域内者,各该住所地之法院具有管辖权。但如有其他法定管辖法院者[30],则由该法院管辖("民事诉讼法"第20条)[31]。(3)如被告住所、不动产所在地、侵权行为地或其他据以定管辖法院之地,跨连或散在数法院管辖区域内者,各该法院俱有管辖权("民事诉讼法"第21条)。

　　管辖权之有无为行政法院应依"职权调查[32]"之事项,故行政法院受理行政诉讼事件,就管辖权之有无应依职权调查。决定行政法院就某一事件有无管辖权,以起诉时为准("行政诉讼法"第17条)。起诉时受诉行政法院对该行政诉讼事件有管辖权,其后纵使原定管辖之原因有所变更,亦不使该行政法院管辖权因而丧失,此为"管辖恒定原则"。受诉行政法院审查事件之结果,如认其对该事件全部或一部无管辖权时,应分别情形处理:(1)诉讼事件有专属管辖法院者,应即依职权以裁定将该事件移送于该专属管辖法院。(2)诉讼事件无专

---

〔30〕　此所谓其他法定管辖法院,解释上应指土地管辖之特别审判籍,但不包括本法第18条准用"民事诉讼法"第3条之特别审判籍法院(因该条适用要件与本条规定显有冲突)。

〔31〕　此时,如配合本法第37条关于共同诉讼要件之规定,于依"同种类之事实上或法律上原因行共同诉讼者,以被告之住居所、公务所、机关、主事务所或主营业所再同一行政法院管辖区域内为限",始得提起共同诉讼。因此,并无此处共同诉讼管辖沄院之竞合问题。又于依第37条第1项规定之其他情形提起共同诉讼者,通常亦有"其他特别审判籍法院"。依本法第18条准用"民事诉讼法"第20条但书结果,应由该特别审判籍法院管辖,其适用亦受有相当限制。共同诉讼之特别审判籍规定目的而言,原在扩大管辖之法院,以方便原告起诉,并能兼顾被告之利益。由于行政诉讼之被告多为公行政,故有无如民事诉讼般设相同限制,非无疑问。

〔32〕　按"职权调查主义"、"职权探知主义"此类概念,原与"辩论主义"为对偶概念。然因,台湾行政诉讼制度是否完全采"职权探知主义",无论学说或实务均仍存有相当争议。因此,学者或实务少有区分"职权调查"与"职权探知",而多混用使用。严格而言,职权探知主义恰为辩论主义三命题(当事人未主张之事实法院不得引为裁判之基础、当事人自认之事实法院不得为相反之认定、当事人未提出之证据法院不得为职权调查)之反命题,至于职权调查主义,则仍有辩论主义第一、第二命题之适用。关于某一事项究属职权调查抑或职权探知事项,通常可分为"行为规范"或"评价规范",就具体个案或规定情形说明。由于管辖权之有无,其判断数据究竟应否局限于原告起诉时所提供之数据,影响法院究应依职权调查或职权探知方式以认定管辖权之问题。如就关于管辖权之错误,本法第243条第2项规定除非违背审判权或专属管辖规定,否则原则不构成上诉事由而言,似采职权调查观点,故本书亦采此一观点。

属管辖法院者,得依职权或依申请以裁定移送于有管辖权之法院[33]。关于移送诉讼之裁定,受移送之行政法院须受拘束,除专属其他行政法院管辖者外,纵其仍无管辖权,亦不得主张无管辖权而拒绝接受移送(此即移送裁定之拘束力[34]),且不得就该案件更行移送于他行政法院(再移送之禁止),且于移送裁定确定时,视为该诉讼自始即系属于受移送之行政法院[35]。

第二节　行政诉讼当事人

一、当事人之概念

所谓"当事人",指得作为某一程序法律效果[36](即"权利义务")之归属主体之人。得作为某一程序法律效果之归属主体之人,应具备何种资格? 其判断标准如与具体个案无关,而以一般性标准判断者(得作为某一程序法律效果归属主体之一般资格),称为"当事人能力";如考虑具体个案,判断其得作为该个案程序法律效果归属主体之资格者,则称"适格之当事人"或"正当之当事人"。

二、行政诉讼当事人之意义与范围

所谓"诉讼当事人",就现行"行政诉讼法"之规定而言,"(形式的)当事人[37]"可分为"最广义的当事人"、"广义的当事人"与"狭义的当事人"、"最狭义的当事人"概念。在理论说明或适用相关条文时,自宜区别情形,判断其所指涉当事人之范围。自广义而言,诉讼目的在于经由诉讼程序,提供人民权益保护。因此,凡为自己利益而利用诉讼程序寻求权利保护之人,均有于诉讼程序中,赋予相应于其所主张利益种类与寻求诉讼保护方式之诉讼程序地位之必要,初不限于原、被两造始能主张诉讼程序之当事者权,其他如诉讼参加人,亦相应其

---

〔33〕　本法第 18 条准用"民事诉讼法"第 28 条参照。

〔34〕　本法第 18 条准用"民事诉讼法"第 30 条第 1 项。另"司法院"院字第 1414 号解释参照。

〔35〕　本法第 18 条准用"民事诉讼法"第 31 条第 1 项。

〔36〕　因此,当事人实为程序法上之概念,实体法上则多仅称为"人"或"(权利)主体",而规定其权利能力。

〔37〕　基于形式的当事人与实质的当事人分离原则,行政诉讼法所称"当事人",究系指形式的当事人抑或指实质的当事人,宜区别情形判断。即使在规定形式的当事人情形,亦宜分别情形判断其适用范围,还请留意。

所主张利益性质与其诉讼上地位,而得在诉讼程序上享有一定之程序主体权。此类人员,包括原告、被告、参加人,均为"广义的当事人"。就台湾"行政诉讼法"第三章与"民事诉讼法"第二章之编排而言,均以"当事人"为其章名,其内容包括原告、被告、参加人与诉讼代理人及辅佐人等规定。因此,显然系采"最广义的当事人"(包括诉讼代理人与辅佐人)概念。

至于"最狭义的当事人",则系指因起诉或被诉而成为法院判决相对人之人。换言之,为使处于"对立地位"之"原告或被告"能于诉讼过程中尽其攻击防御能事,以主张其权益,乃于诉讼程序上赋予此等人以对等之地位与公平之机会,而"当事人"之观念,即在指示此种在诉讼程序上,具有上述程序主体地位之人。由于诉讼当事人,系以"自己名义"就"公法上权利或法律上利益之保护(诉讼标的之存否)"有所请求(实施诉讼)之人,故与"代理人"、"(辅助)参加人"、"辅佐人"等概念不同。其中,"代理人",系指以"他人名义"为诉讼行为之人;"(辅助)参加人",系指以自己名义为自己利益实施诉讼,但无法就"诉讼标的之存否"有所请求(即无法为独立之声明),而为诉讼行为之原、被告以外之第三人;"辅佐人",系指以自己名义,于期日到场,"辅佐当事人或代理人为诉讼行为"之第三人。

由上可知,最狭义的当事人概念,须具备二项要素,即:(1)二当事人对立原则;(2)作为判决之相对人。因此,原则不承认所谓"一人诉讼"、"对己诉讼"或"自我诉讼"[38]。

在依二当事人对立原则所架构之诉讼结构下,若某一案件之当事人实际上存有三人以上时,基于二当事人对立原则,亦须分别将其划为原告或被告,以进行诉讼。但如所争执之法律关系涉及三个以上当事人,且该争议所涉及利益之性格上,该三个以上当事人系彼此互相对立,而无法分解为原告与被告之"二对立当事人结构",并有必要以一个诉讼一次解决该争议之情形,此时,如仍坚持二对立当事人构造,而于诉讼程序上仍强制将上开当事人划分为原、被告二造之对立当事人结构,则有过度忽视此一不同利益对立状况之嫌,故有于诉讼制度上寻求解决之必要。

对此类问题之制度设计,各国或地区法制未必一致。例如,台湾"民事诉讼法"之"主参加诉讼制度[39]"。或如《日本民事诉讼法》(旧)所规定之"独立当事

---

[38]　例如,行政主体间之机关诉讼属之。另"司法院"大法官释字第40号解释认为台湾物资局无原告适格,亦与此问题有关。

[39]　"民事诉讼法"第54条第1项规定:就他人间之诉讼,有下列情形之一者,得于第一审或第二审本诉讼系属中,以其当事人两造为共同被告,向本诉讼系属之法院起诉:一、对其诉讼标的全部或一部,为自己有所请求者。二、主张因其诉讼之结果,自己之权利将被侵害者。

人参加制度（'三面诉讼'[40]）"属之[41]，其目的均保障该等人之程序主体权利，并经由裁判之既判力作用，以达利用一个诉讼程序统一解决多数或复杂纷争之目的（纷争之一次解决或统一解决）。另在诉讼参加情形，区分共同诉讼（独立）参加与共同诉讼（辅助）参加，其考虑因素亦在于此（"民事诉讼法"第62条参照）。

在行政诉讼情形，鉴于行政法律关系逐渐趋向于三面关系或多面关系，故在行政诉讼发生三面诉讼或多面诉讼情形，较诸民事诉讼更为常见。理论上，行政诉讼之解决途径非无仿照民事诉讼制度设计解决之可能，但因台湾"行政诉讼法"并未准用上开"民事诉讼法"之制度设计，而有独自规定符合行政诉讼特质之制度设计之必要。因此，"行政诉讼法"第23条遂规定："诉讼当事人谓原告、被告及依第41条与第42条参加诉讼之人"[42]，其规定目的即在使第41条、第42条之参加人，取得相当于原告与被告之程序主体地位，而有使诉讼自二面对立构造扩增至三面或多面诉讼之意义。换言之，"行政诉讼法"所称当事人之范围，除原告及被告外，并包括因"诉讼标的对于第三人及当事人一造必须合一确定"或"撤销诉讼等行政诉讼之结果，第三人之权利或法律上利益将受损害"等原因，而参加该诉讼之第三人，此为"狭义的当事人"概念。此类第41条与第42条之参加人，虽非其所参加诉讼之原告（即不能为独立之声明[43]）或被告（即原告在诉讼上请求之相对人），但因其亦为其所参加诉讼判决效力（既判

---

[40] 《日本民事诉讼法》（旧）第47条第1项规定：主张权利因诉讼结果而受有损害，或主张以自己之权利为诉讼目的之全部或一部之第三人，得以该诉讼当事人双方或一方为相对人，以当事人资格参加该诉讼。按此一独立参加制度，其诉讼构造性质如何，学说上有"共同诉讼说"、"主参加合并诉讼说"、"三个诉讼合并说"以及"三面诉讼说"等争议（有关学说介绍，奈良次郎：《独立当事者参加について（一）》，载《判例时报》昭和44年第538号参照），日本通说为"三面诉讼说"。

[41] 宜注意者，无论"主参加诉讼人"或"独立参加人"，虽称为"参加人"但该人实际上均为"原告"，亦即，其可为独立之声明。

[42] 本条系修正（旧）"行政诉讼法"第7条第1项规定而来，故其未采《德国行政法院法》第63条称为"程序关系人（或诉讼参与人）"，仍延续旧法统称为"当事人"（彭凤至前揭注51书第6页、"司法院"印前揭注19书第67页以下本条立法理由参照）。又《德国行政法院法》第63条所称"程序关系人"，包括原告、被告、第65条之参加人，以及联邦首席检察官或公益代表人经行使程序参与权者。

[43] 陈计男前揭注29书第110页参照。

力)所及之人(同法第 47 条参照),故其地位仍相当于原告与被告[44]。

三、当事人能力与当事人适格

(一)当事人能力与当事人适格之概念

所谓"当事人能力(Parteifähigkeit)"指得为诉讼当事人之一般资格,与在具体诉讼中得否为"正当之当事人(适格之当事人)"之问题有别,但因二者原则均具备诉讼法上权利义务归属主体之资格,且其目的均在选别正当当事人[45],故二者则又有相同之处。换言之,"当事人能力"系指得于诉讼上成为权利义务归属主体之"一般资格",此一资格与诉讼上请求(诉讼标的)之权利义务归属主体是否一致,原则无关(形式的当事人与实质的当事人分离原则)。反之,"当事人适格"亦称"本案适格",系指就具有当事人能力者中,具体考虑其与诉讼上请求之权利义务关系如何,经依一定标准被选择作为具体个案中,诉讼法上权利义

---

〔44〕 台湾多数学者因受德国行政诉讼理论与实务之影响,认为"行政诉讼法"第 41 条、第 42 条之参加人既非原告或被告,则其实施诉讼之权利(诉讼地位)仍一定程度受主要当事人诉讼实施权或诉讼主张之限制,故其地位仍与原告或被告有所不同。对此,上开学者间虽有不同具体论述内容,惟其理论前提或论述基础,仍大致相同。例如,林腾鹞前揭注 23 书第 223 页以下;陈春生:《诉讼参加》,收翁岳生主编前揭注 24 书第 257 页以下[萧文生执笔];陈敏:《行政法总论》,第四版,自刊,2004 年 11 月,第 403 页以下。惟因上开论述是否符合本法相关规定,非无疑问,为本书所不采。附带一提,于有关本法暂时的权利保护制度之停止执行制度设计,台湾学者亦多受德国法制影响,而主张法院裁定停止执行之效果,在于使处分或决定之效力停止(效力说),惟德国系采"起诉停止执行原则"与台湾所采"起诉不停止执行原则"二者有根本差异,且无视本法规定之具体个案衡量要求(第 116 条第 5 项:停止执行之裁定,得停止原处分或决定之效力、处分或决定之执行或程序之续行之全部或部分),故其论证之妥当性,存有重大疑问。

〔45〕 实际上,当事人能力之问题与当事人适格之问题,其目的均在于选别正当之当事人。仅前者系经由一般性标准先作抽象判断,后者则就具体个案之法律关系,逐案判断。因此,在承认"非法人团体"亦具有诉讼当事人能力情形,因其判断通常须涉及具体个案之法律关系,故一旦认定某一团体为非法人团体时,通常即毋庸再讨论其当事人适格问题(当事人适格之判断消失于当事人能力之判断中)。此点于考虑选定当事人制度与非法人团体制度之互为消长关系时,此一当事人能力与当事人适格之密切关联性,更为明显。亦即,如某一团体被认为不属非法人团体,其后仍可经由选定当事人方式以简化诉讼程序,如已被认定为非法人团体,则该诉讼即由该非法人团体实施,同样亦达诉讼经济、防止裁判矛盾、纷争一次解决等制度目的。

务归属主体之资格而言[46]，故其须顾及与诉讼目的以及诉讼上请求（诉讼标的）之权利义务之特定关联性。其中，得为正当之原告者，称"原告适格（积极当事人适格）"，得为正当之被告者，称"被告适格（消极当事人适格）"。

理论上，当事人能力与当事人适格二者，均属诉讼要件（实体判决要件）之一种。其中，当事人能力为一般诉讼要件（或称一般实体判决要件）之一[47]，当事人适格为当事人有无以自己名义实施诉讼权能（诉讼实施权）之问题，系属诉讼要件中有关诉讼利益（或称权利保护）要件之问题。无论当事人能力抑或当事人适格，自诉讼开始以至终结均应继续存在，且不问诉讼程度如何或他造当事人有无抗辩，均为法院应依职权为调查（职权探知事项）。在台湾民事诉讼实务，早期因受诉权理论采权利保护请求权说之影响[48]，认为关于当事人适格有欠缺，系以欠缺权利保护要件，而非诉讼（成立）要件，属于本案实体审理之内容事项之一，故法院应为原告之诉无理由驳回之实体判决，而非原告之诉不合法驳回之诉讼判决[49]。在行政诉讼实务上，因受民事诉讼实务影响，倾向采原告之诉无理由之立场，而以判决驳回原告之诉。至于作成此一驳回原告之判决之法律依据，除"行政诉讼法"第107条第2项关于撤销诉讼，原告于诉状误列被告机关者（即被告适格欠缺情形），因明文准用第1项规定（即经命补正而不补正或无法补正时），而以裁定驳回之外，其他情形，学者有认为"行政诉讼法""第107条第3项规定：原告之诉，依其所诉之事实，在法律上显无理由者，行政法院得不经言词辩论，径以判决驳回之。系从"民事诉讼法"第249条第2项移植而来，为台湾法制所特有（德奥两国民事诉讼法之立法例亦无类似规定），其适用

---

[46]　又实际诉讼过程观察，"实际上出庭以原告或被告名义起诉或应诉之人"、"起诉状当事人栏记载作为原告或被告之人"、"起诉状理由栏记载作为原告或被告之人"（以上为形式的当事人）、"该案件中所争执诉讼标的法律关系权利义务之归属主体（实质的当事人）"等人，未必均为同一人。因此，于法律逻辑上，欲判断某人是否具备当事人能力或是否为适格之当事人，必须先决定应以何人作为判断对象。对此，实务多以"起诉状当事人栏记载作为原告或被告之人"作为判断对象（表示说）。简言之，法律逻辑上，有关当事人问题之判断顺序，首需先确定具体个案中之当事人为何人，再判断该人是否具备当事人能力，再判断该当事人是否为适格之当事人，再判断该当事人有无诉讼能力或其诉是否经合法代理。

[47]　本法第107条第1项第3款参照。

[48]　例如，"最高法院"1952年11月19日民事庭会议决议：诉权存在之要件分为三种，一为关于诉讼标的之法律关系要件，二为关于保护之必要要件，三为关于当事人适格之要件。同旨，"最高法院"1948年上字第1964号判例、1950年上字第473号判例参照。

[49]　陈计男：《民事诉讼法论》，三民书局，1999年，第103页以下；陈荣宗、林庆苗：《民事诉讼法（上）》，三民书局，2005年，第327页以下；王甲乙等三人：《民事诉讼法新论》，自刊，2003年，第266页以下、第274页以下参照。

自应审慎,上述无理由驳回之判决(按即指原告之诉欠缺权利保护要件情形),亦可视为适用本项规定的一种效果"[50],就其论述固为台湾诉讼现状之中肯事实描述,但就行政诉讼关于权利保护要件(或诉讼利益要件)之判断,例如诉讼权能之判断,高度涉及具体个案中与实体法律关系之关联性问题。因此纵使认为此类判决无既判力(有争议),但能否以原告之诉"在法律上显无理由",而可"不经言词辩论"即以判决驳回之,实有慎重考虑必要。

(二)当事人能力之判断标准

"行政诉讼法"第 22 条规定,自然人、法人、"中央"及地方机关、非法人团体,有当事人能力[51]。学者对此一规定,认为本法关于"当事人能力"之判断标准,除采"权利主体原则"(Rechtsträgerprinzip)外,兼采"机关原则"(Behördenprinzip)[52],且采用非法人团体之理论[53],故"行政机关"与"非法人团体"有当事人能力。兹稍作说明如下:

1. 自然人与法人

由于无论行政诉讼或民事诉讼,原则属"主观诉讼"制度之设计,其诉讼之提起,须以主张自己权利或法律上利益之保护为必要。因此,得为实体法上权利义务归属主体者,通常得为诉讼之当事人。亦即,凡具有行政实体法上权利能力者,均有作为行政诉讼法上之当事人能力。至于有关行政实体法上权利能

---

〔50〕　吴庚前揭注 8 书第 101 页。

〔51〕　此种规定当事人能力之模式,于最近修正或制定之行政法规中,均有类似规定。例如,"行政程序法"第 21 条规定:有行政程序当事人能力者如下:一、自然人。二、法人。三、非法人团体设有代表人或管理人者。四、行政机关。五、其他依法律规定得为权利义务之主体者。"诉愿法"第 18 条规定:自然人、法人、非法人之团体或其他受行政处分之相对人及利害关系人,得提起诉愿。同法第 19 条规定:能独立以法律行为负义务者,有诉愿能力。"行政罚法"第 3 条规定:本法所称行为人,系指实施违反行政法上义务行为之自然人、法人、设有代表人或管理人之非法人团体、"中央"或地方机关或其他组织。

〔52〕　吴庚前揭注 8 书第 55 页。

〔53〕　按非法人团体得否作为程序之当事人,其考虑因素主要在于交易安全与程序之经济性,原与实体法上是否承认该非法人团体是否亦为实体法上权利义务归属主体者,系属二事(故民事诉讼程序承认非法人团体亦有当事人能力,与民事实体法不承认非法人团体具备法人格或权利义务主体资格者,并不冲突)。但于行政程序或行政诉讼程序,甚于行政罚法之中关于非法人团体之规定,无论学说或实务,原则均认为该项关于非法人团体之规定,除可作为承认其程序之当事人资格之依据外,亦可作为承认其作为实体法上权利义务主体之依据。此一做法,实有破坏法人制度之疑虑。

力有无之判断,除法律别有规定外,原则依民法规定[54]。

(1)自然人

自然人在行政实体法上之权利能力,无论学说或实务,原则均适用"民法"规定为判断。亦即,自然人之权利能力,始于出生,终于死亡("民法"第6条);胎儿以将来非死产者为限,关于其个人利益之保护,视为既已出生(同法第7条)。因此,自然人死亡前,原则有行政诉讼当事人能力。

自然人死亡者,无权利能力[55],自死亡之日起,即不能再为诉讼当事人,自亦不得以死亡者之名义,提起诉愿或行政诉讼[56]。此时,应如何处理相关诉讼程序问题,应视所争议法律关系之权利义务能否移转由继承人继受[57]以及争讼程序进行之程度如何而定。如:

(A)该争议法律关系不能移转由继承人继受者,该争议法律关系自死亡之日起,即欠缺二对立当事人结构,故继承人无论系以自己名义或死亡之被继承人名义,均不能提起诉愿或行政诉讼。继承人以自己名义提起行政诉讼情形,发生当事人适格有欠缺;其以死亡之被继承人名义起诉,则为当事人能力有欠缺且无从补正,依"行政诉讼法"第107条第1项第3款规定,应以裁定驳回其诉。

(B)如该争议法律关系得由继承人继受,继承人自得以自己名义提起诉愿或行政诉讼。如被继承人已提起诉愿并于作成诉愿决定后始死亡之情形,继承人欲提起撤销诉讼者,依"行政诉讼法"第110条第5项规定:诉愿决定后,为诉讼标的之法律关系移转于第三人者,得由受移转人提起撤销诉讼。其如系提起撤销诉讼以外之其他诉讼类型情形,解释上得类推适用上开条项,由受移转人提起该诉讼。故于此时,继承人无须再经诉愿程序,即可径行以自己名义提起撤销诉讼或其他诉讼。又如经诉愿程序后被继承人死亡,而继承人不以自己名

---

〔54〕 换言之,如采前述台湾学界通说或实务界之见解,上述(前揭注51)"行政程序法"第21条与"行政罚法"第3条规定,均构成判断实体法上权利能力之标准。但如依本书见解,则无论"行政程序法"第21条关于"行政程序之当事人能力"规定,抑或于"行政罚法"(2005年2月5日制定公布,2006年2月5日生效实施)第3条关于"行为人"之定义规定,均与判断行政实体法之权利能力问题无涉;故其判断标准如个别法律别无规定时,原则即采与民法规定相同之标准。

〔55〕 陈计男著:《行政诉讼法释论》,自刊,2000年,第48页以下。

〔56〕 行政法院1960年裁字第37号参照。

〔57〕 按公法上权利或义务能否因移转而由第三人继受,基本上应视以下两项要件而定:(1)该公法上权利义务是否具一身专属性,如具一身专属性质者,不得继受。(2)不具一身专属性质之公法上权利义务,究系以"概括移转(如继承、公司合并)"或"个别移转(如买卖)"方式被移转判断其是否发生移转之效果;一般仅于概括移转情形,始发生移转效果。

义而以死亡之被继承人名义提起行政诉讼情形,理论上发生当事人能力欠缺且无法补正,应依"行政诉讼法"第107条第1项第3款规定以裁定驳回其诉;然为避免人民因起诉不合法而遭受"未遵守起诉期间或时效不中断等不利益",学者有认为[58]宜类推"当事人于行政诉讼程序中死亡情形之承受诉讼制度",应由当事人声明承受诉讼或由行政法院依职权,以裁定命其继承人承受诉讼[59]。惟此一做法有侵害原告处分权(起诉自由)疑义,故本书以为解释上既然系以死者为诉讼当事人,则应视作当事人不存在或当事人能力有欠缺问题处理,应由法院阐明后,命其补正其能力之欠缺("行政诉讼法"第28条准用"民事诉讼法"第48条),如仍不补正,则依"行政诉讼法"第107条第1项第3款规定,裁定驳回原告之诉即可。

(C)如在行政诉讼程序中,发生当事人死亡者,构成诉讼程序当然停止事由[60],此时不发生因当事人能力欠缺而起诉不合法问题,故其诉讼上处理,应视该诉讼标的之法律关系能否移转由他人继受,决定应依承受诉讼或终结诉讼方式处理。

(2)法人

台湾行政法制承袭大陆法系,关于法人分别其系依公法或私法设立,区别为公法人或私法人,均为权利义务归属主体,有行政诉讼当事人能力。

其中,公法人之范围,依现行法制除"国家"当然为公法人外,直辖市、县(市)、乡(镇、市)等地方自治团体,亦为公法人[61]。除此之外,目前实务仅承认农田水利会[62]与台湾中正文化中心(行政法人)[63]为公法人。至于"国(公)营"事业、公私营事业等事业,甚至政党,虽其有独自之设置条例,或系本于法律以公法行为设置,或其设置具有高度公益或政治目的,通说、实务均不认为系公法人,仍属后述私法人或非法人团体。

私法人非依民法或其他法律之规定,不得成立("民法"第25条)。因此,依民法、公司法、银行法、合作社法、信用合作社法、金融控股公司法等法律所设置之法人,均为私法人。私法人于法令限制内,有享受权利、负担义务之能力,但专属于自然人之权利义务,不在此限(同法第26条)。

---

[58] 陈计男前揭注55书第48页以下;林腾鹞前揭注23书第183页。

[59] "行政诉讼法"第186条准用"民事诉讼法"第168条。

[60] 同前揭注59。

[61] "地方制度法"第2条第1款、第14条参照。

[62] "农田水利会组织通则"第1条第2项参照。

[63] "台湾中正文化中心设置条例"第2条参照。

2.行政机关与非法人团体

理论上，行政机关与非法人团体并非实体法上权利义务之终局归属主体，不具当事人能力。然基于诉讼技术之方便、交易习惯或行政实务之需要，以实际对外从事各种活动之组织体为诉讼当事人，有其必要。因此，无论行政诉讼或民事诉讼实务或法制，早已承认或明定行政机关或非法人团体得作为诉讼当事人[64]，而"行政诉讼法"第22条明定"中央"及地方机关、非法人团体有当事人能力者，即在明文承认此一实务惯例[65]。

(1)行政机关

"行政诉讼法"第22条所称"'中央'及地方机关"，系指具有单独法定地位，能代表所属行政主体独立对外为意思表示之组织，即"实质意义之行政机关"，概念上略同于"行政程序法"第2条第2项、第3项所定之行政机关。亦即，所称"行政机关"，系指代表国家、地方自治团体或其他行政主体表示意思，从事公共事务，具有单独法定地位之组织。至于受托行使公权力之个人或团体，于委托范围内，视为行政机关。因此，除受委托行使公权力之个人或团体外，行政机关原则须具备以下要件：①单独法定地位之组织：即有单独之组织法规、独立之编制与预算。②独立对外为意思表示（尤其独立对外行使公权力）：通常指具备印信，而可单独对外行文者。然而，所谓"单独法定地位之组织"固以具备独立之人员编制及预算为原则。惟实务上为避免政府财政过度负担，及基于充分利用现有人力之考虑，亦有由相关机关支持其他机关之人员编制，或由相关机关代为编列其他机关预算之情形，此时，尚难因该其他机关之人员编制及预算未完全独立，而否定其为行政机关。因此，各地方法院及其分院检察署犯罪被害人补偿审议委员会及各高等法院及其分院检察署犯罪被害人补偿复审委员会之设置，依"犯罪被害人保护法"第14条、第15条、第20条之规定，具有单独法定地位，且得代表"国家"受理被害人补偿金之申请及调查，并作成准驳之决定，

---

〔64〕 郭介恒：《行政救济主体之变动——实务判例之检讨》，1998年8月辅仁大学行政救济制度改革研究会报告论文，第4页以下参照。

〔65〕 在新"行政诉讼法"公布施行前之情形，行政机关有当事人能力，早于旧法时期即有明文规定，实务向来亦承认非法人团体有当事人能力；反之，在2003年"民事诉讼法"修正实施前之情形，旧法早已明定非法人团体有民事诉讼当事能力，而实务向即承认"中央"或地方机关有民事诉讼当事人能力，其后并于2003年修正"民事诉讼法"第40条时增列第4项，明定"中央"或地方机关有当事人能力。

是该审议委员会及补偿复审委员会自属行政机关,应有当事人能力[66][67]。

另关于行政机关得否作为诉愿人或行政诉讼中之原告问题,学界见解未尽一致[68]。此一问题虽涉及行政机关之当事人能力问题,惟既然本法承认行政机关作为被告之当事人能力,解释上仍以肯定其亦有原告当事人能力为宜[69]。至于行政机关能否提起诉愿或行政诉讼,则为是否承认机关诉讼或其起诉有无权利保护利益(广义的诉讼利益)之问题,与当事人能力之判断尚无直接关联。亦即,关于行政机关有无行政争讼当事人能力问题,尤其关于机关争讼之容许性与要件等问题,相当程度仍留待学说、实务之发展,尚未有一致见解。

---

[66]　2005 年 6 月 21 日"最高行政法院"2005 年 6 月份庭长法官联席会议决议。

[67]　惟若该行政机关并非依法成立时,则又非属行政机关。例如,2001 年 11 月 15 日"最高行政法院"2001 年判字第 2130 号判决谓:基隆市国民中学教师甄选介聘委员会非独立之机关,而为学校内部之单位,其所为甄选行为欲发生行政处分之效力,亦应以学校名义为之,纵甄选委员会以自己名义对外表示其决定,亦应认系学校之决定。如甄选委员会系由单一学校所组成,其作成之甄选结果,乃单一学校作成之行政处分,如甄选委员会为多数学校联合组成,其作成之甄选结果,则应认系数学校之共同行政处分。

[68]　相关整理,请参照蔡茂寅:《行政机关之争讼当事人能力》,台湾本土法学杂志第 4 期,1999 年 10 月,第 108 页以下。

[69]　纵使1998年台湾"诉愿法"修正时,行政院草案原于第 18 条列有第 2 项规定为,"'中央'或地方机关立于与人民同一之地位而受行政处分者,亦同",而明定"中央"或地方机关亦得作为诉愿人。其后该条项于"立法院"审理时遭删除,删除理由谓:"一、按行政机关本身并非法人,并无独立享受权利负担义务之能力,难谓利于与人民同一之地位而受行政处分,爰删除行政机关得提起诉愿之规定。二、至于公法人之权利或利益如遭受行政机关之侵害,本法第 1 条第 2 项已赋予其提起诉愿之权利,故其权利保护已有制度保障,并予叙明。"惟此一删除理由,仅否定行政机关无法立于与人民同一之地位而受行政处分,故亦不能成为诉愿人,此点,与行政机关能否作为行政诉讼原告之问题,未尽相同(盖行政诉讼之诉讼类型原不限于撤销诉讼或课予义务诉讼)。类似情形,"诉愿法"第 18 条第 1 项修正理由曾谓:"诉愿主体不以自然人、法人、非法人之团体为限,其受行政处分之相对人及利害关系人,亦得为之。商号、工厂为其著者。行政法院1991年判字第 212 号判决,1989 年判字第 2338 号、第 2132 号判决,1987 年判字第 293 号判决等,已明示其旨。爰予增列"。是该修正理由显然承认于自然人、法人、非法人团体以外,商号、工厂亦得作为诉愿人。然此一说明,不仅明显抵触"行政程序法"第 21 条关于行政程序当事人能力之规定(显然不包括商号与工厂),且导致将来"诉愿法"本条规定之适用与上开"行政程序法"规定之配合,明显发生问题,而学说、实务于涉及行政争讼当事人能力问题时,显然亦未受上开"诉愿法"修正理由之影响,而于自然人、法人或非法人团体以外,另将上述条文有关行政处分相对人或利害关系人之规定,认为亦属诉愿能力或当事人能力之规定。简言之,"诉愿法"第 18 条规定本身既有严重理论上问题,自不宜将上开规定或其修正理由,作为相关理论之依据。

（2）非法人团体

所谓非法人团体，理论上系指具备下列要件之组织体：①对外之独立性，指非法人团体之组织对外具有独立性，得以该组织自己名义从事交易活动，此时，通常设有代表人或管理人以代表该团体。②对内之独立性，指非法人团体不因其成员更动而影响其团体性格。③组织上之独立性，指非法人团体有其独立于其成员之意思表示机制（如会员大会或董事会等）。④财产上之独立性，指非法人团体之财产与其成员之财产互相分离而独立（此一要件，一般仅于涉及财产权诉讼时始须具备）。台湾行政诉讼实务所称"非法人团体"，因受民事诉讼实务之影响，基本上与民事诉讼为相同之解释[70]。亦即，所谓非法人团体，系指符合下列要件之团体：①有一定之设立目的或宗旨；②有一定之名称、组织及事务所或营业所；③设有代表人或管理人；④有一定独立之财产。因此，分公司、未经登记之公司、未经认许之外国法人、有一定组织之同乡会、同学会或学术团体、村民组织之寺庙、管领"国有"财产之"国家"机关、政府独资经营之银行及其分行、法人宣告破产后之组织，实务多认为构成非法人团体。此外，关于祭祀公业、合伙事业、银行之各分行、学校等，是否亦为非法人团体，学说实务仍未有一致意见[71]。

又由台湾诉讼实务承认法人内部之某一机构（如分公司、分行），如符合非法人团体之要件，亦承认其当事人能力，甚至在不符合非法人团体要件情形（如工厂），亦承认其当事人能力。因此，在诉讼实务上，遂发生同一案件，该分公司或工厂先以自己名义起诉后，其所属公司随后亦以自己名义起诉之情形。对此，民事诉讼实务系以诉之变更处理[72]，在行政诉讼实务甚至视为诉之合并，并以合并辩论合并裁判方式处理[73]，其解决方式相当奇特，且未尽符合理论。

3. 其他

除此之外，如法律明定某一组织有实体法上当事人能力者，解释上其亦有行政诉讼当事人能力。例如，依"公寓大厦管理条例"设立登记之公寓大厦管理委员会，有当事人能力（同条例第 38 条第 1 项）。又"加值型及非加值型营业税法"第 6 条规定[74]，凡事业、机关、团体或组织符合该条规定情形者，均属同法第

---

〔70〕 郭介恒前揭注 64 文第 4 页以下。

〔71〕 林腾鹞前揭注 23 书第 189 页以下参照。

〔72〕 "最高法院"1951 年台上字第 105 号判例参照。

〔73〕 高雄高等行政法院 2001 年诉字第 1871 号、2002 年诉字第 370 号判决参照。

〔74〕 本条规定：有左列情形之一者，为营业人：一、以营利为目的之公营、私营或公私合营之事业。二、非以营利为目的之事业、机关、团体、组织，有销售货物或劳务者。三、外国之事业、机关、团体、组织，在台湾境内之固定营业场所。

2 条第 1 款[75]营业税纳税义务人之营业人范围。另依"司法院"大法官释字第 486 号解释[76]，非具有权利能力之团体（主要指非法人团体），亦得为商标法有关权利义务之主体[77]，解释上亦可认为有行政诉讼当事人能力。

（三）当事人适格与诉讼权能

"当事人适格"，系指就"具体之特定诉讼"，得以自己名义为原告或被告，因而得受本案判决者而言。因此，适格之当事人，始有以自己名义于具体诉讼事件中实施诉讼之权能。此种实施诉讼之权能，一般称为"诉讼实施权"（Prezeßführungsrecht/Prozeßführungsbefugnis）。其中，于具体案件中，得以自己名义作为正当之原告者，为原告适格，得作为被告者，为被告适格。于民事诉讼，关于当事人之问题，主要集中于当事人之确定与特定、当事人能力、当事人适格、当事人之诉讼能力等事项，然行政诉讼则于"当事人适格"概念外，如原告所提起之诉讼为撤销诉讼或课予义务诉讼情形[78]，则另要求其（原告）须具备"诉讼权能（Klagebefugnis）"，其起诉始为合法。亦即，必须主张"其权利或法律上利益因违法之行政处分或行政不作为而受有损害之人"[79]，始能作为撤销诉

---

〔75〕 本款规定："营业税之纳税义务人如左：一、销售货物或劳务之营业人。……"

〔76〕 本号解释亦同时为上述非法人团体之概念提出若干界定，尚请留意。

〔77〕 本号解释谓："宪法"上所保障之权利或法律上之利益受侵害者，其主体均得依法请求救济。……商标法第 37 条第 1 项第 11 款（现行法为第 37 条第 11 款）前段所称"其他团体"，系指自然人及法人以外其他无权利能力之团体而言，其立法目的系在一定限度内保护该团体之人格权及财产上利益。自然人及法人为权利义务之主体，固均为"宪法"保护之对象；惟为贯彻"宪法"对人格权及财产权之保障，非具有权利能力之"团体"，如有一定之名称、组织而有自主意思，以其团体名称对外为一定商业行为或从事事务有年，已有相当之知名度，为一般人所知悉或熟识，且有受保护之利益者，不论其是否从事公益，均为商标法保护之对象，而受"宪法"之保障。商标法上开规定，商标图样，有其他团体之名称，未得其承诺者，不得申请注册，目的在于保护各该团体之名称不受侵害，并兼有保护消费者之作用，与"宪法"第 22 条规定之意旨尚无抵触。

〔78〕 理论上，基于"诉讼权能"此一概念所欲解决问题之目的或该概念所具有之功能（后详），凡原告起诉请求法院审查行政机关公权力行为之合法性有关诉讼，无论为撤销诉讼、课予义务诉讼、处分无效确认诉讼或处分违法确认诉讼，其诉之合法要件，原则上均有于原告适格外，另外要求原告须具备诉讼权能要件。然因于处分无效确认诉讼、处分违法确认之诉等确认诉讼情形，因其原告适格与诉讼权能之判断，被吸收于"确认利益（即受裁判之法律上利益）"之判断中，故并无另外强调原告适格与诉讼权能要件之必要。

〔79〕 即须符合"行政诉讼法"第 4 条第 1 项之"因'中央'或地方机关之违法行政处分，认为损害其权利或法律上利益"之人，或同条第 3 项之"认为第 1 项诉愿决定损害其权利或法律上利益"之人，或第 5 条第 1 项之"因'中央'或地方机关对其依法申请之案件，于法令所定期间内应作为而不作为，认为其权利或法律上利益受损害"之人，或同条第 2 项规定之"因'中央'或地方机关对其依法申请之案件，予以驳回，认为其权利或法律上利益受违法损害"之人，始具备"诉讼权能"。

讼或课予义务诉讼之原告。显然在提起行政诉讼之撤销诉讼与课予义务诉讼情形,原告除须具备当事人能力外,尚须具备"原告适格(诉讼实施权)"与"诉讼权能"二项要件[80]。至于"诉讼权能"之概念,学者认为:"诉讼实施权(即当事人适格)之作用在于排除为他人权利或公共利益而争讼之资格,后者(诉讼权能)尚须具备个人权益遭受公权力主体作为或不作为侵害之法律上处境,即须兼具'对抗权利侵害(Geltendmachung der Rechtsverletzung)'及'涉及本身(Selbstbetroffenheit)'两项要素。"[81]

1. 诉讼权能概念之理论背景

何以台湾行政诉讼理论中,多数学者主张有必要于"当事人适格(诉讼实施权)"概念之外,另设"诉讼权能"此一概念? 考其原因,主要系受德国法制之影响。亦即,诉讼权能此一概念,于德国法可回溯至彼初期借用民事诉讼理论以发展其行政诉讼理论,所衍生问题[82],以及《德国行政法院法》(旧)第42条第2项及第113条第1项第1句均以"权利侵害(in seinen Rechten verletzt)"要件,分别规定为诉之合法要件与诉之实体法上权利保护必要要件(诉有无理由要件)[83],致使发生解释上之困难[84]。而彼学者为解决上述问题,遂于理论上提出"诉讼权能"此

---

[80] 因此,原告适格与诉讼权能虽同属于诉之合法要件,但原告适格为一般诉讼要件(一般实体判决要件),至于诉讼权能,因通常仅于提起撤销诉讼或课予义务诉讼时始被考虑,故为特别诉讼要件(特别实体判决要件)。又关于行政诉讼中之当事人适格与诉讼权能二项概念,有无区别必要,以及其彼此间有何种差异问题,学者意见未尽相同,还请留意。最近相关论述,请参照:林昱梅:《利害关系人之诉讼权能》,《月旦法学教室》第32期,2005年6月,第30页以下;林明昕:《撤销诉愿及撤销诉之诉讼权能》,《法学讲座》第1期,2002年1月,第85页;盛子龙:《撤销诉讼之诉讼权能》,《中原财经法学》第7期,2001年12月,第1页以下;陈爱娥:《"诉讼权能"与"诉讼利益"——从两件行政裁判出发,观察两种诉讼要件的意义与功能》,《律师杂志》第254期,2000年11月,第64页以下。

[81] 吴庚前揭注8书第56页以下。另彭凤至前揭注51书第81页,认为"诉讼实施权"系指原告于诉讼上是否有处分其所主张权利之权能;而"诉讼权能"则仅问其所主张之权利,是否为其主观的权利,二者说明上略有不同。

[82] 此一问题相当复杂,相关问题之详细研究,请参照小早川光郎著:《行政诉讼の构造分析》,东京大学出版会1983年8月,第22页至第34页;安念润司:《取消诉讼における原告适格の构造(一)》,载《国家学会杂志》,1984年12月第97卷第11、12号,第1页至第11页。

[83] 其第42条第2项规定:"诉,除法律别有规定外,限于原告主张因行政处分或其拒绝或不作为致其权利受侵害者,始得允许";其第113条第1项第1句规定:"法院仅于行政处分违法致使原告权利受侵害者,得撤销行政处分及异议审查决定"。

[84] 关于上述《德国行政法院法》第42条第2项及第113条第1项第1句有关"权利侵害",究竟有无差异曾有争议,通说认为第42条第2项原告适格要件(或诉讼权能),第113条第1句则属本案胜有无理由问题,然其中所谓"权利"应如何理解,以及于诉讼要件审查阶段及本案有无理由审查阶段,就该"权利侵害"有无,分别应为如何之审查等,均有争议。

一概念，故有其特殊意义。反之，于日本法制，《日本行政事件诉讼法》(旧)第 9 条规定[85]之法律上利益，系起诉要件，与德国法分别规定于二条文者有所不同。因此，有关原告有无法律上利益，系属原告适格问题，而集中于诉讼要件中审理，至于其本案有无理由问题，则纯化为处分是否违法以及该违法行为与原告权利受损间有无因果关系(此时原告主张处分违法之理由亦因而受有限制[86])等问题，故彼学说并未出现如德国区别"诉讼实施权"与"诉讼权能"问题[87]，而集中讨论应否将法律上利益之审理作为起诉要件以及其法院于审查此一要件时是否过于严格等问题，盖因其判断标准及审查之宽严将严重影响原告起诉得否进入实体审理之故。

　　就上开比较法制发展而论，台湾是否宜采上开德国见解，区别"诉讼实施权"与"诉讼权能"，以及"诉讼权能"之审查是否当然取代"原告适格"之审查[88]，颇有疑问[89]。反之，台湾情形又有不同，除未有如德国法制分别将权利侵害规定于不同条文，其用语亦有差异[90]外，关于权利保护要件或诉讼利益要件之欠缺，亦非如德日系采诉讼判决驳回方式为之[91]，而系区分为"诉是否合

---

〔85〕　本条规定："处分撤销之诉及裁决撤销之诉(下称"撤销诉讼")，限于请求该处分或裁决之撤销有法律上利益者(包括处分或裁决之效果因期间之经过或其他事由而解消后，因处分或裁决之撤销尚存有可回复之法律上利益者)，始得提起"。

〔86〕　《日本行政事件诉讼法》(旧)第 10 条参照。

〔87〕　当然，日本学者一般不区别诉讼实施权与诉讼权能，尚与其行政诉讼理论偏向于民事诉讼，以及德日诉权理论(德国昔日通说采权利保护请求权说，日本通说采本案判决请求权说)不同，致使其原告适格或其他诉之利益问题，究竟系权利保护要件抑或本案判决要件，而发生差异。有关原告适格及诉之利益与诉权理论间之关系，参照吕太郎：《诉之利益之判决》，收于民事诉讼法研究基金会《民事诉讼法之研讨(四)》，1993 年 12 月，第 413 页以下；王甲乙：《当事人适格之扩张与界限》，收于民事诉讼法研究基金会《民事诉讼法之研讨(六)》，1997 年 3 月，第 1 页以下。

〔88〕　吴庚前揭注 8 书第 56 页以下，似以"诉讼权能"之审查取代"原告适格"之审查。

〔89〕　按台湾若采德国学说见解，区别诉讼实施权与诉讼权能，理论上就有关诉讼权能之判断标准，应采"可能性说"较能前后一贯。就此而言，学者一方面认二者应予以区别，另方面又采主张说者(如吴庚前揭注 8 书第 107 页以下参照；另同书第 102 页注 58 参照)，其理论似未一贯。

〔90〕　本法第 4 条、第 5 条均规定"认为"损害其权利或法律上之利益，与《德国行政法院法》(旧)第 42 条第 2 项系规定："除法律另有规定外，起诉之许可，须有效表示(geltend macht)其权利因行政处分之作成或拒绝作成而受损害者"者，尚有不同。

〔91〕　德国判决之形式，分为"本案请求无理由之请求终局驳回(Klageabweisung als unbegründet)"、"欠缺保护必要之请求暂时驳回(Klageabweisung zur Zet)"以及"欠缺诉讼要件之诉讼驳回(Prozessabweisung)"；日本判决则分为"弃却判决"及"却下判决"，关于诉于实体上有无理由，以"弃却判决为之"，而诉讼要件之欠缺，则以"却下判决"为之。

法之裁定驳回"以及"诉有无理由之判决驳回"，二者有所不同[92]；更何况台湾行政诉讼于权利保护要件欠缺或诉讼要件欠缺情形，究应采裁定驳回或判决驳回，本有疑问。故是否采纳"诉讼权能"此一概念，仍有待进一步观察。

2. 当事人适格与诉讼权能理论之区别实益

就当事人适格理论在诉讼制度之功能或作用而言，无论民事诉讼抑或行政诉讼，其目的均在于妥适选别适当之原告与被告，使能于有限司法资源限制下，达成国家设置诉讼制度之目的。因此，判断何人为适格之当事人，理论上与各该国家宪法赋予司法权之角色与任务、各种诉讼制度之目的（如纷争解决、权利保护、法秩序维持、促进公益或行政适法性维持等）有关。

就台湾之诉讼制度而言，基于"宪法"保障人民诉讼权，以维护其"宪法"所保障之权利之意旨而论，无论民事诉讼或行政诉讼，原则均以人民权利保护为其主要制度目的。因此，能提起诉讼，运用有限司法资源，以寻求争议之解决者，原则以其起诉目的在于请求法院保护"自己之权利或法律上利益者"为限。亦即，除法律别有规定或有允许"为他人诉讼之诉讼担当"[93]情形外，原则禁止"以自己名义为他人主张权益或主张他人权益而实施诉讼"（为他人诉讼）[94]。简言之，当事人（原告或被告）就该诉讼之诉讼标的法律关系，如欠缺管理权或处分权者，原则即非适格之当事人。反面而言，如当事人系该诉讼标的法律关系（或权利义务）之归属主体或对之有管理权或处分权时，即为适格之当事人。

由上可知，"当事人适格理论"之主要功能在于选别正当之当事人，以符合诉讼制度目的。（A）就筛选正当之原告而言，具有避免滥诉与产生民众诉讼之作用。（B）就筛选正当之被告观点而言，有保护被告以免受强制应诉之烦累之作用。（C）就受理案件之法院观点而论，则有避免浪费司法资源、避免诉讼洪水、减轻法院负担，以及"限制法院过度介入民事纷争或过度干预行政权"等

---

〔92〕 附带一提，台湾"行政诉讼法"第 107 条系仿照"民事诉讼法"第 249 条规定而来，关于原告适格之欠缺，于 1945 年"民事诉讼法"关于该条第 2 项立法理由中，即明示包括原告适格欠缺之情形在内，故实务上至今均以判决驳回方式为之；至于其他诉讼利益之欠缺，究应适用判决驳回（一般判决驳回、第 249 条第 2 项之判决驳回）抑或裁定驳回（第 249 条第 1 项第 6 款之裁定驳回），无论学说或实务，均未有定论（吕太郎前揭注 87 文第 435 页［杨建华发言］、第 436 页以下［王甲乙发言］、第 440 页［陈计男发言］、第 442 页［骆永家发言］、第 444 页以下［陈荣宗发言］参照）。台湾"行政诉讼法"虽有上述沿革上之因素，然是否宜与"民事诉讼法"采相同理论，则仍有检讨余地。

〔93〕 例如，选定当事人、辅助参加人承当诉讼、破产管理人于破产财团有关案件、遗产管理人于遗产有关案件等，均属现行法所允许之诉讼担当型态。

〔94〕 "信托法"第 5 条第 3 项规定，"诉讼行为有左列各款情形之一者，无效：……三、以进行诉愿或诉讼为主要目的者"，即在明文禁止"任意的第三人诉讼担当行为"。

作用。

以上当事人适格理论之功能,在民事诉讼情形,由于系争案件诉讼标的之法律关系(权利义务)之存否以及原、被两造当事人对之是否有管理权或处分权等问题,一般不难判断[95]。因此,单纯经由此一判断标准选别正当之当事人,原则即可达成上开制度目的,并无于当事人适格理论之外,另提出诉讼权能此一不同概念之必要。

反之,于行政诉讼情形,尤其涉及邻人诉讼或第三人诉讼情形,由于其诉讼标的法律关系(权利义务)之存否(公权之存否问题),以及两造当事人对之有无管理权或处分权问题(原告是否为该系争公权之归属主体问题),经常难以判断。因此,欲借由上开标准筛选适当之当事人,即成为行政诉讼理论上之困难问题。简言之,于行政诉讼案件,不仅可据以认定是否存有公权或法律上利益之"保护规范"并不明确,即使在判断存有保护规范情形,"该保护规范所欲保护之特定人范围"为何,原告是否为该范围内之人,亦不明确[96]。因此,行政诉讼欲仿照民事诉讼所建立之当事人适格理论,以选别正当之当事人,其在原告适格之判断上显然发生困难,遂有提出有别于民事诉讼之判断标准,即"诉讼权能"概念,以解决防免发生滥诉、民众诉讼或司法过渡干预行政等问题之必要。至于被告适格之判断,则因行政诉讼之被告主要为公行政,其判断较无问题,且无所谓保护被告之问题,故其被告适格即集中于如何选别适当之行政机关问题上,而无另以诉讼权能理论解决之必要。总结而言,诉讼权能此一概念之主要功能,在于避免发生民众诉讼以及避免司法权不当对行政权作实质审查,事实上仅为行政诉讼中用以判断原告适格之主要标准之一,并非独立于原告适格概念外之另一诉讼要件[97]。亦即,行政诉讼之"诉讼权能"概念,并非用以否定

---

〔95〕　此一问题,实际上即指下列两个问题:(1)在系争案件中,原、被两造当事人所主张之利益,是否为私法所承认并加以保护之利益(私权存否);(2)该利益是否归属于原告或被告(私权归属主体),而可由原、被两造以自己名义于诉讼上主张。

〔96〕　例如,就某一争执之法律关系中,是否存有公权利或法律上利益?如存有公权利或法律上利益,又该公权利或法律上利益应归属于何人?例如,建筑法中关于防火消防设施之规定,通说实务均认为具有保护邻人之作用(保护规范)。因此,于邻人起诉请求撤销建筑执照之情形,虽可认为存有一保护规范,而可认为存有公权或法律上利益。然而,该公权能否归属于该邻人(即原告),却可能发生疑问。亦即,所谓"邻人"究系指紧邻建筑标的之土地所有人,或建筑物所有人,或该不动产承租人,或于该邻地工作之受雇人,或为该邻地之地上权人,或抵押权人,或经常出入该邻地之顾客,甚至,所谓邻地,是否必须"紧邻"建筑标的始足当之。如否,则其判断标准又如何(例如核设施之邻人起诉情形,该邻人之范围如何)。

〔97〕　此为本书之初步见解,惟因台湾学界多使用诉讼权能此一概念,而有意创设属于行政诉讼之独自概念,故以下论述,仍分别情形,使用两种概念说明,还请留意。

"原告适格"概念，仅系提出不同于民事诉讼当事人适格理论之判断标准，二者目的均在选别"正当之原告"。

最后，由于民事诉讼中适格当事人之判断较无问题，实务亦较少发生其诉因当事人不适格而被驳回之情形，且基于原、被两造当事人对等之地位观点，民事诉讼之原告适格理论，通常并未直接发生减损其诉讼目的（私权之保护）之反效果。反之，于行政诉讼情形，因不易判断原告是否具备诉讼权能，且行政诉讼本为民告官之制度，在原、被两造地位之利益衡量上，实有针对原告诉讼地位予以特别保护之必要，是以如法院严格审查诉讼权能此一要件，容易造成人民起诉未经实体审查即被驳回，而与行政诉讼之目的处于紧张关系。因此，行政诉讼中，原告起诉时，就是否具备"主张其权利或法律上利益受违法公权力行为之侵害"此一诉讼权能要件而言，应主张至何种程度始为法院所接受，直接影响其诉讼能否进入实体审查。对此一问题，德国学说有"主张理论（Behauptungstheorie）"（原告单纯作此主张即认为要件具备）、"可能性理论（Möglichkeitstheorie）"（原告须对该主张加以释明以使法院得薄弱心证）及"说服性理论（Suchüssigkeitstheorie）"（原告须说服法院相信如系争公权力行为违法则其权利或法律上利益将受损害）之争论[98]。由于主张理论大幅减损诉讼权能筛选正当原告之功能，说服性理论又不当限制行政诉讼保护人民权益之目的，因此，德国通说与实务（亦为台湾通说）均采可能性理论。

（四）当事人能力与当事人适格有欠缺之法律效果

就当事人能力或当事人适格有欠缺时之法律效果言，法律逻辑上因无法使其经由补正方式，而取得当事人能力或具备当事人适格。惟因实践上，此类欠缺非无补正可能与必要，故实际运用上，原则仍先命补正，仅于未补正或无法补正情形，始予以驳回原告之诉：

1. 于民事诉讼上，关于当事人能力之欠缺，因民事诉讼法有"能力欠缺得补正"之规定[99]，且实务运作有其需要[100]，故于不影响"当事人主体同一性（subjective Identität）"范围内，实务均晓谕当事人补正。至于当事人适格之欠缺，则认为毋庸命其补正[101]。

---

[98] 林腾鹞前揭注 23 书第 75 页以下参照。

[99] "民事诉讼法"第 48 条、第 49 条参照。

[100] 例如，关于当事人能力欠缺部分，"最高法院"1985 年台上字第 1359 号判例、1993 年台上字第 1448 号判决参照；关于诉讼能力欠缺部分，"最高法院"1996 年台抗字第 131 号参照。

[101] "司法院"院字第 2351 号解释、"最高法院"1991 年台上字第 2378 号判决参照。

2.行政诉讼实务之运作,亦可分别情形说明:

(1)有关当事人能力有欠缺者,早期因受民事诉讼实务影响承认非法人团体亦有当事人能力[102],且无论旧法或现行法[103]均明定准用民事诉讼法有关能力欠缺得补正之规定[104],故实务运作亦与民事诉讼同,均认为得命补正[105]。

(2)至于当事人适格有欠缺者,如为原告适格有欠缺,因旧"诉愿法"第17条有诉愿不合法定程序应命补正之规定[106],故事实上如有补正可能而诉愿决定机关未定期命补正者,行政法院则将诉愿或再诉愿决定予以撤销发回[107],其他情形不能补正者,实务则认为以判决驳回方式较诸裁定驳回对人民权益保障

---

[102]　行政法院 1963 年度裁字第 63 号判例、1991 年判字第 250 号判决、1997 年裁字第 1937 号裁定参照。另郭介恒:《行政救济主体之变动——实务判决之检讨》,收于行政法院、台湾政府诉愿审议委员会主办《行政救济制度改革研讨会成果报告》,1998 年 8 月 6 日至 7 日,第 120 页以下参照。

[103]　旧法第 33 条、新法第 28 条参照。

[104]　另"行政诉讼法"第 107 条第 1 项但书亦明定于"无当事人能力"、"未由合法之法定代理人、代表人或管理人为诉讼行为"、"诉讼代理人其代理权有欠缺"等情形,如其情形可以补正者,审判长应定期间先命补正。

[105]　另附带一提,现行若干法令(尤其环保法令),对于违反该法令者,不乏以"公私场所"或"工商厂场"作为处罚之对象(按此类规定颇多,遍布于各环境管制法令中,例如"空气污染防制法"第 47 条、第 40 条、第 51 条等规定属之),行政实务于需作成处分或公函情形,亦认为该"公私场所"或"工商厂场"为特别法律规定得作为权利义务之主体,而径自以该人为处分相对人或公函之受文者,且当事人如对之有所不服,亦多以"××工厂(场)"名义起诉。惟自理论上言,所谓"公私场所"或"工商厂场",既非实体法上之权利义务主体,亦非"非法人团体",更非"行政程序法"第 21 条第 5 款所规定"其他依法律规定得为权利义务之主体",从而并不能为行政处分或公函之相对人或受文者,亦无行政争讼当事人能力,故有关法令以其为处罚或制裁之主体,并不符合理论上之要求。对此一情形,行政诉讼实务,或未加以注意,或虽注意此一问题,但则以命补正或径于判决书当事人字段加注方式处理,然终究与当事人能力理论有所捍格。

[106]　新"诉愿法"第 77 条第 1 款规定则改为"诉愿不合法定程序不能补正或经通知补正逾期不补正者",应为不受理之决定,此一规定与旧"诉愿法"第 17 条第 1 项但书规定均应命补正者,有所不同。

[107]　例如,认为无补正可能者,"行政法院"1947 年判字第 13 号判例、1979 年判字第 435 号判决、1994 年判字第 874 号判决;认为有补正可能者,"行政法院"1978 年判字第 49 号、1992 年判字第 1499 号判决参照。

较周[108]，故于当事人不适格情形采判决驳回处理[109]。须注意者，于有关被告适格有欠缺情形，实务上因行政诉讼之被告多为行政机关，原告多为人民，且因不采律师强制主义，原告人民往往难以掌握正确之被告机关为何，故多采晓谕方式命其更正[110]。现行"行政诉讼法"第107条第2项则明定：撤销诉讼，原告于诉状误列被告机关者，准用第1项规定，即依第1项但书规定于"其情形可以补正者，审判长应定期先命补正"。最后，此类误列被告机关或违法并列被告机关[111]情形，应属当事人适格有欠缺问题，如其经命补正而不补正或无法补正，理论上究应以判决方式或裁定方式驳回原告之诉，学说未有一致见解。但因本法第107条第2项关于撤销诉讼误列被告机关情形，既明定准用同条第1项规定，故实务系以诉不合法裁定驳回其诉。

又行政机关依法规将其权限之一部移转（通常涉及委任、委托或委办问题）由他机关行使，该他机关就该受移转权限有关业务，因而成为行政诉讼程序之被告机关情形，如于诉讼进行中，该他机关之权限因原行政机关终止权限之移转行为，而恢复由原行政机关办理该项业务者，则他机关于诉讼程序中作为被告之地位，有无"当事人恒定原则"之适用，而仍由该他机关实施诉讼，抑或应停

---

[108]　2001年6月19日"最高行政法院"2001年6月份庭长法官联席会议决议谓："行政诉讼法"第107条第1项各款系属广义之诉的利益要件，由于各款具有公益性，应由法院依职权调查，如有欠缺或命补正而不能补正者，法院应以裁定驳回之。至于欠缺当事人适格、权益保护必要之要件，属于狭义的"诉的利益"之欠缺，此等要件是否欠缺，常须审酌当事人之实体上法律关系始能判断，自以判决方式为之，较能对当事人之诉讼程序权为周全之保障。本院1980年4月30日庭长评事联席会议关于此部分决议应予维持。"行政诉讼法"第107条第2项所定："撤销诉讼，原告于诉讼误列被告机关者，准用第一项之规定。"系法律就特殊情形所作之例外规定，由此可知同条第1项第10款所定"不备其他要件"并非当然包含当事人适格、权益保护必要要件之欠缺，并此指明。本院1980年4月30日庭长评事联席会议"应以裁定驳回或应以判决行之例示情形若干则"之决议，除当事人适格及保护必要要件外之其余部分，暂不予讨论。惟应注意者，按本件决议认为以判决驳回方式"较能对当事人之诉讼程序权为周全之保障"云云，是否果真如此，恐值得商榷。

[109]　吴庚前揭注8书第55页所引判决参照。

[110]　行政法院1955年判字第42号判例、1957年裁字第17号判例、1972年裁字第26号判例。

[111]　"行政法院"1955年判字第42号判例认为依（旧）"行政诉讼法"第9条规定，认为仅能就"原处分机关"或"撤销或变更原处分或决定之机关"二者间，择一作为被告，不能并列二机关为被告。

止诉讼程序,并改由原行政机关承受?实务上曾发生问题,其则后采"承受诉讼说[112]",认为受移转权限之他机关,既因该移转行为而取得诉讼实施权,则其后终止移转后,该他机关之诉讼实施权亦事后丧失(被告适格之嗣后丧失),其诉讼程序应即停止(本法第179条第1项[113]参照),并由原机关声明承受诉讼(同法第181条[114]参照)。此一实务理论,堪称中允[115]。

四、诉讼能力

诉讼能力,亦称"诉讼上行为能力",为当事人得独立为诉讼行为之资格,指于"自己诉讼"中作为诉讼当事人实施诉讼行为所须具备之能力[116]。故诉讼能力系指能独立作成有效于诉讼行为之能力,其概念相当于实体法上之行为能力。由于诉讼程序首重安定,故诉讼能力之分类,原则仅分为有诉讼能力与无

---

[112]　"最高行政法院"2003年度4月份庭长法官联席会议(一)决议:按"行政诉讼法"第110条第1项前段所规定之当事人恒定原则,应系指为诉讼标的之法律关系,于行政诉讼系属中,移转于第三人情形下,始有适用,以避免出让诉讼标的之诉讼当事人,因对诉讼标的之管理权不复存在而丧失其适格当事人之诉讼上地位。惟营业税依财政收支划分法第8条之规定属于"国税",其主管稽征机关原为各区"国税局",仅因财政部基于作业及人力上考虑,依税捐稽征法第三条"税捐由各级政府主管税捐稽征机关稽征之,必要时得委托代征;其办法由行政院定之"规定,函请"行政院"订定办法,将该项稽征业务委托各地方税捐稽征处代征。此项委托代征事项,既已于2003年1月1日起回归各区"国税局"承办,乃属主管营业税稽征机关之各区"国税局"将原委托各地方税捐稽征处行使之权限,以终止委托方式,恢复其权限。就仍系属于台北、台中或高雄高等行政法院之营业税行政诉讼事件,依终止委托之法律效果,要非属为诉讼标的之法律关系,由地方税捐稽征处移转于第三人之各区"国税局"之情形,自无当事人恒定原则之适用。本件原由各地方税捐稽征处委托代征营业税,其于受托代征业务所发生之营业税行政诉讼事件,系以受托人之资格实施诉讼权能,成为被告。营业税稽征业务于2003年1月1日起回归各区"国税局"后,关于受托代征营业税业务,并同回归前已作成营业税处分所生之行政诉讼尚未审结业务,既已由各地方税捐稽征处移交各辖区"国税局"办理,各地方税捐稽征机关于业务移交后,当即失其为受托人之法律上地位,应即丧失其为被告之资格,此与前述单纯诉讼标的之移转,尚有不同,自应曰承办该项业务之各区"国税局"向各管辖之三所高等行政法院声明承受诉讼。

[113]　本项规定:本于一定资格,以自己名义为他人任诉讼当事人之人,丧失其资格或死亡者,诉讼程序在有同一资格之人承受其诉以前当然停止。

[114]　本条规定:诉讼程序当然停止后,依法律所定之承受诉讼之人,于得为承受时,应即为承受之声明(第1项)。他造当事人亦得声明承受诉讼(第2项)。

[115]　由此一问题,亦可见当事人能力(尤其关于行政机关与非法人团体情形)与当事人适格(尤其涉及诉讼担当情形)之问题,二者实际上具有密切关联。

[116]　若于"他人诉讼"中为代理人而为诉讼行为时,则不以有诉讼能力为必要,但须有意思能力;若为证人时,则仅须具备陈述能力即可。

诉讼能力,并无限制行为能力之概念。

"行政诉讼法"第 27 条规定:"能独立以法律行为负义务者,有诉讼能力。法人、中央及地方机关、非法人之团体,应由其代表人或管理人为诉讼行为。前项规定于依法令得为诉讼上行为之代理人准用之。"因此:

(1)自然人之诉讼能力,原则视其有无行政实体法上行为能力而定,早期学说实务多援引"民法"行为能力之相关规定,判断有无诉讼能力。然于"行政程序法"施行后,该法第 22 条规定,依民法规定有行为能力之自然人(第 1 项第 1 款)、依其他法律规定有行为能力之自然人(同条项第 5 款)、依台湾现行法律有行为能力之外国人(同条第 3 项、"行政诉讼法"第 28 条准用"民事诉讼法"第 46 条),原则有行政法上行为能力。因此,符合上开规定之自然人,原则亦具备行政诉讼之行为能力。又无诉讼能力之当事人,应由其法定代理人为诉讼行为,其无法定代理人或其法定代理人不能行代理权时,得选任特别代理人("行政诉讼法"第 28 条准用"民事诉讼法"第 51 条)。其为辅助宣告人者,所为诉讼行为原则应经辅助人之同意("民法"第 15 条之 2 第 1 项第 3 款)。

(2)法人、"中央"及地方机关、非法人团体虽有当事人能力,然仍须由自然人代为实施诉讼行为。因此,纵使承认该组织本身有诉讼能力(法人实在说),仍须由其代表人、管理人、代理人、机关首长或上开人员所授权之人代为诉讼行为。

另外,关于诉讼之法定代理、诉讼所必要之允许、能力及代理或允许等能力有欠缺时之补正等问题,均依"行政诉讼法"第 28 条准用"民事诉讼法"第 47 条至第 49 条规定处理[117]。

第三节　多数当事人——选定当事人与共同诉讼 (原告与被告之多数)

起诉,应以诉状表明当事人、起诉之声明以及诉讼标的及其原因事实提出

---

[117]　附带一提,2008 年 5 月 23 日修正、2009 年 11 月 23 日生效施行之台湾民法,修改原禁治产宣告制度为监护宣告制度,并增订辅助宣告制度。其中,经监护宣告者无行为能力("民法"第 15 条)。其因精神障碍或其他心智缺陷,致其为意思表示或受意思表示,或辨识其意思表示效果之能力,显有不足者,法院得因本人、配偶、四亲等内之亲属、最近一年有同居事实之其他亲属、检察官、主管机关或社会福利机构之申请,为辅助之宣告(同法第 15 条之 1 第 1 项);受辅助宣告人虽非无行为能力人,亦非限制行为能力人,但其为特定行为时,应经辅助人之同意(同法第 15 条之 2)。

于行政法院为之（"行政诉讼法"第 105 条参照）。因此，当事人、诉之声明与诉讼标的（诉讼上请求），分别构成诉之三要素。单一之诉，系指该诉之三要素单一情形，亦即单一之原告对单一之被告，定立单一之诉讼上请求者而言。其中，于当事人有多数情形，如其所提出之诉讼上请求，涉及该多数当事人之共同利益，基于诉讼资料共通等诉讼经济、裁判矛盾之防止、纷争之一次或统一解决或多数当事人间权利保护之要求等因素，而有使其有关争议集中于一个诉讼程序中合并审理（合并辩论、合并裁判）必要者，诉讼制度上遂有为相应设计之必要，以符合制度目的需求。关于此类制度设计，各国未尽一致，且因各个诉讼法中各个相关诉讼制度彼此间关联性之影响，纵为相同规定，其解释适用亦未必须与他国一致。例如，就形成多数当事人诉讼之时点而言，有起诉时之多数当事人诉讼制度，有诉讼系属中之多数当事人制度[118]。就解决多数当事人诉讼之制度设计言，亦有各式各样。例如，承认非法人团体之当事人能力[119]、集团诉讼或团体诉讼[120]、选定当事人（"行政诉讼法"第 29 条以下）等诉讼担当制度，共同诉讼制度（同法第 37 条以下）、各种诉讼参加制度（同法第 41 条以下）、诉之主观变更或追加或反诉制度（同法第 111 条以下）、关于形式的当事人与实质的当事人分离情形之诉讼停止与承受诉讼制度（同法第 179 条、第 181 条、第 186 条准用"民事诉讼法"第 168 条参照）以及当事人恒定主义与重复起诉禁止制度（同法第 110 条、第 107 条第 1 项第 7 款、第 115 条准用"民事诉讼法"第 253 条参照）、合并辩论与合并裁判制度（同法第 127 条、第 132 条准用"民事诉讼法"第 204 条），一部终局裁判之容许性（同法第 191 条）、裁判效力之主观范围（第 214 条）、上诉、再审或重新审理（同法第 284 条以下参照）[121]等救济制度设计之差异等，均影响各国多数当事人诉讼制度之实务运作面貌与相关理论。

---

　　[118]　因此，起诉时当事人有多数，但于诉讼进行中，当事人可能因选定当事人、分开辩论等原因，而成为单一之诉。反之，亦可能于起诉时为单一之诉，而于诉讼程序进行中，例如因承当诉讼或合并辩论等原因，成为多数当事人诉讼。甚至，于起诉时为多数当事人诉讼，于诉讼进行中则改变为另一多数当事人诉讼者。

　　[119]　非法人团体一般虽列为当事人能力章节中说明，但其实际上具有简化多数当事人诉讼成为单一诉讼之制度功能，就此点而言，非法人团体此一制度设计，隐藏着诉讼担当之作用。此由选定当事人制度与非法人团体二者，原则系两种互为排斥之制度（"民事诉讼法"第 41 条第 1 项参照），亦可见其关联性。

　　[120]　"行政诉讼法"第 35 条、"民事诉讼法"第 44 条之 1 至第 44 条之 3 参照。

　　[121]　对于受裁判影响之第三人之救济途径，台湾于"行政诉讼法"设有重新审理制度，于"民事诉讼法"则设有第三人撤销诉讼制度（同法第 507 条之 1 参照）。

一、选定当事人

选定当事人制度，主要系基于诉讼经济观点，对于涉及主要诉讼数据共通之多数当事人诉讼，为简化诉讼，所为之制度设计。最近之发展，则主要针对若干具有高度公共性之案件（多为环境或公害案件，"国土"开发案件，消费者保护或产品责任案件，医生、律师等专门职业人员责任案件等现代型诉讼）中，为衡平原、被两造之诉讼地位或为公共利益之保护目的，而以选定当事人方式（诉讼实施权之授与）实施诉讼。

（一）选定或指定当事人

"行政诉讼法"第 29 条规定：多数有共同利益之人，得由其中选定一人至五人为全体起诉或被诉（第 1 项）。诉讼标的对于多数有共同利益之人，必须合一确定而未为前项选定者，行政法院得限期命为选定，逾期未选定者，行政法院得依职权指定之（第 2 项）。诉讼系属后经选定或指定当事人者，其他当事人脱离诉讼。因此，为简化诉讼，于涉及多数有共同利益之人之案件，本法设有选定当事人与指定当事人制度。

1. 选定或指定当事人之要件

依上开规定，选定当事人之要件为[122]：（1）须有多数共同利益人之存在；（2）须该多数有共同利益之人不属于非法人团体；（3）须就该多数有共同利益人之中选定一人至五人为选定当事人。至于指定当事人之要件：除前述（1）、（2）要件外，尚须（3）诉讼标的之法律关系对于多数有共同利益之人须合一确定；（4）须该多数有共同利益之人未曾选定当事人且经行政法院定期命为选定而逾期未选定；（5）须由行政法院于该多数有共同利益之人中指定之。

该多数有共同利益之人，如属"行政诉讼法"第 37 条第 1 项所定之共同诉讼关系人者[123]，固属此所称多数有共同利益之人，即非属该条规定之人，如其主要之攻击或防御方法等诉讼数据共通，亦无禁止其利用选定当事人制度之必要。且选定当事人制度属于任意的诉讼担当之一种，因此选定当事人制度所欲达成之简化诉讼程序之利益，不仅存在于法院亦存于该多数有共同利益之人，如该多数当事人基于处分权主义，以自己责任选定当事人，并使将来裁判效力

---

[122] 吴庚前揭注 8 书第 61 页以下；林腾鹞前揭注 23 书第 197 页以下参照。

[123] 本条项规定：二人以上于左列各款情形，得为共同诉讼人，一同起诉或一同被诉：一、为诉讼标的之行政处分系二以上机关共同为之者。二、为诉讼标的之权利、义务或法律上利益，为其所共同者。三、为诉讼标的之权利、义务或法律上利益，于事实上或法律上有同一或同种类之原因者。

及于该脱离诉讼之选定人[124]，除非该选定行为违反处分权主义（即当事人对之无处分权）或违背任意诉讼禁止原则（如构成"信托法"第 5 条第 3 款所禁止之诉讼信托行为[125]），否则并无禁止该多数有共同利益之人利用选定当事人制度之必要。此点与指定当事人制度，法院之指定当事人权限受有严格限制，以避免过度干预当事人之处分权与程序主体权者，有所不同。亦即，在指定当事人情形，为避免法院过度介入干预多数有共同利益人之诉讼实施权，须于该多数有共同利益之人处于必须"合一确定"关系之"必要共同诉讼人"关系情形，法院基于简化诉讼程序之"必要"，始得指定当事人。因此，所谓"合一确定"解释上应与民事诉讼之概念同，系指该诉讼标的法律关系之裁判，对于该共同利益人须为同胜同败者而言，始不过度侵害当事人之诉讼权[126]。

2.选定或指定当事人之程序

选定当事人之程序，可于诉讼系属前或系属后为选定，如为指定当事人，则仅能于诉讼系属后指定。其选定当事人者，理论上得为全部选定或为分组选定。选定行为为诉讼行为之一种，故选定人须有诉讼能力，其无诉讼能力者则由其代理人为选定。无论选定当事人或指定当事人，均得于选定或指定后，经由全体当事人之同意或由法院依职权更换或增减之；其经更换或增减者，原被选定或指定之当事人丧失其资格（本法第 30 条参照）。选定、指定、更换或增减行为，应通知他造当事人（同法第 32 条），且应以文书证之（同法第 34 条）。选定当事人因选定、更换或增减等行为不合法，致该被选定人欠缺选定当事人资格或其所为诉讼行为之权限有欠缺[127]者，除不能补正情形外，准用"民事诉讼法"第 48 条、第 49 条关于能力、代理权或为诉讼行为所必要之允许有欠缺时补正规定（同法第 36 条）。

---

[124]　"行政诉讼法"第 214 条第 2 项参照。

[125]　本条款规定：诉讼行为有左列各款情形之一者，无效：……三、以进行诉愿或诉讼为主要目的者。

[126]　学者关于何谓"合一确定关系"，认为系指"行政法院对诉讼标的之裁判必须一致"而言，似采"合一裁判"（即禁止分别裁判且裁判不得矛盾）之见解（吴庚前揭注 8 第 61 页以下；林腾鹞前揭注 23 书第 198 页；翁岳生主编前揭注 24 书第 223 页[陈春生执笔]参照），而与民事诉讼所谓合一确定系指该诉讼标的之法律关系之裁判，对于该共同利益人须为同胜同败者，有所不同。考其原因，恐在于"行政诉讼法"第 41 条关于必要共同诉讼之独立参加制度，其所谓"合一确定"之概念，若干学者援引德国法制认为系指"合一裁判"而言所致。其有关问题，留待后述。

[127]　例如，被选定人非共同利益人之一，未经全体共同利益人之选定，不能以文书证明其选定行为，未得全体选定人之同意而为舍弃、认诺、撤回或和解等行为情形。

3.选定或指定当事人之效果

选定或指定当事人为(任意或强制的)诉讼担当之一种,选定当事人或指定当事人,因选定或指定行为而取得诉讼实施权(形式的当事人)。诉讼系属后经选定或指定当事人者,其他当事人即脱离诉讼成为"实质的当事人"。因此,该诉讼须由选定或指定当事人以自己名义为原告或被告,始为适格之当事人;且该诉讼程序之进行,以该选定当事人为断,至于脱离诉讼之其他当事人所生之事由(例如死亡、诉讼标的法律关系移转第三人等),原则对诉讼程序无影响[128];但就该案件所为裁判之既判力,仍及于该脱离诉讼之其他当事人(本法第 214 条第 2 项)。此时,该脱离诉讼之当事人,如就同一事件更行起诉时,则发生更行起诉之一事不再理问题[129],法院应以裁定驳回其诉(本法第 107 条第 1 项第 7 款)。选定或指定行为,在使选定当事人或指定当事人取得其他当事人之诉讼实施权。在选定当事人情形,因系由选定人以自己责任为选定行为(任意的诉讼担当),理论上选定当事人就该诉讼之实施应有完整之诉讼实施权,但本法因受旧"民事诉讼法"规定之影响,认为选定当事人系为他人实施诉讼,为保护选定人,其诉讼行为宜受有一定限制,故于第 33 条明定:"被选定人非得全体之同意,不得为舍弃、认诺、撤回或和解。但诉讼标的对于多数有共同利益之各人非必须合一确定,经原选定人之同意,就其诉之一部为撤回或和解者,不在此限。"[130]解释上,本条前段之规定,于指定当事人情形,亦有适用。另被选定或被指定之人有因死亡或其他事由丧失其资格者,他被选定或被指定之人得为全体为诉讼行为(本法第 31 条);故除非全体被选定或被指定之人均丧失资格,否则于诉讼无影响。

又选定当事人或指定当事人有二人以上时,其诉讼实施权应共同行使,此时,该选定当事人如系经由全体选定方式产生者,则该诉讼构成固有必要共同诉讼,各选定当事人须一同起诉或被诉;如系经由分组选定方式产生,则各该选定当事人究属普通共同诉讼抑或必要共同诉讼,宜视原各选定人间共同利益关系之性质而定。

---

[128] 同旨,陈计男前揭注 55 书第 69 页。

[129] "行政诉讼法"第 115 条准用"民事诉讼法"第 253 条。

[130] 现行"民事诉讼法"关于选定当事人之诉讼实施权,于 2003 年 2 月 7 日修正时,已回归法理,原则不再限制其诉讼实施权。亦即,该法第 44 条规定:"被选定人有为选定人为一切诉讼行为之权。但选定人得限制其为舍弃、认诺、撤回或和解"(第 1 项)。"选定人中之一人所为限制,其效力不及于他选定人"(第 2 项)。"第一项之限制,应于第 42 条之文书内表明,或以书状提出于法院"。

(二)团体诉讼

"行政诉讼法"第 35 条规定:以公益为目的之社团法人,于其章程所定目的之范围内,由多数有共同利益之社员,就一定之法律关系,授与诉讼实施权者,得为公共利益提起诉讼(第 1 项)。前项规定于以公益为目的之非法人团体准用之(第 2 项)。第二项诉讼实施权之授与,应以文书证之(第 3 项)。第 33 条(选定当事人为诉讼行为之限制)之规定,于第 1 项之社团法人或第 2 项之非法人团体准用之(第 4 项)。本条规定,依原立法理由说明,谓:因工业发达与科技进步而产生之公害和消费者保护等事件,其受害人有时为数甚多,如全体分别起诉,有违诉讼经济原则,爱撷取德国团体诉讼制度之精神,允许以公益为目的之社团法人,于其章程所定目的范围内,就一定之法律关系,经由多数有共同利益之社员"授与诉讼实施权","得为各该社员之利益提起诉讼"。因此,原司法院草案设计,系采"利己的团体诉讼",惟本条于"立法院"朝野协商时,认为原草案设计与德国团体诉讼原则限于以维护公益为目的之精神有所违背,遂改采"利他的团体诉讼"设计,而将草案条文修改为"得为公共利益提起诉讼"。惟因未将"授与诉讼实施权"相关规定移除(此为利己的团体诉讼之要件),遂使本条规定前后文间产生理论不一致情形。

对此一问题,其后"司法院"于"行政诉讼法部分条文修正草案"已将本条以及类似之第 9 条规定[13]删除,而将以维护公益为目的之团体诉讼,于同法增订第 11 条之 1 与第 11 条之 2,以资解决。亦即规定:"以维护公益为目的之团体,于其章程所订目的范围内,得为公共利益提起诉讼。但以法律有特别规定者为限"(第 11 条之 1)。"公益团体依法律规定有程序参与权,而未适时行使者,就该事件不得提起前条之诉讼。行政行为系基于行政法院裁判为之者,或经行政法院裁判确定者,亦同"(第 11 条之 2 第 1 项);"公益团体于前项行政程序中,已有陈述意见之机会者,于行政救济程序不得提出未于行政程序提出之主张。但以交付或供其阅览之数据足以形成陈述意见之内容者为限"(同条第 2 项);"前条诉讼涉及行政处分而公益团体未受行政处分之送达者,应于知悉或可得知悉行政处分时起六个月内,依法提起诉愿或行政诉讼"(同条第 3 项)。上开规定,除明确采利他的团体诉讼设计外,虽删除本法第 9 条之规定,但尚非否定上开团体以外其他人民提起维护公益诉讼之可能性,而系回归本法第 2 条规定,使立法者依其政策判断于个别法律中分别明定即可。另外,修正草案所称"公益团体",依其立法理由说明,包括社团或财团,且不限于法人或非法人团

---

[13]　本条规定:人民为维护公益,就无关自己权利及法律上利益之事项,对于行政机关之违法行为,得提起行政诉讼。但以法律有特别规定者为限。

体,而使得提起本条团体诉讼之团体范围之条件与资格,回归个别法律自行规定。另外,依本修正草案第 11 条之 1 第 1 项前段反面解释,于公益团体依法律规定有程序参与权者,如其程序参与权受有侵害时,亦得单纯以此为理由,毋须另行主张系争行政行为是否存有实体法上瑕疵,而请求废弃该行为,以恢复行政程序使之继续进行。就此点而论,可认为构成"行政程序法"第 174 条[132]规定(程序瑕疵不得单独诉求)之例外,且亦构成系争行政行为虽有程序上瑕疵但实体合法情形,仍允许单独以程序瑕疵请求废弃行政行为之明文类型。

上开修正草案条文除修正现行法规定之不当外,并使提起团体诉讼之要件明确,确实为一进步立法设计。然而,现行法设置团体诉讼制度之目的,原在使就一定之公法上争议,涉及有多数当事人,而该多数当事人与对造当事人之地位显然不对等,或有信息高度不对称,或该诉讼之过程或结果涉及高度之公共性或具有扩散波及之效果,或诉讼之实施不宜由其中一人或少数人实施等情形,而使该公益团体得"于一定条件下",取得诉讼实施权(公益代表人资格),得为公共利益提起诉讼。故本条制度目的,并非单纯在于简化诉讼程序此种诉讼经济要求,其制度重点在于个别法律未规定维护公益诉讼情形[133],如何经由本条规定选别适当之公益团体并赋与其诉讼实施权,使其得补充个别法律规定之不足。至于如为防止滥诉情形发生,则经由设定选别正当的公益团体资格条件之方式而达成,而非如修正草案限制其于法律别有规定情形始得起诉[134]。简言之,修正草案之修正结果,反而有使团体诉讼之发生限缩适用之反效果。此点,与台湾现行"民事诉讼法"经由扩张选定当事人资格之方式[135],而承认团体

---

[132] 本条规定:当事人或利害关系人不服行政机关于行政程序中所为之决定或处置,仅得于对实体决定声明不服时一并声明之。但行政机关之决定或处置得强制执行或本法或其他法规另有规定者,不在此限。

[133] 按个别法律如已明定某一团体或个人得为公益起诉者,依本法第 9 条规定,本得提起维护公益诉讼,并无于本条再予规定之必要。

[134] 2003 年 2 月 7 日修正之"民事诉讼法"第 44 条之 3 规定:"以公益为目的之社团法人或财团法人,经其目的事业主管机关许可,于章程所定目的范围内,得对侵害多数人利益之行为人,提起不作为之诉。""前项许可及监督办法,由'司法院'会同'行政院'定之。"其目的即在使符合一定条件之公益法人,得径自依上开条文规定取得诉讼实施权,而毋庸再有个别法律之规定,以补充现行规定团体诉讼法律(例如消费者保护法第 49 条、第 53 条)之不足。

[135] "民事诉讼法"除于第 44 条之 1 明定利他的团体诉讼外,并于第 44 条之 3 规定:以公益为目的之社团法人或财团法人,经其目的事业主管机关许可,于章程所定目的范围内,得对侵害多数人利益之行为人,提起不作为之诉。前项许可及监督办法,由"司法院"会同"行政院"定之。且同法第 44 条之 4 第 1 项更明定:前三条诉讼,法院得依申请为原告选任律师为诉讼代理人。此一规定,有进一步贯彻团体诉讼之维护公益目的之功能。

诉讼,其起诉之容许性并不以个别法律有特别规定者为限之情形(即现行民事诉讼制度之设计,扩张承认依消费者保护法提起团体诉讼以外之其他法无明文之团体诉讼类型),显然有别。

二、共同诉讼

(一)共同诉讼之意义与功能——兼论各种诉讼制度相互间之关系

当事人、声明、诉讼标的及其原因事实三者,构成诉之三要素。如各要素均为单一,则为单一之诉。而若其中一个以上要素有二以上时,则称复杂诉讼。所谓共同诉讼者,系指在一个诉讼程序中,有多数原告(共同原告)或多数被告(共同被告)之诉讼型态而言。此种原告或被告有多数之情形,系属当事人合并提起之诉,一般称为主观合并之诉,至于涉及合并多数声明或诉讼标的而提起之诉讼,则称为客观合并之诉。在主观合并之诉情形,通常同时构成客观合并之诉。由于提交法院审理之公法上争议,其性质与种类千差万别,该争议可能涉及之法律上利害关系人亦可能为单一或多数,因此,于涉及多数人之情形,是否将该多数人有关之诉讼,以共同诉讼方式集中于一个诉讼程序审理?即须考虑该公法上争议之性质、诉讼制度之目的以及共同诉讼制度之功能等因素,为具体判断。

理论上,如有下列情形,即有使该涉及多数当事人之争议集中于一个诉讼程序审理之必要:例如,(1)该公法上争议所涉及之事实上或法律上争点、证据、攻击或防御方法等诉讼数据有其共通性,为减省法院审理之劳费或避免重复审理(诉讼经济之理由);(2)如作为诉讼标的法律关系之公法上争议单一,而其涉及多数当事人,或该公法上争议虽非单一,但依行政实体法律规定或诉讼法观点,法院对该多数当事人之裁判,不能矛盾歧异而有作成一致(同胜同败)裁判必要之情形(合一确定必要之理由);(3)该诉讼之裁判,对于该多数当事人而言,虽未必有同胜同败必要,但构成裁判基础之理由,自理论逻辑或诉讼审理观点,须无矛盾者(合一裁判必要之理由);(4)公法上争议所涉及之当事人虽属单一,但因诉讼审理过程(利如法院所为事实或法律上争点之认定或证据之取舍等)或法院裁判之结果,第三人权利或法律上利益,可能因而受有影响,如使该第三人亦成为诉讼之当事人,有助于案件争议或事实之厘清,或纷争之一次或统一解决者(纷争之一次或统一解决理由)等,原则均有考虑是否纳入该多数当事人于同一诉讼程序中之必要。为解决上开问题,就现行诉讼制度设计而言,关于(1)、(2)部分,主要有共同诉讼制度,关于(3)部分,有独立当事人参加(或共同诉讼参加、共同诉讼辅助参加)制度,关于(4)部分,则有辅助参加制度。

应注意者,在上述涉及多数当事人情形,虽有利用共同诉讼制度解决纷争之可能,然基于处分权主义或共同诉讼制度与其他相关制度(如诉讼参加、主观的当事人追加或变更、反诉、当事人恒定或当事人继承诉讼主义等)间,其彼此制度目的或制度关联性等因素之影响,实际上未必均须强制其利用共同诉讼方式处理[136]。就此一制度设计与制度运作间之关联性而言,除表现出各国于处理多数当事人问题时,各自制度设计未尽一致外,亦使各国实务运作处理此类问题时,其共同诉讼制度、诉讼参加制度或其他类似处理多数当事人之制度,在实践上可能呈现互相流动、变换或互为影响之动态面貌。因此,在立法论上,如何处理此类涉及多数当事人之诉讼,相当程度属于立法裁量问题。惟无论如何,在处理此类多数当事人问题时,关于现行相关法律条文规定之解释适用或理论建构,原则均考虑该公法上争议之性质、诉讼制度之目的以及共同诉讼制度之功能等因素,为具体判断[137]。

以必要共同诉讼制度之创设为例,此类具有共同诉讼关系之人一旦起诉或被诉,法院就该诉讼标的之法律关系所为审理判断(裁判),如不能对各共同诉讼关系人(无论其是否一并起诉或被诉)发生合一确定之效果,实际上将无法达成诉讼制度目的(例如"行政诉讼法"第 1 条规定之权利保护或适法性维持目的或民事诉讼之纷争解决目的),并造成司法资源之无谓浪费情形,即有使此类诉讼关系人集中于一个诉讼程序合并审理与合并裁判,或经由扩张裁判效力(如既判力)主观范围等方式,加以解决之必要。因此,在固有必要共同诉讼即经由"当事人适格制度",强制该共同诉讼关系人须一同起诉或被诉,始能合法提起

---

[136] 例如,于诉讼标的对于第三人及当事人一造必须合一确定者,其可能依本法第 37 条规定提起共同诉讼,亦可能经由第 41 条规定,参加诉讼。而在诉愿人已向行政法院提起撤销诉讼情形,利害关系人就同一事件再行起诉者,依本法第 42 条第 4 项规定,则采利害关系人独立参加方式处理,而非共同诉讼。关于本法第 42 条第 4 项规定之妥当性问题,留待后述,可能案例可先参照后注 137 之举例。

[137] 进一步而言,如共同起诉或共同被诉之多数当事人中,其中一当事人因其本身之原因(例如逾越起诉期间或未经诉愿前置程序等),致无法与其他当事人共同起诉或被诉者,如符合诉讼参加之要件,行政法院宜经阐明后,使其参加诉讼。另外,如该人原系申请依第 42 条规定参加诉讼,虽不符合该条之参加要件,但符合第 44 条第 2 项辅助参加要件者,亦可使其转换参加之类型(诉讼参加之转换),甚至于一定条件下(如该当事人就该案件仍可合法起诉),亦非不能使其转换参加申请转换为起诉行为,而与其他多数当事人成为共同诉讼人。另外,本法虽未采如同"民事诉讼法"第 54 条规定之主参加诉讼或如《日本民事诉讼法》(旧)第 71 条、第 75 条所规定之独立当事人参加制度或共同诉讼参加制度,但因实际上该多数当事人所提诉讼有使其集中于一个诉讼程序审理必要,例如于修正许可之处分情形,起造人以建管机关为被告提起课予义务诉讼,而邻人另以建管机关为被告提起撤销诉讼情形,此时此类诉讼虽为普通共同诉讼,但实际上通常需合并审理与合并裁判(合一裁判),而与上开民事诉讼之主参加诉讼制度、独立当事人参加制度或共同诉讼参加制度,具有相同功能。

此类诉讼,否则,该诉讼即以当事人不适格为由予以驳回(消极的合一确定);反之,在类似必要共同诉讼,虽不强制须一同起诉或被诉,但不问是否一并起诉或被诉,因可经由"判决效力扩张"等方式,以达到制度目的(积极的合一确定)。是以,在考虑行政诉讼制度应否于准用民事诉讼情形之外,自己创设独自之共同诉讼制度(包括诉讼参加)制度,即有考虑行政诉讼之特质,在处理此类多数当事人诉讼时,有无特殊之处,妥为斟酌之必要[138]。

　　例如,在撤销诉愿或撤销诉讼,基于行政处分存续力与撤销判决形成力之作用,原告无论胜(形成力发挥作用)败(存续力发挥作用),其争议之法律关系在多数当事人间均发生合一确定效果,故有无承认固有必要共同诉讼制度,以强制不服该行政处分之多数当事人须作为固有必要共同诉愿人或原告一同诉愿或起诉,即有疑义。又在涉及第三人效力之处分情形,因"行政诉讼法"明定诉讼种类之同时,并明定撤销诉讼与课予义务诉讼"被告适格(采原处分机关主义)"[139]之结果,此类诉讼原、被两造既欠缺互换性且人民并无作为被告之可能(此时行政机关与第三人无法作为共同诉讼被告),则裁判结果于原告、行政机关与第三人间须合一确定时,该第三人即无法使之成为原告与被告,基于原告与第三人在诉讼上之听审请求权要求,制度上即有以其他方式(如本法第41条、第42条之诉讼参加)使其能进入诉讼,以合一解决必要。另于行政诉讼虽与民事诉讼同,均采处分权主义,制度上无法阻止多数当事人提起共同诉讼或单独提起有合一确定必要之诉讼(类似必要共同诉讼),则在共同提起情形,因各该多数人均成为形式的当事人,故使其均受判决效力拘束者固有其程序上正当性[140];然于仅一部当事人提起情形,则如何兼顾其他未一并起诉或被诉当事人之法律上听审请求权,此点亦有在制度上作适当调整之必要[141]。就上述问题

---

　　[138]　按本法修正过程中,于涉及共同诉讼与诉讼参加制度之设计时,修法委员曾就此类问题提出看法,并有相当讨论("司法院"编:《"司法院"行政诉讼制度研究修正资料汇编(三)》,1986年,第840页至第1193页,尤其第859页以下参照)。惟因实际表现于条文中,并未显现其制度特色,故学者批评本法与其自行订定此类并无意义之条文,何如准用"民事诉讼法"规定之简洁合宜(吴庚前揭注8书第64页)。

　　[139]　本法第24条规定:经诉愿程序之行政诉讼,其被告为左列机关:一、驳回诉愿时之原处分机关。二、撤销或变更原处分或决定时,为最后撤销或变更之机关。

　　[140]　此时所需注意者,原则仅在诉讼进行中,各该多数当事人间之诉讼行为应如何调整,始不致发生矛盾冲突问题。

　　[141]　例如,强化行政法院之职权探知权限或阐明义务、限制已起诉当事人之处分权(如舍弃、认诺、和解等)、赋与未起诉当事人事后救济机会(如重新审理制度)等。又本法第111条第3项第1款虽明定"诉讼标的对于数人须合一确定者,追加其原非当事人之人为当事

而言,由于各国法制未尽一致,本法除仿照民事诉讼设有共同诉讼制度外,并参酌德、日法制,引进行政诉讼独自之诉讼参加制度,而构成台湾独特之多数当事人诉讼制度。

(二)共同诉讼之要件

如前所述,是否使涉及多数当事人之诉讼,集中于一个诉讼程序审理,应考虑该公法上争议之性质、诉讼制度之目的以及共同诉讼制度之功能等因素,为具体判断,原无法为统一规定。然本法仿民事诉讼之例,于第37条将共同诉讼之典型要件(主观要件),予以例示规定,使能有所依循。又因共同诉讼通常同时构成客观合并之诉,故有关诉之客观合并要件,亦为共同诉讼之要件。

1. 主观要件

"行政诉讼法"第37条第1项规定:二人以上于左列各款情形,得为共同诉讼人,一同起诉或一同被诉:(1)为诉讼标的[142]之行政处分系二以上机关共同为之者。(2)为诉讼标的之权利、义务或法律上利益,为其所共同者。(3)为诉讼标的之权利、义务或法律上利益,于事实上或法律上有同一或同种类之原因[143]者。兹说明如下:

(1)共同处分

指系争行政处分为二以上行政机关所共同作成者而言。依"诉愿法"第13条前段规定:原行政处分机关之认定,以实施行政处分时之名义为准。因此,所称共同处分,系指该行政处分系以二以上行政机关名义作成者始属之。如为书

人"者,其诉之追加应予以允许,本款规定于追加被告情形,因被告有应诉义务,固较无问题,但于追加原告情形,基于处分权主义原告并无应诉义务,则能否以本款规定缓和类似必要共同诉讼之问题,即有疑问。又在民事诉讼涉及类似必要共同诉讼情形,如仅一部当事人起诉,则裁判效力(既判力)是否亦及于未起诉之当事人,无论理论或实务均采个案认定方式解决,此在民事诉讼制度之设计,系以纷争之相对解决为制度基础者(如辩论主义之采用、既判力之相对性)者,固较无问题(然"民事诉讼法"于2003年2月7日修法时,仍基于扩大诉讼制度解决纷争之功能,于第507条之1以下引进第三人撤销诉讼制度)。然在行政法律关系重视法之安定性且多涉及公益情形,其类似必要共同诉讼裁判效力之主观范围,宜否采相同解释,非无检讨必要。

[142] 按本条所称"诉讼标的"一语,实际系指该公法上争议中,构成原告所请求或被告所否认之对象而言,与一般诉讼理论中构成诉之三要素之诉讼标的之概念并不相同。

[143] 本项规定为"事实上或法律上有同一原因",故仅须有事实上同一原因或法律上同一原因之一即可,具有扩大行政诉讼之共同诉讼适用范围之用意。此一规定与"民事诉讼法"第53条第2款、第3款规定,须有"事实上及法律上同一之原因"或"事实上及法律上同种类之原因"者,有所不同。

面处分,则指该书面所记载之处分机关有二以上者而言[144]。

　　台湾行政实务上处分名义以二以上机关为之者几未曾见,学者虽有认为如依个别行政法规规定,某一行政处分之作成须由主管机关"会同"他业务主管机关办理情形[145],如该二以上机关以共同名义作成处分者,固为共同处分,然实际上,纵使相关法规明定应会同办理,仍少见有以共同名义作成处分情形[146][147]。又如依处分根据法规虽明定就某一事务应由二以上机关应会同办理,但依法规规定意旨,仅要求主管机关于作成处分前,须先征询他机关意见、先与他机关会商、先取得他机关之核准或同意,再由主管机关以自己名义独自作成处分者,此仅为经他机关协力之行政处分,仍非所称共同处分。台湾行政法规中类似之规定,绝大多数均属此类须经他机关协力之行政处分。

　　目前行政法院实务,关于二以上学校所联合成立之教师甄选介聘委员会,就教师甄选结果以该委员会名义所为录取与否之决定,认为系属各该学校所共

---

　　[144]　"行政程序法"第 96 条第 4 款规定:行政处分以书面为之者,应记载下列事项:……四、处分机关及其首长署名、盖章,该机关有代理人或受任人者,须同时于其下签名。但以自动机器作成之大量行政处分,得不经署名,以盖章为之。

　　[145]　例如,"文化资产保存法"第 38 条规定:"教育部"依第 20 条规定委托或核准在古迹所在地或古迹保存区内采掘古物时,应会同"内政部"为之。"入出境及移民法"第 2 条第 2 项规定:"内政部"为办理本法规范之"入出境及移民"业务,设"入出境及移民署"。但有关查察逾期停留、居留及非法"入境"之业务,由"入出境及移民署"会同"警政署"办理。"土地法"第 215 条第 1 项、第 2 项规定:征收土地时,其改良物应一并征收。但有左列情形之一者,不在此限:一、法律另有规定者。二、改良物所有权人要求取回,并自行迁移者。三、建筑改良物建造时,依法令规定不得建造者。四、农作改良物之种类、数量显与正常种植情形不相当者。前项第三款、第四款之认定,由直辖市或县(市)地政机关会同有关机关为之。同法第 241 条规定:土地改良物被征收时,其应受之补偿费,由该管直辖市或县(市)地政机关会同有关机关估定之。另亦有规定仅须会同审查,但仍由主管机关作成处分者,例如"殡葬管理条例"第 7 条第 2 项规定:第一项殡葬设施土地跨越直辖市、县(市)行政区域者,应向该殡葬设施土地面积最大之直辖市、县(市)主管机关申请核准,受理机关并应通知其他相关之直辖市、县(市)主管机关会同审查。

　　[146]　目前实务上以二以上机关共同作成之行为,主要集中于行政命令之制颁,此或系因"行政程序法"第 154 条第 1 项第 1 款、第 156 条第 1 款,明定关于法规命令之预告或听证程序之公告,应载明各该会同订定机关之名称所致。

　　[147]　"行政程序法"第 140 条第 2 项虽规定:行政处分之作成,依法规之规定应经其他行政机关之核准、同意或会同办理者,代替该行政处分而缔结之行政契约,亦应经该行政机关之核准、同意或会同办理,始生效力。然此一规定仅为行政契约之效力要件,尚非行政处分之无效原因(同法第 111 条参照)。

同作成之行政处分，此似为唯一承认共同行政处分之例[148]。至于早期由学界[149]与实务[150]界所发展承认之"多阶段处分"概念，例如依《限制欠税人或欠税营利事业负责人出境实施办法》，由"财政部"或所属之"国税局"通知"内政部入出境管理局"，要求限制该欠税人出境，"境管局"其后所作成之限制出境处分系以上开欠税通知函为依据，此即属于多阶段处分。此一多阶段处分概念，在现行行政诉讼之诉讼类型已有扩张情形下，理论上已无承认实益（后详）姑且不论，但由于前阶段之行为与后阶段之行为分由不同行政机关作成，因此，仍非所谓"共同处分"。

（2）权义共同

为诉讼标的之权利、义务或法律上利益，为二以上人所共同享有或共同负担者，该多数人构成共同诉讼人关系，得一同起诉或一同被诉。因此，于某一权利、义务或法律上利益，为多数人所共有，或该权义性质上为连带债权、连带债务、不可分债权或不可分债务，或某一权利之行使须由多数人共同[151]。

---

[148] "最高行政法院"2001年度判字第2130号判决谓：基隆市国民中学教师甄选介聘委员会非独立之机关，而为学校内部之单位，其所为甄选行为欲发生行政处分之效力，亦应以学校名义为之，纵甄选委员会以自己名义对外表示其决定，亦应认系学校之决定。如甄选委员会系由单一学校所组成，其作成之甄选结果，乃单一学校作成之行政处分，如甄选委员会为多数学校联合组成，其作成之甄选结果，则应认系数学校之共同行政处分。

[149] 依据吴庚大法官之说明，所谓"多阶段处分"系指行政处分之作成，须二以上机关本于各自职权共同参与而言，此际具有行政处分性质者乃属最后阶段之行为，亦即直接对外生效之部分，至于前阶段之行为仍为内部意见之交换。例外情形，例如法规明定其他机关之参与行为为独立之处分，或其参与行为（许可或同意），依法应单独向相对人为之者，则亦视为行政处分。又在理论上如先前阶段之行为（例如"财政部"致"入出境管理局"之公函）符合下列条件：一、作成处分之机关（即最后阶段行为之机关）依法应予尊重，且不可能有所变更者。换言之，当事人权益受损害实质上系因先前阶段行为所致；二、先前阶段之行为具备行政处分之其他要素；三、先前阶段之行为已直接送达或以他法使当事人知悉者（例如"财政部"以公函之副本送交当事人），则应许当事人直接对先前之行为，提起救济（吴庚：《行政法理论与实用（增订八版）》，自刊，2003年，第329页、第351页以下参照）。

[150] "行政法院"1994年3月份庭长评事联席会议（一四一）决议：营利事业欠税其负责人（原告）是否有限制出境之必要，系由"财政部"决定，"内政部入出境管理局"无从审查财税机关决定之当否，是于"财政部"函请该局限制出境时将副本送达原告时，应认为已发生法律上之效果，即为行政处分，得对之请求行政救济。

[151] 例如，"专利法"第12条第1项、第2项："专利申请权为共有者，应由全体共有人提出申请。""二人以上共同为专利申请以外之专利相关程序时，除撤回或抛弃申请案、申请分割、改请或本法另有规定者，应共同联署外，其余程序各人皆可单独为之。但约定有代表者，从其约定。""土地法"第73条第1项：土地权利变更登记，应由权利人及义务人会同申请

或分别[152]为之者,均属之。

(3)原因同一

为诉讼标的之权利、义务或法律上利益,其发生、变更或消灭,有事实上或法律上有同一之原因者,该多数人亦为构成共同诉讼人关系,得一司起诉或一同被诉。关于行政诉讼上之共同诉讼,多数属于本项及次项情形之共同诉讼。其中,属于事实上原因同一者:例如,某宗遗产税纳税义务人之继承人有多数,或某宗赠与税纳税义务人之受赠人有多数情形,属之。属于法律上原因同一者:例如,一般处分(解散处分、土地征收公告、土地重划之公告)所涉及之多数当事人;或违章共有建筑物拆除处分所涉及之多数共有人;或多数人共同申请同一权利(如申请商标、专利等无体财产权或某一建筑执照)遭拒绝情形等,属之。

(4)原因同种

为诉讼标的之权利、义务或法律上利益,性质上为同种类[153],且其发生、变更或消灭,有事实上或法律上同种类之原因者,得作为共同诉讼人。其中,属于事实上原因同种类者:例如,依"行政罚法[154]"第15条第1项规定,对法人科处行政罚情形,亦一并处罚实际行为之法人代表人或其他有代表权之人者;就某

之。其无义务人者,由权利人申请之。其系继承登记者,得由任何继承人为全体继承人申请之。但其申请,不影响他继承人抛弃继承或限定继承之权利。"耕地三七五减租条例"第6条:本条例施行后,耕地租约应一律以书面为之;租约之订立、变更、终止或换订,应由出租人会同承租人申请登记。第25条:在耕地租期届满前,出租人纵将其所有权让典与第三人,其租佃契约对于受让受典人仍继续有效,受让受典人应会同原承租人申请为租约变更之登记。

[152] 例如,依"土地登记规则"第26条规定:"土地登记,除本规则另有规定外,应由权利人及义务人会同申请之"。故原则应由权利人及义务人会同申请土地登记。但依同规则第32条规定:"公同共有之土地,公同共有人中之一人或数人,为全体公同共有人之利益,得就公同共有土地之全部,申请为公同共有之登记。""登记机关于登记完毕后,应将登记结果通知他公同共有人。"因此,公同共有土地之登记,得由公同共有人中之一人或数人,为全体公同共有人之利益,就公同共有土地之全部,为登记之申请。惟关于继承土地之登记,依同规则第27条第3款规定,得由权利人单独申请之。则应否以全体继承人名义申请亦或得以其中一继承人名义申请登记,解释上无疑问。

[153] 按"民事诉讼法"关于共同诉讼之主观要件中,其第53条第3款规定:"为诉讼标的之权利或义务,系同种类,而本于事实上及法律上同种类之原因者",亦得为共同诉讼人。因此,须权义同种且原因同种情形,始能作为共同诉讼人。其理由在于原因同种情形,各共同诉讼人间之关系较为疏远,如不限制于诉讼标的之权义亦须同种类,将使共同诉讼人关系过度扩张,反而不利于共同诉讼之诉讼经济目的。因此,在行政诉讼情形,虽漏未规定须权义同种,然解释上宜为相同解释。

[154] 按台湾"行政罚法"于2005年2月5日制定公布,但其生效实施日依同法第46条规定,为2006年2月5日。

一年度所得税案件中，因扣缴义务人未依法对其所属多数员工办理扣缴该年度所得税，而受补税处分等情形，属之。属于法律上原因同种类者：例如，就某一征收案因未依征收计划使用，不同土地被征收之多数所有人依法请求依原征收价格买回土地；多数人请求核发某祭祀公业派下证明遭拒绝；就某次风灾之多数受害人请求灾害补助等情形，属之。

2. 客观要件

共同诉讼之当事人既有多数，其通常亦含有多数请求之合并，而构成诉之客观合并，故亦应具备诉之客观合并要件。依"行政诉讼法"第115条准用"民事诉讼法"第248条规定，共同诉讼之数宗诉讼，除定有专属管辖者外，得向其中一诉讼有管辖权之法院合并提起之；但不得行同种诉讼程序者，不在此限。因此，共同诉讼之客观要件包括：

(1) 行政法院须就各诉有管辖权

受诉行政法院就共同诉讼之各诉，须均有审判权与管辖权，且该行政法院至少就其中一诉须有土地管辖权，但各诉依"行政诉讼法"第18条准用民事诉讼法第6条、第15条及第17条结果，有共同管辖法院者，由该法院管辖[155]。又于各诉中，涉及专属管辖者，如该专属管辖法院为受诉法院且符合上开规定时，亦得由该专属管辖法院管辖。惟如系依"行政诉讼法"第37条第1项第3款同种类之事实上或法律上原因行共同诉讼者，基于保护被告利益，应以被告之住居所、公务所、机关、主事务所或主营业所所在地在同一行政法院管辖区域内者为限（同条第2项），始得提起[156]。

(2) 数诉须许行同种诉讼程序

共同诉讼所合并之数诉，如无法行同种诉讼程序者（例如第一审诉讼程序与上诉审诉讼程序、或通常诉讼程序与再审或重新审理诉讼程序），如合并审理，将抵触各该程序设计之制度目的与价值，故应不得合并提起。但于本法第229条规定简易诉讼，其诉讼程序目的在于程序之简化与诉讼经济，与共同诉讼有相同制度目的，故简易诉讼程序与行通常诉讼程序之诉讼，合并依通常诉讼

---

〔155〕 "行政诉讼法"第18条准用"民事诉讼法"第20条规定前段：共同诉讼之被告数人，其住所不在同依法院管辖区域内者，各该住所地之法院，具有管辖权。但依第4条至前条规定有共同管辖法院者，由该法院管辖。

〔156〕 本条项规定目的既在保护被告，则于被告均属同一行政主体之各行政机关情形，是否仍有适用本款规定禁止其提起共同诉讼之必要，非无疑问。

程序审理,并无不可[157]。

(3)数诉须均具备各自诉讼种类之合法要件

不同于民事诉讼,"行政诉讼法"就各种诉讼类型分别明定其合法要件,因此,共同诉讼所合并之数诉,解释上亦应具备各诉所适用诉讼类型之合法要件[158]。

(三)共同诉讼之种类

台湾"行政诉讼法"关于共同诉讼制度之设计,因受民事诉讼制度之影响,主要系考虑诉讼经济与合一确定裁判必要此二项因素。其中,单纯考虑诉讼经济而使涉及多数当事人之诉讼,合并于一个诉讼程序中审理者,称"普通共同诉讼"(基于诉讼共之共同诉讼);如系因该涉及多数当事人之裁判有合一确定必要,所提起之共同诉讼,称"必要共同诉讼"(基于合一确定必要之共同诉讼)。在必要共同诉讼中,如该多数当事人须一同起诉或一同被诉其当事人始为适格者,又称"固有必要共同诉讼"(实体法的必要共同诉讼);如该多数当事人本可分别起诉或被诉,但一旦其成为共同原告或被告时,法院对该诉讼之裁判有合一确定必要者,则称"类似必要共同诉讼"(诉讼法的必要共同诉讼)。

应注意者,在普通共同诉讼情形,法院裁判之既判力,并不及于该未成为共同诉讼当事人之人。于必要共同诉讼情形,固有必要共同诉讼因直接涉及当事人适格问题,通常情形如其全体未一同起诉或被诉,如其情形无法补正或经命补正仍不补正者,法院应驳回其诉;如法院未发觉该固有必要共同诉讼未一同起诉或一同被诉,而对部分当事人做成裁判者,该裁判除可经由上诉或再审救济[159]外,其裁判如已确定者,原则亦为无效裁判。因此,固有必要共同诉讼之真正问题并不在于裁判效力能否及于该全体诉讼当事人,而在于强制该多数当事人须一同起诉或被诉之结果,如因非可归责于共同诉讼人之原因,致该多数

---

[157] 陈计男前揭注 55 书第 80 页参照。但于依本法第 229 条第 1 项第 5 款"依法律之规定应适用简易诉讼程序者",能否合并于通常诉讼程序审理,同书似采否定见解,惟本书以为仍须视各该法律规定之制度目的如何而断。

[158] 陈计男前揭注 55 书第 80 页。

[159] 关于无效裁判得否经由上诉、再审等方式救济问题,于民刑事诉讼部分,释字第135 号解释谓:民刑事诉讼案件下级法院之判决,当事人不声明不服而提出不服之声明或未提出不服之声明而上级法院误予废弃或撤销发回更审者,该项上级法院之判决及发回更审后之判决,均属重大违背法令,固不生效力,惟既具有判决之形式,得分别依上诉、再审、非常上诉或其他法定程序办理。因此,于行政诉讼情形,解释上亦应为相同处理。

当事人无法一同起诉[160]或被诉[161]时，应于诉讼制度上如何解决，始不致过度限制人民宪法所保障之诉讼权？对此，"民事诉讼法"于2003年2月7日修正时，于第56条之1增订必要共同诉讼原告强制追加制度[162]，以资解决。反之，在行政诉讼情形，如前所述，因其固有必要共同诉讼之当事人适格[163]问题有其特殊性，制度设计上乃有必要以诉讼参加等方式，修正固有必要共同诉讼对当事人适格要求之严格性。

反之，在类似必要共同诉讼，因不涉及当事人适格问题，故法院纵使仅对该成为原告或被告之一部共同诉讼人作成裁判，原则亦不发生违法裁判问题；然因类似必要共同诉讼当事人间，因其裁判有合一确定必要，法院裁判之既判力，往往亦及于该未一同起诉或被诉之其他共同诉讼人，而使类似必要共同诉讼人彼此间，实际上发生相当于诉讼担当之效果，或于认为裁判效力不应扩及其他未一同起诉或被诉之共同诉讼人者，则可能发生多数诉讼被分别提起，而产生诉讼不经济问题且亦不利于对造当事人等问题。因此，类似必要共同诉讼之问题，并非在于该多数当事人已一同起诉或被诉情形，而在其未一同起诉或被诉时，为使裁判效力扩张于该未一同起诉或被诉之共同诉讼人，其正当性基础为何？或于裁判效力不扩张情形，如何保障该共同诉讼之当事人之程序利益，使其不致因须分别起诉或被诉而受有不利益？此外，行政法律关系除重视法治主义之要求外，并强调法律关系之安定性与公益性，因此，行政诉讼之审理与裁判，除要求公平与公正外，并应力求客观的真实（职权探知主义）与争议之一次或统一解决，此点与既判力相对性原则间存有相当紧张关系。是以在类似必要共同诉讼中，虽各共同诉讼人均有独立诉讼实施权而可自由决定是否起诉，但基于法律关系之安定与公益要求，亦有将此类未一同起诉或被诉之共同诉讼

---

[160] 例如，共同诉讼原告中一人迟误救济期间情形，能否将该迟误救济期间之人与其他未迟误救济期间之人列为共同原告，即成问题。

[161] 例如，邻人起诉请求撤销起造人之建筑执照情形，无法如同民事诉讼列起造人与行政机关为共同被告。

[162] 本条规定：诉讼标的对于数人必须合一确定而应共同起诉，如其中一人或数人拒绝同为原告而无正当理由者，法院得依原告申请，以裁定命该未起诉之人于一定期间内追加为原告。逾期未追加者，视为已一同起诉（第1项）。法院为前项裁定前，应使该未起诉之人有陈述意见之机会（第2项）。第1项未共同起诉之人所在不明，经原告申请命为追加，法院认其申请为正当者，得以裁定将该未起诉之人列为原告。但该原告于第一次言词辩论期日前陈明拒绝为原告之理由，经法院认为正当者，得撤销原裁定（第3项）。第1项及前项裁定，得为抗告（第4项）。第1项及第3项情形，如诉讼费用应由原告负担者，法院得酌量情形，命仅由原起诉之原告负担。

[163] 关于当事人适格理论之制度功能，请参照前述2（第6页以下）之说明。

人，引入诉讼程序（作为准共同诉讼当事人），使受裁判效力拘束之必要。因此，行政诉讼关于类似必要共同诉讼制度之设计，与固有必要共同诉讼情形同，均与后述诉讼参加制度具有密切关联。

（四）共同诉讼之调查及裁判

共同诉讼主观要件，属于责问事项，如他造当事人责问[164]，经法院职权调查结果发现有欠缺，如各诉仍具备诉之合法要件，法院即应就各诉命为分别辩论及判决[165]。但于固有必要共同诉讼情形，因该多数当事人如未一同起诉或被诉，将发生当事人不适格之结果，因此，此一要件之存否，则属法院职权调查事项。至于共同诉讼客观要件，涉及公益，属于职权调查事项，调查结果，如认为不具备该要件时，该诉并非全部不合法，而系与分别提起之数诉无异，法院应分别审理。共同诉讼之审理，原则应为合并辩论与合并裁判，但法院认为必要时（通常为普通共同诉讼情形），仍得命为分别辩论或为一部终局判决[166]。

（五）共同诉讼人间之关系

于共同诉讼情形，因其具有不同之诉讼经济、裁判矛盾之防止、纷争一次或统一解决之目的等制度目的，且各共同诉讼人间之利害冲突状况未尽相同。则于各该共同诉讼人均作为原告或被告，而集中于一个诉讼程序进行审理时，若仍如单一之诉情形，使各共同诉讼人分别享有完整之诉讼实施权，有时反不利于共同诉讼之审理与制度目的之达成。因此，应如何安排共同诉讼人间其彼此关系问题，即须依其共同诉讼之类型（共同利益状况），设若干因应调整之设计[167]。

1.普通共同诉讼

普通共同诉讼实际上为各别独立之数诉合并，且有关争议亦以相对解决为原则。亦即，普通共同诉讼制度目的主要在于诉讼经济与裁判矛盾之防止，借由使在事实上或法律上存有一定关联性之事件，得集中于一个诉讼程序，以减省重复审理之劳费并避免裁判之矛盾，而毋须如同必要共同诉讼般，强调裁判

---

[164] "行政诉讼法"第132条准用"民事诉讼法"第197条。

[165] "行政诉讼法"第132条准用"民事诉讼法"第204条。

[166] "行政诉讼法"第132条准用"民事诉讼法"第197条、"行政诉讼法"第191条参照。

[167] 此一调整程度，因行政诉讼审理原则与民事诉讼审理原则之基本差异，例如民事诉讼采辩论主义，行政诉讼兼采职权探知主义，行政诉讼虽采处分权主义，但基于依法行政原则，当事人于行政实体法上之处分权受有相当限制而与民事法律关系情形不同等制度差异之影响，关于共同诉讼人之诉讼实施权应如何调整，二者即未尽相同。亦即，行政诉讼之普通共同诉讼与必要共同诉讼二者，其各共同诉讼人之关系，就事实上与法律上主张以及调查证据而言，在实际运用上容易趋于相同。

内容之法律关系对于各共同诉讼人须一致而不得歧异（合一确定）。因此，基于对当事人诉讼上听审请求权之保障，宜使普通共同诉讼人仍原则保有完整之诉讼实施权，仅于诉讼经济与裁判矛盾防止之必要程度内，予以一定限制。亦即，普通共同诉讼人间之关系如下：

(1)共同诉讼人独立原则

"行政诉讼法"第38条规定：共同诉讼中，一人之行为或他造对于共同诉讼人中一人之行为及关于某一人所生之事项，除别有规定外，其利害关系不及于他共同诉讼人。此为共同诉讼人独立原则。亦即，普通共同诉讼人彼此之间或在与他造当事人之关系上，由于各自对于诉讼标的实体法律关系之权利或法律上利益，有独立之管理权或处分权，故其在诉讼上亦有互相独立之诉讼实施权，既不受他共同诉讼人行为之干涉亦毋须他造之协助（辅助），而能完全本于自己责任实施诉讼。

共同诉讼人独立原则之内容，主要包括：

①共同诉讼人一人之行为或他造对于共同诉讼人一人所为之行为，于他共同诉讼人无影响。亦即，各共同诉讼人得不顾他共同诉讼人之利害，独立选任诉讼代理人（"行政诉讼法"第49条），舍弃、认诺（同法第202条），撤回起诉（同法第114条），和解（同法第219条），上诉（同法第238条）或舍弃上诉（同法第240条）或撤回上诉（同法第263准用第114条）等诉讼行为，且其所为诉讼行为之效力，均不及于他共同诉讼人。同理，他造对于各共同诉讼人所为上述行为，亦得分别独立为之，毋须同一。此外，因各共同诉讼人彼此间地位相互独立，理论上，一共同诉讼人得为他共同诉讼人之代理人或参加他共同诉讼人之诉讼，且亦得作为他共同诉讼人之证人。

②共同诉讼人一人所生之事项，其利害不及于他共同诉讼人。例如，共同诉讼人一人所生诉讼停止事由，仅使该人有关诉讼程序停止，不影响他共同诉讼人诉讼。又关于诉讼要件之存否，各共同诉讼人亦各自独立判断，其上诉期间亦分别独立进行。此外，各共同诉讼人如有迟误期日等诉讼懈怠行为，于他共同诉讼人亦无影响。但各共同诉讼人各有续行诉讼之权（同法第40条第1项），各共同诉讼人得不顾他共同诉讼人，申请续行诉讼。此时，如诉讼程序因全体共同诉讼人迟误言词辩论期日而发生诉讼程序之拟制停止时[168]，共同诉讼一人申请续行诉讼，其阻止诉或上诉之拟制撤回之效果，为他共同诉讼人利

---

[168] 本法第185条规定："当事人两造无正当理由迟误言词辩论期日者，除撤销诉讼或别有规定外，视为合意停止诉讼程序。如于四个月内不续行诉讼者，视为撤回其诉。""前项诉讼程序停止期间，行政法院于认为必要时，得依职权续行诉讼。如无正当理由两造仍迟误不到者，视为撤回其诉。"

益,例外及于全体共同诉讼人[169]。

(2)共同诉讼人独立原则之界限

①职权探知与自由心证主义下之全辩论意旨。民事诉讼在辩论主义下,当事人未主张之事实,法院不得采为裁判之基础(第一命题);当事人自认之事实,法院不得为相反之认定(第二命题);当事人未提出或申请调查之证据,法院不得斟酌或依职权调查(第三命题)[170]。因此,法院于审理普通共同诉讼时,基于共同诉讼人独立原则,当事人有独立而完整之诉讼实施权,共同诉讼人一人或他造对共同诉讼人一人所主张或自认之事实或其提出之证据,依辩论主义,仅能作为该共同诉讼人有关诉讼之裁判基础,他共同诉讼人或其相对人如未援用,即不得作为他共同诉讼人有关诉讼之判决基础,否则即构成违法裁判。

惟共同诉讼既然集中于一个诉讼程序审理,基于诉讼经济及裁判矛盾防止之要求,有关其准备程序、调查证据及言词辩论,通常均由全体当事人于共通期日进行,其诉讼记录(如笔录)亦一体作成,且实际上各共同诉讼人彼此间多有共通之攻击或防御方法或(事实上或法律上)争点,故法院对普通共同诉讼所为事实认定与裁判,法律上虽不禁止其发生歧异,但因由同一法院以一个诉讼程序合并辩论与裁判之结果,使法院之心证难以割裂,而"事实上"统一认定事实、取舍证据,并将全部共同诉讼人所为攻击防御方法等诉讼数据作为"全辩论意旨",据以作成裁判。此种在共同诉讼程序中,因法院自由心证之运用,而使辩论主义适用范围受有一定限制之现象,称为"共同诉讼人间之主张共通原则与证据共通原则[171]",而与"对立当事人间之主张共通原则与证据共通原

---

[169] 于普通共同诉讼人以合意停止诉讼程序后,普通共同诉讼人一人申请续行诉讼,而发生阻止依本法第184条规定因未于四个月内续行诉讼之拟制诉或上诉撤回效果,是否及于共同诉讼人全体,解释上非无疑义。肯定见解:翁岳生编前揭注24书第245页[洪家殷执笔]。

[170] 就当事人观点而言,第一、第二命题所涉及者为"当事人之事实主张责任",第三命题所涉及者为"当事人之证据提出责任"。

[171] 盖在"共同诉讼人间之主张或证据共通原则",其适用仍在相当程度上受限于辩论主义。亦即,原则仅于共同诉讼人之一人所为主张或声明之证据,为他造当事人援用情形,始有自由心证不能分割之问题,而适用主张共通或证据共通原则;在他共同诉讼人未为主张或援用(亦即"诉讼实施权之消极行使")情形,为防止对该未主张或援用当事人造成诉讼审理上或裁判上之突袭,法院原则应以阐明方式,促使他共同诉讼人主张或援用,如该他共同诉讼人仍不主张或援用,或已作成自认,解释上仍不宜基于主张或证据共通原则,而以共同诉讼人之一人所为主张或声明证据,作为他共同诉讼人有关诉讼之裁判基础。就此点而言,于民事诉讼,或可承认"共同诉讼人间之证据共通原则",但应否承认"共同诉讼人间之主张共通原则",则有检讨必要。惟无论如何,于适用"主张或证据共通原则"以运成普通共同诉

则[172]"不同。

反之，于行政诉讼情形，除适用辩论主义之共同诉讼案件外，系采职权探知主义[173]（本法第 125 条第 1 项、第 133 条、第 134 条）。因此，普通共同诉讼人之关系问题，理论上并不发生上述应否实行"主张共通原则"或"证据共通原则"之问题[174]。换言之，行政诉讼所欲发现之真实，原则为客观的真实，此与民事诉讼之相对真实不同，且于依法行政原则下，行政诉讼多涉及公益，当事人纵有发现真实之协力负担（或义务）以及客观的举证负担（责任），亦与辩论主义下当事人所负之事实主张责任与证据提出责任有所差异。行政法院认定事实与调查证据，不仅不受当事人所主张事实或声明证据之拘束，就共同诉讼人一人所主张之事实或声明之证据，纵使他共同诉讼人未为主张或声明，于确保该共同诉讼人法律听审请求权，经适当而完全之辩论后，法院亦得将该诉讼资料或调查证据之结果，纳入作为裁判之基础。因此，于行政诉讼，虽亦承认普通共同诉讼人独立原则之界限，但此并非基于普通共同诉讼之制度目的（诉讼经济与裁判

讼制度目的（诉讼经济与裁判矛盾之防止）时，必须兼顾他共同诉讼人之程序主体权（防止发生促进诉讼与裁判之突袭），并尊重其在辩论主义下，所享有基于自己责任主张事实与声明证据之权。

[172] 按在民事诉讼中采用辩论主义，具有防止突袭与强化当事人诉讼主题权之重要意义，在原、被两造对立当事人间，辩论主义亦有达成诉讼之真实（相对真实或可信赖的真实）并使举证责任具体化之作用。因此，民事诉讼所采之辩论主义，系要求法院应以当事人所陈述之事实为裁判基础，其所涉及者为"法院与当事人间"诉讼数据搜集任务之分工问题，而非"两造当事人间"关于诉讼资料搜集之分工。亦即，不问该诉讼资料系由何造当事人所提出，法院均得以该资料作为"两造当事人"系争诉讼之裁判基础，此即"对立当事人间之主张共通原则（主张等价原则）"。同理，辩论主义第三命题主要涉及当事人举证责任之具体化问题，而非证据价值，故在一造当事人声明证据情形，该调查证据之结果，不问有利或不利，亦同时构成两造当事人之诉讼数据（证据共通原则）。简言之，对立当事人间之主张共通原则与证据共通原则，并未与辩论主义直接冲突，此点与共同诉讼人间之主张共通原则与证据共通原则，基本上违反辩论主义要求者，二者显有不同。

[173] 所称"职权探知主义"，指关于事实之主张与证据之提出，采前述辩论主义三命题之反命题之设计。严格而言，如一方面维持辩论主义之第一、第二命题，他方面关于辩论主义第三命题改采法院得不待当事人调查证据之声明即可依职权调查之情形，则称职权调查主义，因其仍适用部分辩论主义，故与职权探知主义仍有不同。

[174] 学者于论述构成共同诉讼人独立原则例外之主张共通原则与证据共通原则时，多认为于行政诉讼亦有适用，并引用民事诉讼之观念，认为所谓"主张共通原则"，系指一共同诉讼人之主张，倘不积极抵触他共同诉讼人之行为，以其主张有利于他共同诉讼人者为限，效力及于他共同诉讼人。所谓"证据共通原则"，指因共同诉讼人一人之声明证据而调查所得之证据资料，亦属他共同诉讼人共通之证据资料（陈计男前揭注 55 书第 83 页；林腾鹞前揭注 23 书第 210 页；翁岳生编前揭注 24 书第 245 页[洪家殷执笔]）。

矛盾之防止)考虑,且与辩论主义无直接关联,而系因行政诉讼之审理程序采职权探知主义之当然结果,还请留意。

②共同诉讼人间之衡平:诉讼费用分担。目前台湾行政诉讼已改采征收诉讼费用,其包括裁判费及其他进行诉讼之必要费用(本法第98条第1项)[175],并采预纳制(同草案第100条)与诉讼费用担保(同草案第104条)之规定。于普通共同诉讼,既然集中于一个诉讼程序审理,其所生诉讼费用自应共同负担为原则,此一共同负担之比例,并应考虑共同诉讼人间之衡平观点。亦即,本法第104条准用"民事诉讼法"第85条规定,共同诉讼人,按其人数平均分担诉讼费用。但共同诉讼人于诉讼之利害关系显有差异者,行政法院得酌量其利害关系之比例,命分别负担(第1项)。共同诉讼人因连带或不可分之债败诉者,应连带负担诉讼费用(第2项)。共同诉讼人中有专为自己之利益而为诉讼行为者,因此所生之费用,应由该当事人负担。

2.必要共同诉讼

必要共同诉讼,法院就该诉讼标的法律关系须为合并审理与裁判,且裁判之内容,对各该共同诉讼人须为一致不得歧异。因此,为使裁判达成合一确定要求,必要共同诉讼人其彼此间诉讼行为,即不宜完全贯彻共同诉讼人独立原则,而有使各共同诉讼人间之诉讼数据与程序进行保持一定程度之统一性必要[176]。对此,"行政诉讼法"第39条规定:诉讼标的对于共同诉讼之各人,必须合一确定者,适用下列各款之规定:一、共同诉讼人一人之行为有利益于共同诉讼人者,其效力及于全体;不利益者,对于全体不生效力。二、他造对于共同诉讼人一人之行为,其效力及于全体。三、共同诉讼人中之一人,生有诉讼当然停止或裁定停止之原因者,其当然停止或裁定停止之效力及于全体。兹进一步说明如下:

(1)共同诉讼人之诉讼行为效力

必要共同诉讼人间之行为(包括作为与不作为)一致者,不问是否有利或不利于共同诉讼人,法院自应依该一致之诉讼行为为裁判之基础;但如其行为不一致者,本法以该行为对各共同诉讼人是否有利益为判断标准,决定应以何人之诉讼行为为裁判基础。亦即,共同诉讼人之一人行为对全体有利益者,其效力及于全体;不利益者,对全体(包括实施该行为之共同诉讼人)不生效力。至

---

[175]　但"行政诉讼法修正草案"除征收诉讼费用(草案第98条)外,并征收强制执行费用(同草案第305条)。

[176]　此一对必要共同诉讼人之诉讼实施权限制,无论为固有必要共同诉讼或类似必要共同诉讼,其制度根据主要源于实体法上理由。此与普通共同诉讼人之诉讼实施权限制主要系源于诉讼法上理由者,有所不同。

于某一诉讼行为对他共同诉讼人有利与否，系采形式标准判断。例如，共同诉讼人一人所为有利之声明、有利事实之陈述，或为证明该有利事实而提出之证据、对他造请求之争执或否认、因争执或否认而主张之事实或提出之抗辩或反证、上诉、申请回复原状、申请续行诉讼等行为，均属有利行为，而对共同诉讼人全体发生效力。反之，如共同诉讼人一人所为之舍弃、认诺、自认、舍弃上诉、诉或上诉之撤回，或和解，原则可认系不利行为，故对共同诉讼人全体不生效力。惟于类似必要共同诉讼情形，因不以共同诉讼人一同起诉或被诉为必要，故共同诉讼人一人所为诉之撤回，解释上并不影响他共同诉讼人之诉讼，故无禁止其发生撤回效力之必要。

（2）他造对共同诉讼人之诉讼行为效力

他造对于共同诉讼人一人之行为，不问是否有利或不利，其效力原则及于共同诉讼人全体。此时，他造对之为诉讼行为之人，亦即该受领他造诉讼行为之共同诉讼人，与未于期日出席实施诉讼之他共同诉讼人间，发生类似拟制代理之效果。又于诉之撤回情形，他造对于类似必要共同被告一人所为撤回，不影响他造对其他共同被告之诉讼，法院应就未撤回部分为审理裁判；反之，他造对固有必要共同被告一人所为撤回，因使诉讼发生被告不适格之效果，此时法院应驳回原告之诉。但应注意者，法院对共同诉讼人之行为，并非他造之诉讼行为，因此关于期日之通知、送达等行为，仍应对全体共同诉讼人各别为之。

（3）诉讼程序之进行：诉讼共同原则

于一般情形（含普通共同诉讼），依"行政诉讼法"第 127 条[177]、第 132 条准用"民事诉讼法"第 204 条[178]规定，虽得分别情形裁量决定应否合并辩论与裁判。然于必要共同诉讼情形，无论为固有必要共同诉讼或类似必要共同诉讼，一旦多数当事人成为必要共同诉讼原告或被告，因其裁判必须合一确定，故其诉讼程序原则须合并辩论与裁判，不得分别辩论或分别裁判或为一部判决，否则裁判即属违背法令[179]。因此，法院于指定期日时，应通知各共同诉讼人到场（本法第 40 条第 2 项）。法院就共同诉讼所为裁判，为一个全部判决，其中共同诉讼人一人之上诉，原则发生全部上诉（上诉不可分原则）与移审之效果，并遮断裁判之确定。又如法院错误就一部为判决者，应将全体视为一个全部判决，

---

[177] 本条规定：分别提起之数宗诉讼系基于同一或同种类之事实上或法律上之原因者，行政法院得命合并辩论（第 1 项）。命合并辩论之数宗诉讼，得合并裁判之（第 2 项）。

[178] 本条规定：当事人以一诉主张之数项标的，法院得命分别辩论。但该数项标的或其攻击或防御方法有牵连关系者，不得为之。

[179] 就此点而言，法院关于共同诉讼是否合并审理与裁判之裁量权即受有相当限制，亦即，共同诉讼人于诉讼程序上原则有请求合并审理与裁判之权。

该非判决相对人之他共同诉讼人,解释上亦得上诉。

基于必要共同诉讼之诉讼共同要求,共同诉讼人中之一人·生有诉讼当然停止或裁定停止之原因者,其当然停止或裁定停止之效力及于全体(本法第 39 条第 3 款)。

(六)共同诉讼之续行与通知

不论为普通共同诉讼或必要共同诉讼,各共同诉讼人各有续行诉讼之权(本法第 41 条第 1 项)。所称"各有续行诉讼之权",指各共同诉讼人,得不顾他共同诉讼人,以自己意思决定诉讼之进行。法院因此而有指定期日之必要者,原则仍应通知各共同诉讼人到场(同条第 2 项)。

第四节 多数当事人——行政诉讼之参加

一、诉讼参加制度概说

有利害关系之第三人参与他人已系属之诉讼者,谓诉讼参加。诉讼参加系该利害关系人,本于参加人地位,以"自己名义","为自己之利益"[180]而加入"他人诉讼"程序[181],因此,与原、被告同具有作为"诉讼主体"之地位,而与代理人、辅佐人等系为他人利益参与诉讼者不同,与证人系为协助法院之审理者,亦有差异。诉讼参加之方式,有依第三人意思加入诉讼者(任意参加),亦有依法院之裁定或原、被告之意思通知其参加者(强制参加),因此"诉讼告知"亦为诉讼参加制度之一环。

诉讼参加制度之功能为何,学者间有不同意见,一般包括诉讼经济、裁判矛盾之防止、纷争之一次或统一解决、全面澄清事实或协助法院诉讼资料之搜集(审理之充实)、维护法律安定性,以及参加人权利之保护等各种制度目的[182]。惟为达上开制度功能,无论行政诉讼或民事诉讼制度,已有例如共同诉讼、证人

---

[180] 学者有认为民事诉讼之辅助参加目的,系在间接保护自己利益者(刘建宏:《台湾行政诉讼法上诉讼参加制度类型之探讨——论行政诉讼法第四十四条第二项"利害关系人辅助参加"制度之妥当性》,《月旦法学杂志》第 84 期,2002 年 5 月,第 137 页),似非确论。

[181] 就此点而言,台湾"民事诉讼法"第 54 条规定之"主参加诉讼",虽亦使用"参加"之用语,但并非诉讼参加,仅为共同诉讼之特殊类型以及法院管辖权之特别规定。

[182] 相关整理,请参照林腾鹞前揭注 23 书第 215 页;翁岳生前揭注 24 书第 249 页以下;刘建宏前揭注 180 文第 137 页以下;同:《诉讼参加制度在德国法上之起源及其发展》,收于翁岳生教授七秩诞辰祝寿论文集:《当代公法新论(下)》,元照,2002 年,第 165 页以下。

或鉴定人、文书提出命令、合并审理等制度设计,则何以仍须诉讼参加制度? 亦即,诉讼参加制度之必要性或存在理由为何? 有加以说明必要。唯有对此一诉讼参加制度之必要性与存在理由问题之厘清,始能说明行政诉讼之诉讼参加与民事诉讼之诉讼参加,有何种重大差异。

(一)二对立当事人之诉讼构造

对于诉讼参加制度之必要性或存在理由问题,主要在于现行诉讼制度之基本结构系采二对立当事人之结构[183],而此对立结构却未必符合社会纷争之现实。亦即,当某一第三人之权利或法律上利益受他人诉讼之影响,而有使该第三人进入诉讼并使在一定程度上受裁判结果之拘束,以解决争议时,如该第三人无法纳入作为原告或被告,即有必要于诉讼制度上使该有利害关系之第三人能参与诉讼程序,以维护其权利或法律上利益,此即诉讼参加制度之存在基础[184]。至于该第三人无法纳入诉讼作为原告或被告之原因,则各式各样。可能因该第三人就该案件欠缺当事人适格或基于处分权主义而无法或不欲作为原告或被告一同起诉或被诉;可能因该第三人权利或法律上利益,非因裁判而直接受影响,而系因法院于裁判中对主要事实上或法律上争点或攻击或防御方法之判断,间接影响第三人;或因裁判之事实上效力而受影响,并非就诉讼标的之法律关系有所请求等原因,而无法或不宜使其于该他人诉讼中取得与原、被告相同之地位。一般而言,上开第三人无法、不宜或不愿进入诉讼,而与原、被告共同形成二对立当事人结构之原因,即同时构成行政诉讼之诉讼参加制度与民事诉讼之诉讼参加制度之主要差异。

(二)参加人之参加利益与其所参加诉讼当事人诉讼利益之一致性

依台湾"行政诉讼法"之规定,行政诉讼诉讼参加之类型,学者用语未尽一致,但均分为第 41 条之参加(必要参加)、第 42 条之参加(独立参加)、第 44 条之参加(辅助参加)及第 48 条准用"民事诉讼法"第 65 条至第 67 条之诉讼告知。此点与台湾"民事诉讼法"分为独立参加(第 62 条)、辅助参加(第 58 条)及诉讼告知(第 65 条至第 67 条之 1)者,有所不同。

另就参加人之地位而言,"行政诉讼法"第 23 条规定:"诉讼当事人谓原告、被告及依第 41 条与第 42 条参加诉讼之人。"因此,依第 41 条与第 42 条参加诉

---

[183] 此一对立结构,基本上亦符合实体法律关于法律关系之概念采"权利义务对立结构"之设计。

[184] 就此点而论,关于不采二对立当事人结构之诉讼程序,尤其不以二造对立辩论为核心之其他程序,例如强制执行程序,原则即不生诉讼参加问题。但于保全程序,仍有检讨余地。

讼之人具有行政诉讼当事人之地位，此点亦不同于民事诉讼。

惟就参加人参加他人诉讼之原因，主要在于维护其权利或法律上利益而言，无论行政诉讼或民事诉讼，原则并无不同。因此，参加人之参加利益与其所参加诉讼当事人之诉讼利益间之关联程度，即构成判断参加型态、参加人之地位以及参加之效果之主要根据。亦即：(1)如参加人与被参加人间利害一致，则参加人与被参加人之诉讼行为，宜使其一致[185]。(2)于参加人与其所参加诉讼当事人间利害不一致情形，参加人与其所参加诉讼当事人之诉讼行为并非不能互相冲突矛盾，裁判亦未必须对之合一确定(同胜同败)。此时，于确保参加人参加利益范围内，宜赋予该参加人能提出独立攻击或防御方法之地位，而其所参加诉讼当事人之诉讼实施权，则在此一范围内受有限制。又于此一情形，如法院于参加人及其所参加诉讼当事人三方间，须作成无矛盾之判决时，则有诉讼共同原则之适用，亦即三方之诉讼程序之进行宜为一致[186]。于行政诉讼情形，第41条之参加与第44条之第三人辅助参加，其制度设计均以参加人与其所参加诉讼当事人间利害一致情形为前提；反之，于第42条之参加情形，显然系以参加人与诉讼当事人间利害不一致情形为前提，还请留意。

于本法之立法过程中，第41条与第42条之诉讼参加及第44条规定之参加类型，系分别参照《德国行政法院法》第65条、第66条[187]之诉讼参加与《日本

---

[185]　于辅助参加情形，参加人之诉讼行为不能抵触被参加人之行为；于独立参加情形，参加人与被参加人之关系，即准同必要共同诉讼人之关系处理。

[186]　例如，如其中一方(含参加人)发生有诉讼程序停止事由者，整个诉讼程序亦停止。

[187]　《德国行政法院法》第65条规定：诉讼程序尚未确定终结前，或尚在上级审系属中，法院得依职权或依申请，命法律上利益将受裁判影响之第三人参加诉讼(第1项)。第三人就系争法律关系之利害，裁判必须对其合一确定时，法院应命第三人参加诉讼(必要参加)(第2项)。依第2项规定参加之人逾50人者，法院得以裁定命于一定期间内申请者，始得参加诉讼。此一裁定不得声明不服。此一裁定必须登载于联邦公报公告之。此外亦须另外登载于裁判预计可能发生影响地域内所发行之新闻纸。法院所订期间，自刊登于联邦公报起，至少必须为三个月。在新闻纸必须登载到期日。对于迟误期间之回复原状，准用第60条之规定。对于显然将受裁判重大影响者，纵未申请，法院亦应命其参加(第3项)。命参加之裁定应送达所有当事人，该裁定必须载明事件之现况及命参加之理由。对于命参加之裁定不得声明不服(第4项)。第66条规定：参加人于当事人申请范围内，得提出独立之攻击及防御方法，并得有效采取一切诉讼行为。必要之参加始得提出实体上不同之申请。(以上条文引自陈敏等译：《德国行政法院法逐条释义》，"司法院"印行，2002年10月，第643页、第659页[萧文生译]。)

行政事件诉讼法》(旧)第 22 条、第 23 条[188]之诉讼参加[189]。亦即,本法首先仿日本法例,将诉讼参加之类型分为第三人之诉讼参加与行政机关之诉讼参加;而第三人之诉讼参加再仿德国法例区分必要参加与普通参加之例,将行政诉讼第三人之参加诉讼制度,进一步区分为必要共同诉讼之独立参加与利害关系人之独立参加;此外,同时并参酌日本法类推适用民事诉讼法之例,将民事诉讼之利害关系人辅助参加与告知诉讼制度,亦独自规定于本法中。因此,本法明定之诉讼参加,可区别为第 41 条之参加(必要共同诉讼独立参加),第 42 条之参加(利害关系人独立参加),第 44 条第 2 项后段之参加(利害关系人辅助参加),第 44 条第 1 项、第 2 项前段之参加(行政机关之诉讼参加),以及告知诉讼(第 48 条准用"民事诉讼法"第 65 条)。兹分述如下。

二、第 41 条之诉讼参加

(一)参加之要件与程序

1. 参加之要件

"行政诉讼法"第 41 条规定:诉讼标的对于第三人及当事人一造必须合一确定者,行政法院应以裁定命该第三人参加诉讼。因此,本条之适用要件为:诉讼标的对于第三人及当事人一造须合一确定;须在他人诉讼系属中。须经法院裁定命为参加。

(1)本案诉讼标的对于第三人及当事人须合一确定:参加利益

所谓"诉讼标的对于第三人及当事人一造须合一确定",系指第三人及当事人一造(被参加人)就诉讼标的之法律关系之利害关系一致,且法院之裁判对其须合一确定(同胜同败)不得歧异者而言。因此,能依本法第 41 条参加诉讼者,

---

[188] 第 22 条(第三人之诉讼参加)规定:第三人权利因诉讼之结果而受有侵害之虞时,法院得依当事人或该第三人之申请或依职权,已决定,命该第三人参加诉讼(第 1 项)。法院为前项决定前,应事先听取当事人及第三人之意见(第 2 项)。第三人为第 1 项之申请经以决定驳回者,得对该决定提起实时抗告(第 3 项)。依第 1 项规定参加诉讼之第三人,准用民事诉讼法第 62 条规定(第 4 项)。第三人依第 1 项规定申请参加时,准用民事诉讼法第 68 条之规定(第 5 项)。第 23 条(行政机关之诉讼参加)规定:法院认为其他行政机关有参加之必要时,得依当事人或该行政机关之申请或依职权,以决定命该行政机关参加诉讼(第 1 项)。法院为前项决定前,应事先听取当事人及该行政机关之意见(第 2 项)。依第 1 项规定参加诉讼之行政机关,准用民事诉讼法第 69 条之规定(第 3 项)。

[189] "司法院"编印:《"司法院"行政诉讼制度研究修正资料汇编(一)》,1986 年,第 784 页[林纪东主席结论];同《修正数据汇编(三)》,第 915 页以下[陈瑞堂委员发言];刘建宏前揭注 180 文第 136 页以下参照。

原则限于第三人与当事人一造间,具有"必要共同诉讼关系"之人者为限。对此,学者鉴于本条之参加为"法院应依职权命参加",且类似必要共同诉讼关系人本有独立之诉讼实施权,可自行决定是否一同起诉或被诉,如课予法院命类似必要共同诉讼人参加诉讼者,将违反处分权主义要求,因此主张本条适用范围应限于"固有必要共同诉讼关系人",而不及"类似必要共同诉讼关系人"者[190]。惟如前所述,固有必要共同诉讼与类似必要共同诉讼之差异,主要在于前者须一同起诉一同被诉,否则其当事人不适格;后者则不强制须一同起诉或被诉,但不论固有必要共同诉讼或类似必要共同诉讼,由于各共同诉讼人间利害关系一致,且一旦共同起诉或被诉,法院所为裁判对全体共同诉讼人即须合一确定。是以,在共同诉讼人间其所为诉讼行为之关系,即有求其一致而无矛盾之必要(本法第39条参照)。因此,法院于受理必要共同诉讼案件,如发现另有第三人与诉讼当事人一造处于必要共同诉讼关系者,即可依职权裁定命该第三人参加诉讼。此时,解释上该第三人得自行决定是否以追加当事人方式加入诉讼而与本案诉讼当事人成为共同诉讼人[191],如该第三人不欲或无法与他造当事人成为共同诉讼人时,该第三人则因本条之裁定命参加而取得第41条参加人地位。

因此,于固有必要共同诉讼情形,为确保他造共同诉讼人之诉讼,不致因其中一人不欲成为共同诉讼原告[192]而无法共同起诉,致发生因当事人适格有欠缺而遭驳回其诉,以致影响其诉讼权之结果。此时,法院如能依本条规定以裁定命该未加入诉讼之第三人参加诉讼,即具有治愈固有必要共同诉讼当事人适格欠缺之作用[193]。于类似必要共同诉讼情形,虽不发生当事人适格问题,然因法院之裁判于具有共同诉讼关系人间须为合一确定,为免将来未于本案一同起诉或被诉之其他类似必要共同诉讼关系人(第三人)就同一事件再行起诉(纷争再燃之防止或纷争之一次解决、对造诉讼权之保护)或依第284条规定申请重

---

[190] 陈计男前揭注55书第107页以下。

[191] 此一部分,涉及当事人之主观合并、追加或变更之容许性问题。对此,关于其加入诉讼之法律依据(按能否直接适用本法第111条第3项第1款规定,仍有检讨余地)及要件,学说非无争议;但于此一情形,该第三人虽因法院之裁定而知悉本案诉讼之系属,但是否作为共同诉讼人仍系本于其自己之意思为之,在不影响他造当事人诉讼实施权或延滞诉讼等情形下,似无禁止必要。

[192] 于共同诉讼被告情形,因被告有应诉义务,故较少经由参加方式,以补正当事人适格问题。

[193] 同旨,陈计男前揭注55书第86页。但如将来修法引进例如"民事诉讼法"第56条之1"强制追加原告"制度时,即不宜承认固有必要共同诉讼之当事人适格问题,得经由诉讼参加方式而治愈。

新审理，或该未成为诉讼当事人之第三人因受本案判决效力所及而损及其诉讼上之听审请求权，故经由本条规定，由法院依职权命该第三人参加诉讼[194]，亦有其必要。

换言之，本条虽规定"行政法院应以裁定命该第三人参加"，但实际适用上，法院有无命该第三人参加之义务，仍应分别情形判断。在固有必要共同诉讼情形，因当事人适格要件为法院应依职权调查之事项，法院自"应"命该第三人参加，而无裁量决定之空间；但于类似必要共同诉讼情形，因该第三人范围如何未必明确，因此，法院仅于其所知悉之第三人范围内，负有命参加之义务。此时，与该第三人基于处分权主义所享有之起诉自由，尚无直接关联。亦即，如该未为法院所知悉之第三人，法院虽未依本条命其参加诉讼，但法院所为本案裁判尚非当然不生效力，如该第三人权利或法律上利益实际上因上开撤销或变更原处分或决定之判决而受有损害时，仍可依本法第 284 条以下规定，申请重新审理。惟应注意者，本条之参加与第 42 条之参加，目的并非在补正第三人迟误法律救济期间[195]或用以治愈其他诉讼类型之合法要件（如诉愿前置）之欠缺。因此，纵嗣后因不可归责于己之事由致无法参加诉讼者，可依法申请重新审理，但仍应限于其参加利益所必要范围内，始得为之，尚不得因重新审理而取代通常之救济途径。

其次，亦有学者受《德国行政法院法》规定之诉讼参加制度，分为"必要参加"与"普通参加"之影响，主张本条相当于德国之必要参加[196]，故本条适用范围，应与德国法制为相同解释者[197]。惟：

①就依本条参加诉讼之参加人地位，依同法第 41 条准用第 39 条规定之结果，参加人与本案诉讼当事人间之诉讼行为须为一致而不能矛盾，故参加人不

---

[194] 此时，依前揭注 191 之说明，该第三人亦得自行决定是否追加成为共同诉讼当事人（原告或被告）。

[195] 关于原告迟误救济期间（如本法第 106 条之起诉期间）之性质，解释上不宜认为系原告适格有欠缺，而应认为系欠缺权利保护必要（诉讼利益）。

[196] 即指原告所提起本案诉讼之判决，如不直接且必然形成、确认、变更或撤销第三人之权利或法律上利益，即无法作成情形。此时，对于其权利或法律上利益将直接且必然受本案判决影响之第三人，即应使其加入诉讼，此即必要参加。德国之必要参加，主要发生于具有第三人效力之行政处分之案件，例如邻人起诉请求撤销建管机关核发予起造人之建筑执照（邻人诉讼）；竞争者起诉请求撤销另一竞争者取得之营业等许可（竞争者诉讼）等情形。

[197] 林腾鹞前揭注 23 书第 216 页以下；翁岳生编前揭注 24 书第 260 页以下［萧文生译］；陈敏前揭注 44 书第 1403 页以下；刘建宏：《诉讼参加制度在台湾行政法院实务上之适用——评"最高行政法院"1999 年诉字第 2917 号裁定》，《月旦法学杂志》第 103 期，2003 年 12 月，第 221 页以下参照。

能如第 42 条之参加情形,提出独立之攻击或防御方法(解释上亦无法提出独立之声明[198])。此点与德国必要参加之参加人,能提出独立之攻击或防御方法者[199],实有不同。

②况且,本法诉讼参加之配套制度,尚有德国制度所无之"重新审理"制度,法院违反第 41 条规定应命参加而未命参加,其就本案所为裁判之效力,应否如同德国法制解为无效判决,亦有疑问。

因此,实不宜因本法第 41 条规定为"应"命参加,而第 42 条规定为"得"命参加,遂谓本法第 41 条之参加即为德国法制之"必要参加"[200]。关于此点,台湾行政法院实务,似未采将本条解释为德国法制之必要参加,值得赞同[201]。

(2)须于他人诉讼系属中由本案系属法院以裁定命为参加

依本条之参加,须本案诉讼已系属始得为之。至于本案系属之时期,不以系属在高等行政法院为限,即使系属于"最高行政法院",解释上亦得命参加。但为保护参加人之辩论权,除非"最高行政法院"开启言词辩论,否则"最高行政法院"于此情形,宜废弃原判决发回高等行政法院处理。

又诉讼系属效力之发生,不以诉讼经合法提起为限,故纵侦本案诉讼不合法,仍发生诉讼系属之效果。此时,法院如发现第三人符合第 41 条要件,仍应先依该条以裁定命参加。本条法院之命参加裁定,系属羁束行为,法院如发现另有应参加诉讼之第三人,即应依职权命参加。

本条参加仅规定应由法院依职权为之,第三人有无申请参加之权,遂有疑问。就(1)本法关于第三人依第 42 条之参加或第 44 条之参加,均赋予其申请

---

[198] 同旨,陈计男前揭注 55 书第 110 页。

[199] 有关德国之诉讼参加制度,请参照陈计男前揭注 55 书第 92 页以下;刘建弘前揭注 182 文。

[200] 因此,关于本条"合一确定"之概念,纵使如学者主张,不宜与民事诉讼上所称"合一确定"(即同胜同败)为相同解释,而应与德国必要参加同,解释为系指"须于参加人与当事人间须合一裁判(即无矛盾)"(刘建宏前揭注 197 文第 226 页以下),亦难以解决笫 41 条参加人之地位准用第 39 条之问题。

[201] 例如,高雄高等行政法院 2001 年诉字第 1534 号裁定,关于合伙之营业税事件,其中一合伙人起诉后,他合伙人未依第 41 条参加诉讼,而就同一事件另行起诉者,认为系重复起诉而裁定驳回;台北高等行政法院 2001 年诉字第 3462 号裁定,关于被保险人死前申请农保残障给付经否准后,其继承人于被保险人死亡后再以被保险人名义申请仍遭否准,其中一继承人提起行政诉讼时,法院以裁定命他继承人参加诉讼;台北高等行政法院 2000 年诉字地 512 号裁定,关于遗产税事件,以裁定命未起诉之其他继承人参加诉讼;台北高等行政法院 2000 年诉字第 109 号裁定,关于建筑执照逾期作废案件,以裁定命未起诉之其他起造人参加诉讼。

参加之权[202];(2)本条参加目的在使第三人有维护其权利或法律上利益之机会;(3)本法第284条对于因不可归责于己之事由而未参加诉讼者,赋予其申请重新审理之权利;(4)诉讼法律中明定法院之行为义务者,通常情形应解为具有保护私人利益之作用(保护规范),故解释上宜认第三人亦有申请参加之权。惟本法既未明定第三人之参加申请权,其申请之程序、要件及效果,解释上或可类推适用本法第43条关于利害关系人申请独立参加之规定,以资解决。惟因实务上仍不承认第三人此一申请权,故仍须待修法解决。

2. 参加之程序

"行政诉讼法"第45条规定:"命参加之裁定应记载诉讼程度及命参加理由,送达于诉讼当事人。"(第1项)"行政法院为前项裁定前,应命当事人或第三人以书状或言词为陈述。"(第2项)"对于命参加诉讼之裁定,不得声明不服。"(第3项)因此,本条之参加应由法院依职权以裁定为之,法院裁定之主文,应表明命第三人参加之意旨、所参加之本案诉讼以及参加之类型;至于裁判理由,则应记载诉讼进行之程度以及命参加之理由,例如本案现系属于何法院、目前进行至准备程序或言词辩论程序,以及第三人与本案诉讼标的法律关系之关联性等事项[203]。

行政法院为命参加之裁定前,应先使当事人或第三人有以书状或言词陈述意见之机会(第45条第2项),一方面用以充实构成裁定基础之诉讼数据,他方面使当事人或第三人于参加前有陈述意见之机会。至于法院所为命参加之裁定,属于程序事项之决定,虽与当事人或参加人利益有关,但为使诉讼不致于因此而不当延滞,并有利于法院诉讼资料之搜集,故规定不得声明不服(同条第3项)。

(二)参加人之地位及参加之效果

1. 参加人之权限

法院命参加之裁定送达后,第三人始能依"行政诉讼法"第41条规定取得参加人之地位,至于第三人实际是否参加诉讼,于参加人地位无影响。

本条之参加人地位,依第本法第23条规定,与原告、被告同为行政诉讼之当事人。因此,理论上当事人所能实施之一切诉讼行为,参加人于第41条诉讼参加制度目的之范围内,均能为之。亦即,依本法第46条规定:第41条之参加诉

---

[202]　本法第43条、第48条准用"民事诉讼法"第59条、第60条及"最高法院"1954年台抗字地48号判例参照。

[203]　惟目前台湾行政法院实务做法,裁判主文均仅表明命第三人参加之意旨,裁判理由中,则多仅说明命参加之理由,至于其他事项则少有记载或仅为不完整记载。

讼,准用第39条之规定。故该第三人(即本条之参加人)与诉讼标的对之须合一确定之诉讼当事人(即被参加人)间构成共同诉讼人关系,其彼此间之诉讼实施权因不能矛盾而互相牵制。亦即,依本法第39条规定:(1)一人之行为有利益于他共同诉讼关系人者,其效力及于全体;不利益者,对于全体不生效力。(2)他造对于参加人与被参加诉讼当事人中一人之行为,其效力及于全体。(3)参加人与被参加诉讼当事人中一人生有诉讼当然停止或裁定停止之原因者,其当然停止或裁定停止之效力及于全体。

另外,参加人之诉讼行为,应否受其参加诉讼进行程度之限制,例如,参加时,当事人因逾时提出而不得为之诉讼行为,或已进行之各种诉讼程序,参加人得否补提出或再为申请,为参加人利益以及行政诉讼采职权探知主义之特质,解释上仍可为之[204]。

依本条规定加入诉讼之参加人,虽依本法第23条规定亦为诉讼当事人,然毕竟仍非原告或被告。因此,专属于原告或被告始能行使之诉讼实施权,即无由参加人行使之可能。例如,于诉之追加、变更,提起反诉,诉之撤回等涉及处分权主义下之诉讼行为或属于被参加诉讼当事人在行政实体法上之权利,解释上参加人亦不得为之。至于上诉行为,虽亦为处分权主义之行为,但因参加人仍得对本案提起上诉,仅其上诉期间应否独立计算,则须视该参加人参加诉讼时,是否仍为适格之当事人或能否另外合法提起行政争讼而定。于肯定之情形,其上诉期间应独立计算,于否定情形,其上诉期间原则从属于该被参加诉讼之当事人。惟诉讼标的之舍弃、认诺、和解等行为,虽涉及处分权主义之行为,但因直接影响参加人之权利或法律上利益,因此,解释上仍宜分别该参加人参加诉讼时是否仍为适格当事人,以决定应否准用同法第39条之规定。

2.本案判决之效力

本法第47条规定:判决对于经行政法院依第41条及第42条规定,裁定命其参加或许其参加而未为参加者,亦有效力。解释上,法院之判决,对于经命参加或许其参加而未为参加者,无论其实际未参加诉讼有无可归责,均有效力。此时,参加人对该判决如有不服,得以上诉或再审方式请求救齐,尚不得依第284条规定申请重新审理。

其次,如有应依第41条参加之第三人而法院未以裁定命其参加者,此时法院所为判决之效力,如未经上级法院废弃而确定时,应如何处理?学者间因对本条适用范围所持见解之不同,而有不同说明。惟本法第284条规定:"因撤销或变更原处分或决定之判决,而权利受损害之第三人,如非可归责于己之事由,

---

[204]　陈计男前揭注55书第110页参照。

未参加诉讼,致不能出足以影响判决结果之攻击或防御方法者,得对于确定终局判决申请重新审理"。"前项申请,应于知悉确定判决之日起三十日之不变期间内为之。但自判决确定之日起已逾一年者,不得申请。"第288条规定:"行政法院认为第284条第1项之申请有理由者,应以裁定命为重新审理;认为无理由者,应以裁定驳回之。"第290条规定:"开始重新审理之裁定确定后,应即回复原诉讼程序,依其审级更为审判。""申请人于回复原诉讼程序后,当然参加诉讼。"因此,本案判决为"撤销或变更原处分或决定之判决"者,无论其参加性质为何[205],该判决对于原告、被告及未参加之第三人均有效力,仅该未参加之第三人得依上开规定申请重新审理,原判决尚非无效。

三、第42条之诉讼参加

(一)参加之要件与程序

1. 参加之要件

"行政诉讼法"第42条规定:行政法院认为撤销诉讼之结果,第三人之权利或法律上利益将受损害者,得依职权命其独立参加诉讼,并得因该第三人之申请,裁定允许其参加(第1项)。前项参加,准用第39条第3款之规定。参加人并得提出独立之攻击或防御方法(第2项)。前二项规定,于其他诉讼准用之(第3项)。诉愿人已向高等行政法院提起撤销诉讼,利害关系人就同一事件再行起诉者,视为第一项之参加(第4项)。因此,本条规定之诉讼参加要件为:(1)须第三人之权利或法律上利益因本案诉讼之结果而受有损害;(2)须于他人诉讼系属中由本案管辖法院裁定命参加。

(1)须第三人之权利或法律上利益因本案诉讼之结果而受有损害

本条所称第三人之权利或法律上利益将因本案诉讼之结果而受有损害,如该第三人之权利或法律上利益,因本案诉讼之裁判而有恶化或可获致改善之可能时,原则均属本条所称利害关系人。本条规定之第三人之范围,限于有法律上利害关系之第三人,而不包括单纯在精神上、社会上或经济上有利害关系之人,但其范围解释上较诸撤销诉讼或课予义务诉讼中具有诉讼权能之第三人概念为广[206]。亦即,凡第三人之权利或法律上利益可能因本案诉讼之裁判效力而受直接或间接影响者,解释上均可能包括在本条所称第三人之范围内。然

---

[205] 亦即,无论系第41条之参加或第42条之参加,且不论各该条文适用之范围如何(系属固有必要共同诉讼参加或类似必要共同诉讼参加或第三人独立参加)。

[206] 司法研修所编:《ドイツにおける行政裁判制度の研究》,法曹会,2000年,第105页。

而,因本法除本条规定之诉讼参加外,在制度设计上另于第 44 条第 2 项规定第三人辅助参加制度,因此,能依本条规定参加诉讼之第三人,其范围即有加以限制之必要。亦即,宜限于该第三人之权利或法律上利益,直接受本案诉讼之裁判而受有影响情形,如仅因本案裁判中关于理由之判断或事实之认定而受有影响者,尚非本条所定得参加诉讼之第三人。简言之,第三人权利或法律上利益受裁判之影响,系直接因法律上原因而受有影响,至于因事实上或逻辑上原因受影响,尚非本条所称第三人。

因此,本条之适用范围主要集中在:

①以第三人行政法律关系为诉讼标的或以该第三人行政法律关系之变动为目的之诉讼中,该第三人因直接受法院裁判之影响,应认为有依本条规定参加之必要(相当于德国法上"必要参加")。

②本诉讼标的法律关系之成立或变动,依法应斟酌对第三人权利或法律上利益之影响后始能作成者,该第三人亦有依本条规定参加之必要(相当于德国法上"普通参加")。

因此,本条规定主要是用于提起撤销诉讼与课予义务诉讼情形(多为涉及具有第三人效力之行政处分或复效(双效)之行政处分案件),但不以此为限,于其他诉讼中,第三人如有前述参加利益者,亦得为参加(本条第 3 项)。例如,邻人起诉请求撤销建管机关所核发之建筑许可情形(撤销诉讼),该起造人即属前者之例。反之,如系起造人起诉请求建管机关核发建筑许可情形(课予义务诉讼),该邻人即属后者之例。又如在商标注册或专利审定案件中,主张自己权利因该注册案而受有影响之人与申请注册或审定之人(或商标权人、专利权人)彼此间,于经异议程序后,将来无论由何人起诉,另一方均构成本条之第三人[207]。此外,关于竞争关系之诉讼(竞争者诉讼),亦有本条诉讼参加之适用[208]。

另须注意者,本条所称第三人,原不以自然人为限,私法人、非法人团体、"国家"或地方自治团体等行政主体,如符合本条规定之要件,亦包括在本条规定第三人范围内,但解释上不包括行政机关在内[209]。因此,在涉及多阶段行政处分情形,或须其他机关协力之行政处分情形,该作为被告机关以外之其他机

[207] "最高行政法院"2001 年判字第 144 号判决、"最高行政法院"2001 年判字第 524 号判决、"最高行政法院"2002 年判字第 41 号判决、"最高行政法院"2002 年判字第 42 号判决参照。又最近关于 ETC 争议中,

[208] 最近关于 ETC 争议由次优厂商所提起之诉讼中,台北高等行政法院 2005 年诉字第 752 号裁定,即命最优厂商(得标厂商)参加诉讼。

[209] 陈计男前揭注 55 书第 112 页。

关,因原则无法作为行政实体法上权利归属主体,尚难依本条参加诉讼[210]。但如行政机关得作为权利义务归属主体之特别情形,尚非不能依本条参加诉讼[211]。

(2)须于他人诉讼系属中由本案系属法院以裁定命参加

依本条规定参加诉讼者,须本诉讼已系属始得为之,其情形与第41条之参加同,不再赘论。

2.参加之程序

依本条参加诉讼,得由行政法院依职权或依该第三人之申请,以裁定为之。因此,本条之参加诉讼与第41条之参加诉讼同,均以法院作成命参加之裁定为必要。其由第三人申请参加诉讼者,应依第43条第1项规定,向本诉讼系属之法院,提出记载下列事项之参加书状:①本诉讼及当事人;②参加人之权利或法律上利益,因本案诉讼之结果将受如何之损害;③参加诉讼之陈述。行政法院对于第三人参加之申请,如认其不合第41条规定之要件者,应以裁定驳回之(第43条第2项)。对于此一驳回参加之裁定,申请人得为抗告(同条第3项),在驳回之裁定未确定前,参加人得为诉讼行为(同条第4项)。

行政法院依职权或依第三人申请所为命参加之裁定,应记载诉讼程度及命参加之理由,送达于诉讼当事人(第45条第1项)。此一命参加裁定之程序,与第41条情形同[212],不再赘论。又行政法院于作成命参加之裁定以前,应命当事人或第三人以书状或言词为陈述(同条第2项)。本项规定具有保障当事人与第三人程序上听审请求权之意义,且具有厘清第三人参加利益之作用。解释上,于驳回第三人参加之申请前,亦宜类推适用本项规定,听取该第三人之意见。又为确保诉讼程序之顺畅并保障参加人地位之安定,对于命参加诉讼之裁定,不得声明不服(同条第3项)。

---

[210] 不同见解,认为于多阶段行政处分情形,欠税人就禁止出境处分,以"内政部入出境管理局"为被告起诉时,学者有认为财政部应依本条参加诉讼者(陈敏前揭注44书第1404页)。

[211] 例如,实务上曾出现被征收土地所有人以核准征收机关(即"内政部")为被告,起诉请求命被告应作成核准以原征收价格买回被征收土地之行政处分(课予义务诉讼)之诉讼中,行政法院依本条第1项、第3项规定,以裁定命需地机关(即台北市政府)参加诉讼之例(引自陈敏前揭注44书第1405页)。类似案例,如台北高等行政法院2000年度诉字第3986号裁定、同院2003年诉字第4478号判决、同院2004年诉字第2551号判决,法院均命地方政府(台北市政府)应参加诉讼。

[212] 前揭注203及其本书参照。

(二)参加人之地位及参加之效果

1.参加人之权限

命参加之裁定送达后,第三人取得本法第 42 条参加人之地位,但于驳回参加裁定情形,于该裁定未确定前,参加人仍得为诉讼行为(第 43 条第 4 项)。

依本条参加诉讼之第三人,依同法第 23 条规定,亦为行政诉讼之当事人。解释上当事人所能实施之一切诉讼行为,在本条诉讼参加制度目的之范围内,原则均得为之。又本条参加人与本案诉讼之当事人间之关系,与第 41 条参加情形不同,其彼此利益结构原则处于对立冲突之状况,且本条参加人亦非为辅助本案一造当事人而参加诉讼,因此,参加人为维护其权利或法律上利益,可同时或交替对抗两造当事人。因此,参加人得提出独立之攻击或防御方法(本法第 42 条第 2 项),而无本法第 39 条第 1 款、第 2 款关于必要共同诉讼人彼此诉讼实施权相互牵制之规定之适用。又因本案诉讼之裁判对本条参加人亦有效力(第 47 条),为贯彻本条参加制度之目的,并维护参加人之权利或法律上利益,于参加人生有诉讼当然停止或裁定停止之原因者,其当然停止或裁定停止之效力,亦及于其所参加诉讼之两造当事人(第 42 条第 2 项准用第 39 条第 3 款)。

本条参加人虽亦有当事人之地位,然与原告、被告之地位,毕竟仍有不同。因此,本条参加人于参加制度目的之范围内,虽得为一切诉讼行为,然专属于原、被两造之程序处分权之事项,参加人之诉讼实施权仍受有限制,而不得为之。就此点而言,与第 41 条之参加情形同。然应注意者,学者有引德国法制及实务见解,认为参加人之诉讼实施权,须受参加时诉讼程度之限制,故在诉讼参加时本案当事人已不得为之诉讼行为(例如因迟误时机而无法提出之攻击或防御方法或申请调查证据),参加人亦不得为之[213]。然如此解释,是否符合本条诉讼参加制度之目的,有无过度限制参加人之程序上听审请求权,非无检讨余地。

2.本案判决之效力

如前所述,依本条参加诉讼之人,亦为行政诉讼之当事人,因此,本案判决对于经裁定命其参加或许其参加而未为参加者,亦有效力(本法第 47 条);此外,由于本法设有重新审理制度,对于因不可归责于己之事由致未能依本条规定参加诉讼者,解释上本案判决效力亦及于该第三人。就此点而言,其情形与依第 41 条参加之情形同,此不再赘论。简言之,其经以裁定命参加者,对本案如有不服,得依上诉或再审方式救济,对于因不可归责于己之事由致未能参加

---

[213]　林腾鹞前揭注 23 书第 241 页;陈敏等译前揭注 187 书第 659 页以下[萧文生译]参照。

诉讼者,如本案判决为撤销或变更原处分或决定之判决,该第三人得依本法第284条申请重新审理;如本案判决为撤销或变更原处分或决定之判决以外之判决者,应如何处理,本法未有明文,仍有待学说与实务之发展。

就可依本条规定参加诉讼之人之范围而言,如前所述,可能包括下列二种类型:①以第三人行政法律关系为诉讼标的或以该第三人行政法律关系之变动为目的之诉讼中,该第三人因直接受法院裁判之影响,应认为有依本条规定参加之必要(相当于德国法上必要参加)。②本诉讼诉讼标的法律关系之成立或变动,依法应斟酌对第三人权利或法律上利益之影响后始能作成者,该第三人亦有依本条规定参加必要(相当于德国法上普通参加)。

对于上开二类参加人,如未经法院以裁定命其参加致未能参加诉讼者,此时本案判决之效力应如何处理,台湾系采效力及于第三人之设计,而德国法制情形,则因上开二类参加人之权利或法律上地位可能受本案裁判影响之方式与程度存有差异,而分别情形处理。亦即:于后者情形(普通参加),本案判决效力及于原、被两造当事人但不及该第三人,此时第三人得另行起诉争执。

于前者情形(必要参加),因本案判决可能直接变动该第三人之权利或法律上地位,故于该第三人未参加诉讼情形,本案判决效力如何,则有下列三种见解[214]:

①认为该确定判决对于原告、被告及第三人均有效力(本说为德国实务及多数学者所不采)。

②认为如该判决为形成判决,则为绝对无效;如为其他判决,则仅具形式效力,而无实质上既判力(本说为通说)。

③认为在课予义务判决,因第三人仍可于被告机关依法院判决作成处分时,再行争执,则法院判决对当事人应有既判力,但对第三人不发生既判力。在撤销判决情形,因直接影响第三人效力,基于保护第三人权利或法律上利益,应属无效(本说为有力说)。

(三)拟制参加

"行政诉讼法"第42条第4项规定:诉愿人已向高等行政法院提起撤销诉讼,利害关系人就同一事件再行起诉者,视为第1项之参加。本项所规定之参加,学者有称为"准利害关系人之独立参加"[215]或称为"视同利害关系人之独立

---

[214]　林腾鹞前揭注23书第217页;翁岳生编前揭注24书第259页以下[萧文生执笔]参照。

[215]　陈计男前揭注55书第116页。

参加"[216]。但其具体内容为何,尚未见有具体说明,实际上亦甚难想象此种参加之具体案例。

四、第 44 条之辅助参加

"行政诉讼法"第 44 条第 2 项后段规定:"有利害关系之第三人,亦得申请参加。"第 48 条规定:"民事诉讼法第 59 条至第 61 条、第 63 条至第 67 条之规定,于第 44 条之参加诉讼准用之。"由于本条规定之参加,虽未明定为"辅助参加",但由本条参加准用"民事诉讼法"第 61 条与第 63 条规定之结果,其性质应类似于民事诉讼之辅助参加(从参加)性质,于此不拟进一步论述。

五、告知诉讼

告知诉讼,系指本案诉讼当事人之一造,于诉讼系属中,经由法定方式[217],将其诉讼告知于因自己败诉而有法律上利害关系之第三人,使其参加诉讼之谓[218](本法第 48 条准用"民事诉讼法"第 65 条第 1 项参照)。告知诉讼制度目的,系在扩大经由本诉讼程序一次解决纷争之范围,并本诉讼当事人与被告知人,有参与本诉讼程序,以维护自己法律上利益之机会。因此,受诉讼之告知者,得递行告知("民事诉讼法"第 65 条第 2 项),且本案诉讼被参加人之他造当事人,对于参加人亦得为告知。

告知诉讼仅系将本案诉讼系属之事实,通知有利害关系之第三人。该第三人并未因告知诉讼而当然取得辅助参加人之地位,第三人如因而欲参加诉讼时,仍须依辅助参加之要件与程序办理,惟行告知之当事人,不得对该第三人参加之申请提出异议。告知诉讼后,于本诉讼并无影响,故诉讼程序之进行原则不因而停止[219]。但第三人受告知诉讼而不为参加或参加逾时者,视为于得行

---

[216]　林腾鹞前揭注 23 书第 235 页。

[217]　此法定方式,依本法第 48 条准用"民事诉讼法"第 66 条规定:告知诉讼,应以书状表明理由及诉讼程度提出于法院,由法院送达于第三人(第 1 项)。前项书状,并应送达于他造(第 2 项)。

[218]　2003 年 2 月 7 日台湾"民事诉讼法"增订第 67 条之 1 引进"职权告知诉讼制度"(强制参加之一种),规定:诉讼之结果,于第三人有法律上利害关系者,法院得于第一审或第二审言词辩论终结前相当时期,将诉讼事件及进行程度以书面通知该第三人(第 1 项)。前项受通知人得于通知送达后 5 日内,为第 242 条第 1 项之请求(即诉讼文书之阅览、抄录等申请阅卷行为)(第 2 项)。第 1 项受通知人得依第 58 条规定参加诉讼者,准用前条之规定(告之诉讼之参加效)。

[219]　但法院如认为受告知人能参加诉讼者,为保护告知人及受告知人之利益,得在受告知人参加前,依本法第 186 条以裁定停止诉讼程序(陈计男前揭注 55 弓第 121 页)。

参加时已参加诉讼,于告知人与受告知人间,仍发生参加效(本法第 48 条准用"民事诉讼法"第 67 条参照)。

六、行政机关之参加诉讼

本法第 44 条第 1 项、第 2 项前段规定:行政法院认其他行政机关有辅助一造之必要者,得命其参加诉讼,该其他行政机关亦得申请参加,是为"行政机关之参加诉讼"。本法此一参加,系仿照《日本行政事件诉讼法》(旧)第 23 条规定而设[220],构成行政诉讼所特有之参加制度。亦即,其他行政机关依本条规定参加诉讼,其目的并非在保护自己之权利或法律上利益,亦非在于辅助一造当事人实施诉以对抗他造当事人,仅其诉讼行为类推第三人辅助参加而受有一定限制。亦即,本法所设行政机关之参加诉讼制度,其目的在于经由其他行政机关之参与,使其能提供本诉讼所须各项事实、证据或各种专业技术知识经验等诉讼数据,以充分厘清本诉讼所涉及之各项争议、事实或法律关系,并确保本案诉讼之裁判之正确[221]。因此,本法规定之行政机关诉讼参加制度,性质上不同于第三人辅助参加制度,亦与第 41 条、第 42 条规定之参加有别,实质上具有与行政诉讼职权探知主义相同之目的[222][223]。

由于前述本条行政机关参加诉讼制度之特殊制度目的,故于判断本条之"其他行政机关"范围时,即不得不顾及该制度目的之达成。因此,本法虽规定"其他行政机关有辅助一造之必要者"为其要件,然此一规定要件似与本条诉讼

---

[220] 刘建宏前揭注 180 文第 137 页参照。

[221] 此为日本通说,园部逸夫编:《批注行政事件诉讼法》,有斐阁,1989 年,第 332 页[中込秀树执笔];室井力编:《行政救济法》,日本评论社,1986 年,第 278 页[金子正史执笔]参照。除此之外,《日本行政事件诉讼法》(旧)所以规定行政机关之诉讼参加制度者,尚与下列因素有关。亦即,(1)其行政诉讼所规定之被告机关(裁决主义)与明定形式的当事人诉讼之结果,于若干情形下,系以原处分机关以外之审查机关为被告机关,原处分机关反而无法进入诉讼成为行政诉讼之被告机关;此外(2)于若干情形,原处分机关于作成处分之际,往往因受上级机关之指挥监督,本案诉讼所须相关诉讼资料,虽往往存于关系行政机关,但该机关却未能进入诉讼。因此,遂有使上开机关进入诉讼,赋予其能主张有关攻击防御方法,提供诉讼所须证据等诉讼数据,以实现裁判之适正要求之必要,遂明定此一行政机关之参加诉讼制度(南博方编:《条解行政事件诉讼法》,弘文堂,1987 年,第 587 页[松泽智执笔];宫田三郎:"行政诉讼法",信山社,1998 年,第 46 页以下参照)。

[222] 园部编前揭注 221 书第 332 页[中込秀树执笔]。

[223] 至于本法规定之行政诉讼制度,在采职权探知主义之立法设计下,有无另行规定行政机关之诉讼参加制度,则属另一问题。

参加制度之目的存有扞格之处[224]，故该要件之解释宜兼顾本条制度目的为相应调整弹性解释。此外，本条规定之"其他行政机关"，其范围与本法第 216 条受判决拘束力所及之各关系机关，毋庸为一致之解释。亦即：

（1）本案诉讼当事人之行政主体或行政机关，其所为系争行政行为之作成系经其他机关参与（通常于阶段行政行为或须他机关协力之行政行为）[225]之情形，该参与行政行为作成之其他行政机关，固得依本条规定参加诉讼[226]；甚至在原行政行为之作成依法须经其他机关参与始能作成情形（尤其该他机关就系争行政行为构成要件事实之认定为有权机关或其意见具有拘束原行政行为作成机关之效果者），法院基于职权调查义务，甚至有命该其他行政机关参加诉讼之义务[227]。

（2）所谓"辅助一造"并非指其诉讼行为完全不得与其所辅助之一造有所抵触，凡其诉讼行为有助于厘清本案系争行政行为之合法性者，解释上均得依本

---

[224]　学者即质疑本条之参加以"辅助一造"为必要，似有未当（陈计男前揭注 55 书第 123 页参照）。

[225]　至于此一其他行政机关之参与，是否限于依法须经该机关参与之情形，抑或凡事实上曾经该机关参与情形均包括在内，未见有学者明确表示，本书倾向采后者之见解。

[226]　例如，建筑执照之核发，关于该建筑物所在地之土地使用分区，须征询其他机关之意见；公司或工厂登记之办理，须先取得其他目的事业主管机关之许可之情形等属之。

[227]　"最高行政法院"2002 年判字第 2319 号判决谓：行政处分之作成，须二个以上机关本于各自职权共同参与者，为多阶段行政处分。此际具有行政处分性质者，原则上为最后阶段之行政行为，即直接对外发生法律效果部分。人民对多阶段行政处分如有不服，故不妨对最后作成行政处分之机关提起诉讼，惟行政法院审查之范围，则包含各个阶段行政行为是否适法，且原则上应对各个阶段行政行为之权责机关进行调查，始符合正当程序原则。本件系争土地，为都市计划范围内之土地，土地使用分区为河川区，惟河川区土地如经都市计划主管机关（按即台南县政府）认定其管制方式与农业区无异者，仍得申请核发农业用地作农业使用证明。因此系争土地是否得申请核发农业用地作农业使用证明，必须先经都市计划主管机关认定其管制方式与农业区无异，始得由上诉人依"农业用地作农业使用认定及核发证明办法"第 15 条规定程序，认定是否为农业用地作农业使用，上诉人（即被告机关，台南县大内乡公所）既不能改变都市计划主管机关之认定，都市计划主管机关亦无从改变上诉人之认定，惟上诉人之认定，须以都市计划主管机关认定个案河川区土地之管制方式与农业区无异为前提，是为多阶段行政处分。本件原判决既以系争土地是否仍须以河川区管制有疑义，而于本案言词辩论时，询问："管制方式认定如何办理？"经上诉人之诉讼代理人于原审陈明："台南县政府作管制认定"，有原审 2001 年 8 月 29 日言词辩论笔录附原审卷可稽，则原审显已查明系争土地如何管制，并非上诉人权责，而属都市计划主管机关权责，惟原审仅就无权责机关之上诉人，询问其他有权责机关权责之行使是否适法，显然不符证据法则，而有违正当程序原则，故应认其他行政机关于原审有辅助上诉人之必要，依职权命本案相关都市计划主管机关参加诉讼，以调查其认定系争土地之管制方式，与农业区有异……

条规定参加诉讼[228]。因此，于本案诉讼当事人之行政主体或行政机关，其所为系争行政行为之作成系经其他机关参与（通常于阶段行政行为或须他机关协力之行政行为）[229]，包括本案诉讼当事人（通常为被告机关）与"其他行政机关"有上下隶属关系之情形。例如，原处分机关本于上级机关之指挥监督或政策决定作成处分，而成为被告情形，上级机关得参加诉讼；上级机关因参酌下级机关意见或行政调查结果作成行政处分，而成为被告情形，下级机关得参加诉讼。但在诉愿机关与原处分机关间，彼此并无参加他方诉讼之必要。

（3）所谓其他行政机关依本条规定参加诉讼所辅助之一造，是否包括辅助作为行政诉讼当事人之私人？学者认为基于行政一体性要求，行政之意思不容割裂，故其他行政机关不得辅助一造人民以对抗他造公法人或行政机关，其仅能辅助作为一造当事人之公法人或行政机关[230]。本书以为，本条规定之行政机关参加诉讼，制度目的在于厘清本案有关之事实与法律关系，且其他行政机关所以依本条规定参加诉讼者，通常系因其曾参与对本案系争行政行为之作成，赋予其参加之地位得使该其他行政机关为其所提供之协力等参与作成系争行政行为之适法性与妥当性，进行辩护。因此，依本条参加诉讼之其他行政机关，其应参加主张系争行政行为之适法性与妥当性之一方。此固然通常系以被告公法人或行政机关为被参加人，但并无过度强调其必须参加何方当事人之必要，概其制度目的在于协助法院之职权调查能力，以提供有效适切之知识、经验或数据之故。

最后，行政机关之参加诉讼，其参加之程序与法律效果，除本法第44条第1项、第2项前段之规定外，并未设有特别规定，原则与第三人辅助参加情形同，依本法第48条准用"民事诉讼法"相关规定解决，此不再赘论。

---

[228] 不同意见，吴庚前揭注8书第67页谓：行政机关之辅助参加亦非毫无限制，即诉愿决定机关原则上不能辅助为被告之原处分机关而参加诉讼。盖诉愿程序与行政诉讼程序于此种情形有审级之关系，焉有下级之审理机关在上级程序中辅助参加之理！不以诉愿前置为要件之确认或给付诉讼，机关辅助参加则无上述顾虑。在撤销或课予义务诉讼机关参加之例外情形为：关于委办事项，原处分机关（如市政府）成为被告机关时，委办之机关（如"内政部"）有义务对其委办措施合法性辩护。反之，若诉愿决定机关为被告机关者，必属原处分遭撤销或变更，自亦不许下级机关（即原处分机关）辅助他造当事人与上级机关（即被告机关）相抗衡，纵然下级机关分属于不同之公法人（例如一为"中央"机关，一为省、市机关）亦同。

[229] 至于此一其他行政机关之参与，是否限于依法须经该机关参与之情形，抑或凡事实上曾经该机关参与情形均包括在内，未见有学者明确表示，本书倾向采后者之见解。

[230] 吴庚同前揭注228；陈计男前揭注55书第123页。反对见解，陈清秀："行政诉讼法"，自刊，1999年，第276页参照。

第四章　行政诉讼之第一审程序

第一节　行政诉讼程序之诸原则

一、处分权主义

"处分权主义（Verfügungsgrundsatz，Dispositionsmaxime）"，系相对于"职权主义（Amtsgrundsatz，Offizialmzxime）"[1]，指当事人对于诉讼标的之决定及诉讼程序之开始、进行或终了（诉讼法律关系）具有主导决定之权限。换言之，当事人就具体事件是否请求法律救济、就何种范围内请求救济、乃至以何种方式（或权利保护形式）请求救济，原则上均应尊重当事人主观之意愿，法院须受当事人声明之拘束，不得再依职权为之。台湾"行政诉讼法"关于程序之开启、法院审理之范围与程序之终了等事项，原则采处分权主义，仅于例外情形（通常涉及具体程序之进行或其他技术性程序事项[2]），纳入"职权进行主义"之色彩。例如，程序本于当事人声明而开始[3]、当事人得合意停止诉讼程序[4]、诉之

---

〔1〕　职权主义则系指行政法院不问当事人之意思，依其职权进行诉讼之主义。

〔2〕　例如送达（"行政诉讼法"第 61 条）、期日之指定、开闭及指挥言司辩论（同法第 84 条、第 94 条、第 124 条）、裁定停止诉讼程序、撤销停止诉讼程序之裁定或命续行诉讼程序（同法第 177 条、第 178 条、第 180 条，第 186 条准用"民事诉讼法"第 173 条、第 186 条、第 178 条等），均属之。

〔3〕　"行政诉讼法"第 105 条、第 231 条、第 238 条、第 273 条、第 284 条等参照。

〔4〕　"行政诉讼法"第 183 条、第 184 条参照。

变更或追加或提起反诉[5]、撤回诉讼[6]、和解终结诉讼[7],或就诉讼标的为舍弃或认诺[8],或裁判不得逾越当事人声明之范围[9]等,均属处分权主义之范畴。

二、职权探知主义

"职权探知主义(Untersuchungsgrundsatz)",系相对于"辩论主义(Verhandlungsgrundsatz)"[10],指法院应依职权探知"事实关系"并依职权调查"证据",不受当事人声明或主张之限制,纵令当事人未提出之诉讼资料,法院亦得依职权调查之[11]。于行政诉讼,一般认为其涉及公益,且基于依法行政原则,所要求者为实质的真实[12],故多主张行政诉讼应采职权探知主义[13][14]。亦即,由于行政诉讼除为保护人民之权利外,兼具有确保行政活动适法性之目的(本法第1条参照),且在多数情形,各种与诉讼有关之事实、证据及其他有关资料往往存于公行政之手,此时采职权探知主义具有监督行政活动之适法性与

---

[5] "行政诉讼法"第111条、第112条参照。

[6] "行政诉讼法"第113条、第114条、第262条、第289条参照。

[7] "行政诉讼法"第219条参照。

[8] "行政诉讼法"第202条参照。

[9] "行政诉讼法"第218条准用"民事诉讼法"第388条。

[10] 所谓"辩论主义",指诉讼中关于审判所须事实及证据(即诉讼资料),当事人负有主张与提出之责任,法院原则上仅基于当事人提出之诉讼资料为判决。因此,(1)当事人所未主张之事实,法院不得采为判决之资料;(2)当事人自认或不争执之事实,法院应以之为判决之基础,不得再为调查并为相反之认定;(3)当事人有争执之事实,法院应基于当事人所声明之证据加以认定其存否(当事人未声明调查之证据,法院不得依职权调查)。

[11] 就此一观点言,职权探知主义与职权调查主义仍有不同,盖于职权调查主义,法院职权调查证据仍受当事人主张或声明事实范围之拘束。

[12] "行政诉讼法"第125条立法理由二、第133条立法理由二参照("司法院"印前揭注19书第167页以下、第174页以下)。后者立法理由谓:"撤销诉讼之当事人,一为公权力主体之行政机关,一为人民,两造不仅有不对等之权力关系,且因政府机关之行政行为恒具专门性、复杂性及科技性,殊难为人民所了解。又政府机关之行政行为,每涉及公务机密,人民取得有关资料亦属不易,为免人民因无从举证而负担不利之效果,爰规定行政法院于撤销诉讼应依职权调查证据,以资解决。又行政诉讼以保障人民权益及确保行政权之合法行使为主要目的,故遇与公益有关之事项,行政法院亦应依职权调查证据,期得实质之真实。"

[13] 吴庚著:《行政争讼法论》(修订第三版),自刊,2005年5月,第74页;陈清秀:"行政诉讼法",自刊1999年,第359页参照。

[14] 另《德国行政法院法》第86条采职权探知主义,惟《日本行政事件诉讼法》(旧)第24条、第38条、第41条第1项以及第43条则采职权调查主义。

矫正两造当事人不对等地位(武器平等原则之贯彻)之作用。因此,台湾"行政诉讼法"亦采职权探知主义之立法原则。例如:第 125 条第 1 项(法院应依职权调查事实关系不受当事人主张之拘束)、第 133 条(法院于撤销诉讼或为维护公益应依职权调查证据)、第 134 条(于撤销诉讼或为维护公益,关于当事人自认之事实仍应为其他必要之调查),即明定职权探知主义下之三项主要命题(即辩论主义三命题之反命题)。

　　在职权探知主义下,原则不生自认或拟制自认之问题,且当事人原则亦不负事实关系之主张责任与证明其主张之(主观)举证责任。惟应注意者,无论采职权探知主义抑或采辩论主义,其目的主要在处理"法院与当事人间"有关诉讼数据搜集之分工问题,而非"当事人彼此间"之分工。法院依职权探知主义固然负有厘清事实关系之责任与义务,但如法院已尽其调查证据与厘清事实之能事,仍无法厘清相关案件事实之存否时,因法院并非当事人,故因事实存否不明所生(败诉)风险,仍须于当事人间进行分配。因此,无论采职权探知主义抑或辩论主义,当事人均负有客观举证责任[15]。如就诉讼实际审理过程而论,关于案件事实证据或其他数据之存否,当事人知之最深且亦最为关心,因此,案件事实之厘清如全无当事人之协力,事实上几近不可能。因此,在职权探知主义下,法院就影响系争案件裁判之重要诉讼数据,当事人如未提供任何头绪或线索,法院自无从依职权调查探知。此时,当事人为避免最终因客观举证责任而受有败诉风险,遂不得不提供法院所须之各项事实或证据等诉讼数据。因此,在此一范围内,纵采职权探知主义立法之行政诉讼制度,当事人在一定程度亦负有协助法院厘清事实之协力义务(负担)。因此,行政诉讼之当事人协力义务,其目的主要在缓和法院依职权探知事实之工作负荷,违反协力义务之当事人并非

---

　　[15]　举证责任之概念,可分为"主观举证责任"及"客观举证责任"二种意义。前者主要指何人必须提出证据之问题。盖于辩论主义下,证据之提出为当事人之责任,当事人此种证据提出责任,即为"主观举证责任(Subjektiv Beweislast)"。反之,于后者则指当事人双方均已尽其主观举证责任时,法官如仍无法获得心证以判断待证事实,以致待证事实存否真相不明时,此种因事实不明确所生危险,应由何造当事人负担,即为"客观举证责任(Objektiv Beweislast)"。有关举证责任之分配问题,松本博之著:《证明责任の分配》,有斐阁,1987 年,第 6 页以下;龙崎喜助著,《证明责任论》,有斐阁,1987 年,第 13 页以下;宫崎良夫:《行政诉讼における主张、立证责任》,收于前揭注 205《新实务民事诉讼讲座 9》第 225 页以下;张文郁:《行政救济法中职权调查原则与举证原则之研究》,收于台湾行政法学会印:《行政救济法学研讨会书面报告资料》,1999 年 5 月 22 日参照。

当然须受败诉之风险,故与辩论主义下之当事人主观举证责任仍有不同[16]。

三、言词、直接及公开审理

法院与当事人进行诉讼之方式,得分为"言词(审理)主义"与"书面(审理)主义"[17]、"直接(审理)主义"或"间接(审理)主义"[18],乃至"公开(审理)主义"或"秘密(审理)主义"[19]之分别。现行"行政诉讼法"采言词、直接及公开审理原则。例如,除别有规定[20]外,行政法院之裁判,应本于言词辩论为之(第187条第1项)[21];法官非参与裁判基础之辩论者,不得参与裁判(同法第188条第2项),若未参与言词辩论之法官参与判决者,因法院之组织违法,其判决当然违背法令。故参与言词辩论之法官有变更者,应更新辩论[22][23];且诉讼之辩论及裁判之宣示,应于公开法庭行之[24]。

---

[16] 反对见解,认为虽依"行政诉讼法"第125条第2项规定:审判长应向当事人发问或告知,令其陈述事实、声明证据,或为其他必要之声明及陈述;其所声明或陈述有不明了或不完足者,应令其叙明或补充。但本条适用前提仍须当事人为声明或陈述。若审判长经阐明后,当事人仍不为声明或陈述,除能由卷内既存资料得知悉有可供调查之证据外,行政法院亦无从凭空发动职权而为调查。故乃主张基于当事人对于促进诉讼之协助义务,当事人仍负有主张责任者(陈计男:《行政诉讼法释论》,自刊,2000年,第423页)。

[17] 所谓"言词审理主义",谓当事人之辩论及提供诉讼数据行为,须于法官前以言词为之,始生效力,否则不得采为判决基础;反之,如得以书面方式为之者,则为"书面审理主义"。台湾旧"行政诉讼法"系采书面审理主义(第19条参照)。

[18] "直接审理主义"指法官应以其自身认识所得之数据为裁判基础之谓。"间接审理主义"指法官得以他人所认识之数据为判决基础之谓。

[19] "公开审理主义"指法院行言词辩论及宣示裁判时,除诉讼关系人外,亦许第三人在场旁听之主义;反之,不许第三人旁听者,则为"秘密审理主义"。裁判公开与否,与"宪法"所保障之审判公开原则及人民隐私权之保护有关。

[20] 例外情形,如"行政诉讼法"第107条第2项、第188条第3项、第233条、第253条第1项前段、第194条等。

[21] 其他言词审理主义之例外,例如起诉、上诉、抗告、申请再审或重新审理,乃至于言词辩论期日外为诉之撤回或撤回上诉等,均规定须以书状为之("行政诉讼法"第105条、第244条、第269条第1项、第277条、第286条、第173条第2项、第262条第3项参照)。

[22] "行政诉讼法"第132条准用"民事诉讼法"第211条参照。

[23] 例外情形,如法律审法院之审理、受命法官或受托法官等之调查证据程序("行政诉讼法"第138条、第139条、第176条准用"民事诉讼法"第295条)、受命法官所为之准备程序("行政诉讼法"第132条准用"民事诉讼法"第270条第1项)等属之。

[24] "行政法院组织法"第86条、第87条参照。

四、自由心证（证据自由评价原则）

"自由心证主义（Theorie der freien Beweiswürdigung）"系相对于"法定证据主义（Theorie der gesetzlichen Beweisregeln）"[25]，指法院关于裁判基础事实关系之重要事实及证据，得为自由评价及衡量，仅受法官内部良心及论理法则与经验法则之拘束者。依"行政诉讼法"第 189 条第 1 项前段规定，行政法院为裁判时，应斟酌全辩论意旨及调查证据之结果，依论理法则及经验法则判断事实之真伪，故采自由心证主义[26]。惟宜注意者，所谓"自由心证主义"并非任由法官之恣意与专断，仍须斟酌全辩论意旨及调查证据之结果，且心证之过程不得违背论理法则与经验法则，并须于判决中记明其得心证之理由，否则即属判决违背法令，得作为上诉"最高行政法院"之理由[27]。

五、法定组织与程序保障请求权

台湾"宪法"第 16 条规定：人民有请愿、诉愿及诉讼之权。因此，"宪法"所保障之诉讼权，应于诉讼程序中获得贯彻。各国关于诉讼权之法律用语，因其"宪法"规定之不同而不同，而有"受裁判之权利"、"司法请求权"、"法定听审请求权"、"有效（实效）的权利保护请求权"、"公正审判请求权"等不同用语，且因各国宪法规定方式之差异，其诉讼权之根据亦有不同[28]。以台湾现行"宪法"而论，除"宪法"第 16 条规定外，第 8 条关于刑事诉讼程序、第 9 条关于军事审判程序、第 24 条关于"国家"赔偿责任、第 77 条、第 78 条、第 79 条第 2 项[29]、第117 条、第 173 条以及"宪法"增修条文第 5 条第 1 项至第 5 项关于"宪法"上司法权机关之名称、"司法院"之职掌与大法官组织、第 80 条及第 81 条关于法官之独立性及"宪法"增修条文第 5 条第 6 项关于司法概算编列之独立性、第 82

---

〔25〕　"法定证据主义"指关于证据方法之种类及其证据之价值（证据力）均由法律定之，法院判断事实之真伪，必须依其严格法则为之，不得自由判断之谓。

〔26〕　例外，如当事人之选定、更换及增减应以文书证之（"行政诉讼法"第 34 条）、言词辩论所定程序之遵守专以笔录证之（同法第 132 条准用"民事诉讼法"第 219 条）、公文书推定其为真正（同法第 176 条准用"民事诉讼法"第 355 条第 1 项）。

〔27〕　至于心证之程度，则因证明或释明而有不同。于证明之情形，一般认为无须形成绝对之确信，以有高度之或然率即可，遇证据之紧急状况（Beweisnotstand），则以现有状况下所获得之高度或然率为已足（吴庚前揭注 13 书第 80 页参照）。

〔28〕　例如，以德、日为例，《德国基本法》涉及诉讼权之规定有第 1 条第 1 项、第 3 条第 1 项、第 19 条第 4 项、第 101 条第 1 项第 2 句、第 104 条等条文，而日本国"宪法"涉及诉讼权之规定亦有第 13 条、第 31 条、第 32 条等条文。

〔29〕　本项已因增修条文第 5 条第 1 项而冻结。

条关于"司法院"及各级法院组织之宪法委托、第 107 条第 4 款关于司法制度之"中央"独占、第 132 条关于选举诉讼之审判、第 154 条关于劳资纠纷之调解与仲裁程序之"宪法"委托等，均与诉讼权有关。除此之外，"宪法"所保障之各种基本权利以及"宪法"上之原理原则，例如人性尊严之保障、法治"国家"正当法律程序之保障、民主"国家"原则、社会"国家"原则、平等原则（诉讼法上之武器对等原则）、比例原则等，亦直接、间接构成诉讼权之内容。

关于诉讼权之范围，台湾由于诉讼权之根据、性质及对象等问题，均尚未被充分检讨阐明，因此，学者对于诉讼权之保障范围如何，亦未臻于一致[30]。姑不论诉讼权之"宪法"上根据为何，理论上就现今法治"国家"下诉讼权之概念言，其作为人民基本权利一种之"宪法"第 16 条规定之诉讼权概念，将之界定为"经由诉讼方式以实现基本权为核心价值之组织与程序保障请求权"[31]，或较无争议。因此，诉讼权之内容，自诉讼权此一基本权主体（即人民）观点而言，原则上同时涉及诉讼之组织与程序保障二大范畴，而且此一"宪法"关于人民诉讼权之保障，亦与"宪法"关于司法权理念[32]及其他实体基本权利（包含平等权）之价值决定，同时构成立法者诉讼制度形成自由之合理限制。亦即，于法治"国家"禁止人民以自力救济方式实现基本权利之前提下，"国家"有义务于人民发生权利争议时，提供适当、可接近（利用）且有效暨友善的审判组织与诉讼程序，以实现人民基本权利之保护要求。而在以司法权担负此项审判任务之"国家"，诉讼权即构成人民对"国家""请求法院依公正程序审判之法"的地位"。故台湾"宪法"第 16 条规定之诉讼权之性质与内涵，解释上应同时指涉人民请求"国家""提供公正的法院与审判程序之制度性保障（针对立法权之诉讼制度形成自

---

〔30〕 另关于大法官对于"宪法"第 16 条诉讼权之见解，学者陈爱娥教授曾整理大法官解释得出结论，可供参考。亦即，陈教授认为大法官对于"宪法"第 16 条所保障之诉讼权，并非单纯提供形式的权利保护，而更进一步要求提供有效的权利保护方式。换言之，大法官认为：(1)"宪法"对于人民诉讼权之保障，为一种制度性保障，关于法院组织、诉讼程序，立法机关有一定之形成空间，但仍有义务提供适当之组织、程序规定；(2)立法机关固得对诉讼权作合理限制，但其限制不得违反"宪法"比例原则之要求；(3)为落实"宪法"基本权之规定，应提供确实的诉讼保障。陈爱娥：《"有效权利保障"与"行政决定空间"对行政诉讼制度之影响》，收于《行政诉讼论文汇编》，"司法院"编印，1998 年，第 57 页参照。

〔31〕 因此，立法者对于非以实现人民基本权利为目的之诉讼，例如"行政诉讼法"第 9 条之维护公益诉讼，即有一定程度之制度形成自由，惟一旦允许人民在符合特定条件下提起此类诉讼，则因此所衍生之各种公正程序请求权，解释上非无适用之余地。

〔32〕 例如，"宪法"第 8 条、第 9 条、第 24 条、第 77 至 82 条及"宪法增修条文"第 5 条，以及"宪法"第 116 条、第 117 条、第 125 条、第 132 条、第 171 至 173 条等关于司法权之组织与权限之规定。

由)",以及请求"受公正法院与依公正程序审判之组织与程序基本权保障"(针对法院之审判行为)两大层面之内容。

第二节　诉讼程序之开始

行政诉讼程序之种类,自比较法上而言,因各国行政诉讼法规定之内容之不同,而有各种设计。通常情形,一般所称行政诉讼程序,系指行政法律关系存否之确定程序,然关于其他配套程序,例如于确定该行政法律关系前之战时的权利保护制度有关程序、确定该行政法律关系后之实现程序(强制执行程序),乃至各种附随于诉讼过程之程序(如申请法官回避程序、申请保全证据程序等),是否亦一并纳入行政诉讼法中加以规定,各国和地区法制不尽相同。

就台湾现行"行政诉讼法"所规定之程序而言,主要可区分为诉讼程序与申请(非讼)程序,前者程序之开启原则以起诉方式为之,后者程序之开启以申请为之。其中,诉讼程序主要包括:第一审通常诉讼程序(第 105 条以下)、简易诉讼程序(第 229 条以下)、对法院裁判之通常救济程序(上诉审程序,第 238 条以下)与特别救济程序(再审程序与重新审理程序,第 273 条以下、第 284 条以下);申请程序主要包括:抗告程序(第 264 条以下)、执行停止与保全程序(第 116 条以下、第 293 条以下)、强制执行程序(第 304 条以下),以及其他附随诉讼过程之申请程序。本书限于篇幅,仅能处理行政诉讼所特有之程序规定,故无法就全部各种诉讼程序为详细论述,尚请留意。

一、起诉

由于"诉"具有"使诉讼系属"、"特定审判对象及范围"以及"提示诉讼要件"之功能,因此,原告之起诉,自应依一定之方式并记载一定之内容,使其起诉之内容与范围明确,进而使被告及法院能有所预见并据以实施诉讼行为。基于处分权主义,原告关于是否起诉、以何人为被告起诉等问题,虽有自由决定之权。然因原告之起诉,涉及被告之应诉义务与防御地位之保护,以及限制司法权介入审理二造争议范围等事项,因此原告一旦决定起诉,即负有特定诉之三要素之义务,以保护被告之程序主体权、避免司法资源之浪费以及维护司法权被动性质。"行政诉讼法"第 105 条规定,"起诉,应以诉状表明左列各款事项,提出于行政法院为之:一、当事人。二、起诉之声明。三、诉讼标的及其原因事实"(第 1 项);且"诉状内宜记载适用程序上有关事项、证据方法及其他准备言词辩论之事项;其经诉愿程序者,并附具决定书"(第 2 项),

其目的即在于此[33]。至于原告起诉状内容应记载至何种程度,始符合本条规定,亦应考虑上开要求,原则应就"原告起诉之目的"、"被告(尤于其为行政机关时)防御地位之保障"以及"法院审判对象之特定"等观点,妥为考虑[34]。

起诉,为当事人诉讼行为之一种,应依法定程序为之。依"行政诉讼法"第105条规定,起诉应以记载法定事项之"诉状"提出于行政法院为之。因此,台湾行政诉讼之起诉方式,除简易诉讼程序得以言词起诉[35]等例外情形[36]外,原则采"诉状强制主义[37]"。提起行政诉讼须向行政法院提起,原告得亲自或委托他人或以邮寄方式,将诉状提出于法院收法单位。至于得否以电信、传真或其他科技设备传送起诉状,由于现行"行政诉讼法"并未准用"民事诉讼法"第153条之1,且起诉应依法定程序,否则其诉不合法(《行政诉讼法》第107条第1项第10款),故解释上宜采否定见解,但随时代进展,仍宜修法肯定之[38]。又原告如向行政机关起诉者,解释上不生起诉之效力,但依"行政程序法"第172条第2项[39]规定,受理机

---

[33] 另同法第57条规定之当事人书状应记载事项参照。

[34] 例如,关于诉状内应记载诉讼标的及其原因事实,究竟应记载至何种程度始符合本法第105条之规定,学说上有不同意见(吴庚前揭注13书第85页、陈清秀前揭注13书第283页参照)。比较法上,此一诉状记载程度如何与诉讼标的理论有关,例如有"识别说(Individualisierungstheorie)"(指审判对象法律关系,其记载内容只须足以与其他法律关系区别之程度即可)、"理由记载说(Substanzierungstheorie)"(指其记载内容并须包括足以支持原告权利主张为正当之必要事实)以及"事实记载说"(指须记载构成争执基础之事实关系)等学说。其中"识别说"与"理由记载说"均系旧诉讼标的理论(以实体法所定个别权利为审判对象)下产物,并以"识别说"为通说,台湾"民事诉讼法"第244条第1项第2款倾向于"识别说",《德国行政法院法》第82条第1项第3句规定(应记载"构成理由之必要事实及证据方法")似倾向采"理由记载说"。反之,"事实记载说"则为新诉讼标的理论下之产物,因其系以"请求内容之同一性"与"事实关系之同一性"二项标准划定诉讼标的之范围,故要求记载构成争执基础之事实关系(此同时亦为构成请求理由之事实关系)。就台湾"行政诉讼法"第105条第1项第3款规定("诉讼标的及其原因事实")观之,似与事实记载说相近。惟无论采识别说、理由记载说抑或事实记载说,除涉及原告起诉行为之适法性以及所采诉讼标的理论为何外,必须同时考虑关于各该制度关于判断原告适格范围广狭所采之态度,盖若原告适格范围狭隘,则无妨采识别说,若原告适格范围相当广泛,则要求原告应记载理由,或有其必要。

[35] 台湾"行政诉讼法"第231条第1项:起诉及其他期日外之声明或陈述,概得以言词为之。

[36] 其他如于准备书状中为诉之变更追加,或于言词辩论中以言词为诉之变更追加或提起反诉("行政诉讼法"第115条准用"民事诉讼法"第261条)等属之。

[37] 翁岳生编:《行政诉讼法逐条释义》,五南书局2002年,第368页[黄锦堂执笔]。

[38] "行政诉讼法部分条文修正草案"第83条已明定准用"民事诉讼法"第153条之1。

[39] 本条项规定:陈情之事项,依法得提起诉愿、诉讼或请求"国家"赔偿者,受理机关应告知陈情人。

关应告知陈情人向法院提起诉讼。至于原告起诉所使用书状之名称,是否称为"起诉状",台湾行政诉讼实务,认为如原告起诉内容符合起诉状应记载事项,仅将起诉状误称为诉愿书者,其起诉仍应受理[40]。

　　起诉,应以诉状表明当事人、起诉之声明以及诉讼标的及其原因事实,提出于行政法院,否则其起诉不合法。此为起诉状应记载事项,同时亦构成原告关于"诉之三要素之特定义务"。其中,关于原告起诉声明之记载部分,因其诉讼目的、请求法院提供之权利保护形式以及现行法所明定之诉讼类型之差异,而有不同。例如:(1)原告起诉目的在于消灭因行政处分所生一定法律关系以回复旧有法律关系者,因撤销诉讼为法定诉讼类型,故原告起诉之声明宜表明:"请求撤销××被告机关于××年××月××日以××字第××号函(或令)所为××之处分(或决定)[41]"。(2)如原告起诉目的在于请求被告作成行政处分以产生一新法律关系者,因系请求法院判命被告应为行政处分或应为一定内容之行政处分,应以课予义务诉讼为请求,故其起诉之声明宜表明:"请求判命××被告机关应发给(或作成)原告所申请(或请求)之特定内容处分(或决定)"或

---

　　[40]　"行政法院"1960年裁字第30号判例谓:本件原告因违反镶牙生管理规则被处罚锾事件,向本院提出之书状,虽误称"诉愿书"而自称诉愿人,但既声明对"内政部"所为再诉愿决定不服,当系提起行政诉讼。惟其书状内既不记载被告之官署,又未叙明事实、理由、证据及提出书状之年月日,经本院审判长以裁定限原告于收到后5日内补正。此项裁定,业经送达原告,有原告盖章之送达证书在卷可稽。乃迄今逾期已久,未据遵照补正,自难认其起诉为合法,应即径予驳回。

　　[41]　由于台湾行政诉讼类型中,撤销诉讼与课予义务诉讼因采诉愿前置主义,因此,于原告之诉须经诉愿或相当于诉愿程序之情形,学者或实务为明确计,多主张原告起诉之声明宜一并表明拟请求撤销之具体诉愿决定字号(吴庚前揭注13书第84页;林腾鹞:《行政诉讼法》(修订二版),三民书局,2005年10月,第308页;陈计男前揭注16书第349页以下参照)。惟自理论上言,因本法第24条采原处分主义之结果,原告起诉之声明仅须表明其所不服之行政处分或诉愿决定,以及拟请求法院提供之权利保护形式即可,尚无须将本案所涉及之全部行政处分(包含诉愿决定),均于诉之声明中请求撤销之必要。同理,将来法院之判决,亦毋庸就本案所涉及之全部行政处分(包含诉愿决定)均予以撤销。盖于撤销诉讼情形,如法院已将系争原处分撤销者,诉愿决定亦将因失其附丽而失其效力;于课予义务诉讼情形,纵法院未将原拒绝处分或诉愿决定一并撤销,但依法院判决之既判力及拘束力(本法第214条、第216条),被告机关本负有义务将上开与法院判决不整合之其他处分,依职权予以废弃,另依法院之课予义务判决作成决定,实无由法院越俎代庖之必要。故论者所称于"拒绝申请之诉"(课予义务诉讼一种),认为"请求判命作为一定处分之前,已有行政处分及诉愿决定存在,须先予撤销始能达到起诉之目的"或认为法院若"不先撤销(原处分及原诉愿决定)根本无从就其声明为判断"(吴庚前揭注13书第84页、第205页),恐系认为原处分及原诉愿决定如不一并撤销,将构成法院能否作成判决之逻辑障碍,此似有斟酌余地。

"请求判命××被告机关应对其申请（或请求）之准驳作成具体答复"[42]。（3）如原告起诉之目的在于请求法院判决确认因行政处分所生之某一法律关系之存否之争议，如该法律关系有关争议系因行政处分是否无效存有争执所致者，因本法明定处分无效确认诉讼之结果，原告起诉之声明宜表明："请求确认××被告机关于××年××月××日以××字第××号函（或令）所为××之处分（或决定）无效"；如原告起诉目的不涉及某一行政处分效力，亦与某一法律关系之存否无关，而在单纯请求确认某一效力已消灭之行政处分（曾）为违法者，则其起诉之声明宜表明："请求确认××被告机关于××年××月××日以××字第××号函（或令）所为××之处分（或决定）违法"；至于其他情形，若该系争法律关系有关争议与行政处分是否无效或应否撤销无关，而原告起诉目的在于取得系争法律关系存否之确认，以除去因该法律关系之不安定对原告权益或法律上地位所造成之危险者，原告起诉之声明宜表明："请求确认×××与×××间法律关系（如公务员关系、公物或营造物利用关系）存在（或不存在）。"（4）在一般给付诉讼情形，与公法上法律关系存否确认之诉同，系争法律关系之解决原则无涉行政处分之效力，其起诉之声明可直接表明请求法院以判决宣示原告对被告之权利主张之具体内容即可，亦即宜表明："请求判命被告应给付原告新台币××元整以及自××年××月××日起至清偿日止按年利率若干计算之利息"或"请求判命被告应作成（或不得作成）对原告所请求之某种行为"。

由上述可知，原告起诉之声明，通常涉及原告请求法院提供之权利保护形式（给付、确认或形成判决）与保护之范围，而与"诉讼类型之确定"问题存有密切之关联。惟应注意者，原告起诉之声明须具体明确之要求，无论于行政诉讼抑或民事诉讼情形，如原告起诉之声明已使法院能充分认识原告起诉之目的，且其声明得经由法院以阐明之方式使之具体明确者，应即认为已履行其特定诉之声明之义务。亦即，依原告起诉状所记载之内容（包含事实与理由）观察，已表明原告就与被告间，就侵害其权利或法律上利益有关之具体法律上争议，欲请求法院以形成、确认或给付判决方式提供救济者，即应认为其起诉状已符合法定程序，而毋庸达至具体指明原告所欲提起之诉讼类型究属"行政诉讼法"第4条至第8条之诉讼类型抑或其他法定外诉讼类型之必要。

因此，例如原告起诉之声明，虽记载"请求撤销被告机关以××年××月××日第××号函就某一事件对×××人所为决定（或行政处分）"，亦不宜径自认定原告所提起者为行政诉讼法第4条规定之"撤销诉讼"，而以撤销诉讼所应

---

〔42〕 例如，"请求被告机关应将原告坐落某地号之土地予以征收并发给补偿费"或"请求判命被告机关应对原告××年××月××日之核发建照申请发给建筑执照"或"请求判命被告机关应对原告××年××月××日之核发建造申请之准否，作成决定"。

具备之特别实体判决要件审查其起诉之合法性[43]，而宜解释为原告系对该行政决定或措施所欲形成之具体法律关系不服，而请求法院予以判决方式予以救济，至于该函文所表彰之行政决定或措施是否为行政处分，法院应先依职权自行认定后，再确定原告所提起者究竟属于第 4 条至第 8 条之何种诉讼类型，并对原告为阐明（法律关系之阐明），使其能修改其起诉之声明臻于明确。盖上开情形，应认为原告之起诉之声明，已经足以辨识原告之起诉目的，仅其争议所应适用之具体诉讼类型，仍待确定而已[44]。

二、起诉之效果

由于"诉"之客观要素，系由"原告对被告之权利行使行为"与"原告对法院之胜诉判决要求行为"所构成。就原告以诉对被告行使权利之行为而言，诉在诉讼法上使被告负有应诉义务并指定被告有关本案之防御标的及范围，且实体法上亦发生一定法律效果；而就原告以诉对法院请求作成胜诉判决之行为而言，不论原告起诉是否合法，均使法院因此而负有审判义务（不得拒绝裁判）。

---

[43]　此时，如法院认为原告所欲撤销之该函文并非行政处分，亦不得径自以原告起诉不符合撤销诉讼之特别实体判决要件，而予以驳回。

[44]　台湾行政诉讼实务，似采相反见解，认为原告有特定诉讼类型之义务。亦即，"最高行政法院"2003 年裁字第 314 号裁定谓：按当事人提起之行政诉讼属于何种类型，依其诉状记载起诉之声明、诉讼标的及其原因事实（行政诉讼法第 105 条第 1 项第 2、3 款）、事实上及法律上之陈述（同法第 57 条第 5 款）等内容决之。各种诉讼类型之起诉合法要件不一，行政法院审查起诉是否合法，应先确定其诉讼类型。其诉状之记载内容如不足以确定诉讼类型，应认为起诉不合法。但其情形并非不能令其叙明或补充，行政法院应经阐明或确定诉讼关系之处置，或经审判长行使阐明权限，命为补充。其未经阐明径自认定起诉之诉讼类型者，践行之诉讼程序即有欠缺。另"最高行政法院"2004 年判字第 1359 号判决亦谓：原告提起之行政诉讼，其种类为何，应依原告诉之声明内容以认定之，而非依法律规定原告应提起之诉讼种类为何而定。至依原告之主张能否认定其诉讼种类，与能否获致其诉之声明之结论，分属二事。苟因原告所提起之行政诉讼种类错误，致无法获致其声明之结论，行政法院仍应按其诉讼种类、诉之声明为其败诉之裁判，而不得依原告应提起之行政诉讼之种类，进行诉讼要件之审查。再按原告之诉有"行政诉讼法"第 107 条第 1 项各款所定情形，而不能补正者，行政法院应以裁定驳回其诉，此观之行政诉讼法第 107 条第 1 项之规定目明。另依行政诉讼法第 264 条规定，对于裁定，除别有不得抗告之规定外，得为抗告。并不以主张裁定违背法令为要件；此与依同法第 242 条规定，对于高等行政法院判决之上诉，非以其违背法令为理由，不得为之者，不同。是高等行政法院就原告之诉是否合法及有无理由，依判决或裁定作成其意思表示，对原告之合法声明不服之权利，非无影响。则高等行政法院就原告之诉有无理由或是否合法，所作成之意思表示，须严守法律之规定，不得因作成判决之程序较作成裁定之程序严密，即谓应以裁定者，得以判决代之。

具体而言,原告起诉除可发生(1)诉讼系属之效果外,进而可产生种种诉讼法上或实体法上之效果。例如,下列事项因诉讼系属而发生:(2)法院管辖之恒定("行政诉讼法"第 17 条);(3)当事人范围(当事人之特定、恒定[45])及关系人范围(诉讼参加[46]、诉讼告知[47]或承当诉讼[48]等)之确定;(4)法院审判对象及裁判之范围之特定(诉讼标的之特定[49]及诉外裁判之禁止);(5)重复起诉之禁止[50][51];(6)提起反诉之始期[52];(7)其他实体法上之效果(如时效中断[53]、遵守不变期间、恶意拟制)等。

(一)诉讼系属

所谓"诉讼系属",系指诉讼事件存在于法院成为待决案件之状态。一旦发生诉讼系属,诉讼程序即因此而开启,法院就系争案件因而负有答复(审判)义务,不得拒绝裁判。通常情形,诉讼系属因"起诉"而发生,因"确定终局判决"、"诉之撤回"、"诉讼上和解",或"当事人死亡而无人承受诉讼",或"其他依法律规定视为诉讼当然终结"等原因而消灭[54]。

---

〔45〕 故原告起诉后,原则不得任意变更原诉或追加他诉("行政诉讼法"第 111 条第 1 项),且诉讼标的法律关系之归属纵有变更,于诉讼亦无影响(第 110 条第 1 项、第 214 条第 1 项)。

〔46〕 "行政诉讼法"第 41 条至第 48 条。

〔47〕 "行政诉讼法"第 48 条准用"民事诉讼法"第 65 条。

〔48〕 "行政诉讼法"第 110 条。

〔49〕 "行政诉讼法"第 111 条第 1 项。

〔50〕 "行政诉讼法"第 115 条准用"民事诉讼法"第 253 条。另同法第 107 条第 1 项第 7 款参照。

〔51〕 至于判断是否重复起诉之标准,学说上因所采诉讼标的理论之不同而有争议。一般而言,其判断须考虑当事人之同一性、诉讼标的之同一性以及声明之同一性等三项因素。

〔52〕 "行政诉讼法"第 112 条。

〔53〕 关于公法上请求权得否因起诉而时效中断,行政契约部分依"行政程序法"第 149 条规定,得类推适用"民法"第 129 条及第 131 条,应予以肯定;关于其他公法上(财产上或非财产上)请求权之时效,解释上亦应认为因起诉而中断(又"行政法院"1995 年判字第 556 号判决原告曾起诉被告之税捐稽征请求权因其撤回起诉而不中断,惟"行政法院"并未就公法上请求权之时效是否因起诉而中断,作成判断)。

〔54〕 依"行政诉讼法"第 218 条准用旧"民事诉讼法"第 233 条第 2 项前段规定之结果,故学者有认为诉讼系属亦因"迟误申请补充判决期间"而消灭者(陈计男前揭注 16 书第 353 页、林腾鹞前揭注 41 书第 313 页)。惟现行"民事诉讼法"第 233 条第 2 项前段之规定已于 2003 年 2 月 7 日删除,因此,上开原因已非消灭诉讼系属之原因,此观诸前开条文之删除理由自明。亦即,该条文立法理由谓:一、法院就诉讼标的之一部或诉讼费用漏未裁判者,该部分应仍系属于法院,法院就该脱漏部分,仍有续行审判之义务,即应依职权为补充判决,而当

（二）判断法院管辖、当事人基准时之恒定[55]及诉讼标的之特定

1.法院管辖之恒定

行政法院之管辖，以起诉时为准（"行政诉讼法"第 17 条）。故诉讼系属时，法院有管辖权者，确定有管辖权，纵其后定管辖之原因有变更，亦不受影响[56]。

2.当事人恒定

本法第 110 条第 1 项前段规定，"诉讼系属中，为诉讼标的之法律关系虽移转于第三人，于诉讼无影响"，故原告起诉后，该诉讼事件之当事人即因而恒定。亦即，本法关于诉讼系属中为诉讼标的之法律关系（解释上包括请求之标的物）发生移转时[57]，是否影响原当事人之诉讼实施权问题，与民事诉讼同，不采"诉讼继受主义"，而采"当事人恒定主义"，故产生形式的当事人与实质的当事人分离之效果。此时，该受移转诉讼标的法律关系或请求之标的物之第三人，并不因于诉讼系属后成为本案实体法律关系或标的物之权利归属主体，而取得本案之诉讼实施权，仍由原当事人继续实施诉讼。至于，本案判决之效力，除形式的当事人外，是否亦及于该受移转之第三人，本法并未规定，解释上仍宜视该第三人是否为本法第 214 条第 1 项[58]之"继受人"而定[59]。

其次，"行政诉讼法"第 110 条第 1 项前段所规定之当事人恒定原则，应系

———————————

事人为维护自己之权利，自亦得申请法院补充裁判，爰修正第 1 项。二、原条文第二项前段规定："申请补充判决，应于判决送达后二十日之不变期间内为之"，则于第一审判决有脱漏而当事人未于判决送达后二十日内申请补充判决者，依实务上之见解，固认为该脱漏部分之诉讼系属归于消灭，当事人可重新起诉。惟如有消灭时效或除斥期间者，对当事人之权益影响颇巨。且于第二、三审裁判有脱漏时，就该脱落部分不得重行起诉，如当事人未于该不变期间内申请补充判决，就该部分将无从获得救济，爰将第二项前段规定删除。

[55]　按于民事诉讼情形，诉讼系属可发生三恒定之法律效果，亦即法院管辖之恒定、当事人恒定以及诉讼标的价额恒定。至于现行行政诉讼因不征收裁判费，故仅有前二项效果。

[56]　但于起诉时受诉法院虽无管辖权，但其后因定管辖之原因变更或因其他事由而有管辖权者，基于诉讼经济，仍宜认为有管辖权。

[57]　本条"诉讼标的之实体法律关系移转行为"系行政实体法律行为非诉讼行为。因此，是否发生本条所称"诉讼标的之法律关系移转"此一要件事实，纯粹依行政实体法律关系而定。

[58]　本条项规定：确定判决，除当事人外，对于诉讼系属后为当事人之继受人者及为当事人或其继受人占有请求之标的物者，亦有效力。

[59]　论者有认为本法第 110 条之第三人，依第 214 条第 1 项规定，亦为判决既判力所及者（陈计男前揭注 16 书第 354 页）；亦有认为：受当事人恒定原则之支配，行政法院固不能以法律关系移转为由，认定原告无诉讼适格，而依起诉不合法予以驳回。但行政法院仍得以原告并非实体法上正当权利人，欠缺权利保护要件，而以无理由驳回原告之诉（吴庚前揭注 13 书第 152 页注 117 参照）。

指为诉讼标的之法律关系,于行政诉讼系属中,移转于第三人情形下,始有适用,以避免出让诉讼标的之诉讼当事人,因对诉讼标的之管理权不复存在而丧失其适格当事人之诉讼上地位。惟营业税依"财政收支划分法"第8条之规定属于国税,其主管稽征机关原为各区"国税局",仅因"财政部"基于作业及人力上考虑,依"税捐稽征法"第3条"税捐由各级政府主管税捐稽征机关稽征之,必要时得委托代征;其办法由'行政院'定之"规定,函请"行政院"订定办法,将该项稽征业务委托各地方税捐稽征处代征。此项委托代征事项,既已于2003年1月1日起回归各区"国税局"承办,乃属主管营业税稽征机关之各区"国税局"将原委托各地方税捐稽征处行使之权限,以终止委托方式,恢复其权限。就仍系属于台北、台中或高雄高等行政法院之营业税行政诉讼事件,依终止委托之法律效果,要非属为诉讼标的之法律关系,由地方税捐稽征处移转于第三人之各区"国税局"之情形,自无当事人恒定原则之适用。因此,事件如原由各地方税捐稽征处受托代征营业税,其于受托代征业务所发生之营业税行政诉讼事件,系以受托人之资格实施诉讼权能,成为被告。营业税稽征业务于2003年1月1日起回归各区"国税局"后,关于受托代征营业税业务,并同回归前已作成营业税处分所生之行政诉讼尚未审结业务,既已由各地方税捐稽征处移交各辖区"国税局"办理,各地方税捐稽征机关于业务移交后,当即失其为受托人之法律上地位,应即丧失其为被告之资格。此与前述单纯诉讼标的之移转,尚有不同,自应由承办该项业务之各区"国税局"向各管辖之三所高等行政法院声明承受诉讼[60]。

3. 诉讼标的之特定

原告起诉后,基于处分权主义,法院审判与被告防御之对象及范围,原告负有特定义务。诉讼标的之个数与范围一旦因原告之起诉而特定,为免如允许原告嗣后任意更动,将不利于诉讼之进行与被告之防御。因此,本法第111条第1项前段规定"诉状送达后,原告不得将原诉变更或追加他诉",明定诉状送达于他造后,诉讼标的即因而特定,原告不得任意为诉之变更或追加[61]。此时,原告如欲为诉之变更或追加,须符合本法第111条第1项但书至第4项之要件,始得为之。

另外,诉讼系属后,被告于言词辩论终结前,得在本诉讼系属之行政法院提起反诉(第112条第1项)。反诉之请求,须与本诉之请求或其防御方法相牵连者,始得提起(同条第3项后段反面解释),故本诉诉讼标的之特定,亦直接影响被告所提反诉之容许性。

---

〔60〕 2003年4月16日"最高行政法院"2003年4月份庭长法官联席会议(一)决议。

〔61〕 严格而言,诉讼标的特定之时点,本条规定为"诉状送达后",故与诉讼系属之时点(起诉时)并非相同。因此,诉讼标的之特定,得否称为起诉或诉讼系属之效果,容待商榷。

（三）更行起诉禁止

本法第 115 条准用"民事诉讼法"第 253 条规定"当事人不得就已起诉之事件，于诉讼系属中，更行起诉"，此为更行起诉之禁止。本条制度目的主要在于避免滥用司法资源、防止裁判矛盾以及维护被告权益。因此，如当事人就已起诉之事件，于诉讼系属中更行起诉者，依本法第 107 条第 1 项第 7 款规定，法院应以裁定驳回其诉。关于本条所禁止之事件，系指与"已起诉之事件"为"同一事件"者，其判断标准一般以诉之三要素（当事人、诉讼标的及声明）是否相同为判断[62]，亦即如前后二诉之"当事人同一[63]"、"诉讼标的同一"以及"声明同一[64]"，即为同一事件[65]。又论者参酌《德国行政法院法》（旧）第 90 条及《德国法院组织法》第 17 条规定，认为所谓"重复起诉不限于向同一行政法院起诉，向其他行政法院甚至民事法院起诉，亦在禁止之列"[66]，惟除其他法律另有规定[67]外，主要系指为审判权之冲突，本法采优先原则之结果，诉讼已系属于某一系统之法院者，有阻碍向其他不同审判权法院起诉之效果（本法第 12 条之 1 第 2 项、"民事诉讼法"第 31 条之 1 第 2 项）而言；除此类规定外，本法既未有类似明文，能否为与德国法制相同之解释，非无疑问[68]。

---

[62]　陈计男前揭注 16 书第 355 页以下；林腾鹞前揭注 41 书第 314 页以下参照。

[63]　此当事人是否同一之判断，除前后两诉之原告、被告此一形式的当事人是否相同外，于行政诉讼情形，因第 41 条、第 42 条之参加人亦为行政诉讼之当事人（本法第 23 条），故于前诉原告为 A、被告为 B，独立参加人为 C，后诉原告为 C、被告为 B，或原告为 B、被告为 C 时，亦宜解为当事人同一（陈计男前揭注 16 书第 355 页参照）。

[64]　关于"声明之同一性"，系指前后二诉之声明相同、相反或前诉声明包括或可代替后诉之声明之谓。

[65]　本法禁止当事人就"同一事件"更行起诉之情形，计有三种：(1)诉讼系属中之更行起诉（本法第 107 条第 1 项第 7 款、第 115 条准用"民事诉讼法"第 253 条）；(2)终局判决后原告撤回起诉又更行起诉（本法第 107 条第 1 项第 8 款、第 115 条准用"民事诉讼法"第 263 条第 2 项）；(3)确定判决后之更行起诉（本法第 107 条第 1 项第 9 款）。理论上，以上三种情形所称"同一事件"之概念及范围，因各有不同制度目的与配套设计，故无为相同解释之必要。

[66]　吴庚前揭注 13 书第 153 页。同旨，林腾鹞前揭注 41 书第 314 页；蔡志方：《行政救济法新论》，元照，2001 年 8 月，第 304 页。

[67]　例如，"国家赔偿法"第 11 条第 1 项规定：赔偿义务机关拒绝赔偿，或自提出请求之日起逾 30 日不开始协议，或自开始协议之日起逾 60 日协议不成立时，请求权人得提起损害赔偿之诉（按民事诉讼）。但已依行政诉讼法规定，附带请求损害赔偿者，就同一原因事实，不得更行起诉。

[68]　按违反本条更行起诉禁止之规定者，系依本法第 107 条第 1 项第 7 款规定，驳回原告之诉。惟论者于解释第 107 条第 1 项第 7 款规定时，却谓："此处所谓诉讼系属原则上专指系属于行政法院而言，而不及于他种法院。"（吴庚前揭注 13 书第 93 页）其前后论述，似有差异。

（四）阻止行政处分之确定等实体法上效果

台湾行政诉讼关于暂时的权利保护机制之设计,于撤销诉讼或处分无效确认之诉,设有"执行停止制度"（"行政诉讼法"第116条至第119条）,于其他诉讼,则有"保全程序"（同法第293条至第303条）。本法第116条第1项规定：原处分或决定之执行,除法律另有规定外,不因提起行政诉讼而停止。因此,台湾行政诉讼制度系采"执行不停止原则",与德国法采"执行停止原则"者不同,原告起诉原则不发生阻止行政处分（实质）存续力之效果,仅于法律有特别规定情形,原处分或决定之执行,始因提起行政诉讼而停止（此即起诉之延宕效力）[69]。惟无论德日或台湾行政诉讼制度,行政处分均因法定救济期间经过而产生形式的存续力（不可争力）。因此,"于法定救济期间内之起诉"具有阻止行政处分确定之效力[70]。惟应注意者,此一效果,尚非因"起诉"而当然发生,尚请留意。

二、诉之单复与变更

（一）行政诉讼之诉讼标的

"诉讼标的（Streitgegenstand）",构成本案判决之对象,系指原告以诉所特定,请求法院于作成本案判决时,应于主文中作成判断事项之最小基本单位（或能识别该最小基本单位之具体事实）；亦即原告就其对被告之权利或法律关系存否之主张,以诉请求法院加以裁断者。诉讼标的之特定与确定,无论在诉讼法理论与实践上,均有重大意义。因此,不仅原告须于起诉时以诉状表明"诉讼标的及其原因事实",且基于处分权主义,法院原则亦应依原告起诉状所载内容,确定原告起诉请求法院审理之对象与范围。

一般而言,行政诉讼之诉讼标的,依其诉讼种类之不同,约可整理如下：

1. 撤销诉讼之诉讼标的

撤销诉讼之诉讼标的理论,约有如下四说[71],其中,前三者为实体法说,最

---

[69] 论者认为："透过起诉,人民可以阻止行政处分或诉愿决定产生行政程序法第110条所规定的存续效力。"（林腾鹞前揭注41书第316页）上开说明,如系指阻止行政处分发生"实质的存续力",恐非正确。

[70] 按行政处分实质的存续力（确定力）之发生,不以行政处分已发生形式的存续力为前提（"行政程序法"第110条第1项、第3项参照）,此与法院判决既判力之发生,以判决已有形式的确定力为前提者,有重大不同。

[71] 又以下各说于理论上或实践上可能发生之问题,于此无法详论,除参照以下所举文献外,陈清秀前揭注13书第328页至第356页；南博方编：《条解行政事件诉讼法》,弘文堂,1987年4月,第238页至第253页[宫崎良夫执笔]；园部逸夫编：《注解行政事件诉讼法》,有斐阁,1989年6月,第79页至第89页[春日伟知郎执笔]参照。

后一项为诉讼法说。

（1）处分之一般违法性说

本说为日本通说，认为撤销诉讼之诉讼标的为"处分之一般违法性"，惟学者间之主张未尽一致，例如：

①主张撤销诉讼之诉讼标的，在于原告形成权或形成要件之存否，亦即认为系以行政处分之一般违法性本身为形成要件，而非在于各个之违法原因[72]。

②主张行政上法律关系之形成权限，于行政实体法上系委诸行政单方行使，人民方面并无形成权，因此原告无须以形成权或形成要件为媒介，得径以处分之一般违法性为诉讼标的[73]。

③认为撤销诉讼之诉讼标的在于行政机关于处分当时之具体权限之存否或处分时行政行为之违法性确认，而此一处分权限存否之审查，即在处分之一般违法性[74]。

④认为撤销诉讼之诉讼标的，在于以行政机关第一次判断权为媒介所生违法状态之排除[75]。

（2）处分撤销请求权说

本说主张撤销诉讼之诉讼标的，为原告行政实体法上撤销请求权为诉讼标的，即指原告于结合行政实体法要件而对"国家"主张之形成请求权，系原告对法院之处分撤销请求权[76]。

（3）处分违法侵害权利主张说

本说主张撤销诉讼之诉讼标的，为原告有关行政处分违法并侵害其权益之

---

[72] 泷川叡一：《行政诉讼の请求原因、立证责任及び判决の效力》，收于民事诉讼法学会编《民事诉讼法讲座（第 5 卷）》，有斐阁，1956 年，第 1439 页；绪方节郎《课税处分取消诉讼の诉讼物》，收于铃木忠一、三ケ月章监修：《实务民事诉讼讲座（第 9 卷）》，日本评论社，1970 年，第 7 页。

[73] 雄川一郎著：《行政争讼法（法律学全集 9）》，有斐阁，1957 年 9 月，第 61 页；近藤昭三：《判决の效力》，收于田中二郎、原龙之助、柳濑良干编：《行政法讲座（第 3 卷）》，有斐阁，1965 年，第 332 页参照。

[74] 就此一观点言，本说主张撤销诉讼为确认诉讼，白石健三：《公法关系の特质と抗告诉讼の对象》，收于岩松裁判官还历记念：《诉讼と裁判》，有斐阁，1956 年 7 月，第 417 页、第 438 页。

[75] 田中二郎：《抗告诉讼の本质》，收于菊井先生献呈论集：《裁判と法（下）》，有斐阁，1967 年，第 1145 页以下；小山升：《行政处分取消判决の效力について》，收于田中二郎先生古稀记念《公法の理论（中）》，有斐阁，1976 年 8 月，第 1222 页参照。

[76] 木川统一郎、石川明：《行政诉讼における诉讼物》，载《讼务月报》第 22 卷，1976 年，第 1447 页［木川统一郎执笔］。

主张[77]；或以原告请求形成之法律上地位之（程序上）权利主张，为撤销诉讼之诉讼标的[78]。

（4）起诉声明及事实关系主张说

以上（1）至（3）说，为诉讼标的理论之实体法说，本说则仿照民事诉讼诉讼标的理论，自诉讼法观点架构行政诉讼之诉讼标的，其又可分为"一分肢说（或称单项式说）"与"二分肢说（或称二项式说）"[79]。

其中，一分肢说认为行政诉讼之诉讼标的为"起诉声明中所表示裁判之要求"，至于权利主张基础之事实关系，乃为请求之原因，非诉讼标的之要素。因此，诉讼标的之单一或多数，取决于起诉声明之单一或多数。所谓二分肢说，认为行政诉讼之诉讼标的系原告依特定之事实关系，求为裁判之请求。故撤销诉讼之诉讼标的，以起诉之声明（诉讼上之请求）与特定之事实关系之个数定之[80]。

以上诉讼法说中之二分肢说，台湾亦有学者采纳，惟其论述略有不同。例如，陈计男教授主张[81]：撤销诉讼请求撤销者，为行政处分（包括诉愿决定之行政处分），并以其处分侵害原告之权利或法律上利益为要件。又本法第105条第1项第3款规定，起诉应记载诉讼标的及其原因事实。可知原因事实并非诉讼标的本身，而在界定诉讼羁束及判决确定之效力范围。故撤销诉讼之诉讼标的，应解为系起诉声明所请求撤销之具体行政处分（或诉愿决定），而其范围应

---

[77] 此为德国通说，台湾学者亦多采此说，陈清秀前揭注13书第337页至第340页，林腾鹞前揭注41书第308页以下参照。另吴庚旧说亦采此一见解，前揭注13书第69页参照。

[78] 南博方编前揭注71书第740页[冈野民雄执笔]；三ケ月章著：《民事诉讼法（法律学全集）》，有斐阁，1959年，第114页。又其中三ケ月氏认为撤销诉讼兼具有确定处分违法性之确认诉讼性格以及排除行政处分公定力之形成诉讼性格，故与强制执行关系诉讼类似，为一种特殊之"救济诉讼"（氏：《执行に关する救济》，收于民事诉讼法学会编：《民事诉讼法讲座（第4卷）》，有斐阁，1955年，第1115页；同旨，渡部吉隆：《行政诉讼における被告适格、被告の变更》，收于铃木忠一、三ケ月章监修：《实务民事诉讼讲座（第8卷）》，日本评论社，1970年，第50页）。

[79] 另有三分肢说，其内容系指在二分肢说之上再加上原告之程序上主张（包括诉讼途径、管辖权及诉讼之种类或形式的选择）（吴庚前揭注13书第70页注32参照）。

[80] 引自陈计男前揭注16书第213页。

[81] 陈计男前揭注16书第213页以下。

以诉状所载之原因事实,并经提起诉愿之部分为限。又吴庚教授则主张[82]:在行政诉讼日益民事诉讼化后,前述以单项式说方法为行政诉讼建构诉讼标的概念,似有瑕疵。例如原告诉请判命被告机关给付新台币 10 万元,其原因事实可能基于公法契约,也可能出于公法上之损害赔偿,若仅将财产上给付的权利上主张作为诉讼标的,则原告若以履行公法契约之对待给付败诉,再主张其他原因事实给付同额款项将嫌无据,其缺点与单项式说之于民事诉讼无异。故本书认为采二项式说为宜。即原告请求行政法院判决之声明(即实体判决之声明)暨原因事实之主张两项。再撤销诉讼为例,诉讼标的应包含"撤销原决定或原处分"以及"该特定决定或处分违法损害原告权利之事实"。以上两种说法,本书认为后者较为接近本法之规定[83]。

2. **确认诉讼之诉讼标的**

本法规定之确认诉讼,包括处分无效确认之诉、处分违法确认之诉以及公法上法律关系存否确认之诉三种(第 6 条第 1 项参照)。其中,公法上法律关系存否确认之诉,系以原告起诉请求确认之行政实体法上法律关系或权利之存否,为其诉讼标的,此并无疑问。然于处分无效确认之诉与处分违法确认之诉,其诉讼标的为何,则因论者对上开二类诉讼之性质与定位见解之差异而有不同。以处分无效确认之诉为例,如认为本诉讼类型系与撤销诉讼并列,专为解决因行政处分效力所生公法上争议之诉讼类型者,则处分无效确认之诉之诉讼标的,应与撤销诉讼为相同理解;至于处分违法确认之诉如认为系撤销诉讼之

---

〔82〕 吴庚前揭注 13 书第 71 页。另氏于同书第 71 页注 33 并举重复处分与第二次裁决为例,说明采用二项式说之实益。亦即:收受原处分(即第一次裁决)后,相对人又受到主旨与内容均相同之处分称为重复处分,若对于原处分已提起诉讼,其判决既判力当然及于重复处分。此际对重复处分如仍提起诉讼,行政法院毋庸为实体审查,而以裁定驳回。反之,若为第二次裁决(甚至多次裁决)——指主旨或内容与第一次裁决有所不同,则原因事实之主张既然不同,自属另一诉讼标的,行政法院须作成新的实体判决。

〔83〕 按本法第 105 条第 1 项第 3 款规定起诉状应记载事项为"诉讼标的及其原因事实",其所以增列"及其原因事实"系参酌《德国行政法院法》第 82 条第 1 项规定所致(本项规定:"起诉应表明原告、被告与诉讼请求之标的,并应为一定之声明。对于构成理由有关之事实与证据方法,应记载之,并应附具请求撤销之行政处分与诉愿决定之原本或缮本")。惟德国法所称"构成理由有关之事实与证据方法",解释上是否即与本法所称"原因事实"相当,恐仍有疑义。在台湾"民事诉讼法"第 244 条关于起诉状应记载事项之规定,其规定方式与内容与"行政诉讼法"第 105 条大致相同。其中于 2000 年"民事诉讼法"修正前,该条第 1 项第 2 款之内容仅规定"诉讼标的"为起诉状应记载事项,其后为缓和传统诉讼标的理论并适度引进新诉讼标的理论,遂于同款增列"及其原因事实"(并同时修正该法第 199 条、第 199 条之1、第 255 条第 1 项第 2 款、第 428 条之 1 以及第 436 条之 23 等规定以为配套),而有改变该法所采诉讼标的理论之意图。

次类型（继续的违法确认之诉）者，其诉讼标的亦与撤销诉讼情形雷同。惟无论处分无效确认之诉抑或处分违法确认之诉，均系以"过去事实关系"为其确认对象，构成确认诉讼原则以"法律关系本身"为确认对象之例外型态，故解释上径自以原告起诉求为确认之事实关系（处分无效或违法并侵害原告之权利）之主张，为其诉讼标的即可。

3. 给付诉讼之诉讼标的

本法规定之给付诉讼，包括第 5 条之课予义务诉讼以及第 8 条之一般给付诉讼。其诉讼标的之判断标准与民事给付诉讼情形同，涉及实体法说或诉讼法说之争议。本书以诉讼法说之二分肢说为当[84]，亦即，给付诉讼之诉讼标的，为原告起诉所特定之事实关系中，求为给付裁判之请求。故课予义务诉讼之诉讼标的为原告关于其"权利因行政机关违法驳回其申请或不作为而受有损害，并求为法院判命被告应为行政处分或特定内容之行政处分之主张"。给付诉讼之诉讼标的，即为原告关于其"权利因行政机关之行为或不行为而受有损害，并求为法院判命被告应为行政处分以外其他给付行为之主张"[85]。

（二）诉之客观合并

"诉"系原告对法院所为之审判请求行为，亦即诉系原告经由起诉方式，请求法院开始诉讼程序、进入本案审理、并作成本案判决之行为。诉由当事人、诉讼标的及起诉之声明所构成，如原告所提起之诉，其当事人单一（原告、被告各一）、诉讼标的单一且声明单一者，为单一之诉；反之，如任一诉之三要素有二以上时，即为复杂之诉。其中，当事人复杂之诉，主要有共同诉讼、诉讼参加、诉之主观变更追加等类型；诉讼标的或声明复杂之诉，主要有诉之客观合并、诉之（客观）变更或追加、反诉等类型。有关当事人复杂之诉，已于前述，以下，仅就行政诉讼关于诉之客观合并、诉之变更追加以及反诉制度问题，稍作介绍说明。

客观合并之诉，系指由同一原告对同一被告合并提起之数宗诉讼，亦即同一原告对同一被告为数起诉之声明及（或）主张数诉讼标的之情形。就发生客观合并之诉之时期而言，有"自始之诉之客观合并"与"事后之诉之客观合并"，后者通常即"诉之追加"。诉之客观合并制度之存在理由，主要系基于诉讼经济、裁判矛盾之防止或纷争之一次或统一解决，以及被告权益之保护等原因，故是否容许原告提起客观合并之诉以及法院对之应为如何之审理，须考虑其制度

---

〔84〕 同旨，吴庚前揭注 13 书第 71 页。

〔85〕 因此，课予义务诉讼与一般给付诉讼之真正差别，在于原告起诉之目的是否在请求被告作成行政处分（或特定内容之行政处分），而非原告权利是否受行政处分（拒绝处分）之侵害。

目的后,就具体个案中之合并种类,分别认定。客观合并之诉,依其合并之情形,可分为单纯合并(又可分为有牵连关系之合并与无牵连关系之合并)、预备合并、选择合并(或称"重叠合并"或"竞合合并")等各种合并类型[86],此约略与民事诉讼情形相同,此不拟详论。

依"行政诉讼法"第 115 条准用"民事诉讼法"第 248 条规定:对于同一被告之数宗诉讼,除定有专属管者外,得向其中一诉讼有管辖权之法院合并提起之;但不得行同种诉讼程序者,不在此限。因此,原告提起之客观合并之诉,须具备下列要件始为合法:(1)受诉法院对于其中一宗诉讼,至少须有管辖权,如受诉法院无管辖权或另有专属管辖之法院者,受诉法院应以裁定移送于有管辖权之法院(同法第 18 条准用"民事诉讼法"第 28 条);(2)其合并提起之数诉,如不得行同种诉讼程序者,亦不能提起。

上开诉之客观合并之合法要件,除法律别有规定者外,无论为自始的客观合并之诉抑或事后的客观合并之诉,原则均须具备。问题在于现行"行政诉讼法"之各种规定中,何项规定属于上述特别规定? 对此,学说实务尚未有一致之见解。本书以为,除"行政诉讼法"第 7 条规定之"行政诉讼合并损害赔偿请求",构成诉之客观合并之特别规定外,其他例如:同法第 8 条第 2 项撤销诉讼合并一般给付诉讼、第 111 条因诉之变更或追加而事后成为客观合并之诉[87]、第 112 条因提起反诉而与本诉成为客观合并之诉[88]、第 196 条于撤销诉讼合并回复原状之请求、第 199 条情况判决合并损害赔偿之请求等情形,尚难认为系特别规定,故其仍应具备诉之客观合并之合法要件。又客观合并之诉,各诉原则均为独立之诉,故除上开诉之客观合并之合法要件外,各诉所须具备之合法要件亦应具备,尚请留意。

(三)诉之变更与追加

当事人、诉讼标的、诉之声明三项要素中,有任一要素发生变动,即为诉之变更。其中,以另一诉之要素取代既有诉之要素者,为诉之交换变更;于既有诉之要素上,增加另一诉之要素者,为诉之追加变更。一般所称诉之变更指交换变更,称诉之追加者指追加变更。又如涉及诉之主观要素(当事人)之变动者,

---

〔86〕　有关各种客观合并之诉之种类及其概念,请参照陈计男前揭注 16 书第 217 页以下。

〔87〕　本法第 115 条准用"民事诉讼法"第 257 条谓:诉之变更或追加,如新诉专属他法院管辖或不得行同种之诉讼程序者,不得为之。

〔88〕　本条第 3 项前段规定:反诉之请求如专属他行政法院管辖者……,不得提起。虽未明定反诉如与本诉须得行同种诉讼程序为其要件,但解释上宜予肯定(同旨,林腾鹞前揭注 41 书第 324 页)。

为诉之主观变更或追加;涉及诉之客观要素(诉讼标的或声明)之变动者,为诉之客观变更或追加。理论上,由于诉之主观变更或追加,因直接涉及对人民诉讼程序主体权之限制,故除法律别有规定[89]外,原则禁止任意的主观变更或追加。故一般称诉之变更或追加者,通常系专指诉之客观变更或追加情形而言。惟本法第111条关于诉之变更追加之规定,仿照"民事诉讼法"第255条规定,将诉之主观变更或追加明定为诉之变更或追加之一种,尚请留意。

"行政诉讼法"第111条第1项前段规定:诉状送达后,原告不得将原诉变更或追加他诉。故诉状送达后,本法原则禁止为诉之变更或追加。惟于符合下列要件时,准其为诉之变更或追加:

1.一般要件

诉之变更或追加,无论系变更或追加之新诉,理论上均为另一独立之诉,故该变更或追加后之新诉本身所应具备之合法要件,原则亦应具备。因此,本法第111条第4项虽仅规定:"于变更或追加之新诉为撤销诉讼而未经诉愿程序者",不许其为诉之变更或追加;惟解释上本项规定应仅为例示规定[90],如变更或追加之撤销诉讼或其他诉讼类型(如课予义务诉讼或确认诉讼),不具备其本身所应具备之合法要件者,仍不应准许为诉之变更或追加。

又诉经变更或追加新诉后,如同时构成客观合并之诉者,有关诉之客观合并之合法要件亦应具备。亦即,依本法第115条准用"民事诉讼法"第257条规定:诉之变更或追加,如新诉专属他法院管辖或不得行同种之诉讼程序者,不得为之。因此,简易诉讼程序之事件,原则不得变更或追加适用通常诉讼程序之新诉。

另台湾行政诉讼之上诉审程序原则系法律审(本法第254条参照),通常无法经由诉之变更或追加达成诉讼经济(如诉讼数据共通利用之可能性)等制度目的,故本法明定于上诉审程序,不得为诉之变更或追加(第238条第2项)。

---

[89] 例如,本法第48条准用"民事诉讼法"第64条之参加人承当诉讼,第107条第2项关于撤销诉讼误列被告机关之补正,第111条第3项第1款关于追加须合一确定之第三人为当事人,诉讼程序当然停止后由法定承受诉讼人所为之承受诉讼(第179条、第181条、第186条准用"民事诉讼法"第168条、第174条)等属之。

[90] 本条立法理由五谓:本条仅规定诉之变更或追加之要件。至变更或追加之新诉,乃独立之诉,应具备诉讼要件,乃属当然。因此,如变更或追加之新诉,应践行诉愿程序而未践行,或虽经诉愿程序,但已逾起诉期间,或变更、追加之确认行政处分无效诉讼,未向原处分机关请求确认无效等,纵经被告同意变更或追加,亦不因之使变更或追加之诉讼成为合法。惟为免使人误以为凡经被告同意或行政法院认为适当而变更或追加之新诉必然成为合法,爰于第4项明示变更或追加之新诉为撤销诉讼而未经诉愿程序者,不适用第1项至第3项之规定。

另应注意者,如原告所为不变更诉讼标的,而仅为补充或更正事实上之陈述者,非诉之变更或追加[91],自无本条规定之适用,尚请留意。

2.特别要件

(1)被告同意为变更或追加

诉经提起后,在诉状送达前,因无涉于被告之防御,故原告得为诉之变更或追加,于诉状送达后,因涉及诉讼经济及被告防御地位之保护,故原告之变更或追加新诉,即受有限制。惟如被告同意原告之变更或追加时,因无碍被告之防御,自无再予禁止之必要。被告之同意,得以言词或书状为之(明示同意),如被告对于诉之变更或追加无异议,而为本案之言词辩论者,依本法第 111 条第 2 项规定,视为同意变更追加(拟制同意)。

(2)行政法院认为适当

被告虽不同意原告之变更或追加,若行政法院认为适当者,亦得准其变更或追加新诉。至于适当与否,行政法院应就诉讼数据共通利用之可能性、当事人之利益、诉讼经济(是否有碍诉讼之终结)、原告之可归责性(是否意图延滞诉讼或未能于起诉时一并请求有故意或重大过失)、系争案件所涉及公益之程度等因素,为综合考虑决定[92]。

(3)法定当然准许变更追加事由存在

本法第 111 条第 3 项规定:"有左列情形之一者,诉之变更或追加,应予以准许:一、诉讼标的对于数人必须合一确定者,追加其原非当事人之人为当事人。二、诉讼标的之请求虽有变更,但其请求之基础不变者。三、因情事变更而以他项声明代最初之声明。四、应提起确认诉讼,误为提起撤销诉讼者。五、依第 197 条或其他法律之规定,应许为诉之变更或追加者。"[93]因此,原告所为诉之变更或追加如有上开情事之一者,应准其变更或追加。

(四)反诉

被告于原告起诉后,于诉讼系属中,以本诉原告为被告,向同一行政法院,利用同一诉讼程序所提起之诉讼,为反诉。因此,反诉制度,主要在于利用本诉之诉讼程序,以达扩大解决其他存于原、被两造当事人间之纷争,以避免重复审判、防止裁判矛盾以及诉讼经济等目的。反诉虽与本诉利用同一诉讼程序,但

---

〔91〕　按单纯补充或更正事实上或法律上陈述,理论上并非诉之变更追加,因此,本法纵未准用"民事诉讼法"第 256 条之规定,仍宜为相同解释。

〔92〕　陈计男前揭注 16 书第 221 页,本条立法理由二参照。

〔93〕　学者有认为本项规定之各款内容,实际上并非理论上所称诉之变更或追加,而质疑本项用语"诉之变更或追加"为不当者(吴庚前揭注 13 书第 156 注 124 参照)。

为本诉被告所提起之另一独立之诉，而与本诉构成诉之客观合并型态。因此，反诉除须具备其本身所应具备之合法要件外，亦应具备诉之客观合并之要件（本法第 112 条第 3 项前项参照）[94]。反诉制度之设计，虽有上开制度目的，反诉之提起涉及反诉被告（即本诉原告）之防御地位，且并非所有反诉均有助于上述制度目的之达成，因此反诉仍应受有一定之限制。反诉除须具备上开诉之客观合并要件外，依本法第 112 条规定，提起反诉，尚须具备下列要件：

1. 须在本诉诉讼系属中言词辩论终结前向本诉系属之行政法院提起

反诉系利用本诉诉讼程序所提起，因此，本诉之诉讼系属如已消灭，自无从提起反诉。又反诉具有利用本诉诉讼数据、防止裁判矛盾等诉讼经济目的，故于本诉言词辩论终结后始提起反诉，其利用本诉诉讼程序提起反诉之目的，亦无法达成。因此，本法第 112 条第 1 项前段规定：被告于言词辩论终结前，得在本诉系属之行政法院提起反诉。惟反诉仅在利用本诉诉讼程序，仍为独立之诉，故只须系于本诉诉讼系属中，言词辩论终结前，向本诉系属之行政法院提起即可。此时，本诉纵使不合法，对反诉之合法性无影响。又反诉既在利用本诉诉讼程序，使之与本诉合并审理，以达诉讼经济之目的，自应向本诉系属之行政法院提起，固不待言。此时，本诉系属之行政法院，纵对反诉无管辖权，依本条规定，亦因牵连关系而取得管辖权。又反诉之请求如专属他行政法院管辖者，因专属管辖具有高度公益目的，此时，仍不得提起反诉（同条第 3 项前段）。

2. 须由本诉被告对本诉原告提起

本法第 112 条仅规定反诉之原告须为本诉之被告，并未规定反诉之被告亦须为本诉之原告，惟学者认为反诉须由本诉被告对本诉原告提起[95]，此与"民事诉讼法"第 259 条规定反诉得由本诉被告对"（本诉）原告及就诉讼标的须合一确定之人"提起者[96]，有所不同。因此，论者遂认为"如本诉之当事人须与诉外人为反诉共同原告或共同被告时，不得提起反诉"[97]。此一问题，恐仍有待将来立法解决。

3. 反诉之请求须与本诉之请求或其防御方法相牵连

反诉制度之目的，主要在于利用本诉诉讼程序，使诉讼数据能共通利用，并防止重复审判或发生裁判之矛盾等诉讼经济目的，因此，反诉之请求如与本诉之请求或防御方法不相牵连者，并无许其提起反诉之必要（本法第 112 条第 3

---

〔94〕 前揭注 88 参照。

〔95〕 林腾鹞前揭注 41 书第 320 页；陈计男前揭注 16 书第 229 页参照。

〔96〕 例如，反诉为被告多数之固有必要共同诉讼，如不允许本诉被告将本诉原告及须合一确定之第三人全体列为反诉被告，反不利于反诉制度目的之达成。

〔97〕 陈计男前揭注 16 书第 229 页参照。

项后段）。所谓反诉之请求与本诉之请求相牵连,系指反诉诉讼标的法律关系之内容,或其发生原因,与本诉有法律上或事实上共通之事由或原因,或本诉、反诉之请求互为前提问题等情形。所谓反诉之请求与本诉之防御方法相牵连,指本诉被告之抗辩事由,在内容上或发生原因上,与反诉请求有事实上或法律上之共通事由或原因者[98]。

4.须非意图延滞诉讼

反诉之提起,如反不利于反诉制度目的之达成者,例如有得诉讼之终结或反诉被告之防御者,自无允许必要。因此,本法第 112 条第 4 项明定:被告意图延滞诉讼而提起反诉者,行政法院得驳回之。

5.须非法律所禁止

法律如禁止提起反诉者,自不得提起反诉。本法明文禁止提起反诉者,例如:

(1)如前所述,反诉目的在于利用本诉诉讼程序,以达诉讼数据共通利用之目的。因此,反诉通常须于事实审程序中提起,始有其实益。现行行政诉讼采二级二审,其上诉审程序为法律审(第 242 条参照),原则须以高等行政法院判决确定之事实为判决基础(第 254 条第 1 项)且其判决不经言词辩论(第 253 条第 1 项前段)。因此,本法明定禁止于上诉审程序中提起反诉(第 238 条第 2 项)。

(2)本法第 112 条第 1 项但书规定:反诉为撤销诉讼者,不得提起。本项但书规定,学者多认为系本法立法者误译《德国行政法院法》第 89 条第 2 项规定[99]所致,而主张应将本项修正为"对于撤销诉讼或课予义务诉讼,不得提起反诉"[100]。上开规定之理由,在于反诉主要系为平等关系当事人而设,若属隶属关系,如人民对行政处分所课加之义务不履行或不履行授益处分之负担,行政机关经由废弃原行政处分或行政上强制执行等方式,实现该处分之内容即可,原则并无起诉之实益。因此,凡行政诉讼中属于"民告官"诉讼,如在撤销诉讼或课予义务诉讼系属中,被告行政机关实无提起反诉之必要。惟若本诉系由

---

[98] 至于本项要件之具体说明,请参照林腾鹞前揭注 41 书第 320 页以下;陈计男前揭注 16 书第 231 页以下。

[99] 本条项规定:本诉为撤销诉讼或课予义务诉讼(或译对于撤销或课予义务诉讼)者,不 得 提 起 反 诉（Bei Anfechtungs-und Verpflichtungsklagen ist die Widerklage ausgeschlossen.)。

[100] 吴庚前揭注 13 书第 157 页;林腾鹞前揭注 41 书第 322 页以下;陈计男前揭注 16 书 230 以下;彭凤至:《德国行政诉讼制度及诉讼实务之研究》,行政法院 1998 年研究发展项目研究报告,1998 年 6 月,第 450 页参照。

行政机关提起之"官告民"诉讼,多为平等关系之诉讼,纵使所提起之反诉为撤销诉讼或课予义务诉讼,亦无加以禁止之必要。例如[101]:私有土地因长期供公众通行,地方政府以土地所有人为被告,诉请确认公用地役关系存在,本诉被告之土地所有人遂以本诉原告之地方政府为被告,反诉请求反诉被告征收其土地(课予义务诉讼);又如行政机关撤销或废止授益行政处分后,随即基于公法上不当得利之理由,请求授益之人民返还已获得之利益,本诉被告人民即以本诉原告行政机关所为撤销或废止授益处分之行为违法,反诉请求撤销(撤销诉讼)。惟应注意者,上开学者参酌德国法制所提见解,虽值得赞同,但毕竟与本条项之明文规定与本条立法理由说明[102]直接抵触。因此,于本条上开规定文字修正前,尚难径依上开德国法制处理,宜将本条规定作目的性限缩。亦即,反诉为撤销诉讼且因未经诉愿前置而欠缺特别实体判决要件者,不得提起;反之,如已具备特别实体判决要件者,仍应许其提起。同理,于课予义务诉讼情形,亦应作相同解释。

(3)本法第112条第2项规定:原告对于反诉,不得复行提起反诉。此一规定之立法理由,系为免因反反诉之提起,使诉讼关系趋于复杂,反不利于反诉制度目的之达成。惟论者认为纵禁止本诉原告(即反诉被告)提起反反诉,但因其得借由诉之变更或追加等方式,达到与提起反反诉同一之目的,而使本项限制反反诉之目的实质上无法达成,且反反诉是否将导致诉讼关系复杂而违反反诉制度之目的,行政法院本可经由审查其是否意图延滞诉讼(本条第4项),以为控制,故实无禁止反反诉之必要[103]。

第三节　行政诉讼之审理

一、诉讼审理之对象概说

起诉后,诉讼系属发生,开始诉讼程序,法院并因此对原告以诉所表示之"诉讼上请求(权利保护要求)"负有答复(审判)义务。因此,法院于诉讼程序中所应加以审理及判断(裁判)之对象,即为"审判之对象"(广义)。基于诉权理

---

[101]　引自林腾鹞前揭注41书第323页。

[102]　本条立法例由二谓:"……撤销诉讼因采诉愿前置主义,故不许提起撤销诉讼之反诉"。

[103]　陈计男前揭注16书第229页。基于同一理由,"民事诉讼法"于2000年修正时,即将原来第259条关于禁止反反诉之内容,予以删除。

论,法院就原告起诉所指定之诉讼上请求,"应否"加以审理及判断,以及进入实体审理判断后,就原告之诉讼上请求有无理由问题,如何表示其判断之结果,可将法院审判之对象进一步划分为:"诉讼要件有关事项"(诉讼判决或程序判决有关事项)及"诉讼标的有关事项"(本案判决或实体判决有关事项)。其中,诉讼要件有关事项之审理,系指法院就原告之起诉是否具备诉讼要件(诉讼法上权利保护要件)之判断。所称诉讼标的有关事项之审理,系指法院就原告起诉所主张之诉讼上请求(原告对被告之权利或法律关系主张,以及原告对法院请求作成胜诉判决之要求)是否有理由之判断。兹分别说明如下:

二、诉之合法性审查:一般诉讼要件

(一)诉讼要件概说

诉讼系属发生后,法院即应就原告诉讼上之请求作成审理判断,惟法院是否当然应对原告所主张法律关系之存否(本案)进行审理判断,仍须基于原告权利保护要求、被告攻击防御之准备以及法院资源之经济运用等观点以为决定。换言之,原告之诉仅于具备一定要件后,法院始得就其所主张之具体法律关系存否作成裁判(本案判决);反之,如欠缺该要件而不能补正者,法院即无须就本案之实体有无理由进行审理判断,即得依本法第 107 条规定以诉不合法予以裁定驳回[104]。此种法院于作成本案(实体)判决前,应先审查是否具备之要件,称"诉讼要件(Prozeßvoraussetzungen)"[105]。又诉讼要件既为作成本案判决之前提要件,故该要件原则于本案言词辩论终结前具备即可[106],且其情形得补正

---

[104]　有关原告之诉欠缺诉讼要件,于裁判上究竟应如何处理,学说上有争议,此已如前述,兹不赘论。

[105]　按作成本案判决之前提要件,学者用语未尽相同,除仿民事诉讼之例,称"诉讼要件"者外,有仿德国行政诉讼理论,称"实体(本案)裁判要件(Sachentscheidungsvoraussetzungen)"者(彭凤至前揭注 100 书第 3 页),亦有称"实体(本案)判决要件(Sachurteilsvoraussetzungen)"者(吴庚前揭注 13 书第 91 页)。其所以放弃"诉讼要件"之用语,系因如有诉之提起,法院与当事人间,原则即成立"诉讼法律关系(Prozeßrechtsverhältnis)",故使用诉讼要件易使人误会系"诉讼法律关系"之成立要件(诉讼成立要件)之故。然关于诉讼之成立要件、诉讼要件二者,于理论上纵有区别,惟于实践上毫无意义。因此,诉讼要件与实体判决要件二者,于概念范围可谓均无分别。本书于未有进一步明确上述概念之区别实益前,仍仿民事诉讼之例,使用"诉讼要件"之用语,合先叙明。

[106]　例外,如未逾越起诉期限("行政诉讼法"第 107 条第 1 项第 6 款)此一诉讼要件,其性质上自应于诉讼系属时即具备。又关于诉讼能力与代理权无缺等二类诉讼要件("行政诉讼法"第 107 条第 1 项第 4 款、第 5 款参照),因其同时构成各种诉讼行为之有效要件,故理论上要求其须于诉讼程序中,自始至终存在,然此一效果,系其性质使然,非因其属诉讼要件之故。

者,应先命其补正[107]。然因诉讼要件具有排除不必要诉讼并兼顾被告不合理之应诉困扰等功能,故于诉讼进行中,如该诉讼要件之欠缺已臻明确且无法补正者,即可驳回原告之诉,无须待言词辩论之终结。

诉讼要件之种类,一般得区分为"积极要件"与"消极要件",前者以该要件之存在为诉之适法要件(如有管辖权、当事人能力或诉讼利益等),后者以该要件之不存在为诉之适法要件(如"行政诉讼法"第107条第1项第7款至第9款要件)。又诉讼要件之有无,通常情形为法院应依职权调查之事项[108]。至于有关行政诉讼之诉讼要件内容为何,可自种种观点加以说明,例如:

1.依该要件与当事人诉讼上请求(即系争具体法律关系)之关联性区分

(1)形式要件:例如,法院审判权、管辖权、当事人能力、诉讼能力等一般诉讼要件属之("行政诉讼法"第107条第1项第1款至6款、第10款[109]规定参照)。

(2)诉讼利益要件:应就系争具体法律关系判断之要件,例如,"行政诉讼法"第107条第1项第7款至第9款规定属之。又此一诉讼利益要件,一般予以又进一步区分为"审判对象之适格"、"当事人适格"以及"狭义诉之利益"三类[110]。

2.依该诉讼要件系适用于一切诉讼类型抑或为某一诉讼类型所特有区分

(1)一般诉讼要件(一般实体判决要件):如"行政诉讼法"第107条第1项规定属之。原告起诉欠缺本条项规定之要件,经命补正而未补正或其无法补正者,法院应以裁定驳回之。

(2)特别诉讼要件(特别实体判决要件):指本法第4条至第11条关于各该诉讼类型,所规定之适法要件而言。惟应注意者,如前所述,诉与诉讼类型不同,诉讼要件系判断对于原告之诉应否作成本案判决之要件,并非用以判断该诉讼类型是否适法之标准。换言之,纵原告之起诉不符合特定该诉讼类型所定

---

[107]　纵于理论上无法补正者,如当事人能力、当事人适格,实践上亦均命其补正(第107条第2项参照)。

[108]　按诉讼要件是否全部均为法院应依职权调查之事项,抑或包括抗辩事项,以及纵属职权调查事项,其调查范围是否应受当事人声明范围之拘束,是否须经言词辩论等问题,学说上仍有争论。

[109]　本款规定是否亦兼具"诉讼利益"要件,学说上有争议。此处系说明上便宜用法,尚请留意。

[110]　如依权利保护请求权说,即指权利保护资格(即审判对象之适格),当事人适格以及权利保护利益(狭义诉之利益),合称诉讼上权利保护要件;又有将当事人适格称主观诉之利益,而权利保护资格及权利保护利益合称客观诉之利益者(原田尚彦:《诉えの利益》,收于氏著:《诉えの利益》,弘文堂,1973年12月,第1页至第3页参照)。

要件,例如非请求作成行政处分而提起课予义务诉讼,法院固不得将原告之诉作成课予义务判决;惟法院对于原告之诉,亦非当然可径以欠缺课予义务诉讼之要件而以驳回,仍须视原告之诉是否符合其他诉讼类型(如一般给付诉讼)之要件并行使阐明权晓谕原告变换适当之诉讼类型[111],进而决定是否作成本案判决。准此而言,特定诉讼类型之适法要件之欠缺,仅于原告不愿或无法转换为其他诉讼类型时,始能以原告之诉欠缺该诉讼要件,而以诉不合法予以驳回。例如,关于处分具有可分性或有附款者,得否主张一部撤销或对该附款独立提起撤销诉讼,抑或应于处分撤销诉讼中主张或应提起课予义务诉讼等其他诉讼类型请求救济,原则上应视该处分根据法规规范目的是否允许就可分部分或附款单独主张撤销而定[112]。然无论如何,于此一情形,除经法院阐明后原告仍坚持提起该类诉讼外,尚无法径自以原告之诉不合法予以驳回。

(二)一般诉讼要件

1.概说

一般诉讼要件,指适用于所有诉讼类型之要件,除分散于"行政诉讼法"各处规定中外,尚有自诉讼制度目的之观点所应具备之要件(例如诉讼利益要件),其内容约可整理如下:

(1)审判权:包括:关于涉外事件,该被告及系争事件须为台湾法院之审判权所及;且台湾司法权所及之案件中,该事件之性质须为行政诉讼事件("行政

---

[111]　此即法院在处分权主义下,针对原告所提诉讼,所为诉讼标的或法律救济途径之阐明。对此种阐明,2000年修正"民事诉讼法"时,已增订第199之1条,明定允许法院为此种阐明。亦即,该条规定:"依原告之声明及事实上之陈述,得主张数项法律关系,而其主张不明了或不完足者,审判长应晓谕其叙明或补充之。"(第1项)"被告如主张有消灭或妨碍原告请求之事由,究为防御方法或提起反诉有疑义时,审判长应阐明之。"(第2项)

[112]　例如,吴庚前揭注13书第106页以下,提出判断"附款与诉讼类型之选择"之三项标准:(1)以附款是否具有独立性质为准:期间、条件及保留废止皆非可与行政处分分离而存在,故仅能对处分连同附款一并不服,不得单独对附款提起撤销诉讼。反之,负担及负担之保留原本即得以独立之处分存在,不妨害单独对附款提起撤销诉讼。至于附款为修正负担时,申请人根本无受领处分之义务,如欲使主管机关按其最初之申请内容作成处分,则可运用课予义务诉讼,寻求救济。(2)视附款属于负担或授益效果为准:若附款与行政处分不可分,则不问负担之附款抑或授益之附款,一律以撤销诉讼为之。若附款为可分时,对负担之附款自得提起撤销诉讼,对授益之附款则应提起课予义务诉讼中之不服拒绝申请之诉,请求行政法院命被告机关为特定内容之附款。(3)以行政处分为羁束处分抑裁量处分为准:羁束处分之附款可分者,得单独撤销,不可分者应一并撤销处分及附款起诉。若属裁量处分,纵然附款属于独立可分性质,亦无以撤销诉讼排除附款之实益,因为无该项附款行政机关显无欲作成处分行为,而作成与否并不构成违法之故。

诉讼法"第 2 条）（行政诉讼途径之容许性），亦即须属行政法院对之须有审判权[113]（本法第 107 条第 1 项第 1 款）。关于审判权之冲突问题，本法第 12 条之 1 至第 12 条之 4 已改采优先原则与移送原则，因此，如行政法院认其对诉讼事件无审判权者，应先依前开规定定其审判权之归属，仅于无法依前开规定解决时，始能依本条款规定予以裁定驳回。

（2）管辖权：就该具体行政诉讼事件，受诉行政法院须有管辖权（同条项第 2 款）[114]。

（3）当事人应确实存在，得为诉讼法律关系归属主体，且能为有效诉讼行为：亦即，系争行政诉讼事件，须具备二对立之当事人构造，且该当事人须有当事人能力（同条项第 3 款）与诉讼能力。当事人未具诉讼能力者，应由合法之法定代理人、代表人或管理人代为诉讼行为（同条项第 4 款），如由诉讼代理人起诉者，其代理权须无欠缺（同条项第 5 款参照）。

（4）起诉、诉讼中之诉（如追加新诉、合并他诉、反诉）或变更之诉，须符合法定程序或其他要件（同条项第 6 款及第 10 款、第 105 条、第 111 条、第 112 条、第 115 条准用"民事诉讼法"第 248 条参照）。

（5）须法未禁止起诉：基于诉讼经济、裁判矛盾之防止、被告权益之保护、防止诉权滥用、纷争强制解决等制度目的要求，原告如就同一事件重复起诉者，原则不应允许。因此，如当事人于诉讼系属中，就同一事件更行起诉者（本法第 115 条准用"民事诉讼法"第 253 条）、原告于本案经终局判决后将诉撤回后复提起同一之诉者（同条准用"民事诉讼法"第 263 条第 2 项）、当事人就已为裁判效力所及之诉讼标的（第 213 条至第 216 条、第 222 条）更行起诉者，依本法第 107 条第 1 项第 7 款至第 8 款规定，以裁定驳回其诉。

（6）诉讼利益要件：所谓诉讼利益（广义诉之利益），亦称"权利保护要件"，系指法院为本案判决之必要性与实效性。其与一般诉讼要件系自形式上判断其存否者不同，因与系争具体行政诉讼事件内容或原告诉讼上请求，具有密切关联，故原则应就系争具体个案检讨该要件之存否。所谓本案判决之必要性与

---

[113] 按本项之运用于涉及前述"司法权之界限"问题时，必须特别小心。盖除系争事件本身整体上构成司法权之界限者外，通常情形，例如部分社会之自律事项、涉及宗教信仰之事项、涉及行政裁量或判断余地之事项等，司法权之界限仅在限制法院审判权行使之范围，亦即在限制法院审理时仅能就该事项进行有限度查查（如组织或程序之合法性审查、权力是否有逾越或滥用等）。换言之，于仅系法院审理方式受有限制情形，尚不能因此而认为欠缺诉讼要件而予以驳回。

[114] 宜注意者，受诉行政法院就该事件无管辖权，仍不得径行驳回原告之诉，尚须考虑有无指定管辖或移送管辖等规定之适用。

实效性,指就该事件有无依本案判决予以解决之必要,以及纵作成本案判决对该事件之解决有无实益。此一要件涉及问题相当复杂,兹改项论述。

　　2.诉讼利益要件

　　诉讼利益要件之判断,与行政诉讼(司法权)之目的或功能或诉权论等基本理念,乃至一国之整体政治、社会、经济等构造,具有密切关联。亦即,其所须考虑之因素,与原告、被告以及第三人间其彼此错综复杂利害关系应如何调整,行政法院与行政诉讼制度功能如何定位,以及行政诉讼制度与其他制度功能如何协调整合等重大而基本之问题或诉讼政策有关[115]。因此,此等诉讼要件之判断可谓趋于相对化且具有流动性。故以下之说明,多仅在反映一般之趋势,尚请留意。

　　诉讼利益之种类,若就本案判决之必要性与实效性与系争事件之关联性言,尚可分为以下二种:

　　其一,有无对特定当事人作成本案判决之必要与实效("主观诉之利益"或"当事人适格"),即选别适合对之作成本案判决之当事人适性(资格)问题。其为适格之原告者,为积极适格或原告适格;其为适格之被告者,为消极适格或被告适格。适格之当事人,始有于具体个案中实施诉讼之权(诉讼实施权)。

　　其二,就原告诉讼上请求内容有无作成本案判决之必要与实效("客观诉之利益"、"权利保护必要"),即如何选别适合诉讼解决之原告请求或诉讼标的此一审判适性问题。客观诉之利益,如就该事件是否适于法院介入审理判断以及法院应于何时或如何介入审理判断言,又可分为"审判对象之适格(如争讼性有无、司法权之界限)"问题以及"狭义诉之利益(如争执解决之成熟性)"二种。惟上开审判对象适格以及狭义之诉之利益二者,以及诉讼权能与原告适格二者,不仅其彼此关系密切且实际上亦甚难区别。因此,以下仅分别"客观诉之利益"及"主观诉之利益"之被告适格概念,加以说明,合先叙明。

　　(1)主观诉之利益(当事人适格):被告适格

　　关于如何选别正当当事人问题,于客观诉讼,相当程度与各国客观诉讼制度之目的有关,主要为立法政策裁量问题,何人为适格之当事人,原则依各该允许提起客观诉讼之法律规定判断(当事人适格之法定性),此较无问题。于主观

　　　〔115〕　有关诉讼利益之功能及其涉及诸多利害衡量问题,可参照伊藤真:《民事诉讼の当事者》,弘文堂,1978 年;原田尚彦前揭注 110 文;三ケ月章:《权利保护の资格と利益》,收于氏著《民事诉讼法研究(第一卷)》,有斐阁,1962 年;山木戸克己:《诉えの利益の法的构造》,收于吉川大二郎博士追悼论集:《手续法の理论と实践(上卷)》,法律文化社,1980 年;野村秀敏:《诉えの利益の概念と机能》,谷口安平《权利概念の生成と诉えの利益》,均收于新堂幸司〔编辑代表〕:《讲座　民事诉讼(2)》,弘文堂,1984 年。

诉讼,因涉及"宪法"所保障人民基本权之贯彻与诉讼权之落实,因此,除有诉讼担当情形外,通常须视该人对系争事件之诉讼标的法律关系存否之判断,有无值得以法院判决予以保护之利益加以判断。

关于被告适格问题,尤其在行政诉讼之撤销诉讼、课予义务诉讼采"原处分主义"下,其被告机关应如何判断问题。兹说明如下:

指原告提起撤销诉讼请求撤销之行政处分(或称"撤销诉讼之程序标的"),如经诉愿程序审议作成决定时,原告究应以原处分机关所为行政处分抑或应以诉愿机关所为诉愿决定,作为请求撤销之对象?为解决上开问题,理论上有"原处分主义"与"裁决主义"之区别。其以,原处分机关所为行政处分为请求撤销之对象者,为原处分主义;反之,为裁决主义。惟于比较法制上,因其规定方式略有不同,故是否影响被告机关之判断亦有差异。亦即:

于德国法制情形,《德国行政法院法》第 79 条规定:"撤销诉讼之程序标的如下:一、经诉愿决定所形成之原处分。二、经产生第一次不利益之救济决定或诉愿决定"(第 1 项);"诉愿决定后,对原行政处分所增加之独立不利益者,该增加部分,亦得单独作为撤销诉讼之程序标的。凡重要程序规定之违反,而诉愿决定系以之为根据者,视为增加之不利益。第 78 条[116]第 2 项之规定,准用之"(第 2 项)。因此,德国法制所系采"原处分主义",系以"经诉愿决定所维持或经诉愿决定所第一次获得之行政处分"为撤销诉讼之程序标的[117]。此一制度设计,由于德国行政诉讼原则以公法人为被告,因此,原处分主义在该国仅有作为判断撤销诉讼之程序标的之功能,以及影响行政诉讼中行政机关得否为理由之

---

[116]　本条规定:"起诉,对下列被告为之:一、作成得撤销之行政处分或受申请而怠为行政处分之行政机关所隶属之联邦、邦或公法人团体;对于被告之表明,以指明其行政机关为已足。二、作成得撤销之行政处分,或受申请而怠为行政处分之行政机关本身,但以邦法有明文规定者为限。"(第 1 项)"诉愿机关作成之诉愿决定,第一次含有不利益者(第 68 条第 1 项第 2 句第 2 款),以诉愿机关为第 1 项所称之行政机关。"

[117]　因此,所称"原处分"并非"原始之处分",系指历经整体行政体系内部行政过程(包括诉愿程序及其先行程序)后,所获得并首次对外作为公行政意思表示之最终形态决定。因此,此种作为撤销诉讼程序标的之最终形态决定,形式上在行政内部虽历经各种行政机关,并曾分别对外作成各种决定(且各自对外有不同文书字号),甚至曾经诉愿机关作成诉愿决定,但各该形式上各自不同之决定,均非所谓"原处分",而系将该行政内部各种决定之整体,统一视为一个对外之行政处分。此种将公行政内部形式上存在之各种行政处分予以整合为一体,所获致之(观念上的)行政处分,始为撤销诉讼所欲撤销之原处分。同旨,盛子龙:《行政诉讼程序中行政处分理由追补之研究》,中原财经法学第 9 期,2002 年 12 月,第 10 页参照。另有关《德国行政法院法》第 79 条规定之说明,请参照陈敏等译:《德国行政法院法逐条释义》,"司法院"印,2002 年 10 月,第 775 页以下[李震山译]。

追补之判断[118]等问题,原则并不影响关于被告机关之判断(仅影响起诉状仅表明行政机关时之记载方式)。又于德国情形,其诉愿程序仍属行政程序之一环,并无明文禁止为不利益变更,此与台湾明文禁止者[119]有所不同,故其"原处分"之概念与范围,与台湾情形亦未尽相同。

于日本情形,《日本行政事件诉讼法》(旧)第10条规定:"撤销诉讼,不得以与自己法律上利益无关之违法为理由,请求撤销"(第1项);"得提起处分撤销之诉与驳回对该处分之审查请求之裁决(即诉愿决定)撤销之诉之情形,于该裁决撤销之诉,不得以处分违法为理由请求撤销"(第2项)。第1□条规定[120]:"处分撤销之诉,应以作成处分之行政机关为被告;裁决撤销之诉,应以作成裁决之行政机关为被告。但于作成处分或裁决后,该行政机关权限为他行政机关承受者,应以该承受之行政机关为被告"(第1项);"依前项规定,无应作为被告之行政机关时,应以该处分或裁决有关事务所归属之国家或公共团体为被告提起撤销诉讼"(第2项)。因此,日本法系以经由明定撤销诉讼之"撤销理由限制"(第10条第2项),以厘清处分撤销之诉与裁决撤销之诉二者之关系之方式,规定其"原处分主义"之内容。日本此一制度设计,配合其撤销诉讼之被告,采机关主义之结果,其裁决撤销之诉(即诉愿决定撤销之诉)之被告机关[121],限于对人民"产生第一次不利益之裁决机关";否则,人民仅能以作成原处分之机关为被告,

---

[118] 例如,在诉愿决定中,为维持原处分之合法性,而于原处分理由以外,所新增之理由,于原处分主义下,即被吸收成为原处分之理由。但应注意者,上开说明应与下列问题明确区别,亦即:诉愿机关得否于构成原处分基础之事实及理由外,追加新事实与理由?亦即诉愿机关追加新事实或理由之容许性与界限之问题,尚难以单纯自行政诉讼制度采"原处分主义"设计,即可当然获致结论。此尚须进一步分析各该国家之"行政程序法"、"诉愿法"以及"行政诉讼法"等相关规定(如台湾"行政程序法"第96条、第97条、第□14条、"诉愿法"第79条第2项等规定)与各该制度理念后,始能获致解决。

[119] "诉愿法"第81条1项:诉愿有理由者,受理诉愿机关应以决定撤销原行政处分之全部或一部,并得视事件之情节,径为变更之决定或发回原行政处分机关另为处分。但于诉愿人表示不服之范围内,不得为更不利益之变更或处分。有关本条项但书不利益变更禁止原则之说明,请参照吴庚前揭注13书第361页以下;张自强、郭介恒:《诉愿法释义与实务》,瑞兴图书,2002年,第332页以下。

[120] 按本条关于撤销诉讼之被告采机关主义之立法,《日本行政事件诉讼法》(新)为缓和人民起诉因被告错误所生风险负担,已于新法第11条明定改以该机关所隶属之"公法人"为被告,而采"权利主体主义"。相关修正沿革,及新法之内容说明,请参照小早川光郎、高桥滋编集:《详解改正行政事件诉讼法》,第一法规,2004年11月,第137页以下[大桥真由美执笔]。

[121] 至于能提起裁决撤销之诉之原告,则限于主张"其权利或法律上利益,因裁决本身之违法而受有不利益之人"。

提起处分撤销之诉[122]。

至于台湾现行"行政诉讼法"之规定，又与前开德日制度略有不同。本法第24条规定："经诉愿程序之行政诉讼，其被告为左列机关：一、驳回诉愿时之原处分机关。二、撤销或变更原处分或决定时，为最后撤销或变更之机关。"第4条第3项规定："诉愿人以外之利害关系人，认为第1项诉愿决定，损害其权利或法律上利益者，得向高等行政法院提起撤销诉讼。"由于本法仅就被告机关之判断与诉愿决定撤销之诉之定义设有规定，因此，台湾行政诉讼制度究竟系采原处分主义抑或裁决主义，似不明确。惟鉴于本法第4条第3项明定诉愿人以外之利害关系人，仅于主张其权利或法律上利益因诉愿决定而受有损害时，始得不经诉愿前置程序，而提起"诉愿决定撤销之诉"；因此，得依同条第1项起诉者，解释上限于诉愿决定以外之行政处分[123]；而于不经诉愿前置程序之处分撤

---

[122]　附带一提，日本此一设计，于涉及适用行政不服审查前置主义（即诉愿前置主义）之案件（按日本行政诉讼制度系实行行政不服审查选择主义），则得提起处分撤销之诉之原告，原则上限于审查请求之申请人（诉愿人），且审查请求之程序标的与处分撤销之诉之程序标的原则均为原处分（审查请求对象与撤销诉讼对象之同一性）。相关说明，司法研修所编：《改订行政事件诉讼的一般的问题に关する实务の研究》，法曹会，2000年2月，第64页以下参照。

[123]　2001年8月30日"最高行政法院"2001年判字第1559号判决谓：按撤销诉讼原则上以经诉愿决定所维持之原处分为诉讼对象，"行政诉讼法"第4条第1项规定甚明。诉愿决定如依诉愿人之声明而撤销或变更原处分时，除有同法第4条第3项之情形外，被撤销或变更之原处分已不存在，诉愿人即不得对于已经诉愿决定撤销或变更之原处分提起撤销诉讼，行政法院亦无从以不存在之行政处分，作为撤销诉讼之审理对象。本件原告生产过程中产生含汞污泥经固化处理后，未依事业废弃物贮存清除处理方法及设施标准规定，于提报清除处理计划书时应先经主管机关核准后，再将汞污泥固化体输出柬埔寨，且该批废弃物经检出系有害事业废弃物，输出应先经"中央"主管机关许可，原告未依规定办理即输出柬国，经高雄县环保局告发并限期通知清除污染源，案移被告分别以原告违反"废弃物清理法"第15条、第18条规定，并依同法第24条、第25条规定，处原告罚锾各新台币（下同）3万元及15万元不等处分，共156万元罚锾。原告不服，提起诉愿，经诉愿决定机关决定："1998年12月16日仁乡违卫字第183号、1999年1月14日仁乡违卫字第200号处分书部分，原处分撤销，另为适法处分。其余之诉，诉愿驳回。"有高雄县政府（1999）府诉字第88332号诉愿决定书附原处分卷可稽。原告未服，提起再诉愿，经台湾省政府（1999）府诉字第16527号再诉愿决定，关于诉愿决定撤销原处分部分提起之再诉愿，应不受理，其余再诉愿以无理由驳回。原告仍有不服，遂对经一再诉愿决定维持部分之原处分，向本院提起行政诉讼。是本件撤销诉讼之诉讼对象（如附表），不包含经诉愿决定撤销之被告1998年12月16日仁乡违卫字第183号及1999年1月14日仁乡违卫字第200号处分书，合先说明。按本件判决以原处分机关高雄县仁武乡公所为被告，非以诉愿决定机关为被告，认为撤销诉讼之对象除有本法第4条第3项情形外，应以"经诉愿决定所维持之原处分为诉讼对象"，显采原处分主义，此值得赞同；惟其后所称"被撤销或变更之原处分已不存在"或谓"本件撤销诉讼之诉讼对象，不包含经诉愿决定撤销之被告1998年12月16日仁乡违卫字第183号及1999年1月14日仁乡违卫字第200号处分书"云云，似有误解。

销之诉,通说实务率以原处分机关为被告机关,亦即上开诉讼均以作成对原告产生第一次不利益之行政处分之行政机关为被告机关,因此,本法第 24 条规定之适用,亦宜为相同解释,认为系采原处分主义。因此:

①撤销诉讼无论是否经诉愿程序,均以作成对原告产生第一次不利益之行政处分为撤销之对象,并以该处分机关为被告机关(原处分机关)。其经诉愿程序者,如该诉愿决定于原处分之上对原告新增独立之不利益,应以诉愿决定机关为被告,请求撤销该诉愿决定(诉愿决定撤销之诉),或以原处分机关与诉愿决定机关为共同被告,合并提起处分撤销之诉与诉愿决定撤销之诉[124];至于人民以提起诉愿逾三个月不为决定而提起行政诉讼者,应解为以原处分机关为被告[125]。

②至于所谓"原处分机关",除诉愿决定撤销之诉以诉愿决定机关为被告机关外,于第一次原始处分作成后,诉愿决定前,于同一行政机关内部经有申复、复查、异议等诉愿先行程序情形,无论该诉愿先行程序就第一次原始处分作成何种审查决定,均与第一次原始处分统一视为一个整体的行政处分(原处分),并以该行政机关为被告机关。就此点而言,"诉愿法"第 13 条关于"原行政处分机关"之概念[126],亦应为相同解释[127]。惟依同条但书规定,某一行政机关依法

---

[124]　关于"诉愿机关认为原处分违法,惟依'诉愿法'第 83 条第 1 项规定,撤销或变更原处分于公益有重大损害,故诉愿决定将诉愿驳回,并于主文中列出原处分不当之决定。原告不服诉愿决定,提起行政诉讼,声明撤销诉愿决定及原处分,究应以原处分机关为被告,抑以诉愿机关为被告"之问题,2005 年 6 月 21 日各级行政法院 2005 年度行政诉讼法律座谈会提案第 13 号研讨结论认为应以"原处分机关为被告",其理由谓:"原告不服诉愿决定,依行政诉讼法第 24 条第 1 款规定,应以原处分机关为被告机关方为适格"。惟本件情形,原处分对原告所产生之第一次不利益仍然存在,而诉愿机关所为情况决定又另于原处分之上对原告新增独立之不利益。因此,解释上,宜并列原处分机关与诉愿决定机关为共同被告,合并提起处分撤销之诉与诉愿决定撤销之诉。

[125]　"最高行政法院"2003 年判字第 1494 号判决参照。

[126]　本条规定:原行政处分机关,以实施行政处分时之名义为准。但上级机关本于法定职权所为之行政处分,交由下级机关执行者,以该上级机关为原行政处分机关。

[127]　实务上关于"实施行政处分之名义"机关之认定,系以处分书所载"法定管辖机关名义"为准,而非办理处分后续作业(如寄发缴款通知书)之名义机关。例如,关于"某甲(非设籍于直辖市)对其汽车燃料使用费之征收提起诉愿及行政诉讼,各应以何机关为诉愿管辖机关及被告机关"之问题,2005 年 10 月 18 日"最高行政法院"2005 年 10 月份法官庭长联席会议,曾有如下讨论:甲说:以"交通部"为诉愿管辖机关,以"公路总局"为被告。依"公路法"第 3 条、第 27 条之规定,公路主管机关为"交通部",为公路养护、修建及安全管理所需经费,公路主管机关得征收汽车燃料使用费,并订定汽车燃料使用费之征收及分配办法。依该办法第 3 条第 1 项规定:"汽车燃料使用费……由"交通部"委任"公路总局"或委托直辖市政

175

_____

府及其他指定之机关分别代征……"，故汽车燃料使用费之主管机关为交通部，并依据上开规定以 2002 年 6 月 5 日交路字第 0910005543 号公告委任所属"公路总局"办理汽车燃料使用费征收事项，并由受委任机关所属各地区监理所办理经征业务（"交通部"2003 年 7 月 4 日交路字第 0920043249 号函参照）。按"行政程序法"第 15 条第 1 项、"诉愿法"第 8 条之规定，有隶属关系之下级机关依法办理委任事件所为之行政处分，为受委任机关之行政处分。各地区监理所系"公路总局"依其组织条例第 8 条所设置，并依"公路总局"之指示执行汽车燃料使用费之征收业务，其本身并非汽车燃料使用费之原处分机关。次按"原行政处分机关之认定，以实施行政处分时之名义为准。""诉愿法"第 13 条定有明文。目前征收汽车燃料使用费之缴款书上征收机关长官栏系加盖"交通部公路总局"局长统一收据专用章，足认其处分书记载之处分机关系"交通部公路总局"，自应以该局为原处分机关，不服者应以"交通部"为诉愿管辖机关，而提起撤销诉讼时，即应以"交通部公路总局"为被告。乙说：以"交通部"为诉愿管辖机关，以各地区监理所为被告。依"公路法"第 3 条、第 27 条，汽车燃料使用费之主管机关为"交通部"，"汽车燃料使用费征收及分配办法"第 3 条第 1 项"汽车燃料使用费……，由'交通部'委任'公路总局'或委托直辖市政府及其他指定之机关分别代征……"。依"交通部公路总局各区监理所组织通则"第 2 条第 4 款及其办事细则第 8 条第 2 款之规定，"交通部公路总局"所属各地区监理所掌理"规费及代办业务"、"征收汽车燃料使用费事项"等职掌，实务上以各区监理所为经征机关，依《汽车燃料使用费征收及分配办法》第 11 条第 3 项规定，由各区监理所分别将应缴汽车燃料使用费通知书寄发汽车所有人，并以各区监理所之名义为开征汽车燃料使用费之公告，且关于人民申请免征汽车燃料使用费亦由各地区监理所径行为准驳之决定，又各地区监理所有独立之编制、预算（"公路总局"单位预算下之分预算）及关防，应属独立之机关非内部单位，具行政救济之当事人能力。各地区监理所依规定既为经征机关并以其名义向纳费义务人为征收之通知及公告，参照"诉愿法"第 13 条之规定："原行政处分机关之认定，以实施行政处分时之名义为准。"，各地区监理所自属原处分机关，不服原处分者，依"诉愿法"第 4 条第 6 款之规定，应以"交通部"为诉愿管辖机关（参照吴庚著：《行政争讼法论》1999 年 5 月修订版，第 306 页），提起撤销诉讼时，即应以各地区监理所为被告。决议：汽车燃料使用费之征收，依"公路法"第 3 条及第 27 条规定中央主管机关为"交通部"，其依据"公路法"第 27 条、"行政程序法"第 15 条、"汽车燃料使用费征收及分配办法"规定，公告委任其所属"公路总局"办理汽车燃料使用费征收之事项，"交通部公路总局"为办理该征收委任事项，乃以"交通部公路总局"名义为征收机关，制作汽车燃料使用费缴款书（通知），并盖用征收机关长官即"交通部公路总局"局长之印章，依"行政程序法"第 96 条第 1 项第 4 款，"诉愿法"第 13 条、第 8 条、第 4 条第 6 款之规定意旨观之，原行政处分机关之认定，应以实施行政处分时之名义为准，亦即应以受委任机关"交通部公路总局"为行政处分机关，其上级机关"交通部"为诉愿管辖机关。同旨，(1)2004 年 4 月 14 日各级行政法院 2004 年度法律座谈会法律问题第 2 则关于"某县政府发函将空白建筑执照交各乡镇公所，由其审查后，以县政府名义核发，并经公告及刊登政府公报。嗣后发现所核发之该建筑执照违法，县政府乃发函该乡公所请其办理撤销，该乡公所遂以其机关之名义撤销前已核发之建筑执照，原告对该撤销建筑执照之处分书声明不服，应以县政府或乡公所为被告"之问题，作成研讨结论谓：按"原行政处分机关之认定，以实施行政处分时之名义为准。但上级机关本于法定职权所为之行政处分，交由下级机关执行者，以该上级机关为原行政处分机关"。

其并无作成该准驳行政处分之权限，纵使该机关为"实施行政处分时之名义机关"，但因其仅在执行该处分之内容，处分实际上系由上级机关作成之情形，仍应以该上级机关为原行政处分机关[128]。

"诉愿法"第 13 条定有明文。又"主管建筑机关：在中央为'内政部'；在直辖市为工务局；在县(市)(局)为工务局或建设局……""非县(局)政府所在地之乡、镇，适用本法之地区，非供公众使用之建筑物或杂项工作物，得委由乡、镇(县辖市)公所依规定核发执照。乡、镇(县辖市)公所核发执照，应每半年汇报县(局)政府备案"。"建筑法"第 2 条、第 27 条亦有明文。县政府发函乡公所，将非县政府所在地之建筑执照申请案件委由各乡公所核发，系争建筑执照既以县政府名义为之，其原处分机关应为县政府，至于嗣后撤销建筑执照之处分，系县政府本于法定职权决定应撤销前开建筑执照，交由下级机关乡公所办理撤销，核诸前揭规定，应以县政府为原处分机关，原告对该撤销处分不服，自应以县政府为被告。(2)2003 年 4 月 4 日"最高行政法院"2003 年判字第 359 号判决谓：按"本条例所称主管机关；'中央'为'内政部'；在直辖市为直辖市政府；县(市)为县(市)政府"、"地籍测量后之面积与重划后土地分配清册之面积不符时，县(市)主管机关应即订正土地分配面积及差额地价，并通知土地所有权人。重划后实际分配之土地面积小于应分配之面积者，就其不足部分，按查定重划地价发给差额地价补偿"分别为依"农地重划条例"第 2 条及"农地重划条例施行细则"第 49 条第 1 项第 6 款、第 51 条后段定有明文。查本案系农地重划区内土地，于地籍测量后有面积增减时，差额地价补偿缴领之问题，揆诸上开法律规定，上诉人彰化县政府乃属权责主管机关。此与依"地籍测量实施规则"第 232 条规定，由主管地政事务所办理土地复丈之情形不同，虽本件上诉人颜复国等三人最初提起诉愿时叙明不服被上诉人彰化溪湖地政事务所之土地面积更正通知，惟其诉愿主要意旨在于争执重划农地时之测量无误，且于当时已办竣缴纳差额地价在案，事后之重测有可疑之处云云，核其争点并非单纯为土地复丈错误之面积更正，故原诉愿决定认原处分机关应为彰化县政府，自属有据。次按"原行政处分机关之认定，以实施行政处分时之名义为准。但上级机关本于法定职权所为之行政处分，交由下级机关执行者，以该上级机关为原行政处分机关"。"诉愿法"第 13 条亦定有明文。查农地重划土地面积有无计算错误应否重行测量、更正登记，系由县政府决定，上开函内容既系上级机关彰化县政府本于法定职权所为之行政处分，交由下级机关彰化溪湖地政事务所执行，揆诸上引法律规定，应以该上级机关彰化县政府为原处分机关，虽该函之受文单位为溪湖地政事务所，并未直接通知上诉人，仍不影响其为行政处分之性质。原判决以上诉人彰化县政府上开函为机关间内部之指示，尚非行政处分云云，尚有未洽。

　　[128] 例如，关于"土地法"所定土地征收准驳机关之认定问题，2002 年 10 月 22 日"最高行政法院"2002 年 10 月份庭长法官联席会决议谓：依"土地法"第 219 条第 1 项规定，原土地所有权人请求买回被征收土地，应向该管直辖市或县(市)地政机关申请。该管直辖市或县(市)地政机关既为法定受理申请之机关，对于是否合于照征收价额收回其土地之要件，非无审查之余地。如经初步审查结果，认与规定不合，而作成否准之决定时，即属就特定具体之公法事件所为对外发生法律上效果之单方行政行为，自应以该直辖市或县(市)地政机关为处分机关。至依同法条第 2 项规定，该管直辖市或县(市)地政机关经查明合于照征收价额收回其土地之要件，并层报原核准征收机关作成准、驳之决定，而函复该管直辖市或县(市)地政机关通知原土地所有权人时，依"诉愿法"第 13 条但书规定，即应以该作成准、驳决定之

③本法第 25 条规定：人民与受托行使公权力之团体或个人，因受托事件涉讼者，以受托之团体或个人为被告。本条规定仅在说明在委托人民或团体行使公权力情形，该个人或团体就该受托事件亦为行政机关[129]，于受托事件不须经诉愿程序即可起诉情形，得以该个人或团体为被告机关；反之，如受托事件须经诉愿前置情形，应以何机关为被告，自仍应依第 24 条规定判断[130]。

④此外，于其他有权限之委任或委托（"行政程序法"第 15 条）、委办情形，

原核准征收机关为处分机关。同旨，2003 年 10 月 23 日"最高行政法院"2003 年判字第 1442号判决谓：关于土地征收案，系由法定核准征收机关决定征收之具体内容，再将该决定交由市、县地政机关公告及通知土地权利利害关系人，即核准征收之权责机关始为土地征收之处分机关，其所为核准之征收函，方系发生征收效力之行政处分；市、县地政机关并无决定是否征收土地或变更核准征收机关所为征收处分内容之权力，其仅系依照核准征收之内容为通知及公告，以执行上级机关所为征收土地之行政处分，该公告及通知自非市、县地政机关之另一行政处分甚明。例外情形，如该管县市政府有准驳权限情形，仍应以之为原行政处分机关，例如 2004 年 2 月 3 日高雄高等行政法院 2003 年诉字第 1036 号判决谓："依'土地法'第 219 条第 1 项规定，原土地所有权人请求买回被征收土地，应向该管直辖市或县（市）地政机关申请。该管直辖市或县（市）地政机关既为法定受理申请之机关，对于是否合于照征收价额收回其土地之要件，非无审查之余地。如经初步审查结果，认与规定不合，而作成否准之决定时，即属就特定具体之公法事件所为对外发生法律上效果之单方行政行为，自应以该直辖市或县（市）地政机关为处分机关。至依同法条第 2 项规定，该管直辖市或县（市）地政机关经查明合于照征收价额收回其土地之要件，并层报原核准征收机关作成准、驳之决定，而函复该管直辖市或县（市）地政机关通知原土地所有权人时，依'诉愿法'第 13 条但书规定，即应以该作成准、驳决定之原核准征收机关为处分机关。"业经"最高行政法院"2002 年度 10 月份庭长法官联席会议决议在案。是该管直辖市或县（市）地政机关对于原土地所有权人请求买回被征收土地之申请，是否合于照征收价额收回其土地之要件，非无审查之权限。且该管市、县地政机关审查结果，如认与"土地法"第 219 条第 1 项照价收回土地之规定要件不合，而应驳回其申请时，即毋庸层报原核准征收机关（现为"内政部"），而其所为否准收回之决定，即属就特定具体之公法事件所为对外发生法律上效果之单方行政行为，当属行政处分（"最高行政法院"2002 年度裁字第 1227 号裁定参照）。易言之，该管市、县地政机关既有审查收回被征收土地申请之职权，经审查后认原土地所有权人之收回申请与规定不符时，得自行予以否准，毋庸层报原核准征收机关（现为"内政部"），则即使该管市、县地政机关于为否准收回之决定前，曾经层报原核准征收机关（现为"内政部"）同意，该管市、县政府仍应系属否准收回申请处分之原处分机关，并无依据前开"诉愿法"第 13 条但书规定，将土地征收原核准机关（现为"内政部"）作为该否准收回申请决定之原处分机关之必要。

[129] "行政程序法"第 2 条第 3 项、"司法院"大法官释字第 269 号参照。另"诉愿法"第10 条亦有类似规定，即："依法受'中央'或地方机关委托行使公权力之团体或个人，以其团体或个人名义所为之行政处分，其诉愿之管辖，向原委托机关提起诉愿"。

[130] 依"行政程序法"第 2 条第 3 项及本法第 22 条、第 24 条规定观之，本法第 25 条规定实属多余，且其规定方式，容易使人误会本条构成第 25 条规定之例外，将来宜予以删除。

因各该受委任、受委托或受委办机关因委任、委托或委办行为,而取得就该受托事件行使公权力之权限,依"诉愿法"第 13 条规定,得为诉愿程序之"原行政处分机关",理论上亦为行政诉讼程序之"原处分机关",同法第 8 条、第 9 条规定[131]与上开理论若符合节。

然因"诉愿法"第 7 条规定:"无隶属关系之机关办理受托事件所为之行政处分,视为委托机关之行政处分"[132],其结果导致本条规定与同法第 8 条至第 10 条规定以及行政程序法第 11 条第 1 项、第 5 项、第 15 条间,发生理论体系上之不一致情形[133];且于下列情形,发生适用困难:

a)有事务管辖权之法定管辖机关尚未设立,而由法律直接委托其他机关办理时,应以何机关为诉愿法之原行政处分机关? 例如,依"农民健康保险条例"第 4 条第 1 项规定:本保险(农民健康保险业务)由中央主管机关("内政部")设立之"中央社会保险局"为保险人。在"中央社会保险局"未设立前,业务暂委托"劳工保险局"办理,并为保险人。则于"内政部"设置"中央社会保险局"之前,无法依"诉愿法"第 7 条规定认定原行政处分机关。为解决此一问题,2004 年 5 月 18 日"最高行政法院"2004 年 5 月份庭长法官联席会议决议遂认为:"应以'劳工保险局'为原处分机关,并以农民健康保险之'中央'主管机关'内政部'为诉愿机关。"[134]

---

[131] 第 8 条规定:有隶属关系之下级机关依法办理上级机关委任事件所为之行政处分,为受委任机关之行政处分,其诉愿之管辖,比照第 4 条之规定,向受委任机关或其直接上级机关提起诉愿。第 9 条规定:直辖市政府、县(市)政府或其所属机关及乡(镇、市)公所依法办理上级政府或其所属机关委办事件所为之行政处分,为受委办机关之行政处分,其诉愿之管辖,比照第 4 条之规定,向受委办机关之直接上级机关提起诉愿。

[132] "最高行政法院"2004 年判字第 1219 号判决谓:无隶属关系之机关办理受托事项所为之行政处分,视为委托机关之行政处分,"诉愿法"第 7 条前段定有明文。次按"入出境及移民法"第 2 条第 2 项规定:"内政部"为办理本法规范之入出境及移民业务,设"入出境及移民署"。但有关查察逾期停留、居留及非法入境之业务,由"入出境及移民署"会同"警政署"办理。又同法施行细则第 64 条第 3 款规定:外国人入出境、停留、居留、永久居留、收容管理及驱逐出境,由"内政部警政署"办理,或委托直辖市政府警察局、县(市)警察局办理。是以,本件之行政处分虽系由嘉义县警察局所为,惟揆诸上开法条之规定,嘉义县警察局系受"内政部警政署"之委托办理,而两者间并无隶属关系,则上诉人应以所委托之机关即"内政部警政署"为对造,始符合"行政诉讼法"第 24 条第 1 项规定。

[133] 同旨,吴庚前揭注 13 书第 320 页;张自强、郭介恒前揭注 119 书第 38 页。

[134] 类似情形,2005 年 3 月 8 日"最高行政法院"2005 年 3 月份庭长法官联席会决议谓:法律问题:一、"诉愿法"第 7 条规定:"无隶属关系之机关办理受托事件所为之行政处分,视为委托机关之行政处分,其诉愿之管辖,比照第 4 条之规定,向原委托机关或其直接上级

b）不相隶属机关间之权限委托，于经诉愿程序情形，其原行政处分机关之认定固应依"诉愿法"第 7 条认定，诉愿决定后提起行政诉讼或于未经诉愿程序即提起行政诉讼情形，作为被告机关之"原处分机关"究应依上开"诉愿法"规定抑或依"行政诉讼法"与"行政程序法"相关规定认定，亦有疑义。亦即，此时"诉愿法"第 13 条之"原行政处分机关"与"行政诉讼法"之"原处分机关"二者，将可能发生歧异情形[135]。

————————————

机关提起诉愿。"又依"行政程序法"第 15 条第 2 项规定："行政机关因业务上之需要，得依法规将其权限之一部分，委托不相隶属之行政机关执行之。"按老年农民福利津贴之核发，目的为照顾老年农民生活，增进农民福祉，其业务性质为给付行政。关于其业务之执行，依"老年农民福利津贴申领及核发办法"第 5 条规定，就津贴之核发及溢领催缴业务，由"中央"主管机关"行政院农业委员会"委托"劳工保险局"办理。是"劳工保险局"接受不相隶属机关"行政院农业委员会"就该部分权限之委托而执行其业务，其所为之行政处分，依上开规定，应视为委托机关"行政院农业委员会"之行政处分，故应以"行政院农业委员会"为被告机关。至农民健康保险，其法律上之关系人有保险人、被保险人、投保单位及特约医疗机构等，彼此间存在保险关系或合约关系，与老年农民福利津贴之发放，二者本质上截然不同。农民健康保险依"农民健康保险条例"第 4 条第 1 项规定，赋予"劳工保险局"保险人之法律地位，即概括授与其为保险人之权限，并非由"内政部"授权赋予保险人之法律地位。其以保险人之法律地位而为行政处分，实即原处分机关（参见本院 2004 年 5 月份庭长法官联席会议决议）。农民健康保险与老年农民福利津贴之发放，自应视其行政处分之法律性质与所行使权限之依据，而分别认定其处分机关。本院 2000 年 9 月份第 2 次庭长法官联席会议就老年农民福利津贴发放处分机关所为决议，应予补充。二、"敬老福利生活津贴暂行条例"第 4 条规定："本津贴之核发及溢领催缴业务，由'中央'主管机关委托'劳工保险局'办理。""原住民敬老福利生活津贴暂行条例"第 4 条规定："本津贴之核发及溢领催缴业务，由'中央'主管机关委托'劳工保险局'办理。"其由不相隶属之机关将权限之一部分委托"劳工保险局"执行之情形，与老年农民福利津贴之核发相同，依上开说明，分别以"中央"主管机关"内政部"或"行政院原住民族委员会"为被告机关。决议：农民健康保险与老年农民福利津贴之发放，自应视其行政处分之法律性质与所行使权限之依据，而分别认定其处分机关。原住民敬老福利生活津贴，其由不相隶属之机关将权限之一部分委托劳工保险局执行之情形，与老年农民福利津贴之核发相同，分别以"中央"主管机关内政部或行政院原住民族委员会为被告机关。

[135] 2003 年 5 月 30 日高雄高等行政法院 2002 年诉字第 964 号判决谓：本件被告即嘉义县警察局虽系隶属于嘉义县政府（"嘉义县警察局组织规程"第 2 条规定参照），惟其既经"内政部警政署"依"入出境及移民法施行细则"第 64 条第 3 款规定，以 2001 年 2 月 20 日 (2001)警署外字第 55531 号公告，委托办理辖区外国人申请永久居留之业务，自己合法取得办理该种业务之权限，从而，被告以自己名义就原告申请永久居留案件，作成系争 2001 年 3 月 1 日 (2001)嘉县警外字第 2130 号之否准处分，于法尚无不合。按"诉愿法"第 13 条前段规定"原行政处分机关之认定，以实施行政处分时之名义为准"，是受托机关以自己名义作成处分，则原行政处分机关自应为受托机关，此观上开条文之规定自明。从而，"诉愿法"第 7 条"无隶属关系之机关办理受托事件所为之行政处分，视同委托机关之行政处分，其诉愿之管辖，

（2）客观诉之利益（权利保护必要）

客观诉之利益，指系争事件性质适于法院介入并加以审判者而言。一般而言，判断有无客观诉之利益，须同时考虑原告诉权行使、被告应诉以及法院诉讼救济之必要与实效，其情形约有如下[136]：

①原告请求欠缺必要性与实效性

指示原告另有更直接、简便、完整、迅速或有效之救济途径，或其欠缺可请求法院以判决方式加以保护之利益。例如：

a）原告另有更直接、简便、完整、迅速或有效之救济途径：例如，因行政处分通常具有执行力或得径自形成或确认某一法律关系之效力，故行政机关依法就系争事件有作成行政处分之权限时，一般即认其无须以诉讼取得执行名义或形成某一法律关系之必要。同理，若一方当事人依具有执行名义之行政契约而得径自请求强制执行[137]时，亦同[138]。

比照第 4 条之规定，向原委托机关或其直接上级机关提起诉愿”之规定，应仅系定诉愿管辖机关而已，尚无因之更异原处分机关为委托机关，否则，即与前揭“诉愿法”第 13 条前段之规定相违，抑且，势必造成作成行政处分之名义人与提起行政救济对造之当事人不同，而使人民无所适从。本件以受委托机关嘉义县警察局（即作成行政处分之名义机关）为被告，即属适法。按本判决因“最高行政法院”采不同见解而遭废弃（前揭注 132 参照）。

[136]　关于此一客观诉之利益要件，学者整理大同小异。例如，吴庚前揭注 13 书第 95 页以下，区分下列六项为：(1)原告无须起诉，仅以单纯之申请、通知或其他之意思表示方式即可达到相同目的者；(2)误用诉讼类型，致无法达成请求权利保护之目的者；(3)原告所受之损害已不存在者；(4)该管行政机关之作为或不作为，并未损害原告之权利者；(5)原告之请求法律上已无从补救或无实益者；(6)因自己之行为已表明放弃争讼在先，事后又提起诉讼者。亦有区分为下列六种者：(1)无效率之权利保护；(2)无用之权利保护；(3)权利滥用之禁止（恶意禁止）；(4)不适时之权利保护；(5)诉讼程序上权利失效（程序失权）；(6)权利保护之抛弃（陈清秀前揭注 13 书第 96 页至第 100 页；林腾鹞前揭注 41 书第 64 页以下；彭凤至前揭注 100 书第 16 页至第 31 页参照）。

[137]　“行政程序法”第 148 条第 1 项：行政契约约定自愿接受执行时，债务人不为给付时，债权人得以该契约为强制执行之执行名义。

[138]　此外，学者有认为原告如可仅以单纯之申请、通知或其他意思表示方式即可达成相同目的者，亦应认欠缺诉讼利益者。例如：(1)纳税义务人收受税捐稽征机关之缴纳通知文书，发现记载、计算错误或重复，依“税捐稽征法”第 17 条规定，得要求查对更正，无须申请复查并续行行政争讼。(2)公务员因非可归责之事由溢领款项，其服务机关只须通知其退还或经公务员同意自其薪俸中分期扣回，并无径向行政法院起诉之必要。(3)属于确认行政处分无效之情形，行政处分之相对人或利害关系人（通常出现于第三人效力处分），有正当理由足任该处分无效时，依行政程序普遍接受之理论，得请求原处分机关确认其无效，若舍此途径而直接提起确认诉讼，自属欠缺权利保护必要（吴庚前揭注 13 书第 95 页、第 96 页）。惟本为以为上开三种请形，应认该事件尚不具有争讼性，并非原告另有适当解决途径。

b)原告起诉欠缺可请求法院以判决方式加以保护之利益：指原告所受损害或不利益已因事实上或法律上原因而消灭之情形。例如，于处分之效力因执行完毕或其他事由而消灭情形，人民如别无可回复之法律上利益者，应认欠缺诉讼利益[139]。至于如何判断有无可回复之法律上利益，"司法院"大法官释字第546号解释谓：本院院字第2810号解释："依考试法举行之考试，对于应考资格体格试验，或检核经决定不及格者，此项决定，自属行政处分。其处分违法或不当者，依旧'诉愿法'第1条之规定，应考人得提起诉愿。惟为诉愿决定时，已属无法补救者，其诉愿为无实益，应不受理，依'诉愿法'第7条应予驳回。"旨在阐释提起行政争讼，须其争讼有权利保护必要，即具有争讼之利益为前提，倘对于当事人被侵害之权利或法律上利益，纵经审议或审判之结果，亦无从补救，或无法回复其法律上之地位或其他利益者，即无进行争讼而为实质审查之实益。惟所谓被侵害之权利或利益，经审议或审判结果，无从补救或无法回复者，并不包括依国家制度设计，性质上属于重复发生之权利或法律上利益，人民因参与或分享，得反复行使之情形。是人民申请为公职人员选举候选人时，因主管机关认其资格与规定不合，而予以核驳，申请人不服提起行政争讼，虽选举已办理完毕，但人民之被选举权，既为宪法所保障，且性质上得反复行使，若该项选举制度继续存在，则审议或审判结果对其参与另次选举成为候选人资格之权利仍具实益者，并非无权利保护必要者可比，此类诉讼相关法院自应予以受理，本院上开解释，应予补充。上开解释，可供参照。另原告起诉所请求保护之利益，尚未现实到来且将来仍有实现可能者，例如关于将来给付之诉，原则限于被告有"到期不履行之虞"始得提起[140]；同理，关于预防性不作为请求诉讼，有无诉讼利益亦应就具体个案判断。

②诉讼救济欠缺必要性与实效性

指对该事件法院已提供诉讼救济，或纵允许起诉亦无法达成原告目的者言。例如：

a)基于一事不再理[141]或双重起诉禁止原则而禁止原告起诉：例如，当事人

---

[139] "司法院"大法官释字第213号解释谓："三、……行政处分因期间之经过或其他事由而失效者，如当事人因该处分之撤销而有可回复之法律上利益时，仍应许其提起或续行诉讼。"

[140] "行政诉讼法"第115条准用"民事诉讼法"第246条。

[141] 按一事不再理原则主要系以判决之既判力为根据，以免同一事件重复多次提起诉讼，而有碍被告诉讼行为或法院资院之利用。惟前后二诉是否为同一事件或后诉是否为前诉既判力所及，其判断时点通常系于言词辩论终结前或前诉判决确定时，始臻于明确（有关一事不再理之问题，新堂幸司：《民事诉讼における一事不再理》，收于氏著《诉讼物と争点效（上）》，有斐阁，1988年，第125页以下）。故于适用本项规定驳回原告之诉时，必须慎重为之。

就已起诉之事件,于诉讼系属中更行起诉(本法第 107 条第 1 项第 7 款);或其诉讼标的为确定判决或和解之效力所及(同条项第 9 款)等情形,属之。又于撤销诉讼采原处分主义[142]下,如当事人同时请求撤销原处分及诉愿驳回决定,关于后者之撤销请求,理论上应认为欠缺诉讼利益[143]。

　　b)原告请求不适当之救济方法:亦即纵依原告请求之救济方法或诉讼类型给予救济,亦无法达成原告起诉目的或无法获致完整救济者而言。最典型者,厥为确认诉讼之补充性(本法第 6 条第 3 项),盖确认诉讼较诸撤销诉讼、课予义务诉讼或一般给付诉讼等其他诉讼,其判决仅具有确认效力(既判力),尚无法发生执行力或形成力。因此,如原告另有能提供更有效而完整保护之其他诉讼类型时,通常其起诉即不具客观诉讼利益。类似情形,关于各种诉讼类型之选择问题,原告经阐明转换诉讼类型后,如仍坚持选择不适当之诉讼类型,亦应认欠缺客观诉讼利益。

　　③原告请求违反诚信原则

　　此通常指原告诉权因滥用而发生失权效果之情形,亦即原告起诉目的,如纯粹在损害他人或其诉权行使违反诚信者。例如,本案经终局判决后撤回其诉,复提起同一之诉(本法第 107 条项第 8 款)[144];或原告曾抛弃诉权(如不起诉合意、撤回诉讼合意、抛弃上诉权等),或长期不行使诉权致生失权效果等情形,亦属之。应注意者,除法律明文规定原告不得起诉者外,以此一理由使人民丧失诉权者,因涉及人民诉讼权之保护,故其适用须格外谨慎[145]。又如,于比较法制上,《日本道

---

　　[142]　按所谓"原处分处主义",指人民提起撤销诉讼,原则应以原处分为撤销诉讼之对象,例外仅于诉愿决定使第三人第一次蒙受不利益、对于原处分附加独立之不利益以及违反重大之程序规定等情形时,始能单独就诉愿决定提起撤销诉讼(陈清秀前揭注 13 书第 311 页至第 316 页参照)。各国关于撤销诉讼之对象,一般多采原处分主义(《德国行政法院法》第 79 条、《日本行政事件诉讼法》(旧)第 10 条第 2 项),台湾"行政诉讼法"究采原处分主义抑或裁决主义(原则以诉愿决定为撤销诉讼之对象)未有明文规定,惟就第 4 条、第 24 条等规定观之,应认系采原处分主义。

　　[143]　惟此一重复请求,于实际运用上往往难以作为一般性判断标准,仍须就各个具体个案逐一判断(南博方编前揭注 71 书第 406 页至第 407 页[前田顺司执笔]参照)。

　　[144]　"行政诉讼法"第 115 条准用"民事诉讼法"第 263 条参照。

　　[145]　最近实务对此种基于诚信原则导致失权之法律效果,称"权利失效'原则'",其用语容易使人误解,应避免使用。例如:(一)2005 年 12 月 8 日"最高行政法院"2005 年判字第 1936 号判决谓:(1)"征收土地应补偿之地价及其他补偿费,应于公告期满后十五日内发给之。""直辖市或县(市)地政机关发给补偿地价及补偿费,有左列情形之一时,得将款额提存之:一、应受补偿人拒绝受领或不能受领者。二、应受补偿人所在地不明者。""土地法"第 233 条前段、第 237 条第 1 项分别定有明文。另"需用土地人,不依(旧)'土地法'第 368 条第 1 项规定于公告完毕后十五日内,将应补偿地价及其他补偿费额,缴交主管地政机关发给完竣者,

路交通法》[146] 基于迅速处理大量发生之交通违规事件之目的，规定有"违规金

法律上既无强制需用土地人缴交之规定，实际上又未便使征收土地核准案久悬不决，寻绎立法本旨，征收土地核准案，自应解为从此失其效力，土地所有人如因此而受损害者，得向需用土地人请求赔偿。"此之征收失其效力，并未就征收补偿迟延发给之期间之久暂为区别，亦不因受补偿人是否因而受有损害而有别，自不得以迟延发给之期间较短，或受补偿人未因迟延发给补偿费而受有损害，即谓征收不因之失效。至应受补偿人拒绝受领补偿地价或其他补偿费，而直辖市或县（市）地政机关未依前开规定提存者，"土地法"并未规定其效力，尚不得解为核准征收案自此失其效力。（2）另"征收土地时，其改良物应一并征收"。"土地法"第215条第1项前段定有明文。此之改良物一并征收，固以先有土地征收为必要，惟依其性质，二者并无主从关系，尚不得谓改良物征收处分之效力依存于土地征收处分，土地征收处分若不失效，改良物征收处分即无失效可言。（3）公法上之权利失效，乃公法上之权利人，于其权利成立或清偿期届至后，长期不行使其权利，义务人依其状况得推论其已放弃权利之行使者，该权利虽未消灭，亦不得再为行使之谓。而前述征收失效之结果，乃法律规定所生，并非源于征收标的物之原所有权人之实行其公法上权利，即不生义务人得推论权利人已放弃行使权利之问题，是于征收失效之场合，征收补偿机关或需用土地人不得对征收标的物原所有权人主张其权利失效，而不得再为征收失效之主张，或主张原所有权人之行使权利违反诚实信用原则。（4）征收处分作成及补偿款发放完竣后，直辖市或县（市）政府依"土地登记规则"第29条第1款规定，嘱托地政事务所将征收标的之不动产登记为需用土地人所有，乃一行政处分，需用土地人因此登记处分而得享受其利益。苟此一登记处分系作成于征收处分失效之后，则该登记系属有瑕疵而得予撤销之处分，惟于该处分经登记机关或其上级机关依法撤销前，需用土地人之受有登记之利益，并非无法律上之原因，原所有权人即不得以其为不当得利，而请求需用土地人移转征收标的之土地（建物）与原所有权人，以为返还。（二）2005年9月15日"最高行政法院"2005年判字第1419号判决谓：按权利失效原则为诚信原则之类型化，于公法上之适切要件事实具备时，尚非不可适用。原判决以为理由之一，在认定补偿费已发给而逾期之情形，被征收土地所有权人既已受领补偿费而享其利，非不知补偿费之发给有逾期之缺失，长期间容许其存在，不主张其法律上效果，使需地机关依其需用计划使用征收土地，登记为征收土地所有权人，实已致征收机关相信被征收土地所有权人不再主张征收失效之法律上效果，适用权利失效原则，认为不得再为主张，实无不合。况原判决既已认定系争土地之征收补偿费依法发放，无征收失效之情事，上诉人之起诉请求即非所许，不依权利失效原则说明，仍无违误。上诉人之被继承人生前虽因行政诉讼新制尚未施行，无从提起确认之诉，然非不可依撤销诉讼主张，或为其他方式例如向需地机关、征收机关为本于所有权之请求或循民事给付诉讼以救济，不得主张行政诉讼新制施行前无权利失效原则之适用。是上诉意旨指原判决适用权利失效原则不当，亦非可采。

〔146〕 该法之规范内容，主要包括各种道路交通规则、各种执照、许可之核发等事项，以及违反道路交通规则之处罚等，除包含行政管理及制裁外，其处罚中相当部分（同法第八章）系采刑事制裁。

（反则金）制度"[147]。依《日本道路交通法》之规定,交通主管机关对有违反同法第八章之"违规（反则）行为"之人（同法第 125 条参照）,于符合一定条件下,得通知行为人限期缴纳一定之"违规金"（同法第 126 条、第 127 条）,如行为人依限缴纳者,即不发动刑事追诉程序（同法第 128 条）,否则即依原规定之刑事程序处理。此时,行为人对该交通主管机关所为之"通知行为"得否提起行政争讼,于日本实务及学说上,发生重大争论。其"最高法院"认为[148],该相对人于接获该通知后,得自由决定是否依通知内容缴纳违规金,仅于相对人不缴纳时,检察官开始刑事追诉程序并由法院就有无违规行为加以审理而已,故相对人并无对该通知行为提起行政争讼以争执其适法性之必要,且亦不应予以允许。盖如允许相对人得提起行政争讼,将使法律原本预定以刑事诉讼程序审判之事项,改依行政诉讼程序审理,且亦发生如何调整此二诉讼程序彼此关系此一困难问题,此当非立法者之本意。反之,多数学者则认为,行为人若为避免受刑事追诉而不得不依该通知缴纳违规金,因无进行刑事诉讼之可能,若不许其提起行政争讼,将无法获得救济;反之,不缴纳违规金则有受刑事追诉之危险,且就迅速处理大量发生违规行为之目的言,利用行政争讼制度或更能有效达成此一目的,故主张应允许行为人提起行政争讼[149]。有关日本上开因"违规金制度"所生其他问题（如通知行为是否为行政处分）姑不论,于台湾之类似制度设计时,应否如德日以其起诉欠缺客观诉讼利益或以违反制度预设目的而驳回原告起诉（行政诉讼）,似有进一步检讨必要[150]。

---

[147]　《德国违法秩序罚法》亦有类似制度:关于轻微之违反秩序,经该管机关告知后仍愿意接受训诫及训诫金之裁罚,并当场或一星期内缴纳者,视为结案并不再予以追诉（同法第 56 条）;若行为人自愿接受上述处罚,又提起行政诉讼,则应认不受准许（引自吴庚前揭注 13 书第 99 页）。

[148]　日本"最高法院"1982 年 7 月 1 日第一小法庭判决（民集第 36 卷第 6 号第 1169 页）参照。

[149]　相关学说之说明,盐野宏等编:《行政判例百选 II》（第四版）,有斐阁,1999 年,第 200 号判决解说［古城诚执笔］（第 412 页至第 413 页）参照。

[150]　台湾似尚未发生相同问题,惟亦不乏类似制度设计。例如:(1)于若干环境法领域,例如依"交通工具排放空气污染物罚锾标准"（旧）第 5 条（本条业经"司法院大法官"释字第 423 号解释宣告违"宪"）规定,以当事人接获违规通知书后,是否自动缴纳罚款以及其到案时间及到案与否,而异其裁罚标准者;(2)依据"道路交通管理处罚条例"第 9 条规定,行为人对于违规通知单,得依限自动缴纳罚锾结案,否则即应于十五日内,到达指定处所听候裁决。对台湾上开规定,学者有援引德国法制处理方式,认为上述"交通工具排放空气污染物罚锾标准"（旧）第 5 条之规定,若能改为:(1)以法律明文规定,而非以命令规范;(2)事先使行为人知悉自愿缴纳之效果;(3)若行为人对通知书记载不服而不愿缴纳罚锾时,得提起救济。则行为人一旦缴纳后复又提起争讼者,应无保护必要（吴庚前揭注 13 书第 99 页以下参照）。

三、诉之合法性审查：各种诉讼类型之特别诉讼（实体判决）要件

（一）各诉讼类型可能种类及其问题概述

除"行政诉讼法"第 3 条[151]关于诉讼种类性质之一般性规定外，自第 4 条至第 12 条规定观之[152]，现行法规定之诉讼种类包括：（1）第 4 条之撤销诉讼（分为"处分撤销之诉"、"诉愿决定撤销之诉"）；（2）第 5 条之课予义务诉讼（分为"怠为处分之诉"、"拒绝申请之诉"）；（3）第 6 条之确认诉讼（分为"确认处分无效之诉"、"确认公法上法律关系存否之诉"以及"确认处分违法之诉"）；（4）第 7 条之行政诉讼合并请求损害赔偿或其他财产上给付之诉；（5）第 8 条之一般给付诉讼；（6）第 9 条之维护公益诉讼；（7）第 10 条之选举罢免事件争议诉讼；（8）第 12 条之处分无效或违法等先决问题确认之诉。其中，第 9 条之维护公益诉讼，为客观诉讼，其特别诉讼要件，须依允此类诉讼之各该特别法律规定判断，且其具体诉讼之性质，与第 10 条规定之选举罢免诉讼同，须视原告起诉目的，而分别依撤销诉讼、确认诉讼及给付诉讼有关规定处理（同法第 11 条参照）；至于第 7 条、第 12 条规定，是否为行政诉讼之诉讼类型，学者间存有争议。

其中，关于第 7 条规定之诉讼部分，学者有认为非属行政诉讼类型之一种者[153]。按本条为旧"行政诉讼法"第 2 条规定[154]之修正，其主要目的在于使原由普通法院管辖之国家赔偿诉讼，亦得合并（原规定为"附带"）于行政诉讼程序中一并请求。所以将原规定之"附带"改为"合并"用语者，系因本法已扩大诉讼类型，除撤销诉讼外，并明定给付诉讼亦为行政诉讼之主要诉讼类型，因此，遂认为本条已以非如旧法之"附带"性质，而属合并请求[155]。惟按得依本条"合并请求损害赔偿或其他财产上给付之诉"者，其适用范围如何，解释上至少有下列四种组合，例如：（1）限于本法规定之行政诉讼事件（不包括民事诉讼事件）；或

---

[151]　本条规定：前条所称之行政诉讼，指撤销诉讼、确认诉讼及给付诉讼。

[152]　按本法规定之诉讼类型，并不限于第 4 条至第 12 条规定之类型，本法其他规定尚有其他类型，例如第 227 条第 2 项之和解无效或撤销和解之诉、第 307 条债务人异议之诉等均属之。

[153]　蔡志方：《论行政诉讼上各类诉讼之关系（中）》，载《月旦法学杂志》1999 年 11 月第 54 期，第 121 页。

[154]　本条规定为："提起行政诉讼，在诉讼程序终结前，得附带请求损害赔偿。""前项损害赔偿，除适用行政诉讼之程序外，准用民法之规定。但'民法'第 216 条规定之所失利益，不在此限。"

[155]　"司法院"编：《"司法院"行政诉讼制度研究修正资料汇编（三）》，1986 年，第 87 次会议记录[杨建华委员发言]，第 379 页参照。

（2）除行政诉讼事件外，至少尚应包括国家赔偿诉讼中之损害赔偿请求；抑或（3）应将本条扩张解释或类推适用，使国家赔偿诉讼中回复原状请求（国家赔偿法第 7 条第 1 项但书）亦有适用；甚至（4）其他国家赔偿诉讼以外之其他民法上请求，均得依本条合并于行政诉讼程序中请求。其中，论者率皆认为本条适用范围包括（1）至（3）之情形，而不及于（4）之情形[156]。惟本法既设有诉之客观合并制度（第 115 条准用"民事诉讼法"第 248 条）以及诉之客观追加、合并或反诉制度（第 111 条、第 112 条），针对上开论者所举适用本条规定之例[157]观之，除合并国家赔偿请求情形外，其他情形尽可依上开规定处理，本条规定具体案件之处理并无实益[158]。因此，本条可能适用范围仅于行政诉讼合并国家赔偿请求情形，始有规定实益。亦即，此一情形，不仅构成非同种诉讼程序不得合并审理原则[159]之重大例外，仅于法律明文允许情形[160]始得为之，且亦恒行政法院因此附带取得原由普通法院审判之国家赔偿诉讼审判权（"审判权"之法定移转），而非单纯管辖权之移转。因此，此时本条规定具有排除第 115 条准用"民事诉讼法"第 248 条规定适用之作用，且亦同时构成本法第 111 条第 3 项第 5 款之"其

---

[156]　吴庚前揭注 13 书第 142 页；林腾鹞前揭注 41 书第 157 页以下参照。惟依陈计男前揭注 16 书第 204 页以下之说明或举例，则未明确表示本条之适用范围。

[157]　例如，吴庚前揭注 13 书第 142 页所举之例，有：（1）遭免职之公务员诉请撤销免职处分，且合并请求给付自免职生效起至行政法院为胜诉判决而复职止，应得之薪俸及其他给与；（2）对于命为拆除违章建筑之处分已执行完毕，起诉请求确认该处分违法，并合并请求给付一定数额之金钱，以赔偿其因拆屋所受之损害；（3）提起一般给付之诉请求履行公法契约，同时备位声明请求不履行之损害赔偿。

[158]　论者或认为依本条规定于事后追加损害赔偿请求而与本诉合并请求时，构成本法第 111 条第 3 项第 3 款规定"其他法律规定应许为诉之变更追加情形"，被告对原告所为诉之追加，不得再为异议之表示（林腾鹞前揭注 41 书第 157 页以下参照）。惟依其所举本条适用要件包括：（1）须于提起行政诉讼之同一程序中合并请求；（2）得合并之请求，以因合并提起之行政诉讼所生损害赔偿或其他财产上之给付为限（陈计男前揭注 16 书第 204 页以下，亦同），则合并提起之损害赔偿请求，基于诉讼数据共通利用之理由，既须与本诉相牵连，第 111 条第 3 项第 2 款规定，纵无本法第 7 条规定，亦应许其合并。且如将本法第 7 条规定认为即属本法第 111 条第 3 项第 3 款之"其他法律"，则于本诉为简易诉讼程序，合并之损害赔偿请求为通常诉讼程序情形，即发生应许其合并之怪异结论。

[159]　依本法第 115 条准用"民事诉讼法"第 248 条规定"对于同一被告之数宗诉讼，除定有专属管辖者外，得向就其中一诉讼有管辖权之法院合并提起之。但不得行同种诉讼程序者不在此限"，故本法显然亦采认诉之合并原则限于得行同种诉讼程序者始得为之。另"最高法院"1944 年上字第 3155 号判例参照。

[160]　法律明定此一例外者，主要系基于纷争一次解决与裁判矛盾之防止要求，而另采别诉禁止原则设计，例如"民事诉讼法"第 572 条、第 582 条之 1 规定属之。

他法律规定应许为诉之变更追加情形"。鉴于本条规定存有上述适用疑义，最近"行政诉讼法部分条文修正草案"第 7 条即将上开规定修正为"提起行政诉讼，得于同一程序中，附带请求损害赔偿"[161]，以杜争议。

附带一提，依本条规定于行政诉讼合并"国家"赔偿请求者，应否先经"国家赔偿法"第 10 条规定之协议先行程序？2002 年 7 月 9 日各级行政法院 2002 年度行政诉讼法律座谈会法律问题第 10 则，曾作成如下结论："行政诉讼法"第 7 条之合并请求损害赔偿虽包括"国家"赔偿在内，但于行政诉讼中仍应践行"国家赔偿法"第 10 条之协议程序，以符"国家赔偿法"规定之特别程序。然于 2004 年 4 月 23 日"最高行政法院"2004 年判字第 494 号判决，则谓："人民因国家之行政处分而受有损害，请求损害赔偿时，现行法制，得依'国家赔偿法'规定向民事法院诉请外，亦得依'行政诉讼法'第 7 条规定，于提起其他行政诉讼时合并请求。二者为不同之救济途径，各有其程序规定。人民若选择依'国家赔偿法'请求损害赔偿时，应依'国家赔偿法'规定程序为之。若选择依'行政诉讼法'第 7 条规定请求损害赔偿时，自仅依'行政诉讼法'规定程序办理即可。'行政诉讼法'既未规定依该法第 7 条规定合并请求损害赔偿时，应准用'国家赔偿法'规定，自无须践行'国家赔偿法'第 10 条规定以书面向赔偿义务机关请求赔偿及协议之程序。况'国家赔偿法'第 10 条规定须先以书面请求及协议，系予行政机关对其所为是否违法有自省机会，减少不必要之诉讼。如人民对行政机关之违法处分，已提起行政救济（异议、复查、诉愿等），行政机关认其处分并无违法而驳回其诉愿等，受处分人不服该决定而提起行政诉讼，且合并请求请求损害赔偿，若要求其亦应践行'国家赔偿法'之先议程序，行政机关既认其处分无违误，协议结果，必拒绝赔偿，起诉前之先行协议显无实益。是依'行政诉讼法'第 7 条合并提起损害赔偿之诉，其请求内容纵属'国家'赔偿范围，亦无准用'国家赔偿法'，践行该法第 10 条规定程序之理。""最高行政法院"此一论证，值得赞同[162]。

---

[161]　本条修正理由谓：一、按依本条之规定，与基于公法上原因所生之损害赔偿或其他财产上给付，合并提起之行政诉讼，通常均属撤销诉讼之情形，而本法第 8 条第 2 项，就此情形既有规定，则本条原条文规定为"合并请求"，实无法显示其与本条第 8 条第 2 项单纯诉之合并情形之区别。且本条之意旨系为"国家赔偿法"第 11 条第 1 项后段之呼应，并赋予国家赔偿事件，以附带于行政诉讼中为请求之前提下，得由行政法院并予审判，爱将原条文中"合并"之用语，修正为"附带"，以配合"国家赔偿法"前揭规定。二、依"国家赔偿法"第 11 条第 1 项但书得为附带请求者，既限于损害赔偿，则原条文另规定得合并请求"其他财产上给付"，既与附带请求之意旨未尽相符，且其范围亦失诸宽泛，爰予删除。至于本条既系配合"国家赔偿法"前述规定，则其附带请求损害赔偿之方法，应依"国家赔偿法"第 7 条第 1 项之规定，自属当然。

[162]　类似裁判，2004 年 5 月 7 日"最高行政法院"2004 年判字第 576 号判决、2004 年 6 月 10 日"最高行政法院"2004 年判字第 675 号判决参照。

以下,仅就本法第 4 条撤销诉讼、第 5 条课予义务诉讼、第 3 条确认诉讼以及第 8 条一般给付诉讼四者,检讨其特别诉讼要件。

（二）各诉讼类型之特别诉讼要件

1. 第 4 条撤销诉讼之特别诉讼要件

撤销诉讼依本法第 4 条规定:"人民因'中央'或地方机关之违法行政处分,认为损害其权利或法律上之利益,经依诉愿法提起诉愿而不服其决定,或提起诉愿逾三个月不为决定,或延长诉愿决定期间逾二个月不为决定者,得向高等行政法院提起撤销诉讼"（第 1 项）;"诉愿人以外之利害关系人,认为第 1 项诉愿决定,损害其权利或法律上之利益者,得向高等行政法院提走撤销诉讼"。因此,本条规定之撤销诉讼,主要分为"处分撤销之诉（第 1 项之诉）"与"诉愿决定撤销之诉（第 3 项之诉）"两种。二者之差别在除原告、请求撤销对象有所不同外,主要在于前者原则须经诉愿前置程序,后者则否。因此,第 4 条撤销诉讼之特别诉讼要件,可整理如下:（1）须有行政处分存在、（2）原告须主张其权利或法律上利益因违法行政处分而受有损害、（3）须经诉愿前置程序而无结果（以上第 4 条规定参照）,以及（4）须于法定期间起诉（第 106 条参照）。兹说明如下:

（1）须有行政处分存在

撤销诉讼系请求法院以判决方式撤销行政处分效力之诉讼,因此,欲提起撤销诉讼之前提,其撤销之行政处分须客观上已存在。此一要件,只须事实上有该行政处分存在即可,至于原告或被告主观上认定如何,对撤销诉讼之合法性并无影响。且该行政处分之种类为不利（负担）处分或授益处分? 其性质为下命、确认或形成处分,亦非所问。关于是否存有行政处分之判断标准,以及其与其他公法上行为之区别,应依现行相关法律规定[163]及行政法理论实务发展处理,此为行政法总论问题,于此不拟赘论[164]。惟应注意者,早期于新行政诉讼

---

[163]　"行政程序法"第 92 条、"诉愿法"第 3 条参照。

[164]　早期台湾旧"行政诉讼法"因实践上仅有处分撤销诉讼一种诉讼类型,无论学说实务均有经由扩大处分概念（形式的行政行为论）,以满足人民权利保护要求之做法。例如,于多阶段行政处分或若干具体涉及人民权益之行政计划行为,为早期使人民权利获得救济或使有关法律关系趋于安定,遂承认该前一阶段之行为（内部行为）或行政计划行为（抽象行为）为行政处分,以使其得提起撤销诉讼救济。此种基于救济目的而扩张处分概念之做法,于不承认处分撤销诉讼以外之其他诉讼类型情形,虽有实益;然于诉讼类型已有扩大之现行行政诉讼制度下,扩大行政处分概念不仅无法扩大救济,反有阻碍人民权益保护要求之反作用（例如撤销诉讼、课予义务诉讼有诉愿前置、遵守起诉期间、起诉不停止执行等保护公行政之设计）。因此,将来于解释构成撤销诉讼、课予义务诉讼或处分无效或违法确认诉讼之对象之行政处分概念时,原来基于救济目的而扩大行政处分概念之理由既已不存在,于现制下

法实施前,原告起诉请求撤销之对象如客观上非行政处分,实务均径自驳回原告之诉方式处理。例如[165],"原告系在校学生因成绩不佳,学校当局劝导其趁早转学,以免届期受退学处分而难堪。原告遂一面办妥转学,一面提起争讼,但行政法院则以退学处分既尚未作成,原告主张已有行政处分存在,自不足采"[166],而驳回原告之诉。又"以往依'环保署'规定制作之交通工具排放空气污染物违规通知书(单),记载送达之日起十日内到案接受处罚,依法律规定之下限标准处罚,并写明'本通知单不得作为诉愿之依据',盖主管机关主观上欲将之定位为观念通知",对此法院亦以该行为为观念通知而驳回原告之诉[167]。早期实务此种径自驳回原告之诉之做法,因当时行政诉讼仅有撤销诉讼一种,尚无可厚非[168]。然于新"行政诉讼法"生效施行后,除采行政法院审判权范围

实有还原各该行为之本来面貌,以纯化行政处分概念之必要。类似见解,2004 年 12 月 2 日"最高行政法院"2004 年裁字第 1537 号裁定谓:相对人对于检举人所为之答复函,在诉愿法及行政诉讼法修正前,为配合仅有撤销诉讼的唯一救济管道,在检举人能主张其权益因相对人之调查处理受损之情况下,权宜的认为检举人可提撤销诉讼;惟新法施行后,救济途径增加,非只有行政处分才能获得救济,且救济途径与行政行为之间,有法定的适用关系,旧法时期个案需要救济为由,所为之权宜措施,即认定相对人对于检举人之答复系行政处分一节,已失其正当性。

[165] 以下事例引自吴庚前揭注 13 书第 103 页。

[166] 1986 年 8 月 23 日行政法院 1986 年判字第 1157 号裁定参照。

[167] 1985 年 8 月 25 日行政法院 1985 年判字第 2095 号判决参照。又本判决之原告,其后以该判决所援引之行政法院 1959 年判字第 96 号判例违"宪",而申请大法官解释,并经大法官作成释字第 423 号认为该通知书为行政处分,其解释理由书认为:现行行政诉讼制度以撤销诉讼为主,得提起撤销诉讼之事项则采概括条款之立法形式,凡人民对于行政处分认为违法或不当致损害其权利或利益者,均得依法提起诉愿或行政诉讼。所谓行政处分系指行政机关行使公权力,就特定具体之公法事件所为对外发生法律上效果之单方行为,不因其用语、形式以及是否有后续行为或记载不得声明不服之文字而有异。若行政机关以通知书名义制作,直接影响人民权利义务关系,且实际上已对外发生效力者,诸如载明应缴违规罚款数额、缴纳方式、逾期倍数增加之字样,倘以仍有后续处分行为或载有不得提起诉愿,而视其为非行政处分,自与"宪法"保障人民诉愿及诉讼权利之意旨不符。遇有行政机关依据法律制发此类通知书,相对人亦无异议而接受处罚时,犹不认其为行政处分性质,于法理尤属有悖。

[168] 除上开所举之例外,行政法院以不存有行政处分而驳回原告之诉者(包含新法施行后之例),例如,下列行为行政法院认为客观上非行政处分(引自林腾鹞前揭注 41 书第 75 页以下):(1)上级机关对所属机关所为指示处理之命令:行政法院 1961 年判字第 17 号判例、1968 年判字第 178 号判决;(2)行政机关所为单纯事实叙述或理由说明:行政法院 1972 年裁字第 41 号判例、台北高等行政法院 2001 年诉字第 216 号裁定、台北高等行政法院 2002 年诉字第 5077 号裁定。(3)行政机关告知经办事件进度或缓办之原因之通知:行政法院 1971 年裁字第 88 号判例;(4)行政机关函送地方法院裁罚之移送书:行政法院 1956 年判字第 37 号

除采概括主义(同法第 2 条)外,并扩张诉讼类型及于确认诉讼与给付诉讼之结果,已不宜以径自驳回起诉之方式处理。盖正因事实上是否存有行政处分最终以法院之判断为准,原告所提之诉虽不合撤销诉讼之要件,但如已具备争讼性(即属于本法第 2 条之公法上争议),法院应即阐明使其有变换诉讼类型或为诉之变更之机会,目前实务仍沿袭旧制以径自驳回原告之诉方式处理,实质上无异拒绝裁判,令人遗憾。

撤销诉讼系一种以判决方式排除行政处分"外部效力"之诉讼[169]。亦即,因外部效力之发生为处分发生内部效力之前提,故撤销诉讼系以撤销处分外部效力之方式,使处分自始不存在(此时内部效力自亦因失其附丽而溯及既往失其效力),故为一种全有或全无之诉讼结构。行政处分是否具备外部效力,以是否经"通知[170]"为准,此原则上亦构成"行政处分"与"非行政处分(或行政处分不存在)"之区别标准之一。因此,纵为一个已具备行政处分要素之公行政行为,在尚未通知前,因尚未具备一个行政处分之外观,故仍非行政处分;反之,无效之行政处分如已通知,因其已具备外部效力仅其不具备内部效力而已,故仍为一个行政处分[171]。早期旧制时代因仅有撤销诉讼一种诉讼类型,对无效之

判例;(5)大法官不受理人民申请解释宪法案件之决议:台北高等行政法院 2001 年诉字第 1669 号裁定;(6)行政机关之重复处分:"最高行政法院"2002 年裁字第 283 号裁定;(7)事实上之拆除处分行为:台北高等行政法院 2002 年诉字第 2253 号裁定;(8)观念通知:台北高等行政法院 2002 年诉字第 2440 号裁定;(9)已经诉愿决定撤销或变更之原处分:"最高行政法院"2001 年判字第 1559 号判决;(10)行政机关对于法定救济期间经过后之行政处分的重申或说明:"最高行政法院"2002 年判字第 1822 号判决。

　　[169]　陈敏等译前揭注 117 书第 337 页[吴绮云译]。

　　[170]　指行政机关以认知该处分内容,并以使关系人知悉之意思,将该处分内容公诸外部之行为。至于该通知行为依个别法律规定,应否另遵守法定通知方式(如合法送达),对处分外部效力之发生原则无影响。例如,在捷运车站内对站内违规饮食之人开具罚单,因违规人拒收,而将该罚单"留置"于违规人所在车厢座位或捷运车站服务台情形;或临检时警察当场开单告发后,因违规人拒收,而将告发通知书留置现场情形,该行政处分应认为已发生"外部效力",但尚未发生"内部效力"(指依处分规范内容所应发生之效力)。匦此,"行政程序法"第 110 条第 1 项"依送达、通知或使知悉之内容对其发生效力"以及同条第 4 项"无效之行政处分自始不生效力"之规定,应仅指内部效力而言。另外,除行政处分附有始期或停止条件时其内部效力自期限届至或条件成就时发生外,行政处分欲发生内部效力,以该处分经"合法通知"为必要。不同见解,陈敏:《行政法总论 第 4 版》,自刊,2004 年 11 月,第 362 页,认为除处分附有条件或始期情形外,行政处分外部效力与内部效力通常同时出现,并似乎认为"行政程序法"第 110 条第 1 项"依送达、通知或使知悉之内容对其发生效力"之规定,兼具外部效力与内部效力。

　　[171]　反对见解,陈敏前揭注 170 书第 363 页谓:无效之行政处分,不仅不发生其规制内容之"内部效力",亦不发生其作为规制当事人标准之"外部效力"。惟果如此,则无效之行政处分如何与"非行政处分"区分(同书第 403 页认为无效之行政处分亦为行政处分),似有厘清必要。

行政处分系以撤销诉讼处理[172]，于新制生效实施后，已明文承认"处分无效确认之诉"与"处分效力事后消灭之处分违法确认之诉"（本法第 6 条第 1 项），则无效行政处分能否以"撤销诉讼处理"，遂生疑义。通说认为，基于撤销诉讼原则须经诉愿前置、遵守起诉期间等考虑，为免原告因对得撤销之行政处分错误提起处分无效确认之诉，致逾越诉愿或起诉期间而无法获致救济，仍应许原告提起撤销诉讼，行政法院审理后，如认为系争行政处分有无效之瑕疵时，应加以阐明（本法第 125 条第 3 项），使其转换为处分无效确认之诉（本法第 111 条第 3 项第 4 款）后处理[173]。惟如前所述，如在认为无效之行政处分仍有外部效力仅其不具内部效力者，此正符合撤销诉讼所撤销者为行政处分之"外部效力"之制度设计，理论上并无不许人民提起撤销诉讼之理。

又行政处分之效力，若因期间经过、终期届至、停止条件成就，或因执行完毕或其他事由[174]而消灭者，论者认为亦属"行政处分客观上不存在"，因此早期"司法院"大法官释字第 213 号解释（1987 年 3 月 20 日）所称"行政处分因期间之经过或其他事由而失效者，如当事人因该处分之撤销而有可回复之法律上利益时，仍应许其提起或续行诉讼"，于现行行政诉讼法既已明定"处分违法确认之诉"此一诉讼类型，该号解释所称"续行诉讼"之适用应受限制，原告若仍对该已不存在之行政处分提起撤销诉讼者，行政法院应阐明使其转换为处分违法确认之诉[175][176]。惟严格而论，本书以为上开情形尚非"处分客观上不存在"，仅该

---

[172]　1934 年 1 月 1 日行政法院 1934 年判字第 61 号判例谓：行政处分若因欠缺法律上之要件而无效时，其外形上之事实既经成立，则应受有效之推测，须由当事人依法提起诉愿或行政诉讼，经诉愿官署或行政法院撤销其效力方不能继续存在。

[173]　吴庚前揭注 13 书第 104 页以下；林腾鹞前揭注 41 书第 77 页；陈计男前揭注 16 书第 162 页参照。

[174]　例如，被废弃（撤销或废止）、当事人死亡、处分内容客观上已无法实现、处分内容已实现且未残留后续效果等。

[175]　吴庚前揭注 13 书第 103 页以下；林腾鹞前揭注 41 书第 76 页以下；陈计男前揭注 16 书第 160 页及该页注 26、注 27 参照。

[176]　惟于新法生效实施后，"司法院"大法官针对人民以 2000 年 5 月 4 日行政法院 2000 年判字第 1356 号判决所适用"司法院"院字第 2810 号解释有违"宪"疑虑之申请解释案时，于 2002 年 5 月 31 日作成释字第 546 号解释，于该号解释理由书中，则明确指出仍"应撤销原处分或诉愿决定"，亦即：提起行政争讼，须其争讼有权利保护必要，即具有争讼之利益为前提，倘对于当事人被侵害之权利或法律上利益，纵经审议或审判结果，亦无从补救，或无法回复其法律上之地位或其他利益者，即无进行争讼而为实质审查之实益。惟所谓被侵害之权利或利益，经审议或审判结果，无从补救或无法回复者，并不包括依国家制度设计，性质上属于重复发生之权利或法律上利益，诸如参加选举、考试等，人民因参与或分享，得反复行

处分内部规范效力事后消灭或确定不发生而已,上开学者论述恐非确论。因此,如处分规范效力不因执行完毕而完全丧失情形[177],撤销诉讼仍为正确之诉讼类型。此时,如单纯撤销尚无法满足原告之救济请求时,原告并得依法第196条规定,申请法院于"判决中命行政机关为回复原状之必要处置"(执行结果除去请求权)或追加请求命为一定之给付(公法上不当得利请求权)[178]。换言之,凡依具体个案判断,须以判决方式消灭行政处分之效力始满足原告之救济目的者,原则即须以撤销诉讼为之;仅于原告起诉主张之权利或法律上利益,无待撤销判决即可行使之情形(即系争行政处分已不再可作为行政机关之给付或课予当事人义务之法律基础),始有检讨应否提起处分违法确认之诉之必要[179]。

由于撤销诉讼以撤销行政处分之外部效力为目的,因此,于原告原则仅能请求法院撤销行政处分之全部,而不能单仅请求撤销行政处分之一部,盖部分

使之情形。是当事人所提出之争讼事件,纵因时间之经过,无从回复权利被侵害前之状态,然基于合理之期待,未来仍有同类情事发生之可能时,即非无权利保护必要,自应予以救济,以保障其权益。人民申请为公职人员选举候选人,因主管机关认其资格与规定不合而予核驳处分,申请人不服而提起行政争讼时,虽选举已办理完毕,但其经由选举而担任公职乃宪法所保障之权利,且性质上得反复行使,除非该项选举已不复存在,则审议或审判结果对其参与另次选举成为候选人资格之权利仍具实益,并非无权利保护必要者可比。受理争讼之该管机关或法院,仍应为实质审查,若原处分对申请人参选资格认定有违法或不当情事,应撤销原处分或诉愿决定,俾其后申请为同类选举时,不致再遭核驳处分。(惟本件申请人事后并未持此一解释申请再审,故尚无法知悉行政法院对此类案件之态度)[177] 如罚锾处分经强制执行后该处分仍作为行政机关保有该执行取得之罚款之法律上原因。

[178] 此时,构成撤销诉讼与结果除去请求权诉讼(或公法上不当得利返还请求诉讼)之客观合并,且就结果除去请求权诉讼或公法上不当得利返还请求诉讼而言,因其请求权之发生时点系于法院作成撤销判决时始发生,并非存于言词辩论终结时,故属例外允许之"撤销诉讼与将来给付之诉之合并形态",还请留意。

[179] 关于本法第196条规定之性质,依本法立法理由说明系仿《德国行政法院法》第113条第1项规定而来,该项规定:"于行政处分违法并侵害原告权利之范围内,法院应撤销原行政处分及相关诉愿决定。如行政处分已执行完毕,法院亦得依申请宣告处分机关应如何回复原状。但仅于行政机关能达成,且事件已达于可为裁判之程度者,始得为之。行政处分前已撤销或因其他事由已消灭者,法院得依申请以判决确认行政处分为违法,但以原告就此有正当利益者为限。"该条项最后一句之规定,即为所谓"追加或继续的处分违法确认之诉"。德国此一违法确认诉讼之适用范围,其后虽经实务与理论扩张及于其他诉讼类型及起诉前行政处分效力已经消灭情形(相关讨论,请参照刘淑范:《论"续行确认诉讼"(违法确认诉讼)之适用范畴:以德国学说与实务为中心》,台北大学法学论丛第46期,2000年6月,第113页以下),但此一诉讼之容许性必须"系争行政处分已不再可作为行政机关之给付或课予当事人义务之法律基础"(否则仍应以撤销诉讼请求),且具备该条所规定之"正当利益"(确认利益)(陈敏等译前揭注117书第1255页、第1256页、第1265页以下[陈爱娥译])。

撤销请求并非消灭行政处分之外部效力，而系涉及行政处分之规范内容之限缩或扩张（行政处分之内部效力）。亦即，原告如不请求撤销行政处分之全部，而仅单纯请求法院变更行政处分之内容者，除该变更系在限缩行政处分之规制内容，且不涉及行政处分质的变更而"仅为量的变更或该处分具有可分性"之情形外，其撤销诉讼原则不应允许，原告应以课予义务诉讼请求救济。于原告之撤销请求仅为数量之变更情形，本法第 197 条规定"撤销诉讼，其诉讼标的之行政处分涉及金钱或其他代替物之给付或确认者，行政法院得以确定不同金额之给付或以不同之确认代替之"，可认为系立法明文承认以"撤销行政处分之内部效力为内容之撤销诉讼"；至于其他涉及行政处分内部效力之撤销诉讼之容许性，例如针对附款处分所提撤销诉讼，其容许性则取决于该处分是否具有可分性，如处分具有可分性，依自得就该可分部分单独请求撤销[180]。

原告请求撤销之行政处分是否具有可分性，并非诉讼法之问题，应取决于实体法之规定，就具体个案情形分别判断，并无固定标准。通常考虑因素为，于单独除去该部分后，剩余部分之规制内容是否因此而失其规范意义或成为另一不同之处分。除前述处分内容在数量上可分者外，通常情形，如行政处分涉及多数相对人而处分内容对各该人无须合一确定（如对数笔土地所为征收处分），或一个处分书面中有二以上处分之规制内容（如一个核定补缴税额及滞纳金之处分书），可认为系可分。行政处分可分者，无论单独诉请撤销部分与他部分是否互为先决或前提关系，原则上可单独对该部分诉请撤销[181]。

---

[180] 此时就系争行政处分整体而言，固为部分撤销（变更判决），但就该单独可分之部分而言，仍属全部撤销。

[181] 此一情形，形式上虽仅有一个处分书面，但实际上存有两个处分。对此，论者有认为"相对人以补缴税额之核定违法，理论上虽可单独就此部分起诉，然实际上若税额改变，则以之为计算标准之滞纳金当然失所附丽，仍应视为对全部处分不服"（吴庚前揭注 13 书第 105 页以下；林腾鹞前揭注 41 书第 77 页），如其系谓法院应行使阐明权使之得追加起诉（滞纳金撤销请求之诉），尚无问题；但如谓纵使原告未对他部分（即滞纳金部分）表示不服，亦视为已对滞纳部分起诉者，则有疑义。盖将来关于核定补缴税额部分胜诉后，依本法第 216 条裁判之拘束力规定，其他部分之处分（如滞纳金）如与经裁判撤销部分之处分如有冲突或矛盾者（即所谓"不整合处分"），行政机关本就负有将该不整合处分予以修正调整之义务，并无强求应一并请求撤销之必要；纵于不承认本法第 216 条规定之拘束力，具有课予被告机关行为义务之效果（此为拘束力与既判力之最大差异）之情形，原告胜诉后，依"行政程序法"第 128 条第 1 项第 3 款规定，以该未经起诉部分之处分（滞纳处分）具有"相当于行政诉讼法所定再审事由且足以影响行政处分者"（即本件情形相当于"行政诉讼法"第 273 条第 1 项第 11 款，构成"为处分基础之其他行政处分，依其后之确定裁判或行政处分已变更者"），申请重开行政程序。

至于对行政处分之附款,能否单独诉请撤销,亦以实体法上该附款与行政处分是否具可分性而定。对此一附款单独撤销之可能性,无论学说实务均未取得一致见解。有主张"一切附款均许其提起撤销诉讼者",有主张"一切附款均可提起课予义务诉讼者",亦有主张须视"附款之种类"或"处分基本规范本体之性质(裁量处分或羁束处分)"之差异分别判断者[182]。其中,各种主张均有值得参考之处[183],本书无意为不同主张。惟应注意者,于处分不可分(如附有始期、终期或条件之行政处分)情形,如法院即使作成全部撤销判决后,行政机关仍必须作成(原告请求撤销部分以外之)其他剩余部分之处分,别无作成其他处分之可能时,纵该处分在实体法上不可分,基于诉讼经济以及人民权利适时保护要求,本书以为尚非不能请求部分撤销。

(2)须主张其权利或法律上利益因违法行政处分而受有损害:诉讼权能

本项要件系为贯彻撤销诉讼之主观诉讼性质并防止发生民众诉讼而设,对此台湾学者均以"原告须主张行政处分违法并损害其权利或法律上利益"为其要件[184],此项要件,或系受本法第4条规定"人民因'中央'或地方机关之违法行政处分,认为损害其权利或法律上利益"用语之释义学解释以及德国法制与学说理论之影响,欲于积极的当事人(原告)适格理论(诉讼实施权)以外,建立属于行政诉讼之诉权理论(诉讼权能)所致。

据此,原告提起撤销诉讼是否具备诉讼权能,须主张以下三要件:①原告所

----

[182] 此为德国学说之四种主要理论,进一步具体介绍请参照林腾鹞前揭注41书第78页以下。

[183] 关于附款之单独请求撤销可能性问题,例如,吴庚教授主张以下三项法则(前揭注13书第106页):(1)以附款是否具有独立性质为准:期间、条件及保留废止权皆非可与行政处分分离而存在,故仅能对处分连同附款一并不服,不得单独对附款提起撤销诉讼。反之,负担及负担之保留原本即得以独立之处分存在,不妨害单独对附款提起撤销诉讼。如附款为修正之负担,申请人根本无受领处分之义务,如欲使主管机关按其最初之申请内容作成处分,则可运用课予义务诉讼请求救济。(2)视附款属于负担或授益效果为准:若附款与行政处分不可分,则不问负担之附款抑授益之附款,一律以撤销诉讼为正确之救济方法。盖原告得主张因附有负担之附款而违法,或主张因附加之授益附款有瑕疵而违法。若附款为可分时,对负担之附款自得提起撤销诉讼,对授益之附款则应提起课予义务诉讼中之不服拒绝申请之诉。(3)以行政处分为羁束处分抑裁量处分为准:羁束处分之附款可分者,得单独撤销,不可分者应一并对处分及附款起诉。若属裁量处分,纵然附款属于独立可分性质,以孤立的撤销诉讼排除附款并无实益可言,因为无该项附款行政机关显然无欲作成处分行为,而作成与否并不构成违法之故。又此种情形理论上虽许其提起不服拒绝申请之诉,但前提既属裁量处分,原则上即不生违法问题,起诉将无实益可言。

[184] 吴庚前揭注13书第107页;林腾鹞前揭注41书第79页;陈计男前揭注16书第163页。

主张受损害之权利须为受公法所保护之利益(公权存在);②该受公法所保护之利益得归属由原告所享有,如为诉讼担当情形则须为法所允许(公权之归属);③该受公法所保护之利益有受违法行政处分侵害之可能性(公权之受害可能性)。至于原告关于其权利或法律上利益因违法行政处分受有损害之"主张",其主张应达到何种程度,学说上有主张理论、可能性理论与说服理论之争议。目前通说基于撤销诉讼诉讼权能之制度目的(排除民众诉讼),系采可能性理论,此已于前述。

以下,进一步说明如下:

①公权之存在

本法第 4 条、第 5 条虽将"权利"与"法律上利益"并列,但因二者均指涉一项受法规范所保护、得由特定人主张之具体利益,因此,在定义上并无严格区分"权利"与"法律上利益",均可称为"公权"。此处所谓"公权之存在",系指系争行政处分须涉及一项受公法保护之权利或法律上利益。因此,一项受私法保护之权利或法律上利益(如所有权、隐私权、名誉权)如同受公法保护者,亦为公权[185]。反之,如一项利益并未受公法保护,即为"反射利益"或"事实上利益"[186],纵该利益系受私法保护之权利或法律上利益,但如系在行政诉讼上主张时,亦仅为反射利益[187]。鉴于公权与反射利益之区分,在诉讼法上具有判断原告诉讼权能之作用,纵使公权存否之判断因新台湾实务采"新保护规范理论"之结果(释字第 469 号解释参照,后详),而大幅扩张其范围,能否认为传统"公权与反射利益二分法已被推翻[188]",恐仍有疑问。因此,原告单纯主张受

---

[185] 因此,公权与私权之区别,不在于该权利之本质属性,而在于该项权利或利益究系受公法抑或私法保护,其受公法保护者,原则以行政争讼途径提供救济,其受私法保护者,则以民事诉讼途径予以救济。亦即,权利或利益本身性质并无公私属性之区别,仅有是否受法规范保护以及受何种法规范保护之问题。就此点而言,本书观点与台湾多数学说暨实务见解明白区分为公法上权利与私法上权利者,有所不同。关于公权、法律上利益及反射利益之区别之进一步讨论,李惠宗:《主观公权利、法律上之利益与反射利益之区别》,收于翁岳生编:《行政法争议问题研究(上)》,五南,2000 年,第 164 页以下。

[186] 指法规之目的在于保障公共利益(无法特定之个人利益之总体)而非个人利益(可由特定人享有之具体利益),纵个人因该法规之实施而获有利益,该利益仅为法律规范之反射效果,尚非权利或法律上利益。

[187] 在国家赔偿法领域,其制度目的在于损害之填补,因此一项权利或法律上利益,无论系受公法保护抑或受私法保护,就损害填补观点而言并无差异。因此,在国家赔偿诉讼中即无须再讨论是否为"公权",但依然存在应否区别"权利与法律上利益"以及"反射利益"之问题。

[188] 吴庚前揭注 13 书第 113 页;林腾鹞前揭注 41 书第 86 页。

有事实上不利影响或经济上、文化上、信仰上或政治上之利益或关心,如该项利益或关心未为系争公法所保障由特定人享有,亦非公权。

理论上,一项受公法上程序法规保护之利益,亦为公权。然对此种程序上权利或利益之侵害,能否单独提起行政争讼,各国法制、学说与实务见解,均有不同。就台湾情形而论,由于诉愿人或原告在行政争讼程序中,如不同时主张实体法上权利受侵害,原则无法仅主张程序上权利受侵害而请求撤销系争处分[189],因此,除允许单独就程序瑕疵提起行政争讼情形外,一项单纯受公法上程序法规所保护之利益,尚无法作为赋与原告诉讼权能之保护规范[190]。

至于如何判断"法律上利益",学说主要有"权利保护说"、"法律上保护利益说"、"值得保护之利益"说三种。通说则采法律上保护利益说,而其判断标准一般采"保护规范理论(Schutznormlehre)"[191],且所谓"保护规范"之范围逐渐扩大,不再局限于自历史上立法者主观意思诠释法律是否具备保护个人利益为目的[192]。

---

[189]　"行政程序法"第 174 条:当事人或利害关系人不服行政机关于行政程序中所为之决定或处置,仅得于对实体决定声明不服时一并声明之。但行政机关之决定或处置得强制执行或其他法规另有规定者,不在此限。"诉愿法"第 79 条第 2 项规定:原行政处分所凭理由虽属不当,但依其他理由认为正当者,应以诉愿人为无理由。第 76 条规定:诉愿人或参加人对受理诉愿机关关于诉愿程序进行中所为之程序上处置不服者,应并同诉愿决定提起行政诉讼。

[190]　例外情形,除"行政程序法"第 174 条但书规定情形外,"行政诉讼法部分条文修正草案"第 11 条之 2 第 1 项前段规定"公益团体依法律规定有程序参与权,而未适时行使者,就该事件不得提起前条之诉讼(按指团体诉讼)",本条反面解释,如该公益团体已适时行使程序参与权时,即得仅主张其程序参与权受侵害而起诉。

[191]　就行政诉讼依保护规范理论判断诉讼权能(原告适格)问题而言,与民事诉讼原则以原告有无实体法上之所有权或处分权判断原告适格者不同,此系因行政实体法规通常并未就原告公法上权利设有具体规定,而与民事实体法规范构造存有差异之故。

[192]　理论上,判断是否存有公权,应具备下列三要件:(1)存在一个强行法规(强行法规性);(2)该强行法规兼具有保护私益之作用(私益保护性);(3)实定法上赋予人民就该利益得以争讼方式主张(请求权赋与性)。就德国、日本与台湾之公权理论发展言,多数集中于第 2 项要件之检讨(即所谓"保护规范理论"),其他 1、3 要件,则少有被论及。最近实务上明确提示此三要件者,为"司法院"大法官释字第 606 号解释中,由大法官许宗力、余雪明、曾有田及林子仪等所提之协同意见书,其说明可资参照。亦即,该意见书注 3 谓:通说认为公法上权利之存在必须具备下列要件:首先,法律课予行政一定行为义务,换言之,该法律规范必须属强行法,行政对义务之履行与否,并无裁量权,若属裁量规范,行政的行为义务则表现在无缺点的裁量(fehlerfreies Ermessensgebrauch);其次,法律必须有助于人民个人利益之满足,而不是单纯在于追求公共利益;最后,法律必须赋予人民某种法律地位(Rechtsmacht),得向义务人贯彻其法律赋予之利益。一般认为宪法上之法治国原则与提请法律救济的基本权两者的存在,就已满足此最后一项要件。

依台湾学说与实务之目前发展,已改采"新保护规范理论"。亦即,所谓"保护规范",除构成公权力根据之个别根据法规[193]外,该法规整体、根据法规以外之其他相关联法规,乃至宪法(尤其有关基本权利部分)有关之规定,均属所谓"保护规范",得作为导出"法律上利益"之法规根据[194];且检讨是否为保护规范时,不再侧重于立法者主观之意思,而强调法规范客观目的之探求,并应就规范结构、规范范围、适用对象之可特定性及其他如公害防止、环境保护、建筑计划或其他计划或政策所造成影响,乃至科技发展等社会、科技发展因素观察斟酌。有关此一部分,相关学说理论已有相当丰富讨论,此不再赘论[195]。于台湾司法实务

---

[193] 例如,关于传统以行政活动根据法规为对象之德国传统保护规范理论,一般约有如下之批判(宫田三郎:"行政诉讼法",信山社,1998年,第116页注12参照):(1)法社会学或法政策上之批判:保护规范说系自然破坏或景观浪费之原因。(2)法历史之批判:传统保护规范理论之目的在于扩大人民之原告适格,发展至今日则倾向用于限制人民诉权之行使。(3)宪法上之批判:现行宪法下个人之法律上地位固已强化,然于第三人权利保护问题上,如依保护规范理论,则经常须就立法者是否承认第三人之权利性问题犹疑不定,因此,有纳入基本人权考虑之必要。(4)方法论之批判:保护规范理论之基础,即公益与私益之区别乃至对立,事实上并无根据且不可能区别。例如认为以保护个人利益为目的之法规范,为法律上利益之根据,反之,以保护公益为目的之法规范,则仅为单纯反射利益者,此一论述本身即属矛盾。(5)法解释上之批判:仅依行政处分根据规范为解释,并非判定权利性存否之合理基准。又关于对日本法律上利益说之批判,宫崎良夫:《取消诉讼の原告适格》,收于氏著《行政争讼と行政法学》,弘文堂,平成3年12月,第168页至第173页参照。

[194] 有关自宪法保障基本人权观点作为导出原告适格之根据(新保护规范理论)者,学者对之约有如下评价:(1)放弃传统自立法者可能意思探寻原告适格之历史束缚。(2)规范保护目的并非仅自特定规范本身,更自该规范相关之整体规范构造及其制度条件中探寻,其结果,一方面可能成为权利之根据,他方面亦可能妨碍权利之成立。(3)于探究保护目的之际,基本权之规范作用,扮演使宪法价值明确化、体系化之功能(中川义朗:《取消诉讼における"第三者"の原告适格の基准としての基本权适用论序说》,载于手岛孝先生还历祝贺论集:《公法学の开拓线》,法律文化社,1993年);大西有二:《ドイツ公法上の邻人诉讼に关する一考察》,载《北大法学论集》第41卷,1991年;神崎一彦:《公权论に于けるのづけ(一)~(三)》,载《法学》第56卷至第58卷,1995年参照)。

[195] 有关公权与反射利益或保障规范说理论之发展与介绍,吴庚前揭注13书第112页、第113页;陈清秀前揭注13书第79页至第93页;刘宗德:《论行政不作为之国家赔偿责任》,收于氏著:《行政法基本原理》,学林出版社,1998年8月;王和雄:《论行政不作为之权利保护》,自刊,1994年;盛子龙:《撤销诉讼之诉讼权能》,《中原财经法学》第7期,2001年12月,第1页以下;中川义朗:《ドイツ公权理论の展开と课题》,法律文化社,1993年,同前揭注194文第239页以下;安念润司:《取消诉讼における原告适格の构造(一)~(四)》,载《国家学会杂志》第97卷第11、12号、1985年6月第98卷第5、6号、1985年12月第98卷第11、12号、1986年8月第99卷第7、8号、1984年12月;冈村周一:《取消诉讼の原告适格》,收于杉村敏正编:《行政救济法1》,有斐阁,1990年11月参照。

上,关于保护规范理论之最重要发展,厥为"司法院"大法官释字第 469 号解释,该号解释系国家赔偿诉讼案件而作,用以推翻国家赔偿案件中"最高法院"1983 年台上字第 704 号判例所墨守之"请求权与反射利益二分法"[196],而改采上开"新保护规范理论",该号解释理由书谓:"法律之种类繁多,其规范之目的亦各有不同,有仅属赋予主管机关推行公共事务之权限者,亦有赋予主管机关作为或不作为之裁量权限者,对于上述各类法律之规定,该管机关之公务员纵有怠于执行职务之行为,或尚难认为人民之权利因而遭受直接之损害,或性质上仍属适当与否之行政裁量问题,既未达违法之程度,亦无在个别事件中因各种情况之考虑。例如:斟酌人民权益所受侵害之危险迫切程度、公务员对于损害之发生是否可得预见、侵害之防止是否须仰赖公权力之行使始可达成目的而非个人之努力可能避免等因素,已致无可裁量之情事者,自无成立'国家'赔偿之余地。倘法律规范之目的系为保障人民生命、身体及财产等法益,且对主管机关应执行职务行使公权力之事项规定明确,该管机关公务员依此规定对可得特定之人负有作为义务已无不作为之裁量空间,犹因故意或过矢怠于执行职务或拒不为职务上应为之行为,致特定人之自由或权利遭受损害,被害人自得向'国家'请求损害赔偿。至于前开法律规范保障目的之探求,应就具体个案而定,如法律明确规定特定人得享有权利,或对符合法定条件而可得特定之人,授予向行政主体或'国家'机关为一定作为之请求权者,其规范目的在于保障个人权益,固无疑义;如法律虽系为公共利益或一般民众福祉而设之规定,但就法律之整体结构、适用对象、所欲产生之规范效果及社会发展因素等综合判断,可得知亦有保障特定人之意旨时,则个人主张其权益因公务员怠于执行职务而受损害者,即应许其依法请求救济"。

此外,自诉讼法观点讨论原告之诉讼权能(原告适格)问题而言,又可区分为处分相对人之诉讼权能与处分相对人以外利害关系人(第三人)之诉讼权能说明。一般情形,学说与实务对于处分之相对人有原告适格均无异议("相对人理论(Adressatentheorie)"),故上述保护规范理论之主要检讨对象,一般均集中于"第三人"之诉讼权能问题。考其原因,并非在于第三人之法律上利益难以探知,而系在其利益状态与相对人情形有所不同之故。

---

[196] 本号判例谓:"国家赔偿法"第 2 条第 2 项后段所谓公务员怠于执行职务,系指公务员对于被害人有应执行之职务而怠于执行者而言。换言之,被害人对于公务员为特定职务行为,有"公法上请求权"存在,经请求其执行而怠于执行,致自由或权利遭受损害者,始得依上开规定,请求"国家"负损害赔偿责任。若公务员对于职务之执行,虽可使一般人民享有反射利益,人民对于公务员仍不得请求为该职务之行为者,纵公务员怠于执行该职务,人民尚无公法上请求权可资行使,以资保护其利益,自不得依上开规定请求"国家"赔偿损害。

　　以撤销诉讼之原告之诉讼权能问题为例：例如，建筑许可处分之相对人与实施该建筑工程区域之邻人，其二者之利益状态即有不同。即：

　　a. 于起造人起诉之情形，因其建筑自由因建筑法而受有一般性禁止，故如主管机关拒绝其建筑许可之申请，则其权利即因处分效力而受直接受有侵害；因此，对处分相对人，依相对人理论，原则可径自承认其原告适格，而毋庸进一步检讨其中是否存有保护规范[197]，此点尤其于原告系提起撤销诉讼情形更系如此[198]。

　　b. 于邻人起诉之情形，主管机关于发给建筑许可时，纵依相关法规规定应考虑该建筑所在地附近居民之住居安全或生活宁静、日照、通风等利益，但却未予考虑而违法发给建筑许可，由于该邻人并不因主管机关核发建筑许可，而有忍受起造人建筑工程以及建筑完成后所生不利益之义务。亦即，于此一情形，不仅该建筑法所欲保护之利益是否为法律上利益本存有疑义，且纵使肯定，该邻人之权利或法律上利益是否因建筑许可而直接受有侵害[199]，亦有疑问。此时，该邻人若认其权益因建筑工程而受有侵害，本得主张相邻关系妨害排除请求权、所有权妨害排除请求权或本于健康权等人格法益之侵权行为妨碍排除请求权，提起民事诉讼请求救济，故纵使不承认其具有行政诉讼原告适格，亦未必可直接认为其"宪法"上所保障之诉讼权因而受有侵害[200]。因此，对于该处分相对人以外之利害关系人，应否承认其诉讼权能，即无法单纯以相对人理论解

---

　　[197]　就此点而言，于是否给予许可有名额限制情形（竞争申请诉讼、竞愿者诉讼），例如广播电视等各种频道之申请、入学许可等，对某人给予许可后，纵对该未取得许可之第三人未作成任何拒绝表示，因其亦为处分效力所及故实质上为处分之相对人，此时，纵依相对人理论亦得承认其原告适格。

　　[198]　应注意者，如原告系提起课予义务诉讼者，其情形又有不同，此时通常仍须检讨是否存有保护规范。

　　[199]　即建筑许可相对人并未因而取得合法侵害邻人上开利益之权利，故邻人权益若受有损害，亦非因处分效力而直接受有侵害，仅系因建筑工程之实施或完成建筑物本身而间接、事实上受有侵害。相关论述，请参照古城诚：《竞业者诉讼の原告适格》，收于雄川一郎先生献呈论集：《行政法の诸问题（下）》，有斐阁，1990 年 6 月，第 210 页以下；藤田宙靖：《行政活动の公权力性と第三者の立场》，收于雄川一郎先生献呈论集：《行政法の诸问题（上）》，有斐阁，1990 年 4 月，第 194 页以下。

　　[200]　由于第三人所受侵害具有间接、事实上侵害之性格，故学者有认为是否给予行政诉讼救济，多数情形系属"立法政策"问题（古城诚前揭注 199 文第 212 页参照）。此外，纵认为该第三人之法律上利益有予以保护必要，于宪法政策或立法政策观点，第三人与相对人利益之调整，究系由行政为第一次调整，其后再由民事法院为第二次调整；抑或由行政法院就行政所为第一次调整活动是否合法审查，以保护第三人权益，恐仍有争议。其中，若承认亦得借行政诉讼进行事后调整，则行政诉讼所具有之"适法性控制"功能，将进一步彰显（行政诉讼之客观诉讼化）。

决,而有以"保护规范理论"加以筛选之必要。然而,由于实务与学说不断扩大之保护规范理论,承认上开第三人于行政诉讼上之诉讼权能之结果,理论上具有使行政诉讼逐渐发展成为客观诉讼(民众诉讼)之风险[201]。

②公权之归属

上述以保护规范理论判断第三人之诉讼权能问题,于该所谓"法律上利益"之性质,例如环境利益、消费者利益、经济营业利益、文化享有利益等,具有高度一般性、扩散性、损害轻微性等特质时,此一理论即在相当程度呈现高度流动而不确定之状态,而使问题更加复杂难解。亦即,于此一情形,纵采用保护规范理论此一解释方法以判断原告适格,实际上并未提供一明确可供实务操作之标准。简言之,依保护规范理论纵使可判断某一利益是否为法规范所欲保护之个人利益,然能于诉讼上主张此一利益之个人,因其具有高度不确定性、扩散性之结果,往往难以"特定",而使"可特定"利益归属主体之"法律上利益"与"无法特定"利益归属主体之"公益"(或反射利益)概念与界限,逐渐趋于模糊。

换言之,今日关于第三人诉讼权能之判断,其主要问题已非该项利益是否为公法上所保护之利益问题,而系在于该项利益即使为法律上利益,但应归属由何人享有,亦即"公权归属主体之范围"(法规范目的所保护主体之范围)应如何妥适界定之问题(划线问题)。例如,下列情形,应否承认第三人(如附近居民、消费者、既存营业人、选举权人,甚至纳税人等)之诉讼权能〈原告适格〉以及如何决定其范围,往往发生疑问:a)对违法山坡地建筑或开发核发许可;b)对于机场、高速道路、垃圾场、焚化厂等嫌恶设施之设置许可;c)对于各种土地开发许可,例如火力或核能电厂、工业区、水库、海埔新生地、河川整治、港湾、堤防等开发地域之开发(例如附近居民主张其生命、财产权利有因土石流而受侵害之虞);d)关于各种古迹、生态保育区之认定或开发;e)关于食品、药品等输入、贩卖许可;f)关于营业之许可;g)关于停止举办某一公职人员选举(如民代延任)或政府机关不当支出公款(如民代自肥)等。基于上开理论上困难之原因,学者乃不得不坦率认为是否承认原告之诉讼权能及其范围如何,最终仍不得不考虑下列观点,就具体个案加以认定。亦即,考虑该受侵害权益之一般或具体程度、扩散或特定程度、侵害之重大或轻微程度,乃至比较衡量对该权益给予诉讼保护之社会费用与社会利益[202]等。简言之,应视具体个案之利益状况,并考

〔201〕　同旨,吴庚前揭注 13 书第 113 页;雄川一郎:《诉の利益と民众诉讼の问题》,收于田中二郎先生古稀记念:《公法の理论(中)》,有斐阁,1976 年 8 月,第 1261 页以下,第 1339 页以下。

〔202〕　主张应比较诉讼之社会费用与社会利益者,古城诚前揭注 199 文第 232 页至第 239 页参照。

虑各诉讼类型之制度功能，作个案判断[203]。

③公权之受害可能性

原告法律上利益是否受侵害，本属本案有无理由问题，而少有予以提前至原告适格部分作为判断标准者。此点于早期行政与人民关系多属"双面关系"之情形，较无问题；然于行政与人民关系已趋向于"三面关系"甚至"多面关系"之现代行政下，就第三人与相对人之关系言，由于承认第三人之原告适格，多数情形系借审查"对相对人所为行政行为之适法性"，以达第三人权益之保护，因此姑不论避免滥诉或减轻法院负担观点，即就相对人权益观点言，亦不允许第三人之原告适格无限扩大。因此，于诉讼技术上，乃有以该第三人法律上利益是否"受侵害"，以进一步筛选适当之当事人，此即原告关于权益侵害之具体化责任（Substantiierungslast）问题。此亦何以德日法制关于原告适格规定虽有不同[204]，然于实际运用，均不得不考虑原告就该权益侵害应否负释明或证明责任抑或单纯主张即可[205]。就台湾"行政诉讼法"第4条及第5条规定言，均明定原告须"认为损害其权利或法律上之利益"始提起，故解释上亦应以权益是否"受侵害"，亦为决定原告适格之标准。因此，其问题即集中于原告对于权益受侵害

---

[203] 除原告适格理论外，诉讼标的理论亦不再有一般性标准而须就系争事件性质予以个案判断决定，其结果乃不得不放弃一般性之诉讼类型，转而承认诉讼类型之个案化。换言之，无论于民事诉讼或行政诉讼，学者均逐渐强调所谓依各种具体争议事件之性质，个案发展其所适合之"诉讼类型论"。

[204] 关于权益"受侵害"是否亦属原告适格之判断标准，抑或诉有无理由之本案问题，德日立法例未尽相同。德国情形，因《德国行政法院法》第42条第2项以"权利侵害"为撤销诉讼及课予义务诉讼之原告适格要件，反之《日本行政事件诉讼法》（旧）第9条则仅以有无"法律上利益"为其撤销诉讼之原告适格要件。

[205] 关于此一问题，德国学说有如前述之"主张理论（Behauptungstheorie）"、"可能性理论（Möglichkeitstheorie）"以及"说服性理论（Suchüssigkeitstheorie）"（陈清秀前揭注13书第74页以下）。反之，于日本则集中于原告应否"释明"或"证明"抑或单纯主张权益受侵害之检讨。惟无论如何，二者之问题意识均相同（宫田三郎："行政诉讼法"，信山社1998年3月，第102页以下；南博方编前揭注71书第374页以下、第400页以下[前田顺司执笔]参照）。其中，主张原告负有证明责任者：上述前田顺司文；泉德治：《取消诉讼の原告适格・诉えの利益》，收于铃木忠一、三ケ月章监修：《新实务民事诉讼讲座（9）》，日本评论社，1983年，第61页注8；泷川叡一：《行政诉讼の请求原因、立证责任及び判决の效力》，收于民事诉讼法学会编：《民事诉讼法讲座（第5卷）》，有斐阁，1956年，第1450页参照。认为仅须主张或释明即可者：远藤博也：《取消诉讼の原告适格》，收于铃木忠一、三ケ月章监修：《实务民事诉讼讲座（第8卷）》，日本评论社，1970年，第70页；阿部泰隆：《原发诉讼をめぐる法律上の问题点》，载《ジュリスト》第668号，第17页；山村恒年：《主张责任・立证责任》，雄川一郎、盐野宏、园部逸夫编：《现代行政法大系 第5卷》，有斐阁，1984年，第129页参照。

应说明至何种程度,始认其具备原告适格。有关学说争论(主张理论、可能性理论、说服理论),本书不再论述。

(3)须经诉愿前置程序而无结果

提起撤销诉讼,须经诉愿前置程序而无结果后,始得提起,其主要目的在使公行政于人民起诉前,得就行政处分之合法性与妥当性,能有再一次之自我审查机会,因此诉愿程序仍属行政程序一环节[206]。因此,除别有规定无须经诉愿程序情形外,诉愿程序为撤销诉讼之必经程序。另外,台湾于其他个别法律中,往往明定须经复查、异议、争议审议等程序[207]后始得提起诉愿者,此类程序构成诉愿之先行程序,自亦应先于诉愿前用尽。

关于应经诉愿前置之案件,原告未经诉愿程序即提起撤销诉讼者,通说与实务均认为其诉讼不备特别诉讼要件,应以裁定驳回其诉。惟本书以为,基于诉讼经济理由,此一诉愿前置要件,如于本案言词辩论终结前如已具备,即应认已符合此一要件。此一情形,如原告尚未提起诉愿但其仍在法定诉愿期间("诉愿法"第14条参照)内,或虽提起诉愿但于诉愿决定前即起诉者,行政法院得依"行政诉讼法"第177条第2项规定,裁定停止诉讼程序待原告补正其诉愿程序。此时,如原告所提诉愿,关于诉愿期间之遵守,应以起诉时为准抑或以原告实际提起诉愿时为准?解释上,仍以原告实际提起诉愿时为准,惟原告提起撤销诉讼时既仍在诉愿期间内,其后迟误诉愿期间如有不可归责于己之事由(如误认其撤销诉讼已经相当于诉愿之程序故依法无须再经诉愿程序),可依"诉愿法"第15条规定申请回复原状,自不待言。

另于依本法第6条第5项规定,原告"应提起撤销诉讼,误为提起确认行政处分无效之诉讼,其未经诉愿程序者,受诉之行政法院应以裁定将该案件移送于诉愿管辖机关,并以行政法院收受诉状之时,视为提起诉愿"。此一"移送与拟制提起诉愿"之规定,具有保护人民诉愿与诉讼之权益之作用,实务上"最高行政法院"经常据此要求高等行政法院应为阐明并移送[208]。于此种原告"应提撤销诉讼而误提起处分无效确认诉讼"之情形,若原告起诉时已逾越诉愿期间

---

[206]　但台湾之诉愿制度兼具提供人民权利救济之功能。例如,"宪法"第16条明定诉愿权为人民基本权之一种,"诉愿法"第1条第1项、第2条规定诉愿采"主观诉愿",第81条第1项但书明定不利益变更禁止原则。

[207]　例如,"税捐稽征法之复查程序"(第35条、第38条),"海关缉私条例"(第47条、第48条)、"关税法"(第23条至第25条)之声明异议程序、"政府采购法"之异议程序(第75条、第76条)、"全民健康保险法"第5条第3项规定之争议审议程序等属之。

[208]　林腾鹞前揭注41书第122页以下。"最高行政法院"2003年判字第621号判决、同院2003年判字第1343号判决参照。

者,实务认为其诉愿逾期显然无法补正,毋庸依本条项规定为移送,可径以其起诉不合法予以裁定驳回。惟本条项系规定如原告有应提撤销诉讼误提处分无效确认诉讼且其未经诉愿程序之情形时,即"应"移送,并无原告起诉时如已迟误诉愿期间者即毋庸移送之规定;且诉愿是否迟误法定期间,应由诉愿审议机关先为第一次判断,如原告(诉愿人)迟误诉愿法定期间有不可归责于己之事由者,尚可依法申请回复原状("诉愿法"第 15 条),如径为驳回之裁定,亦容易使原告丧失申请回复原状之期间利益(应于原因消灭后 10 日内申请回复原状)[209]。亦即,原告诉愿是否逾越诉愿期间本非行政法院所应置喙,且纵使逾越诉愿期间亦仍有申请回复原状问题,行政法院纵欲考虑是否逾越诉愿期间,亦无从审酌准驳回,更何况原告即使逾越诉愿期间,其诉愿仍非当然欠缺诉愿利益(依"诉愿法"第 80 条规定,诉愿机关仍可依职权命原处分机关另为适法或妥当处置)。为贯彻本条项保护原告诉愿与诉讼之权益之意旨,此一情形,解释上行政法院似仍不宜径自以诉愿逾期无补正可能而裁定驳回原告之诉[210]。

此外,关于"应提起撤销诉讼误为提起其他诉讼(如处分违法确认之诉或一般给付之诉)"或"应提起课予义务诉讼误为提起其他诉讼(如一般给付之诉或处分无效确认之诉等)",得否类推适用"行政诉讼法"第 6 条第 5 项由行政法院依职权移送于诉愿管辖机关并以起诉时视为提起诉愿时,由于本法第 6 条第 5 项规定之适用范围,明定限于"应提起撤销诉讼误为提起确认处分无效诉讼"之

---

[209] 且纵使于诉愿逾期情形,诉愿机关于作成不受理决定时,仍有作成命原处分机关应依诉愿理由依职权变更或撤销原处分之可能("诉愿法"第 80 条参照,屏东县政府 2005 年屏府诉字第 19 号诉愿决定书参照)。

[210] 就目前实务情形而言,如原告为公行政(行政机关)时,"司法院"大法官或行政法院态度,均以宽认其起诉期间之遵守或时效中断问题;反之,于原告为人民情形,例如前述关于应提起撤销诉讼误提起处分无效确认诉讼者,如原告之案件于提起无效确认诉讼时(起诉时)已逾越诉愿期间者,行政法院即认为原告之诉已无法补正,而径自予以裁定驳回。因此,就上开实务态度而论,显然高度偏袒行政部门,实有可议之处。上开实务态度,例如:2002 年 12 月 20 日"司法院"大法官释字第 553 号解释理由书谓:为确保地方自治团体之自治功能,本件台北市之行政首长应得代表该地方自治团体,依"诉愿法"第 1 条第 2 项、"行政诉讼法"第 4 条提起救济请求撤销,并由诉愿受理机关及行政法院就上开监督机关所为处分之适法性问题为终局之判断,受诉法院应予受理。其向本院所为之释"宪"申请,可视为不服原行政处分之意思表示,不生诉愿期间逾越之问题(参照本院院字第 422 号解释及"诉愿法"第 61 条),其期间应自本解释公布之日起算。又于类似情形,即关于全民健康保险医疗费用返还请求权,"全民健保局"于时效期间内向普通法院起诉返还后,嗣因诉讼中因释字第 533 号解释作成认为此类案件应属公法上争议,而向"最高法院"撤回起诉,并于六个月内向高等行政法院另行起诉之情形,"最高行政法院"2004 年判字第 325 号判决认为其起诉错误与嗣后撤回起诉,并无可归责且无其期待可能性,而解为系争请求权并未罹于时效而消灭。

情形,实务遂基于明示其一排除其他之法理,认为并无本条规定之类推适用[211]。惟上开情形,恐系立法之疏漏,于修法解决(删除第 6 条第 5 项规定或一律采移送制度)前,或可经由弹性运用"诉愿法"关于迟误期间之回复原状设计,以资解决,否则,上开情形与第 6 条第 5 项利害状况既属相同,仍以类推适用为宜。

所称"须经诉愿程序而无结果",通常系指诉愿经实体决定而未能满足原告(即诉愿人)之诉愿目的而言。于原告所提诉愿因不合法而遭诉愿机关依"诉愿法"第 77 条规定自程序上作成不受理决定者,就"原处分"而言,因诉愿机关并未就该处分之合法性作成实体审查,此时,应否认为已经诉愿程序而无结果,宜分别情形认定[212]。亦即,关于上开诉愿程序有无违法之瑕疵问题,行政法院应随同于"原处分"之撤销诉讼中,先予审查。行政法院审理结果,如认为诉愿决定机关所为不受理之诉愿决定并无违法者,其诉讼即与未践行诉愿程序同[213],应予裁定驳回。如审理结果,认为诉愿决定机关所为不受理之诉愿决定确有违法情形,此时应如何处理? 本书以为,应认原告之诉"已经诉愿程序",行政法院应就"原处分是否违法侵害原告之权利或法律上利益"一事为实体审理,原则无撤销"诉愿不受理决定发回诉愿机关重新审查"之必要。惟于后者之情形,实务采不同处理方式,亦即认为:"应视行政机关所为行政处分之性质而定,如行政机关之行政处分系属羁束处分,因仅生该处分是否适法之问题,高等行政法院依法可自行审查,自不须将诉愿决定撤销发回;若属裁量处分,则因行政诉讼仅得审查行政处分是否违法,至其裁量是否适当,应由诉愿机关负责审查,则除当事人明白表示不欲就裁量适当与否为争讼外,为保障当事人审级利益,自得将

---

[211]　2003 年度各级行政法院行政诉讼法律座谈会法律问题第 14 则研讨结论:按"诉愿人误向诉愿管辖机关或原行政处分机关以外之机关作不服原行政处分之表示者,视为自始向诉愿管辖机关提起诉愿"。固为"诉愿法"第 61 条第 1 项所明定,惟此乃为保障人民诉愿权利所为之规定,故所谓"向诉愿管辖机关或原行政处分机关以外之'机关'作不服原行政处分之表示者",应指人民意在提起诉愿寻求诉愿机关对原行政处分重为审查而言,至于人民向高等行政法院起诉既系请求法院对其与行政机关间之争议为裁判,自不包括在内。另"行政诉讼法"第 6 条第 5 项系专就应提起撤销诉讼而误提起确认行政处分无效诉讼之特别规定,本于明示其一排除其他之法理,自不及于其他误用诉讼类型之情形。本件某甲就其农林补偿费向高等行政法院提起一般给付诉讼,其系请求法院裁判之意思为明确,并非是误用起诉方式而意在对高雄县政府复议结果提起诉愿,甚为显然。从而高雄县政府前揭复议结果既于 2001 年 3 月 2 日送达某甲,因未记载救济期间,则诉愿期间自 2001 年 3 月 3 日起算,至 2002 年 3 月 2 日即已届满。某甲迟至 2002 年 4 月 1 日始提起诉愿,已逾法定不变期间。

[212]　不同见解,林腾鹞前揭注 41 书第 88 页,认为此时应属"未经诉愿程序",原告所提撤销诉讼仍为不合法。

[213]　陈计男前揭注 16 书第 168 页。

诉愿决定撤销,由诉愿机关重为决定"[214]。

撤销诉讼,原则须经诉愿程序而无结果后,始得提起。但如有下列情形之一者,亦得径自提起撤销诉讼:

①视为已经诉愿程序而无结果

依"行政诉讼法"第 4 条后段规定,人民"经依诉愿法……提起诉愿逾三个月不为决定,或延长诉愿决定期间逾二个月不为决定者",亦得提起撤销诉讼。盖于此一情形,并非人民不经诉愿程序即行起诉,而系诉愿决定机关违背其诉愿审议义务[215]未作成诉愿决定所致,因此,自无禁止人民起诉之理。

人民向诉愿机关提起诉愿后,不待诉愿决定即提起撤销诉讼者,通常已可合理期待其诉愿程序之经过。此时,虽原告提起撤销诉讼时尚未具备"须经诉愿前置程序但无结果"之要件,基于诉讼经济考虑,行政法院不宜径以原告之诉不合法予以驳回[216],宜先裁定停止诉讼程序,待诉愿机关作成决定或确定逾期不为决定后,再分别情形处理。于诉愿机关事后已作成诉愿决定之情形(无论该诉愿决定是否逾期作成),除非该诉愿决定完全满足诉愿人(即原告)之诉愿目的,否则行政法院均应为实体审理[217]。

②已经法定诉愿替代程序或其他相当于诉愿之程序

如个别法律于诉愿程序外,自行规定于该领域行政系统内部之不服审查程序,且明定得取代诉愿程序或明定可径行提起行政诉讼者[218],于经各该法定不

---

[214] 2000 年第 2 次高等行政法院法律座谈会第 6 号提案研讨结论,收于《各级行政法院法律座谈会资料汇编(一)》,2001 年 12 月,第 461 页以下。

[215] "诉愿法"第 85 条规定:"诉愿之决定,自收受诉愿书之次日起,应于三个月内为之;必要时,得予延长,并通知诉愿人及参加人。延长以一次为限,最长不得逾二个月。"(第 1 项)"前项期间,于依第 57 条但书规定补送诉愿书者,自补送之次日起算,未为补送者,自补送期间届满之次日起算;其依第 62 条规定通知补正者,自补正之次日起算,未为补正者,自补正期间届满之次日起算。"(第 2 项)

[216] 2000 年第一次高等行政法院法律座谈会第一号提案研讨结论:本件原告起诉时,该诉愿机关虽未作成诉愿决定,惟在高等行政法院裁判前,此时原告起诉之瑕疵,已因诉愿机关作成诉愿决定而补正,高等行政法院不得再依前开之规定("行政诉讼法"第 107 条第 1 项第 10 款)予以裁定驳回(载于《司法院公报》第 43 卷第 1 期,第 100 页)。

[217] 同旨,吴庚前揭注 13 书第 114 页。相反见解,早期行政法院 1962 年裁字第 8 号判例曾谓:"本件在未经本院裁判以前,既业经受理再诉愿之官署予以决定,则原告前以再诉愿官署逾三个月不为决定为理由所提起之行政诉讼之前提,已不存在,姑不论原告列受理再诉愿之官署为被告,原与规定不合,应径认其起诉为不合法而驳回之";惟本号判例业经 2000 年行政法院庭长评事联席会议决议废止。

[218] 例如,"政府采购法"之申诉审议程序(第 83 条参照),"教师法"之申诉程序(第 33 条参照)、"公务人员保障法"之复审程序(第 60 条、第 103 条参照)等属之。

服审查程序后,自毋庸再经诉愿程序,即可直接提起撤销诉讼。

另个别法律中虽设有行政系统内部之不服审查程序,但并未明定由该不服审查程序取代诉愿程序之情形,若该个别法律所定不服审查程序,无论于审查组织与审查程序等规范密度以及对提供人民权益保障强度上,均实质相当于诉愿程序甚或诉讼程序者,如仍要求须经诉愿程序始能提起行政诉讼,不仅破坏各该法律设置特别不服审查程序之制度目的,且有叠床架屋之嫌。因此,台湾"司法院"大法官早于释字第 243 号解释(1989 年 7 月 19 日)即针对依公务人员考绩法或其他相关法规之规定,而受免职处分之公务员,如已依法(公务人员考绩法)向申请复审及再复审[219]或以类此之程序谋求救济者,应认为相当于业经诉愿、再诉愿程序,应许其径行提起行政诉讼。基于同一理由,其后于释字第 295 号解释(1992 年 3 月 27 日),针对会计师惩戒复审程序,亦认为实质上相当于最终之诉愿决定,应许其径行提起行政诉讼。因此,将来此类个别法律所规定之不服审查程序,如其组织与程序制度功能,实质上相当于诉愿程序者,亦应认为无须再经诉愿程序,即可径行提起行政诉讼。其他类此程序,例如其他法律对建筑师(建筑师法)、医师(医师法)、药师(药师法)等专门职业人员之惩戒复审程序,亦应类推适用释字第 295 号解释,认为已实质上相当于诉愿程序[220]。

③与诉愿人利害关系相反之第三人提起诉愿决定撤销之诉

诉愿人以外之利害关系人(第三人),如认为"诉愿决定"损害其权利或法律上利益者,因现行法已经删除再诉愿层级,因此,虽诉愿决定亦属行政处分,但并无使其须再经诉愿之必要[221],故本法第 4 条第 3 项规定,诉愿人以外之利害

---

[219] 此类"公务人员考绩法"之复审、再复审程序,其后为"公务人员保障法"之复审程序取代。

[220] 惟于律师惩戒与惩戒复审程序,大法官于释字第 378 号解释(1995 年 4 月 14 日)则认为其组织隶属于司法体系,相当于"初审与终审职业法庭",其决议即属法院之裁判,故不得再对之提起行政争讼。

[221] 早期台湾诉愿制度采诉愿与再诉愿二级制设计情形,如诉愿人以外之第三人不服诉愿决定时,能否提起再诉愿;再诉愿审议机关如认为该第三人所提再诉愿不合法,而从程序上予以驳回时,该第三人能否提起撤销诉讼等问题,实务上曾发生疑问。对此,1997 年 4 月 16 日行政法院 1997 年 4 月份庭长评事联席会议决议均采肯定见解,因此学者遂认为现行法第 4 条第 3 项规定,仅系将实务向来之作法予以明文化,该决议谓:"按'司法院'院字第 641 号解释:不服受理诉愿官署之决定者,虽非诉愿人亦得提起再诉愿。但以因该决定撤销或变更原处分,致损害其权利或利益者为限。又人民对于中央或地方机关之行政处分,只须认为违法或不当,致损害其权利或利益者,即得提起诉愿、再诉愿,至于是否确有损害其权利或利益乃实体上应审究之事项,不得从程序上驳回其诉愿、再诉愿,本院着有 1980 年判字第 234 号判例。专利权人既已主张因诉愿决定从实体上审理,为不利于专利权人之论断,且

关系人，如认为第1项之诉愿决定损害其权利或法律上利益，亦得提起诉愿决定撤销之诉。亦即，限于该诉愿人以外之第三人权益因诉愿决定而受有损害，并提起诉愿决定撤销诉讼情形，始有适用。其情形通常发生在双效或第三人效力之行政处分情形。

④与诉愿人利害关系相同之第三人提起处分撤销之诉

通常情形，得依本法第4条第3项规定提起诉愿决定撤销之诉者，系"与诉愿人利害关系相反之第三人"，如系"与诉愿人利害关系相同之第三人"欲提起撤销诉讼，原则仍须经诉愿程序始得提起。惟诉愿前置程序主要系为赋予行政自我审查机会与减轻法院负担之目的而设，故于"例外情形，如诉讼标的对于原诉愿人及其他有相同利害关系之人必须合一确定（即指诉愿人与利害关系人系处于类似必要共同诉讼关系）者，则既经原诉愿人践行诉愿程序，可认为原提起诉愿之当事人，有为所有必须合一确定之人提起诉愿之意，应解为与原诉愿人利害关系相同之人得径行依同法第4条第1项起诉"[222]。简言之，于此情形，即无再强令该起诉之利害关系人，仍须遵守诉愿前置主义要求之必要，可与原诉愿人"共同"或"接续"提起处分撤销诉讼。

基于同一理由，诉愿决定后，如处分规范对象之实体法律关系移转于第三人，且该第三人仍受处分效力所及者，该受移转之第三人亦得提起撤销诉讼（"行政诉讼法"第110条第5项参照）。

⑤其他依法免除诉愿程序者

"行政程序法"第109条规定，不服"经听证之行政处分"者，其行政救济程序，免除诉愿及其先行程序。因此，对于行政机关依法应经听证或行政机关依职权举行听证后作成之行政处分，无须经诉愿程序，得径行起诉。此外，其他法律明定起诉无须经诉愿前置者，亦同。

（4）须遵守起诉期间

提起撤销诉讼，应遵守法定起诉期间，其逾期提起诉讼者，受诉法院应以裁定驳回其诉。

撤销对其有利之原处分，致损害其权利，征诸上揭解释及判例意旨，自得提起再诉愿，再诉愿决定应从实体上审理。虽原处分经诉愿决定撤销，然专利权人既已提起再诉愿，撤销原处分之决定尚未确定，苟再诉愿决定撤销诉愿决定，原处分仍维持存在。且参照'司法院'释字第213号解释，行政处分因期间之经过或其他事由而失效者，如当事人因该处分之撤销而有可回复法律上利益时，仍应许其提起行政诉讼。本案原处分之回复对专利权人既有法律上利益，应许其提起再诉愿。再诉愿决定以其不合诉愿要件，从程序上驳回，自有不合。再诉愿人提起行政诉讼，仍具有权利保护要件，应将再诉愿决定撤销，着其从实体上审理。"

〔222〕 2004年9月22日"最高行政法院"2004年9月份庭长法官联席会议决议。

"行政诉讼法"第106条规定:"撤销诉讼之提起,应于诉愿决定书送达后二个月之不变期间内为之。但诉愿人以外之利害关系人知悉在后者,自知悉时起算"(第1项)。"撤销诉讼,自诉愿决定书送达后,已逾三年者,不得提起"(第2项)。因此,撤销诉讼之起诉期间,原则为二个月,最长不得逾三年。起诉期间之起算,自诉愿决定书"送达后[223]"起算[224],利害关系人自"知悉时"起算者,关于"知悉之事实",应于诉状中加以释明。起诉是否逾越起诉期间,原则以诉状到达行政法院为准,其以言词起诉者,以制作笔录时为准(第231条、第60条参照)。起诉期间之计算,依民法之规定(同法第88条第3项),并应依法扣除在途期间(第89条)。

起诉如有迟误不变期间者,得依法申请回复原状(第91条)。但原告起诉迟误起诉期间,系因诉愿决定机关违反救济途径及救济期间之教示义务("诉愿法"第90条)[225]所致者,应依"诉愿法"第91条、第92条规定处理,亦即:

①因救济途径教示错误所致者:即诉愿决定机关附记错误,向非管辖机关[226]提起行政诉讼者,该机关应于10日内将行政诉讼书状连同有关资料移送管辖行政法院,并即通知原提起行政诉讼之人(同法第91条第1项);有前项规定之情形,行政诉讼书状提出于非管辖机关者,视为自始向有管辖权之行政法院提起行政诉讼(同条第2项)。

②因救济期间教示错误所致者:诉愿决定机关附记提起行政诉讼期间错误时,应由诉愿决定机关以通知更正之,并自更正通知送达之日起计算法定期间(同法第92条第1项);其未附记救济机关(救济途径教示欠缺或不完整)或未附记救济期间,或附记期间错误而未依前项规定通知更正,致原提起行政诉讼之人迟误行政诉讼期间者,如自诉愿决定书送达之日起一年内提起行政诉讼,视为于法定期间内提起。

原告提起撤销诉讼虽经诉愿程序,但诉愿决定机关未于法定诉愿审议期间("诉愿法"第85条)作成诉愿决定者,依本法第4条第1项规定,亦得提起撤销

[223] 此之送达,应指依"诉愿法"第43条至第47条之"合法送达"而言。

[224] 应注意者,此诉愿决定书"送达后",仅为判断是否遵守起诉期间之起算点,并非起诉合法要件。因此,诉愿决定书"送达前",提起撤销诉讼者,仍应认为已经遵守起诉期间。

[225] "诉愿法"第90条规定:诉愿决定书应附记,如不服决定,得于决定书送达之次日起二个月内向高等行政法院提起行政诉讼。

[226] 此一非管辖机关解释上不包括"非管辖行政法院",盖如向无管辖权之行政法院起诉,该高等行政法院应依"行政诉讼法"第18条准用"民事诉讼法"第28条规定,以裁定移送于有管辖权之行政法院,并视该诉讼自始即系属于受移送之行政法院(同条准用"民事诉讼法"第31条第1项)。

诉讼。惟此一情形，本法漏未规定其起诉期间（按既未作成诉愿决定书，故无法适用上开本法第 106 条规定计算其起诉期间），且纵欲类推适用本法第 106 条规定之二个月起诉期间，应如何计算，亦不清楚。对此一问题，论者有谓[227]："依法理自应由原应为诉愿决定期间届满之翌日起算。逾诉愿决定期间不为诉愿决定之情形，应自该法定之三个月期间，或自延长二个月期间届满之次日起，计算二个月之起诉不变期间。"然而，如前所述，于诉愿决定机关已作成诉愿决定书但未依法为救济途径与救济期间教示之情形，其起诉期间原则延长为一年，于根本未为诉愿决定（当然亦未依法教示）情形，较诸未为教示情形更为严重，其起诉期间自无反而更为缩短之理。因此，于此一情形，纵认为应有起诉期间之限制，其起诉期间亦应类推前开"诉愿法"第 92 条规定，延长为一年始为合理。

　　基于相同理由，于原告误向无审判权之法院起诉，于遭驳回后始向有管辖权法院提起行政争讼但已逾越诉愿或起诉期间者，其逾越期间既有不可归责于己之事由，解释上亦应允许其依诉愿法或行政诉讼法相关规定申请回复原状。惟实务对此类问题，多未加检讨即径自以逾越起诉期间予以驳回，似有再加斟酌余地[228]。

　　再者，原告起诉依法无须经诉愿程序，且就该事件未有诉愿决定书之作成情形（原则仅指对于经听证作成行政处分所提起之撤销诉讼），本法亦漏未规定其起诉期间，通说认为应自行政处分通知[229]之次日起，计算二个月起诉期间[230]。惟书面之行政处分，依"行政程序法"第 96 条第 1 项第 6 款规定，应"表明其为行政处分之意旨及不服行政处分之救济方法、期间及其受理机关"（救济

---

[227]　陈敏前揭注 170 书第 1368 页。

[228]　例外情形，例如 2002 年 12 月 20 日"司法院"大法官释字第 553 号解释理由书谓：为确保地方自治团体之自治功能，本件台北市之行政首长应得代表该地方自治团体，依"诉愿法"第 1 条第 2 项、"行政诉讼法"第 4 条提起救济请求撤销，并由诉愿受理机关及行政法院就上开监督机关所为处分之适法性问题为终局之判断，受诉法院应予受理。其向本院所为之释宪申请，可视为不服原行政处分之意思表示，不生诉愿期间逾越之问题（参照本院院字第 422 号解释及"诉愿法"第 61 条），其期间应自本解释公布之日起算。又如类似情形，即关于全民健康保险医疗费用返还请求权，"全民健保局"于时效期间内向普通法院起诉返还后，嗣因诉讼中因释字第 533 号解释作成认为此类案件应属公法上争议，而向"最高法院"撤回起诉，并于六个月内向高等行政法院另行起诉之情形，"最高行政法院"2004 年判字第 325 号判决认为其起诉错误与嗣后撤回起诉，并无可归责且无其期待可能性，而解为系争请求权并未罹于时效而消灭。

[229]　此之通知，依行政处分种类之不同，包括送达、公告与其他适当方法（"行政程序法"第 100 条）；且计算起诉期间之通知，应系指"合法之通知"而言。

[230]　陈敏前揭注 170 书第 1368 页。

途径与救济期间之教示），有违反上开教示义务之规定者，其救济期间依同法第98条、第99条规定[231]计算，尚请留意。

鉴于现行法对于撤销诉讼起诉期间规定之疏漏以及漏未规定课予义务诉讼起诉期间，对实务运作所造成之困扰，"行政诉讼法部分条文修正草案"于第106条立法修正解决，其规定内容又与前述学说有所不同。亦即："第4条及第5条诉讼之提起，应于诉愿决定书送达后二个月之不变期间内为之。但诉愿人以外之利害关系人知悉在后者，自知悉时起算"（第1项）；"诉愿机关于提起诉愿逾三个月不为诉愿决定，或延长诉愿决定期间逾二个月不为诉愿决定者，前项之诉讼自该应为决定期限届满后，始得提起[232]。但自该应为决定期限届满后已逾三年者，不得提起"（第2项）；"第4条之诉讼，自诉愿决定书送达后已逾三年者，不得提起"（第3项）。"不经诉愿程序即得提起第4条或第5条第2项之诉讼者，应于行政处分达到或公告后二个月之不变期间内为之"（第4项）；"不经诉愿程序即得提起第5条第1项之诉讼者，于应作为期间届满后，始得为之。但于期间届满后，已逾三年者，不得提起"。

2.第5条课予义务诉讼之特别诉讼要件

本法第5条规定："人民因'中央'或地方机关对其依法申请之案件，于法令所定期间内应作为而不作为，认为其权利或法律上利益受损害者，经依诉愿程序后，得向高等行政法院提起请求该机关应为行政处分或应为特定内容之行政处分之诉讼"（第1项）；"人民因'中央'或地方机关对其依法申请之案件，予以驳回，认为其权利或法律上利益受违法损害者，经依诉愿程序后，得向高等行政法院提起请求该机关应为行政处分或应为特定内容之行政处分之诉讼"（第2项）。因此，本条规定之课予义务诉讼，有两种诉讼类型，即"怠为处分之诉（第1项之诉）"以及"拒绝申请之诉（第2项之诉）"，二者之差别在于行政机关对于原告之申请有无积极作成准驳行为抑或仅消极不作为（如搁置）。据此，课予义务

---

[231]　第98条规定："处分机关告知之救济期间有错误时，应由该处分机关以通知更正之，并自通知送达之翌日起算法定期间。"（第1项）"处分机关告知之救济期间较法定期间为长者，处分机关虽以通知更正，如相对人或利害关系人信赖原告知之救济期间，致无法于法定期间内提起救济，而于原告知之期间内为之者，视为于法定期间内所为。"（第2项）"处分机关未告知救济期间或告知错误未为更正，致相对人或利害关系人迟误者，如自处分书送达后一年内声明不服时，视为于法定期间内所为。"（第3项）第99条规定："对于行政处分声明不服，因处分机关未为告知或告知错误致向无管辖权之机关为之者，该机关应于十日内移送有管辖权之机关，并通知当事人。"（第1项）"前项情形，视为自始向有管辖权之机关声明不服。"（第2项）

[232]　按修正条文明定"始得提起"此一用语之结果，容易导致"期限届满前之起诉"为不合法之推论，是否妥当，有再斟酌余地。

诉讼之特别诉讼要件,整理如下:(1)须为依法申请之案件未获满足;(2)须请求行政机关应为行政处分或为特定内容之行政处分;(3)原告须主张其权利或法律上利益受有损害;(4)须经诉愿程序而无结果;(5)须遵守起诉期间。其中,除1、5 二项要件,"怠为处分之诉"与"拒绝申请之诉"二者略有不同外,其他要件原则上二者并无差异。兹分别说明如下:

(1)须为依法申请之案件未获满足

①依法申请之案件

所谓"依法申请",通说与实务均指有"依法请求行政机关作为之权利"[233]、或"依法律有向行政机关(请求)为一定处分之权利"[234]。因此,如"法律未规定人民有申请权,或法律并非规定人民得申请行政机关对其作成一定之行政处分者,均非依法申请案件"[235]。惟上开论述,均属本案有无理由之问题,与诉之合

---

[233] 吴庚前揭注 13 书第 117 页。

[234] 陈计男前揭注 16 书第 175 页。但于林腾鹞前揭注 41 书第 104 页则指"申请人依法有权请求行政机关作成授予其权益的行政处分或特定内容之行政处分",依其说明,如系请求行政机关对第三人作成行政处分者,则非此之依法申请之案件,不得提起课予义务诉讼,而应提起一般给付诉讼(同书第 145 页);同旨,陈清秀前揭注 13 书第 133 页。

[235] 2001 年 9 月 13 日"最高行政法院"2001 年判字第 1637 号判决谓:所称"依法申请",系指人民依据法律有向行政机关申请对其作成一定行政处分之权利而言。法律未规定人民有申请权,或法律并非规定人民得申请行政机关对其作成一定之行政处分者,均非上开法条(按指第 5 条第 1 项)规定之依法申请案件。次按"公寓大厦管理条例"第 6 条第 1 项规定:"住户应遵守下列事项:一、于维护、修缮……或行使其权利时,不得妨害其他住户之安宁、安全及卫生。二、他住户因维护、修缮……或设置管线,必须进入其专有部分或约定专用部分时,不得拒绝。三、管理负责人或管理委员会因维护、修缮共享部分或设置管线,必须进入或使用其专有部分或约定专用部分时,不得拒绝。四、其他法令或规约规定事项。"同条第 3 项规定:"住户违反第一项规定,经协调仍不履行时,住户、管理负责人或管理委员会得按其性质请求各该主管机关或诉请法院为必要之处置。"同条例第 39 条系规定,违反规定者,由主管机关处新台币 4 万元以上 20 万元以下罚锾。依上开法条规定,住户于法定事由发生时,固得请求主管机关为必要之处置,但非规定住户得申请主管机关对其作成一定之行政处分或对第三人作成处以罚锾之行政处分。而依"建筑法"第 86 条规定,违反第 25 条未经申请主管建筑机关之审查许可并发给执照,擅自建造或使用之规定者,应分别予以处罚及必要时得强制拆除其建筑物,亦非规定第三人(住户)依法有申请权,得申请主管机关应作成拆除他人违章建物之行政处分。是以,上诉人主张廖清达违反"公寓大厦管理条例"及"建筑法"之规定,依法得申请被上诉人作成应拆除廖清达之违章建物及对廖清达作成处以罚锾之行政处分,自属于法无据。同旨,2004 年 10 月 21 日"最高行政法院"2004 年判字第 1322 号判决(第 5 条第 2 项诉讼);2004 年 9 月 30 日台北高等行政法院 2004 年诉字第 4040 号(第 5 条第 2 项诉讼)。另外,高雄高等行政法院 2001 年诉字第 1814 号判决、同院 2002 年诉字第 673 号判决、台北高等行政法院 2002 年诉字第 3128 号裁定,亦同。

法性问题无关,并非课予义务诉讼之特别诉讼要件。亦即,原告在实体法上对行政机关有无申请权,于此并不重要,所谓"依法申请"应指原告就其请求行政机关作成之处分,曾经由行政程序向行政机关提出;而所谓"依法申请之案件未获满足",则指行政机关对其申请案自程序上或实体上予以全部或一部拒绝或搁置(不予理会)者而言。

所以要求原告于起诉前须先向行政机关提出申请,主要系基于权利保护必要(客观诉讼利益)要件之要求。亦即,如原告另有更直接、简便、完整、迅速或有效之救济途径,或其欠缺可请求法院以判决方式加以保护之利益者,其起诉即欠缺权利保护必要,应不允许。因此,原告就其对行政机关之请求,如已经由申请、检举、告发等方式,寻求解决而仍为行政机关拒绝或仍未获满足者,始能认为原告已用尽更简便之救济途径,且唯有此时始能认为原告与被告机关间存在一个公法上"争议"(无争议之存在即二对立的当事人构造)。至于在该具体个案中,原告有无实体法上之申请权或有无请求权,甚至其依法有无任何程序上之申请权,均非所问[236]。将课予义务诉讼之特别诉讼要件之"依法申请"概念扩张至上开单纯开启程序之申请[237],是否因而导致课予义务诉讼客观化,使人民仅须主张其曾"单纯参与导致被驳回或被搁置之行政程序"即可提起本条诉讼? 就此而言,并无必要过于忧虑,盖如同撤销诉讼般,用以贯彻课予义务诉讼之主观性或排除民众诉讼之特别诉讼要件,原则均经由"诉讼权能"此一要件加以控制即可。

由于课予义务诉讼依原告之声明,可再区分为"请求应为行政处分之诉"与"请求应为特定内容之行政处分之诉"(本法第 5 条第 1 项后段、第 2 项后段)。于原告之诉有理由情形,依据本法第 200 条规定,如"原告之诉有理由,且案件事证明确者,应判命行政机关作成原告所申请内容之行政处分"(第 3 款);如"原告之诉虽有理由,惟案件事证尚未明确或涉及行政机关之行政裁量决定者,应判命行政机关遵照其判决之法律见解对于原告作成决定"(第 4 款)。因此,如"案件未达于可为命作成特定内容行政处分之判决之程度(即案件未臻成熟)",法院仅能作成"答复(决定)判决(Bescheidungsurteil)"。亦即,如被告行政机关对系争案件依法仍留有裁量空间或判断余地时,法院仅能作成命被告机

---

[236] 类似见解,陈清秀前揭注 13 书第 122 页。

[237] "行政程序法"第 34 条规定:行政程序之开始,由行政机关依职权定之。但依本法或其他法规之规定有开始行政程序之义务,或当事人已依法规之规定提出申请者,不在此限。上开规定中,关于当事人之"申请",并非实体法上或程序法上之申请权,而为一种单纯请求开启行政程序之意思表示(单纯之申请),至于其请求合法与否,并不影响程序因请求而被开启(如同起诉不论合法与否,原则上诉讼程序均因此而被开启)。

关"应依判决之法律见解本于合义务裁量作成行政处分"。此种判决方式相对于原告之申请而言,在保障原告之"无瑕疵裁量请求权"(一种具有程序性质之权利)上,具有重要意义[238]。盖案件既未臻成熟,原告之实体法上权利或法律上利益是否受有损害尚未明了,理论上应为原告败诉判决,此时法院作成原告胜诉之"答复判决",对于人民之程序上权利保护之落实,实不容忽视[239]。

另外,原告虽曾"向无管辖权之行政机关提出申请",而被该机关驳回或逾期不作为,论者认为此时"法院亦不得作成判决,令该无管辖权之行政机关作成所申请之行政处分,其诉讼无权利保护必要,不合法"[240]。惟本书以为,依"行政程序法"第 17 条规定:"行政机关对事件管辖权之有无,应依职权调查;其认无管辖权者,应即移送有管辖权之机关,并通知当事人"(第 1 项);"人民于法定期间内提出申请,依前项规定移送有管辖权之机关者,视同已在法定期间内向有管辖权之机关提出申请";第 14 条规定:"数行政机关于管辖权有争议时,由其共同上级机关决定之,无共同上级机关时,由各该上级机关协议定之"(第 1 项);"前项情形,人民就其依法规申请之事件,得向共同上级机关申请指定管辖,无共同上级机关者,得向各该上级机关之一为之。受理申请之机关应自请求到达之日起十日内决定之"(第 2 项);"在前二项情形未经决定前,如有导致国家或人民难以回复之重大损害之虞时,该管辖权争议之一方,应依当事人申请或依职权为紧急之临时处置,并应层报共同上级机关及通知他方"(第 3 项);"人民对行政机关依本条所为指定管辖之决定,不得声明不服"。因此,于此一情形原告并非欠缺权利保护必要,盖于其向无管辖权机关提出申请时,其申请之意思表示宜解为已包含"如该机关认为对其申请案无管辖权或有无管辖权有疑义时,请即移送于有管辖权之机关或报请共同上级机关指定管辖"之意(类推"行政程序法"第 14 条),该无管辖权机关既未移送管辖又未报请指定管辖,而诉愿机关复未予以更正,基于适时权利救济之要求,自无拒绝原告诉请救济之理。问题在此一情形,应列何机关为被告,应提何种诉讼,为何种声明,法院应为如何之裁判,以及诉讼程序应如何处理(例如于厘清有管辖权机关后,得否为

---

[238] 不同见解,论者有认为经由行政诉讼判决之拘束力规定,已可达成与课予义务诉讼答复判决相同之效果,而质疑"请求命为决定之诉"之存在实益者(陈计男前揭注 16 书第 176 页)。

[239] 然必须进一步强调者,行政法院作成此类判决时应特别慎重,否则假借此一答复判决制度,动辄以行政裁量或判断余地为由,实际自我设限放弃司法审判职责者,反而有不当侵害人民诉讼权之虞。论者对于现行行政法院实务之不当自我设限之司法消极主义态度,一再谆谆告诫者,确实值得吾人深思(吴庚前揭注 13 书第 206 页注 168 参照)。

[240] 陈敏前揭注 170 书第 1370 页。

变更或追加该有管辖权机关为被告)等问题。

②未获满足

所称依法申请之案件"未获满足",原则以行政机关是否已完全提供原告其所申请之内容而定。如行政机关已完全依原告申请之内容提供给付,即属申请获满足;反之,即属申请未获满足。至于,原告申请案件之获得满足或未获满足,是否因行政机关对其申请作成行政处分或系因其他意思表示或事实行为所致,并非所问。因此,不仅于行政机关对于人民依法申请之案件,予以驳回或于法定期间内应作为而不作为情形,属于未获满足;于变更缩减人民申请内容再予准许,或于其申请内容外额外增加不利益(例如附款),或对其申请以数据不足为由一再退回要求补件或不予受理,或以仍须查询相关相关意见或仍须调查事实而不当搁置,或一再以其申请不合程序退回要求重提等情形,均属申请未获满足。简言之,行政机关对人民之申请毫无意思表示,或虽曾为表示,但其以各种官样文章或程序技术障碍规避完全提供人民申请之内容者,均应认为原告之申请未获满足。

本法课予义务诉讼,依行政机关对原告申请案件之响应方式,分为"于法令所定期间内应作为而不作为"之"怠为处分之诉"(第5条第1项之诉)与"驳回原告申请"之"拒绝申请之诉"(第5条第2项之诉)二种。此一规定方式,容易令人误会须行政机关对人民申请之案件,作成"拒绝处分"或"未于法定期间内作成准驳处分"情形,始得提起。惟自理论上言,行政机关对人民依法申请案件之答复,是否以作成行政处分方式提供,并非课予义务诉讼之特别诉讼要件,仅须于原告提起课予义务诉讼时,行政机关对于原告申请之内容,依法能以作成行政处分方式提供即可。因此,行政机关对于原告申请案予以驳回之意思表示,是否为行政处分,抑或为其他表示行为(如观念通知)或属事实行为,原则不影响原告所提课予义务诉讼之合法性。因此,本条第1项怠为处分之诉与第2项拒绝申请之诉之区别,主要在于行政机关对原告之申请案是否已于"法定期间内"作成"终局决定"而定。此一终局决定,包括对原告申请之内容,自实体上予以准驳以及自程序上予以驳回之决定;如行政机关未于法定期间内作成终局决定,原告即可提起"怠为处分之诉"[24],反之,其所提者为"拒绝申请之诉"。惟就台湾学说与实务而言,于审查原告所提课予义务诉讼之合法性时,似乎过

---

[24]　类似见解,学者认为于"怠为处分之诉(即第5条第1项之诉)"情形:"该管机关如于期间内有所作为,自不何起诉要件,惟并非谓在期间内只要该管机关有任何意思表示,即应视为已有作为,必须限于对原告最初提出之申请,作实体法上发生准驳效果之处分行为,始足相当,设如该管机关一再致函原告,要求提供数据或查询关事实,却逾期未为准驳者,仍属违反作成处分之义务"(吴庚前揭注13书第118页)。

于斤斤计较行政机关对原告申请予以驳回之意思表示,是否为行政处分[242],而非径自以"行政机关对原告申请之内容,依法得否以作成行政处分方式提供",作为判断原告起诉是否合法之标准。

另外,依本法第 5 条第 1 项提起之"怠为处分之诉",须行政机关对人民依法申请之案件,"于法令所定期间内应作为而不作为",始得提起。此一规定,并

---

[242]　例如:(1)2005 年 12 月 15 日"最高行政法院"2005 年判字第 1970 号判决:按征收补偿费之决定为行政处分,其作成并生效后,于补偿机关及应受补偿人间,即基于行政处分而有公法上之金钱给付关系。应受补偿人得据以向补偿机关请求给付,乃请求补偿机关履行给付义务为事实行为,并非请求作成行政处分。补偿机关拒绝给付,乃不为事实行为之表示,并非行政处分。应受补偿人应提起一般给付诉讼以救济,不得依诉愿及撤销诉讼或课以义务诉讼而争讼。(2)2003 年 12 月 11 日"最高行政法院"2003 年判字第 1171 号判决:在"行政执行法"修正施行前,人民因执行机关依法实施实时强制,致其生命、身体或财产遭受特别损失时,并无得请求补偿之规定,仅能附带于行政诉讼提起。是以,苟人民主张因行政机关公权力之行使,致其财产受有损害,而请求损害补偿,经行政机关以与有关补偿费发给之法规不符而函复拒绝,则行政机关拒绝补偿之函复,不能谓非针对具体事件,所为足以发生拒绝补偿之法律上效果,自属行政处分,人民即得依法提起诉愿及行政诉讼。现行"行政执行法"第 41 条第 3 项规定:"对于执行机关所为损失补偿之决定不服者,得依法提起诉愿及行政诉讼。"亦明文揭示此意旨。准此,不论"行政执行法"修正前、后之规定,应解为因行政机关实施实时强制,致人民财产遭受损失,而请求补偿者,均应先向行政机关提出申请,于行政机关否准其请求时,方得提起诉愿及行政诉讼。(3)2003 年 4 月 11 日"最高行政法院"2003年裁字第 453 号裁定:按行政机关对于人民依法申请为行政处分之案件所作之函复,属驳回而为行政处分,抑或属事实叙述或理由说明而为观念通知,应从实质上是否拒绝而认定,非以形式上有无驳回之谕示而判断。如其内容否定申请人径行申请之适格,晓谕申请人为非其单独所能为之补正程序,无异拒绝其申请案,不能谓非行政处分。本部分申请人主张其请求相对人注销上开租约之登记并行文丰原地政事务所涂销该租约之注记,系请求相对人作成该租约应予注销并嘱托他机关涂销注记之特定内容之行政处分。相对人以上开函文回复,核其内容,要求抗告人会同其他继承人先完成租约继承变更登记后再行办理,显非抗告人单独所能为,依上述说明,自属拒绝申请之行政处分。抗告人循序起诉请求判命相对人注销上开租约之登记并行文丰原地政事务所涂销该租约之注记,系属"行政诉讼法"第 5 条第 2项所定之课予义务诉讼,当然含有撤销拒绝申请之原处分及诉愿决定之内涵。(4)2004 年12 月 2 日"最高行政法院"2004 年裁字第 1537 号裁定:相对人对于检举人所为之答复函,在诉愿法及行政诉讼法修正前,为配合仅有撤销诉讼的唯一救济管道,在检举人能主张其权益因相对人之调查处理受损之情况下,权宜之认为检举人可提撤销诉讼;惟新法施行后,救济途径增加,非只有行政处分才能获得救济,且救济途径与行政行为之间,有法定的适用关系,旧法时期个案需要救济为由,所为之权宜措施,即认定相对人对于检举人之答复系行政处分一节,已失其正当性。

非"行政不作为"之违法要件[243]，而系本法拟制如行政机关对人民申请案未于法定期间内作成任何准驳与否之"终局决定"，人民提起"怠为处分之诉"即有权利保护必要。所谓"法令所定期间"，凡"法令[244]"所定之"行政处理期间"均属之；另虽未逾越法定期间，但依具体个案情节，其不作为已逾越法治国家正当法律程序所要求之相当期间者，亦应认为已有权利保护必要。除现行法令已明定有行政处理期间者之情形[245]外，原告提起怠为处分之诉须经诉愿前置程序之情形，依"诉愿法"第 2 条第 2 项规定，不问是否曾延长处理期间，均为"自机关受理申请之日起为二个月"；于不须经诉愿前置程序之情形，依"行政程序法"第 51 条规定其处理期间为"二个月"（第 2 项），但经延长者，其处理期间最长合计为"四个月"（第 3 项）。

　　人民合法提起课予义务诉讼后，"被申请机关"始对人民依法申请案作成准驳决定（怠为处分之诉情形），或于事后撤销原来所为驳回之决定（拒绝申请之诉情形）者，除非已满足原告之申请[246]，否则不影响原告诉讼之合法性[247]。

　　基于相同理由，原告之申请案曾经诉愿但诉愿机关逾期不为诉愿决定，于原告合法起诉后始作成诉愿决定情形，亦同。亦即：

　　a)于原告提起"怠为处分之诉"情形：原告于起诉前通常须先提起"怠为处分诉愿"（"诉愿法"第 2 条第 1 项之诉愿），此时，诉愿决定机关如认为诉愿有理由者，依同法第 82 条第 1 项规定，其诉愿决定"应指定相当期间，命应作为之机关速为一定之处分"，此种将台湾向来令人诟病之诉愿实务惯例[248]（诉愿机关

---

　　[243]　不同见解，论者认为"提起怠为处分之诉系行政机关违背作为义务为前提，故必须该管机关于法定期间内应作为而不作为"，始足当之（吴庚前揭注 13 书第 118 页；林腾鹞前揭注 41 书第 106 页；陈计男前揭注 16 书第 176 页）。

　　[244]　不仅法律、法规命令，或自治条例所明定之期间，即使仅为行政内部规定之作业期间，亦包括在内。

　　[245]　此类规定散见于各种行政法规，以法律规定为例，如"公职人员选举罢免法"第 38 条第 3 项，"公民投票法"第 14 条、第 15 条、第 32 条，"敬老福利生活津贴暂行条例"第 6 条、第 10 条，"性骚扰防治法"第 13 条第 3 项，"土地法"第 20 条第 2 项、第 233 条，"土地征收条例"第 20 条，"都市计划法"第 20 条第 3 项、"建筑法"第 33 条、第 80 条，"集会游行法"第 12 条，"税捐稽征法"第 35 条第 4 项，"关税法"第 18 条，"遗产及赠与税法"第 29 条，"政府信息公开法"第 12 条、第 15 条，"商业登记法"第 22 条等属之。

　　[246]　在嗣后作成之准驳决定满足原告之申请情形，虽原告之诉因嗣后欠缺权利保护必要而成为不合法，但原告起诉并无可归责于己之事由。因此，解释上相关诉讼费用仍应由被告机关负担。

　　[247]　吴庚前揭注 13 书第 120 页注 83 参照。

　　[248]　吴庚前揭注 13 书第 120 页注 84 注 83 参照。

不自为决定而撤销发回命另为适法处分)予以明文化做法,显然不当。因此,于经"怠为处分诉愿"后,除非诉愿机关以"自为决定"并因而满足诉愿目的,或其后(包括原告起诉后)原处分机关已依诉愿决定作成所申请处分并完全满足原告申请情形,否则纵使该诉愿决定在形式上系诉愿有理由之决定,原告仍得继续提起课予义务诉讼。又在原告因诉愿决定逾期而提起"怠为处分之诉"后,诉愿机关始补作之诉愿决定情形,亦同[249]。

b)于原告提起"拒绝申请之诉"情形:由于台湾诉愿制度欠缺"拒绝申请诉愿"之制度设计,人民对于行政机关所为拒绝申请行为之诉愿,通说实务均以"撤销诉愿"方式处理。因此,于原告诉愿有理由情形,依"诉愿法"第81条规定,诉愿机关可能作成之诉愿决定包括"单纯撤销"、"撤销并径为变更之决定"以及"撤销并发回命另为适法处分"。上开诉愿决定方式,除非诉愿机关以"自为决定"或以"撤销并径为变更之决定"方式完全满足诉愿人之申请,或其后(包括原告起诉后)原处分机关已依诉愿决定作成所申请处分并完全满足原告申请情形,否则纵使该诉愿决定在形式上系诉愿有理由之决定,仍应认为原告之申请未获满足,原告仍得继续提起课予义务诉讼。又在原告因诉愿决定逾期而提起"拒绝处分之诉"后,诉愿机关始补作诉愿决定情形,亦同。

(2)须请求行政机关应为行政处分或为特定内容之行政处分

原告提起课予义务诉讼,须其所请求行政机关作成之行为,客观上为行政处分;至于其请求行政机关作成行政处分之种类及性质为何? 其系请求对自己或对第三人作成行政处分? 原则均不影响诉之合法性[250]。因此,原告申请之内容,被告机关应以行政处分方式提供给付,或须待被告机关先作成行政处分后始得请求之情形,固"应"提起课予义务诉讼;在行政机关有行为形式选择自由情形,如被告行政机关对于原告请求之内容,依法得以作成行政处分之方式提供者,原告亦"得"以提起课予义务诉讼方式请求[251]。亦即,凡依原告申请之内容,依法得请求行政机关以作成行政处分方式提供给付者,通常即应允许以课予义务诉讼方式请求;此时,如原告请求行政机关之行为是否为行政处分并不明了者,行政法院应即加以阐明,以确定其是否提起课予义务诉讼。至于原

---

[249] 同旨,吴庚前揭注13书第119页以下;林腾鹞前揭注41书第108页。

[250] 于请求对第三人作成行政处分情形,不同见解,前揭注234参照。

[251] 在德国司法实务上,认为人民申请者如为行政机关之事实行为,例如申请行政机关给予信息、阅览卷宗、交付文件或销毁文件、档案等,其联邦行政法院认为"行政机关是否采取该事实行为(之决定),是属行政处分",故如人民所申请者若为行政机关之事实行为,亦得提起课予义务诉讼(林腾鹞前揭注41书105页参照)。

告提起之诉,客观上是否请求行政机关作成行政处分,须依具体个案情形认定[252],此为行政实体法问题,不再赘论;惟原告起诉是否请求作成行政处分存有疑义或其声明不明了者,行政法院宜加阐明,使其声明明确或有变更其他诉讼类型之机会,实务上甚至径自探求原告声明之真意后,直接依应适用之诉讼

---

[252] 实务案例,例如:(1)2005 年 7 月 8 日"最高行政法院"2005 年判字第 1137 号判决:依"土地法"第 217 条规定,土地所有权人一并征收之申请,应向市、县地政机关提出,则市、县地政机关自应依其职权为必要之行为,以利核准征收机关作成准否一并征收之处分。故市、县地政机关,应即会同需用土地人及相关单位实施勘查,如认符合规定,应送请需用土地人依法报请征收。于土地所有权人提出一并征收申请至准否一并征收之处分作成前,需用土地人或市、县地政机关应为之行为,仅属一并征收行政处分程序进行中之内部行为;况"土地法"并无明文规定土地所有权人有对需用土地人或市、县地政机关为其他行为之请求权,自无再由土地所有权人就此程序中之行为一一提出申请之必要。苟因需用土地人或市、县地政机关未为应为之行为,或所为之行为无法使核准征收机关据以作成准予一并征收之处分,土地所有权人应仅得对最终之核准征收机关否准一并征收之行政处分提起诉愿、行政诉讼,而无对各个单独之内部行政行为提起行政争讼之余地。(2)2003 年 1 月 24 日台北高等行政法院 2002 年诉字第 3575 号判决:本件原告上开请求内容并非"要求被告学校,针对具体事件,就特定人为规制性决定之行政处分",反而是"要求被告学校,就学校管理事项,制定抽象之法规范,普遍适用于全体行政职员",因此其请求内容乃应被定性为"行政作为"(不是对个案具有法律效果之"行政处分",也不是纯然不生任何效力的"事实作为"),所对应之行政诉讼类型则为"行政诉讼法"第 8 条第 1 项之"一般非财产给付之诉讼",其起诉并不以经过行政机关自我审查之前置阶段(如"诉愿程序"等)为必要。(3)2003 年 8 月 4 日台北高等行政法院 2002 年诉字第 3128 号裁定:查被告对于检举人所为之答复函,右诉愿法及行政诉讼法修正前,为配合仅有撤销诉讼的唯一救济管道,在检举人能主张其权益因被告之调查处理受损之情况下,权宜地认为检举人可提撤销诉讼;惟新法施行后,救济途径增加,非只有行政处分才能获得救济,且救济途径与行政行为之间,有法定的适用关系,旧法时期个案需要救济为由,所为之权宜措施,即认定被告对于检举人之答复系行政处分一节,已失其正当性。盖撤销诉讼只发生使检举人不获得答复之效果,应非原告请求权利保护之目的;如检举人得请求行政机关作成行政处分,在诉讼种类的适用上,属于课予义务诉讼之范畴,惟课予义务诉讼,仅适用于人民依法申请之事件,无论是申请对自己作成处分,或例外对他人作成处分,均须有法律明文规定,但查公平交易法并无检举人得提起课予义务诉讼之规定;本法施行后,对于人民依法申请作成行政处分以外之其他非财产上给付事件,如检举人请求被告对事业是否有违反公平交易法规定、危害公共利益之情事,为调查处理事件,被告如有违法,检举人似不妨适用一般给付诉讼请求救济;惟其救济范畴,亦仅止于被告是否依法调查,以及是否于合理的期间内完成调查结果通知检举人等,要不包括对被检举人作成不利益(符合检举内容)的行政处分在内。

类型处理[253]。又人民请求行政机关作成行政处分之实体法上规范依据，究系直接依据法律规定，抑或本于行政契约（交换契约），此为诉有无理由问题，并不影响人民提起课予义务诉讼之合法性。

然而，并非所有原告请求行政机关作成行政处分之案件，均可提起课予义务诉讼。如依既有制度设计，禁止原告以课予义务诉讼方式请求者，纵使原告请求行政机关作成者为行政处分，其诉亦不合法。例如，原告对于诉愿机关之驳回诉愿决定或不作为，原则不得以课予义务诉讼方式，起诉请求命诉愿机关应为诉愿决定[254]。同理，原告亦不得依"行政程序法"第113条第2项规定，起诉请求行政机关应"作成确认特定行政处分为无效之行政处分"之诉，盖依"行政诉讼法"第6条第1项规定，已预设原告应提起处分无效确认之诉处理之故；另于起诉请求行政机关应"作成确认特定行政处分为违法之处分"情形，亦同。

附带一提，原告提起课予义务诉讼，请求行政机关作成行政处分，应否同时诉请撤销该管被告机关前曾作成之拒绝处分或诉愿机关所为之诉愿决定？以及将来行政法院审理结果，如认为原告请求有理由，除作成课予义务诉讼判决外，应否于判决主文一并宣示前曾作成之拒绝处分或诉愿决定？上开问题，自理论上言，原告或行政法院均无必要一并声明或宣示该撤销拒绝处分或诉愿决

---

[253] 2003年4月18日"最高行政法院"2003年判字第411号判决谓：上诉人循序起诉请求命被上诉人就系争土地如原判决附图所示权利范围之面积办理地上权登记，即请求应为特定内容之行政处分之课以义务诉讼。其声明虽先请求撤销该通知将重新公告之函及递予维持之原再诉愿决定，然因该函仅是通知将如何办理之程序，属事实之通知及理由之说明，非行政处分，上诉人请求撤销，真意在于请求应为特定内容之行政处分，应仅依课以义务诉讼处理。

[254] 2004年12月3日"最高行政法院"2004年裁字第1553号裁定："行政诉讼法"第5条第1项所定课以义务之诉，系请求行政机关为行政处分。依"诉愿法"第3条第1项规定，所谓行政处分，系指"中央"或地方机关就公法上具体事件所为之决定或其他公权力措施而对外直接发生法律效果之单方行政行为。此所指行政处分不包括行政机关就行政救济程序所为决定，不服救济程序之决定，应依法律规定之再救济程序救济，非此所谓行政处分。故请求行政救济机关撤销其所为决定，并非"诉愿法"或"行政诉讼法"第5条第1项规定之行政处分，自不得对之提起课以义务之诉。抗告人于2002年11月26日请求相对人撤销2002年9月10日以2002年公申决字第0226号再申诉决定，嗣以相对人未予撤销而向"考试院"提起诉愿，经该院2003年4月11日(2003)考台诉决字第078号诉愿决定为诉愿不受理。上诉人提起行政诉讼，声明：撤销诉愿决定；将相对人前述再申诉决定撤销，另为适法决定。该再申诉决定系行政救济机关就行政救济所为决定，非"诉愿法"或"行政诉讼法"第5条所称行政处分。

定[255]；惟论者采纳德国多数学说与实务见解，认为虽然原告课予义务诉讼请求已隐含有排除拒绝处分或诉愿决定之意，或行政法院作成之课予义务判决已包含废弃与该判决抵触之拒绝处分或诉愿决定，仍主张基于法律关系明确及法安定性考虑，法院仍宜于主文中一并为废弃之宣示[256]。惟应注意者，如原告课予义务请求如因被告机关事后作成原告所申请之行政处分而欠缺权利保护必要时，行政法院如认为被告机关之前所为拒绝或不作为为违法者，基于诉讼经济与原告权利保护要求，宜为阐明，使原告得缩减其声明为处分违法确认之诉（继续的处分违法确认之诉），于判决中宣示该拒绝处分为违法（如不承认不作为违法确认之诉情形，宜于裁判理由中一并表明）[257]。

（3）须主张其权利或法律上利益受有损害：诉讼权能

提起课予义务诉讼，原告须主张其权利或法律上利益因行政机关之驳回申请或不作为而受有损害，亦即须具备诉讼权能，此与撤销诉讼同。惟应注意者，于提起课予义务诉讼情形，原告是否具备诉讼权能，不适用"相对人理论"，亦即单纯主张其为行政程序中提出申请案并被驳回之申请人[258]，仍有不足，其必须系与该申请案相关联法规范所保护权利或法律上利益之归属主体，始足当之[259]。亦即，在课予义务诉讼，尤其起诉请求对第三人作成不利益处分之情形（如诉请对他人违建作成拆除处分），往往须依保护规范理论以判断其诉讼权能[260]。同理，于

---

[255]　除本书前接关于行政机关所为"拒绝申请行为"性质之讨论外，并请参照前揭注181关于行政法院判决之拘束力之说明。

[256]　林腾鹞前揭注 41 书第 101 页以下参照。

[257]　不同见解，陈敏前揭注 170 书第 1371 页谓：如该驳回决定已依职权撤销或以其他方式了结，经原告之申请，法院于判决中，除为课予义务之宣示外，应一并确认该驳回决定为违法。

[258]　"行政程序法"第 20 条第 1 款规定：本法所称之当事人如下：一、申请人及申请之相对人。

[259]　例如：2004 年 4 月 1 日台中高等行政法院 2004 年诉更一字第 35 号：原告所购房地因附近自然景观环境或公共设施完善，而提升其生活质量与房地之价值，然此乃属整体环境反射利益之结果，并非本于其权利或合法利益所发生，自亦不得以嗣后自然景观变化或人为因素致环境恶化，而谓其权利或法律上利益受损害，并主张住户得"依法申请"主管机关对其为恢复原貌之行政处分，且于主管机关未作成加以整治恢复原貌之行政处分时，应予收购其房地之权。

[260]　例如：2003 年 3 月 6 日"最高行政法院"2003 年判字第 242 号判决：至上诉人得否请求行政诉讼救济，则应视其对本件诉讼有无诉之利益而定。按"动物保护法"第 1 条第 1 项开宗明义即规定"为尊重动物生命及保护动物，特制定本法"，足见动物保护法之立法精神主要在于动物之保护及管理。又"饲主应防止其所饲养动物无故侵害他人之生命、身体、自

请求对第三人作成授益处分情形，如承揽工程之营造业者（承揽人），请求主管机关对起造人（定作人）核发建筑执照，原则构成为他人诉讼，并无诉讼权能。

（4）须经诉愿程序而无结果

课予义务诉讼，依本法第5条第1项、第2项规定，无为怠为处分之诉或拒绝申请之诉，均须经诉愿前置程序，此与德国法制仅针对拒绝申请之诉规定须经诉愿前置者[261]，有所不同。本条虽仅规定"经依诉愿程序后"得提起课予义务诉讼，并未如第4条撤销诉讼之诉愿前置情形，规定为"经依诉愿法提起诉愿而不服其决定，或提起诉愿逾三个月不为决定，或延长诉愿决定期间逾二个月不为决定者"，然应为立法之疏漏，解释上于"经提起诉愿逾三个月不为决定，或延长诉愿决定期间逾二个月不为决定"时，亦得提起课予义务诉讼，始为合理[262]。

所谓"须经诉愿前置而无结果"，系指原告起诉目的经诉愿后仍未获得满足而言，对此，已于前开本件诉讼之"须为依法申请之案件未获满足"要件内，加以说明，此不再赘论。提起课予义务诉讼，亦有例外无须经诉愿前置之情形，此一例外，基本上与撤销诉讼之诉愿前置例外同，还请径自参酌前开相关说明。

（5）须遵守起诉期间

本法第106条仅明定撤销诉讼之起诉期间，漏未就课予义务诉讼之起诉期间一并规定。对此，本法所定课予义务诉讼应否有起诉期间之限制，遂有疑问。多数通说认为本条规定既采诉愿前置主义，理论上宜有期间限制；但于原告所提诉讼经诉愿机关作成诉愿决定情形、诉愿机关逾期不为诉愿决定情形，以及不须经诉愿前置程序即可提起课予义务诉讼情形，原告所提课予义务诉讼是否

由、财产或安宁"，"违反第7条规定，无故侵害他人之生命、身体、自由、财产或安宁之动物，县市主管机关得径行没入饲主之动物"，"动物保护法"第7条、第32条第2款分别定有明文。该上开规定乃系强调"动物保护法"除了保护动物外，饲主亦应负管理义务，防止其所饲养动物无故侵害他人之生命、身体、自由、财产或安宁，此所谓"他人"系指不特定人而言，故上述关于无故侵害他人之生命、身体、自由、财产或安宁之动物，县市主管机关得径行将该动物没入之规定，其所欲保护者乃为不特定之公众，而非特定之人，该条文显为公众利益而设，难谓被害人就该法律规定具有主观公权利或法律上利益。⋯⋯本件被上诉人否准没入大灰狗之裁量处分，并未对上诉人之权利或法律上之利益造成侵害，即乏诉之利益，上诉人尚不得提起本件课予义务诉讼，诉愿决定以被上诉人函复之性质属单纯之事实叙述或理由说明，并非行政处分，予以不受理，理由虽有不同，结论并无二致，仍应予维持。

[261] 《德国行政法院法》第68条第2项、第75条参照。

[262] 吴庚前揭注13书第121页。对此问题，于"行政诉讼法部分条文修正草案"第5条，已予以修正解决。

均须有起诉期间之限制,以及其起诉期间之法律依据与计算方式,则稍有不同[263]。对此,实务则采多数通说,以类推适用第 106 条方式处理[264]。为解决此一重大立法疏漏,"行政诉讼法部分条文修正草案"已修正第 106 条规定解决,本条内容已于说明撤销诉讼之起诉期间时,一并说明。

3. 第 6 条确认诉讼之特别诉讼要件

确认诉讼指请求确认法律关系存在(积极确认)或不存在(消极确认)之诉讼。一般而言,于民事诉讼,关于影响法律关系存否之原因(如要约、承诺)或某一事实,原则并非确认诉讼之对象[265]。于行政诉讼亦同,关于影响法律关系存否之原因,例如行政机关之行为(作为或不作为),原则不承认此类确认诉讼之容许性[266],例外情形如"处分无效确认诉讼"、"处分违法确认诉讼"、"行政不作

[263]　除认为提起诉愿期间自应依"诉愿法"第 14 条规定办理外,原告所提课予义务诉讼曾经诉愿前置并作成诉愿决定情形,关于其起诉期间之法律依据,例如,(1)吴庚前揭注 13 书第 121 页、第 123 页,主张适用或类推适用本法第 106 条规定;(2)陈敏:《课予义务诉讼之制度功能及适用可能性》,1999 年 5 月 22 日行政救济法学研讨会发表论文(台湾行政法学会主办),收于台湾行政法学会编:《行政救济、行政处罚、行政立法》,元照,2000 年,第 18 页、第 20 页,主张参酌"诉愿法"第 90 条之精神,应类推适用"行政诉讼法"第 106 条,但同著前揭注 170 书第 1375 页关于"逾期不为诉愿决定情形",似又改变见解,认为无起诉期间之限制;(3)陈清秀前揭注 13 书第 123 页,则主张类推适用"诉愿法"第 90 条规定。另外李建良:《论课予义务诉愿》,载《月旦法学杂志》1999 年 4 月第 47 期,第 26 页、第 31 页注(23)参照。

[264]　例如:2005 年 3 月 22 日"最高行政法院"2005 年裁字第 462 号裁定谓:依"行政诉讼法"第 4 条提起之撤销诉讼及依第 5 条提起之课予义务诉讼,均以经先行程序之诉愿程序为要件。依"诉愿法"第 14 条第 1 项规定:"诉愿之提起,应自行政处分达到或公告期满之次日起三十日内为之。"可见提起诉愿,有期间之限制;而经诉愿程序后,提起行政诉讼时当亦有起诉期间之限制,以求行政机关所为行政处分之安定性。凡此有关诉愿、起诉期间之限制,无非系出于法律关系安定之一项基本要求,与"宪法"有关人民诉讼权之保障并无抵触。次查提起撤销诉讼之期间,依"行政诉讼法"第 106 条第 1 项前段规定,应于诉愿决定书送达后二个月之不变期间内为之。而依同法第 5 条第 2 项提起课予义务诉讼虽无明文规定起诉期间。惟行政机关对于人民申请之案件既为驳回处分,申请人不服,自应依上揭"诉愿法"规定之期限提起诉愿,则于诉愿决定后,不服诉愿而提起行政诉讼时自亦应于期限内提起。故依"行政诉讼法"第 5 条第 2 项提起课予义务诉讼,其起诉期间,应类推适用"行政诉讼法"第 106 条规定,于诉愿决定书送达后二个月之不变期间内为之。

[265]　"民事诉讼法"第 247 条第 1 项后段,例外承认"确认证书真伪之诉"与"法律关系基础事实存否确认之诉"。

[266]　(1)2004 年 8 月 19 日"最高行政法院"2004 年判字第 1063 号判决:苟人民提起行政诉讼之确认诉讼,并非请求确认特定之行政处分无效、特定之公法上法律关系成立或不成立或特定之已消灭之行政处分为违法,而系请求确认抽象之某类型行政行为是否成立某类型之公法上法律关系,或某类型行政行为是为成立某类型公法上法律关系之原因事实,即系

为违法确认诉讼"等,亦有承认其容许性之立法例。于台湾现行"行政诉讼法"之设计,因承认课予义务诉讼,故通说不承认不作为违法确认诉讼[267],且此类诉讼于台湾司法实践上亦少有适用可能[268]。

本法第 6 条规定之确认诉讼,主要包括"处分无效确认之诉"、"公法上法律关系存否之诉"和"确认已执行完毕或因其他事由而消灭之行政处分为违法之诉讼"三种。另外,学说上经常讨论之确认诉讼类型,除前述行政不作为违法确认之诉外,尚有"预防性确认诉讼(vorbeugende Feststellungsklage)"与德国法制上之"规范审查诉讼(Normenkontrollverfahren Feststellungsklage)"[269]。以下仅就现行法所明定之三种确认诉讼,说明其特别诉讼要件。

(1)处分无效确认诉讼

无效之行政处分,在法律上虽属无效,但仍具备行政处分之外观,其存在仍可能被作为国家公权力之表征或基础。因此,一行政处分是否具备无效的瑕疵,于人民与公行政间存有争议时,仍可能对人民之权利或法律上地位造成不安定或不利之风险。因此,遂于诉讼制度上承认行政处分无效确认之诉,使人民得经由裁判宣示该处分为无效方式,以除去上开对人民权益可能造成不利益之外观。

就抽象之法律问题求为确认,与确认诉讼之要件不合,并非法之所许。经查:本件上诉人于原审起诉时,其声明第二项为请求"确认夫妻联合财产更名登记并无法律上依据,无以成立不动产物权登记之法律上原因事实"。而其于原审言词辩论时就此更予引申为"确认'抽象'夫妻联合财产更名登记之法律关系是不存在的"。则上诉人请求确认之对象,并非特定之行政处分或特定之公法上法律关系,而为抽象之法律问题,揆之前开规定及说明,上诉人此部分之诉并非合法。(2)2002 年 8 月 8 日"最高行政法院"2002 年裁字第 776 号裁定:行政权限究非法律关系或行政处分之本身,自不得为确认之诉之标的。抗告人诉请确认相对人对其私有地之订约或续约之处分权不存在,其诉请确认之标的,即系以相对人并无作成公法上法律关系或行政处分之权限,为其确认标的,尚非诉请确认公法上法律关系不存在或行政处分无效,不具首揭得提起确认之诉之特别要件。

〔267〕 林腾鹞前揭注 41 书第 119 页;蔡志方:《论行政诉讼上确认之诉》,全国律师第 3 卷第 1 期,1999 年 1 月,第 51 页。

〔268〕 按于行政不作为之"国家"赔偿诉讼,理论上非无提起行政不作为违法确认诉讼之可能,然因"行政诉讼法"第 12 条第 1 项规定应依行政争讼程序确定其违法性者,限于行政处分,故普通法院于审理此类国家赔偿诉讼时,解释上可自行审理判断该行政不作为之违法性,毋庸依行政争讼程序确定之。但纵使如此,仍有若干疑问,盖于撤销诉讼或课予义务诉讼之拒绝申请之诉情形,基于诉讼经济与原告权利保护之必要,通说均承认继续的处分违法确认之诉,于课予义务诉讼之怠为处分之诉情形,基于相同理由,何以反不承认"继续的不作为违法确认之诉"之容许性?

〔269〕 此类诉讼亦为确认诉讼之一种,"行政法院法"第 47 条参照。

处分无效确认之诉与处分撤销诉讼,系依据处分瑕疵类型所划分之诉讼类型,理论上彼此各有其守备范围,互不侵犯。故处分无效确认诉讼,虽属确认诉讼之一种,但因欠缺其他适当之替代诉讼类型,故处分无效确认诉讼原则并不适用确认诉讼之补充性要求[270]。因此,提起处分无效确认诉讼,虽未如撤销诉讼有诉愿前置与起诉期间等限制,但原告于系争处分瑕疵性质究属无效抑或得撤销不明确,或为避免因受理案件法院对处分瑕疵性质认定不同等因素,所生诉权丧失之风险,无论学说或司法实践,均建议原告不问处分瑕疵原因为何,均先提起处分撤销之诉为宜。

提起处分无效确认之诉,须具备下列特别诉讼要件,亦即:确认对象须为无效之行政处分;须有确认利益;须经无效确认先行程序。

①确认对象:无效之行政处分

处分无效确认之诉,系以无效行政处分为其确认对象,故对于得撤销之行政处分应提起处分撤销诉讼[271],对于效力消灭之违法行政处分得提起处分违法确认诉讼,对于行政处分以外之其他行为(非行政处分)得提起一般给付诉讼或公法上法律关系存否确认之诉[272],均非处分无效确认之诉之确认对象。至于

---

[270]　理论上虽可以该无效处分所涉及法律关系,提起公法上法律关系存否确认之诉与一般给付之诉,但于前者情形,其亦属确认诉讼,适用确认诉讼之补充性,于后者情形,原告人民因系否认法律关系之存在,故通常无法提起。

[271]　例如:(1)2005 年 4 月 28 日"最高行政法院"2005 年判字第 106 号判决谓:本件上诉人林文烈以上诉人"营建署"所为效力仍属存续之系争否准复职申请行政处分违法,损害其权益,提起撤销该行政处分之撤销诉讼;复于原审再开辩论后预备合并提起确认之诉(后位之诉),备位声明求为判决上诉人"营建署"系争处分为违法,揆诸上揭说明,上诉人提起之撤销系争行政处分诉讼(先位之诉)本质即包含确认该行政处分是否违法在内(备位声明),是上诉人于同一诉讼程序合并提起后位之诉(备位声明)已有未合;且上诉人"营建署"所为系争否准上诉人林文烈复职申请处分效力仍属存续,非已执行完毕或已消灭之行政处分,上诉人林文烈对之提起确认该行政处分违法,亦属不备起诉要件。原审准其所请,予以确认上诉人"营建署"系争否准上诉人林文烈复职申请之行政处分违法,并命上诉人"营建署"应依原审法律见解作成自 2000 年 3 月 31 日起至 2001 年 9 月 24 日"内政部"以台(2001)内人字第 9005312 号令职权停职处分生效之日止给付上诉人林文烈该期间内俸给之行政处分,尚嫌违误。(2)2004 年 11 月 4 日台中高等行政法院 2004 年诉字第 191 号判决谓:祭祀公业吴×浩并非不存在之祭祀公业,其祭祀公业是否错误、得否更正及其派下员应否剔除或增列则属民事私权之纠纷,应由民事诉讼程序解决。被告核发派下全员证明书及祭祀公业新任管理人准予备查之处分,其处分之对象与内容记载纵有瑕疵(应为"祭祀公业吴×浩"),亦非客观上不存在,系争二行政处分并无非效,是原告诉请确认其无效核无理由,应予驳回。

[272]　例如:(1)2002 年 12 月 26 日"最高行政法院"2002 年判字第 2346 号判决谓:按备查系以下级机关或公私机构,个体对上级机关或主管事务之机关,有所陈报或通知,使该上

确认行政处分有效或确认行政处分之内容，通说认为不能为处分无效确认诉讼之对象[273]，如有权利保护必要，得以该处分所形成或确认之法律关系为对象，提起一般给付之诉或公法上法律关系存否确认之诉。又通说实务认为处分无

级机关或主管事务之机关，对于其指挥、监督或主管之事项，知悉其事实之谓。备查之目的，在于知悉已经过之事实如何，主管机关不必另有其他作为，备查之性质，亦与所报事项之效力无关（参见台湾省政府民政厅 1995 年 8 月 10 日 84 民五字第 28918 号函说明），则前述备查函既仅就"福德正神"选任管理人为知悉之表示，与所陈报事项之实质效力无关，当事人对所陈报事项有所争执，自应诉请法院裁判。(2)2004 年 5 月 6 日台北高等行政法院 2003 年诉字第 4938 号判决谓："全民健康保险法"第 27 条以下保险费补助款之相关条文，对于被告是否得以行政处分之方式命原告缴纳拨付保险费补助款，并无明文。然依"司法院"于 2002 年 10 月 4 日，依原告之申请而为之释字第 550 号解释，可得肯认。上开解释既认定系争保险费之补助款系指保险对象获取保障之对价，而否定其系执行全民健康保险制度之行政经费，则被告自应以向保险对象收取保障对价之同一方式向原告收取保险费之补助款，即作成下命之行政处分。依前所述，被告均分别于系争各年度保险费补助款之年底以前揭之各结算函及所附拨款单定缴纳期间命原告缴纳，其系以设定法律效果为目的，单方所为具有法律拘束力之意思表示，其具备行政处分所有之概念特征，应认系行政处分。至原告主张上开各结算函并未有救济期间之告知，故其并非行政处分一节，惟按"处分机关未告知救济期间或告知错误未为更正，致相对人或利害关系人迟误者，如自处分书送达后一年内声明不服时，视为于法定期间内所为"。"行政程序法"第 98 条第 3 项定有明文，故行政处分非以救济期间之告知为成立或生效要件，被告虽未于各结算函为救济期间之告知，尚不影响其行政处分之性质。又观"行政执行法"第 11 条第 1 项系规定："义务人依法令或本于法令之行政处分或法院之裁定，负有公法上金钱给付义务，有下列情形之一，逾期不履行，经主管机关移送者，由行政执行处就义务人之财产执行之：①其处分文书或裁定书定有履行期间或有法定履行期间。②其处分文书或裁定书未定履行期间，经以书面限期催告履行者。③依法令负有义务，经以书面通知限期履行者。"可知，行政处分如未定履行期间，并非即不具行政处分之执行力，只是如要移送"法务部行政执行署"所属行政执行处执行时，须符合经以书面限期催告履行，逾期不履行为要件而已，同前所述，系争函关于此部分之记载，仍属催缴之观念通知书函，不能认系行政处分。(3)2004 年 10 月 29 日高雄高等行政法院 2004 年诉字第 468 号判决谓：原告起诉请求确认者，乃被告依据 1997 年"刑法"修正前之《受刑人（教化、操行）行状考核评分标准》(即起分进分标准)审查该监受刑人是否得办理假释为无效之行政行为，并不涉及被告对原告个人得否办理假释之决定，有原告 2004 年 6 月 29 日起诉补正状可凭；惟被告所适用之受刑人（教化、操行）行状考核评分标准（即起分进分标准），既属被告为执行行刑累进处遇成绩之核给，自订之评分标准，究其性质，应属行政规则，并非行政处分或公法上之法律关系；又被告以该项标准作为审查该监受刑人是否得办理假释之依据，并不当然即对原告生有行政处分存在或与原告产生行政法上法律关系；揆诸首开规定，本不得作为确认诉讼之标的；原告对非行政处分或公法上之法律关系提起确认诉讼，依其所诉之事实，在法律上为显无理由，爰不经言词辩论，径以判决驳回之。

[273] 林腾鹞前揭注 41 书第 123 页。

效确认诉讼之确认对象之无效行政处分，系指自始无效的行政处分[274]，对于嗣后失其效力之行政处分，除有符合处分违法确认之诉之要件者外，原则应依公法上法律关系存否确认之诉处理[275]。

②确认利益存在

依本法第 6 条第 1 项规定，提起确认诉讼，非"原告有即受确认判决之法律上利益者，不得提起"，亦即须具备"即受确认判决之法律上利益（确认利益）"。此一确认利益，为客观诉讼利益，与前述撤销诉讼或课予义务诉讼之提起须具备诉讼权能（原告适格）要件者虽有差异，然于确认诉讼中一旦肯定原告起诉具备确认利益，通常即同时肯定其意具备原告适格[276]。所称"即受确认判决之法律上利益"，系指原告之法律上地位，因无效处分所致不明确之法律状态而受有不利益，而此一不利益有立即以确认判决予以除去之必要者而言。因此，此一不明确法律状态通常必须现在已存在或将立即到来，始足当之，如系过去或未来之受害或有受害之虞者，原则欠缺"即受"确认判决之法律上利益。此项确认利益，必须于判决时仍存在。

本法规定之确认利益须为"法律上利益"，其情形与《德国行政法院法》第 43 条第 1 项文字仅规定"正当利益"[277]者不同。本法既不使用"正当利益"，而使用"法律上利益"，自应尊重立法原意，其确认利益限于法律上利益[278]，且此项利益必须公法所保护之利益，并能归属由原告主张者为限。

③须经无效确认先行程序

本法第 6 条第 2 项规定，确认行政处分无效之诉讼，须已向原处分机关请求确认其无效未被允许，或经请求后于三十日内不为确答者，始得提起之。因此，原告欲提起处分无效确认之诉，须先依"行政程序法"第 113 条第 2 项："行政处分之相对人或利害关系人有正当理由请求确认行政处分无效时，处分机关

[274]　林腾鹞前揭注 41 书第 117 页；陈计男前揭注 16 书第 183 页。

[275]　2005 年 6 月 21 日各级行政法院行政诉讼法律问题座谈会提案第 2 号讨论意见结论参照。类似实务案例，可参照：2004 年 12 月 23 日"最高行政法院"2004 年判字第 1670 号、2003 年 11 月 18 日"最高行政法院"2003 年判字第 1659 号、"最高行政法院"2003 年判字第 972 号等判决。

[276]　故于确认诉讼并非无当事人适格或诉讼权能之判断问题，而系此类判断通常消失于确认利益之判断中。反之，于撤销诉讼、课予义务诉讼或给付诉讼等诉讼中，亦非毋庸判断"客观诉讼利益"，而系其客观诉讼利益之判断，通常消失于当事人适格或诉讼权能之判断中。

[277]　此一德国法之"正当利益"系指经由合理之考虑，按照事物状况受到法规或基于法理值得保护之利益，包括法律上、经济上、名誉上甚至想象上之利益而言（吴庚前揭注 13 书第 127 页、陈计男前揭注 16 书第 187 页）。

[278]　吴庚前揭注 13 书第 127 页。

应确认其为有效或无效"之规定,请求原处分机关确认系争处分无效而未被允许或逾期不为确答后,始得提起。

此一无效确认先行程序要求,本法起草时系用以作为替代诉愿程序之制度设计[279],惟自理论上言应与德国法制同,其目的在确保原告起诉具有权利保护必要,亦即"能以更便捷之途径达成救济之目的者,须先用尽该途径,否则构成欠缺权利保护之必要要件,而申请行政机关自行确认其行政处分无效,即属此种途径"[280]。因此,不仅于处分无效确认之诉应经此一先行程序,于后述处分违法确认之诉,解释上亦应先向原处分机关请求确认其违法未被允许或逾期不为确答后,始得提起[281]。至于在公法上法律关系存否确认之诉,因其诉请确认之必要(确认利益)即在于因被告对该法律关系有争执所致,故不再要求其应先经上开行政先行程序。因此,如该处分之合法性,曾经原处分机关于诉愿程序加以确认[282];曾以处分无效为由向原处分机关申请停止执行未被允许等情形,均无再

---

[279] 吴庚前揭注 13 书第 125 页、第 126 页注 89 说明参照。

[280] 吴庚前揭注 13 书第 126 页注 86;林腾鹞前揭注 41 书第 123 页;蔡志方前揭注 267 文第 47 页。

[281] 吴庚前揭注 13 书第 125 页、第 126 页注 86 参照。关于要求处分违法确认之诉,亦须经先行程序之理由,吴庚前揭书之说明可供参考,其谓:除尊重行政机关之"第一次裁决权"外,尚有下列理由,(一)从文义解释,所谓确认行政处分之无效,当然包括尚存续及已解消之情形在内;(二)确认已解消之行政处分为违法,系仿效《德国行政法院法》第 113 条第 1 项之所谓后续的确认诉讼(nachträgliche Feststellungsklage)而来。而德国之制系针对不服行政处分所提起撤销诉讼之事件,因原处分已执行完毕或因其他原因解消后之替代诉讼,先前当然已经过异议之行政程序,本法不过将之改良成为正式的诉之类型。

[282] 于提起撤销诉讼后,转换为继续的处分违法确认诉讼情形,或经诉愿程序后处分效力始因执行完毕而消灭,继而提起处分违法确认诉讼情形,亦同。例如:2003 年 8 月 21 日"最高行政法院"2003 年裁字第 1185 号裁定:行政处分常于提起诉愿后始执行完毕,若因而须再请求原处分机关确认其处分为违法后,始得提起确认之诉,则原践行之诉愿程序即失其作用,与该条项用以取代诉愿前置主义之立法目的不合,况依"诉愿法"第 58 条规定,诉愿人应缮具诉愿书经由原处分机关向诉愿管辖机关提起诉愿。原处分机应先行重新审查原处分是否违法。是亦再无规定对于嗣后执行完毕之行政处分提起确认其违法之诉,须重行请求原处分机关确认之必要,原裁定认提起确认已执行完毕或因其他事由而消灭之行政处分为违法之诉讼,亦应践行"行政诉讼法"第 6 条第 2 项程序,殊非的论。本件抗告人于起诉状中主张原行政处分为违法,未主张行政处分无效。原裁定所称原处分于起诉前已执行完毕,仅得提起确认该已执行完毕之行政处分为违法之诉讼,不得提起撤销诉讼,纵令可采,抗告人误提起撤销诉讼,其真意是否即在请求确认原处分为违法,原法院应依职权行使阐明权,其误认提起确认已执行完毕之行政处分为违法之诉讼,须践行"行政诉讼法"第 6 条第 2 项规定程序,无从阐明补正,故未予阐明,径行裁定驳回,尚有未洽。

经无效确认先行程序之必要。

(2)处分违法确认之诉

依本法第 6 条第 1 项规定,处分违法确认之诉,系请求"确认已执行完毕或因其他事由而消灭之行政处分为违法之诉讼"。本条诉讼系仿照《德国行政法院法》第 113 条第 1 项后段规定之"继续确认诉讼"[283],以及该国学说实务扩张其适用范围及于起诉前之实践,而于本条予以独立规定。本条处分违法确认诉讼之特别诉讼要件,包括:须以已消灭行政处分违法为确认对象;须有确认利益;须经违法确认先行程序;须遵守确认诉讼之补充性。

①确认对象:已消灭行政处分为违法

得以处分违法确认诉讼请求确认之行政处分,须"已执行完毕或因其他事由而消灭之违法行政处分"。因此,对于效力尚未消灭之违法行政处分,应提起依撤销诉讼,对于自始无效之行政处分,应提起处分无效确认之诉,其毷能提起本条处分违法确认之诉者,限于事后发生效力消灭事由之违法行政处分。换言之,凡原告起诉请求法院审理之对象,涉及行政处分现在效力存否之争议者,应以撤销诉讼、处分无效确认诉讼或公法上法律关系存否确认诉讼解决;仅于当事人对于现在处分效力已消灭无争议,而请求确认系争处分于其效力消灭时为违法者[284],始能提起处分违法确认之诉。

一个自始有效之行政处分,于何种情形可认为其效力事后已消灭,无须再对之提起撤销诉讼?何种情形其效力仍未消灭,仍须以撤销诉讼撤销该处分?取决于原告起诉目的,究应以作成撤销判决方式抑或以确认处分违法方式,始能达。因此,本条所称"已执行完毕或因其他事由而消灭之行政处分",虽与实体法上因该行政处分所生"行政法律关系"之消灭事由问题有关,但未尽相同。例如,因罚锾处分所生行政罚法律关系,"国家"对人民之罚锾债权或人民因此所负之罚锾债务,虽因履行(如自动缴纳或强制执行完毕)而消灭,但如原告起诉目的在于请求返还已缴罚款者,因该罚锾处分仍构成"国家"行政罚债权之法律上原因,因此,理论上原告仍应先以撤销诉讼撤销处分效力后,始能主张

---

[283] 本条项后段规定为:行政处分已撤销或因其他原因而消灭者,法院得依申请,以判决确认行政处分为违法,但以原告有正当利益者为限。

[284] 实务采不同见解,认为处分违法确认之诉所确认者,为"处分时之违法性"。例如,2003 年 10 月 2 日"最高行政法院"2003 年判字第 1325 号判决:原告有即受确认判决法律上利益者,对已执行完毕或其他事由而消灭之行政处分为违法者,得提起确认之诉,固为"行政诉讼法"第 6 条第 1 项后段所明定。惟所谓违法行政处分,系指于作成行政处分时,即构成违法者为限。

公法上不当得利请求返还其已缴罚款[285]。反之，于拆除处分情形，原告起诉如欲排除系争处分加诸于己之义务或负担（拆除义务或忍受系争房屋被拆除），以使系争房屋免被拆除者，自应提起撤销诉讼，但若系争房屋已被执行拆除完毕后，拆除处分对原告所科加之义务已消灭，原则自无再提起撤销诉讼之必要[286]。

综上所述，一项涉及行政处分之公法上争议，应提起何种诉讼请求救济之问题，可获致以下结论：

---

[285] 但应注意者，实务于税捐领域案件之处理方式，则有重大不同。盖台湾税捐稽征实务，因"税捐稽征法"第28条（"纳税义务人对于因适用法令错误或计算错误溢缴之税款，得自缴纳之日起五年内提出具体证明，申请退还；逾期未申请者，不得再行申请"）明定人民于一定条件下有"退税请求权"，且此一权利之行使不以系争税捐核课处分已撤销为必要，以及实务关于税捐争讼采"争点主义"之结果，对于"纳税义务人如主张未经诉愿及行政诉讼而已确定之课税处分，有适用法令错误或计算错误，致溢缴税款之情形，可否不提起撤销诉讼，而径依'行政诉讼法'第8条第1项及'税捐稽征法'第28条之规定，提起一般给付诉讼？"之问题，遂于实务发生重大争议。对此，最近行政法院为尊重上开人民依法所享有之退税请求权，遂采与本书说明不同之处理方式。亦即："视原告之请求是否涉及原课税处分违法的争执而定，如涉及课税处分是否违法之争执，则税捐稽征机关拒绝退税，为一行政处分（确认原课税处分不违法之确认性行政处分），原告如有不服，可提起课予义务诉讼；如不涉及任何行政处分，或不涉及原课税处分是否违法之争执，则税捐稽征机关拒绝退税，为一事实行为（否认法律上义务存在之通知），原告如有不服，可提起一般给付诉讼。"（高等行政法院2001年法律座谈会提案第2号研讨结论，载于《各级行政法院法律座谈会资料汇编（一）》，2001年12月，第272页以下）另外，2004年6月18日"最高行政法院"2004年判字第783号判决谓：稽征机关依"税捐稽征法"第21条规定，于课税处分确定后，如发现纳税义务人申报缴纳之税捐有短漏情事，既可于五年内撤销变更原处分，补征其所漏税款，基于平等原则，亦应认为纳税义务人在溢缴税款五年内，仍可请求撤销变更原处分并退还溢缴税款，以符公平原则。况依"诉愿法"第80条第1项（修正前第17条第2项）规定，诉愿因逾法定期间而为不受理决定时，原行政处分违法或不当者，原行政处分机关或其上级机关得依职权撤销或变更之。当事人因迟误诉愿期间，致行政处分确定，该行政处分如有违法或不当，原行政机关尚宜依职权撤销或变更之，而"税捐稽征法"第28条既予当事人申请之权，解释上，亦不宜因其迟误诉愿期间，即丧失该申请权。

[286] 但于系争房屋系以代履行方式拆除情形，因系争拆除处分作为行政执行之执行名义，构成后续"拆除费"之法律上基础，故如原告起诉目的在于排除因此所负担之拆除费者，仍应以撤销诉讼解除该负担。同旨，陈敏前揭注170书第1378页参照。实务见解，例如：2004年6月30日"最高行政法院"2004年判字第835号判决：行政处分执行完毕后，如该行政处分所发生之效力，对受处分人仍有法律上之利益，仍应许受处分人提起行政救济。本件上诉人已自行拆除门扇改善完毕，即原处分已执行完毕，上诉人主张其权利受到损害，固非不得提起行政救济，惟上诉人提起本件撤销诉讼，欲撤销已执行完毕而不存在之行政处分，无法达到其诉讼目的，自属欠缺诉讼权利保护之要件。于此情形，上诉人仅能对已执行完毕之行政处分提起确认行政处分违法之诉，以资救济。

a)于因行政处分所发生或确认之行政法律关系仍然存续情形:如原告起诉目的在于完全排除该法律关系者,应提起撤销诉讼;如原告起诉目的在于变更或限制该法律关系之内容者,应提起课予义务诉讼。

b)于因行政处分有自始无效瑕疵致使法律关系确定不发生情形:如原告起诉目的在于完全否认该法律关系之存在者,应依处分无效确认之诉。此外,于法律关系因无效处分以外之事由而自始(如处分被撤销或废弃或因解除条件成就等因素而溯及既往消灭)或嗣后消灭,通说实务均认为不能提起"处分失效确认之诉",应依下列方式处理。

c)于因行政处分所发生或确认之行政法律关系已消灭情形[287]:如原告起诉目的在于排除该法律关系消灭前所科加且现尚存在之负担或不利益者,因系否认行政处分之规范内容,以回复处分前之法律关系,故仍应提起撤销诉讼;此时,如进而有回复原状必要者,亦得依本法第196条规定[288],追加主张"执行结果除去请求权"(公法上回复原状请求权一种),请求受诉法院判决命被告机关应为回复原状之必要处置。反之,如原告起诉目的并非排除法律关系消灭前所科加且现尚存在之负担或不利益者,例如起诉目的在于排除将来可能发生重复危险或处分规范内容以外之不利益或请求因该处分规范内容所生损害之金钱赔偿等,因与行政处分内容无关,故原则可依一般给付之诉或现在法律关系存否确认之诉处理,且于符合一定条件(如确认利益)下,亦可提起处分违法确认之诉。

由上述可知,行政处分单纯已执行完毕或有其他事由(如期间届至),尚非本条所称"消灭之行政处分"。得作为本条处分违法确认诉讼之确认对象之"已执行完毕或因其他事由而消灭之行政处分",必须原告起诉目的不涉及处分后所发生或确认法律关系之改变,如原告起诉目的在于回复处分前之法律关系者,即不允许提起处分违法确认之诉。

关于最近学说与行政诉讼实务之基本态度,例如,关于行政处分已经执行完毕,得否提起或续行撤销诉讼之问题,2002年7月9日各级行政法院2002年度行

---

[287] 此所谓"行政法律关系之消灭",系指"绝对消灭"而言,包括"自始或嗣后的消灭",但不包括因法律关系"主体变更"(如继承)所致之"相对消灭"。行政法律关系绝对消灭之事由约有:(1)法律关系成立原因事后溯及既往消灭:如意思表示等法律行为因错误或不自由而事后被撤销、行政处分被溯及既往撤销或废止、行政处分因解除条件成就而溯及失效等;(2)法律关系标的物客观灭失:如公物灭失而使存于该公物之物权消灭;(3)因其他法律行为而消灭:例如撤职或免职处分使公务员关系消灭;(4)因法律关系内容被履行而消灭:例如清偿、抵消;(5)因权利抛弃或债务免除而消灭;(6)因时效等期间经过而消灭;(7)因违反诚信原则发生权利失效而消灭。

[288] 本条规定:行政处分已执行完毕,行政法院为撤销行政处分判决时,经原告申请,并认为适当者,得于判决中命行政机关为回复原状之必要处置。

政诉讼法律座谈会法律问题第 13 则研讨结论谓：(一)原告因行政处分之撤销而有可回复之法律上利益时：虽该处分已执行完毕,依"行政诉讼法"第 196 条及大法官释字第 213 号解释意旨,原告应提起或续行撤销诉讼,如原告提起确认诉讼,审判长应行使阐明权,如原告仍不转换为撤销诉讼,应以其诉欠缺一般权利保护必要。(二)原告因行政处分之执行完毕而无回复原状之可能者[289]：则应依"行政诉讼法"第 6 条第 1 项后段提起确认诉讼,如原告提起撤销诉讼时行政处分已执行完毕,或在诉讼进行中执行完毕时,应认得将撤销诉讼转换为确认诉讼[290][291]。

---

[289] 例如,下列案例认为处分已执行完毕且无回复原状可能,故应提起处分违法确认之诉：2002 年 4 月 30 日高雄高等行政法院 2001 年诉字第 2180 号判决：行政处分执行完毕,其执行之效果继续存在,而有回复原状之可能者,无论系争行政处分系于原告提起撤销诉讼前,或合法提起撤销诉讼后,执行完毕者,均应提起或续行撤销诉讼；至于"行政诉讼法"第 6 条第 1 项后段所谓已执行完毕之行政处分适用范围,应以行政处分执行完毕,且无回复原状可能之情形为限；故于行政处分已执行完毕,且无回复原状可能,即应提起"行政诉讼法"第 6 条第 1 项之确认诉讼而非撤销诉讼以为救济。请求撤销之土地分配处分不仅已执行完毕,且纵将原处分撤销亦无回复原状之可能,提起本件之撤销诉讼,并无法达其诉讼之目的；其起诉显系欠缺保护必要。

[290] 本项实务见解,该会议结论指明系援引下列学说见解,陈清秀前揭注前揭注 13 书第 149 页以下；彭凤至：《行政诉讼种类理论与适用问题之研究》,发表于 2000 年东亚行政法学术研讨会论文(2000 年 12 月 23 至 27 日),第 12 页以下。此外,关于其他学说见解,吴庚前揭注 13 书第 125 页,刘宗德、彭凤至：《行政诉讼制度》,收于翁岳生编：《行政法(下册)》,翰芦出版社,2000 年,第 1246 页[彭凤至执笔]。

[291] 本座谈会结论作成后,最近实务之见解,似又与上开结论未尽相同。例如,2003 年 5 月 29 日"最高行政法院"2003 年判字第 658 号判决谓：按"行政诉讼法"第 6 条第 1 项规定："确认行政处分无效及确认公法上法律关系成立或不成立之诉讼,非上诉人有即受确认判决之法律上利益者,不得提起之。其确认已执行完毕或因其他事由而消灭之行政处分为违法之诉讼,亦同。"惟违法确认判决并无消灭行政处分规范效力之效果,所以在已执行完毕之行政处分,如其规范效力仍然存在之情形,且有回复原状之可能者,仍不得提起第 6 条第 1 项之行政处分违法确认诉讼。另按行政处分撤销诉讼之目的,在于废弃行政处分之效力,以解除当事人权益免受该行政处分效力之影响,亦即人民提起撤销诉讼之诉讼对象在于解除行政处分规范效力。是以凡有解除行政处分规范效力之必要者,原则均应以撤销诉讼为之,已执行完毕之行政处分,如其规范效力仍然存在,且有回复原状之可能者,行政法院仍准上诉人提起撤销之诉,上诉人如认有回复原状之必要者,更得依"行政诉讼法"第 196 条申请行政法院判命行政机关为回复原状之必要处置。况依"行政诉讼法"第 6 条第 1 项规定文义,提起确认诉讼之要件,仅必须要有确认利益,并未明文行政处分执行完毕者,仅得提起确认违法诉讼,所以并非所有已执行完毕之行政处分,均得提起行政处分违法确认诉讼,仅于行政处分规范效力已因法律上或事实上理由消灭者,上诉人仍有可回复之法律上利益者,才许其提起第 6 条第 1 项之行政处分违法确认诉讼。此从上述撤销诉讼之目的及"行政诉讼法"第 4 条、第 6 条、第 196 条之法条规定,自应如上解释。

有鉴于上开实务态度与理论倾向,并考虑本法第 196 条容许对"已执行完毕行政处分作成撤销判决"之规定,本条规定用语显然容易使人误会。因此,最近"行政诉讼法部分条文修正草案"中,为使处分违法确认诉讼之适用范围更臻于明确,遂修正本法第 6 条及第 196 条条文,明定限于"行政处分已消灭且无回复原状可能者",始得提起处分违法确认之诉,以杜争议[292]。

　　②确认利益存在:兼论确认诉讼之补充性

　　处分违法确认之诉,亦为确认诉讼,故此类诉讼亦须具备确认利益,始为合法。有关确认利益之概念,如前所述,此不再赘论。惟应留意者,处分违法确认诉讼,系针对"已经消灭行政处分",请求确认于该处分效力消灭前为违法,而处分是否违法,通常构成撤销诉讼、课予义务诉讼等其他行政诉讼,甚至"国家"赔偿诉讼之先决问题。由于受理先决问题之法院,原则并无为应受理本案诉讼之法院厘清该先决问题之义务,且亦无此必要性(就本案问题有审判权之法院对先决问题亦有审判权)。因此,必须原告提起此类诉讼所主张权利或法律上利益之受损害,并不随同行政处分效力之消灭而同时丧失,且原告有利用处分违法确认诉讼请求法院提供权利保护必要情形,始有确认利益。就此而言,处分违法确认诉讼之确认利益之判断,较诸撤销诉讼、课予义务诉讼等通常诉讼类型,

---

[292]　惟如进一步检讨本次修正草案之条文用语,似又仍有未能厘清争议之处。亦即修正草案第 6 条第 1 项后段规定:"其确认已执行而无回复原状可能之行政处分或已消灭之行政处分为违法之诉讼(按即"处分违法确认之诉"),亦同。"第 196 条第 2 项规定:"撤销诉讼进行中,原处分已执行而无回复原状可能或已消灭者,高等行政法院于原告有即受确认判决之法律上利益时,得依其申请,确认行政处分为违法。"上开规定,就行政处分已执行完毕情形,限于无回复原状可能,始能提起处分违法确认之诉。但于行政处分因其他事由而消灭情形(如履行、期间届至等),则一律允许提起处分违法确认之诉,是否妥当,似仍有检讨余地。例如,前述罚锾处分因自动缴纳而失效之问题;或停职处分因停职期满而失效,原告后起目的在于请求停职期间之俸给;于有任期制公务员,经解职后残余任期届满,原告起诉目的在于请求遭非法解职后残留任期之俸给等问题,仍有进一步检讨余地。又关于停职处分已执行完毕情形,实务认为应提起处分违法确认之诉,例如 2002 年 10 月 31 日"最高行政法院" 2002 年判字第 1947 号判决谓:本件上诉人因不服被上诉人 2000 年 7 月 11 日府农辅字第 183896 号函所为"停止理事职权"之行政处分,提起诉愿请求予以撤销,惟诉愿决定前,被上诉人报经"中央"主管机关"行政院农业委员会"同意,而于 2000 年 10 月 20 日以(2000)府农辅字第 293688 号函同意上诉人恢复理事职权,则原停止职权之处分已执行完毕,撤销诉讼之对象即不存在,诉愿决定不予受理,原审对上诉人先位声明求为撤销原处分及诉愿决定部分,以不合法为由,予以驳回,经核并无违误。"行政诉讼法"第 6 条第 1 项后段既明文规定,将"确认已执行完毕或因其他事由而消灭之行政处分为违法之诉讼"列为独立之诉讼类型,本件原处分业经执行完毕,自仅得依该项后段规定提起确认行政处分违法之诉,要无提起确认行政处分无效诉讼之余地。

更为严格,且此类诉讼其确认利益之存否,深受"系争处分效力消灭之原因"[293]以及"原告起诉之时点"等因素之影响。

多数情形,原告可能提起此类诉讼之时点,约可大致整理为以下"继续(接续、续行、追加)的处分违法确认诉讼"与"自始的处分违法确认诉讼"二种情形:

a)继续的处分违法确认之诉:于提起撤销诉讼、课予义务诉讼后,因诉讼对象之处分效力事后消灭,基于利用既有诉讼数据等诉讼经济理由,或有其他须利用法院程序进一步除去之不利益或风险,而以诉之变更方式,接续提起之处分违法确认之诉(继续的处分违法确认之诉)。

b)自始的处分违法确认之诉:于提起撤销诉讼或课予义务诉讼前("起诉前"),系争处分效力已消灭,基于有其他须利用法院程序进一步除去之不利益或风险,而自始提起之处分违法确认之诉。因此,自始的处分违法确认诉讼之确认利益要求,因无须考虑诉讼经济之问题,故较诸继续的处分违法确认诉讼情形更为严格。

处分违法确认诉讼之确认利益,参考德国行政法院实务裁判所发展之原则与学者之整理,约可区分以下三种肯定有确认利益之主要案例类型[294]。其中,最后一种类型原则不适用于自始的处分违法确认之诉:

a)重复发生之危险(预防性处分违法确认之诉):指该系争行政处分之效力虽已消灭,但如原告有正当理由,可预期于事实上与法律上状况不便之情形下,被告机关仍有重复作成相同处分时,原则可认为有确认利益。此类重复发生之危险,必须为具体之危险。原告提起此类诉讼,系为借由系争已消灭行政处分违法性之审查,以避免将来重复发生之危险;亦即借由法院判决厘清现在已存在,且可合理预期将来亦可能构成人民与行政机关行为基础之事实与法律关系,一次解决将来可能发生之具体争议,其诉讼性质为"预防性确认诉讼"。因此,判断是否有重复发生危险之虞,系以系争行政处分效力消灭时点之具体事实与法律状态,将来可能重复发生为必要。不问目前与将来可能发生之事实或法律状态之差异,而仅单纯主张行政机关将来可能作成与系争处分相同之判断(处分)或采取同样行动,尚不足以认为有确认利益。此类重复发生之危险,例如,原告申请之定期集会游行被驳回,其后因该驳回处分因原定集会时间经过而消灭,为避免行政机关日后对类似集会游行申请以相同理由驳回,而提起处

---

[293] 系争处分效力之消灭,如系因嗣后原处分机关之职权废弃所致,而该废弃处分中已指明原处分违法之违法时,原告通常即欠缺提起处分违法确认诉讼之诉讼利益。

[294] 林腾鹞前揭注41书第135页以下;陈敏等译前揭注117书第1266页以下[陈爱娥执笔];彭凤至前揭注100书103页以下;叶百修、吴绮云:《德日行政确认诉讼之研究》,"司法院"印,1991年10月,第60页以下[吴绮云执笔]参照。

分违法确认之诉;又如考试资格、候选人资格审查不合格决定作成后,考试期间或选举期间经过情形,亦属之[295]。

b)回复名誉之利益:指系争处分效力虽已消灭,但因该处分内容之判断(包括主文、事实或理由等事项),涉及对原告名誉、信用等人格权或商誉之贬损或歧视之效果(指处分规范意图以外对原告所产生之附随的不利益效果)仍然存在时,亦有确认利益。例如:以公务员出入不正当场所或有贪渎等失职情事所为一次记两大过免职处分,其后虽被撤销,但已对该公务员名誉造成侵害;于对医师、会计师等以其有违反专业伦理等事由所为惩戒处分,事后虽被撤销,但已对该专门职业人员之声誉造成影响。又如以罹患精神疾病、传染病(如 SARS)或其他疾病(如 AIDS)为由所为命接受强制治疗或隔离之处分,其后虽被撤销,但已对其名誉或隐私造成影响。换言之,于处分带有影响当事人职业声誉、信用、可信赖性(如前科记录)等附随且现仍续存之负面效果,而此一负面效果之持续影响可经由法院判决予以排除或降低时,通常即有确认利益。

c)先决问题之厘清:指系争效力已消灭行政处分之违法性,构成其他诉讼本案审理或其他行政程序之先决问题,而原告有借由行政法院确认判决加以厘清之合理期待时,原告有确认利益。此类案例,主要发生于行政处分之违法性构成民事诉讼(尤其"国家"赔偿诉讼)先决问题之情形。于原告提起自始的处分违法确认诉讼情形,由于行政法院并无为应受理本案诉讼之法院或其他行政机关厘清该先决问题之义务,且原告既可提起本案诉讼以请求救济,因此,其提起此类处分违法确认之诉,原则应认为欠缺权利保护必要,不具确认利益。惟若系属"继续的处分违法确认诉讼"情形,则有不同。因行政处分效力之消灭系于原告提起撤销诉讼或课予义务诉讼后始发生,自诉讼经济观点言,如能利用已进行之诉讼程序与诉讼数据以厘清上开先决问题(处分之违法性),自无禁止原告转换为处分违法确认之诉必要;但如行政法院对先决问题之审查显属多余时(例如已提起或预计提起之"国家"赔偿诉讼显无胜诉希望),仍无确认利益。然而以上学说与德国实务理论,却与"行政诉讼法"第 12 条强调行政法院关于处分是否无效或违法问题之优先(或排他)审判权之规定,发生冲突。亦即该条规定:"民事或刑事诉讼之裁判,以行政处分是否无效、违法为据者,应依行政争讼程序确定之"(第 1 项);"前项行政争讼程序已开始者,于其程序确定前,民事或刑事法院应停止其审判程序"。因此,解释上如原告于民事法院已提起"国

---

[295]　此类重复发生之危险,"司法院"大法官早于释字第 213 号解释即明确指出如有"可回复之法律上利益时",仍应许其提起行政争讼,其后更于释字第 546 号解释,进一步阐释认为"如依'国家'制度设计,性质上属于重复发生之权利或法律上利益,人民因参与或分享,得反复行使之情形",仍应认为有可回复之法律上利益。

家"赔偿诉讼后,始向行政法院提起处分违法确认之诉(自始的处分违法确认之诉),似仍应认为有确认利益[296]。

由上开说明可知,提起处分违法确认之诉有无"确认诉讼补充性原则"之适用问题,宜视原告所提起者为自始的处分违法确认诉讼抑或继续的处分违法确认诉讼,以及是否其确认利益之性质为何等因素而定。亦即,在不考虑本法第12条规定之特殊性前提下,约可整理如下两项基本结论:a)如原告所提为继续的处分违法确认之诉,原则与确认诉讼补充性问题无关。b)如原告所提为自始的处分违法确认诉讼,除预防性违法确认诉讼[297]外,原则仍应考虑确认诉讼之

---

[296]　关于处分违法确认诉讼之确认利益与"行政诉讼法"第12条规定之冲突问题,实务曾出现否认处分之违法性系属"国家"赔偿先决问题之错误方式,加以回避。例如,2004年8月18日高雄高等行政法院2004年诉字第108号判决谓:按确认行政处分违法之诉,必须具备确认利益,其目的乃是在节约诉讼资源之使用,故行政处分如于起诉前已因执行完毕而终结者,如以其为"国家"赔偿诉讼之先决问题,提起"行政诉讼法"第6条第1项后段之确认行政处分违法诉讼,由于受理"国家"赔偿之民事法院,于审究是否构成"国家"赔偿责任所涉及行政处分不法性之判断问题,实则并非其先决问题,而是其本案问题,受理"国家"赔偿诉讼之民事法院原得就构成"国家"赔偿责任的构成要件予以审查,其对原告已可提供较有效率之权利保护,因而如切割此一事件为"确认行政处分违法"与"诉请'国家'赔偿"二部分,将使救济途径变得冗长,且耗费较多司法资源,应认并无单独提起确认行政处分违法诉讼之必要。经查,原告对于被告认定系争厂房系属违章建筑并予拆除之行为,业已于1999年间依侵权行为及"国家"赔偿之法律关系对被告提起民事诉讼,并经台湾台南地方法院1999年度国字第5号审理后判决驳回原告之诉,原告不服,复向台湾高等法院台南分院提起上诉,经该院2000年度重上国字第2号审理在案(现裁定停止诉讼程序中),则原告嗣于"行政诉讼法"新制施行后之2004年2月4日复以被告于上开"国家"赔偿诉讼中一再争执系争处分之合法性为由向本院提起本件确认诉讼,然查,因审理"国家"赔偿案件之民事法院有权直接审查被告系争行政处分究竟合法或违法,已可对原告提供有效之权利保护,殊无由原告再对之提起确认行政处分违法之诉加以确认之必要,揆诸前揭说明,其诉即属欠缺确认之利益,不应准许。

[297]　由于前述以有重复发生危险之虞所提起之预防性确认诉讼,必须该危险系可合理预期之具体危险,而有于现在以确认诉讼方式加以救济之必要者,始得提起。因此,在此一诉讼之容许性要件之判断上,实质上已考虑确认诉讼之补充性问题,故于此无须再次考虑。换言之,提起预防性确认诉讼有无确认利益(预防的确认利益)之判断,主要以"能否经由其他既有诉讼救济途径(包括暂时的权利保护制度),获得有实效的权利保护"为其标准,已不发生回避提起撤销诉讼或课予义务诉讼之问题,因此,并无再检讨补充性之必要。附带一提,关于预防性不作为诉讼(给付诉讼一种)之容许性之判断标准,原则与预防性确认诉讼相同,故得提起预防性确认诉讼情形,通常亦承认得提起预防性不作为诉讼;且就同一事件,原则并不因其可提起预防性不作为诉讼,而否认预防性确认诉讼之合法性(即此二类诉讼可选择提起,无补充性原则之适用)。

补充性,如有其他更简便且完整之诉讼救济途径可供利用时,其所提处分违法确认诉讼原则不应允许[298]。

③须经先行程序:兼论起诉期间之遵守

提起处分违法确认之诉,应否如撤销诉讼或课予义务诉讼般,须先经诉愿前置程序,抑或如处分无效确认诉讼般,须先经行政违法确认程序,本法并未规定。理论上,如同处分违法确认诉讼般,基于权利保护必要要求,仍以先经行政违法确认程序为必要,此已于前述。惟是否以经诉愿程序为必要(此时自无再经行违法确认程序之必要[299]),因学说对于本条处分违法确认诉讼之性质存有争议,故有不同见解。

例如:a)有认为本条处分违法确认诉讼,限于提起撤销诉讼后行政法院判决前处分效力始消灭之继续的处分违法确认诉讼,不承认起诉前提起之自始的处分违法确认诉讼。因此,撤销诉讼所应具备之诉愿前置、起诉期间之遵守等特别诉讼要件,本条诉讼亦应具备始得提起[300];且本条诉讼之合法性以原所提撤销诉讼合法为前提,如之前所提起之撤销诉讼不合法,纵处分效力已消灭,亦无法转换为处分违法确认之诉。b)提起处分违法确认之诉,须在处分效力消灭前曾经诉愿程序,但未经行政法院为实体判决者,始为合法[301]。因此,于合法提起之撤销诉讼系属中,处分效力始消灭情形,因已经诉愿程序,故可转换为处分违法确认之诉;反之,于提起诉愿后起诉前,处分效力消灭者,亦应允许其提

---

[298]　"行政诉讼法部分条文修正草案"第 6 条第 3 项规定"确认诉讼,于原告得提起或可得提起撤销诉讼、课予义务诉讼或一般给付诉讼者,不得提之。但确认行政处分无效之诉讼,不在此限",亦明定处分违法确认诉讼仍受确认诉讼补充性原则之限制。

[299]　反对见解,2000 年 11 月 2 日高雄高等行政法院 2000 年诉字第 347 号裁定:被告高雄市政府责令原告限期迁离神像之行政处分,已由被告会同警察机关执行完毕。是被告限期搬离神像之行政处分效力,显然于诉愿机关决定驳回其诉愿前既已因强制执行完毕而告解消甚明,本院自无从再循原告提起之本件撤销诉讼,以形成判决予以撤销之,殆无疑义。且原告向本院提起本件行政诉讼之前,并未曾向原处分机关请求确认其行政处分为无效或为违法之行政程序,则其起诉确认欠缺权利保护必要,即乏诉之利益,于法自有未合。从而,本件原告之诉系争之原处分既已执行完毕,而原告犹于诉愿机关,以程序不合为由,而决定驳回其诉愿后,起诉请求撤销于起诉前已不存在之行政处分,应认原告本件之诉不备起诉要件。

[300]　林腾鹞前揭注 41 书第 134 页参照。

[301]　陈计男前揭注 16 书第 191 页以下参照。

起处分违法确认之诉[302]。此时，于起诉后转换为处分违法确认诉讼情形，其诉讼合法性系于撤销诉讼之合法性，故无另外规定必要；于提起诉愿后起诉前处分效力消灭而提起处分违法确认诉讼者，其起诉期间本法未设规定，故于修法解决前宜类推本法第276条规定之再审期间[303]。

如前所述，本条规定之处分违法确认诉讼，虽系参酌《德国行政法院法》第113条第1项规定而来，但同时亦考虑德国扩张承认起诉前提起处分无效确认诉讼之容许性之学说与实务，故本条规定处分违法确认诉讼，自应包括继续的处分违法确认诉讼与自始的处分违法确认诉讼两种。其中，关于提起撤销诉讼或课予义务诉讼后始转换为处分违法确认诉讼之情形，因其合法性系于撤销诉讼与课予义务诉讼之合法系属，故原则自应经诉愿前置程序与遵守起诉期间，此固不待言。因此，关于此一问题主要集中于提起"自始的处分违法确认诉讼"，是否应否遵守起诉期间之问题。兹进一步说明如下：

按行政诉讼规定起诉期间之制度目的，主要系基于行政法律关系早期安定以及行政效率之要求。因此，本法对于撤销诉讼与课予义务诉讼既已设有起诉期间之限制，原则自不允许原告以提起处分无效确认诉讼等其他方式予以规避，否则将使本法明定撤销诉讼或课予义务诉讼之制度目的受到破坏。本书以为，本法所承认之处分违法确认诉讼，经由限制其"确认对象"与"确认利益"等方式，大幅限缩此一诉讼容许性之结果，除有使各种诉讼类型分工与司法资源分配更为明确之作用外，亦有间接确保因系争行政处分所发生或确认法律关系

---

[302] 另外，2004年9月24日台北高等行政法院2003年诉字第3691号判决亦采相同见解，该判决谓：按依"行政诉讼法"第6条第1项后段提起之"确认行政处分违法诉讼"，其前提要件为：A.该作为行政争讼对象之行政处分，已因执行完毕或因其他事由而消灭，以致使受该行政处分规制，导致公法上权利受侵犯之人民（或立于人民地位之行政机关）已无法以撤销诉讼获得救济。B.而人民之所以还有提起"确认行政处分违法"诉讼之实益，则是基于"第二次权利救济"之考虑，让人民除了享有直接排除处分规制效力的"第一次权利救济"手段外，尚可对"第一次权利救济"无从弥补之损害（多是已生损害之填补），在以"国家"赔偿或行使公法上排除侵害请求权之手段来救济时，先以"确认行政处分违法"之诉来确定原处分之违法性。C.因此"确认行政处分违法之诉"始终是"行政处分撤销诉讼"诉讼的补充规定，有关提起撤销诉讼之行政争讼前置要件，在"确认行政处分违法之诉"中亦须具备。特别是法定不变期间之遵守。换言之，原处分之规制效力即使消灭，提起确认行政处分违法之诉者，亦须视其行政争讼阶段，而遵守法定不变期间。例如：(1)行政处分作成后未进入诉愿程序以前，以原处分规制效力消失而提起确认行政处分违法之诉者，必须在提起诉愿法定不变期间内。(2)行政处分作成且进入诉愿程序中，原处分规制效力方行消灭者，其提起确认行政处分违法之诉，必须在提起行政诉讼之法定不变期间内为之。

[303] 陈计男前揭注16书第194页以下参照。

之安定性之功能。简言之,于判断处分违法确认诉讼之"确认对象"与"确认利益"之同时,实际上已相当程度兼顾系争行政法律关系之安定性。因此,于考虑上开处分违法确认诉讼之确认对象与确认利益后,关于起诉前提起之处分违法确认诉讼之起诉期间问题,本书以为于本法未有明文规定情形,原则上应视具体个案,依诚信原则判断是否有失权情事而定。惟德国下列实务所采态度,其判断标准简便而明确,亦可参酌采用。亦即,认为提起自始的处分违法确认诉讼,原则应有起诉期间之限制,其起诉期间约可整理如下二项简便之原则[304]:a)行政处分确定(发生形式存续力或不可争力)后,该处分效力始消灭者,原则不得提起;b)起诉前行政处分效力消灭者,原则仍应遵守起诉期间(类推撤销诉讼之起诉期间),惟其起诉期间之计算,原则自系争处分效力消灭时起算。

(3)公法上法律关系存否确认之诉

依本法提起公法上法律关系存否确认之诉者,应具备下列特别诉讼要件:须确认对象公法上法律关系之存否[305];须有确认利益;须符合确认诉讼之补充性要求。

①确认对象:公法上法律关系

公法上法律关系存否确认诉讼之确认对象,原则限于"公沄上法律关系"。所称"公法上法律关系",系指具体生活事实之存在,因公法法规之规范效果,于二以上法主体间(通常为权利义务主体)或于人与物间所生之权利义务关系。行政法法律关系之发生,有直接基于法规者,有因行政处分、行政契约等法律行为或事实行为而发生者,惟无论法规、行政行为等法律行为或事实行为,均仅为法律关系发生之原因,并非法律关系本身,除别有规定(如撤销诉讼、处分无效确认诉讼等)外,原则不得作为确认诉讼之确认对象[306]。

---

〔304〕　整理自下列文献,司法研修所编:《ドイツにおける行政裁判制度の研究》,法曹会2000年,第178页;陈敏等译前揭注117书第1259页以下[陈爱娥执笔]参照。

〔305〕　本法条文用语为"公法上法律关系之成立或不成立",但实际上包括公法上法律关系之存在或不存在(本条立法理由二、之说明参照)。

〔306〕　吴庚前揭注13书第128页参照。另2001年3月13日高雄高等行政法院2000年诉字第742号裁定谓:所谓公法上法律关系,系指特定生活事实之存在,医法规之规范效果,在两个以上之权利主体间所产生之公法上权利义务关系,或产生人对权利客体间之公法上利用关系;公法上法律关系之成立有直接基于法规规定者,亦有因行政处分、行政契约或事实行为而发生者,但法规、行政行为及事实行为均非法律关系本身,故皆不得以其存否为确认诉讼之标的。经查:都市计划(包括通盘检讨案)系一抽象、对不特定人之行政计划,属行政机关对于一般人民所为之一般性措施,类于法规命令而为抽象之规定,其对象并非特定之个人,自非行政处分,故其并非法律关系本身,如嗣后行政机关之具体措施,造成人民因该措施而直接受有利或不利之效果发生时,始得谓国家与人民间有公法上之法律关系发生;都市

得作为确认诉讼之确认对象之公法上法律关系，早期认为限于现在法律关系，原则不包括过去法律关系与将来法律关系。但目前多数见解认为[307]：过去法律关系如仍持续作为现在法律关系之基础者，得为确认对象；如为请求之确认将来法律关系，具备提起预防性确认诉讼之确认利益者[308]。

又此一作为确认对象之公法上法律关系，不以存于原被两造当事人间之法律关系为限，对存于他造当事人与第三人间之法律关系，亦得为确认之对象。其确认他造与第三人间之法律关系者，理论上原则应以该法律关系之双方当事人为被告，其诉始为合法[309]。又法律关系之确认，不以请求确认法律关系之整体或全部为必要，因该法律关系所生之个别权利或义务，亦得为确认对象。又如是否具备某一公法社团成员资格（农田水利会会员资格）、是否为某一地方公共团体之居民或是否具备国籍、是否具备学籍、是否为某民意代表等关于"人的身份、资格或地位"问题，因实际上构成某一法律关系下有关权利义务之总体之表征（身份权），自得为确认对象。但如仅为构成该法律关系或个别权利或义务之非独立部分要素或前提问题，则不得作为确认之对象。例如，行为能力、责任能力、责任条件等法律关系中不具独立性质之构成要素[310]，营业申请人之可信赖性、土地之可建筑性、住宅是否为员工宿舍等关于某一特定个人或物的法律

计划（包括通盘检讨案）既非法律关系本身，依前揭所述，并不得以其成立或不成立作为确认诉讼之标的。故原告以系争台南县下营都市计划违反"都市计划法"第 15 条、第 19 条及第 21 条之规定为由，声明请求"确认被告下营都市计划……，法律关系全部不成立"，自与确认公法上法律关系成立或不成立之诉，其确认之对象须为公法上法律关系之要件不合，是原告提起本件行政诉讼，为不备起诉要件，显非合法，应予驳回。

[307] 林腾鹞前揭注 41 书第 130 页以下参照。

[308] 前揭注 297 参照。

[309] 惟于确认公用地役关系之问题上，"最高行政法院"似乎认为仅须以该就该公用地役关系有管理权之行政机关为被告即可。亦即，2004 年 9 月 23 日"最高行政法院"2004 年判字第 1251 号判决谓："确认公法上法律关系成立或不成立之诉讼，若系由所确认之公法上法律关系之一方提起者，应以他方为被告，当事人始有适格；若由对公法上法律关系有即受确认判决法律上利益之第三人提起者，应以形成或确认公法上法律关系之行政机关为被告，当事人方为适格。而公用地役关系为行政法上行政主体基于行政目的，依法对私人财产赋予限制之关系，足见公用地役关系是存在于形成或确认公用地役关系之行政机关（公物主管机关）与供役地所有权人间之法律关系。"按于本件诉讼，原告（主张因公用地役关系而受有利益之第三人）系以供役地所有权人为被告，提起本件确认公用地役关系存在之诉，致遭法院以当事人不适格为由，驳回其诉。惟应注意者，将来于类似案例，如依"最高行政法院"以行政机关为被告之见解，于列公用地役权主管机关为被告后，似宜同时命供役地所有权人依本法第 42 条参加诉讼。

[310] 吴庚前揭注 13 书第 129 页。

上性质[311]之问题,原则不得作为确认对象。至于何者为法律关系之独立部分,何者为非独立部分,则尚未有一致之判断标准[312]。此外,关于抽象的法律问题(某一法规应如何解释)或法律情势、纯粹学术性问题、某一事实状态[313]之存否等,并非具体法律关系,原则不能为确认之对象,自不待言。

②确认利益存在

此一确认利益要件,其概念与前述说明相同,不再赘论[314]。

③须遵守确认诉讼之补充性

所谓"确认诉讼之补充性",系指系争案件之解决,除确认诉讼外,如同时亦可提起形成诉讼或给付诉讼时,不得提起确认诉讼,仅于无法以形成诉讼或给付诉讼提供适切权利保护时,始得提起确认诉讼。其理由在于:

a)形成诉讼或给付诉讼,具有形成力或执行力,较诸确认诉讼能提供更广泛有效之权利保护。

b)于撤销诉讼与课予义务诉讼,因设有诉愿前置与起诉期间等特别诉讼要件,承认确认诉讼之补充性,具有避免原告回避上开制度目的之作用。

惟应注意者,自承认确认诉讼补充性之制度目的观之,确认诉讼之补充性所欲所排除者,限于"依形成诉讼或给付诉讼能提供与确认诉讼相同范围之权利保护部分",其他无法涵盖部分,仍可提起确认诉讼。例如,给付诉讼仅就某一请求权存否作成判断,如争议解决须就法律关系整体作成判断者,仍可提起确认诉讼;又如于预防性确认诉讼情形,具有防止纷争反复发生之功能,亦不适用补充性原则。

---

[311] 吴庚前揭注 13 书第 129 页;林腾鹞前揭注 41 书第 128 页参照。

[312] 例如,于德国实务,承认某种对象是否为公物、某一区域是否为狩猎区域,得为确认之对象(吴庚前揭注 13 书第 129 页)。陈敏前揭注 170 书第 1378 页认为,某一房屋是否免征房屋税之房屋、某私有土地是否为既成巷道、行政处分是否已发生效力等事项,亦得为确认对象。

[313] 另 2003 年 2 月 25 日台中高等行政法院 2003 年诉字第 637 号裁定谓:建物非属违章建筑(即违章建筑法律关系不成立),系就建物之性质是否属违章建筑请求确认,并未涉及意思表示或与被告间有何公法上权利义务关系,自仅系事实状态,而非法律关系。

[314] 2001 年 2 月 15 日台中高等行政法院 2001 年诉字第 487 号裁定谓:按"确认行政处分无效及确认公法上法律关系成立或不成立之诉讼,非原告有即受确认判决之法律上利益者,不得提起之"。"行政诉讼法"第 6 条第 1 项前段定有明文。又公用地役关系仅为行政法上行政主体基于行政目的,依法对私人财产赋予限制之关系,一般不特定民众利用具公用地役关系之巷道通行,仅系反射利益之结果,非本于其权利或合法利益所发生,不得主张对该土地有任何权利或法律上利益。此一判决否认一般人民于既成巷道利用关系之法律上利益,似有再斟酌余地。

本法第 6 条第 3 项规定:确认公法上法律关系成立或不成立之诉讼,于原告得提起撤销诉讼者,不得提起之。此即明定公法上法律关系存否确认诉讼之补充性,亦即此类诉讼之容许性,仅于原告之诉讼目的,无法经由给付诉讼或形成诉讼提供适切保护时,始有提起公法上法律关系存否确认之诉之必要。本法虽仅明定公法上法律关系存否确认之诉相对于撤销诉讼有补充性,但解释上宜扩张至原告可提起其他形成诉讼与给付诉讼时,亦不得提起本项确认诉讼。此一确认诉讼之补充性原则,亦适用于处分违法确认之诉,但不适用于处分无效确认之诉,有关问题,俱如前述,不再赘论。

4. 第 8 条一般给付诉讼之特别诉讼要件

"一般给付诉讼",系指请求行政作成行政处分以外行为之诉讼,包括请求作为、不作为或忍受。因此,原告起诉请求行政机关应作成行政处分者,应依课予义务诉讼处理,其他凡原告起诉求为审判之公法上争议,非属应适用课予义务诉讼之事件者,原则均依一般给付诉讼处理,故一般给付诉讼具有于课予义务诉讼之外复行提供另一项有效之诉讼救济途径,以资解决所有公法上之争议之功能,故具有"补余诉讼"之性质[315]。又课予义务诉讼、撤销诉讼、处分无效

---

[315] 2003 年 7 月 8 日高雄高等行政法院 2003 年诉字第 683 号判决:按一般给付诉讼与课予义务诉讼之共通点,固皆为实现公法上给付请求权而设,惟就"行政诉讼法"第 8 条第 1 项规定观之,提起一般给付诉讼者,应以所请求者系公法上原因所发生之财产上给付或行政处分以外之其他非财产给付为要件,显与同法第 5 条规定课予义务诉讼应以请求作成行政处分或特定内容之行政处分有别,此乃因一般给付诉讼之制度功能,系于课予义务诉讼之外复行提供一项有效之诉讼种类,以资解决所有公法上之争议,而具有"补余诉讼"之性质。故自逻辑上言,一般给付诉讼与课予义务诉讼于本质上应互为非可两立之诉讼类型,此即谓公法上之给付请求权事件,依事件性质应提起课予义务诉讼者,恒无提起一般给付诉讼之可能及必要,仅非属课予义务诉讼救济之范畴者,始可能归入一般给付诉讼之适用对象。查依"离岛建设条例"第 9 条第 1 项及第 3 项规定,系赋予原土地所有权人或其继承人于法定要件下,得照申请收件日当年度公告土地现值计算之地价或原征收、价购或征购价额收回其土地之权利,此种收回权之性质与"土地法"第 219 条第 1 规定之原土地所有权人买回权相当。因其系由公法性质之"离岛建设条例"特别规定,故认为原土地所有权人或其继承人所享有之权利为公法上之买回权。又此种公法上买回关系发生与否,既直接由申请人是否具有购回权及已否行使其权利而决定,则土地管理机关对于申请案所为准否之答复,不过系将其所判断两造间是否存在公法上买回关系之事实通知申请人,尚不因其答复内容系拒绝申请而对实际上业已发生之公法上买回关系发生影响,即未发生任何法律上效果,揆其性质应仅为单纯之事实通知,而非属"行政程序法"第 92 条及"诉愿法"第 3 条定义之行政处分,从而申请人受拒绝购回之答复而欲寻求行政救济者,应依"行政诉讼法"第 8 条第 1 项规定径向行政法院提起一般给付诉讼,诉请土地管理机关本于已发生之公法上买回关系由其购回土地,尚无从依"行政诉讼法"第 5 条规定提起课予义务诉讼,诉请土地管理机关作成准予购回之行政处分。

确认诉讼或处分违法确认诉讼,均为典型民告官之诉讼制度,除别有规定者[316]外,其原告须为人民,被告则为公行政。至于一般给付诉讼则无此限制,人民与公行政地位可能互换,而以公行政为原告人民为被告,且关于行政主体相互间、行政主体与行政机关间,甚或行政机关彼此间之权限争议,如无其他适切争议解决途径,亦非不能借诉讼方式解决(机关诉讼或自我(自己、目体)诉讼)[317]。因此,虽本法第 8 条第 1 项规定"人民与中央或地方机关间",但并无限定一般给付诉讼之当事人必须一方为人民、他方为行政机关之意。

本法关于一般给付诉讼,主要系以原告诉讼上请求之性质为标准,以与其他诉讼类型区别。因此,不仅请求财产上给付或行政处分以外之其他非财产上给付之公法上争议,应提起一般给付之诉,如系请求"不作成行政处分"者,亦应以一般给付诉讼请求[318];反之,原告如系请求行政机关作成行政处分者,不问系请求对自己作成行政处分,抑或请求对第三人作成行政处分,均应依课予义务诉讼处理[319]。亦即,原告之起诉,只须所提事件性质为"公法上争议"(本法第 2 条参照),且其诉讼上请求系请求作成行政处分以外之给付行为者,理论上均应依一般给付诉讼审理。因此,原告如起诉请求制定或修废特定行政命令、行政计划或提他政策决定等行为,或其请求作成或不作成特定职务行为等行政内部行为[320],其所提起者原则均属一般给付诉讼[321]。至于:①原告所提诉讼,由其于"预防性不作为诉讼"情形,是否已适合由法院介入予以救济,则为有无权利保护必要(客观诉讼利益或纷争之成熟性),亦即该公法上争议是否已具备

---

[316] 例如,"地方制度法"第 76 条第 5 项规定:"直辖市、县(市)、乡(镇、市)对于代行处理之处分,如认为有违法时,依行政救济程序办理之。"另请参照释字第 550 号解释关于地方自治团体分担全民健康保险费争议之解释,以及释字第 553 号关于台北市政府与行政院间有关里长延选案争议之解释。

[317] 吴庚前揭注 13 书第 133 页;林腾鹞前揭注 41 书第 140 页。

[318] 吴庚前揭注 13 书第 135 页以下;林腾鹞前揭注 41 书第 141 页以下、147 页以下参照。

[319] 反对见解,认为如系请求对第三人作成行政处分者,应利用一般给付诉讼处理者,林腾鹞前揭注 41 书第 145 页;陈清秀前揭注 13 书第 133 页。

[320] 2001 年 3 月 26 日台北高等行政法院 2001 年诉字第 1864 号判决谓:原告请求之内容,却不是要求被告机关直接对其作出补偿之决定,反而是要被告机关作成"命澎湖县政府与马公市公所协调,给予原告相当补偿"之处分。细查原告之请求,乃是要求中央机关对地方自治团体所属之机关,下达"给予人民补偿"之职务指令,这种职务指令根本不是人民依"课予义务之诉"所得请求之"行政处分",是以原告此部分起诉亦有无从补正之瑕疵存在。

[321] 反对见解,吴庚前揭注 13 书第 134 页,认为人民不得以一般给付诉讼请求判命行政机关订定行政命令者。惟本书以为似无须自始即否认此类诉讼之合法性,盖其问题系在于有无"权利保护必要",并非此类诉讼不能以一般给付诉讼请求。

"争讼性"之问题(通常此一争讼性只须于言词辩论终结前具备即可),虽影响原告起诉之合法性,但不影响其所提诉讼为"一般给付诉讼";②原告就该诉讼在实体法有无请求上开给付之权利或地位,则为诉有无理由问题,则与一般给付诉讼之合法性无关,还请留意。简言之,原告提起诉讼,请求被告为财产上给付或行政处分以外之非财产上给付,该诉讼无论系涉及有无权利保护必要问题,抑或其诉讼上请求在实体法上应否准许之有无理由问题,均不影响其所应提起之诉讼类型为何? 就此点而言,宜注意下列问题[322]:

本法第 8 条第 1 项规定:"人民与'中央'或地方机关间,因公法上原因发生财产上之给付或请求作成行政处分以外之其他非财产上之给付,得提起给付诉讼。因公法上契约发生之给付,亦同。"本条将一般给付诉讼之诉讼上请求之性质(财产上请求与非财产上请求)与诉讼上请求之实体法上依据并列,亦使人误会一般给付诉讼种类之规定[323]。亦即,不问原告请求之实体法上依据为何,凡非请求被告机关应作成行政处分,均应提起一般给付诉讼;反之,如系本于公法上契约之法律关系,请求作成行政处分者,仍应依课予义务诉讼处理。

虽原告对原告之实体法上给付请求权或受给地位之存否或行使,纵使须待被告行政机关先以作成行政处分方式,始能发生或确定者,亦不影响其给付诉讼之合法性。因此,本法第 8 条第 2 项规定此类请求"应于提起撤销诉讼时并为请求者",强制人民应于提起撤销诉讼合并提起一般给付诉讼,其规定显然不妥。惟鉴于人民行政法上请求权之发生或确定应否先经行政机关作成行政处分,往往非人民所能知悉,故本条第 2 项后段课予行政法院阐明义务之规定,具有保护人民诉权之意义,行政法院于依本条规定驳回原告之诉时,宜更慎重[324]。亦即,人民诉讼上请求于实体法上存有何种障碍,须先经由其他诉讼

---

[322] 最近"行政诉讼法部分条文修正草案"第 8 条之修正,实即在修正此类问题。该条规定:"因公法上原因发生给付请求者,得提起给付诉讼"(第 1 项);"得提起第 5 条之诉讼或行政机关得以作成行政处分达其行政目的者,不得提起前项之诉讼"(第 2 项);"第 1 项给付之诉,其裁判以行政处分应否撤销为据者,于依第 4 条第 1 项或第 3 项提起撤销诉讼时,得并为请求"(第 3 项)。

[323] 学者因本条项规定,遂认为本法规定之给付诉讼种类,有"财产上给付诉讼"、"非财产上给付诉讼"、"预防性不作为诉讼"以及"公法上契约之给付诉讼"者(林腾鹞前揭注 41 书第 143 页以下),其分类标准同时涵盖诉讼上请求之性质以及诉讼上请求之发生原因,故其分类应仅为例示性说明,尚非给付诉讼之种类,还请留意。

[324] 最近"行政诉讼法部分条文修正草案"第 8 条修正时,却将本项有关法院阐明义务之规定予以删除,其理由谓"审判长阐明权应如何行使,不宜就个案为特别规定,原第 2 项后段规定……系训示规定或强制规定? 审判长如漏未告知之法律效果如何? 解释上易增疑义,爰予删除"。此一做法,尚有商榷余地。

（如撤销诉讼或课予义务诉讼）方式予以排除，除非显然无法补正，宜先行使阐明权使其补正该欠缺，且此为实体法上原告请求有无理由问题，尚不宜径自以诉不合法为由予以驳回[325][326]。对此一问题，台湾学者因有本条第 2 项规定之故，均认为该规定为一般给付诉讼之特别诉讼要件[327]。而于台湾司法实践上，行政法院处理方式显然亦如同多数学说主张，凡有人民起诉有应先撤销行政处分或应先取得行政机关作成行政处分者，多径自以欠缺权利保护必要予以判决驳回[328]。无论学说论述或实务做法，均显有再斟酌余地。

---

[325]　例如，一方面先依"行政诉讼法"第 177 条第 2 项规定裁定停止诉讼程序，他方面对原告为阐明，使其有机会于起诉期间内，提起撤销诉讼或课予义务诉讼。

[326]　因起诉具有各种诉讼法上与实体法上之效果，如此处理，不仅于原告是否遵守诉愿或起诉期间问题上，有其实益（前揭注 228 及其本文说明参照），于时效是否中断问题上，亦有影响。例如，关于请求权时效因起诉而中断之问题，如原告起诉后撤回起诉者，类推民法第 131 条规定，固应视为时效不中断，但于全民健康保险医疗费用返还请求权，于时效期间内曾向普通法院起诉返还后，嗣因诉讼中因释字第 533 号解释作成认为此类案件系属公法上争议，因而向"最高法院"撤回起诉，并于六个月内向高等行政法院另行起诉之情形，宜认为其起诉错误与嗣后撤回起诉，并无可归责且其无期待可能性，而解为请求权未罹于时效而消灭（同旨，2004 年 3 月 25 日"最高行政法院"2004 年判字第 325 号判决参照）。

[327]　吴庚前揭注 13 书第 137 页；林腾鹞前揭注 41 书第 154 页。惟陈计男前揭注 16 书第 201 页，虽亦列"须不属于得在撤销诉讼中并为请求之给付"为其特别诉讼要件，惟亦同时指出，此时人民所提一般给付诉讼如因此而被驳回，其实体法上请求权仍不消灭。

[328]　例如，(1)2003 年 11 月 20 日"最高行政法院"2003 年判字第 1592 号判决谓：按行政法院并未具有上级行政机关之功能，不得取代行政机关而自行决定。故依"行政诉讼法"第 8 条所规定因公法上原因发生财产上之给付，而提起一般给付诉讼，其请求金钱给付者，必须以该诉讼可直接行使给付请求权时为限。如依实体法之规定，尚须先由行政机关核定或确定其给付请求权者，则于提起一般给付诉讼之前，应先提起课予义务诉讼，请求作成核定之行政处分。准此，得直接提起一般给付诉讼者，应限于请求金额已获准许可或已保证确定之金钱支付或返还。本件被上诉人请求按"残废给付标准表"第 7 等级 440 日之残废给付计 268400 元部分，并未经上诉人核定或确定其给付之请求权，尚须向上诉人提出申请，以确定其请求权，被上诉人径行提起一般给付诉讼，即属不备起诉要件，显非适法且无可补正。原判决径行认定被上诉人之残废程度符合"劳工保险条例"第 53 条及该附表规定之"残废给付标准表"第 7 等级给付 440 日之残废给付，判命上诉人应给付被上诉人 268400 元部分，于法尚非有据。上诉论旨就此部分指摘原判决违误，为有理由。爰将该部原判决予以废弃，并驳回被上诉人该部分在第一审之诉。(2)2004 年 2 月 5 日"最高行政法院"2004 年判字第 84 号判决谓：按行政法院并未具有上级行政机关之功能，不得取代行政机关而自行决定。故依"行政诉讼法"第 8 条所规定因公法上原因发生财产上之给付，而提起一般给付诉讼，其请求金钱给付者，必须以该诉讼可直接行使给付请求权时为限。如依实体法之规定，尚须先由行政机关核定或确定其给付请求权者，则于提起一般给付诉讼之前，应先提起课予义务诉讼，

请求作成核定之行政处分。准此,得直接提起一般给付诉讼者,应限于请求金额已获准许可或已保证确定之金钱支付或返还。本件被上诉人请求给付疏处慰励金及其利息,并未经上诉人核定或确定其给付之请求权,尚须向上诉人提出申请,以确定其请求权,被上诉人径行提起一般给付诉讼,即属不备起诉要件,显非适法且无可补正。原判决遂予判命上诉人应给付被上诉人王真 979380 元、被上诉人张钰强 961032 元及计付利息部分,于法尚非有据。上诉论旨虽未指摘及此,惟原判决该部分既有违误,爰将原判决该部分予以废弃,并驳回被上诉人该部分在第一审之诉。(3)2001 年 9 月 6 日"最高行政法院"2001 年裁字第 670 号裁定谓:于撤销诉讼程序合并提起给付诉讼者,应以其提起之撤销诉讼合法为前提。……核该函仅系被告表示不再依前与该行之协商结果代为转发,并非本于公权力之职权,对该行所为发生法律效果之单方行政行为,自非行政处分,且被告仅系不愿再代为转发,并未否认原告之领取权利,原告若确为拆迁宿舍之现住借用户,仍非不得径向该行领取奖励金,其权利亦难认受有损害。兹原告以利害关系人身份,对非属行政处分之前揭函提起诉愿,揆诸首揭说明,即非法之所许。一再诉愿决定递从程序上驳回,核无不合,兹复提起行政诉讼,亦难谓合法,遂将其提起之撤销诉讼驳回。则原告之撤销诉讼既不合法,其给付之诉讼即无从合并请求,应另行依规定向管辖高等行政法院提起独立之诉讼。兹原告于本件不合法之撤销诉讼程序并为给付之请求,揆诸首揭说明,即难谓合法,应予驳回。(4)2003 年 12 月 18 日"最高行政法院"2003 年判字第 1780 号判决谓:原判决既已论明本件被上诉人使用系争三笔土地作为大排水沟或开辟道路使用,使用之初,被上诉人未依"土地法"第 26 条规定,先完成土地拨用程序,致不生对土地承租人之上诉人及上诉人之被继承人纪皂负担补偿费之问题。而被上诉人上开未先完成土地拨用程序之行政瑕疵,似应借由诉愿程序由其上级主管之行政监督依职权予以匡正,而有关补偿费之金额究应多少,理应由被上诉人先行审查及核定而作成准否之行政处分。上诉人如有不服,自可循序依诉愿程序提起行政诉讼,乃上诉人径行依"行政诉讼法"第 8 条提起本件给付诉讼,原判决以其欠缺权利保护要件,予以判决驳回,难谓有适用"平均地权条例"第 11 条第 3 项及"行政诉讼法"第 8 条不当之违背法令。(5)2005 年 3 月 31 日"最高行政法院"2005 年判字第 465 号判决:争议事件如可直接作为课以义务诉讼之诉讼对象者,即不得提起一般给付诉讼,换言之,人民对于系争案件如能透过课以义务诉讼而获得救济者,即不得提起一般给付诉讼,亦即提起一般给付诉讼,须以该诉讼直接行使给付请求权者为限,如其所依据实体法上之规定,尚须先经行政机关核定其给付请求权者,则于提起一般给付诉讼之前,应先提起课以义务诉讼,请求作成该核定之行政处分。(6)2004 年 5 月 13 日"最高行政法院"2004 年裁字第 523 号裁定:一般给付诉讼,相对于其他诉讼类型,特别是以"行政处分"为中心之撤销诉讼及课予义务诉讼,具有"备位"性质;故人民所请求之给付若以行政处分应否撤销为据,或须先作成行政处分者,自无须提起一般给付诉讼请求。即人民因公法上原因发生财产上之给付,而得依"行政诉讼法"第 8 条第 1 项提起给付诉讼者,系指基于法律规定而生之请求(例如,公保、劳保给付、公务员俸给或退休金请求、损失补偿请求),或基于公法契约、不当得利、无因管理等公法上原因而生之请求而言,至于因国家机关不法行为所生之侵权损害赔偿请求,除得依"行政诉讼法"第 7 条提起合并诉讼,或依国家赔偿法规定向普通法院为请求外,应无独立提起行政诉讼之余地。(7)2003 年综上所述,本法第 8 条规定之一般给付诉讼,其特别诉讼要件,可整理如下二项:(1)须为因公法上原因所生行政处分以外之给付请求;(2)原告有诉讼权能且其诉讼有权利保护必要。兹分述如下:

(1)须因公法上原因所生行政处分以外之给付请求

原告请求之给付,无论系财产上给付抑或行政处分以外非财产上给付,且无论为请求作为、不作为抑或容忍,其所主张之实体法上请求权或受给地位,须本于公法上原因所发生者为限。亦即,所称"须因公法上原因"所发生之给付,仅在重复本法第 2 条规定,强调仅得就"公法上争议"提起行政诉讼,尚无特殊用意。亦即,原告起诉所主张之公法上原因,究系直接本于法令而发生,抑或本于行政处分、行政契约或事实行为而发生,在所不问。惟因注意者,如①原告所主张权利(请求权)或受给地位之发生或行使,须本于行政处分始发生,或②其请求之具体内容有待行政机关以作成行政处分方式确定者,或③其权利或受给地位已因行政机关之行政处分而被消灭者,此时原告如欲获得胜诉判决,须先对该构成其权利或受给地位之公法上原因之行政处分,提起撤销诉讼或课予义务诉讼后,始有胜诉可能。此为本法第 8 条第 2 项规定之诉之客观合并与法院阐明权之用意,已如前述[329]。反之,④如原告起诉主张之权利或受给地位,依法

---

2 月 26 日台北高等行政法院 2002 年诉字第 19 号判决谓:"3.首先应予指明者,'行政诉讼法'第 8 条第 2 项所规定之'撤销诉讼合并给付诉讼',必须是公法原因给付之成立系以违法行政处分经撤销为前提,例如公务员请求撤销违法之惩戒处分合并请求停职期间之薪俸给予,是以此类诉讼之程序要件包括:①为撤销之对象为行政处分;②合并请求之给付项目非行政处分,且与行政处分系各自独立之行政行为,而非行政处分经撤销、回复原状之当然结果(如撤销违法租税核课处分合并请求退税);③合并请求之给付项目须以行政处分经撤销为要件,亦即二者间必须具备法律上之合理关联,始有合并请求给付诉讼之实益。4.是以,原告既主张'行政诉讼法'第 8 条第 2 项所规定之'撤销诉讼合并给付诉讼',本院在判断系争给付项目是否有理由前,自应按照前述三项程序要件来判断其诉讼类型是否合法。"

〔329〕 前揭注 328 及其本文说明参照。另外,除前揭注 328 所举案例外,其他实务类似案例,例如:(1)2001 年 12 月 13 日"最高行政法院"2001 年判字第 2369 号判决谓:行政法院并未具有上级行政机关之功能,不得取代行政机关而自行决定。故"行政诉讼法"第 8 条所规定因公法上原因发生财产上之给付,而提起一般给付之诉,其请求金钱给付者,必须以该诉讼可直接行使给付请求权时为限。如依实体法之规定,尚须先由行政机关核定或确定其给付请求权者,则于提起一般给付之诉之前,应先提起课以义务之诉,请求作成该核定之行政处分。准此,得提起一般给付之诉者,应限于请求金额已获准许可或已保证确定之金钱支付或返还。按遗产税应缴税款之计算基础,包括课税产财、免税额、扣除额、税率等诸多要素,须由税捐稽征机关合并各要素详为计算。其中被继承人死亡前未偿之债务,原处分核定纵使违法,仍应由原处分机关另为处分。上诉人王琇玉等径行提起一般给付之诉,请求返还已

已本于行政处分而发生或确定其内容者，原告既非不服该行政处分，其实体法上请求权或受给地位既已发生或其行使并无障碍，其所提给付诉讼虽涉及以行政处分为其公法上原因，仍为合法[330][331]。

缴税款，于法尚非有据。（2）2002 年 8 月 29 日高雄高等行政法院 2002 年诉字第 285 号判决谓：按人民与中央或地方机关间，因公法上原因发生财产上之给付，固得依"行政诉讼法"第 8 条第 1 项前段之规定，向高等行政法院提起一般给付之诉，请求偿还，惟该项财产上之给付如须先由行政机关就其给付之范围或金额之多寡予以自行核定，而后再作成授益行政处分者，基于对行政权之尊重暨避免司法资源被滥用，自应由人民先向行政机关请求作成财产给付之授益处分为是。如行政机关对其请求于法令所定期间内应作为而不作为，或对其请求径予驳回，则人民应依诉愿法之规定提起诉愿救济；倘有不服，再循序依"行政诉讼法"第 5 条第 1 项、第 2 项规定，提起"怠为处分之课予义务诉讼"或"排除否准之课予义务诉讼"，而非得径行提起同法第 8 条之一般给付诉讼。是原告就财产之给付，如主张其有公法上之不当得利之返还请求权，而是项财产之给付，倘须由行政机关自行先为核定者，其舍上开合法救济途径不为，却径行向高等行政法院提起一般给付之诉者，则原告之诉自欠缺权利保护之必要，其诉讼即难认为有理由。……兹查，本件原告起诉请求被告返还溢收土地登记费189800 元，无非系以被告根据"内政部"1998 年函颁之"土地登记规费及其罚锾征补充规定"，以"公告现值"作为计征系争土地登记费之标准，向原告计征土地登记费，乃抵触"土地法"第 76 条第 1 项以"申报地价"为计征标准之规定，显属适用法令错误，爰主张依不当得利返还请求权，请求被告返还溢收之土地登记费及罚锾为其依据。惟被告依"公告现值"作为计征系争土地登记费之标准，向原告计征土地登记费，固与上揭改制前之行政法院判例不符，原告对被告溢收之土地登记费及罚锾，虽可依公法上不当得利之法律关系，请求被告予以退还，然本件究应退还多少金额，被告自应先行审查及核定，而后再作成退还规费之处分。原告倘对被告之处分不服，则可依诉愿及行政诉讼（课予义务诉讼）程序寻求救济，讵原告并未先向被告请求核定返还溢收之土地登记费，即遂行向本院提起本件行政诉讼（给付诉讼），揆诸前揭说明，自有违误。

[330] 2003 年 1 月 17 日"最高行政法院"2003 年判字第 65 号判决谓：按人民对于核定确定之征收补偿费额起诉请求给付者，系给付诉讼，其公法上之原因即为核定征收补偿费额之行政处分，除该行政处分已失其确定力者外，尚不得以人民无请求补偿之权利，径行驳回其给付之请求。查上诉人主张被上诉人对于其种植之农作物（芒果树 37 株）已办理征收补偿作业，应发给补偿费额而迟未发给，请求发给被拒绝，始起诉请求给付。被上诉人则抗辩其对于上诉人种植之农作物（芒果树 37 株），经依"高雄市举办公共工程地上物拆迁补偿办法"办理补偿，已由上诉人具领在案。足见上诉人系对于核定确定之地上改良物征收补偿费额起诉请求给付。原判决径认上诉人无权源而在国有土地上种植上开芒果树，无请求补偿之权利，而驳回其起诉，参考上述说明，尚有未洽。

[331] 问题在此时如被告机关于原告合法提起之诉讼审理中，复又将该行政处分予以撤销或废止者，此时法院应如何处理，遂成问题。此一问题，未见学说与实务讨论。本书以为，

又原告提起一般给付诉讼,其诉讼上请求须为行政处分以外之其他给付,于以公行政为被告提起之情形,其所主张之非财产上给付请求,主要集中于请求行政机关为事实行为[332],缔结行政契约或其他单纯高权行为(schlichtes Verwaltungshandeln),请求废弃管理关系下所为之记过、警告、申诫等行为[333],请求行政内部行为或其他组织行为[334]等,均包括在内[335]。其行为种类

理论上可能有以下几种处理方式。亦即:(1)认为法院应以原告原合法提起之给付诉讼是否因而欠缺权利保护必要或不合法(依实务见解);或(2)认为法院应将原告所提给付诉讼先予以裁定停止其程序并为阐明,俟原告就该诉讼中所为撤销或废止之处分,另行提起撤销诉讼或课予义务诉讼并胜诉后,再行审理;或(3)认为此时并无可归责于原告之事由,且行政机关既不待法院裁判即自行诉讼程序中作成废弃处分,以阻碍原告权利之行使,其行为显有权利滥用之情形,故应认为并不再使原告另行起诉以赋予其自省机会之必要(毋庸再经诉愿前置程序),该废弃处分于原告合法提起之给付诉讼之进行原则无影响;此时,法院应行使阐明权,使原告得于给付诉讼中,同时追加撤销诉讼或课予义务诉讼,由原受诉法院于同一诉讼程序中,一并辩论一并裁判。

[332] 例如,(1)2002 年 10 月 3 日"最高行政法院"2002 年裁字第 1094 号裁定:现行"行政诉讼法"规定之诉讼种类,不仅限于撤销诉讼一种,当事人循行政诉讼途径请求救济时,其诉讼之合法要件,因诉讼种类之不同而有不同,并非一律以行政处分存在为前提,此观"行政诉讼法"第 4 条、第 5 条、第 6 条及第 8 条规定自明。次查认定违章建筑,应属确认性之行政处分,当事人对之不服,固应提起诉愿及撤销诉讼,请求救济;惟拆除违章建筑乃事实行为,第三人请求行政机关拆除他人所有之违章建筑,性质上乃请求行政机关作成行政处分以外之其他非财产上给付,行政机关如拒绝拆除并通知当事人时,纵该通知并非行政处分,当事人对之提起诉愿亦未经受理,但仍非不得依"行政诉讼法"第 8 条第 1 项规定,径向行政法院提起一般给付诉讼,以谋救济。(2)2002 年 7 月 26 日"最高行政法院"2002 年裁字第 728 号裁定谓:抗告人申请相对人鉴定上述二地号土地间之界址,如予以鉴定,结果固应发给土地复丈成果图,无非鉴定人员表示土地界址所在之专业上意见,供为参据而已,必经司法机关采为裁判依据,如据以确定经界,判命拆除越界建筑,或行政机关采为行政处分之依据,如据以更正土地登记,更正地籍测量结果公告,始生依鉴定内容变动之法律上效果。换言之,鉴定行为本身并不直接对外发生法律上效果,其法律上效果之发生,实由于司法裁判或另为之行政处分而然,其不服鉴定结果者,惟对于该司法案件或另为之行政处分为救济,请求重行鉴定,究难认鉴定行为本身直接对外发生法律上效果而为行政处分,原裁定人属事实行为,以抗告人对于相对人拒绝再鉴界之表示欲行救济,应循给付诉讼,其提起撤销诉讼,于法不合,遂谕知驳回抗告人之起诉,尚无不合。

[333] 同旨,林腾鹞前揭注 41 书第 146 页。

[334] 李建良:《行政组织行为与行政争讼》,载《月旦法学杂志》第 76 期,2001 年 9 月,第 22 页以下参照。

[335] 2002 年 1 月 22 日台北高等行政法院 2002 年诉字第 2836 号判决谓:A. 按本案所涉及者为消费争议,在原告与裕隆汽车公司间之私法争议已到一个段落以后,原告仍有不服,转而向政府机关寻求公权力上之协助。而在原告多次陈情后,被告与另一政府机关行政院

繁多,例如请求行政机关提供信息、请求阅览卷宗、请求服务记录或忠诚记录之涂销或修改、请求开辟或维修道路或公共设施、请求移置特定公物或公共设施、请求实施教育或在职进修训练、(受刑人、学生或军人)请求不理发、不实施发禁、不穿制服或不戴枷锁等,均属之。鉴于原告提起一般给付诉讼之诉讼上请求种类之开放性格,因此,将来法院如能宽认此类诉讼之容许性,尽量就原告主张之实体法上理由具备性问题加以审理,将有助于台湾行政实体法制之发展。亦即,由于台湾行政实体法制,少有针对例如公法上契约履行请求权、公法上补偿请求权、国家赔偿以外之其他公法上损害赔偿或损失补偿请求权(如公法上缔约过失损害赔偿请求权)、公法上社会救济请求权、公法上不当得利请求权、公法上无因管理请求权、公法上结果除去请求权等实体法上请求权,明定其构成要件与法律效果者,因此,经由实务上对大量发生之一般给付诉讼尽量采实体审查之方式,或能经由具体案例累积诉讼实务见解与经验,发展适合台湾行政法制之各种行政实体请求权体系[336]。

另外,于原告依本条规定提起"行政不作为请求诉讼"情形,例如请求食品卫生主管机关不得再为相同食品卫生警告、请求特定公营造物或公共设施不得排放超过法定标准之噪音或污染物、请求不得对即将入伍(入学、入监服刑)之原告实施理发行为,或请求不作成特定行政处分等,其所提诉讼性质原则亦属给付诉讼,已如前述。惟此类诉讼之权利保护必要性问题,有进一步说明必要。按照人民所提行政不作为请求诉讼,依其案例类型,约可整理为:不作为诉讼(Unterlassungsklage)与预防性不作为诉讼(vorbeugende Unterlassungsklage)

消费者保护委员会乃于 1998 年 7 月 30 日共同召开会议,决议由被告召开上开公听会及审查会。B. 此等公听会及审查会之召开本身并不是行政处分,而是一个事实行为,因为上述行为并未产生任何的法律上规制效果,而形成特定之权利义务关系或特定之法律况态。C. 此外被告之所以会召开上述之公听会及审查会,乃是本于自身所担负、维护车辆设计安全之职责,为履行此等行政职掌上之公益维护义务,经过权衡后所为之自由决定。原告以往之陈情作为,仅有在旁提醒及催促之事实上作用而已。换言之,并非因为原告上开陈情在法律上被视为一个合法之请求,被告机关因此产生召开上开会议之法律上作为义务。是以被告已往所为,对原告而言仅具反射利益而已。……原告所请求被告机关之作为事项,仍然是一个"事实行为",而不是"行政处分"。如果被告机关拒不履行时,不是按照诉愿之行政争讼程序来寻求救济,而应该依"行政诉讼法"第 8 条第 1 项之规定,径行提起一般给付之诉。

〔336〕 台湾学者于讨论本条之公法上原因时,多援引德国实务经验,附带说明结果除去请求权、公法上无因管理请求权或公法上不当得利请求权之构成要件与法律效果者(吴庚前揭注 13 书第 138 页以下;林腾鹞前揭注 41 书第 150 页以下参照),亦可知实务案例经验累积对于行政实体法制发展之重要性。惟因上开论述已属行政实体法之问题,于诉讼法领域讨论,难免显得奇怪。

二大类,其均以请求法院判命被告机关不得以特定行为为其请求之内容,兹稍作说明如下:

①不作为诉讼:通常系因被告机关已违反其不作为义务,已作成侵害原告权益之行为后,起诉请求禁止被告机关重复作成相同侵害行为。因此,此类诉讼因行政机关违反其不作为义务所生,原告起诉通常即具有权利保护必要(客观诉讼利益或纷争之成熟性),应为合法。惟应注意者,如行政机关之侵害行为系以行政处分方式作成时,原则应提起撤销诉讼或课予义务诉讼救济,而不能提起给付诉讼。

②预防性不作为诉讼:系为原告对抗可合理预期即将到来之行政(违反不作为义务之)侵害行为所提起。因此,原告"目前"有无提起此类诉讼请求法院救济之必要(权利保护必要性、纷争之成熟性),抑或须待行政机关作成违反义务之行为后始得提起,即成为此类诉讼之关键问题。简言之,此类诉讼必须就具体个案情节,检讨原告"能否经由其他既有诉讼救济途径(包括暂时的权利保护制度),获得有实效的权利保护"[337],作为判断其诉讼是否合法之标准,因此为一种例外之诉讼形态[338]。此时,纵使原告请求行政不作成特定行政处分者,亦取决于上开权利保护必要要件,而非自始即不允许以一般给付诉讼请求,还请留意。

(2)原告有诉讼权能且其诉讼有权利保护必要

原告所提给付诉讼,台湾学说与实务多以原告起诉主张者须为"已届履行期请求权"为要件[339],惟如前所述,于行政实体法中有此类请求权之明文者,可谓极少,多数情形原告所主张者为何种实体法上权利或请求权以及该权利或请求权之构成要件与法律效果为何等问题,均仍有待学说与实务之发展或进一步具体化。因此,如于行政诉讼一般给付诉讼之特别诉讼要件,亦要求原告必须指明其权利或请求权之依据或至少须于理论上有可能存在者,其往往非原告所能具体主张。因此,于原告提起一般给付诉讼情形,其特别诉讼要件宜与课予

[337] 此即学者所称"无期待可能条款",吴庚前揭注 13 书第 136 页。

[338] 论者整理德国实务,认为下列四种情形宜允许对行政处分,提起预防性不作为诉讼(林腾鹞前揭注 41 书第 142 页),其说明可资参照,惟其论述似未区分"不作为诉讼"与"预防性不作为诉讼"之差异,还请留意。亦即:(1)行政机关已实施妨害行为,人民尚须担心进一步继续受损害者;(2)一旦作成处分,将导致有无法回复的损害危险者,例如对企业电讯、电话联结之阻却处分;(3)一旦作成处分,将导致既成事实者,例如机场允许飞机起降等短时间内即完成之行政处分;(4)具有处罚制裁威胁的行政处分。

[339] 2004 年 3 月 4 日"最高行政法院"2004 年判字第 216 号判决谓:提起一般给付诉讼,以具备因公法上原因发生之给付请求权,为其要件,且在具体诉讼事件中,依法应具有权利义务主体之地位,始属适格之当事人。

义务诉讼情形同，以原告具备"诉讼权能（主张其权利或法律上利益因公行政之作为或不作为而受有损害）"为必要，且该诉讼须有权利保护必要（客观诉讼利益）。

其中，关于诉讼权能之判断问题，原则不适用"相对人理论"，应依"保护规范理论"判断，此与课予义务诉讼情形同，此不再赘论；至于有无"权利保护必要问题"，则主要集中于其给付请求是否为"现在之给付请求"或"将来之给付请求"问题。亦即，原告之给付请求，必须为现在之给付请求，故如原告主张给付请求权现在依法尚不能行使者，例如尚未届履行期之给付请求，其系提起将来给付之诉。此类诉讼将来是否发生不履行尚不明确，通常并无事前提供原告权利保护之必要，故原告所提起者，如为将来给付之诉，原则应不允许。换言之，"行政诉讼法"就原告所提给付诉讼能否为将来给付之请求，依同法第115条准用"民事诉讼法"第246条之规定，除非有"预为请求必要（或被告有到期不履行之虞）[340]"，否则不得提起。又于原告提起预防性不作为诉讼时，因原告此一诉讼性质上为"将来给付之诉"，故上开关于此类诉讼容许性之说明，实质上即属此所谓原告有无预为请求必要之具体化问题，还请留意。

四、实体审理：理由具备性

法院就原告提起之诉讼，除"依其所诉之事实，在法律上显无理由者，行政法院得不经言词辩论，径以判决驳回"（"行政诉讼法"第107条第3项）外，经由诉讼要件审查后，即应进入实体审理，并就原告起诉求为判断之诉讼标的范围内（同法第218条准用"民事诉讼法"第388条），自实体上审查其诉讼上请求有无理由，其认为有理由者，除别有规定外[341]，应为原告胜诉之判决，认为无理由者，应以判决驳回原告之诉（"行政诉讼法"第195条第1项）。按原告合法提起之诉讼，于何种情形，法院应为有理由之原告胜诉判决？于何种情形，法院应为无理由之原告败诉判决？此为实体法之问题，原无须于诉讼法中讨论之必要。惟因行政实体法于符合何种要件下，人民得请求撤销？于何种情形人民得请求行政机关应为行政处分或其他给付？个别行政实体法通常少有明文。因此，法院审理原告诉讼理由具备性问题时，遂不得不参酌现行"行政诉讼法"之规定以资解决，此亦表现出"行政诉讼法"之形式法律与实体法律尚未完全分离（类似罗马法之 actio 结构）之性格。

---

[340] 按新"民事诉讼法"第246条关于将来给付诉讼之合法要件，已将旧法规定之"被告到期不履行之虞"修正为"预为请求之必要"，尚请留意。

[341] 例如第198条之情况判决、第202条之舍弃认诺判决、第203条之增减给付判决。

（一）各种诉讼类型之本案审理事项

1. 撤销诉讼之本案审理事项

依"行政诉讼法"第 4 条第 1 项、第 3 项及第 24 条规定之精神，法院于撤销诉讼审理之结果，如认为系争诉讼对象之原处分（指经诉愿程序所维持之行政处分）或诉愿决定违法，且原告之权利或法律上利益因此而受有损害者，原告之诉为有理由。因此，法院于撤销诉讼之本案审理事项，可分为行政处分之违法性和权利受害两项[342]。

其中，处分之违法性系指系争行政处分欠缺法律规范基础，包括抵触其他已确定行政处分、行政契约、法院之裁判等现行有效程序或实体规范之违反。例如，系争处分应适用法律之要件事实认定错误、法规涵摄错误或适用错误法规等情形，均属违法。其中，一项单纯违反有关程序法规之违法，能否构成撤销之理由？除"行政程序法"第 115 条[343]所明定无须撤销情形外，学说与实务尚未有一致之见解，恐仍须视具体个案情形判断，于此无法具体检讨何种程序瑕疵，可构成得请求撤销行政处分之"重要瑕疵"[344]。但鉴于后述撤销诉讼之主观诉讼性格，一项程序规范之违反，至少须该项程序规定同时对原告构成保护规范时，始有可能于撤销诉讼中，主张该项程序瑕疵[345]，还请留意。

---

[342]　按《德国行政法院法》第 113 条第 1 项第 1 句规定：法院于行政处分违法并侵害原告权利之范围内，应撤销原行政处分及诉愿决定。因此，德国行政诉讼制度关于撤销诉讼之审理事项，明定为处分违法与权利受损两项。于台湾行政诉讼制度情形，虽未有类似明文，但应为相同解释。

[343]　本条规定：行政处分违反土地管辖之规定者，除依第 111 条第 6 款规定（按即"违反专属管辖或缺乏事务权限"）而无效者外，有管辖权之机关如就该事件仍应为相同之处分时，原处分无须撤销。

[344]　对此一问题，德国于 1996 年修正其《德国行政程序法》和《德国行政法院法》时，曾有意经由修法方式解决。亦即，修正《德国行政程序法》第 45 条与第 46 条，将行政程序瑕疵之补正时点，修正为得于行政诉讼程序终结前补正（第 45 条），并明定程序瑕疵之违反显然不影响实体决定者，不得请求撤销（第 46 条）；于《德国行政法院法》则增订第 87 条第 1 项第 7 款并修正第 94 条，明定审判长或受命法官为准备言词辩论之必要，得赋与行政机关补正其程序瑕疵之机会（第 87 条第 1 项第 7 款），且法院得因当事人之申请，裁定停止诉讼程序，以方便行政机关补正程序上或形式上之瑕疵（第 94 条）。惟应注意者，上开《德国行政法院法》之修正，最后仍因争议过大，其后又于 2002 年删除（陈敏前揭注 170 书第 526 页）。又关于程序瑕疵处分之撤销容许性与限制问题，请参照梶哲教：《手续的瑕疵ある行政行为の裁判による取消（一）、（二）》，载于《法学论丛》第 129 卷第 2 号，第 64 页以下，同卷第 4 号，第 54 页以下。

[345]　同旨，陈敏前揭注 170 书第 429 页。

最后,对于上开程序瑕疵或处分合法要件之主张或审理限制问题,本书无意进一步检讨,惟应留意者,无论程序瑕疵之争讼撤销可能性、原告关于处分违法事由主张之限制抑或法院审查范围之限制或扩张问题,现行行政诉讼制度与相关行政法制设计,以及相关学说与实务处理方式,多数情形,显然过度强调行政优越地位之维护,使人有官官相护之强烈印象。因此,对于上开问题之解决方式,无论学说或实务发展如何,至少必须考虑两造利益之衡平,始为正鹄。

2. 课予义务诉讼之本案审理事项

依"行政诉讼法"第 5 条、第 24 条规定之精神以及第 200 条第 3 款、第 4 款[346]之规定,法院于课予义务诉讼审理之结果,如认为行政机关之不作为或驳回(拒绝)违法,且原告之权利或法律上利益因此而受有损害者,即应为原告胜诉之判决,但仅于案件达于可裁判之程度时,始得为课予义务判决(第 200 条第 3 款之判决);反之,如案件未达于可裁判之程度,仅能作成"答复判决"(同条第 4 款之判决)。因此,法院于课予义务诉讼之本案审理事项,可分为以下三项,亦即:(1)对原告申请所为驳回或不作为之违法性;(2)权利受害;(3)案件之成熟性三项[347][348]。又如考虑课予义务诉讼之本案审查系在判断原告有无请求作成系争特定内容行政处分之请求权或有无请求行政机关应对其申请为无瑕疵裁量判断之请求权(无瑕疵裁量请求权)时,则上述本案判断事项,实际上又可整理为以下两项,亦即:(1)行政机关对原告之申请有无应作成行政处分之客观法义务;(2)原告对有无请求行政机关遵守该客观法义务之主观权利。

3. 确认诉讼之本案审理事项

确认诉讼主要包括法律关系存否确认之诉、处分无效确认之诉以及处分违法确认之诉三种。其中:

(1)法院于法律关系存否确认之诉,系以系争法律关系发生、消灭或障碍原因之法律要件事实,为其本案审理事项。

(2)法院于处分无效确认诉讼之本案审理事项,类似撤销诉讼,可分为系争

---

[346] 本条第 3 款、第 4 款规定为:"原告之诉有理由,且案件事证明确者,应命行政机关作成原告所申请内容之行政处分";"原告之诉虽有理由,惟案件事证尚未臻明确或涉及行政机关之裁量决定者,应判命行政机关遵照其判决之法律见解对于原告作成决定"。

[347] 按《德国行政法院法》第 113 条第 5 项规定:行政处分之拒绝或不作为为违法,且因此侵害原告之权利者,如案件已达于可裁判之程度,法院应判决命行政机关有作成原告所申请之职务行为之义务。其他情形,法院应宣示命行政机关有依法院之法律见解,对原告作成决定之义务。于台湾行政诉讼制度情形,虽未有类似明文,而仅于第 200 条第 3 款、第 4 款规定课予义务判决之种类,但应为相同解释。

[348] 此三项课予义务诉讼之本案审理事项,实际上相当于公权三要件之审查。

处分是否有无效瑕疵和权利受害两项。

（3）处分违法确认之诉，其本案审理对象为系争处分于其效力消灭时系为违法和权利受害两项。

如原告所提起者为预防性确认诉讼，鉴于此类诉讼具有将来不作为诉讼之特质（即禁止将来类似行为之反复作成），故其本案审理事项，宜以系争将来行政机关预定采取之行政措施之违法性为其对象，而该措施之违法性判断基准时，解释上宜以言词辩论终结前之事实上与法律上状况为准。

4. 一般给付诉讼之本案审理事项

一般给付诉讼原则系以原告对被告机关有无给付请求权或受给地位为其诉讼标的，故本案审理事项，原则以言词辩论终结前该给付请求权或受给地位之存否为对象。亦即，审查构成系争请求权或受给地位之法律要件事实存否为其对象[349]。然应注意者，如行政机关对于原告之给付请求，呈有作成答复义务，但因行政机关仍有裁量空间或判断余地等因素，而使案件尚未达于可裁判之程度者，仍不宜径以原告之诉无理由予以驳回，宜类推适用"行政诉讼法"第200条第4款课予义务诉讼答复判决之规定，命被告机关依法院之法律见解作成给付决定之原告胜诉判决。如原告提起预防性不作为诉讼情形，法院本案审理之事项应包括下列二项，亦即：（1）行政机关之不作为或防止损害发生之客观法义务是否存在；（2）原告预为请求之必要性（亦即原告权利或法律上利益因行政机关违反客观法义务行为而受损害之可能性、急迫性与事后回避可能性等）。

（二）各种诉讼类型之裁判基准时

行政法院于其本案审理事项范围内，认定事实与其所应适用之法律，经由法三段论之操作，作成裁判之宣示。因此，法院因作成裁判所须之事实或法律，应以存在于何时点之事实与法律状态，作为其裁判之基础，即有重要意义。关于此一问题，于民事诉讼，因系以原则系以存在于"事实审言词辩论终结前"之"现在法律关系"为其审理之对象，故其裁判基准时亦以事实审言词辩论终结前

---

[349]　除系争请求权构成要件已明定于个别实体法律规定中者外，其他于实务或学理上已承认之行政实体法请求权之要件，亦为审查对象。例如"公法上结果除去请求权"之要件，包括：（1）须原因行为为违法；（2）须为对原告权利或法律上地位之直接且继续性之侵害；（3）须有除去侵害结果之可能（即命采取之除去措施须为合法、可能、适当或合比例），尤须注意结果除去请求权系针对被告机关之权利，尚无法作为原告请求行政机关发动公权力侵害第三人权利之依据；（4）须被害人对损害之发生无重大过失。又关于"公法上不当得利（公法上返还请求权）"之要件，包括：（1）须有财产权之直接变动；（2）须该变动无法律上原因；（3）须无所受利益免予以返还之情形（"民法"第180条、第182条第1项参照），其中如系因所受利益不存在而主张免予返还者，须非欠缺值得保护之信赖。

之事实或法律为其裁判之基础，适用上较无问题。反之，于行政诉讼（尤于例如撤销诉讼等以审查行政第一次判断权为主之诉讼）情形，因其制度目的除人民权利之保护外，并在监督行政权之合法行使，不问于干涉行政抑或给付行政领域，基于依法行政原则、法安定性原则（法律不溯及既往、法明确性原则）、既得权保护（信赖保护原则）以及禁止差别待遇（平等原则）等表现于一般法律原则中之利益衡量要求，即难以如同民事诉讼般，一律以言词辩论终结时为其裁判基准时即可达成其制度目的，而呈现出复杂且随行政领域不同而有差异之面貌。

1.判断裁判基准时一般性考虑因素

一项提交行政法院审理之公法上争议，自该争议之法律关系发生以至法院裁判为止之期间，如发生事实状态或法律状态之变更情形者，法院应以何时点之事实与法律状态为裁判基础，其一般性考虑因素约有如下：

（1）事实与法律状态之裁判基准时原则一致

虽然"事实问题"与"法律问题"二者，能否于理论与实践上明确区分，非无争议[350]。然基于法适用之逻辑要求，法一旦被适用（即法规范构成要件事实实现并因此涵摄于法规构成要件），该"事实"与"法律"二者即共同形成（转换为）"具体法律关系"（法三段论之结论），不可能再一次被适用。因此，除非该项法律未被适用（例如违反行政法上义务或犯罪之行为，尚未被处罚或判刑），否则任何"事实状态"或"法律状态"之变动，均涉及既有法律关系之变动。因此，原则应以事实发生当时已有效存在之法律，为其应适用之法律，事实与法律之判断基准时，原则应为一致。亦即以"系争事实发生时"为准，至于，何谓"系争事实"，则视"制度目的"而定[351]。一般而言，如该争议案件所涉及者为一项继续法律关系之审查时（例如因有持续效力之行政处分所生法律关系），原则须考虑嗣后之事实与法律状态之变更；例外情形，仅于法律有变更而发生应否溯及既往适用时，其裁判基准时始可能发生歧异问题[352]。

（2）以行政法律关系发生时点之事实与法律状态为裁判基准时原则

行政法律关系，系指二以上法效果归属主体，就具体事件，依行政法所成立

---

[350]　例如，行政计划之变更究系事实变更或法律变更，解释上即有困难。

[351]　"行政法院"1982年判字第516号判决、同院1982年判字第799号判决参照。

[352]　其他关于事实与法律之裁判基准时歧异问题，最典型者，为对事实审裁判上诉情形，因上诉法律审法院原则须以事实审法院认定之事实为基础（"行政诉讼法"第254条第1项、"民事诉讼法"第476条第1项），如于法律审审理中，发生法律变更情形，即发生应以旧法或新法为裁判基准问题，如以新法为基准（民诉学者有采新法基准说者，陈荣宗、林庆苗：《民事诉讼法（下）》，三民，2005年5月修订四版，第720页以下参照），即发生事实与法律二者之裁判基准歧异之状况。

之权利义务关系。行政法律关系之发生原因与一般法律关系同,因法规构成要件之满足而成立。因此,行政法律关系之发生原因,可能单纯因法规构成要件实现而发生,可能因事实行为而成立,也可能因行政处分或行政契约等法律行为而发生。因此,于涉及系争行政法律关系之诉讼中,自以该行政法律关系发生或消灭时点之事实与法律状态为裁判基准时。于系争行政法律关系已发生后,纵使该行政法律关系之内容或实现仍有待作成行政处分,该行政处分之合法性判断,原则仍应以系争行政法律关系发生时之事实与法律状态为其裁判基准时,而非以处分时为准[353]。例如:所得税为周期税,以该课税周期期间(目前为一年)内发生有应税来源所得者,原则即应依该课税周期仍属有效之租税法律,予以课税;同理,其于该期间内发生有免税原因者,亦应免税。反之,如系发生于该课税周期以外之事实或法律之变动,纵使仍在核课期间或退税期间内,原则仍不予考虑。因此,于某一年度之所得税债务发生后,虽其申报或核课程序在纳税义务发生后一段时间始开始或进行(目前为翌年五月以后),仍以该年度之事实与法律状态为基准,纵于纳税义务发生后至完成申报、作成核课处分或申请退税前,事实或法律状态已有变更,原则仍不影响其基准时。

(3)法律明文或可推知立法意旨之尊重

如个别法律就事实与法律适用之基准时,已有明文规定[354],或自该法律整体规范意旨或规范对象特质可知其法适用基准时者,自应依其规定。惟所谓法律有明文规定或可推知立法意旨,应与下列情形区别:

①于个别法律并无规定情形,关于各机关受理"人民申请许可案件",依"中央法规标准法"第18条规定[355],采"从新从优原则"。本条所称"处理程序",行

---

[353]　以所得税之结算申报与核课为例,均系以上一年度已发生纳税义务为其申报或核课对象。因此,人民所为所得税结算申报行为,具有债务承认之性质,而税捐稽征机关所为所得税核课处分,则有确认租税债权与请求租税债务人履行其租税债务之性质,各该行为分别依"民法"第129条第1项第2款、"行政程序法"第131条第3项,均同时有中断时效之效力。

[354]　例如:(1)"行政罚法"第4条规定:违反行政法上义务之处罚,以"行为时"之法律或自治条例有明文规定者为限。第5条规定:"行为后"法律或自制条例有变更者,适用行政机关"最初裁处时"之法律或自治条例。但裁处前之法律或自治条例有利于受处罚者,适用"最有利"于受处罚者之规定。(2)"社会秩序维护法"第3条规定:行为后本法有变更者,适用"裁处时"之规定。但裁处前之规定有利于行为人者,适用最有利于行为人之规定。(3)"税捐稽征法"第48条之3规定:纳税义务人违反本法或税法之规定,适用"裁处时"之法律,但裁处前之法律有利于纳税义务人者,适用"最有利"于纳税义务人之法律。

[355]　本条规定:各机关受理人民申请许可案件适用法规时,除依其性质应适用行为时之法规外,如在处理程序终结前,据以准许之法规有变更者,适用新法规。但旧法规有利于当事人而新法规未废除或禁止所申请之事向者,适用旧法规。

政法院判例向来认为系"主管机关处理人民申请许可案件之程序而言,并不包括行政救济之程序在内"[356]。亦即,系指提起诉愿或行政诉讼前之处理程序而言,包括复查、异议、申诉等原处分机关内部自省程序。本条规定,原系为"行政机关处理人民申请案件"而设,与"法院裁判基准时"问题并无直接关联[357],然因本条有助于法院判断受理机关对人民申请案件所为处分,于"处理程序终结时"之处分合法性问题[358],故亦有留意必要。亦即,于判断行政诉讼(尤其撤销诉讼)裁判之基准时问题上,如采"处分时说"者,则于系争人民依法申请案件涉及法规变更问题时,即原则以"中央法规标准法"第18条规定之"处理程序终结前之新法规或最有利法规"为其裁判基准时[359]。反之,如采"言词辩论终结时"说者,本条仅为判断"处理程序终结时之处分合法性"问题,于"诉讼程序终结前"之处分合法性问题,以及原告有无请求撤销或命被告作成系争处分之权利,则为另一事,非本条适用范围[360]。

②于主管机关就法规所为之行政释示(针对通案之解释性行政规则或针对个案之行政函释)有所变更,导致前后函释不一时,依"司法院"大法官释字第287号解释:"行政主管机关就行政法规所为之释示,系阐明法规之原意,固应自法规生效之日起有其适用。惟在后之释示如与在前之释示不一致时,在前之释示并非当然错误,于后释示发布前,依前释示所为之行政处分已确定者,除前释示确有违法之情形外,为维持法律秩序之安定,应不受后释示之影响。"依上开解释,大法官似认为主管机关就行政法规所为释示之变更,并非法规变更,仅为法规原意之阐明。因此,系争案件尚未确定者,自应适用新释示,惟案件如已确定者,基于法安定性之考虑,仍不受影响。又本号解释原系为审查财政部有关营利事业所得税之一项函释所作成,而相关问题于1996年修正"税捐稽征法"时已经由增列第1条之1之方式,予以立法解决。因此,本号解释之适用范围

---

[356]　1973年11月6日"行政法院"1973年判字第507号判例、1983年12月23日"行政法院"1983年判字第1651号判例参照。

[357]　不同见解:例如,吴庚前揭注13书第210页认为此类人民申请许可案件之法规变更基准时,以提起诉愿及行政诉讼前处理程序为准,但不限于原处分包括复查、异议决定等终结前在内。

[358]　至于处理程序终结后之处分合法性或人民系争申请许可案件应否准许问题,则非本条所能处理,还请留意。

[359]　同旨,林腾鹞前揭注41书第379页参照。

[360]　不同见解,陈敏前揭注170书第1479页于论述课予义务诉讼之裁判基准时问题上,主张在采"言词辩论终结时"为裁判基准时情形,则"中央法规标准法"第18条所谓"处理程序",即应包括"诉讼程序"在内。惟其后氏在同书第1480页所举案例中,复又认为如依该条规定之从新从轻原则处理,又非合理。

能否扩张于其他行政领域,恐有进一步检讨余地。盖行政处分之废弃,无论该处分是否合法,其撤销或废止均应考虑依法行政原则、法安定性原则以及信赖保护原则等一般法律原则,就具体个案为妥适衡量后始能决定。其中,于合法行政处分之废止问题,依"行政程序法"第122条以下规定,已明定其处理方式;关于已确定行政处分之废弃或变更问题,亦有同法第128条规定可资适用,似无再援用上开大法官解释之必要。因此,关于变更后之行政函释能否适用于变更前已作成之处分问题,理论上似宜为相同处理,原无必然适用后释示之理。

③另关于本项所称"自该法律整体规范意旨或规范对象特质可知其法适用基准时者"之问题,就行政法律之适用而言,主要系在考虑各别法律因其拟规范之"行政领域"不同,因其制度目的与指导该行政领域之法律原则本有差异,故对裁判基准时之影响亦有不同。例如,

a)于行政罚领域,基于"处罚法定原则",行为时法律不予处罚者,不因嗣后法律变更而成为应予处罚;行为时法律虽有处罚规定,但行为后法律已不处罚者,除另有特别规定外,因处罚目的已消灭,原则亦不再处罚[361]。

b)于租税法领域,强调"租税法律主义"与"租税公平原则",因此,应以"租税事实发生时之法律",为其应适用之法律,其后发生之应税事实或法律变更,无论有利于人民与否,原则均不予考虑[362]。同理,发生于法律生效期间内之应税事实或免税等税捐优惠事实,其因此所负纳税义务或取得租税优惠之权利,除法律基于特殊政策目的另有规定者[363]外,原则亦不受其后法律变更之影响[364]。

另外,如应税事实是否已发生,原属法规解释与事实认定问题,惟基于租税公平之维护与稽征程序之方便,亦非不能借由改善稽征技术方式[365]或以符合

---

[361]　按台湾"行政罚法"于"立法"草案中,原于第5条设有第2项,规定"法律或自治条例定有施行期间,因期间届满而失效者,对于有效施行期间内违反行政法上义务之行为,仍适用之",故采"限时法"设计。惟其后该草案规定于"立法院"审查时被删除,而仅保留同条第1项之从新从轻原则,但因该条立法理由二谓:"按法律或自治条例所定之行政罚具有行政作用上之目的,故定有施行期间之限时法,与一般法律或自治条例之废止或行为后法律或自治条例有变更而不予处罚之情形有别,仍宜为不同之处理",仍维持草案采限时法设计之说明。因此,关于现行"行政罚法"是否仍采"限时法"设计,理论上遂有争议(例如,林锡尧:"行政罚法",元照,2005年,第71页以下,似倾向采肯定见解)。

[362]　2006年1月13日大法官释字第608号解释、2005年5月20日大法官释字第597号解释参照。

[363]　例如,1989年5月26日大法官释字第241号解释理由书参照。

[364]　1995年9月8日大法官释字第385号解释理由书参照。

[365]　2000年4月7日大法官释字第500号解释理由书参照。

经验法则之合理推估方式[366]，予以解决，惟此仍非改变事实认定或法律适用之基准时。基于相同理由，其他例如于社会保险或社会救助法领域、公务员人事法制领域、教育法领域、医药卫生法领域、建筑法或都市计划法领域、环境保护法领域等，亦可能因其制度目的与所应适用该领域之特殊法律原则之差异，而影响其裁判基准时之认定，此不再论述。

(4)既有各种诉讼类型之制度目的的观点

所谓既有各种诉讼类型之制度目的的观点，系指现行"行政诉讼法"明定各种诉讼类型之制度目的，对于法院裁判基准时判断之影响而言。以撤销诉讼为例，其制度目的在于经由撤销系争处分之效力，以回复既有(旧)法律状态。因此，原则自应以"处分时"之事实或法律状态为准，惟若：

①所欲回复之法律状态依法已无法经由撤销判决予以回复时，现行制度设计系使其转换为"处分违法确认之诉"处理，其制度目的已转换为保护该处分效力消灭后所仍残留之法律上利益(确认利益)，此时其裁判基准时自原则以系争"处分效力消灭时"为准。

②虽非不能经由撤销判决方式以回复既有法律状态，然若该撤销于公益有重大损害而不符比例者，因本法第198条以下明文承认"情况判决制度"之结果，此时其裁判判断基准时，即应以"言词辩论终结时"为准。

③系争处分虽于处分时系合法，但于言词辩论终结前已因事实或法律状态之变更而成为违法者，此时究竟应以"处分时"抑或以"言词辩论终结时"为其裁判基准时，取决于论者对于撤销诉讼之制度目的，究竟倾向于"监督行政权之合法行使"抑或倾向于"人民权利之保护"而有差异。

2.主要诉讼类型之裁判基准时

(1)撤销诉讼之裁判基准时

法院关于撤销诉讼之裁判，究应以何种时点之事实与法律状态为准，学说上有采实体法观点与诉讼法观点之差异，于采诉讼法观点情形，又可分为处分时说、诉讼请求(诉之声明)说、判决时(言词辩论终结时)说等不同见解之争论[367]。

---

[366] 1999年12月3日大法官释字第493号解释理由书第2段、第3段，1996年2月16日大法官释字第397号，1987年8月14日大法官释字第218号解释参照。

[367] 有关学说之介绍，请参照陈清秀前揭注13书第460页以下；同：《行政诉讼上违法判断基准时》，收于氏著：《行政诉讼之理论与实务》，自刊，1994年再版，第383页以下；许登科：《论撤销诉讼中行政处分之违法判断基准时》，《法学丛刊》第48卷第2期，2003年4月，第61页以下。另关于诉愿程序之违法判断基准时问题，请参照李建良：《诉愿程序之违法判断基准时》，《月旦法学杂志》第64期，2000年9月，第22页以下；林三钦：《诉愿案件之违法判断基准时》，《台湾本土法学杂志》第23期，2001年6月，第1页以下。

其中,除判决时说系以言词辩论终结前之事实或法律状态,作为裁判基准时外,所谓"处分时说",认为撤销诉讼系因行政处分违法侵害人民权利而提起,故应以行政处分[368]发布时之事实及法律状态为裁判基准时,在行政处分发布后事实或法律状态有变更者,即非原处分机关作成处分时所能斟酌,自不能以其后(自原处分发布至行政法院言词辩论终结前)出现之事实或法律状态而认定系争处分为违法[369]。因此,原处分发布时合法者,不因嗣后事实或法律状态之变更而成为违法;反之,发布时为违法者,亦不因嗣后事实或法律状态之变更,使其瑕疵获得修补、治疗,而转为合法[370]。此时,如处分时以后事实或法律状态发生变动,致原处分已无可维持时,当事人应先向行政机关请求废弃原处分,原处分机关废弃原处分者,前经提起撤销诉讼之事件以终结(阐明原告撤回起诉或以嗣后欠缺权利保护必要而驳回其诉),如行政机关拒绝为废弃,原告得合并于原撤销诉讼提起课予义务诉讼[371]。惟采此一见解者,均承认下列例外情形,应以言词辩论终结时之事实或法律状态为处分违法判断基准时[372]:a)嗣后发布具有溯及既往效力之法规者,自应适用该嗣后变更之法规;b)有持续效力之行政处分或尚未执行因提起行政救济而停止执行之处分,因嗣后情事变迁而无可维持者;c)于具有第三人效力之行政处分,有平衡该第三人权益之必要者。

所谓"诉讼请求说"[373],其认为撤销诉讼系因违法行政处分致其权利受损害之原告,请求予以废弃之形成诉讼。故判断该行政处分是否违法侵害原告之权益,因系争行政处分之性质及原告之诉讼请求而有不同,并非一概依据作成行政处分时之事实及法律状态判断。因此:a)于诉请撤销形成处分之情形,例如学生之开除、驾驶执照之吊销等处分,应以处分作成时之事实及法律状态判断其违法性。b)于有持续效力之行政处分或尚未执行之行政处分,因原告提起撤销诉讼之目的在于消灭行政处分之法律效力,至于系争处分之违法性究系在处分时即已存在,抑或于处分作成后因事实或法律状态之变更而成为违法,并

[368]　惟应注意者,处分时说所称"原处分",系指构成撤销诉讼之诉讼对象之"经诉愿程序所获得之原处分或第一次产生不利益之诉愿决定"而言,并非原始处分,亦非诉愿前之各种行政自省先行程序所为之决定。

[369]　吴庚前揭注 13 书第 209 页参照。

[370]　林腾鹞前揭注 41 书第 379 页参照。

[371]　陈敏前揭注 170 书第 1477 页参照。

[372]　吴庚前揭注 13 书第 209 页以下;林腾鹞前揭注 41 书第 380 页参照。但上开论者对于例外情形之处理方式,仍未尽一致,还请留意。

[373]　以下引自陈敏前揭注 170 书第 1477 页以下。

无不同。因此，应依言词辩论终结时之事实及法律状态为处分违法判断基准时。

本书以为：

①依处分作成时[374]之事实或法律状态该处分系违法情形

a)于依处分（指原处分）作成时之事实或法律状态，已违法侵害原告权益者，原告因此取得请求撤销之权利（或称"废弃请求权"或"撤销请求权"），原则并不因其后事实或法律状态之变更而受影响[375]。亦即，除有下列权利行使障碍事由外，此一权利原则不因事后事实或法律状态之变动而受影响，于"裁判时"仍可有效行使。至于例外可认为已构成上开"权利行使障碍"事由，致其权利不能于"裁判时"有效行使者，约有下列各种情形（b—e）[376]：

b)嗣后出现一项具有溯及效力之合宪法律，而该法律排除（禁止）或变更原告原已取得请求撤销之权利者。

c)因合法之诉讼上理由追补行为，而使原处分之违法瑕疵"嗣后"被治愈者。

d)因涉及第三人权益，致使其权利受有限制或被排除者。

e)基于诚信原则，事后发生有权利滥用等可导致失权效果之情事；或基于衡平观点，因发生不可预期且显失公平之情事，而使其权利受有限制；或发生撤销将对公益有重大损害情形者。

②依处分作成时之事实或法律状态该处分虽为合法但嗣后其效力已无可维持情形

现行行政诉讼法仅要求原告之诉讼上请求，于法院作成裁判时，依法（指裁判时相关法令之规定）必须可有效主张（于上诉至法律审时，亦同），至于系争处分何时违法或系争请求撤销之权利何时发生，原则不影响原告已取得且目前行使无障碍之系争请求撤销之权利。因此，真正问题在于此种情形，原告应以何种救济途径贯彻其权利？就本书结论而言，此一情形仍以言词辩论终结前之事实或法律状态为准。

---

[374] 此一行政处分作成时，系指"原处分时"，还请留意。因此，系争处分之违法瑕疵，已于起诉前经合法补正者。例如，原处分机关已依"行政程序法"第114条补正其程序或方式之瑕疵，或已依"诉愿法"第79条第2项补正其理由瑕疵（有争议），系争处分之违法瑕疵既已于起诉前被合法治愈，构成原告起诉请求撤销权利之行使障碍，自不得再诉请撤销。

[375] 应注意者，依"行政程序法"第115条、第174条规定，单纯程序上瑕疵，原则不发生可于实体法上单独起诉请求撤销系争处分之权利。

[376] 惟无论如何，此一权利行使障碍事由，并不能使原处分溯及自始合法。此点于将来转换为处分违法确认诉讼时，具有重要实益，还请留意。

其理由为：

a)如系争处分于作成时为合法，但于起诉前已无可维持者，原则应提起课予义务诉讼。

b)如处分于法定救济期间经过后，始发生有无可维持之情事者，应依"行政程序法"第128条规定申请重开行政程序，如其申请仍未获满足者，即可循序提起诉愿及课予义务诉讼。

c)如处分于起诉前为合法，于提起撤销诉讼后始成为无可维持者，应如何处理，现行法并无明文，其考虑重点在于"是否要求原告必须重新向原处分机关申请废弃而无结果"后，始能起诉。本书以为，于有此种情形，被告机关本应主动依职权废弃该行政处分，原无待人民之请求（"行政程序法"第9条、第34条参照），于诉讼进行中发生处分已无法维持情事后，法院应即对被告阐明使其主动废弃该处分，经阐明后仍不废弃者，自无再强要人民重新开启一个"新的救济途径"之必要，应可径予撤销系争处分（此时即构成"处分废止诉讼"）[377]。

(2)其他诉讼类型之裁判基准时

如前所述，撤销诉讼之裁判基准时，原则以"据以产生原告诉讼上请求之实体法规范，作为判断所应适用之事实或法律状态之基准，但以该项原告所主张之请求，仍为现行规范所允许者为限"。此一原则，于其他诉讼类型亦有适用。因此，无论课予义务诉讼[378]、处分无效确认诉讼、处分违法确认诉讼、公法上法律关系存否确认诉讼，抑或一般给付诉讼，其裁判基准时，均依上开原则判断。此一原则之适用，纵于下列论者主张应属例外之情形，亦无不同。

---

[377]　关于此一问题，吴庚前揭注13书第209页以下，曾举二例说明，但其处理方式并不相同。亦即：(1)未获居留许可之外国人受解送离境处分，尚未执行该外国人已规化取得德国国籍，解送处分是否合法，仍以发布该处分时为准，但原处分之相对人自可主张离境处分在法理上已无可维持，请求废止，该管机关如予拒绝，则可提起课予义务诉讼，并与已系属之撤销诉讼并案审理。(2)自行在非建筑用地上兴建房屋，该管机关依沄发布拆除处分，因提起异议及行政诉讼致停止执行而都市计划已经变更，成为合法建地，如仍坚持拆除，则原告势必在拆屋完毕同时，又可在原地合法建件。对于此种特殊情况，实务上改采以行政法院言词辩论终结时为法律状态之基准时。

[378]　2003年7月3日"最高行政法院"2003年判字第878号判决谓：课予义务诉讼，行政法院原则上以言词辩论终结时之事实与法令为判决之基础，若不经言词辩论者，则以裁判时之事实与法令为裁判之基础。

第四节　诉讼资料之搜集：证据

一、行政诉讼之证据概说

法院之裁判系一种法的宣示作用，其作成在逻辑上必然涉及法规范之解释与法规要件事实之认定及其涵摄过程。而诉讼系一种基本上取向于判决之法院与双方当事人等诉讼主体所共同实施之一系列活动，因此，在达至作成法的宣示前，关于法规之发现与解释、事实之发现与评价，乃至事实涵摄于法规等任务，如何分配予法院与其他诉讼主体间，直接影响诉讼制度之性质与目的。传统诉讼制度之设计，除法三段论之结论部分，系受"处分权主义"支配，通常属当事人专断领域外，关于法规之发现与解释任务，依"法官知法原则"，系属于法官之专断事项；关于事实之发现与解释，则经由"辩论主义或职权探知主义"以及"自由心证主义或法定证据主义"等制度设计，分别分配予法院与当事人；而包括事实涵摄等整体法适用三段论之过程，则经由"当事人进行主义"或"职权进行主义"等诉讼程序内外之细部规制（例如诉讼指挥权、阐明权或义务、辩论权等当事者权），以为调整。虽然因诉讼"协同主义（Kopperationsmaxime）"思想之影响，上开各诉讼主体间之任务与角色分际，逐渐趋模糊，然基本架构依然维持。

于行政诉讼，指导法院与当事人间关于诉讼资料搜集之分工者，为职权探知主义，而诉讼资料涉及事实存否或真伪之判断者，须由证据加以认定。"行政诉讼法"规定之证据与"民事诉讼法"同，均为一种发现事实存否之手段，因此所称"证据"一语，具有多种涵义。兹稍作说明如下：

1. 证据方法、证据数据、证据价值及证据原因

所谓"证据方法"，系指成为法院进行证据调查对象之有形物，包括人的证据方法（如证人、鉴定人）与物的证据方法（如证书、勘验物）。所谓"证据能力"，又称"证据资（适）格"，指该项有形物得作为证据方法之资格而言。在采自由心证主义设计之诉讼制度下，原则所有有形物均得作为证据方法；反之，于采法定证据主义情形，仅法所允许者，始有证据能力。一项原得作为证据方法之有形物，可能因其取得方式违法而丧失其证据资格。

所称"证据资料"，系指经调查证据方法所获得之资料内容。例如，经由讯问证人和鉴定人、查阅文书、勘验对象等方式，所获得之证言、鉴定意见、文书中记载之内容等属之。其中，法院就待证事实，为取得该证据资料所为查验证据之行为，称"调查证据"。

所称"证据价值",又称"证据力"或"证明力",指证据数据对于待证事实之价值而言。亦即,该有证据资格之有形物,经法定之调查证据方法所获得之证据资料,影响法院对于待证事实之确信程度而言。关于证据价值若干,属于法官自由心证之范畴,因此,当事人声明调查之证据,法院认为不必要者,可毋庸调查。

所谓"证据原因",系指法院对系争待证事实存否,获得确信(心证)之原因(根据或理由);亦即指构成法院认定事实真伪之心证基础之资料或一切情状而言。法院心证之获得,如系本于良知,依论理法则与经验法则方式取得者,则为"自由心证",因此"证据原因"与法官"得心证之理由"实为一体之两面。用以"形成证据原因之资料",依"行政诉讼法"第 189 条规定[379],包括"证据价值"与"全辩论意旨",亦即,法院须将各种证据资料所获得之各项证据价值,予以相互比较对照斟酌,并须综合当事人之各种声明或主张、陈述态度、诉讼经过、审理时之直接印象等各种情况后[380],始能形成其"证据原因"或"得心证之理由"。

由以上说明可知,法院对特定待证事实之判断流程,约可整理为:待证事实之决定→证据方法之决定→证据资料之取得→证据价值之分析判断＋全辩论意旨→证据原因(得心证之理由)。

2. 证据对象(如事实)与证据类型

本书所称"证据对象",系指须用证据加以证明之事项,亦称"证明之对象"或"证据客体"。依法三段论之逻辑结构,须用证据证明之事项,原则限于"事实"。至于"法规"、"论理或经验法则"或"法律关系本身",因构成法适用或事实认定之逻辑上大前提,依"法官知法原则"或"自由心证主义"处理即可,或为法适用之结论,理论上并不成为证明之对象[381]。至于"事实"部分,亦非所有事实均须依证据判断其真伪,依现行"行政诉讼法"之规定,于法院已显著或法院职务上所知悉之事实[382]、法律上拟制之事实[383]、排除举证责任且无反证之事实

---

[379]　本条规定:行政法院为裁判时,应斟酌全辩论意旨及调查证据之结果,依论理及经验法则判断事实之真伪。但别有规定者,不在此限(第 1 项)。依前项判断而得心证之理由,应记明于判决。

[380]　同旨,陈计男前揭注 16 书第 413 页参照。

[381]　例外情形,例如"行政诉讼法"第 137 条行政法院所不知之习惯及外国法规;或涉及专门知识或经验之专业论理或经验法则,则可运用所谓"鉴定制度"(第 156 条至第 162 条参照)处理。

[382]　"行政诉讼法"第 176 条准用"民事诉讼法"第 278 条、第 281 条、第 282 条。

[383]　所谓"法律上拟制之事实",系指法律明文规定当发生特定事实时,即拟制另一待证事实存在之谓,通常使用"视为"此一法律用语。自理论上言,法律所明定拟制之效果,究竟系拟制某一事实真伪,抑或拟制某一权利存否,宜再区别为法律上拟制之事实与法律上拟制之权利二种。惟于此种情形,其适用结果实际上并无太大差异,故多统一称为法律上之拟制。

（法律上推定之事实[384]）、事实上推定之事实[385]、自认之事实[386]等，均无再依证据判断其真伪必要。

其次，构成要证事项之事实（即"待证事实"）之种类，依其与构成要件之关系，又可分为"主要事实"、"间接事实"与"辅助事实"，对应于上开三类事实，其用以证明该类事实存否之证据，亦可区别为"直接证据"、"间接证据"与"辅助证据"。此三类事实之区别及其与证据种类之对应关系，于采辩论主义或采职权探知主义设计之诉讼制度下，理论与实践上存有相当差异。于职权探知主义下，事实之主张与证据之声明，法院原则不受当事人主张之拘束，应依职权调

---

[384]　"行政诉讼法"第 176 条准用"民事诉讼法"第 281 条谓：法律上推定之事实无反证者，毋庸举证。本条规定即为法律上推定。所谓"法律上推定"，一般系指"法律上之事实推定"，指法律明定特定事实之存在时，得推认某事实为真实者而言，其目的在于转换举证责任。因此，法律上推定与法律上之拟制（即法律上规定为"视为"）情形不同，前者允许以反证推翻，后者不允许以反证推翻者，但二者均在排除法院之自由心证。就此点而言，又与后述事实上推定存有差异。此外，如法律所定推定之事项，非事实而系权利存否时，则属"法律上之权利推定"，与前述法律上之事实推定仍有差异，因此，某一明文规定推定效果之法律条文，究属法律上事实推定抑或权利推定，仍宜就其规定内容判断，未可一概而论。

[385]　"行政诉讼法"第 176 条准用"民事诉讼法"第 282 条谓：法院得依已明了之事实，推定应证事实之真伪。本条规定即为事实上推定。所谓"事实上推定"，系指法院依已明确之事实（间接事实）推定特定事实真伪，此种推定方式，类似法三段论证，系以特定论理法则或经验法则为大前提（如凡人寿命通常不逾百岁），以已经明确之事实为小前提（某甲出生于三千年前），经由涵摄作用，推认待证事实（结论：某甲已死）。因此，事实上推定属于法院"自由心证"之范畴。因此，在事实上推定情形，并不发生举证责任之转换，因该事实上推定而可能受有不利益之当事人，得经由推翻构成大前提之经验法则、提出动摇构成小前提之间接事实或作为结论之待证事实真实性之证据，以影响法院之确信；但应注意者，事实上推定与法律上推定情形同，对于构成小前提之事实，仍发生有举证问题。又释字第 275 号解释谓：人民违反法律上之义务而应受行政罚之行为，法律无特别规定时，虽不以出于故意或过失为必要，仍须以过失为其责任条件。但应受行政罚之行为，仅须违反禁止规定或作为义务，而不以发生损害或危险为其要件者，推定为有过失，于行为人不能举证证明自己无过失时，即应受处罚。本号解释所谓"推定有过失"，究系法律上推定抑或事实上推定，学者有不同见解（吴庚前揭注 13 书第 184 页似认为系法律上推定），但无论如何均发生举证责任之转换。至于"行政罚法"生效实施后，本号解释是否仍有适用，目前仍存有争议。

[386]　依"行政诉讼法"第 134 条规定"前条诉讼，当事人主张之事实，虽经他造自认，行政法院仍应调查其他必要之证据"，似于撤销诉讼或其他诉讼为维护公益者之情形以外，于其他诉讼亦采辩论主义设计，亦承认自认，而使其能发生排除主观举证责任之效果，法院得以当事人自认之事实作为裁判之基础（吴庚前揭注 13 书第 186 页；陈计男前揭注 16 书第 434 页参照）。惟本法并未同时准用"民事诉讼法"第 279 条、第 280 条关于自认与拟制自认之规定，适用上是否当然如同民事诉讼般，使其发生举证责任转换之效果，仍非无疑问。

查,因此不发生所谓当事人之"主张责任"与"主观举证责任"[387],且不生自认或拟制自认之问题[388],亦不具限定法院审判范围[389]与阐明暨心证公开范围之作用[390];但主要事实构成法院应依职权探知之事实,而间接事实与辅助事实则为法院得依职权探知之事实,且三种事实类型均构成法院依自由心证所认定事实。

3.证明与释明、严格证明与自由证明

证据,依其影响法院心证(确信)之程度,可分为证明与释明。如当事人所提出之证据,能使法院确信其所主张之事实为真实者,称"证明";反之,如当事人提出之证据,未能使法院达于确信之程度,仅能使其产生薄弱之心证(可推测大概有此事)者,称"释明"。通常情形,凡涉及本案实体法律关系理由具备性之事实,均须以证明方式为之;如系关于程序上问题之事项,或非关于实体法律关系终局确定且有暂时予以保护之事项,得以释明方式为之。因此,得释明之事项,多属于诉讼程序上有迅速解决必要,否则将影响程序进行之事项。其用以释明之证据,原则亦以"可实时调查"者为限[391],且通常情形,为兼顾释明制度所欲保护之权益并使程序得以顺利进行,亦有所谓"释明替代制度"之设计,例如以出具保证书(本法第 102 条第 3 项)、具结(本法第 176 条准用"民事诉讼法"第 309 条第 1 项但书)、供担保(本法第 297 条准用"民事诉讼法"第 526 条第 2 项、第 3 项,本法第 301 条[392])等方式代替释明。

---

[387] 惟台湾行政诉讼实务,亦有出现当事人于行政诉讼负有主观举证责任之判决。例如:2003 年 11 月 6 日"最高行政法院"2003 年裁字第 1561 号裁定、2003 ⴻ 8 月 28 日"最高行政法院"2003 年判字第 1138 号判决参照。

[388] 2004 年 11 月 26 日"最高行政法院"2004 年判字第 1490 号判决、2003 年 11 月 14 日"最高行政法院"2003 年判字第 1577 号判决参照。

[389] 例外情形,仅于该主要事实构成"行政诉讼法"第 105 条第 1 项第 3 款所规定,用以界定诉讼标的范围之"原因事实"时,该主要事实始因处分权主义之要求,而具有限定法院审判权范围之作用。

[390] 但仍应注意者,法院职权探知之范围,虽不受当事人所主张之主要事实之拘束,但此与法院能否于诉讼程序中,以职权探知之事实或理由,代替被告机关补正违法处分之实质说理瑕疵之问题,仍应区别。

[391] "行政诉讼法"第 176 条准用"民事诉讼法"第 284 条规定:释明事实上之主张,得用可使法院信其主张为真实之一切证据。但依证据之性质不能及时调查者,不在此限。又本条所称"可实时调查之证据"(证据之实时性),不以当庭提出者为限,若斟酌证据之性质,其调查不致延滞诉讼者,仍得作为释明之证据。

[392] 于民事诉讼保全程序原有以供担保代替释明之设计,如"民事诉讼法"第 526 条第 1 项、第 2 项及第 533 条,但于行政诉讼之假处分制度,依本法第 301 条规定,非有特别情事,原则禁止以供担保方式代替释明。

就现行诉讼制度设计而言,得释明之事项,以有法律明文者为限,其他无明文规定情形,原则均应证明。本法规定得释明之事项,例如,第 20 条准用"民事诉讼法"第 34 条第 2 项关于申请法官回避之原因、第 91 条第 4 项关于"迟误期间之原因及其消灭时期"、第 96 条关于第三人阅卷请求之法律上利害关系、第 102 条关于申请诉讼救助之无资力事由、第 104 条准用"民事诉讼法"第 91 条第 2 项及第 92 条第 1 项关于诉讼费用额之证书、第 132 条准用"民事诉讼法"第 276 条关于不能适时提出主张之不可归责于己之事由、第 166 条第 3 项关于申请第三人文书提出命令之第三人执有文书事由与提出义务之原因、第 176 条准用"民事诉讼法"第 309 条第 1 项关于拒绝证言之原因与事实、同条准用"民事诉讼法"第 332 条关于声明拒却鉴定人之原因与事实、同条准用"民事诉讼法"第 370 条第 2 项关于申请保全证据之应表明事项、第 297 条准用"民事诉讼法"第 526 条第 1 项关于假扣押之请求及原因、第 301 条关于假处分之请求及原因等,属之;此外,本法虽无明文,但解释上得以释明方式为之者,例如第 116 条、第 118 条关于申请停止执行或申请撤销停止执行裁定之事由属之。

所谓"严格的证明",指依法律所定证据方法与调查证据程序所为之证明。所谓"自由的证明",指不依法律规定之证据方法与调查证据程序所为之证明。因此,严格的证明与自由的证明二者,均与证据之证明力无关,此与上开"释明"之观念有别。二者差别在于"严格的证明"注重当事人权益之保护,因此,凡涉及本案诉讼标的法律关系之事项,原则均要求严格的证明;至于"自由的证明"重视程序之经济,因此涉及诉讼要件等诉之合法性事项,习惯、外国法规或地方法规以及经验法则之存否之事项,以及其他应依职权调查之事实等,原则以自由的证明方式为之即可。在行政诉讼,虽采职权探知主义但并非所有职权调查事项均得以自由的证明方式为之,仍须视该待证事实与本案诉讼标的法律关系之关联性而定,尚请注意。

二、诉讼资料搜集与调查活动

(一)诉讼资料(事实与证据)搜集任务之分担

依现行行政诉讼制度之设计言,"行政诉讼法"第 125 条第 1 项规定:"行政法院应依职权调查事实关系,不受当事人主张之拘束"(事实主张之非拘束性);第 133 条规定:"行政法院于撤销诉讼,应依职权调查证据,于其他诉讼,为维护公益者,亦同。"(证据声明之非拘束性)第 134 条规定:"前条诉讼,当事人主张之事实,虽经他造自认,行政法院仍应调查其他必要之证据。"(自认之非拘束性)由于上开规定,分别明定辩论主义之相反命题,因此,如前所述,论者多主张台湾现行行政诉讼制度系采职权探知主义设计,其诉讼数据涉及事实存否或真伪之判断者,均须由法院依职权调查证据加以认定之。

惟若细绎上开条文规定,因第 133 条与第 134 条规定之适用范围,限于撤销诉讼及其他与公益有关之诉讼,现行行政诉讼制度似又未完全采纳职权探知主义之设计。亦即,依本法第 125 条、第 133 条、第 134 条以及笰 136 条规定之立法理由观之,本法基于公益、发现实质真实以及证据偏在等理由,否定当事人关于事实主张之拘束力,并撤销诉讼或其他涉及公益之诉讼情形,采职权调查证据,否定自认之拘束力,于其他诉讼,则仍承认当事人有主观举证责任(证据提出责任)。对于上开条文之关系,亦即于行政诉讼当事人有无主张责任与证据提出责任之问题,论者间存有各种不同见解[393];考其原因,恐在于现行法之立法者混淆了辩论主义与职权探知主义、主观举证责任(以上均为一种动态的、因具体诉讼活动进行程度所生之证据提出责任)与客观举证责任(一种静态的、于诉讼审理终结后因事实真伪不明所生不利益风险分担)此二类概念所致。亦即,上开规定条文间之关系,约可整理如下不同解释之可能性:

1. 否定当事人之主张责任但限制承认当事人之主观举证责任

此一解释认为依本法第 125 条第 1 项规定,就事实关系之厘清而言,现行法采职权探知主义,将此一任务交由法院依职权调查,不受当事人主张之拘束,此与辩论主义要求法院仅能以当事人所陈述之事实为裁判基础,而使当事人负有第一次厘清事实关系之任务(主张责任)者,有所不同。惟于判断事实关系存否或真伪时所应依据之证据,依同法第 133 条、第 134 条规定,则视其诉讼是否为撤销诉讼[394]或是否与公益有关,而兼采辩论主义,使当事人于撤销诉讼以外或其他无关公益之行政诉讼,负有证据提出责任(主观举证责任)或承认自认之拘束力。

2. 视其诉讼种类是否与公益有关兼采职权探知主义与辩论主义设计

此一解释强调本法第 133 条、第 134 条相对于第 125 条规定之特殊性,认为本法之立法设计,既非单采职权探知主义亦非单采辩论主义,而系视其诉讼种类是否与公益有关,而兼采职权探知主义与辩论主义两种立法设计。因此,第 125 条第 1 项关于"法院应依职权调查事实关系不受当事人主张之拘束"之规定,应作限缩解释,仅于撤销诉讼或涉及公益情形,始有其适用;于其他诉讼,

---

〔393〕　吴东都:《行政诉讼之职权调查主义——兼论新政诉讼法关于职权调查主义之规定》,《台湾本土法学》第 15 期,2000 年 10 月,第 37 页注 99;张文郁:《对于行政诉讼法修正草案之浅见》,《辅仁法学》第 16 期,1997 年 6 月,第 163 页、第 169 页参照。

〔394〕　法院于撤销诉讼所以应依职权调查证据,依本法第 133 条之立法理由说明,系因此类诉讼存有"当事人地位之实质不对等"、"证据偏在"且多涉及公益(监督行政权之合法行使)之故。

仍应适用辩论主义之原则[395]。

3. 否定当事人之主张责任与主观举证责任

此一解释，明白承认现行法第125条、第133条、第134条、第136条等条文规定间，存有体系不一致问题，认为扩张第125条第1项规定之适用范围，使其涵盖职权探知主义之三项命题，同时删除第133条与第134条规定，并于解释第123条第2项[396]、第136条等规定[397]时，使其与第125条所采职权探知主义一致[398]。因此，本说认为现行法就诉讼资料之搜集与调查之分工之规定而言，系分配由法院负担，构成法院之权能与责任，而当事人则负有协助法院厘清事实、调查证据之一般或具体的诉讼促进义务。基于同一理由，本法原仿照"民事诉讼法"证据章节，以承认当事人主观举证责任为前提所为规定[399]，亦宜为相同解释。上开论述，因维持理论体系之一致性，故本书亦采此一见解，惟毕竟与现行法之规定明文及立法理由不符，还请留意。

4. 行政诉讼法部分条文修正草案之规定

对于上开现行法规定体系不一致问题，"行政诉讼法部分条文修正草案"设有若干修正。亦即：(1)修正第125条第1项规定："高等行政法院应依职权调查事实关系，不受当事人事实主张及证据声明之拘束"，使职权调查主义内涵更为明确。(2)修正第125条第3项规定："审判长应注意使当事人提出适当之声明，并为事实上及法律上适当完全之辩论"，以扩大法院阐明义务之范围使不受当事人事实主张范围之拘束，其范围除发现真实所必要之阐明外，尚包括使诉讼程序顺畅有效进行之阐明。(3)增列第2项规定："前项调查，当事人应协力为之"，以及新增第125条之1规定："审判长得定期间命当事人陈述事实、指出证据方法"。"当事人因可归责于己之事由，逾越前项期间提出陈述或证据方法，有碍于诉讼之终结者，高等行政法院得不予斟酌，径依调查之结果裁判之。但审判长未告知其迟延提出之效果者，不在此限"。"当事人主张其迟延提出不可归责于己者，应释明之"。明定当事人于职权调查主义下之诉讼协力义务与

---

[395] 类似见解，张文郁前揭注393文参照。

[396] 本条项规定：当事人应依第二编第一章第四节之规定，声明所用之证据。

[397] 另本法第135条证据妨碍效果之规定，究系关于主观举证责任抑或客观举证责任之规定，解释上非无疑问。

[398] 类似见解，吴东都前揭注393文第35页以下；彭凤至前揭注100书第455页以下参照。

[399] 除前揭所举条文外，其他例如本法第二编第一章第四节(证据)中，第137条以下(包括证据保全)部分之规定，多属此类条文；又本法其他关于法定证据部分之规定，亦多属之。另本法第131条、第132条、第176条等关于个别准用"民事诉讼法"之规定，亦有类似情形。

失权规定,使诉讼程序之顺利进行,构成法院与当事人间之共同任务;至于新"民事诉讼法"以辩论主义主张责任或证据提出责任为前提,所设计与适时提出主义有关之失权效果规定(如同法第 268 条之 2、第 276 条),则予以明确排除准用。凡此,均彰显修正草案借由否定当事人之主张与证据提出责任,以强调并明确职权探知主义之意图。惟修正草案并未同时修正其他相关条文(如第 133 条、第 134 条),且同时采纳民事诉讼之争点(包含证据)整理、简化暨协商程序,使本法关于职权探知主义内涵之规定,仍存有相当疑义。

(二)证据调查程序

现行行政诉讼制度采职权探知主义设计,行政法院应依职权调查事实关系,其调查事实关系所使用之方法,由法院以合义务性裁量决定之,不受当事人事实主张(第 125 条第 1 项)及证据声明之拘束。亦即,现行法就诉讼资料之搜集与调查之分工,主要系分配由法院负担,惟本于诉讼协同主义,当事人亦负有协助法院厘清事实、调查证据之一般或具体的诉讼促进义务(或协力义务)。

1. 调查证据之开始

调查证据程序之开始,有因当事人之声明证据而开始(第 176 条准用"民事诉讼法"第 285 条第 1 项、第 286 条),亦有由行政法院依职权开始者(第 125 条第 1 项、第 133 条)。行政诉讼系采职权调查原则,行政法院之职权调查证据,不受当事人声明证据、舍弃或撤回证据之声明之拘束。因此,其由当事人声明证据而开始调查证据程序者,法院固应开始调查,但其认为不必要者[400],不在此限(第 176 条准用"民事诉讼法"第 286 条);且法院调查证据之范围,并不以当事人声明证据之范围为限,其认为有必要者,仍得依职权调查之(第 125 条第 1 项、第 133 条);再者,该事实纵经当事人自认,亦同(第 134 条)[401]。又行政法院认为当事人声明之证据为不必要,应于终局判决中说明其理由,否则属判决不备理由,得为上诉之理由(第 243 条第 6 款)[402]。当事人声明证据,应以书状为之,于准备程序或言词辩论期日,亦得以言词为之。当事人声明证据时,应表

---

[400] 行政法院取舍当事人声明证据之权限,并非任意为之,其得不为调查之情形约有如下(陈计男前揭注 16 书第 445 页以下):(1)证据之声明不合程序,经命补正而不补正者;(2)逾时始行声明证据,得认系意图延滞诉讼或因重大过失逾时声明,行政法院认其调查将延滞诉讼者(第 132 条准用"民事诉讼法"第 196 条);(3)经行政法院定由举证人提出书证之期间(第 166 条),逾期仍未提出者;(4)行政法院对于待证事实已有心证者;(5)当事人声明之证据与待证事实无关联性者。

[401] 2003 年 9 月 18 日"最高行政法院"2003 年判字第 1238 号判决、2003 年 7 月 11 日"最高行政法院"2003 年判字第 919 号判决参照。

[402] 2003 年 5 月 29 日"最高行政法院"2003 年判字第 643 号判决参照。

明应证事实(第 176 条准用"民事诉讼法"第 285 条第 1 项),并依证据方法之种类列举法定事实[403]。

2.调查证据之机关、处所与调查证据期日之通知

基于直接与言词审理主义原则,调查证据原则应由受诉行政法院于言词辩论期日为之(第 123 条第 1 项)。惟于例外而有必要情形,亦得在言词辩论前之准备程序[404]或起诉前[405]为之;并得由受诉行政法院以外之受命法官、受托法官(第 139 条)、普通法院或其他机关、学校、团体(第 138 条、第 176 条准用"民事诉讼法"第 295 条)为调查证据。调查证据之处所,其由受诉行政法院、受命法官或受托法官实施者,除法律别有规定(例如第 176 条准用"民事诉讼法"第 304 条、第 305 条)外,应于其管辖区域内,于法庭内为之(第 86 条);其由普通法院、机关、学校或团体调查者,原则亦应在该机关团体之所在为之,必要时,亦得于勘验地或其他指定处所为之[406]。又受诉行政法院、受命法官或受托法官于必要时,得在管辖区域外调查证据(第 176 条准用"民事诉讼法"第 293 条)。于言词辩论期日以外之期日调查证据者,应由调查证据机关指定调查证据期日,通知诉讼关系人到场(当事人在场权)(第 85 条、第 94 条),如有违反,其调查证据即为违法,除因当事人之不责问而视为已补正者外,不得以其调查结果作为判决之基础,否则即属判决违背法令,得作为上诉理由[407]。

此外,基于集中审理之要求,依"行政诉讼法部分条文修正草案"第 176 条准用"民事诉讼法"第 296 条之 1 规定,行政法院于调查证据前,应将诉讼有关之争点晓谕当事人,法院讯问证人及当事人本人,应集中为之。又基于一次解决纷争或避免纷争扩大之诉讼经济与保障当事人程序主体权等理由,依"行政诉讼法部分条文修正草案"第 176 条准用"民事诉讼法"第 376 之 1 与第 376 条之 2 规定[408],当事人于本案系属前申请保全证据者,为使其得利用法院调查之

---

[403]　陈计男前揭注 16 书第 444 页参照。

[404]　第 176 条准用"民事诉讼法"第 285 条第 2 项、132 条准用"民事诉讼法"第 270 条。

[405]　第 175 条、第 176 条准用"民事诉讼法"第 368 条。

[406]　陈计男前揭注 16 书第 448 页参照。

[407]　反之,调查证据期日,当事人经合法通知后,如有一造或两造不到场时,仍得为调查证据(第 176 条准用"民事诉讼法"第 296 条)。此时,其调查证据之结果,自得作为判决之基础。

[408]　"民事诉讼法"第 376 条之 1 规定:本案尚未系属者,于保全证据程序期日到场之两造,就诉讼标的、事实、证据或其他事项成立协议时,法院应将其协议记明笔录(第 1 项)。前项协议系就诉讼标的之成立者,法院并应将协议之法律关系及争议情形记明笔录。依其协

证据及所搜集之事证资料,以了解事实或物体之现况,并分析纷争之实际状况,明定于保全证据期日到场之两造,得就诉讼标的、事实、证据或其他事项达成协议并将该协议记明笔录,以达诉讼经济之目的。

3.调查证据笔录与调查证据结果之辩论

调查证据,应制作调查证据笔录(第 140 条)。调查证据,无论系因当事人之声明证据或依职权所为,其调查证据之结果,均应告知当事人为辩论(第 141 条第 1 项);其未将调查证据之结果告知当事人为辩论,即采为判决之基础者,该判决属违背法令,得为上诉之理由[409]。于受诉行政法院外调查证据者,基于直接审理主义之要求,当事人应于言词辩论时陈述其结果,或由审判长令庭员或行政法院书记官朗读调查证据笔录代之(第 141 条第 2 项);基于同一理由,又当事人已于保全证据程序讯问之证人,于言词辩论程序中申请再为讯问时,除法院认为不必要者外,应为讯问(第 176 条准用"民事诉讼法"第 375 条之 1),以贯彻直接审理要求,并保障当事人之辩论权[410]。

4.证据妨碍及其效果

当事人因妨碍他造使用,故意将证据灭失、隐匿或致碍难使用者,行政法院得审酌情形认他造关于该证据之主张或依该证据应证之事实为真实(第 135 条第 1 项)。本条系将证据妨碍(Beweisvereitelung)思想引进行政诉讼制度之明文[411]。在民事诉讼制度,"民事诉讼法"第 282 条之 1 规定证据妨碍之目的,在于课予不负"主观举证责任"之一造,有不得妨碍他造使用证据之义务,以防杜

议之内容,当事人应为一定之给付者,得为执行名义(第 2 项)。协议成立者,应于 10 日内以笔录正本送达于当事人(第 3 项)。第 212 条至第 219 条之规定(即关于言词辩论笔录之规定,"行政诉讼法"第 128 条至第 130 条,第 132 条准用"民事诉讼法"第 214 条、第 215 条、第 217 条至第 219 条参照),于前项笔录准用之(第 4 项)。第 376 条之 2 规定:保全证据程序终结后逾 30 日,本案尚未系属者,法院得依利害关系人之申请,以裁定解除因保全证据所为文书、对象之留置或为其他适当之处置(第 1 项)。前项期间内本案尚未系属者,法院得依利害关系人之申请,命保全证据之申请人负担程序费用(第 2 项)。前二项裁定得为抗告(第 3 项)。

[409]　"最高行政法院"2004 年判字第 919 号判决参照。

[410]　于涉及第 162 条准鉴定情形,例如:"最高行政法院"2002 年判字第 1735 号判决、2005 年 1 月 13 日"最高行政法院"2005 年判字第 17 号判决、2004 年 2 月 26 日"最高行政法院"2004 年判字第 159 号判决参照。

[411]　吴庚前揭注 13 书第 186 页。

当事人利用不正当手段取得有利之诉讼结果,并顾及当事人间之公平[412]。因此,于以职权探知主义为基础之行政诉讼制度,引进证据妨碍思想,其目的虽与主观举证责任无涉,但亦有贯彻诉讼法上诚信原则及当事人对等原则要求之作用[413]。依本条规定,当事人有证据妨碍之行为者,行政法院得审酌情形,认他造关于该证据之主张或依该证据应证之事实为真实。亦即,行政法院得审酌当事人妨碍他造举证之态样、所妨碍证据之重要性、妨碍者对于其持有证据方法处分之自由、证据方法所含秘密性保护之要求、证据方法不能利用对于他造举证所受不利益等情形,加以权衡比较考虑,以为判断[414]。

三、各种证据方法（证据各论）

行政诉讼之证据方法与民事诉讼同,包括人证、鉴定、书证以及勘验。

(一)人证

证人乃依行政法院之命,于他人诉讼,陈述自己之见闻、观察事实之结果,报告于行政法院之第三人(限于自然人)。其以证人为证据方法,以其陈述之证言供证明之用者,为人证。故人证非以人为证据,而系以其陈述之证言为证据[415]。由于证人系指诉讼当事人以外之第三人,故确定判决效力所及之实质

---

[412] 按关于证明妨碍思想之理论基础,学者有不同见解,然依现行"民事诉讼法"第282条之1以及"行政诉讼法"第135条规定证据妨碍行为之法律效果为审酌个案情节降低法院之自由心证(各该条文修正理由说明参照),而非举证责任之转换者而言(不同见解,吴庚前揭注13书第186页采"举证责任转换说"参照),通说认为系采自由心证说之诚信原则违反说(同旨,陈计男前揭注16书第437页参照)。又同属自由心证说者尚有经验法则说、诉讼促进义务违反说)。有关学说之讨论,请参照陈计男前揭注16书第435页以下;骆永家:《证明妨碍》,《月旦法学杂志》第69期,2001年2月,第12页以下;邱联恭:《口述民事诉讼法讲义(三)》(2003年笔记版),自刊,第227页;许士宦:《证明妨碍》,《月旦法学杂志》第76期,2001年9月,第41页以下;姜世明:《证明妨碍之研究——民事诉讼法第282条之1之发展评估》,《万国法律》第115期,2001年2月,第44页以下;黄国昌:《证明妨碍》,《月旦法学教室》第25期,2004年11月,第36页以下;同:《证明妨碍法理之再检讨——以美国法之发展为借镜》,《法学丛刊》第50卷第4期,2005年10月,第191页以下。

[413] 本条立法理由二谓:当事人以不正当手段妨碍他造举证者,例如故意将证据灭失、隐匿或其他致碍难使用之情事,显然违反诚信原则。为防杜当事人利用此等不正当手段取得有利之诉讼结果,并顾及当事人间之公平,爰于第1项规定当事人有妨碍他造举证之行为者,行政法院得审酌情形认他造关于该证据之主张或依该证据应证之事实为真实。即行政法院得审酌当事人妨碍他造举证之态样、所妨碍证据之重要性等情形,依自由心证认他造关于该证据之主张或依该证据应证之事实为真实,以示制裁。

[414] 陈计男前揭注16书第438页。

[415] 陈计男前揭注16书第453页。

当事人、诉讼代理人、参加人或辅佐人，均有证人能力；但当事人本人或应与当事人同视之当事人法定代理人，均无证人能力，虽在采"当事人讯问制度"之情形[416]，得以当事人或法定代理人之陈述作为证据方法，但其仍无证人能力。

由于证人系以陈述自己见闻或观察事实之结果作为证据，具有"不可替代性"。因此，"行政诉讼法"第142条规定："除法律别有规定外，不问何人，于他人之行政诉讼有为证人之义务"，明定使凡服从我司法审判权之人，均有于他人诉讼作证之义务，不得拒绝证言，他造亦不得申请拒绝某人作为证人。讯问证人，原则应通知当事人等诉讼关系人在场（当事人在场权）[417]，且为保护当事人之辩论权，本法除采审判长讯问制（第176条准用"民事诉讼法"第319条）外兼采当事人交互讯问制，当事人得对证人发问（第154条[418]）。

证人之义务有三，包括到场义务（第143条）、陈述义务（第148条）以及具结义务（第149条、第153条）。亦即：

1.到场义务

基于直接审理、言词审理及为保障当事人辩论权之要求，证人凡受合法通知，即有于通知书所载日、时、地点亲自到场作证之义务（第143条）；于期日终竣前，非经审判长、受命法官或受托法官之许可，不得离去法院或其他讯问之处所（第176条准用"民事诉讼法"第316条第2项）。由于因证人属不可替代之证据方法，故证人受合法通知，无正当理由而不到场者，现行法除有科处罚锾之制裁规定（第143条第1项、第2项），尚可强制拘提到场（第143条第3项）。惟下列情形构成到场义务之例外，包括：（1）无作证义务之人（如不受我司法审判权管辖之人）；（2）未经该管机关同意，而以现为或曾为公务员、中央民意代表或受公务机关委托承办公务之人，就其职务上应守秘密之事项而为证人者（第144条）或证人有其他拒绝证言之正当理由而于期日前拒绝证言者（第176条准用"民事诉讼法"第309条第2项）；（3）以元首为证人者，应就其所在地讯问之（第176条准用"民事诉讼法"第304条）；（4）证人不能到场或到场有困难或有其他

---

[416] 例如，"民事诉讼法"第367条之1至第367条之3参照。

[417] 例外情形，依本法第176条准用"民事诉讼法"第321条规定，行政法院如认证人在当事人前不能尽其陈述者，得于其陈述时命当事人退庭。但证人陈述完毕后，审判长应命当事人入庭，告以陈述内容之要旨（第1项）。行政法院如认证人在特定旁听人前不能尽其陈述者，得于其陈述时命该旁听人退庭（第2项）。

[418] 本条规定：当事人得申请审判长对于证人为必要之发问，审判长亦得许可当事人自行对于证人发问（第1项）。审判长认为当事人申请之发问，或经许可之自行发问有不当者，得不为发问或禁止之（第2项）。关于发问之应否许可或禁止有异议者，行政法院应就其异议为裁定。

须于其所在地讯问之必要情形，或有法定以书面代替陈述，或得经由影音设备直接讯问者（第176条准用"民事诉讼法"第305条[419]）。

2.陈述义务

人证系以证人之证言为证据，故证人受合法通知而到场后，负有证言义务，对于审判长、受命法官或受托法官之讯问，不问知悉与否，均应作答，不得沉默或拒绝作答，且应以言词就讯问事项之始末，连续陈述，除经审判长许可外，不得朗读文件或用笔记代之（第176条准用"民事诉讼法"第318条）。证人无正当理由而拒绝证言者，为违反陈述义务，得科处罚锾以为制裁（第148条第1项参照）。惟法律基于人情或事实上原因，对于有特殊原因者，许其得经由一定法定程序而拒绝证言。得拒绝证言之正当事由有：（1）证人恐因陈述致自己或下列之人受刑事诉追或蒙耻辱者，此等人包括"证人之配偶、前配偶或四亲等内之血亲、三亲等内之姻亲或曾有此亲属关系或与证人订有婚约者"，以及"证人之监护人或受监护人"（第145条）；（2）证人负有应守秘密之责任且该责任未经免除者，包括"证人有第144条之情形者"、"证人为医师、药师、药商、助产士、宗教师、律师、会计师或其他从事相类业务之人或其业务上佐理人或曾任此等职务之人，就其因业务所知悉有关他人秘密之事项受讯问者"，以及"关于技术上或职业上之秘密受讯问者"（第146条第1项），但其秘密之责任已经免除者，仍有证言义务（第146条第2项）。证人虽有得拒绝证言之事由，但不行使而仍为证言者，其陈述仍得为合法之证据。证人有得拒绝证言之事由，而拒绝证言者，其拒绝证言之程序，应向通知其作证之行政法院、受命法官或受托法官陈明拒绝之原因、事实，并释明之。但行政法院酌量情形，得令具结以代释明（第176条准用"民事诉讼法"第309条第1项）。证人拒绝证言，得于讯问前或讯问中为之，其于讯问前为之者，免除其到场义务（第176条准用"民事诉讼法"第309条第2项）；审判长、受命法官或受托法官于讯问前或讯问中，知证人有得拒绝证言之情形者，应即告知之（第147条、第176条准用"民事诉讼法"第322条）。

---

[419] 关于本条之准用问题，高等行政法院2000年度第1次法律座谈会提案第13号（《司法院公报》第43卷1期第110页；《各级行政法院法律座谈会资料汇编（一）》，2001年12月版，第235页以下）谓：（1）法律问题："行政诉讼法"第176条规定，"民事诉讼法"第305条于行政诉讼证据之部分准用之。惟"民事诉讼法"第305条增订证人未到场以书状为陈述之有关规定（该条第2项至第9项），为行政诉讼法制定时所无之制度，该新增之规定，是否亦在准用之列。（2）讨论意见："中央法规标准法"第17条规定，法规对某一事项规定适用或准用其他法规之规定者，其他法规修正后，适用或准用修政后之法规。"行政诉讼法"第176条既规定准用"民事诉讼法"第305条之规定，依前述"中央法规标准法"之规定，自应准用修正后之民事诉讼法之规定。

拒绝证言之当否，由受诉法院于讯问到场之当事人后裁定之（第 176 条准用"民事诉讼法"第 310 条第 1 项）。

3.具结义务

指为确保证人其陈述之真实性，而以具结为其证言之保证者而言。具结与刑法上之伪证罪互为作用，证人经具结仍为虚伪陈述者，须受刑法伪证罪之处罚。证人经具结者，其证言得采为判决之基础，反之，应具结之证人未命其具结，其证言不得采为判决之基础；但具结义务之违反属责问事项，故当事人知其违背并无异议，而为本案之言词辩论者，其证言仍得采判决之基础（第 132 条准用"民事诉讼法"第 197 条）。证人应具结者，审判长、受命法官或受托法官应于讯问前应告以具结之义务及谓证之处罚，并命证人各别具结，但其应否具结有疑义者，得于讯问后为之（第 149 条）；证人以书状为陈述者，仍应为具结（第 176 条准用"民事诉讼法"第 305 条第 6 项），但解释上不适用第 149 条当庭具结之规定。证人依法应具结而拒绝具结者，本法有处罚锾之制裁规定（第 153 条）。其具结之程序，依第 176 条准用"民事诉讼法"第 313 条规定为之。具结之目的，在于确保证人陈述之真实性，惟于有下列免除具结义务之情形者，法院不得或得不令其具结，其情形包括：（1）具结义务之绝对免除（禁止具结）：以未满 16 岁或因精神障碍不解具结意义及其效果之人为证人者，不得令其具结（第 150 条）；（2）具结义务之相对免除：以"证人为当事人之配偶、前配偶或四亲等内之血亲、三亲等内之姻亲或曾有此等亲属关系或与当事人订有婚约者"、"有第 145 条情形而不拒绝证言者"或"当事人之受雇人或同居人"为证人者，得不令其具结（第 151 条）；又证人就与自己或第 145 条所列之人有直接利害关系之事项受讯问者，亦得拒绝具结（第 152 条）。有免除具结义务情形之证人所为证言之证据力如何，由行政法院依自由心证判断之。

（二）鉴定

鉴定，乃为补助法官之判断能力，命具有特别学识经验之第三人（不以自然人为限），本于其特别知识、技能或经验，陈述特别法规或特别经验法则之证据方法。得为鉴定之事项，包括行政法院所不知之法规及经验（裁判大前提之鉴定）与就具体事实适用经验法则所得之事实判断（具体事实判断之鉴定）两种。前者如外国法规、某行业之习惯；后者如笔迹、血液、新型、新式样之鉴定[420]。惟应注意者，如因特别学识经验而得知已往事实之人，而于他人诉讼陈述其所观察事实之结果者，如当事人之医师，对于当事人就医与治疗过程所为之陈述，虽该人具有专业学术经验而类似于鉴定人，但因其系陈述其观察之结果，故仍

---

[420]　陈计男前揭注 16 书第 471 页。

为证人而非鉴定人[421]。

凡从事于鉴定所需之学术、技艺或职业,或经机关委任有鉴定职务者,于他人之行政诉讼,原则均有为鉴定人之义务(第157条)。又行政法院亦得依第138条之规定,嘱托机关、学校或团体陈述鉴定意见或审查鉴定人之意见,而以其意见书供证据之用(嘱托鉴定,第161条)。由于鉴定人与证人同,均系以当事人以外之第三人陈述意见为其证据方法,故关于证人之规定,除法律别有规定外,多可准用于鉴定之情形(第156条)。因此,鉴定人之义务与证人之义务同,有到场义务、陈述义务与具结义务,于此不再赘论。但因鉴定人系以其专业知识、技能或经验陈述意见于法院之人,为可替代之证据方法,故与证人仍有差异。例如,(1)对于鉴定人不得拘提(第158条);(2)鉴定人除得以拒绝证言之事由拒绝鉴定外,如有其他正当理由,亦得拒绝鉴定(第159条);(3)当事人认为经选任之鉴定人有偏颇之虞者,得声明拒绝该人为鉴定人(鉴定人之拒却[422]);(4)鉴定人得提出鉴定书以代到场陈述意见(第176条准用"民事诉讼法"第335条)。又鉴定人或受托鉴定之机关团体与选任之行政法院间,系成立公法上契约关系,法院之责任在于选定适当之鉴定人,至于鉴定人之见解是否正确,法院仍应依其自由心证判断[423]并不代其负责[424]。

(三)书证

书证,乃以文书所记载之内容为证据方法,以供证明之用[425]。所称"文书",指凡以文字或符号表示思想或意思之一切有形物,均属之;如文书以其"内容"供证据之用者,则为书证。又例如商品之条形码、界碑、图画、照片,或以磁盘、磁带、录音(影)带、微缩胶卷、电磁记录等科技设备作成或保存其内容之对象,其内容虽存在于前开文书以外之对象,但有与文书相同之效用者(准文书),亦准用书证之规定(第173条)。

文书之种类,因其分类标准之不同而有不同。例如,依其制作者之身份与制作之程序,可分为公文书与私文书;依文书记载内容,可分为勘验文书

---

[421] 此即学理所称"鉴定证人(Sachverständiger Zeuge)",本法第176条准用"民事诉讼法"第339条规定,即属此类规定。

[422] 本法第176条准用"民事诉讼法"第331条。

[423] 2005年1月27日"最高行政法院"2005年判字第93号判决、2005年3月31日"最高行政法院"2005年判字第456号判决参照。

[424] 吴庚前揭注13书第189页以下。

[425] 陈计男前揭注16书第478页。

(Dispositionsurkunde)与报告文书(Berichtsurkunde)[426]；依文书之作成方法，可分为原本、正本、缮本、节本、认证本、复印件及译本等。

书证之调查，得依职权或依当事人声明为之。本法虽采职权探知主义，但基于诉讼协同主义思想、诚信原则、当事人公平原则或诉讼经济之要求，本法因文书执有人之不同，对于当事人或第三人定有不同之诉讼促进或协力义务。亦即：

1. 文书由行政法院依职权命提出者

文书因行政法院依职权命提出者，其情形有三[427]：

(1)因阐明诉讼法律关系而命当事人提出文书

依第行政法院因阐明或确定诉讼关系，于言词辩论前或言词辩论时，得命当事人提出文书(第121条第1项第2款、第2项)。惟此一命当事人提出文书，无论于言词辩论前或言词辩论时，其目的均在于阐明诉讼关系(第121条第2项、第132条准用"民事诉讼法"第270条第2项)，并非为调查证据之用，还请留意。

(2)因职权调查证据而命当事人或第三人提出文书

基于职权探知主义，行政法院不能依当事人声明之证据而得心证，或有其他情形认为必要时，得依职权命当事人或第三人将其执有之文书提出(第125条第1项、第133条、第134条参照)。

(3)公务员或机关掌管文书之调取

公务员或机关掌管之文书，不问有无提出义务，行政法院均得调取之，除有妨害国家高度机密者外，该公务员或机关不得拒绝；如该机关为当事人时，并有提出之义务(第164条)。

2. 文书因当事人声明书证而提出者

(1)当事人之文书提出义务

声明书证，如该书证在声明之当事人所执有者，应于声明时，一并提出(第

---

[426]　所称"勘验文书"，指记载文书作成人之意思表示或其他陈述，而由法院自行观察该文书内容，作为待证事项之证明者而言。例如票据、遗嘱、行使形成权之存证信函、公证书等。于勘验文书中，其所记载之意思表示系以发生法律效果为目的者，又称为"处分文书(Konstituierendeurkunde)"，其有发生公法上效果者，亦有发生私法上效具者，例如判决原本、行政处分书、契约书、催告函、票据等属之。所称"报告文书"，系指文书作成人将其观察事实之结果，记载于文书者而言。例如法院之笔录、日记、商业账簿、验伤单等属之。通常情形，勘验文书有较强之证据力，而报告文书其证据力较弱。又吴庚前揭注13书第190页将之区分为"法定要件文书(Tatbestandsurkunden)"与"证据文书(Zeugnisurkunden)"。前者如行政处分、行政契约等之原本或缮本，文书制作完成即发生法律上之效力；后者如证明书、记录或收据等，文书之存在仅证明特定事件曾经发生之事实。

[427]　陈计男前揭注16书第487页参照。

176 条准用"民事诉讼法"第 341 条),其未提出者,与未声明该书证同,行政法院得不为调查。

若所声明之书证使用他造当事人所执有之文书者,应申请法院命他造提出(第 176 条准用"民事诉讼法"第 342 条第 1 项)[428]。至于该他造当事人有提出文书义务之原因及范围,依本法第 163 条规定,下列各款文书,当事人有提出之义务:a)该当事人于诉讼程序中曾经引用者;b)他造依法律规定,得请求交付或阅览者;c)为他造之利益而作者;d)就与本件诉讼有关之事项所作者;e)商业账簿。当事人无正当理由不从提出文书之命者,行政法院得审酌情形认他造关于该文书之主张或依该文书应证之事实为真实;惟于裁判前,应令该当事人有辩论之机会(第 165 条)。至于有无正当理由之判断,本法未有明文规定,应由行政法院就具体个案审酌认定,惟得类推第 168 条关于第三人文书提出命令之规定,于有涉及机密、隐私或营业秘密等拒绝证言事由时,可认为有正当理由。

(2)第三人之文书提出义务

所声明之书证系使用第三人所执有之文书者,应申请行政法院命第三人提出或定由举证人提出之期间(第 166 条第 1 项)。其申请命第三人提出文书之程序,原则与他造当事人执有文书情形同(同条第 2 项、第 3 项)。至于第三人文书提出义务之原因与范围,准用第 144 条至第 147 条关于拒绝证言事由(拒绝文书提出命令之正当事由)及第 163 条第 2 款至第 5 款关于文书提出范围之规定(第 168 条)。行政法院认应证之事实重要且举证人之申请正当者,应以裁定命第三人提出文书或定由举证人提出文书之期间;惟于作成该裁定前,应使第三人有陈述意见之机会(第 167 条)。又第三人非诉讼当事人,其无正当理由而不从行政法院之文书提出命令时,无法使其受有诉讼上不利益,因此本法设有罚锾之制裁及强制执行之规定[429],以担保该文书提出命令之实效。

对于当事人或第三人所提文书,行政法院于判断该文书内容是否足以证明待证事项(实质的证据力)前,应先就该文书之真正,亦即该文书是否为文书名义人所作成一事(形式的证据力),加以审查。因此,任何文书均须先有形式的证据力,始能判断其实质的证据力。关于文书之形式的证据力,本法设有若干

---

[428] 此一声明,应表明下列事项:(1)应命其提出之文书;(2)依该文书应证之事实;(3)文书之内容;(4)文书为他造所执之事由;(5)他造有提出文书义务之原因。其中第(1)至第(3)事项之表明显有困难时,法院得命他造为必要之协助("民事诉讼法"第 342 条第 2 项、第 3 项参照)。因此,现行法间接承认"摸索的证明",以贯彻当事人诉讼数据使用平等原则,及便于发现真实并整理争点,以达到审理集中化之目标(同条立法理由参照)。

[429] 本法第 169 条参照。

规定[430]，其他情形及关于实质的证据力之审查，则由法院本于自由心证，依论理法则与经验法则判断之。

（四）勘验

勘验，乃行政法院因调查事实，而以五官之作用，于诉讼程序中检验某物体之行为[431]。勘验系行政法院直接依其五官作用，查验某物体之行为，与证人之陈述其自己经历之事实，或书证之以其内容为证据者，有所不同。本法关于勘验，除勘验之申请及勘验物之提出，部分除准用书证提出之规定（第 174 条）外，其他均准用"民事诉讼法"第 344 条至第 366 条关于勘验之规定（第 176 条），于此不拟论述。

四、证据保全

证据保全，指当事人于起诉前或诉讼进行中尚未调查证据前，就将来可能于诉讼上利用之证据方法，因恐有灭失或碍难使用之虞或经他造同意，而预为调查并予保全之谓。证据保全，具有保全证据、事证开示之功能，于采集中审理设计之情形[432]，更有于起诉前整理与简化争点之作用。

证据保全，可依申请或依职权为之。依申请保全证据之要件，须证据有灭失之或碍难使用之虞，或经他造同意者，始得向行政法院申请为证据保全[433]；就确定事、物之现状有法律上利益，并有必要时，亦得申请为鉴定、勘验或保全书证（第 176 条准用"民事诉讼法"第 368 条第 1 项）。其申请之程序得以书状或言词，表明法定事项（第 176 条准用"民事诉讼法"第 370 条）后，向管辖法院（第 175 条）为之。又行政法院认为必要时，亦得于诉讼系属中，依职权为保全证据之裁定（第 176 条准用"民事诉讼法"第 372 条）。证据保全亦构成调查证据之一环，依证据保全程序取得之证据数据，基于证据共通原则，申请人及他造当事人，均得于诉讼程序中加以利用；惟为保障当事者之在场权、辩论权等程序主体权，关于证据保全之调查证据期日，应通知申请人，且除有急迫或有碍证据保全情形外，并应于期日前送达申请书状或笔录及裁定于他造当事人而通知之。又当事人于前述调查证据期日在场者，得命其陈述意见（第 176 条准用"民

---

[430]　本法第 171 条、第 172 条，以及第 176 条准用"民事诉讼法"第 355 条至第 358 条、第 361 条参照。

[431]　陈计男前揭注 16 书第 494 页。

[432]　"行政诉讼法部分条文修正草案"第 176 条准用"民事诉讼法"第 376 条之 1、第 376 条之 2 参照。

[433]　2005 年 2 月 24 日"最高行政法院"2005 年裁字第 287 号裁定、2002 年 3 月 13 日台中高等行政法院 2002 年声字第 2 号裁定参照。

事诉讼法"第 373 条)。他造当事人不明或调查证据期日不及通知他造者,法院因保护该当事人关于调查证据之权利,得为选任特别代理人(第 176 条准用"民事诉讼法"第 374 条第 1 项)。

此外,为达直接审理目的,当事人应于言词辩论时陈述其调查证据之结果或以朗读笔录代陈述,且行政法院就该调查证据之结果,并应告知当事人为辩论(第 141 条参照)。此外,行政法院因保全证据所为文书、对象之留置或其他处置,如涉及第三人之权益者,如本案一直延滞而未系属,对该第三人权益之保护自有不周。对此,本法漏未规定,惟依"行政诉讼法部分条文修正草案"第 176 条准用"民事诉讼法"第 376 条之 2 规定,保全证据程序终结后逾 30 日,本案尚未系属者,行政法院得依利害关系人之申请,以裁定解除因保全证据所为文书、对象之留置或为其他适当之处置(第 1 项),并得依利害关系人之申请,命保全证据之申请人负担程序费用(第 2 项)[434]。

值得注意者,"行政诉讼法部分条文修正草案"因仿民事诉讼采集中审理设计,为使当事人得利用起诉前因保全证据所搜集之资料,以分析纷争之实际状况,以避免纷争之扩大或达起诉前整理简化争点之目的,依草案第 176 条准用"民事诉讼法"第 376 条之 1 规定,本案尚未系属者,于保全证据程序期日到场之两造,得就诉讼标的、事实、证据或其他事项成立协议(第 1 项),且依其协议之内容,当事人应为一定之给付者,该协议并得为执行名义(第 2 项)。上开规定与准备程序中之争点整理简化暨协商程序同,具有在行政诉讼采职权探知主义设计下,承认诉讼契约(尤其证据契约)之效果。

五、行政诉讼之举证责任

行政诉讼采"职权探知主义",故在行政诉讼原则不存有事实主张责任与证据提出责任[435],此点与民事诉讼采"辩论主义",当事人就事实与证据存有主张

---

[434] 关于本条规定之准用问题,高等行政法院 2000 年度第 1 次法律座谈会提案第 14 号(《"司法院"公报》第 43 卷 1 期,第 110 页以下;《各级行政法院法律座谈会资料汇编(一)》,2001 年 12 月版,第 574 页以下)谓:(1)法律问题:"行政诉讼法"第 176 条规定,"民事诉讼法"第 376 条于行政诉讼证据之部分准用之。惟"民事诉讼法"第 376 条新增"除别有规定外"等文字,该新增部分系修正"民事诉讼法"第 376 条之 2 规定之配套规定,为修正前民事诉讼所无之制度,应否予以类推适用。(2)研讨结论:"中央法规标准法"第 17 条既规定应准用修正后之规定,则有关修正"民事诉讼法"第 376 条之规定,均应一体准用。故"民事诉讼法"第 376 条之 2 增订,关于保全程序终结后逾 30 日,本案尚未系属时,所保全之证据之处理方式及费用分担之特别规定,均应予以类推适用,始得周全。

[435] 2005 年 2 月 3 日"最高行政法院"2005 年判字第 182 号判决参照。

与提出责任者,存有差异[436];但因二者均存在"客观的举证责任"[437],因此在诉讼实践上,当事人为避免败诉而有各种事实主张与证据声明行为,二者又呈现高度类似性(举证责任分配法则之行为规范性质)。亦即,在诉讼实践上,无论行政诉讼抑或民事诉讼,当事人为避免因事实真伪不明所生败诉风险,均有于实际诉讼过程中作成各种事实主张与证据声明之行为,当事人此类行为在民事诉讼称为"主观举证责任"(或称"事实主张责任与证据提出责任"),在行政诉讼则称"当事人协力义务"。惟应注意者,于民事诉讼之"主观举证责任"与"客观举证责任"间,通常存有密切关联;但于行政诉讼之"当事人协力义务"仅在缓和法院在"职权探知主义"下之厘清事实之任务与责任,与"客观举证责任"间,并无直接关联。

(一)举证责任之基本原则:规范理论(Normentheorie)

所谓行政诉讼之举证责任,系指"客观举证责任"。此种举证责任之性质,系一种因事实真伪不明所生不利益风险之分担,并非义务;亦即,指在事实真伪不明之状况下,基于一定之法则,将该事实真伪不明所生败诉之不利益,归属由某造负担之谓。而用以决定此一因事实真伪不明所生不利益风险应分配由何造当事人负担之规则,则为举证责任分配法则[438]。

有关举证责任之分配法则,自德国 Rosenberg 于民事诉讼领域提倡"规范理论(Normentheorie)"[439]以降,无论于行政诉讼抑或民事诉讼,此一理论基本上为多数学说与实务所采[440]。此一理论主张关于举证责任之分配法则,应取

---

[436]　有关职权探知主义与举证责任之概念及其彼此关联性问题,本书前揭(二)(第 6 页以下)参照。又自理论上言,辩论主义与职权探知主义以及主观举证责任(或证据提出责任),系规定具体诉讼活动过程中,关于诉讼资料搜集之分工问题,具有"行为规范"之性质;至于客观举证责任,则规定于诉讼活动终结后发生事实真伪不明时,法院应如何裁判之问题,仅有"裁判规范"之性质。

[437]　2005 年 11 月 17 日"最高行政法院"2005 年判字第 1796 号判决参照。

[438]　2005 年 1 月 20 日"最高行政法院"2005 年判字第 58 号判决参照。

[439]　关于德国 Rosenberg 所提倡之规范理论,请参照 Rosenberg, Die Beweislast, 5. Aufl.,1965, S. 100f.;有关本书第四版之中译本,可参照莱奥·罗森贝克著、庄敬华译:《证明责任论——以得国民法典和民事诉讼法典为基础撰写》(第四版),中国法制出版社,2002 年。

[440]　不仅台湾情形如此,纵于德、日情形,亦为彼通说与实务所采。相关文献,吴东都:《行政诉讼之举证责任——以德国法为中心》,台湾大学法律系研究所博士论文,2001 年,第 140 页以下、第 212 页以下;同:《行政法院关于举证责任判决之回顾与展望》,《台湾本土法学》第 34 期,2002 年 5 月,收于氏著:《行政诉讼与行政执行之课题》,学林,2003 年,第 25 页以下;张文郁:《行政救济法中职权调查原则与举证责任之研究》,收于台湾行政法学会主编:《行政救济、行政处罚、地方立法》,元照,2000 年 12 月,第 227 页以下。关于台湾行政诉讼举证责任之学说,吴庚前揭注 13 书第 175 页以下;陈清秀前揭注 13 书第 379 页以下;林腾鹞前揭注 41 书第 356 页以下;陈计男前揭注 16 书第 424 页以下参照。

决于实体法之规定，凡"主张特定权利发生规范（基本规范）者，应就该规范所适用之事实负举证责任；主张排除特定权利或其行使限制之规范（对立规范）者，就该事实负举证责任"[441]。简言之，"各当事人应就有利于其诉讼上请求之规范要件（事实），为主张及举证"。其中，除涉及辩论主义下关于主观举证责任（事实主张与证据提出责任）部分外，规范理论基本上亦可适用于行政诉讼。惟于行政诉讼领域，由于下列理由，上开规范理论须受一定程度之修正（修正规范理论）。换言之，由于"规范理论"具有一项理论预设前提，亦即于立法者于制定相关实体法规时，已无形中自正义与衡平观点，将举证责任之分配问题导入实体法规范中。因此，于民事诉讼情形，规范理论依私法法规规定形式分配举证责任所在之结果，表面上似不掺杂特定价值观念，而为一种价值中立之规范体系，但实际上于多数情形，立法者就事实真伪不明时，应如何适用法规，已作成第一次衡量判断；亦即，因立法者对于法官所适用之私法法规本身，已基于自身特定价值秩序（如私法自治），就举证责任所涉及之各项利益冲突问题，作成初步的抽象衡量判断，仅于涉及具体个案情形，委诸法官基于正义衡平原则进行调整修正。反之，于各种行政实体法规，因其并未如民事实体法律系以权利义务关系为其规范内容，而系以规定公行政职务行为程序与权限之方式，作为行政法规之规范内容，导致上开理论预设前提往往并不存在或晦涩难明。因此，如何探询存于行政法规之各种价值预设与利益衡量，即成首要之务。对此，目前各种关于行政诉讼之举证责任理论，基本上可认为系上开观点之具体化。

依"行政诉讼法"第 136 条规定："除本法另有规定者外，"民事诉讼法"第277 条之规定于本节准用之"。"民事诉讼法"第 277 条规定："当事人主张有利于己之事实者，就其事实有举证之责任。但法律别有规定，或依其情形显失公平者，不在此限"。关于"民事诉讼法"第 277 条规定之性质，究属客观举证责任抑或主观举证责任之规定，民事诉讼之学说存有争议[442]，惟因行政诉讼采职权

---

[441] 依 Rosenberg 之分类，其将民法规范区分为"权利发生规范"、"权利妨害规范"、"权利消灭规范"以及"权利排除规范"，第一种为"基本规范"，其他均为"对立规范"。因此，凡主张权利存在之人，应就该权利发生规范中构成要件事实之存在，负举证责任；反之，凡主张权利不存在或受有限制者，应就对立规范中任何构成要件事实之存在负举证责任。有关此类规范分类之进一步论述，陈荣宗、林庆苗：《民事诉讼法（中）》，三民，2005 年 3 月修订四版，第 484 页以下；陈计男：《民事诉讼法论（上）》，三民，1999 年 11 月修订初版，第 440 页以下参照。

[442] "民事诉讼法"第 277 条但书之规定，系 2000 年修法时所增订，依其修正理由谓：关于举证责任之分配情形繁杂，仅设原则性规定，未解决一切举证责任之分配问题，故"最高法院"于判例中，即曾依诚信原则定举证责任之分配。爰于原条文之下增订但书，规定"但法律别有规定，或依其情形显失公平者，不在此限"，以资因应。据此，则"民事诉讼法"上开条文，已有规定客观举证责任之意。

探知主义之结果,原则不存在主观举证责任之概念。因此,前开本法第136条准用"民事诉讼法"之规定,解释上可认为系客观举证责任之规定。据此,上开条文所谓"当事人主张有利于己之事实者,就其事实有举证之责任",解释上可依规范理论判断;至于"但法律别有规定[443],或依其情形显失公平者[444],不在此限"之情形,则构成规范理论之辅助或修正因素。兹进一步说明如下:

(二)规范理论之辅助或修正因素

就本书而言,于适用规范理论解决行政诉讼之举证责任问题时,因系争公法上争议所应适用行政实体法律规范之规范目的以及存于该规范背后之宪法上基本价值秩序之要求(尤其人性尊严为以降之各种基本人权与法治国家原则、社会国家原则等自由民主国家宪政秩序),而须受有一定程度之修正(此亦为举证责任分配之实质根据或理由)。亦即,于行政诉讼领域适用规范理论解释举证责任之分配法则时,往往无法单纯自个别条文用语及规定内容,即可获致结论,而须进一步探究整体规范目的、宪法有关有效权利保护要求以及系争公法上争议所涉权利性质及其与个别诉讼类型之关联性、诚信原则等行政法上一般法律原则等因素而定。例如:

1.**"法治国家原则"与"有疑义者推定自由原则"**

公行政受法治国家依法行政原则支配,要求公行政须有法律之依据或授权始能行为,或至少应受法与一般法律原则之拘束。因此,鉴于人民宪法所保障

---

[443]　此所称法律别有规定,系指个别法律别有规定客观举证责任或当事人之证据提出责任(主观举证责任)之明文而言,此时,自应适用该法律之明文规定。此类法律,就台湾行政诉讼实务言,尤其于明定当事人有证据提出义务情形,行政法院通常即认为该当事人因此有客观举证责任("行政法院"1993年判字第2460号判决,关于"专利法"第72条)或对于嗣后逾期提出之证据数据不予以斟酌;"行政法院"1992年判字第2608号判决,关于"所得税法"第83条第1项)。以上引自吴庚前揭注13书第183页以下,惟本书并不赞同上开实务见解,还请留意。其他类似实务见解,例如:1993年10月29日"行政法院"1993年判字第2460号判决、2004年6月17日"最高行政法院"2004年判字第746号判决参照。

[444]　"最高行政法院"于适用本法第136条准用"民事诉讼法"第277条但书规定之"依其情形显失公平"时,曾有如下意见,可供参考。亦即"最高行政法院"2004年判字第714号判决谓:"行政诉讼法"第136条准用"民事诉讼法"第277条但书所指之"依其情形显失公平",系指事件依其性质,证据往往为一造所掌控,他造难于举证,则依其情形显失公平。如系个案单纯因年代久远,以致于发生举证困难之情形,则不属之。本件并无证据为被上诉人所掌控,上诉人难于举证之情形,仅单纯因年代久远,以致于发生举证困难,自非有显失公平情形,是以上诉人仍应举证证明其主张"林×华"即为"林国"之事实为真实。原判决以上诉人未尽举证责任及法院依职权调查结果,无从证明该事实为真实而驳回上诉人之诉,核与证据法则尚无违。

基本权之防御功能,公行政对于不利人民权利或法律上利益之行为应担保其合法性,于此一范围内,规范理论首先要求公行政应对其行为之合法性负举证责任。据此,已无承认传统关于行政处分公定力之说明(如适法性推定)之必要,且无论公行政所为行为之效力如何,于公行政之举证责任均不发生影响。

对此一原则,虽论者有主张仅适用于干涉行政领域或租税行政领域,于给付行政领域(例如起诉主张社会保障请求权)或于竞争者诉讼、建筑法上邻人诉讼、国土开发诉讼等涉及第三人效力之行政处分(例如主管机关考虑核能电厂之危险性,麻药或兴奋剂等药品之危险性,特定开发许可或开发计划对于森林、水资源之危害性等理由后而核发处分)情形,应无适用余地者[445]。惟本书以为于上开情形,无论系争公行政行为是否涉及裁量行为或有无判断余地,公行政对其所为各种涉及第三人效力之行政决定之法律适合性,均有举证责任;且即使在给付行政领域(例如对人民退休金请求之驳回处分),亦同[446]。

2. 诉讼法上之诚信原则与当事人地位对等原则之要求[447]

所称诚信原则,系指行使权利或履行义务应本于诚实或信用之方法[448]为之。此一原则,有违"宪法"上一般原则,不论为公法抑或私法领域,或于实体法或诉讼法领域,均有其适用。又行政诉讼与民事诉讼同,均采二对立当事人之结构,形式上,法院系立于中立地位为审理裁断,由当事人各自本于自己责任实施诉讼(形式的当事人平等原则);惟如自当事者权之确保(由其各当事人实施诉讼所须诉讼能力、辩论能力或其他各种事实、证据搜集与提出等实施诉讼所须前提条件之完善)以及审理之充实与促进等观点而论,对于实际上诉讼地位较弱之一方,有经由例如阐明方式、诉讼扶助或律师强制、课予他方事实厘清(说明)义务、承认摸索证明,或规定文书提出命令等证据开示制度,乃至其他有关调整举证责任之分配等制度设计或理论,使二造当事人之诉讼地位趋于平等

---

〔445〕 木村弘之亮:《租税证据法の研究》,成文堂,1987 年,第 49 页参照。

〔446〕 关于涉及第三人效力之行政处分部分,吴庚前揭注 13 书第 181 页以下,亦同旨趣。但关于给付行政领域部分,通说则与本书主张不同,其认为与民事诉讼情形同,应由主张系争给付请求权之一方当事人,就其权利发生要件负举证责任(吴庚前揭注 13 书第 177 页;林腾鹞前揭注 41 书第 359 页以下参照)。

〔447〕 以下基于诚信原则与当事人平等原则观点,适度修正举证责任分配法则之论述,其进一步具体内容,有自法院之职权探知义务与当事人协力义务或诉讼促进义务,以及法院之阐明义务等观点,就现行法制规定加以检讨分析必要,且通常须视具体个案情节为衡平判断,已非本书所能处理,还请留意。

〔448〕 "民法"第 148 条第 2 项、"行政程序法"第 8 条前段参照。

之必要(实质的当事人平等原则)[449]。在台湾现行行政诉讼制度,呈采职权探知主义,通说认为有关事实与证据之搜集与评价系属法院之职责,当事人并无事实主张与证据提出责任,但理论上仍负有一定程度之协力义务。

因此,行政法院于处理系争案件所涉及事实与证据之搜集与评价问题时,即有考虑诚信原则或当事人平等原则之要求之必要。例如:(1)行政诉讼所采职权探知主义,其制度目的除在于确保经由系争事实之厘清以确保行政所欲达成之公益要求,不致因当事人之诉讼行为致使案件所涉公益受有损害外,另一重要制度目的在于促使法院适度运用职权调查或督促他造当事人履行其协力义务等方式,以回复两造当事人诉讼上地位之实质平等。进一步而言,前述规范理论所建构之举证责任分配法则,于负有举证责任之一造当事人因不热心实施诉讼,致发生真伪不明情形时,固可径依客观举证责任规范分配系争事实真伪不明之不利益;但于该负有举证责任之一造,已尽其一切能力举证证明系争事实后,法院应即依职权调查厘清系争事实或促使他造提供协力,使案件臻于可为裁判之程度[450],如仍发生真伪不明之情形时,则视具体个案妥适衡量。例如考虑系争权利之性质、法律关系之安定性要求[451]、两造诉讼地位之平等以及两造当事人实施诉讼之真挚程度等因素,而为衡平判断(即将之作为法院依自由心证认定事实时加以考虑之因素),仍不宜径依客观举证责任之分配法则使

---

[449]　有关实质的当事人平等原则之意义及其在诉讼程序上之处理方式与相关理论发展等问题之基础性研究,请参照上田彻一郎:《当事者平等原则の展开》,有斐阁,1997 年,尤其第 2 页以下(当事人平等原则与当事人诉讼地位之促进),第 33 页以下(关于当事人平等原则表现于事实证据之蒐集与评价之问题),第 279 页以下参照。

[450]　类似见解,2004 年 12 月 16 日"最高行政法院"2004 年判字第 1606 号判决、2003 年 11 月 27 日"最高行政法院"2003 年判字第 1633 号判决、2005 年 12 月 30 日"最高行政法院"2005 年判字第 2116 号判决参照。

[451]　2003 年 3 月 27 日"最高行政法院"2003 年判字第 298 号判决谓:依被上诉人经济部于原审所提"台湾光复后在台糖业敌伪资产接管经过节略"一文,"行政院"三 1946 年 11 月 9 日修正公布"收复区敌伪产业处理办法",并发布多项行政命令,惟因时隔 50 余年,相关办法及令函或已不复存在。原审法院即使欲依职权调查证据,亦无从调查。依行政处分有效推定原则,上诉人既起诉主张确认该行政处分无效,自应就该行政处分违反当时何项法令及是否具有重大及明显瑕疵,此一有利事实负举证责任。原审以就台糖公司取得系争土地之权源,究竟系基于法律行为或者是事实行为,又系公法行为或私法行为,以及系属原始取得抑或继受取得,由于时间相隔久远,加上光复初期行政机关就财产变动之程序规范,以及公文档案收藏、管理的相关规范皆付之阙如,在今日已无法搜集充足之资料供司法机关判断,台糖公司取得系争土地行为的法律性质为何。职此,在调查证据发生事实上的困难时,法院仅得按照两造所提示、有限的证据判断该取得土地行为的法律性质,亦尚难认有可议之处。

其负担该事实真伪不明之不利益[452]。（2）关于举证责任之分配法则，除前述规范理论外，另有例如支配领域理论[453]、利益衡量理论[454]等其他各种理论，亦直接或间接以诚信原则或当事人平等原则作为其理论基础或思想基础。（3）"行政诉讼法"第 135 条第 1 项规定：当事人因妨碍他造使用，故意将证据灭失、隐匿或致碍难使用者，行政法院得审酌情形认他造关于该证据之主张或依该证据应证之事实为真实。本条系规定证据妨碍（Beweisvereitelung）之效果，课予不负举证责任之一造，有不得妨碍他造使用证据之义务。此一证据妨碍思想，如前所述虽与客观举证责任之分配法则有间，但其理论基础，亦主要源自诚信原则或当事人平等原则。

3. "社会国家原则"与人性尊严、生存权等"人民生存基本条件之保护"

在给付行政领域，如公行政就原告所提给付请求曾作成行政决定者，应先就其决定之合法性负举证责任，已如前述。如公行政已举证证明其行为之法律适合性时，原告应即依规范理论就发生其所主张给付请求权之要件事实，负举证责任。惟应注意者，如系争原告人民所主张之权利，涉及其"宪法"所保障之生存权、人性尊严等人民基本生存条件时，基于"国家"对人民之保护义务，于系争权利构成要件事实有真伪不明情形时，该真伪不明之不利益，解释上即不宜

---

[452] 最近于民事诉讼领域，有将举证责任理解为一种诉讼法上之行为责任，其论述与本书主张类似。亦即：法院应在确保两造当事人地位之实质平等前提下，于负举证责任之一造当事人已尽其行为责任，却仍发生事实真伪不明时，仍不宜径自依举证责任之分配法则作成裁判，而应适切评价两造当事人对于系争事实之行为责任后，适度公开心证与法律见解，并尽量促使他造当事人确实真挚履其事实厘清（说明）或证据调查之协力义务，并于衡平两造行为责任观点下，决定应如何处理系争事实真伪不明之问题（包括举证责任之转换、法院心证之降低等）。相关文献，请参照佐上善和：《证明责任の意义と机能》法学セミナー 1982 年 8 月号，第 82 页以下；佐藤彰一：《立证责任论における行为责任の台头と客观的立证责任概念の意义》，立命馆法学第 165—166 号，第 582 页以下。又邱联恭：《口述民事诉讼法讲义（三） 2003 年笔记版》，自刊，第 219 页以下，亦采类似行为责任论之观点，但其论述则有不同。

[453] 本理论认为系争待证事实，如系发生于其中一造当事人之生活、支配、组织或责任范围内者，应由该当事人负举证责任。亦即，就当事人与待证事实或证据间之关系，例如证据接近、影响领域、危险及责任范围、支配及组织范围等观点，决定举证责任之归属（概括性介绍，请参照张文郁前揭注 440 文第 259 页以下）。实务见解例如，2004 年 12 月 16 日"最高行政法院"2004 年判字第 1607 号判决参照。

[454] 所谓利益衡量理论，亦称反规范理论，原系为解决公害、医疗、消费者纠纷等现代型诉讼所提出，认为此类诉讼不宜经由规范理论中立法者所预设之利益衡量，决定举证责任之分配，而主张应考虑规范目的、当事人之公平（包括考虑例如举证之难易、证据之距离、主张事实之盖然性等因素）与正义等观点，就具体个案情形，逐案判断。

由原告承担,此时仍应由公行政负担该不利益[455]。基于相同理由,所涉及者如为"宪法"关于人性尊严之保障时,亦宜为同一解释。

4.学说主张:撤销诉讼及处分无效确认诉讼之举证责任

关于行政诉讼举证责任之分配,理论上以规范理论并配合考虑其补助或修正因素,原则应可获致妥适解决。惟论者认为行政诉讼因涉及公益且其诉讼种类结构特殊,而主张宜视同诉讼种类之差异或针对其诉讼对象或诉讼标的之性质,进一步检讨论述者。亦即,认为行政诉讼中之撤销诉讼及处分无效确认诉讼,其举证责任之分配法则有不同于民事诉讼之特殊性。本书虽未必赞同上开主张,然因其分类具有提示简便判断标准之功能,值得参酌,兹整理如下[456]:

(1)涉及负担处分者:行政机关就具体事件行使公权力,对人民作成负担处分,以限制、剥夺其权益或增加其负担者,于依法行政原则下,被告机关对作成此负担处分之法律依据及符合法定要件之事实,负有举证责任[457];于被告机关举证证明上开事实后,人民对法定例外要件事实之存在,负举证责任[458]。

(2)涉及授益处分者:授益处分之撤销或废止,对于授益处分相对人而言,其不利益效果等同于负担处分,故被告机关对于撤销或废止授益处分合于"行政程序法"第117条以下或第123条以下所规定撤销或废止之要件事实负举证责任。

(3)涉及第三人效力之行政处分者:同依行政处分对相对人属授益,但对第三人产生负担之效果,而由该第三人起诉时,此时该处分对该利害关系之第三人原告而言,与负担处分无异,仍应由被告机关负举证责任。

(4)涉及裁量处分者:被告机关作成裁量处分者,应就其处分符合法规授权

---

[455]　同旨,张文郁前揭注440文第251页注70;木村前揭注445书第49页参照。惟上开张文举"社会救助法"第6条第2项(按本书作者所举似为1980年旧法条文,本条文于1997年修法时已移置为第10条)作为应由行政机关负举证责任之规定,则有误会。按本条项规定:直辖市、县(市)主管机关应自受理前项申请之日起5日内,派员调查申请人家庭环境、经济状况等项目后核定之;必要时,得委由乡(镇、市、区)公所为之。因此,该条项仅系规定主管机关应依职权调查是否符合申请要件,尚非规定事实真伪不明时应如何处理之举证责任问题,前开论述似有混淆"行政程序之职权调查"、"诉讼程序中之当事人协力义务"以及"举证责任之分配"等概念之差异之嫌疑。另外,陈计男前揭注16书第430页以下,亦有类似说明。

[456]　以下整理自吴庚前揭注13书第180页以下;林腾鹞前揭注41书第353页以下。

[457]　例如,"行政法院"1943年判字第16号判例、2005年4月14日"最高行政法院"2005年判字第527号判决参照。

[458]　例如,"行政法院"1992年判字第655号判决、台北高等行政法院2004年简字第197号判决参照。

裁量之要件，负举证责任，至于原告人民则应就构成裁量逾越或裁量滥用之要件事实，负举证责任[459]。

第五节　诉讼程序之终结：诉之撤回、诉讼标的之舍弃或认诺、诉讼上和解、裁判

依现行法之设计，行政诉讼程序之终结，原则上可因当事人或法院之意思表示而终结，例如当事人撤回诉讼、作成舍弃或认诺判决、成立诉讼上和解，以及行政法院作成裁判而终结。兹分述如下：

一、诉之撤回

（一）诉之撤回之意义

基于处分权主义，原告起诉后，不欲法院就其诉讼上请求作成判决时，得以意思表示向法院撤回其起诉，此系原告就"诉讼程序与诉讼标的处分权之产物"[460]。因此，原则上在原告处分权范围内，原告得自由决定是否撤回其起诉。通常情形，原告于诉讼程序因有其他消灭诉讼系属事由而终结（通常为判决确定）前，得撤回其诉之一部或全部。

诉之撤回为诉讼上行为，原告在实体法上之权利，不因其所为撤回起诉之意思表示而受影响，因此诉之撤回与实体法上请求权之抛弃不同。又诉之撤回目的仅在于溯及既往消灭诉讼系属，并未同时了结争议，故原告撤回起诉后，就同一诉讼标的，除有禁止更行起诉之情形（第107条第1项第7款至第9款，第115条准用"民事诉讼法"第253条、第263条第2项）外，就同一案件原则仍得再行起诉，故亦与诉讼标的之舍弃或认诺（第202条）、诉讼上和解（第219条以下）、诉之变更（第111条）等行为不同[461]。又诉之撤回系撤回起诉，于上诉审所为诉之撤回，视同自始未提起第一审之诉（第115条准用"民事诉讼法"第263条第1项前段），其将使前审终局判决因此失其效力，故与上诉权之舍弃（第240

---

[459]　例如：2004年6月17日"最高行政法院"2004年判字第759号判决、2004年8月27日"最高行政法院"2004年判字第1087号判决参照。

[460]　陈敏等译前揭注117书第1023页[翁晓玲执笔]参照。

[461]　有关"诉之撤回"与"实体法上权利之抛弃"、"行政程序申（声）请权之撤回"、"诉讼权之舍弃"、"诉讼上和解"、"诉之变更"以及"（德国法上单方的或双方的）争议已了结之声明"等概念之区别，请参照陈计男前揭注16书第584页；林腾鹞前揭注41书第325页以下；陈敏等译前揭注117书第1023页[翁晓玲执笔]以下。

290

条)或撤回上诉(第262条)亦有不同。

(二)诉之撤回之要件

由于行政诉讼之诉之撤回与民事诉讼之诉之撤回具有类似性[462],故台湾"行政诉讼法"除于第113条、第114条设有规定外,其他关于诉之撤回之效力、反诉之撤回(不须得原告同意)等情形,则准用"民事诉讼法"之规定(第115条准用"民事诉讼法"第263条、第264条)。依本法第113条第1项规定:原告于判决确定前得撤回诉之全部或一部。但被告已为本案之言词辩论者,应得其同意。第114条第1项规定:诉之撤回违反公益者,不得为之。可知本法规定诉之撤回要件如下:

1.原告须有诉讼能力或其诉讼实施权无欠缺

原告撤回诉讼之行为,于原告向行政法院表示撤回其诉之意思时,即成立诉之撤回,故该行为为有相对人之单方诉讼上法律行为(与效的诉讼行为)之一种,原告就该行为须有诉讼能力,其无诉讼能力者,须由法定代理人为之。又诉讼代理人未受特别委任(即授与特别代理权)者(第51条第1项但书)、特别代理人(第28条准用"民事诉讼法"第51条第4项但书)、选定当事人未得全体选定人之同意者(第33条),因其撤回起诉之诉讼实施权有欠缺,故不得为之[463]。

于固有必要共同诉讼情形,各共同诉讼人之诉讼行为因必要共同诉讼关系而受有一定之限制(第39条参照),故固有必要共同诉讼原告中一人所为诉之撤回,不生效力;原告对固有必要共同诉讼被告中一人所为诉之撤回,其效力及于全体。另外,于参加原告成为第41条固有必要共同诉讼参加人之情形,因准用第39条规定之结果(第46条),被参加人之原告所为之撤回与必要共同诉讼原告中一人所为撤回之情形同,亦不发生撤回起诉之效果。但在类似必要共同诉讼情形,类似必要共同诉讼原告一人所为之撤回,因不影响其他类似必要共同诉讼人所提起诉讼之合法性,其所为撤回例外发生效力;同理,第三人因与原告有类似必要共同诉讼关系而依第41条规定参加诉讼时,此时原告解释上仍得为有效之诉之撤回行为。

2.须于判决确定前向诉讼现在系属之法院为之

诉之撤回,因具有使诉讼系属自始消灭之效力,故其撤回之行为,须于诉讼

---

[462]　陈计男:《行政诉讼上"诉之撤回"之诸问题》,《法令月刊》第51卷第10期,2000年10月,第216页以下参照。

[463]　惟能力、法定代理权或为诉讼所必要之允许有欠缺者,属可补正之事项,审判长应先定期命补正,于补正前并得许其暂为诉讼行为,经补正后,溯及于行为时发生效力(第28条准用"民事诉讼法"第48条、第49条,第36条准用"民事诉讼法"第48条、第49条,第56条准用"民事诉讼法"第75条参照),此时仍发生撤回之效力,还请留意。

系属消灭前为之,如诉讼系属已因判决确定或其他原因而消灭者,已无撤回之可能。因此,本法第 113 条第 1 项前段明定,原告须于判决确定前为之。据此,在终局判决后或上诉程序中,因其诉讼系属尚未消灭,故仍得撤回起诉。又台湾行政诉讼于原告起诉不合法情形,并非以"诉讼判决"驳回原告起诉,而系以"裁定"驳回原告之诉(第 107 条第 1 项),故在裁定确定前亦有撤回诉讼之问题;此外于非以上诉逾期为由而裁定驳回上诉情形,亦同[464]。因此,本条所称"判决确定",理论上宜解为包括上开裁定确定之情形。

3. 被告已为本案之言词辩论者,须得其同意

原告为诉之撤回时,如被告已就本案为言词辩论者,为被告之利益[465],本法明定应得被告之同意始得为之(第 113 条第 1 项但书)。所称"本案之言词辩论",系指就诉讼标的法律关系所为之辩论,并不以于言词辩论期日所为者为限,于准备程序中如已就该事项为辩论,亦宜认为已为本案之言词辩论[466]。又于终局判决后之撤回起诉,既已经言词辩论,理论上其撤响应得被告之同意,虽本法对此一情形禁止原告就同一事件更行起诉(第 107 条第 7 款,第 115 条准用"民事诉讼法"第 263 条第 2 项),已对被告程序利益设有保护规定,但解释上仍须得被告之同意为宜[467]。

诉之撤回,为单方诉讼行为,故被告之同意,仅为原告撤回诉讼行为之生效要件。被告同意者,诉之撤回确定生效;被告不同意者,诉之撤回确定不生效,此时不因被告嗣后同意而又使该诉之撤回行为复活再生效。被告同意之方式,除明示同意外,包括拟制同意。亦即,被告于收受撤回书状或笔录之送达后十日内未提出异议者,视为同意撤回;或被告于期日到场,自诉之撤回之日起,十日内未提出异议者,亦同(第 113 条第 4 项)[468]。

至于应否取得第 41 条或第 42 条参加人之同意,论者参酌德国法例,认为法条文义仅规定应得被告同意,故无须得参加人之同意[469],其做法值得参考。

---

[464] 陈计男前揭注 16 书第 585 页注 216 参照。

[465] 本条立法理由二参照。

[466] 陈计男前揭注 16 书第 587 页;刘建宏:《行政诉讼程序中诉之撤回》,《法学讲座》第 25 期,2004 年 1 月,第 136 页。

[467] 德国通说实务亦同,陈敏等译前揭注 117 书第 1027 页[翁晓玲执笔]参照。

[468] 本项与前项规定用语不明易生误解,且与"民事诉讼法"第 262 条第 2 项以下规定用语体例不符,故"行政诉讼法部分条文修正草案"遂将本项暨前项修正为:以"以言词所为之撤回,应记载于笔录,如他造不在场,应将笔录送达"(第 3 项);"诉之撤回,被告于期日到场,未为同意与否之表示者,自该期日起;其未于期日到场或系以书状撤回者,自前项笔录或撤回书状送达之日起,十日内未提出异议者,视为同意撤回"。

[469] 林腾鹞前揭注 41 书第 326 页;翁岳生编前揭注 37 书第 395 页[黄锦堂执笔]参照;陈敏等译前揭注 117 书第 1026 页[翁晓玲执笔]参照。

盖就本法规定此一须得被告同意之立法目的,在于保护被告因诉讼程序进行至一定程度后,可预期取得之利益而言,第41条与第42条之参加人依本法第23条规定,既与原告及被告同列为诉讼当事人,理论上其处理宜分别情形就具体个案为判断。惟通常情形,因原告之撤回起诉对于第41条或第42条之参加人而言,并无不利,故宜与前揭德国法例做法同,解释上无须得参加人同意之必要。

又诉之撤回不影响独立之附属诉讼程序,反诉性质上为一独立之诉,故本诉之撤回原则不影响反诉(第115条准用"民事诉讼法"第263条第1项但书);反之,反诉之撤回,如反诉被告已就本案为言词辩论者,亦应得其同意始生效力。惟本诉撤回后,始撤回反诉者,因反诉系因本诉而生,依本法第115条准用"民事诉讼法"第264条规定,不须得本诉原告(即反诉被告)之同意。同理,因第42条第4项规定而被拟制参加诉讼之人,诉愿人撤回起诉,亦不影响利害关系人原已提起之诉讼。此外,于有固有必要共同诉讼被告情形,原告所为诉之撤回,于共同诉讼被告已为言词辩论后,因共同诉讼被告一人之同意系不利于全体之行为,对全体不生效力,故须得全体共同诉讼被告之同意,始生撤回诉讼之效力。

4. 须不违反公益

本法第114条规定:诉之撤回违反公益者,不得为之(第1项)。行政法院认诉之撤回违反公益,或有其他不合法之情形者,应于四个月内续行诉讼,并依第193条裁定(中间裁定),或于终局判决中说明之(第2项)。本条规定之目的,系因行政诉讼多涉及公益,如原告撤回诉讼违反公益者,遂明定不应予准许[470]。亦即,本法基于维护公益之理由,限制原告本于处分权主义之撤回自由,此原无可厚非;然因何谓"公益",其判断未有一定之标准,又能由行政法院依具体事件逐案判断,故如制度设计不当致使限制失诸明确或过于宽泛,其结果反容易对人民诉讼权造成损伤[471]。例如,本法第133条规定,撤销诉讼或于其他诉讼为维护公益者(通常指课予义务诉讼、处分无效确认或处分违法确认等涉及审查行政处分违法性或效力之诉讼或第9条之维护公益诉讼),法院应依职权调查证据。本条规定之理由,原在于立法者认为此类诉讼多涉及公益,不宜采辩论主义设计,而采职权探知主义之立法。因此,本法第114条限制原告撤回之诉讼类型,如亦与第133条为相同解释,因二者制度目的并非相同,且第133条规定适用范围宽泛,其结果将不当减损行政诉讼之诉之撤回制度功

---

[470]　本条立法理由说明二、参照。

[471]　此与德国法制经由公益代表人设计以解决此一问题者,显有不同。《德国行政法院法》第92条第1项规定:"原告于判决确定前,得撤回诉讼。但被告已为本案之言词辩论者,应得其同意;于公益代表人参与言词辩论情形,并应征得其同意。"

能。是以，论者多认为第 114 条规定为不当[472]，或有认为宜限缩其适用范围限于第 9 条之维护公益诉讼与第 10 条之选举罢免诉讼者[473]。有鉴于此，"行政诉讼法部分条文修正草案"遂将现行法第 114 条第 1 项移列修正为草案第 113 条第 1 项但书规定"但于公益之维护有碍者，不在此限（即不得撤回）"，明定诉之撤回原则得自由为之，例外始受限制之立法宗旨，期能使本条项之适用不致失之空泛。惟此一修正草案规定，实未见高明。盖台湾现行法制既未如德国法制有公益代表人制度之设计，则其课行政法院此一维护公益任务，此一规定与行政法院之定位未尽符合，且行政诉讼一方当事人多为公行政，在作为诉讼当事人之公行政愿意主动撤回或同意撤回诉讼情形，公行政自身既已就是否有碍于公益一节进行裁量判断，本法复要求行政法院再次审查公行政此一判断，亦不符合现行行政法理论与实务限制法院审查范围于合法性审查而不及于妥当性审查之制度设计。简言之，本书以为本条实无规定必要，宜径予删除。

又本法第 2 项规定之四个月续行诉讼之期限，原系为督促行政法院从速行使其续行诉讼之职权，以免诉讼长期处于不安定之状况而设[474]。惟理论上此一四个月期间本为职务期间，纵有违反，但因原告所为诉之撤回有碍于公益，其撤回不生撤回之效力，则本案诉讼系属尚未消灭，行政法院自仍应续行诉讼；惟本条立法理由却谓："逾此期限，则发生诉之撤回之效力，行政法院不得再为续行诉讼。"此一说明，显然与基于公益理由限制原告撤回自由之立法目的相违，此亦显示本条规定之不当。对此，"行政诉讼法部分条文修正草案"已将本项删除，以符法理。亦即草案第 114 条径自规定为："高等行政法院就前条诉之撤回认有碍公益之维护者，应以裁定不予准许（第 1 项）"；"前项裁定不得抗告"（第 2 项）。

（三）诉之撤回之程序

诉之撤回，应向诉讼系属之行政法院为之；提起上诉后所为诉之撤回，应向受理上诉之管辖法院（即"最高行政法院"）为之；终局判决后上诉前撤回诉讼者，则应向为判决之行政法院为之[475]。至于撤回之方式，依本法第 113 条第 2 项、第 3 项规定，原则应以书面为之，但于期日得以言词为之。于期日以言词方式所为之撤回，应记载于笔录，如他造不在场，并应将笔录送达于他造。

（四）诉之撤回之效力

原告合法撤回起诉者，发生下列效果：

---

[472] 吴庚前揭注 13 书第 158 页注 126；林腾鹞前揭注 41 书第 329 页参照。
[473] 翁岳生编前揭注 37 书第 396 页［黄锦堂执笔］；刘建宏前揭注 466 文第 137 页参照。
[474] 本条立法理由说明四参照。
[475] 陈计男前揭注 16 书第 587 页。

1.诉讼系属溯及自始消灭

诉经撤回者,视同未起诉(第 115 条准用"民事诉讼法"第 263 条第 1 项前段)。亦即,原告撤回诉讼者,有使该已经撤回之全部或一部诉讼,其诉讼系属溯及自始消灭之效力。因此,诉讼程序因而终结而不得续行,且诉讼当事人已为之各种诉讼行为(如已提出之攻防方法或其他陈述、已调查之证据等)或法院之行为(如终局裁判),均失其效力。于上诉程序中撤回诉讼者,除使当事人或法院在上诉程序中已为之各种行为失效外,其之前于第一审程序所为之各种行为(包括第一审终局裁判)亦失其效力。就此点而言,诉之撤回不同于上诉之撤回。又诉之撤回不影响独立之附属程序已如前述,故本诉之撤回不影响反诉(第 115 条准用"民事诉讼法"第 263 条第 1 项但书)。

2.更行起诉之禁止

诉经撤回者,视同未起诉,故原告就同一事件,原则上仍得更行起诉。惟原告于本案已经终局判决后始撤回其诉者,为防止原告滥诉而浪费司法资源并保护被告利益,本法第 115 条准用"民事诉讼法"第 263 条第 2 项规定:"于本案经终局判决后将诉撤回者,不得复提起同一之诉",以为限制。本条所谓"同一之诉"系指"同一事件之诉",判断前后两诉是否为同一之诉之基准时点,应以经撤回本诉其本案终局判决之言词辩论终结时之状态为准[476]。又原告之诉虽经终局判决,但该判决经上诉而遭"最高行政法院"废弃发回原行政法院更审,此时原告于更审程序中撤回诉讼者,因终局判决已经废弃而不存在,自无从再依本条规定禁止原告就同一事件更行起诉。又原告为诉之撤回后,就该事件有关期间(尤其不变期间)之进行不受影响;因此原告撤回诉讼后更行起诉者,如该诉讼有起诉期间之限制(如第 106 条参照)时,该期间之计算自不因原告前曾起诉或撤回诉讼而受影响,自属当然。

3.诉讼费用由原告负担[477]

原告撤回其诉者,诉讼费用由原告负担(第 104 条准用"民事诉讼法"第 83 条第 1 项前段);此时被告如有支出诉讼费用者,得于诉讼终结(诉之撤回生效)后 20 日内申请行政法院以裁定为诉讼费用之裁判(第 104 条准用"民事诉讼法"第 90 条)。

---

[476]　陈计男前揭注 16 书第 590 页。

[477]　陈计男前揭注 16 书第 591 页参照。

二、诉讼标的之舍弃或认诺：舍弃或认诺判决

（一）诉讼标的之舍弃或认诺之意义

所谓诉讼标的之舍弃，系指原告依其诉之声明所为关于某法律关系之主张，向行政法院为否定、相反或抛弃其主张之陈述，亦即承认其主张为无理由之陈述而言。所谓诉讼标的之认诺，则指被告就原告所主张之诉讼标的，向行政法院所为肯定其主张之陈述，亦即承认原告主张为有理由之陈述而言。由于原告所为舍弃或被告所为认诺，涉及诉讼标的实体法律关系存否之判断，因此，舍弃或认诺虽与诉之撤回同，均属处分权主义之表征，当事人须对该实体法律关系有处分权，始得为舍弃或认诺行为。就此而言，行政诉讼不同于民事诉讼，于行政诉讼情形，当事人就该实体法律关系有无处分权，须视相关法规之规定及所舍弃或认诺之权利性质而定，非如民事诉讼情形基于私法自治而原则允许（"民事诉讼法"第 384 条、第 574 条、第 594 条、第 596 条、第 639 条参照）。因此，本法第 202 条规定：当事人于言词辩论时为诉讼标的之舍弃或认诺者，以该当事人具有处分权及不涉及公益者为限，行政法院得本于其舍弃或认诺为该当事人败诉之判决。据此，严格而言，当事人单纯就诉讼标的为舍弃或认诺，尚无法终结诉讼程序，仍有待法院所为舍弃或认诺判决确定后，该诉讼程序始行终结，还请留意。

（二）诉讼标的之舍弃或认诺之要件[478]

依本法第 202 条规定，当事人所为舍弃或认诺须具备下列要件：

1. 当事人须有诉讼能力或其诉讼实施权无欠缺

当事人所为舍弃或认诺属诉讼法律行为之一种，故与前开诉之撤回情形同，当事人就该行为须具备诉讼能力或其诉讼实施权无欠缺始得为之，自属当然，此不再赘论。

2. 须当事人对其所舍弃或认诺之诉讼标的实体法律关系有处分权且不涉及公益

如前所述，舍弃或认诺系一方当事人处分诉讼标的实体法律关系之行为，故当事人自须对该实体法律关系有处分权始能为之。何种情形当事人对该实体法律关系有处分权，属行政实体法之问题，此留待讨论行政诉讼上之和解问题时，一并简要处理，此姑不论。又当事人就该实体法律关系有处分权，但如许其为舍弃或认诺，将违反公益要求者，自亦不宜允许。至于是否与公益有违，应就具体个案判断，通常情形，于判断当事人有无处分权时，即已同时就此一公益

---

[478]　陈计男前揭注 16 书第 512 页以下参照。

要件为判断(例如其舍弃或认诺违反法律之强制或禁止规定),而毋庸另外单独判断,惟若其舍弃或认诺之内容(实体法律关系),违反公序良俗或系以侵害他人权利为目的而构成权利滥用等情形,则不妨以公益为由,而不予允许[479]。

3.为舍弃或认诺之本案诉讼须具备诉讼要件

舍弃或认诺判决属本案判决,故须本案具备诉之合法要件时,始得为之。

4.舍弃或认诺须于言词辩论时以言词陈述之

舍弃或认诺须于本案言词辩论期日以言词陈述始生效力,故以书状陈述或于准备程序或其他言词辩论期日以外之言词陈述,均不发生舍弃或认诺之效力[480]。

---

[479]　台湾行政诉讼实务上,于何种情形得为舍弃或认诺,尚未建立一定之标准,惟行政法院下列案件之裁判理由,可供参照。例如:(1)1987年7月30日"行政法院"1987年判字第1273号判决谓:查该项补偿费,原由财政部台北市国税局所核定,通报被告机关核计课征,然其后据国税局函致被告机关略以:"嘉×华大饭店套房承买人取自力×投资股份有限公司发给之补偿费,经本局复查委员会议决,以该补偿费之取得,系因套房购买人投资嘉×华大饭店套房,因故未能取得产权,嘉×华大饭店经债权银行拍卖后,血本无归,嗣经协调,由拍得人力×投资公司,酌发部分补偿费,以了结纠纷。实质上前后事实,具有因果关系,又其金额较原投资购买套房成本,相差甚远,无所得可言,故予注销投资人之该笔所得"云云。是原对原告之配偶李××核定之该笔其他所得,业经注销,已不存在,自无再并入课征其综合所得税之可言。而被告机关又从新处分,仍予并入课征,一再诉愿决定,递予维持,参照首揭说明,自非妥适。因被告机关在答辩书中,表明其课税标的已不存在,并认诺原告之诉为有理由,主动请求撤销原处分,自应将再诉愿决定、诉愿决定暨原处分均撤销,俾由被告机关另为适法之处理,用昭公允。(2)2005年12月15日"最高行政法院"2005年判字第1988号判决谓:当事人为诉讼标的之舍弃或认诺者,以该当事人具有处分权及不涉及公益者为限,且应于言词辩论时为之,"行政诉讼法"第202条有明文规定,当事人并非得任意为诉讼标的之舍弃或认诺。又对于违反行政法上义务之裁罚性行政处分,若涉及行政裁量权之行使者,其裁量尚未减缩至零,基于权力分立原则,行政法院不应代替原处分机关行使行政裁量权,而应由行政机关行使之。当作成补征处分之基础事实,有所变更时,应由主管机关重新认定基础事实,叙明理由,作成变更或维持原补征处分之决定;而裁罚处分之应考虑因素,有所变更时,亦应由主管机关重新考虑应考虑因素,叙明理由,作成变更或维持原裁罚处分之决定。

[480]　下列行政法院之裁判,严格而言其问题点在于原告就该诉讼标的实体法律关系有无处分权问题,然行政法院以其所为舍弃非以言词为之,而回避此一问题(实际上行政法院以承认原告有处分权得为舍弃为其判决之默示前提),还请留意。亦即,2002年5月24日高雄高等行政法院2002年简字第83号简易判决谓:"强制汽车责任保险法"之立法意旨系为使汽车交通事故所致体伤、残废或死亡之受害人,迅速获得基本保障,并维护道路交通安全为目的,是强制汽车责任保险法所谓应负投保责任之"汽车所有人",自应以对该汽(机)车有管领、使用权限之实际所有人为规范之对象,而非徒以监理机关作业登记上之车辆所有人,即认为应负担该法之投保义务人责任,俾使其权利及责任相互符合。……又按"依'民法'第

惟舍弃或认诺属单方行为，且不以他造之同意为必要，因此，于舍弃或认诺时，纵他造未到场，于舍弃或认诺之效力无影响。

5. 舍弃或认诺不得附条件

当事人所为舍弃或认诺，为诉讼行为之一种，考虑诉讼法律关系之安定性，其行为原则不许附条件，其附有条件者，不生舍弃或认诺之效力。

三、诉讼上和解

诉讼程序终结之原因，除因确定终局判决而终结外，尚有因当事人之行为或因其他原因而终结之情形。其因当事人行为而终结者，包括诉之撤回与诉讼上和解，此与民事诉讼情形同[481]。

新行政诉讼制度施行前，早期台湾行政诉讼实务，似无以成立诉讼上和解而终结诉讼之案例。究其原因，除法律未设明文规定外[482]，当时行政诉讼以撤销诉讼为主，加以行政机关因固守依法行政原则，而行政诉讼兼有确保国家行政权合法行使之功能，故实践上难以容许当事人间经由相互让步，达成和解，以解决纷争[483]。对此，本法鉴于诉讼上和解经由双方合意方式终结纷争之功能，遂于明定和解制度（第二编第一章第七节，第219条至第228条共10条），其规范条文较诸德日为详细[484]，可见立法者重视行政诉讼上之和解制度[485]，而在

761条第1项前段规定，动产物权之让与，非将动产交付，不生效力，此之所谓交付，非以现实交付为限，如依同条第1项但书及第2项、第3项规定之简易交付，占有改定及指示交付，亦发生交付之效力，此项规定于汽车物权之让与，亦有适用"。"最高法院"著有1981年台上字第4771号判例可资参照。……次按"当事人于言词辩论时为诉讼标的之舍弃或认诺者，以该当事人具有处分权及不涉及公益者为限，行政法院得本于其舍弃或认诺为该当事人败诉之判决"为"行政诉讼法"第202条所明定。是舍弃或认诺行为须于言词辩论时，以言词陈述之，如于准备程序，或于言词辩论期日以外以书状陈述，均不生舍弃或认诺之效果。故纵本件原告于补充理由状中陈述"仅服最低罚金六千元，不服一万元罚金"等语，而认其系为诉讼标的之舍弃表示，惟依上开说明，应不生舍弃之效果，尚难本于原告之舍弃而就该舍弃部分径为其败诉之判决。

[481] 于德国情形，《德国行政法院法》规定另一种终结诉讼程序之原因，即双方以同意本案争议了结（einvernehmliche Erledigterklärung）。有关说明，请参照彭凤至前揭注100书第212页以下。

[482] 旧"行政诉讼法"就诉讼上和解虽未设明文规定，惟依旧"行政诉讼法"第33条准用"民事诉讼法"第377条以下，应可作为旧行政诉讼上和解之法律基础。

[483] 吴庚前揭注13书第231页。

[484] 翁岳生编前揭注37书第599页[法治斌/蔡进良执笔]。

[485] 惟对于本法如此重视诉讼上和解而详为规定之制度设计，是否妥适，论者有加以质疑者，吴庚前揭注13书第231页参照。

目前行政诉讼实践上,诉讼上和解亦有日渐增加之趋势[486]。

诉讼上和解,系当事人双方于诉讼系属中,在受诉行政法院、受命法官、受托法官前,就诉讼标的法律关系,约定相互让步,以终止争执及终结全部或部分诉讼程序为目的之行为。因此,关于诉讼上和解行为之性质,通说认为具有实体法上与诉讼法上此双重性质(一行为二性质说)[487],两种性质之行为相互影响。通常情形,其实体法上契约行为无效者,其诉讼上和解行为亦归于无效;反之,其诉讼上和解契约无效者,其实体法上和解契约之效力,宜视当事人缔结和解契约之真意如何而定。又本法第219条规定之诉讼上和解,其适用范围本法并无限制,无论其诉讼种类为何,亦无论其诉讼程度进行至何种程度,如行政法院认为适当,于准备程序、言词辩论期日,甚至法律审程序行言词辩论时,均得随时试行和解,甚至不分本案诉讼程序或暂时权利保护程序,皆有其适用。

(一)诉讼上和解之要件

诉讼上和解行为之性质,具有实体法上与诉讼法上行为之双重性质,故关于其要件,除须于内容上具备实体法上和解之要件外,于诉讼沄上,亦须具备一定之要件。因此,欲成立诉讼上和解,须具备实体法上要件与诉讼法上要件:

1. 实体法上要件

本法除第219条第1项规定[488]外,并未针对诉讼上和解之实体法上要件设有规定;又"行政程序法"第136条虽就行政法上之和解契约设有规定[489],但仅就特定和解契约规定其部分合法性要件,并非规定行政法上和解契约之全部类型,亦非规定其全部特别成立要件。因此,有关行政诉讼上和輝契约之实体法上要件,除上开条文外,尚须参酌例如行政程序法第137条以下、同法第149条准用"民法"第736条[490]以下等相关规定,始能了解。相关问题本书不拟详细处

---

[486]　自2000年至2005年,高等行政法院行政诉讼第一审终结77850件,以和解终结诉讼者1444件,约占全部终结件数的1.85%。另有关本施行后,台湾诉讼上和解之实践情形,请参照徐瑞晃:《行政诉讼撤销之诉在诉讼上之和解》,收于台湾行政法学会编:《行政契约与新行政法》,元照,2002年6月,第319页以下;同著:《行政诉讼上之和解》,"司法院"研究年报第23辑,"司法院"印,2003年11月。

[487]　吴庚,前揭注13书第227页;陈计男前揭注16书第591页以下参照。

[488]　本项规定:当事人就诉讼标的具有处分权并不违反公益者,行政法院不问诉讼程度如何,得随时试行和解。受命法官或受托法官,亦同。

[489]　本条规定:行政机关对于行政处分所依据之事实或法律关系,经依职权调查仍不能确定者,为有效达成行政目的,并解决争执,得与人民和解,缔结行政契约,以代替行政处分。

[490]　本条规定:称和解者,谓当事人约定,互相让步,以终止争执或防止争执发生之契约。

理,就学者之整理而论,行政诉讼上和解之实体法上要件,包括下列各项:

(1)须双方相互让步以终止争执为目的

和解须当事人双方就"和解标的(Vergleichsgegenstand)"相互让步达成协议,已终止争执。因此,如仅一造就和解标的为全部让步时,即与和解之要件不符,而可能为诉讼标的之舍弃或认诺;至于双方让步之程度如何,则未有限制。

(2)当事人就和解标的[491]有处分权且其和解内容不违反公益

和解有使当事人所抛弃之权利消灭并使双方取得因和解契约所创设权利之效力;亦即,诉讼上和解有使和解标的有关实体法上法律关系,发生得丧变更之效力。因此,当事人须就该和解标的有处分权,始有成立诉讼上和解之可能。所称当事人有"处分权",系指涉当事人就和解标的在行政实体法上能"有效"缔结和解契约之权能,此为行政实体法上之问题[492]。因此,例如行政机关之管辖权、行政契约形式之容许性("行政程序法"第 135 条)、行政契约内容之容许性(例如同法第 136 条、第 140 条、第 142 条,第 141 条第 1 项准用"民法"第 71 条、第 72 条等)要件等规定,原则均包括在处分权概念内涵之中。因此,和解内容违反法律上之强制或禁止规定、违反公益者,亦属于处分权概念之内涵,本法第 219 条第 1 项单独规定"不违反公益"此一要件,解释上应属注意规定。

2.诉讼法上要件

诉讼上和解行为,因同时具有诉讼行为之性质,因此,亦须具备一定诉讼要件。亦即:

(1)当事人须有诉讼能力或其代理人之代理权须无欠缺

诉讼上和解之当事人,需有诉讼能力,其欠缺诉讼能力者应由法定代理人为之,其由诉讼代理人代为和解者,该诉讼代理人须有特别代理权其代理权始无欠缺(第 51 条参照)。于必要共同诉讼情形,其和解须由全体共同诉讼人为之,如仅由共同诉讼人一人或其中数人同意和解者,因和解所为相互让步之合意,系属不利于他共同诉讼人,该和解行为对全体共同诉讼人不生效力(第 39 条第 1 款参照),且不因嗣后之同意或追认而使之嗣后生效。又本法第 219 条

---

[491]　本条虽使用当事人就"诉讼标的(Streitsgegenstand)"有处分权之用语,但解释上本条所称诉讼标的应系指"和解标的"而言。换言之,诉讼法上用以指涉法院审判对象与范围之"诉讼标的"概念,以及诉讼法上用以指涉法院应以何种行政行为为其审查对象之"诉讼对象(或称程序标的)(Klagegegenstand)"概念,与此用以指涉行政实体法上当事人拟就何种事项缔结和解契约之"和解标的",应予以区别。

[492]　有关处分权概念之进一步说明,盛子龙:《当事人对诉讼标的之处分权作为行政诉讼上和解之容许性要件——以税务诉讼上之事实和解为中心》,《台湾本土法学杂志》第 71 期,2006 年 6 月,第 58 页以下参照。

第 1 项所称"当事人"，除原告、被告外，包括已依第 41 条、第 42 条参加诉讼之人。至于其他第三人，依同条第 2 项规定，经行政法院之许可者，亦得参加和解，且行政法院认为必要时，亦得通知该第三人参加和解。

（2）须于诉讼系属中在受诉法院、受命法官或受托法官前依法定方式为之

诉讼上和解应于诉讼系属中，于期日，在受诉行政法院、受命法官或受托法官前为之。至于该已系属之诉讼事件本身是否合法，并非所问。因此，如非于受诉行政法院、受命法官或受托法官前所为，或系于期日外或诉讼系属前或诉讼终结后所为之和解，均非所称诉讼上和解。

其次，法院不问诉讼程度如何，均得随时试行和解，故所称期日不以言词辩论期日为限，于因试行和解而指定之期日、准备程序期日、调查证据期日，均得为之；甚至于言词辩论终结后判决宣示前，亦得因和解而以裁定而开期日[493]。

再者，依本法第 221 条规定，试行和解而成立者，应作成和解笔录（第 1 项）。关于和解笔录之制作，则准用本法 128 条至第 130 条，"民事诉讼法"第 214 条、第 215 条、第 217 条至第 219 条之规定（第 2 项）；且和解笔录应于和解成立之日起 10 日内，以正本送达于当事人及参加和解之第三人（第 3 项）[494]。

（3）和解标的须与诉讼标的法律关系相关联

因诉讼上和解在诉讼法性质上，系以终结诉讼程序为目的之当事人间合意行为。因此，和解标的如与诉讼标的之法律关系毫无关联者，当无成立诉讼上和解之可能。换言之，和解标的须与诉讼标的之法律关系存有一定之关联性，其（和解标的）可能为诉讼标的法律关系之全部或一部[495]，除此之外，当事人因和解之必要，亦得并同就其他与诉讼上请求之基础有关或诉讼标的以外之法律关系（包括民事法律关系）等事项，一并达成和解。且多数情形，当事人所为诉讼上和解之和解标的，通常同时包含对诉讼费用或其他诉讼外费用之合意。因此，仅就终结诉讼程序达成合意，而未触及与诉讼标的有关联之和解标的之让步解决者，因台湾并无如《德国行政法院法》规定得以双方同意本案争议了结（einvernehmliche Erledigterklärung）之方式，作为终结诉讼程序之事由，故于台湾情形，解释上其所为合意，宜解为一造所为诉之撤回与他造同意诉之撤回之

---

[493]　陈计男前揭注 16 书第 599 页参照。

[494]　惟关于和解笔录之制作与送达，是否为诉讼上和解之生效要件？论者有采肯定见解者，惟陈计男前揭注 16 书第 600 页下谓："诉讼上和解，于当事人就和解之内容，双方意思表示一致时，和解即已成立，作成和解笔录并签名，非和解之生效件"，似采否定见解。然依"行政程序法"第 139 条规定："行政契约之缔结，应以书面为之。但法规另有其他方式之规定者，依其规定"，则笔录之制作与签名，解释上似宜认为系诉讼上和解之成立要件。

[495]　吴庚前揭注 13 书第 228 页以下参照。

意思表示,尚非诉讼上和解。又当事人就诉讼上独立之攻击或防御方法虽以合意终止该争执,但如诉讼不因而终结时,仅为当事人间所为争点协议(诉讼契约之一种),亦非诉讼上和解,并请留意[496]。

(二)诉讼上和解之效力

除本法第227条第1项、第305条第4项规定外,依本法第222条规定,和解成立者,其效力准用第213条、第214条及第216条之规定。因此,诉讼上和解成立者,发生确定力、拘束力与执行力。关于各该效力之概念与具体内容,容待后述,以下仅概略说明和解效力之内容:

1. 确定力

成立诉讼上和解者,于和解当事人间发生确定力(准用第213条参照)[497]。至于该确定力之主观范围,除和解当事人(包括依第219条第2项规定参加和解之第三人)外,对于诉讼系属后为当事人之继受人者,以及为当事人或其继受人占有和解之标的物者,亦有效力;且于为他人为原告或被告者之和解之情形,对于该他人,亦有效力(准用第214条)。此时,和解如存有无效或得撤销之原因时,为和解效力所及之人中,除得请求继续审判或起宣告和解无效或撤销和解之诉寻求救济[498]外,不得再以上诉方式对之表示不服(形式的确定力),且就同一事件,亦不得更行起诉(实质的确定力)。

值得注意者,因本法关于和解之效力并未准用同法第215条关于撤销判决之形成力规定,因此,纵使当事人于撤销诉讼系属中成立诉讼上和解,该和解对于一般之第三人亦不发生形成力。惟第三人如经依第219条第2项规定参加和解者,其既为和解之当事人,自为和解之确定力所及,自不待言。

2. 拘束力

成立诉讼上和解者,该和解之内容就其事件有拘束各关系机关之效力(第216条第1项)。关于此一拘束力之概念与性质如何,学说上虽有不同见解,惟若参酌同条第2项[499]及释字第368号解释[500]意旨观之,原则系指成立和解

---

[496] 同旨,陈计男前揭注16书第600页参照。

[497] 本法关于和解之效力,非如"民事诉讼法"般,规定为"与确定判决有同一之效力"(第380条第1项),而系径自准用同法第213条关于确定判决既判力之规定,还请留意。

[498] 其中,当事人得依本法第223条规定请求继续审判,第三人则可依第227条第2项规定向原行政法院提起宣告和解无效或撤销和解之诉。

[499] 本项规定:原处分或决定经判决撤销后,机关须重为处分或决定者,应依判决意旨为之。

[500] 本号解释谓:行政法院所为撤销原决定及原处分之判决,如系指摘事件之事实尚欠明了,应由被告机关调查事证另为处分时,该机关即应依判决意旨或本于职权调查事证。

后,和解一方当事人之行政机关或各关系机关,就该事件,不得再为反于和解内容之行为,且如有因而须重为处分或决定或其他行为者,亦应依和解内容之意旨为之[501]。

3.执行力

诉讼上和解经成立者,有确定力。因此,和解当事人(包括第三人)如因该和解内容须对他造为给付而不为履行者,自宜赋予其有执行力,而得作为强制执行之执行名义(第 305 条第 4 项、第 227 条第 1 项[502]),亦即得向该管高等行政法院申请强制执行(第 306 条第 1 项)。

(三)瑕疵和解之救济

诉讼上和解经成立者,有确定力,该为和解效力所及之人,不得再以上诉方式对之表示不服,且就同一事件,亦不得更行起诉,原诉讼之系属,并因成立和

倘依重为调查结果认定之事实,认前处分适用法规并无错误,虽得维持已撤销之前处分见解;若行政法院所为撤销原决定及原处分之判决,系指摘其适用法律之见解有误时,该管机关即应受行政法院判决之拘束。

[501] 另外台湾行政诉讼实务对于判决拘束力概念之具体内容问题,下列裁判所表示见解可供参照:(1)2000 年 4 月 7 日"最高行政法院"2000 年判字第 1021 号判决谓:旧"行政诉讼法"第 4 条规定"行政法院之判决,就其事件有拘束各关系机关之效力",是行政法院判决确定后,该事件之当事人及各关系机关即应依判决之内容据以执行,以符行政诉讼之本旨。行政法院所为撤销原决定及原处分之判决,原机关有须重为处分者,亦应依据判决所认定之事实及所表示之主要法律见解为之,以贯彻宪法保障原告因诉讼而获得救济之权利或利益。惟如本院撤销原决定及原处分之判决确定后,原机关依法重为处分前,为前判决基础之事实或法令变更,如大法官就同一或同类事件已作成有拘束力之解释,或行政诉讼终审法院统一法令见解之结果,变更前判决之见解者,原机关尚非不得依变更后之事实及当时有效之法令重为处分。至其是否违背"行政诉讼法"第 4 条规定及一般法律适用原则,应由行政法院就重为之处分为审理时并予审查,自不待言。(2)2006 年 7 月 27 日台北高等行政法院 2006 年诉字第 1165 号判决谓:"政府采购法"第 85 条第 1 项及第 3 项规定,于采购争议中,如审议判断指明原采购行为违反法令者,厂商得向被告请求偿付其准备投标、异议及申诉所支出之必要费用。此项规定虽仅规定审议判断指明原采购行为违反法令之情形,亦及于行政法院判决指明原采购行为违反法令之情形。然行政法院审查行政处分及审议判断之合法性,且依"行政诉讼法"第 216 条规定,法院撤销或变更原处分或决定之判决就其事件有拘束各关系机关之效力,且原处分或决定经判决撤销后,机关需重为处分或决定者,应依判决意旨为之。行政法院以撤销判决或确认判决,确认采购机关之采购行为违法,原处分机关及审议机关皆受判决结果拘束,不得再另为不同之判断,其效力甚于审议判断指明原采购行为违法之效力。举轻以明重,在行政法院以撤销判决或确认判决,确认采购机关之采购行为违法时,厂商得类推适用"政府采购法"第 85 条第 3 项规定,请求采购机关偿付所支出之必要费用。

[502] 第 305 条第 4 项规定:依本法成立之和解……得为执行名义。第 227 条第 1 项规定:第三人参加和解成立者,得为执行名义。

解而消灭,受诉法院自亦不得再为任何裁判。于此情形,诉讼上和解如发生有无效或得撤销之瑕疵之原因,自应有救济之方法。本法第 223 条、第 227 条第 2 项遂分别规定,和解有无效或得撤销之原因者,对于当事人间之和解,当事人得请求继续审判,对于当事人与第三人间之和解,得向原行政法院提起宣告和解无效或撤销和解之诉,兹分述如下:

1. 请求继续审判

(1)请求继续审判之原因

本法第 223 条规定,和解有无效或得撤销之原因者,当事人得请求继续审判。所谓和解有无效或得撤销之原因,系指和解存有实体法上或诉讼法上无效或得撤销之原因而言,至于其具体原因则分别视实体法或诉讼法规定判断。例如,和解有"行政程序法"第 141 条、第 142 条[503]规定之事由者,和解有实体法上无效之原因;此外,依同法第 149 条准用"民法"有关法律行为得撤销或无效之规定者,亦为实体法上无效或得撤销之原因[504];至于和解有诉讼法上无效之原因者,和解当事人无当事人能力、诉讼能力或其非适格之当事人、法定代理人或诉讼代理人之代理权有欠缺、被选定当事人所为和解未得全体选定人之同意[505]、和解之内容非属行政法院之权限(欠缺审判权或违背专属管辖权)者[506],属之。

---

[503] "行政程序法"第 141 条规定:行政契约准用民法规定之结果为无效者,无效。行政契约违反第 135 条但书或第 138 条之规定者,无效。第 142 条规定:代替行政处分之行政契约,有下列各款情形之一者,无效:一、与其内容相同之行政处分为无效者。二、与其内容相同之行政处分,有得撤销之违法原因,并为契约双方所明知者。三、缔结之和解契约,未符合第 136 条之规定者。四、缔结之双务契约,未符合第 137 条之规定者。

[504] 例如,和解内容违背强制或禁止规定者(准用"民法"第 71 条)、违背公序良俗者(同法第 72 条)、一方当事人心中保留而为对方当事人所明知者(同法第 86 条但书)、因通谋而虚伪意思表示而作成者(同法第 87 条)、和解当事人无行为能力或在无意识状态者(同法 75 条)等情形,为和解无效之原因。如和解系因被诈欺或胁迫所作成者(同法第 92 条)、意思表示错误且有法定事由者(同法第 738 条)等,为和解得撤销之原因。以上,参酌整理自陈计男前揭注 16 书第 605 页以下。

[505] 于民事诉讼情形,除非选定人别有限制选定当事人为舍弃、认诺、撤回或和解之权限,否则选定当事人仍得为有效之和解("民事诉讼法"第 44 条参照)。

[506] 按和解之内容非属行政法院之权限者,是否构成和解无效之原因,学者采肯定见解(陈计男前揭注 16 书第 606 页)。就和解将发生各种诉讼法上效力而论,自以肯定见解为是,惟若自和解之功能在于经由当事人双方合意方式终止争执,以及和解标的之内容不以诉讼标的之法律关系为限,纵为与诉讼标的法律关系有关联之私法上法律关系,亦得一并和解,且已系属之诉讼事件是否合法,并不影响和解之成立等观点而言,似又不宜认为构成无效之原因。

附带一提,诉讼上和解存有实体法上得解除或终止契约之事由(如"行政程序法"第 147 条)者,并非和解有无效或得撤销之原因,自无本条规定之适用,还请留意。

(2)请求继续审判之程序及裁判

请求继续审判,其目的在于续行和解前之诉讼程序,故得请求继续审判之人,限于和解当事人(第 23 条参照,但不包括依第 219 条第 2 项规定参加和解之第三人)及其一般继受人(即有承受诉讼权之人),至于依第 214 条规定为和解确定力所及之第三人,既非当事人,自不得请求继续审判。共同诉讼情形,如为通常共同诉讼,因共同诉讼人一人请求继续审判者,其效力不及于他共同诉讼人,故仅就该请求之当事人部分继续审判。反之,如为必要共同诉讼,论者有认为因继续审判之请求与起诉相似,故共同诉讼人为请求时,须由全体共同诉讼人为之始可,如系由对造请求时,亦须全体共同诉讼人为之,不生第 39 条第 1 款及第 2 款规定之适用[507]。惟本书以为,于必要共同诉讼情形,不妨类推上诉不可分原则,使共同诉讼人一人之请求发生全部请求继续审判之效果,如此,似较能保障人民之诉讼权。

请求继续审判,系前诉讼程序之续行,故应向诉讼原系属之行政法院请求,始有续行诉讼之可能。

依本法第 224 条规定,请求继续审判,应于 30 日之不变期间内为之(第 1 项)。前项期间,自和解成立时起算[508]。但无效或得撤销之原因知悉在后者,自知悉时起算(第 2 项)。和解成立后经过 3 年者,不得请求继续审判。但当事人主张代理权有欠缺者,不在此限(第 3 项)。

行政法院审查当事人继续审判之请求时,如认为其请求不合法者,应以裁定驳回之(第 225 条第 1 项)。其请求虽为合法但显无理由者,得不经言词辩论,以判决驳回之(同条第 2 项)。其他情形,行政法院应指定言词辩论期日,先就和解有无效或得撤销之原因而为辩论,辩论之结果,行政法院如认为和解并无无效或得撤销之原因者,宜以判决驳回之。如认为和解确有无效或得撤销之原因者,毋庸为任何终局裁判,应即就原诉讼继续为实体之审理,并依审理之结果为实体判决;此时,行政法院得以中间裁定或于终局判决理由中,说明该和解有无效或得撤销之原因。对于驳回继续审判请求之裁判,得依一般规定提起上诉或抗告。"最高行政法院"如认为驳回继续审判之请求为不当,并认为和解有无效或得撤销之原因者,应废弃原裁判发回原行政法院,命其就原诉讼继续为

---

[507] 以上,陈计男前揭注 16 书第 604 页参照。

[508] 故非自和解笔录正本送达之日起算。

实体之审理。"最高行政法院"如认为准许继续审判所为原判决为不当，以其并无请求继续审判之原因时，应废弃原判决，并驳回继续审判之请求。

成立诉讼上和解后，和解发生与确定终局判决同一之效力，因此，单纯因行政法院准许继续审判之请求，并尚无法使诉讼上和解失其效力，仍须待行政法院续行原诉讼程序并作成终局判决确定后，和解始溯及至和解成立时失其效力。又因准许继续审判，而就原诉讼所为终局判决有变更和解内容者，对于第三人于诉讼上和解失其效力前，因信赖该和解而以善意取得之权利，除显于公益有重大妨害者外，不因此而受有影响（第226条准用第282条）。

2. 宣告和解无效或撤销和解之诉

当事人与第三人间之和解，有无效或得撤销之原因时，因该和解并非当事人原起诉之范围，且该第三人系因第219条第2项规定而参加和解，其并非原诉讼之当事人，故无请求继续审判之可言[509]。因此，本法第227条第2项遂规定，该当事人或第三人得提起宣告和解无效或撤销和解之诉，以为救济。

（1）提起宣告和解无效或撤销和解之诉之原因

依第227条第2项规定，当事人与第三人间之和解，有无效或得撤销之原因者，得向原行政法院提起宣告和解无效或撤销和解之诉。至于和解无效或得撤销之原因，与请求继续审判之原因同，不再赘论。

（2）提起宣告和解无效或撤销和解之诉之程序与裁判

宣告和解无效或撤销和解之诉，须由主张当事人与第三人间和解有无效或得撤销事由之当事人或第三人为原告，以和解契约之其他相对人为被告，提起诉讼。如当事人与第三人间之和解契约内容仅涉及原诉讼当事人一造时，解释上无须列他造当事人为宣告和解无效或撤销和解之诉之对造当事人。

依本法第228条规定，提起宣告和解无效或撤销和解之诉，有关其管辖法院、应遵守之法定期间、裁判方式及判决之效力等事项，均准用前述关于当事人请求继续审判之规定（准用第224条至第226条）。

宣告和解无效或撤销和解之诉，为独立之诉讼，除前述特别实体判决要件外，自须具备一般实体判决要件。行政法院于宣告和解无效或撤销和解之诉，其审理与裁判方式与其他诉讼并无差异。惟当事人与第三人间之和解，有无效或得撤销之原因，且该无效或得撤销之原因，同时涉及当事人间之和解亦有无效或得撤销之原因时，当事人对于后者，依本法第223条规定原得请求继续审判，为免程序重复，本法第227条第3项遂明定，于此一情形，当事人得请求就

---

[509] 第227条立法理由说明三参照。

原诉讼事件合并裁判[510]。

四、裁判

裁判为行政法院、审判长、受命法官、受托法官对于诉讼事件、诉讼程序附随事项[511]、指挥诉讼上之处置[512]，所为意思表示之统称[513]。裁判依其方式，可分为判决与裁定两种。其中，判决主要系就当事人实体法律关系争点所为之判断[514]，应由行政法院本于言词辩论，并依法定方式作成判决书对外宣示；裁定原则上对当事人或诉讼关系人有关其非实体法律关系争点所为之判断，可由行政法院、审判长、受命法官或受托法官，本于书面审理或任意的言词辩论所为之意思表示，其未必有一定之格式，且不限定必须作成书面。

行政法院之裁判，除法律别有规定应用判决方式为之者外，均以裁定行之（第 187 条）。

（一）裁判之种类与程序

判决应由行政法院为之，因其内容原则上涉及行政法院对当事人间实体法律关系争点所为之判断，基于直接审理与言词审理原则，除法律别有规定外，应经言词辩论（第 188 条第 1 项），法官非参与裁判基础之辩论者，不得参与裁判（同条第 2 项），且除别有规定者[515]外，其裁判应斟酌全辩论意旨及调查证据之结果，依论理及经验法则判断事实之真伪，并将其得心证之理由记明于判决（第 189 条）[516]。

---

[510]　关于本项合并裁判规定之适用范围，因原诉讼之当事人，与宣告和解无效或撤销和解之诉之当事人，二者未必一致。因此，理论上上开二诉能否合并审理合并裁判，仍宜视具体情形而定。对此，论者有具体整理六种情形分别检讨分析（陈计男前揭注 16 书第 610 页以下、第 612 页以下参照），还请留意。

[511]　例如，法官之回避、指定管辖、诉讼救助等属之。

[512]　例如，指定期日、再开辩论等属之。

[513]　吴庚前揭注 13 书第 193 页以下；陈计男前揭注 16 书第 505 页以下参照。

[514]　判决之内容与当事人间实体法律关系之争点无关者，为程序判决，例如本法第 257 条第 2 项规定之移送判决，属之。

[515]　此项别有规定通常系指自由心证之例外情形而言，例如明定采法定证据主义之情形，属之。

[516]　本法于损害赔偿诉讼，如原告已证明其受有损害但不能证明其损害数额或证明显有困难时，并未如"民事诉讼法"第 222 条第 2 项规定设有降低举证责任或扩大法官自由心证范围之立法设计，对原告之权利保护未尽周延。对此，"行政诉讼法部分条文修正草案"第 189 条增列第 2 项规定（原第 2 项改列第 3 项），明定法院应审酌一切情况，依所得心证定其数额，以资解决。

1.判决之种类

行政法院之判决,依现行法之规定,约可分为以下几类：

(1)终局判决与中间裁判

①终局判决

判决具有终结诉讼之全部或一部在该该审级之系属之效果者,为终局判决；其不具终结诉讼之效果,而仅系为终局判决之准备者,为中间裁判。因此,如诉讼进行之程度,已达可为终局裁判之程度时,即应为终局判决,不得为中间裁判(第190条)。诉讼事件之终结,除因当事人撤回、成立诉讼上和解或因法律别有规定而终结者外,通常以及终局判决方式终结诉讼。惟关于因欠缺实体判决要件之诉讼,除对于欠缺权利保护必要要件情形,实务通例系采判决方式驳回者[517]外,本法明定采裁定方式为之(第107条第1项、第2项),此时亦发生终结诉讼之效果。

终局判决因究系终结诉讼之全部或一部系属,又可分为全部终局判决与一部终局判决。于全部终局判决情形,原则有上诉不可分原则之适用；于一部终局判决情形,当事人得单独就该判决提起上诉。其中,如诉讼之全部均达于可为裁判之程度[518]者,行政法院应为全部终局判决；如诉讼标的之一部,或以一诉主张之数项标的,或于命合并辩论之数宗诉讼,其一达于可为裁判之程度者,行政法院得为一部终局判决(第191条)。同理,当事人如就诉讼标的之一部或合并提起之数宗诉讼之数项标的之一部,为舍弃或认诺者,如其舍弃或认诺与他部分可分,且符合本法第202条规定之要件(有处分权且不违反公益),亦得

---

[517]　2001年6月19日"最高行政法院"2001年6月份庭长法官联席会议决议谓："行政诉讼法"107条第1项各款系属广义之诉的利益要件,由于各款具有公益性,应由法院依职权调查,如有欠缺或命补正而不能补正者,法院应以裁定驳回之。至于欠缺当事人适格、权益保护必要之要件,属于狭义的"诉的利益"之欠缺,此等要件是否欠缺,常须审酌当事人之实体上法律关系始能判断,自以判决方式为之,较能对当事人之诉讼程序权为周全之保障。本院1980年4月30日庭长评事联席会议关于此部分决议应予维持。"行政诉讼法"第107条第2项所定"撤销诉讼,原告于诉讼误列被告机关者,准用第1项之规定"系法律就特殊情形所作之例外规定,由此可知同条第1项第10款所定"不备其他要件"并非当然包含当事人适格、权益保护必要要件之欠缺,并此指明。又2002年6月27日"最高行政法院"2002年裁字第587号裁定亦谓：查"行政诉讼法"第107条第1项各款系属广义之诉的利益要件,由于各款具有公益性,应由法院依职权调查,如有欠缺或命补正而不能补正者,法院应以裁定驳回之。至于欠缺权利保护必要之要件,属于狭义的"诉讼利益"之欠缺,其要件是否欠缺,常须审酌当事人之实体上法律关系始能判断,自应以判决为之,此为本院最近之见解。

[518]　所谓达于可为裁判之程度,系指依诉讼之辩论或调查证据等进行之程度,已足使行政法院就该事件获有心证,而可为判决之状态而言。

就该部分为舍弃或认诺判决。惟如诉讼标的不可分,所主张之数项标的或所合并数宗诉讼之攻击或防御方法,彼此间相牵连,而经由有合并辩论合并裁判方式(第 127 条、第 132 条准用"民事诉讼法"第 204 条参照),以防止裁判矛盾之发生者,原则上仍不得为一部终局判决。因此,于预备合并之诉,先位之诉达于可为裁判之程度者,虽预备之诉已无裁判之必要,但其裁判仍为全部判决而非一部判决;其他如提起必要共同诉讼或合并于本诉提起反诉(第 112 条第 3 项后段)等情形,原则亦不得为一部终局判决。

②中间裁判

中间裁判,系指于诉讼进行中,就程序上或本案诉讼标的有关之某项争点,为终局判决预作准备或为解决其前提问题,而于终局判决前以裁定或判决方式所为之表示。由于中间裁判原则不对当事人所争执之法律关系作成判断,故不发生终结诉讼之效果。对于程序上或本案之争点,应否为中间裁判抑或仅于终局判决理由中说明,由法院裁量决定。于台湾实务上,因中间裁判并无终结诉讼之效果,且法院未到诉讼终结,通常不欲当事人预知诉讼胜负,因此,甚少有作成中间裁判之例。

中间裁判,可分为中间判决与中间裁定。中间判决,既为判决之一种,自应是用判决之一般规定,即原则须经言词辩论始得为之(第 188 条第 1 项),判决亦须宣示(第 204 条),并作成判决书以正本送达于当事人(第 209 条、第 210 条),但因其并未终结诉讼,故不为诉讼费用之裁判(第 104 条准用"民事诉讼法"第 87 条第 1 项)。经中间判决之事项,为裁判之法院应受其拘束(第 206 条),终局判决应以之为基础,不得更为相反之判断。中间判决仅为对终局判决之准备,故当事人不得对中间判决独立提起上诉,仅得于其后之终局判决一并声明不服,并受上诉法院之审判(第 239 条前段);同理,不得对之独立提起再审之诉,如有再审原因,亦仅能对其后之终局判决提起再审之诉[519]。

依本法第 192 条规定,行政法院于下列情形得为中间判决:a)各种独立之攻击或防御方法,达于可为裁判之程度者;b)请求之原因及数额俱有争执时,行政法院以其原因为正当者(原因判决)。所称各种独立之攻击或防御方法,系指当事人因攻击或防御所主张之事项,不待其他事项之补充,即可直接发生某种法律效果者而言。惟应注意者,无论系独立之攻击或防御方法,抑或请求之原因,均须达于可为裁判之程度但尚不足以终结诉讼者,始得为之;故如法院对其所为之判断已足以终结诉讼者,即应为终局判决而非中间判决[520]。

---

[519]　陈计男前揭注 16 书第 511 页。

[520]　通常情形,于独立之攻击或防御方法不成立时,可为中间判决,如该攻防方法得以成立,原则须为终局判决;于请求之原因为正当时,得为中间判决,反之如该请求之原因不能成立,原则须为终局判决。

依本法第 193 条规定,行政诉讼进行中所生程序上之争执,达于可为裁判之程度者,行政法院得先为裁定,此即为中间裁定。所称行政诉讼进行中所生程序上之争执,乃指独立之攻击或防御方法或请求之原因以外,于诉讼程序进行中所生程序上事项之争执。何种事项应用中间裁定,除本法明定应以裁定为之者[521]外,依本条修正理由说明[522],例如,"就诉之合法与否? 诉有无变更? 能否许其变更? 有无提出书证之义务? 某证据是否必要等事项发生争执者",均属之[523]。

(2)给付判决、确认判决与形成判决

判决依其诉所欲实现之目的区分,可分为给付判决、确认判决与形成判决。凡原告起诉目的在于请求法院就其给付请求权或受给地位之存否作成判断,而行政法院认其主张为正当而应为容许者,其判决即为给付判决。如原告起诉目的在于请求法院确认系争行政处分是否无效或违法,或其有某具体法律关系之存否,而行政法院以其主张为正当应为容许者,其判决即为确认判决。如原告起诉之目的在于请求行政法院以判决方式使特定法律关系发生得丧变更之效果者,而行政法院以其请求为正当应为容许者,其判决即为形成判决。反之,于原告请求非属正当而不应容许情形,行政法院所为判决均为确认判决。就行政诉讼情形而言,因撤销诉讼占有绝大部分,故形成判决于行政诉讼最为重要。

无论何种判决原则均具有请求行政法院就其权利主张是否正当一节,作成

---

[521]　例如,本法第 132 条准用"民事诉讼法"第 201 条关于指挥诉讼之裁定或该裁定为违法而提出异议之裁定,或关于审判长或陪席法官所为发问或晓谕为违法而提出异议所为之裁定等,属之。

[522]　本条修正理由说明二谓:"行政诉讼进行中所生程序上之争执,例如就诉之合法与否? 诉有无变更? 能否许其变更? 有无提出书证之义务? 某证据是否必要等事项发生争执者均是。类此程序上之问题,原为行政法院应依职权调查之事项,如调查结果,已达于可为裁判之程度者,行政法院自得先为裁定,以防止诉讼错杂。"

[523]　对于前开台湾修正理由中,关于诉之合法或诉之变更等事项之说明,论者有认为其说明与德国行政诉讼及台湾民事诉讼实务见解有违,应非确论者。亦即,其认为(吴庚前揭注 13 书第 195 页):"对于事件是否为行政法院裁判权之对象、就行政法院事务管辖或土地管辖所生争执、诉之提起是否符合实体判决要件等问题,行政法院如认为其判断皆属肯定,可采用中间判决加以宣示;如认为皆属否定,亦即不具有审判权或起诉不合法,则属终局判决之事项,德国实务向持此种见解,台湾民事实务亦有相似之判例:关于诉之是否合法之争执可为裁判时,如认为其诉为不合法,则应径为驳回其诉之终局判决,若认为其合法,则以中间判决宣示其旨('最高法院'1930 年上字第 248 号判例)。"惟上该论者所举台湾民诉实务见解,似有误会,盖该则判例已于 2003 年 3 月 18 日经"最高法院"2003 年度第 5 次民事庭会议决议不再援用,其决议不再援用之理由为:"本则判例就诉讼程序上之中间争点,认以中间判决为之,现行法第 383 条第 2 项已修正为以裁定为之。"

确认之作用；因此，确认判决为所有判决之原型，其确认某项法律关系存在者，为积极的确认判决，其确认该法律关系不存在者，为消极的确认判决。此外，给付判决除确认之作用外，同时具有命被告应对原告为一定作为、不作为或忍受等给付行为之表示，故于制度上赋予此类判决有执行力，以有助于判决之实现；于形成判决，无论系在使某项法律关系消灭以回复既有法律关系之消极形成判决，抑或在创设一新的法律关系之积极形成判决，其判决一经宣示或送达即生效力，系争法律关系亦因而发生得丧变更效果，故于制度设计上无须经由强制执行以担保该判决之实效。

理论上，行政法院究应为给付判决、形成判决抑或确认判决？基于声明之拘束性要求，应视原告起诉之声明如何而定。惟应注意者，行政诉讼与民事诉讼不同，除于第 3 条基本诉讼类型外，并明定各种具体诉讼类型（第 4 条至第 8 条参照），此外，基于行政法院对行政第一次判断权之尊重（权力分立要求）以及人民完整有效权利保护之要求，本法对应于各种具体诉讼类型分别明定行政法院判决之方式（如第 196 条、第 197 条、第 198 条、第 200 条、第 201 条参照）。因此，行政法院应为何种判决，尚难单纯视原告起诉声明如何而定，尚须考虑本法对原告之请求究竟提供何种权利保护模式以及有何限制，始能决定。

（3）本案判决与程序判决

判决之内容，依其是否与本案诉讼标的有关，可分为本案判决（第 195 条第 1 项，第 200 条第 2、3、4 款）与程序判决（非本案判决，第 257 条第 2 项）。本案判决系行政法院就两造争执之诉讼标的法律关系所为之判决，故亦称实体判决；程序判决则系行政法院就无关诉讼标的法律关系之事项所为之判决，亦称诉讼判决。于台湾情形，对于无关诉讼标的法律关系之事项，通常以裁定方式（第 107 条第 1 项参照）为之，故除法律别有规定者（本法第 257 条第 2 项）外，原则并不存在非程序判决（非本案判决）。

（4）其他

除上述分类外，依现行法规定，行政法院之判决尚有一造辩论判决（第 218 条准用"民事诉讼法"第 385 条）、不经言词辩论判决（第 107 条第 3 项、第 194 条）、舍弃或认诺判决（第 202 条）、情况判决（第 198 条）以及情事变更判决（第 203 条）。

①一造辩论判决

基于判决除别有规定者外，应本于两造之言词辩论为之（第 138 条第 1 项）。惟于言词辩论期日，如当事人之一造不到场时，行政法院应如何处理？立法例上有缺席判决主义与一造辩论主义二种不同设计[524]。本法采一造辩论判决之设计,此时,行政法院不得径自对不到场之一造为其败诉之判决,应依到场一造辩论之诉讼资料并斟酌未到场一造于辩论期日前所提出之资料而为判决[525]。依本法第218条准用"民事诉讼法"第385条、第386条规定,行政法院为一造辩论判决,须具备下列要件[526]:

a)须当事人一造于言词辩论期日不到场:得为一造辩论判决者,限于不到场当事人所迟误者为言词辩论期日,如其系迟误准备程序等其他期日,则不得为一造辩论判决。如其中一造虽到场但不为辩论或任意退庭者,应视同不到场(第218条准用"民事诉讼法"第387条)。如两造均迟误言词辩论期日,或虽有一造到场但其不为辩论或任意退庭而视为不到场者,则发生合意停止诉讼程序之效果(第185条第1项);如其诉讼属撤销诉讼或其他维护公益诉讼情形,行政法院甚至得依职权调查事实,不经言词辩论径为判决(第194条)。又于诉讼标的对于共同诉讼之各人必须合一确定者,言词辩论期日共同诉讼人中一人到场时,为免诉讼延滞不决,该到场之共同诉讼人亦得申请一造辩论判决(第218条准用"民事诉讼法"第385条第2项[527])。

b)须不到场之一造,其不到场无正当理由:如不到场之一造其不到场有正当理由者,行政法院应驳回对造所为一造辩论判决之申请,并延展言词辩论期日。依本法第218条准用"民事诉讼法"第386条规定,下列情形其不到场为有正当理由,亦即:i)不到场之当事人未于相当时期受合法之通知者;ii)当事人不到场,可认为系因天灾或其他正当理由者;iii)到场之当事人于法院应依职权调查之事项,不能为必要之证明者;iv)到场之当事人所提出之声明、事实或证据,未于相当时期通知他造者。

c)须经到场当事人之申请:一造辩论判决须经到场之他造当事人之申请,始得为之。如其不欲申请者,法院自应延展辩论期日;如其申请不符前述要件

---

[524] 缺席判决,系指行政法院得依一造不到场之事实,经对造之申请,而为不到场者败诉之判决;一造辩论判决,则指行政法院应依到场一造辩论之诉讼资料并斟酌未到场一造于辩论期日前所提出之资料而为判决(陈计男前揭注16书第514页)。

[525] 本法第218条准用"民事诉讼法"第385条第3项规定谓:前项规定(即一造辩论判决),如前已为辩论或证据调查或未到场人有准备书状之陈述者,为前项判决时,应斟酌之;未到场人以前声明证据,其必要者,并应调查之。

[526] 以下,参照陈计男前揭注16书第514页以下。

[527] 本条项为2003年"民事诉讼法"修正时所增订,依本条项修正理由谓:于诉讼标的对于共同诉讼之各人必须合一确定之事件,如一造当事人全部不到场,而他造之共同诉讼人未全部到场时,依现行法之规定,法院尚不得依申请或依职权为一造辩论判决,案件将因此而延滞不决。为解决实务上之困难,爰增订第2项,以兹适用。

者,法院亦应裁定驳回其申请,并延展辩论期日。此项裁定,为诉讼程序进行中所为之裁定,不得抗告(第 265 条)。延展辩论期日后,不到场之当事人经再次通知而仍无正当理由而不到场者,行政法院并得依职权由一造辩论而为判决(第 218 条准用"民事诉讼法"第 385 条第 1 项后段)。

②不经言词辩论判决

行政诉讼除别有规定者外,应本于言词辩论而为裁判(第 188 条第 1 项)。所谓别有规定,系指下列情形而言:a)原告之诉,依其所诉之事实,在法律上显无理由者,行政法院得不经言词辩论,径以判决驳回之(第 107 条第 3 项);b)撤销诉讼及其他有关维护公益之诉讼,当事人两造于言词辩论期日无正当理由均不到场者,行政法院得依职权调查事实,不经言词辩论,径为判决(第 194 条[528])。

③舍弃或认诺判决

当事人于言词辩论时,为诉讼标的之舍弃或认诺者,以该当事人具有处分权且不涉及公益者为限,行政法院得本于其舍弃或认诺为该当事人败诉之判决。有关当事人所为舍弃或认诺应具备之要件,业如前述,此不再赘论。惟应注意者,单纯当事人之舍弃或认诺行为,尚无法终结诉讼,仍须行政法院据以作成舍弃或认诺判决后,其诉讼始终结。又诉讼标的之舍弃或认诺与缩减应受判决事项之声明不同,本法对于行政法院对于超过缩减声明之原有声明部分,并无应为原告败诉判决之规定,故不生原告就该超过缩减声明部分为舍弃之问题[529]。

④情况判决

台湾行政诉讼法仿照《日本行政事件诉讼法》(旧)关于情况判决之设计[530],于行政处分纵属违法,但如符合社会整体利益时,仍不宜径自撤销该违法处分而使其效力得以维持之设计。亦即,本法第 198 条规定:"行政法院受理撤销诉讼,发现原处分或决定虽属违法,但其撤销或变更于公益有重大损害,经斟酌原告所受损害、赔偿程度、防止方法及其他一切情事,认原处分或决定之撤

---

[528] 于撤销诉讼或有关维护公益之诉讼以外之其他诉讼,如两造均无正当理由而迟误言词辩论期日者,依本法第 185 条第 1 项规定,视为合意停止诉讼程序。如两造于四月内不续行诉讼,或于诉讼程序停止期间,经行政法院认为必要而依职权续行诉讼,但两造无正当理由仍迟误不到者,则视为撤回其诉(同条第 1 项后段、第 2 项)。

[529] 陈计男前揭注 16 书第 514 页。

[530] 有关情况判决制度之沿革与问题点,可参照乙部哲郎:《事情判决制度の展开と问题点》,神戸学院法学杂志第 18 卷第 12 卷,1988 年,第 29 页以下;黄绿星、蔡进田:《行政诉讼情况判决之研究》,"司法院"印,1997 年 6 月。

销或变更显与公益相违背时，得驳回原告之诉。前项情形，应于判决主文中谕知原处分或决定违法。"第 199 条规定："行政法院为前条判决时，应依原告之声明，将其因违法处分或决定所受之损害，于判决内命被告机关赔偿。原告未为前项声明者，得于前条判决确定后一年内，向高等行政法院诉请赔偿。"[531] 因此，情况判决系适用于撤销诉讼之一种特殊判决方式，其主文主要包含两部分，其一为原告之诉驳回，其二为原处分或决定为违法之谕知；如原告追加损害赔偿请求之声明者，则同时就损害赔偿给付请求为判决。

按情况判决制度设计之目的，原系为调和法治国家依法行政原则、信赖保护原则以及公益原则等价值冲突时而设，运用上具有浓厚维护公行政之色彩，而保有官宪国家或专制体制产物之残渣。故此一制度于今日关于下列法制已逐渐完备之情形下，其运用应更为审慎：包括：a) 利益冲突事前调整机制（行政程序法制）；b) 职权撤销理论；c) 瑕疵行政处分之治疗或转换；d) 公法上和解契约等相关制度设计已逐渐完备之现在，其运用实有格外慎重之必要[532][533]。惟

---

[531]　此外，"诉愿法"第 83 条、第 84 条亦有类似规定。

[532]　同旨，吴庚前揭注 13 书第 199 页注 164。

[533]　台湾行政诉讼实务关于情况判决之运用，似有滥用之嫌，例如：(1) 关于私立学校法事件，2002 年 11 月 27 日台北高等行政法院 2002 年诉字第 763 号判决（请求撤销新届期董事资格并恢复原届期董事职务）中，台北高等行政法院谓：本案原处分及诉愿决定虽属违法，然基于以下之理由，本院认为若撤销原处分，于公益有重大损害，斟酌原告所受损害，可能请求之赔偿内容以及防止原告发生损害之各种可能途径等一切情事后，判决原处分之撤销显与公益相违背，爰依"行政诉讼法"第 198 条之规定，驳回原告之诉，并于主文中谕知原处分违法。① 首先必须指明，私立学校之董事资格虽然是一种受法律保障的权利，但是此等权利之行使具有公益性格，不是为了谋取私人财产利益之增加，而是为了学校发展之最大利益。而取得此等董事资格之人对财团法人之学校亦负有"忠诚义务"，必须贡献心力，竭尽所能为学校长远发展而努力，如个人利益与学校利益相冲突时，即应回避学校事务之处理。当然更不能利用董事职权来谋取私人利益。② 原告自承与侯西峰间有私人协议，同意协助陆续变更华×专校董事会成员，加入侯西峰指定之人，同时完成现有农地变更为建地出售图利之目的，原告并可从中取得十四亿元或七亿元不等之利益。此并有双方签订之协议书面附卷可稽。从此等客观事实判断，原告已严重违反了对华×专校之忠诚义务，更看不出"其有延续学校创办人设校理念"之理想，自难期待其在将来会继续忠实履行董事职权，因此已不适任继续担任董事职务。此等情形，现行私立学校法未加规范，并赋与主管机关解除其职务之职权，实属法律漏洞。③ 而且被告机关解除了华×专校第十届董事会全体董事之职务后，仅有原告一人提起行政争讼，其余董事周×松、赵×明、梁×天三人均无异议。现华×专校第十一届董事会董事成员亦已顺利产生及运作良好，此时再给予不具适任性之原告担任华×专校董事之机会，对华×专校之发展有潜在性威胁。而从公益之立场言之，原告能从董事职务权利中获致之合法利益极小（不外乎个人名声），违法利益又不能主张，二者相较华×专

就情况判决制度背后所蕴含之调和公益与私益冲突之精神而论,其运用范围原不以撤销诉讼情形为限,因此,用以取代情况判决制度之相关理论与制度配套设计,仍有进一步精致化与完善之必要。除上述各项理论与制度设计外,其他例如:e)作为事前公益与私益调整机制之行政程序制度,尤其涉及容易造成无法回复既成事实之重大公共设施或开发行为之参与机制(行政计划程序)及其救济途径设计(诉讼权能要件之缓和、集团诉讼或团体诉讼制度设计等);f)调和行政效率与权利保护实效性之暂时的权利保护机制(停止执行与保全程序等);g)本于诚信原则之权利滥用法理或情事变更原则表现于诉讼制度之设计

校长期建全发展之公共利益显然比原告之私益为巨大。此时如果判决撤销原处分,自然与公共利益相违背。(2)关于土地重划事件,2003 年 10 月 9 日"最高行政法院"2003 年判字第 1348 号判决谓:按依"平均地权条例"第 60 条第 3 项规定,同条第 1 项规定抵价抵付共同负担之土地,其超过百分之四十五部分,苟经重划区内私有土地所有权人半数以上且其所有土地面积超过区内私有土地总面积半数之同意,即得为之。本件上诉人(即台北县政府)取得重划区内抵费土地为十二笔,是为原审所认定。本件上诉人片面提高私有土地负担比率,除被上诉人(重划区土地部分所有权人)等外,已否征得其他私有土地所有权人及其土地面积超过半数之同意,若已且此,能否因被上诉人等之异议而受影响。原审并未查明审究,已嫌疏略。又"行政法院受理撤销诉讼,发现原处分或决定虽属违法,但其撤销或变更于公益有重大损害,经斟酌原告所受损害、赔偿程度、防止方法及其他一切情事,认原处分或决定之撤销或变更显与公益相违背时,得驳回原告之诉。前项情形,应于判决主文中谕知原处分或决定违法",为"行政诉讼法"第 198 条所明定。而撤销或变更违法原处分,是否于公益有重大损害,事实审行政法院应依职权查明认定。其经查明确有此情形,即应依上开规定办理,庶能维护公益。本件土地重划案之提高私有土地负担比率,是否已获多数私有土地所有权人及其土地面积过半数之同意,如已获同意,应即告确定。是否因被上诉人所有土地负担比率之变动,而致影响全局,导致重划区内多数人之权益受损及国家社会成本浪费之情事,原审亦未依职权究明依上开规定处理。遂将诉愿决定及原处分撤销,亦嫌率断。(3)关于药事法案件,2004 年 8 月 10 日台北高等行政法院 2003 年诉字第 4605 号判决谓:原告进口之卫生套既与药事法所称之不良医疗器材有间,且原告复基于信赖原则及并无故意或过失之情况,被告遽为罚锾之处分即有不当,诉愿决定,未予纠正,亦有疏略,原告三张为有理由,自应由本院予以撤销。至被告(按应为原告之误)进口之卫生套既非为不良医疗器材,被告依"药事法"第 80 条第 1 项规定命原告限期回收,固有不当,惟原告进口之卫生套其中爆破体积部分既经检验为不合格,仅因其并非"药事法"第 23 条第 4 款规定所称之"性能或有效成分之质、量或强度,与核准不符者"而难谓为不良医疗器材,从而该产品倘全面在市面上贩卖必对消费者权益有所影响而对公益有重大损害,因而倘对原处分及诉愿决定关于限期命原告收回市售产品为撤销显与公益相违背,依"行政诉讼法"第 198 条之规定,本院对原告此部分之请求予以驳回,惟并于判决主文中谕知此部分被告命原告限期回收为违法,至原告对回收之损害并未为声明,原告自得于本件判决确定后,再另行向被告请求,附此叙明。

(本法第 203 条参照);h)裁判基准时之判断等问题,均宜进一步深化其相关理论或修正相关规定或明定其制度设计于行政诉讼法中。

⑤情事变更判决

于公法上法律关系成立后,于事实审最后言词辩论终结前,因情事变更,致使依原法律关系为给付,对他方当事人显失公平者,基于行政实体法上之诚信原则,法院因当事人之申请所为增减或变更原有效果之判决者,即为情事变更判决。依本法第 203 条规定:公法上契约成立后,情事变更,非当时所得预料,而依其原有效果显失公平者,行政法院得依当事人申请,为增、减给付或变更、消灭其他原有效果之判决(第 1 项)。为当事人之行政机关,因防止或免除公益上显然重大之损害,亦得为前项之申请(第 2 项)。前二项规定,于因公法上其他原因发生之财产上给付,准用之(第 3 项)。本条所称情事变更判决,须行政法律关系因公法上契约等原因而成立后,因情事变更非当事人于缔约或行为时所能预料(不可归责性),而若仍依原有效果为给付,依请求给付时之一般社会通念衡量(衡平观念),对一方当事人显失公平者而言。因此,如主张依原有效果为给付所根据之法律,立法者已就情事变更问题事前作成衡量判断,或当事人于缔约或行为时已能预见(此时当事人自应于契约或法律行为中,以增设情事变更约款或以附款为除外规定等相应设计,以为因应)者,原则即无主张情事变更原则而申请法院为增减给付判决之余地。

又本法就行政实体法上因行政契约或其他公法上原因所生财产上给付,因情事变更,而当事人基于行政实体法上诚信原则所生增减给付或消灭原有法律关系法律效果之请求权(如"行政程序法"第 147 条[534]),明定于行政诉讼法中[535],体例上是否妥适,容有斟酌余地。此外,当事人因情事变更而于实体法上所得主张之调整给付或法律效果之权利,原不以因公法上契约或其他公法上

---

[534] 本条规定:行政契约缔结后,因有情事重大变更,非当时所得预料,而依原约定显失公平者,当事人之一方得请求他方适当调整契约内容。如不能调整,得终止契约(第 1 项)。前项情形,行政契约当事人之一方为人民,行政机关为维护公益,得于补偿相对人之损失后,命继续履行原约定之义务(第 2 项)。第 1 项之请求调整或终止与第 2 项补偿之决定,应以书面叙明理由为之(第 3 项)。相对人对第 2 项补偿金额不同意时,得向行政法院提起给付诉讼(第 4 项)。

[535] 本条修正理由二谓:情事变更原则固为私法上之原则,但公法上契约成立后,如发生情事变更,非订约当时所得预料,而依其原有效果显失公平者,为维持契约两造当事人实质之公平,亦应有情事变更原则之适用,爰规定行政法院于诉讼程序中,得依当事人申请,为增、减给付或变更、消灭其他原有效果之判决,以资因应。

原因所生之财产上给付情形为限,本法将之限于提起第 8 条给付诉讼之情形[536],亦有可议之处。

对此,台湾"民事诉讼法"于 2003 年 2 月修正该法第 397 条之沿革背景,或可供本条将来修法时之参考。亦即,该法第 397 条修正前条文内容[537],原与本法第 203 条规定相当,于 2003 年该法修正时,原条文修正为:确定判决之内容如尚未实现,而因言词辩论终结后之情事变更,依其情形显失公平者,当事人得更行起诉,请求变更原判决之给付或其他原有效果。但以不得依其他法定程序请求救济者为限(第 1 项)。前项规定,于和解、调解或其他与确定判决有同一效力者准用之(第 2 项)。其修正理由谓:"原条文适用情形有二,一为法律行为成立后或非因法律行为发生之法律关系成立后,事实审最后言词辩论终结前发生情事变更,一为确定判决之事实审最后言词辩论终结后发生情事变更(院字第 2759 号、院解字第 3829 号解释参照[538])。前者所适用之情事变更原则,乃诚信原则在实体法上内容具体化之个别法则之一,将其规定于本法,体制上有所不合,且'民法'第 227 条之 2 已增订此项内容,本法无重复规定之必要。至于后者则涉及判决确定后更行起诉之问题,仍宜于本法加以规定。因情事变更而更行起诉,涉及确定判决之安定性,适用范围不宜过于扩大,故如判决内容业已实现者,即不得再以情事变更为由,更行起诉。此外,如当事人得提起异议之诉或依其他法定程序请求救济者,亦无许其更行起诉之必要,爰修正第 1 项规定。又当事人依本项起诉,系基于最后言词辩论终结后变更之事实更行起诉,原判

---

[536] 本条修正理由四谓:依本法第 8 条规定,给付诉讼包括因公法上契约发生之给付与因公法上其他原因发生之财产上给付二者。情事变更原则固以适用于公法上契约发生之给付为多,惟因公法上其他原因发生之财产上给付,于发生类此情事时,为维持公平,应亦有解决之道,爰设准用之明文,俾有依据。

[537] 该旧条文规定:法律行为成立后,因不可归责于当事人之事由,致情事变更非当时所得预料,而依其原有效果显失公平者,法院应依职权公平裁量,为增减给付或变更其原有效果之判决(第 1 项)。前项规定,于非因法律行为发生之法律关系准用之(第 2 项)。

[538] 1944 年 10 月 4 日院字第 2759 号谓:"'非常时期民事诉讼补充条例'第 20 条第 2 项所称之情事剧变,发生于确定判决之事实审言词辩论终结后者,为该确定判决之既判力所不及,故确认给付义务存在,或命债务人给付之判决确定后给付义务消灭前情事剧变,具备同条项之适用要件者,法院自得为增减给付之判决。"1948 年 2 月 2 日院解字第 3829 号解释谓:"'复员后办理民事诉讼补充条例'第 12 条所称情事变更发生于确定判决之事实审言词辩论终结后者,为该确定判决之既判力所不及,故命债务人给付之确定判决,虽曾依情事变更之法则增加给付,然如该判决之事实审言词辩论终结给付义务消灭前情事又有变更者,法院仍得为另一诉讼事件,依同条之规定为增减给付或变更其他原有效果之判决(参照院字第 2759 号、院解字第 2987 号解释)。"

决所确定之法律关系及其他未变更之事实,仍为此诉讼之基础事实,法院不得再行斟酌而为不同之认定,乃属当然。"

最后,本条第 2 项规定:"为当事人之行政机关,因防止或免除公益上显然重大之损害,亦得为前项之申请(即增、减给付或变更、消灭其他原有效果之判决)。"本项规定,究系限制行政机关主张情事变更而申请行政法院增减给付判决时,须为防止或免除公益上显然重大之损害始得为之(本条项性质亦为情事变更判决),抑于行政机关申请情形,纵非情事变更,如其申请系为防止或免除公益上显然重大之损害者,亦得为之(本条项性质非情事变更判决而为行政机关主张单方调整权之判决[539]),自本条项立法理由观之,究限制行政机关之申请抑或宽认行政机关之申请,并不清楚[540]。惟实体法上情事变更调整给付请求权或履行抗辩权,系赋予因情事变更而受有不可预期之损害或不利益之一方当事人,自衡平法观点,如该不利益不应归由该当事人负担(不可归责性)而宜由双方当事人共同分担时,所为之法制设计[541]。因此,并无区分由人民或行政机关申请,而异其申请要件之必要。换言之,如认为本条第 2 项判决之性质,亦为情事变更判决者,则本项规定显然多余且无必要。如认为本条项系于情事变更判决外,另外规定行政机关主张单方调整权之判决者,则因涉及对人民财产权等权益之征收,非有法律依据并给予相当补偿,理论上不得为之。本条项既欠缺补偿设计,而有违宪疑义,故实际上亦难以适用。因此,本项规定似属错误规定,将来宜予以修正或删除。

2. 判决之程序

(1)判决之成立

判决系行政法院就当事人间实体法律关系争点所为之判断,其成立原则须具备形式上要素与实质上要素[542]。其中:

所称形式上要素,系指:①行政法院组织必须合法:亦即参与判决之法官,

---

[539]　例如,"行政程序法"第 146 条规定:行政契约当事人之一方为人民者,行政机关为防止或除去对公益之重大危害,得于必要范围内调整契约内容或终止契约(第 1 项)。前项之调整或终止,非补偿相对人因此所受之财产上损失,不得为之(第 2 项)。第 1 项之调整或终止及第 2 项补偿之决定,应以书面叙明理由为之(第 3 项)。相对人对第 1 项之调整难为履行者,得以书面叙明理由终止契约(第 4 项)。相对人对第 2 项补偿金额不同意时,得向行政法院提起给付诉讼(第 5 项)。

[540]　本条项立法理由三谓:公法契约与私法契约主要目的不同,在于行政机关负有维护公益之使命,因之,公法上契约成立后,为防止或免除公益上显然重大之损害,行政机关自得申请行政法院为本条第 1 项情事变更之判决,以重公益。

[541]　陈计男前揭注 16 书第 578 页以下参照。

[542]　引自,陈计男前揭注 16 书第 520 页以下。

须具备法官任用资格,并于判决时任职于受诉法院;于合议制行政法院,其合议庭之人数亦须合于法律之规定。②须本于当事人之言词辩论为之:亦即,本于言词审理主义要求,判决除法律别有规定者[543]外,应本于当事人之言词辩论为之(第 188 条第 1 项)。因此,举凡当事人之声明或陈述,以提供判决数据为目的者,均应于言词辩论中以言词为之,始为有效;若仅记载于所提之书状,尚未以言词提出者,不得以之为判决之基础,其已以言词提出,并记载于笔录者,纵未另再以书状提出,仍属合法之诉讼资料[544]。但如诉讼当事人衡量其程序利益与实体利益或其他事况后,放弃行言词辩论,而法院亦认为适当者,"行政诉讼法部分条文修正草案"于第 188 条第 1 项增列但书,明定于此一情形亦得不经言词辩论。③参与判决之法官须参与为判决基础之辩论:基于直接审理主义,法官对于为判决基础之辩论,须亲自参与,否则即不得参与判决(第 188 条第 2 项);且本法采言词辩论一体主义,法官自言词辩论开始以致终结,须始终参与辩论,其间如法官发生更换,则须更新变论,否则即属违法,构成上诉之理由(第 243 条第 2 项第 1 款)。又宣示判决,虽属广义言词辩论之一部,但宣示判决仅在使已决定之判决内容,对外发表,并未涉及判决之决定,故纵未参与言词辩论之法官亦得为之。

所称实质要素,系指:①诉讼须达于可为判决之程度(第 190 条)。②须就当事人声明之事项为判决:除法律别有规定[545]外,行政法院之判决应本于当事人之声明为之,不得就当事人未声明之事项为判决(第 218 条准用"民事诉讼法"第 388 条),否则即构成诉外裁判。至于所谓当事人未声明之事项,不以应受判决事项之声明为限,于当事人未主张之诉讼标的,亦不得据为裁判之基础。③应斟酌全辩论意旨及调查证据之结果,依论理及经验法则判断事实之真伪:本法采自由心证主义,法院之裁判须以全辩论之意旨及调查证据之结果为其基础,依论理及经验法则判断事实之真伪,且得心证之理由,并应记明于判决(第 189 条)。又于当事人已证明受有损害而不能证明其数额或证明显有重大困难者,如仍强令原告举证证明损害数额不仅过苛,且不符诉讼经济原则,故"行政诉讼法部分条文修正草案"第 189 条增订第 3 项(原第 2 项移列第 3 项)扩大法

---

[543] 例如,本法第 107 条第 3 项、第 194 条、第 253 条第 1 项前段、第 278 条第 2 项等属之。

[544] 又实务上为节省开庭时间,常有当事人或诉讼代理人于言词辩论时,仅陈称辩论之内容如诉状或答辩状或引用其他准备书状之内容,并由书记官记明于笔录之情形。严格而论,此种情形得否认为已符合言词辩论之要求而得采为判决之基础,非无疑问。

[545] 例如,关于诉讼费用之负担(第 104 条准用"民事诉讼法"第 87 条)、履行期间之酌定(第 218 条准用"民事诉讼法"第 396 条)等属之。

院自由心证之范围,明定此时法院应审酌一切情况,依所得心证定其数额。

(2)判决书之制作

判决,应制作判决书,并记载一定事项,故判决须具备一定之程序,此点不同于裁定之情形。依本法第209条规定,判决书应记载事项包括:①当事人之姓名、性别、年龄、身份证明文件字号、住所或居所;当事人为法人、机关或其他团体者,其名称及所在地、事务所或营业所。②有法定代理人、代表人、管理人者,其姓名、住所或居所及其与法人、机关或团体之关系。③有诉讼代理人者,其姓名、住所或居所。④判决经言词辩论者,其言词辩论终结日期。⑤主文。⑥事实。⑦理由。⑧年、月、日。⑨行政法院[546](第1项)。事实项下应记载言词辩论时当事人之声明及所提攻击或防御方法之要领。必要时,得以书状、笔录或其他文书作为附件(第2项)。理由项下,应记载关于攻击或防御方法之意见及法律上之意见。此外,为减经行政法院之负担,简化裁判书之制作,"行政诉讼法部分条文修正草案"于第209条增订第3项后段与第4项,规定:"如高等行政法院之意见与原处分或决定之理由相同者,得引用之;如有不同或当事人另提出新攻击或防御方法者,应并记载其意见"(第3项后段);"第107条第3项判决书内之事实、理由得不分项记载,并得仅记载其要领"(第4项)[547]。兹进一步说明之:

判决书之主文,系行政法院就原告依起诉声明求为权利保护之事项及其他依法应予以裁判之事项之全部,所为判断结果及其所提供权利保护模式之表示。通常情形,判决书主文包括下列三部分:①关于本案请求部分之判断:指行政法院对于原告实体上请求,所为准驳之表示,其内容通常与原告起诉之声明一致[548]。因此,依本法第195条规定,除别有规定外,如原告之请求为有理由,应为其胜诉之判决(即容许其声明之判决);如其请求为无理由者,应为驳回之判决(即否准其声明之判决,通常谕示"原告之诉驳回");如其请求为一部有理由一部无理由者,应就有理由部分为容许之表示,并同时就无理由部分谕示"原

---

[546] 所称行政法院,指为判决之受诉行政法院之名称。除记载行政法院之名称外,并应由为判决之独任法官或合议庭法官签名。法官因故不能签名者,于独任制法院,该判决不能认为有效;于合议制法院,应由审判长附记其事由,审判长因故不能签名者,由资深陪席法官附记之(第218条准用"民事诉讼法"第227条)。

[547] 至于本法第278条第2项再审之诉显无再审理由之判决,其为第一审再审判决部分依第281条准用本条规定,其为上诉审再审判决部分,依第281条准用第263条再准用本条规定之结果,亦得依此方法为简式判决。

[548] 惟若原告起诉声明不明了或不完足者,行政法院应依第125条第3项规定使其叙明或补充以臻于明确,于原告为人民且有必要时,并得允许其为诉之变更或诉讼类型之转换后,再为判决。

告其余之诉驳回"。此外,有关判决主文中关于本案请求之判断之记载,本法除针对不同诉讼类型设有不同规定(第 195 条第 2 项、第 196 条、第 197 条、第 200 条)外,因诉讼类型与具体个案原告声明内容之差异,而有不同.此一部分容待后述,还请留意。②关于诉讼费用部分之判断:行政法院为终局判决时,应依职权为诉讼费用之裁判;于上级法院废弃下级法院之判决,而就该事件为裁判或变更下级法院之判决者,或于受发回或发交之法院为终局之判决者,亦同(第 104 条准用"民事诉讼法"第 87 条)。③关于履行期间或分期给付部分之判断:即判决所命给付,其性质非长期间不能履行,或经原告同意,或经斟酌被告之境况并兼顾原告之利益后,得于主文谕示其履行期间或命分期给付(第 218 条准用"民事诉讼法"第 396 条第 1 项、第 2 项)。

(3)判决之宣示与送达

判决成立后,应经宣示或公告始能对外发生效力。宣示判决,不问当事人是否在场,均有效力(第 205 条第 1 项)。判决经言词辩论者,应宣示之,不经言词辩论者,应公告之(第 204 条第 1 项)。宣示判决应于辩论终结之期日或辩论终结时指定之期日为之(同条第 2 项)。前项指定之宣示期日,自辩论终结时起,不得逾七日(同条第 3 项)[549]。判决经公告者,行政法院书记官应作记载该事由及年、月、日、时之证书附卷(同条第 4 项)。至于判决宣示或公告之程序,应依本法第 218 条准用"民事诉讼法"第 224 条规定为之;惟判决经宣示后,其主文仍应于当日在行政法院牌示处公告之(第 205 条第 2 项),以杜流弊。判决经宣示或公告主文后,为该判决之行政法院受其羁束(第 206 条),此时纵经当事人同意或该判决显有误写误算以外之违误情形,亦不得再任意将已宣示或公告之判决自行撤销或变更。此时,当事人得不待送达,本于该判决为上诉等诉讼行为(第 205 条第 3 项)。

判决原本,应于宣示后,当日交付行政法院书记官,其于辩论终结之期日宣示判决者,应于五日内交付行政法院书记官;行政法院书记官应于判决原本内,记明收领期日并签名(第 218 条准用"民事诉讼法"第 228 条)。此时,书记官应即制作判决书正本,并依职权送达于当事人(第 61 条、第 210 条第 1 项)。判决书正本之送达,自行政法院书记官收领判决原本时起,至迟不得逾十日(第 210 条第 2 项)。对于判决得为上诉者,应于送达当事人之正本内为救济期间与救济途径之教示(同条第 3 项)。亦即:对于判决得为上诉者,应于送达当事人之正本内告知其期间及提出上诉状之行政法院(第 210 条第 3 项)。前项告知其

───────────────

[549]　本项规定"指定之宣示日期"自辩论终结时起不得逾七日之规定,因期间过短,"行政诉讼法部分条文修正草案"于修正本项时,遂参照"民事诉讼法"第 213 条第 3 项之规定,修正为二星期。

间有错误时,告知期间较法定期间为短者,以法定期间为准;告知期间较法定期间为长者,应由行政法院书记官于判决正本送达后二十日内,以通知更正之,并自更正通知送达之日起计算法定期间(同条第 4 项)。行政法院未依第 3 项规定为告知,或告知错误未依前项规定更正,致当事人迟误上诉期间者,视为不应归责于己之事由,得自判决送达之日起一年内,适用第 91 条之规定,申请回复原状(同条第 5 项)。至于不得上诉之判决,则不因法院之告知(教示)错误而受影响(第 211 条)。

(4)判决之更正与补充

判决经宣示或公告后,为判决之行政法院应受其羁束。此时,判决如有误写、误算或其他类此之显然错误者,行政法院得依申请或依职权以裁定更正;其正本与原本不符者,亦同(第 218 条准用"民事诉讼法"第 232 条第 1 项)。又诉讼标的之一部或诉讼费用,裁判有脱漏者,法院应依申请或依职权以判决补充之(第 218 条准用"民事诉讼法"第 233 条第 1 项)。

(二)裁定

裁定系行政法院、审判长、受命法官或受托法官,本于书面审理或任意的言词辩论,对于当事人或诉讼关系人,就有关非实体上法律关系之争点,所为之意思表示。行政法院之裁判,除依本法应用判决者外,以裁定行之(第 187 条)。一般而言,对于裁定声明不服之程序,除别有规定[550]外,对于行政法院之裁定,得为抗告(第 264 条);对于受命法官或受托法官之裁定,仅能向受诉行政法院提出异议,原则不得抗告(第 266 条第 1 项)。

裁定原则上采书面审理主义,得不经言词辩论为之,惟得命关系人以书状或言词为陈述(第 188 条第 3 项、第 4 项)。如裁定经任意言词辩论者,则非参与言词辩论之法官,不得参与裁定(第 188 条第 2 项)。

本法关于裁定并未规定应制作具一定格式之裁定书,惟实务上,关于指挥诉讼之裁定,均不制作裁定书,而由审判长、受命法官或受托法官以言词宣示,并由行政法院书记官记明该裁定内容于笔录即可(第 129 条第 7 款)。于制作裁定书之情形,裁定书亦无一定之格式,其中主文、事实及理由是否分别记载,悉依裁定者之意思;且除驳回声明或就有争执之声明所为裁定应附具理由(第 218 条准用"民事诉讼法"第 237 条)外,其他裁定,得不附理由。裁定经制作裁定书者,为裁定之法官应于裁定书内签名,其因故不能签名者,宜类推适用本法第 218 条准用"民事诉讼法"第 227 条规定办理[551]。

---

[550] 例如,对于诉讼程序进行中所为之裁定,不得抗告(第 265 条)。

[551] 本项之说明,陈计男前揭注 16 书第 562 页参照。

裁定亦应经宣示或公告或送达后始能对外发生效力。其中·经言词辩论之裁定(例如命重新审理之裁定),应宣示;终结诉讼之裁定(例如因原告之诉不合法所为驳回原告之诉之裁定),应公告之(第 207 条[552])。又不宣示之裁定或已宣示之裁定而得为抗告者,均应为送达(第 218 条准用"民事诉讼法"第 236 条)。至于其他关于裁定之宣示或公告应遵守之程序、裁定之效力及其送达等事项,依第 217 条规定,系准用关于判决之规定(第 204 条第 2 项至第 4 项、第 205 条、第 210 条)。

裁定,除法律别有规定外[553],不待确定,即因宣示、公告或送达而生效力。亦即,裁定经宣示、公告或送达后,为该裁定之法院、审判长、受命法官或受托法官,受其羁束,不得自行撤销或变更,是谓裁定之羁束力。但关于指挥诉讼之裁定,或法律别有规定者[554],不在此限 (第 208 条)。又裁定原则上不发生实质之确定力,但如裁定内容包含独立的、终局的判断者,例如因起诉不合法、上诉不合法或再审不合法所为驳回之裁定中,关于该特定不合法事由及相关事实所为之判断,或于驳回停止执行申请之裁定中,关于该特定申请要件及相关事实所为之判断,宜肯定其有实质的确定力。

(三)各种诉讼类型之裁判

诉讼系属发生后,法院即应就原告诉讼上之请求作成审理判断,惟法院是否当然应对原告所主张法律关系之存否(本案)进行审理判断,仍须基于原告权利保护要求、被告攻击防御之准备以及法院资源之经济运用等观点以为决定。换言之,原告之诉仅于具备一定要件后,法院始得就其所主张之具体法律关系存否作成裁判(本案判决);反之,如欠缺该要件而不能补正者,法院无须就本案之实体有无理由进行审理判断,即得依本法第 107 条规定以诉不合法予以裁定驳回。因此,行政法院对于原告之诉所为之裁判,因其诉是否合法,而有不同设计。原告之诉如属不合法者,原则以裁定驳回其诉;其诉合法者,无论有无理由,均以判决为之(第 195 条第 1 项)。此外,除原告之诉除有不合法或诉无理

---

[552]　按终结诉讼之裁定,如经言词辩论,除应宣示外,应依本法第 217 条准用第 205 条第 2 项之规定为主文公告;至于不经言词辩论者,因未经宣示,自应公告。本法第 207 条第 2 项规定之适用易生疑义,为杜争议,"行政诉讼法部分条文修正草案"遂修正第 207 条第 2 项为:"终结诉讼之裁定,不经言词辩论者,应公告之。"

[553]　例如,关于移送管辖裁定之效力(第 18 条准用"民事诉讼法"第 30 条第 1 项及第 31 条第 1 项)。

[554]　例如,本法第 87 条第 2 项、第 87 条第 3 项、第 90 条、第 186 条准用"民事诉讼法"第 186 调、第 272 条准用"民事诉讼法"第 490 条第 1 项、第 283 条、第 295 条、第 297 条准用"民事诉讼法"第 530 条等规定,属之。

由之情形外,于原告之诉有理由者,其有关判决主文中关于本案请求之判断应如何记载之问题,本法除针对不同诉讼类型设有不同规定(第195条第2项、第196条、第197条、第200条)外,则因诉讼类型与具体个案原告声明内容之差异,而有不同。以下,分别情形说明之。

1.诉不合法之裁判

原告之诉欠缺实体判决要件,而其欠缺不能补正或经命补正而谓补正者,其诉为不合法,应以裁定驳回之(第107条第1项、第2项)。此时,判决主文宜记载为:

"原告之诉驳回"。

"诉讼费用由原告负担"。

2.诉无理由之裁判

原告之诉合法,但关于其诉讼上请求之实体法律关系之主张,行政法院认为无理由者,应以判决驳回之(第195条第1项后段)。此时,判决主文宜记载为:

"原告之诉驳回"。

"诉讼费用由原告负担"。

3.诉有理由之裁判

原告之诉有理由者,除别有规定外,应为其胜诉之判决(第195条第1项前段)。惟此一情形,其判决主文应如何记载,因与原告所提诉讼之诉讼类型及其诉讼上请求如何,有密切关联,兹分别情形说明如下:

(1)撤销诉讼

原告提起撤销诉讼者,其目的在于请求行政法院撤销违法之行政处分或诉愿决定,理论上如原处分或决定确属违法且原告权利因而受有损害者,应即为撤销原处分或诉愿决定之判决,原无为其他判决方式之可能。惟因:a)系争行政处分违法之事由或其受损害权利之性质与态样,相当复杂而多样化;且b)于若干情形,原告之权利是否确实因该违法处分而受有损害等事实,纵经行政法院审理后亦未必明确;加以c)系争处分往往涉及对行政裁量或判断余地之审查,其中存有不宜以法院之判断取代行政专业判断(即所谓判断代置审查)之空间;甚至d)早期台湾行政法理论将行政处分拟制为下级审法院之裁定,而对行政法院则定位为上级审之抗告法院(因此撤销诉讼又称为抗告诉讼)等因素之影响所致,其结果,台湾行政诉讼实务上,遂基于诉讼经济、当事人权利之保护、行政效率或公益、传统对行政行为之司法审查之定位等因素之考虑,而依事件之性质,存有种种撤销判决之态样。亦即:

①单纯之撤销判决

行政法院审理结果认原告之诉为全部有理由,且单纯以撤销系争处分方式即可达成原告之救济目的者,应即作成撤销判决。基于处分权主义下声明之拘束性原则,原告起诉声明既在请求法院作成撤销系争处分之胜诉判决,则于原告之诉全部有理由时,理论上,行政法院应即作成撤销判决,并无以其他判决方式提供原告权利保护形式之可能。此外,行政诉讼之目的在于保障人民权益,且基于声明之拘束性原则,行政法院之裁判原应受当事人起诉声明之拘束(第218条准用"民事诉讼法"第388条),而被告机关亦无经由诉讼请求对原告为更不利益判决之实益[555]。因此,本法第195条第2项规定之"不利益变更禁止原则",无论于何种撤销诉讼判决均有其适用,初不限于条文规定之"变更原处分或决定之判决"。上开条文规定用语易使人发生误会,还请留意。最后,本法第201条关于行政法院对裁量处分审查界限之规定,系原告之诉有无理由问题,与行政法院应否作成单纯之撤销判决问题,并无关联[556]。

　　于单一之诉,如原告之诉为一部有理由一部无理由者,应否就该有理由部分撤销,而驳回原告其余之诉,端视原告起诉请求撤销之行政处分是否具有可分性而定。此一问题属行政实体法之问题,应就具体个案情形,依所涉及行政实体法规定判断[557]。至于第197条规定"撤销诉讼,其诉讼标的之行政处分涉及金钱或其他代替物之给付或确认者,行政法院得以确定不同金额之给付或以不同之确认代替之",则属本法明定容许得为部分撤销之类型,论者主张适用本条规定时应先撤销原处分及原决定后,再作成自为决定之判决(即以判决自行决定应科处处分之给付内容,其效果类似于以行政法院之判决取代系争行政处分,而兼具有形成判决与给付判决之性质者[558],或主张本条属法定诉之变更类

---

[555]　盖原处分如有违法或不当情事,而须更为不利于人民之处分者,行政机关依"行政程序法"第117条关于职权撤销或废止之规定为之即可,初无经由诉讼方式请求之必要。

[556]　论者将本法第201条列为撤销诉讼胜诉判决中单纯之撤销判决态样内说明者(林腾鹞前揭注41书第387页),不无误会。

[557]　例如,"行政程序法"第112条规定:"行政处分一部无效者,其他部分仍为有效。但除去该无效部分,行政处分不能成立者,全部无效。"通常情形,于以撤销判决方式单独撤销该违法部分处分之效力后,如剩余部分之处分规制内容并不因此而失其规范意义或仍得单独以法所容许之另一不同处分而存在者,原则得为一部撤销判决。

[558]　吴庚前揭注13书第297页以下谓:"本法第197条所为之规定……非仅基于诉讼经济之理由,实属对行政审判制度结构性之一项改革。依本条之规定,先前所举之秩序罚事例,行政法院应在判决主文中撤销原处分及原决定,并自行决定应科处原告罚锾金额,始属正办。至法条所称以不同之确认代替,亦可举例以明了:假设原告对海关依'海关缉私条例'所为之处分不服,而为声明异议,海关依该条例第49条认原告之扣押物不足以抵付其应缴之罚锾及追征税款,命原告缴纳保证金或相当之担保,原告主张扣押物足以抵付,为此提起争讼,性质上属于得独立起诉之诉讼中的程序行为,予以受理。若行政法院认原告之主张可

型者[559]，均似有误会。同理，于涉及行政处分附款之单独撤销问题，亦以实体法上该附款与处分之主要规律间是否具有可分性而定。凡此，亦与行政法院于撤销诉讼应为如何型态之撤销判决问题，以及其判决应否受原告起诉声明拘束问题无涉，还请留意。

其次，a)于形式上虽仅有一个处分，但其实质上具有二以上处分规制内容之情形，例如一个征收处分同时征收多笔土地而该土地所有人不同，或一个核定补缴税额及滞纳金之书面处分；或于 b)一个行政程序或行政过程先后同时涉及二以上处分之情形，例如除原行政处分作成后起诉前，曾经诉愿或相当于诉愿之程序，或曾于诉愿前经申诉、复查、异议等前置程序并曾作成决定情形（如租税核课处分、租税复查决定、诉愿决定）[560]；或于 c)一个行政过程存有二以上

采，应撤销海关命缴纳保证金或提供担保之处分，并确认扣押物足以抵付之数额，行政法院作成此判决即本法第 197 条所称之涉及金钱或其他代替物，以不同之确认代替之。行政法院所作成之自为判决属于变更性质，其功能则与课予义务诉讼无异，经由判决产生相当于特定内容之行政处分。行政法院是否自为判决应依职权作合义务性之裁量，无待当事人之申请。"

　〔559〕　刘宗德、彭凤至：《行政诉讼制度》，收于翁岳生编：《行政法（下）》，元照，2006 年 10 月三版，第 478 页[彭凤至执笔]谓："行政法院依本法第 197 条为变更判决……时，均系依职权为之，不受当事人声明之拘束，性质上应属法定诉之变更。原告一旦合法提起撤销诉讼，无论其诉之声明如何，行政法院均得依本法第 197 条为变更判决……。行政法院依本法第 197 条……为判决时，与依本法第 196 条或第 199 条为判决，应经原告申请或应依原告之声明为之者不同。其中第 197 条规定，与仿自《德国行政法院法》第 113 条第 2 项规定，该国行政法院于撤销诉讼为变更判决时，仍应依原告诉之声明为之，亦不相同。"

　〔560〕　于此一部分，问题之症结点同时涉及于原处分主义下，作为撤销诉讼对象之"原处分"应如何认定问题。台湾行政诉讼实务对此一问题，一直存有相当争论，例如：(1)2002 年 7 月 9 日各级行政法院 2002 年度行政诉讼法法律座谈会法律问题第 16 则，即曾提出下列法律问题：税捐争讼案件，由于提起诉愿前依"税捐稽征法"第 35 条多一道"复查"之前置程序，但复查之决定仍由原处分（被告）机关为之，故复查决定成为原处分机关之终极处分。惟在行政诉讼之判决主文常为："再诉愿决定，诉愿决定及原处分均撤销"或"诉愿决定及原处分（复查决定）均撤销"，则判决所撤销者究仅为"原处分"或包含"复查决定"致常生争议，影响人民之权益及权义之不确定性。"财政部"1993 年 7 月 21 日台财税第 821491819 号函谓："行政救济撤销重核，其所撤销者，系指撤销复查决定之处分，故原处分仍然存在。"若原处分仍存在，则行政救济之效果大打折扣，甚至失去意义。尤其在新"行政诉讼法"第 197 条规定有关金钱给付之撤销诉讼，行政法院得以确定不同金额之给付或确认代替之，此一规定在税捐事件，当系指行政法院根据自己所调查认定之事实，自行确定应补税额，变更原课税处分所核定之应纳税额而言，从而，倘原课税处分未纳入争讼程序标的，而未予法院裁判，则如何变更原课税处分核定之应纳税额之判决？另根据法安定性原则而论，诉讼理论制度之建立，首重法的明确性与安定性，在复查决定被撤销变更时，原处分之命运如何？明显有疑问，令人民难以预测，而如认为仅回复至申请复查程序，则将经常造成反复争讼之不安状态，税捐法律

彼此关联之处分或其彼此互为前提之情形(如租税核课处分、租税滞纳处分);d)或于多阶段行政处分,依法对前阶段行为允许其独立起诉之情形,除非依法允许原告同时或先后对各该处分提起撤销诉讼,而构成诉之客观合并或多数当事人诉讼(此时系争诉讼对象为二个以上之行政处分且该被告机关亦可能为多数)外,其被告机关与系争处分既仅单一(即单一之诉),理论上亦不发生是否应同时撤销其他未被列为诉讼对象之其他行政处分之问题。对此,台湾行政诉讼实务与多数学说[561]关于依本法第 4 条第 1 项所提起之撤销诉讼,多认为除与其裁判主文中除撤销原处分外,应同时谕知一并将诉愿决定撤销者,显然与本法所采"原处分主义"之立法设计有所违背,且有发生诉外裁判之嫌。

兹稍作说明如下:a)在原处分经诉愿前置或其他前置程序之情形,例如原处分科处罚锾 6000 元,诉愿决定驳回诉愿人之诉愿,诉愿人依本法第 4 条规定提起撤销诉讼,法院审查结果认为原告之诉为有理由者,因诉愿决定之效力仅在维持原处分之规律内容,故仅须撤销原核课 6000 元之罚锾处分,并无一并撤销诉愿决定之必要,更无许其违背本法第 4 条第 3 项规定,允许原告追加诉愿机关为被告机关之理。b)承前例,诉愿机关如将超过 3000 元之罚锾部分撤销,则原处分既已改为 3000 元之罚锾,则于原告之诉有理由情形,自亦以撤销该经诉愿决定之 3000 元罚锾处分(即原处分)即可,亦无先将诉愿决定撤销使原处分回复为 6000 元之罚锾处分,再予以撤销之理。c)在其他情形,例如补税处分与以该补税处分为计算基础之滞纳金处分情形,如原告单仅就补税处分提起诉讼者,除非原告另行对滞纳金处分追加起诉,否则于原告之诉为有理由情形,行政法院亦无不顾关于滞纳金处分部分是否已具备撤销诉讼之实体判决要件(例

关系迟迟无法确定,其妨害法的安定性至巨,甚为明显。(2)2004 年 3 月 26 日"最高行政法院"2004 年判字第 351 号判决谓:纳税义务人不服税捐稽征机关初查核定处分,申请复查,税捐稽征机关之复查决定系对其原核定为第二次处分,受处分人如仍不服,可循序对之提起行政诉讼。行政法院如认税捐稽征机关之第二次处分(复查决定)为违法,予以撤销,应可进而审查税捐稽征机关之第一次处分(初查核定处分)是否违法,如违法且已确定逭法核课之税额者,亦可就该违法核课部分之税额并予撤销。如第一次处分虽亦违法,但尚未确定其违法核课之税额,为免重行核课之核课期间争议,不并予撤销,着由税捐稽征机关重行查明违法核课之税额,重为复查决定,尚难认该判决违背法令。本件上诉人之租赁所得,被上诉人按经财政部核备之当地一般租金标准予以设算核定,并减除土地之当地一般租金标准后之余额计算,原判决认于法不合,认应撤销复查决定,由被上诉人另为适法处分,而未并撤销初查核定。查本件该租赁所得部分经撤销后,上诉人应纳税额若干,尚须税捐稽正机关核算,原判决未并予撤销,理由虽有不同,结论则无二致,仍应认上诉人此部分上诉为无理由,予以驳回。

[561] 吴庚前揭注 13 书第 197 页、第 203 页;陈计男前揭注 16 书第 525 页;林腾鹞前揭注 41 书第 387 页;翁岳生编前揭注 559 书第 478 页以下[彭凤至执笔]。

如是否已经诉愿前置、是否遵守起诉期间等）要求，并违背无诉即无裁判之原则，而主动就滞纳金处分一并予以判决撤销。反之，原告仅就滞纳金处分提起诉讼之情形，亦同。盖于此一情形，本法及相关行政实体法于制度设计上已有相应处理方式[562]，实无违背诉讼法理论而作不同处理之必要。至于如此处理结果，于人民权利保护上是否存有不周延之处，例如原告单仅就补税处分起诉，诉讼进行中行政法院认为有一并就与该系争处分相关联之其他处分（滞纳金处分）合并审理必要者，如该拟合并审理之其他处分部分未经诉愿或已逾越起诉期间，此时，为人民权益计，能否以系争处分与其他关联处分彼此间存有特定关系（例如互为前提或为同属一个行政过程或其彼此在时间上与内容上存有密切关联），而允许其无需具备其他实体判决要件（如诉愿前置、起诉期间等）而得于诉讼中追加起诉或由法院裁定命其他处分机关参加诉讼[563]？抑或由诉愿机关

---

[562] 于仅就补税处分起诉情形，如原告之诉为有理由者，应即撤销该补税处分，至于未起诉之滞纳金处分部分，依本法第 216 条关于裁判拘束力之规定，被告机关本即负有依职权撤销该滞纳金处分之义务（不整合处分之整合义务），如被告机关不依职权撤销该滞纳金处分，原告亦可依"行政程序法"第 128 条规定，以滞纳金处分有"行政诉讼法"第 273 条第 1 项第 11 款事由（为处分基础之行政处分，依其后之确定裁判或行政处分已变更者），请求重开行政程序并撤销该滞纳处分。反之，于原告仅就滞纳处分起诉之情形，如补税处分已确定者，因滞纳处分关于滞纳金之计算依系系以补税处分所认定之事实（漏税事实）为其计算基础，此时，法院之审理应受该补税处分所认定事实之拘束，并无再为不同认定之可能，故亦无另就补税处分予以一并撤销之理。

[563] 陈计男前揭注 16 书第 525 页有类似说明，亦即：于多阶段处分之情形（本书按：于此如系指学理上与实务上所承认之多阶段行政处分，则后述说明似有误会），例如经由 A、B、C 三阶段之行政处分，因系以最后 C 阶段之行政处分为原处分提起行政诉讼，若 A 阶段或 B 阶段之行政处分违法，C 阶段处分当然构成违法，原告之诉全部胜诉，主文可为"诉愿决定及原处分均撤销"，但如此主文，似不足以表示 A、B 阶段之行政处分是否亦已并予撤销，此在仅有 B、C 阶段行政处分违法之情形，尤为明显。吾人以为仅有 B、C 阶段行政处分违法之情形，B 阶段之处分机关虽未被列为被告，行政法院应以裁定命其参加诉讼（第 41 条或第 42 条）后，于判决主文中谕知"诉愿决定、原处分暨 B 之行政处分均撤销"较为适宜。盖若谓主文"诉愿决定及原处分均撤销"不包括 A、B 之阶段处分，则 C 阶段处分受 A、B 阶段处分之拘束，难达行政诉讼之目的，若该主文撤销之内容包括 A、B 之阶段处分，于 A 阶段之处分未达违法时，亦属行政程序浪费故也。另外，吴庚前揭注 13 书第 204 页注 166 亦有类似说明，其谓：财政部以欠税为由限制原告出境，以公函告知入出境管理机关，此际原告得径行对财政部之公函（即原处分）提出争讼。如入出境管理机关尚未作出最后阶段之处分行为，则行政法院只须撤销财政部先前处分，即可达救济目的；如禁止出境之公函（即后阶段行为）亦已作为，原告之诉既有理由，行政法院应阐明使原告为诉之追加，而一并撤销前后阶段之处分。惟针对后述之例，本书以为，此时原告先针对前阶段行为提起撤销诉讼后，诉讼过程中，后阶段行为被作成情形，依据多阶段行政处分理论，此时该阶段行为之性质是否仍维持为行政处分，非无疑问。此亦为本书不采多阶段行政处分理论之原因之一，盖其使诉讼程序反而趋于复杂之故也。

或行政法院以阐明方式使其得以同时就其他关联处分提起诉愿或行政诉讼,并宽认其有关实体判决要件之遵守(例如以其有不可归责之事由而许回复原状之申请,以回复所迟误之不变期间)?抑或于理论上,承认前一处分之违法性可为后一处分所继承(违法性继承问题)?则为另一问题。

②撤销原处分或决定并谕知被告机关另为适法之处分或决定

理论上,原告提起撤销诉讼,声明起请求撤销系争处分者,于原告之诉有理由时,应即为原告胜诉之撤销判决,其无理由者,应即为原告败诉之驳回判决;其为一部有理由一部无理由者,而系争处分具有可分性者,应即为一部胜诉一部败诉之判决。因此,行政法院并无于原告声明之撤销判决以外,另外谕知被告机关另为适法之处分或决定之可能与必要。惟早期台湾行政争讼实务,由于a)较少自行调查事实证据,且b)纵于原告之诉为有理由,但为诉讼对象之行政处分涉及行政机关存有裁量空间或判断余地时,甚至于c)即使作成撤销判决,可预期行政机关仍须为重为处分等因素之考虑,行政法院除作成撤销判决外,往往基于有由行政机关重为调查事实证据之必要、尊重行政之第一次判断权或程序经济等考虑,而经常以事实不明尚待调查为由,另外谕知被告机关应另为适法之处分或决定。此一处理模式,相沿成习之结果,遂使台湾行政法院成为行政处分或诉愿决定之抗告法院,并使台湾行政诉讼制度成为专司撤销发回之"行政裁判制度",减损其应有救济功能,而为论者所强烈诟病[564],进而主张现行"行政诉讼法"既已有全面变革早期行政裁判制度为"行政诉讼制度"之用意(例如第197条明定之自为判决类型),故除非极端例外情形(如确有发回另由行政机关重新调查事证必要且经考虑人民权益后亦认为适当时),否则行政法院不宜轻率作成此类裁判[565]。亦即,a)理论上现行行政诉讼制度既采职权探知主义,于事实真伪不明确时,有举证责任理论可供解决依据;b)于作成撤销或变更(即部分撤销)判决后,被告机关拖延不结或置之不理情形,则有课予义务诉讼或一般给付诉讼可供运用;c)于涉及行政裁量或判断余地情形,亦有裁量逾越或滥用等强化司法审查之深度与密度之理论可供适用。因此,将来行政法院于撤销判决时,实应尽量避免采用此一判决模式。

基于上述理由,本次"行政诉讼法部分条文修正草案"遂于第195条增订第3项至第5项,严格行政法院作成撤销重核判决之要件,规定:'撤销诉讼,高等行政法院认影响裁判结果之事实未臻明确,且有下列各款情形者,得不就本案诉讼关系为判决,而以判决撤销原处分及诉愿决定:一、事实之调查,依其范围

[564] 论者称为"典型的撤销发回的行政审判制度"(吴庚前揭注13书第197页)。

[565] 吴庚前揭注13书第197页以下;陈清秀前揭注13书第463页;林腾鹞前揭注41书第388页;翁岳生编前揭注559书第477页[彭凤至执笔]。

或种类，显有必要。二、原处分机关依法重新调查事实，较为简便。三、基于当事人利益之考虑，撤销原处分或诉愿决定亦属适当"（第 3 项）[566]；"高等行政法院为前项判决同时，得依职权或依申请，并征询当事人意见后，命提供担保、维持已提供担保之全部或一部、暂时保有已受领之给付或其他暂时处置之裁定。该裁定得随时撤销或变更。其效力至迟于原处分机关重为处分时消灭"（第 4 项）[567]；"依第三项规定所为之判决，应于案件开始进行起六个月内为之。但案件复杂者，得延长三个月，以延长一次为限"（第 5 项）[568]。于此，姑不论本次草案修正内容是否妥适问题，即就本条第 3 项修正理由所谓："法院例外得以事实未臻明确为由，不就原处分实质上违法与否为判断，而径以程序判决将原处分及诉愿决定撤销"而言，其允许行政法院得以原行政处分之被告机关违反其行政程序上之职权调查义务所致程序上瑕疵为由，作成撤销判决者，表面上似在强调原告人民权益之维护，然何以修正草案不采"停止诉讼程序并命被告机关查明事实证据"之设计？此就诉讼经济而论，实未见高明。此外，本草案为"避免原处分之执行成果因原处分及诉愿决定之撤销而遽失所据，导致权利终局确

---

[566]　本项修正理由谓：行政诉讼原则上采取职权调查主义，法院有义务依职权调查事实，作成终局判决，原不得以案件之事实调查未明而撤销行政处分，命行政机关再为事实之调查。惟事实调查之义务若由法院全数负担，恐旷日费时，由行政机关循行政程序调查，较为简便有效；又如上开未明事实之调查，乃技术专业行政机关之专长者，法院自行调查，亦有难以克服之困难，爰参照《德国行政法院法》第 113 条第 3 项，增订本条第 3 项，规定撤销诉讼同时具备本项三款要件时，法院例外得以事实未臻明确为由，不就原处分实质上违法与否为判断，而径以程序判决将原处分及诉愿决定撤销。法院为此判决时，应于理由中就原处分机关须调查之事项，详予指示，以贯彻立法意旨。

[567]　本项立法理由谓：二、法院为第 3 项之判决后，原处分机关未为新处分前，实质权利状态尚不确定，一则为防堵原告借权利未定之状态，以脱法行为规避新处分之执行；二则为避免原处分之执行成果因原处分及诉愿决定之撤销而遽失所据，导致权利终局确定前，原处分执行所受利益之往返徒劳，爰参酌《德国行政法院法》第 113 条第 3 项中段，增订第 4 项，规定法院为此判决同时，得依申请或依职权，为暂时处置之裁定。本项前段并例示暂时处置之型态，或系命原告提供担保以确保新处分之执行；或为暂时维持原告已供担保之全部、一部，以确保新处分作成之执行；或为当事人暂时免除于原处分及诉愿决定撤销后，应返还因原处分执行而已受领给付之义务。三、定暂时处置之裁定系为处理实质权利未确定时之事实状态，如事实或事实所依据之法律状态有所更动，法院应得随时依职权或依申请撤销或变更上开裁定，爰增订第 4 项后段，并明示该裁定之效力期限。

[568]　本项立法理由谓：影响裁判结果之事实是否未臻明确，由行政机关查明为宜，法院应于案件开始进行后，尽速判断，以免贻误查证时机，影响当事人权益，爰参酌《德国行政法院法》第 113 条第 3 项后段规定，明定期限为事件分庭之日起六个月，但案件复杂者，得延长三个月，然以一次为限。

定前，原处分执行所受利益之往返徒劳"，而另于第 4 项设有种种"提供被告机关暂时性权利保护"之"定暂时处置之裁定"设计，亦予人时空错置，不知撤销诉讼究系"民告官"抑或"官告民"之制度，修正草案此种强烈维护公行政或强调行政权优越地位之设计，亦难令人信服。

自理论上而言，撤销诉讼主要适用于干涉行政领域或涉及第三人效力之行政处分领域，在前者情形，公行政既不遵守行政程序充分履行其职权调查义务在先，事后有无以定暂时状态之处置以维护其执行利益，已有疑义；在后者情形，原告以外其他权利因诉讼结果而受有影响之利害关系人，其通常涉及本法第 41 条或者第 42 条之诉讼参加或可另行起诉（通常为课予义务诉讼）而与本案撤销诉讼合并审理及裁判，法院对此等利害不一致当事人间其彼此权益之斟酌衡量，本可依执行停止或保全程序等暂时的权利保护机制处理，亦无必然须作成撤销判决而另以"定暂时处置之裁定"方式解决必要。最后，就撤销判决与行政程序之关系而论，理论上行政程序因职权或申请而开启（"行政程序法"第 34 条参照），该行政程序因处分之作成等程序目的之达成而终结。因此，诉讼对象之行政处分经法院判决撤销后，原因系争处分之作成而终结之行政程序是否因而回复其案件之系属？原则须视原行政程序系依职权抑或依申请而开启以及案件之种类与性质如何而定。通常情形，于干涉行政领域，其行政程序通常系依职权而开启，故法院作成撤销判决后，并无命被告机关回复原行政程序之续行（即无另外谕知被告机关另为适法处分）之必要，此时是否重开行政程序，仍由原行政处分机关（被告机关）依职权裁量决定即可。于涉及第三人效力之行政处分情形，其行政程序通常系因人民之申请而开启，故法院于作成撤销判决后，为保障人民行政程序上之程序利益，原因行政处分而终结之行政程序，即因撤销判决而回复其案件之系属。此时，被告机关或其他关系行政机关，本即须于尊重撤销判决之确定力或拘束力之前提下，续行尚未终结之行政程序，并据此作成决定，此为依法行政原则之当然结论[569]；因此，亦无由行政法院于撤销判决外，另外谕知行政机关应续行该行政程序并另为适法处分之必要。至于，因撤销判决之结果，可能导致原受有不利益之处分相对人或第三人，于被告机关重为处分前可能因而发生将来无法执行之问题应如何解决，此原为行政实

---

[569]　就此点而论，如行政法院所为撤销重核判决之目的，在于课予被告机关续行原案件之行政程序，或确认因系争处分而终结之行政程序已因撤销判决而回复其案件之系属者，则此类撤销重核判决应可接受。

体法之问题，并非诉讼法上所独有之问题[570]，规定于诉讼法中，亦与体例未尽相符。

③自为判决：第 197 条之判决

如前所述，由于台湾行政诉讼实务经常以事实不名为由，而作成撤销并命重核之判决，减损行政诉讼之救济功能。因此，论者多主张新行政诉讼法实施后，行政法院实不宜再任意为撤销重核之判决，而应尽量自行依职权调查证据以厘清案件相关之事实，并于斟酌全辩论意旨及调查证据之结果后，依自由心证，自为判决。其中，论者多举本法第 197 条规定作为行政法院作成"自为判决"之依据，并一方面主张行政法院应避免作成撤销重核之判决，而尽量自为判决外，并主张法院为自为判决情形，宜限于行政机关就行政处分所涉及金钱或其他代替物之给付或确认，并无行政裁量权或判断余地，或其裁量已缩减至零情形，始得为之[571]。姑不论上开学者论述，是否存有矛盾之处，然就何谓"自为判决"，其与"部分撤销判决"或"变更判决"有何不同，则未见有明确表示。本书以为，就本法第 197 条规定内容观之，自为判决如系指法院得径自以判决方式取代行政处分之作成，被告机关对于系争案件毋庸再为行政处分者（积极的形成之诉），或其目的在于经由判决产生相当于特定内容之行政处分，而使撤销诉讼有与课予义务诉讼相同之功能者[572]，则自为判决与前述单纯之撤销判决（包括部分撤销情形）及撤销重核判决，固有区别必要与实益[573]；惟若如多数学者主张认为自为判决实际系指部分撤销判决或变更判决者，有无另外将自为判决

---

[570] 实际上，现行行政实体法于若干行政领域中，已设有处理类似问题之保全程序设计，例如："税捐稽征法"第 24 条、第 25 条；"关税法"第 18 条、第 19 条；"土壤及地下水污染整治法"第 15 条；"工程受益费征收条例"第 6 条；"公路法"第 46 条、第 47 条、第 75 条等，属之。此外，其他例如行政处分之附款、暂时的行政处分理论、切结书或承诺书制度等，亦能发挥类似作用。

[571] 陈清秀前揭注 13 书第 463 页以下；陈敏等译前揭注 117 书第 1229 页以下［陈爱娥执笔］；林腾鹞前揭注 41 书第 388 页参照。又 2005 年 1 月 13 日"最高行政法院"2005 年判字第 18 号亦采相同见解，该判决谓：法院以确定不同之替代判决，取代原行政处分，应限于当事人对金钱或替代物之行政处分并无争执，仅系声明争执其额度；且须其本质上行政机关已无裁量权限或判断余地或其裁量权限已限缩到零者，行政法院方得自行判决，否则即有不当取代行政裁量权之违法。

[572] 吴庚前揭注 13 书第 198 页。

[573] 理论上，于部分撤销判决情形，系争原处分原则仍自处分时即已成立并生效，仅其经撤销部分失其效力而已。于认为自为判决系以判决取代行政处分作成情形，则系争处分之效力，因法院就同一事件已另外自为判决，而原则溯及既往失其效力外，原告原因系争处分所付义务已为法院之自为判决所取代，其义务之发生，原则自判决确定时起始确定。

独立为另一种撤销判决型态讨论,恐有疑问。

本法第 197 条规定之立法理谓:"原告提起撤销诉讼为有理由者,如原行政处分违法情形只涉及金额或数量时,应许行政法院在原告声明之范围内自行判决,加以纠正,不必撤销原处分而发回原处分机关重为处分,以免原处分机关或有拖延不结,甚至置之不理之情形,爰仿《德国行政法院法》第 113 条第 2 项之规定[574],增设本条,俾有依据。"就上开立法理由观之,由于本条条文实际上仅参酌《德国行政法院法》第 113 条第 2 项第 1 句,并未参酌整项规定,加以理论上行政法院作成撤销判决后,本有使原案件系属之行政程序恢复,而被告机关或其他机关负有依判决之确定力或拘束力,续行原行政程序之义务,故本条规定能否如德国法制般,使撤销诉讼亦具有部分课予义务诉讼之功能[575],以及其必要性如何,均令人怀疑。因此,本书以为本条规定如有其必要,宜解为:a)构成行政裁量之司法审查界限之例外规定,而为部分撤销之特殊类型;亦即,如"原行政处分违法情形只涉及金额或数量时",行政法院得径自以判决确定该金额或数量,而不撤销原处分并发回原处分机关重为处分。b)或原告对于行政法律关系成立或存在本身并无争议,但该法律关系具体内容涉及对金钱或其他代替物之数额或种类之确认,而原告对于确认该具体内容之确认处分存有争执情形,则允许法院得自行以判决确认该金钱或其他代替物之数额或种类,而不撤销原处分并发回原处分机关重为处分。

④其他:第 196 条规定

原告提起撤销诉讼前,系争处分已因执行完毕或因其他事由而失其效力者,原告应提起处分违法确认之诉或以其他诉讼类型主张公法上返还请求权(即不当得利请求权或回复原状请求权)寻求救济,并无提起撤销诉讼寻求救济之必要;但如系争处分虽已执行完毕但其效力并不因而消灭者,原告仍有经由撤销判决以消灭系争处分效力之必要,以祛除其行使公法上返还请求权或执行结果除去请求权(回复原状请求权之一种)之法律上障碍。此时,为免原告于取

---

[574] 本项规定:原告请求变更一订定金额之行政处分,或基于一行政处分所为之确认时,法院得订定不同金额,或以不同的确认取代原确认处分。订定或确认金额必须支出巨大之调查费用者,法院得指出未被正确考虑或被忽略的事实上或法律上的关系,使行政机关得根据此项裁判,计算金额以变更行政处分。行政机关应尽速以不拘形式之方式通知关系人重新计算之结果;裁判确定后,内容经变更之行政处分应重新通知(引自陈敏等译前揭注 117书第 1014 页[陈爱娥执笔])。

[575] 亦即修正草案所称:"应许行政法院在原告声明之范围内自行判决,加以纠正,不必撤销原处分而发回原处分机关重为处分,以免原处分机关或有拖延不绝,甚至置之不理之情形。"

得撤销系争处分之胜诉判决后，再以一般给付诉讼方式起诉主张其公法上返还请求权等权利之烦累并考虑诉讼经济之要求，本法第 196 条遂特别规定撤销诉讼合并将来给付请求之特殊客观合并诉讼类型[576]，明定行政法院经原告申请并认为适当者，得于判决中命行政机关为回复原状之必要处置。其中，本条所称"经原告之申请"系指原告合并提起或追加提起回复原状请求诉讼[577][578]而

---

[576]　又 2002 年 10 月 28 日"最高行政法院"2002 年判字第 1878 号判决，实际上已认识到此一回复原状请求属于将来给付之诉，但其却以之作为被告机关其公法上返还请求义务之范围不包括利息部分之论据，其判决理由实属可议。亦即，该判决谓：按"行政处分已执行完毕，行政法院为撤销行政处分判决时，经原告申请，并认为适当者，得于判决中命行政机关为回复原状之必要处置。""行政诉讼法"第 196 条定有明文。本件原告于缴清系争代管费而办理土地或建筑改良物继承登记完毕后，于法定期间内，对于被告命缴纳代管费之处分不服，循序提起行政诉讼，经本院审理结果，撤销本件已执行完毕之原处分，则原告申请返还已缴交之代管费，为有理由，应予准许，爰为判决如主文（第 2 项）。惟本件原告申请返还已缴交之代管费，其性质上属公法上不当得利之返还。本件被告于收取系争代管费时，乃有法律上之原因，而其后因本院拒绝适用相关法令函示而其原因嗣后不存在，此一事实，在本院裁判前，并非被告于受领代管费时所明知或其后所得知之，参酌"民法"第 182 条第 2 项规定意旨，被告并不负加计利息返还其利益之义务，原告请求返还已缴交之代管费，并按周年利息百分之五计算利息，其请求加计利息部分为无理由，应予驳回，爰为判决如主文（第 3 项）。

[577]　本条立法理由谓：得撤销之行政处分虽已执行完毕，惟如人民因该处分之撤销而有可回复之法律上利益时，许其请求回复原状。若该回复原状之申请，系与撤销诉讼合并提起，且有回复之可能，回复原状部分并已达可为裁判之程度，行政法院亦认为适当者，即得于撤销行政处分判决时，命行政机关为回复原状之必要处置。

[578]　惟 2005 年 2 月 3 日"最高行政法院"2005 年判字第 197 号判决却不采诉之客观合并之见解，该判决谓：按"行政处分已执行完毕，行政法院为撤销行政处分判决时，经原告申请，并认为适当者，得于判决中命行政机关为回复原状之必要处置。""行政诉讼法"第 196 条定有明文。查本件上诉人（即第一审原告）等遭解除董事职务后，被上诉人（即第一审被告）一方面成立 K 校管理委员会，暂时管理学校事务，另一方面成立 K 校董事会董事推选小组，选出第六届董事等十五人，新董事会并选出 Z1 为董事长，并与管理委员会交接完竣等情，固为事实。然如解除上诉人等董事职务之原处分经法院撤销，则上诉人等第五届之董事身份即应回复，纵其任期早已解满，仍得依法集会选出下届董事。故如原处分遭撤销而失效，被上诉人所指定之管理委员会或新推选产生之第六届董事，将因而失其依据。故上诉人等被解除董事之处分，经审判之结果，并非无从补救，亦非无法回复其法律上之地位或其他利益者，揆诸首开法律说明，尚难以该校已选出第六届董事及已就任等情，遽认上诉人欠缺提起本诉之权利保护要件。……次查"行政诉讼法"第 196 条所定之回复原状之必要处置，系法院经当事人之申请，并认为适当者，始得为之。当事人仅有促请法院审酌回复原状之必要处置，至于如何为必要处置始为适当，法院自有裁量权，不受当事人之主张拘束。故上诉人等依该条规定申请法院撤销第六届董事之核备，作为回复原状之必要处置，并非追加另一撤销诉讼，是以上开情形与诉之追加不同，原判决以该部分为诉之追加，未经诉愿，难谓为合法为由，遂予驳回，亦尚有未合。

言,惟应注意者,行政法院依本条规定作成命行政机关为回复原状之必要处置之判决时,该回复原状必要处置之方法与范围,并不受原告申请之主张之拘束,行政法院仍须就具体个案为妥适判断。

此外,原告撤销诉讼进行中,如系争处分之效力已因执行或其他事由而消灭时,此时,其之前所提起撤销诉讼可能因嗣后欠缺撤销诉讼之特别实体判决要件而被驳回,但如原告仍有以判决加以保护之法律上利益时,则例外允许其撤销诉讼转换为继续的处分违法确认诉讼。此时,如原告不知应转换其撤销诉讼为处分违法确认之诉者,法院宜加以阐明以促使其提出申请;如原告已提出申请且其申请符合其他提起处分违法确认诉讼之实体判决要件者,法院应许其将之前撤销诉讼转换(或变更)为处分违法确认之诉[579]。此一情形,诉讼类型既已变更,法院自无再为撤销判决之必要,而应径自依原告转换诉讼类型后之声明,以判决确认系争处分为违法[580]。

(2)课予义务诉讼

①概说:应同时谕知撤销原否准处分或诉愿决定

本法第 5 条规定之课予义务诉讼,包括针对行政不作为之"怠为处分之诉"以及针对否准行为(拒绝处分)之"拒绝申请之诉",惟无论何者情形,原告提起课予义务诉讼原则均须经诉愿前置程序其诉始为合法。本书以为,原告于提起课予义务诉讼时,除其因诉愿不合法而经诉愿决定不受理("诉愿法"第 77 条)情形外,"无论系有理由或无理由之诉愿决定",如该诉愿决定并"未完全满足原告之课予义务请求[581]",均应认为人民提起之课予义务诉讼,已符合诉愿前置要求,应属合法;于"诉愿决定不作为"情形,亦同。此时,其所提起之课予义务

---

[579]　此外,理论上原告亦得依本法第 6 条第 1 项另行提起处分违法确认之诉,或依本法第 111 条第 3 项第 3 款规定,因情事变更而以他项声明代替最初之声明,而以诉之变更方式解决(但此种方式,依本法第 238 条第 2 项规定,于上诉审程序不得为之)。

[580]　由于本法对于继续的处分违法确认诉讼之判决,欠缺明文,故"行政诉讼法部分条文修正草案"遂于第 196 条增列第 2 项,以杜争议。亦即,该项规定:撤销诉讼进行中,原处分已执行而无回复原状可能或已消灭者,高等行政法院于原告有即受确认判决之法律上利益时,得依其申请,确认行政处分为违法。

[581]　例如原告诉愿目的在于请求原行政处分机关或应作为之机关"应为一定内容"之行政处分者(而非单纯请求应对其申请作成准驳之答复决定),则无论人民所提诉愿为"针对否准处分之撤销诉愿"抑或"针对行政不作为之课予义务诉愿",且无论诉愿决定系撤销否准处分并命原处分机关另为适法之处分抑或诉愿决定系定相当期间命应作为之机关速为一定之处分,本书以为,此时纵使诉愿决定形式上对诉愿人有利,但因人民诉愿请求实质上并未被满足,仍应解为符合"行政诉讼法"第 5 条规定之"经诉愿程序而无结果"之要件,而许其提起课予义务诉讼。

诉讼之结构，是否存有原行政处分抑或诉愿决定，存有不同情形：

A. 行政对人民依法申请案件不作为情形：a）人民经依"诉愿法"第 2 条规定提起"课予义务诉愿"后，诉愿机关审理结果，认为原告诉愿无理由而为"驳回之诉愿决定"（"诉愿法"第 79 条第 1 项）；b）人民提起课予义务诉愿后，诉愿机关审理结果，认为其诉愿为有理由，而以诉愿决定指定相当期间命应作为之机关速为一定之处分（"诉愿法"第 82 条第 1 项）；c）人民提起课予义务诉愿后，诉愿机关审理结果，虽认为其诉愿为有理由，但于作成诉愿决定前应作为之机关已为行政处分者，而仍以诉愿无理由作成驳回之诉愿决定（"诉愿法"第 82 条第 2 项[582]）；d）无论人民所提诉愿有无理由，但诉愿机关均不作成诉愿决定（诉愿不作为）。于上开情形，除于 c）情形原告应以拒绝申请之诉请求救济外，其他情形原则应提起怠为处分之诉请求救济。

B. 行政对人民申请案件作成否准决定情形：a）人民经依"诉愿法"第 1 条规定"撤销诉愿（通说）"后，诉愿机关审理结果，认为原告诉愿无理由而为"驳回之诉愿决定"（"诉愿法"第 79 条第 1 项）；b）人民提起撤销诉愿后，诉愿机关认为原告诉愿有理由，而为撤销或变更原行政处分之全部或一部之诉愿决定（"诉愿法"第 81 条第 1 项前段）；c）人民提起撤销诉愿后，诉愿机关认为其诉愿为有理由，而为撤销或变更原行政处分之全部或一部并发回原行政处分机关另为适法之处分；d）人民提起撤销诉愿后，诉愿机关虽认为原行政处分所凭理由虽属不当（解释上应包括违法），但依其他理由认为正当（解释上包括合法）者，而以原告诉愿无理由作成驳回之诉愿决定；e）无论人民所提诉愿有无理由，诉愿决定机关均不作成诉愿决定（诉愿不作为）。于上开情形，原告均应提起拒绝申请之诉请求救济。

由上开论述可知，原告提起课予义务诉讼者，多数情形，可能同时涉及否准处分及（或）诉愿决定之合法性审查。对此，台湾行政诉讼实务或多数学说[583]，均主张为使法律关系明确计，不仅原告起诉之声明除表明拟请求法院提供之权利保护形式（即判命被告机关应为行政处分或应为特定内容之行政处分）外，并宜同时请求撤销系争案件所涉及之所有行政处分（但纵使未为声明亦可，因此

---

[582] "诉愿法"本条项规定，无论应作为之机关嗣后所为行政处分之内容为何，均以诉愿无理由而驳回人民之诉愿，此种规定显与程序经济及本法之救济目的有所违背，实属不当立法设计。

[583] 吴庚前揭注 13 书第 205 页；陈计男前揭注 16 书第 527 页、第 576 页以下；翁岳生编前揭注 559 书第 485 页以下［彭凤至执笔］。但林腾鹞前揭注 41 书第 308 页、第 390 页则认主张原告起诉声明宜一并表明请求撤销原处分或诉愿决定，但于法院裁判之方式上，则未说明应否一并作成撤销原处分或诉愿决定之判决。

非独立之声明);而法院于原告所提课予义务诉讼为有理由时,除作成课予义务判决外,无论原告起诉声明是否已请求法院撤销原行政处分及诉愿决定,均应(依声明或依职权)就案件所涉及之全部处分(原行政处分及诉愿决定)一并予以撤销(即作成撤销判决)。

对此,除单纯基于使法律关系明确之目的,而容许行政法院于课予义务判决外同时谕知撤销原否准处分或诉愿决定之主张外,其他主张应同时撤销系争否准处分或诉愿决定之理由,本书基于下列理由,以为均难以同意。亦即:a)系争否准处分或诉愿决定应否撤销,原应由被告机关于依课予义务判决履行其给付义务时,就系争否准处分或诉愿决定之废弃是否构成其履行判决义务之法律上障碍,自行斟酌衡量决定[584],行政法院原无越俎代庖之必要[585]。b)系争否准处分或诉愿决定于原告提起课予义务诉讼时既未确定,行政法院本无受其拘束之余地,亦即,该否准处分或诉愿决定应否撤销并不构成法院作成课予义务判决时之法律逻辑上障碍;且行政法院于作成课予义务判决后,系争否准处分或诉愿决定其内容与法院判决抵触部分之效力,解释上亦因而一并被排除或不得执行,亦无再于判决中为重复之必要[586]。c)依通说主张,认为原告提起课予义务诉讼时,是否同时声明请求撤销系争否准处分或诉愿决定,于其起诉之合法性不影响。亦即,于原告同时请求撤销原否准处分或诉愿决定情形,并不构成撤销诉讼与课予义务诉讼之诉之客观合并;且于未为声明情形,法院所为同时撤销系争否准处分或诉愿决定之判决,亦不构成诉外裁判。d)行政法院于课予义务诉讼之裁判基准时,依通说系以言词辩论终结时,并非以系争否准处分或诉愿决定时为其裁判基准时。e)若课予义务请求嗣后欠缺权利保护必要但仍有允许针对系争否准处分提起撤销诉讼(孤立的撤销诉讼)或继续的处分违法确认诉讼情形,却仍要求原告须为诉讼类型之转换或变更其起诉之声明。f)于原告课予义务请求为一部有理由情形(如原告申请核发 102 楼超高建筑执照,原行政处分仅核发 50 楼(修正处分),法院审理结果认为可核发 80 楼),是否仍

---

[584]　理论上,于此一情形,该课予义务判决构成被告机关之行为规范,被告机关应依判决之内容为行为(依法行政原则)。通常情形,被告机关应依职权撤销系争否准处分,而恢复原行政程序(即因原告依法申请而开启之行政程序)之续行,就原告申请案依判决之见解重为处分;例外情形,如恢复原行政程序之续行已无必要且(依职权或依原告另外之申请)重新开启另一新的申请程序对原告并无不利者,亦可不撤销否准处分而维持原行政程序之终结。

[585]　否则本法第 216 条关于课予义务诉讼判决亦发生拘束力之规定,即将成为具文。

[586]　于行政机关就某一事件已作成行政处分后,事后对同一事件另外作成内容与前处分相抵触之处分者,理论上前处分内容与后处分内容相抵触之部分,即因而失其效力;此时,亦未见有学者主张应于作成后处分之前,应先废弃前处分以解决其法律上障碍之必要,且亦少有认为如此处理,将有碍于法律关系之明确者。

应将原处分或诉愿决定予以一并撤销？通说理论与实务做法，对此并未见有妥适说明。g)本法第 200 条已明定课予义务诉讼判决之方式，该条并未要求法院于原告之诉有理由时应同时撤销系争否准处分或诉愿决定，通说理论与实务做法显然与立法明文不符。由上可知，上开通说论述，其前后理论未尽一致，且徒增诉讼实务处理上之困扰与复杂性。

②第 200 条规定

课予义务诉讼判决之方式，依本法第 200 条规定，行政法院应依下列方式作成裁判：a)原告之诉不合法者，应以裁定驳回之；b)原告之诉无理由者，应以判决驳回之；c)原告之诉有理由，且案件事证明确者，应判命行政机关作成原告所申请内容之行政处分（即课予义务判决）；d)原告之诉虽有理由，惟案件事证尚未臻明确或涉及行政机关之裁量决定者，应判命行政机关遵照其判决之法律见解对于原告作成决定（即答复判决）。因此，本书以为，于原告之诉为有理由情形，仅须依上开规定为课予义务判决或答复判决即可，并无同时谕知撤销系争否准处分或诉愿决定之必要。

A. 单纯课予义务判决：依本法第 200 条第 3 款规定，无论原告所提为怠为处分之诉抑或拒绝申请之诉，于原告所提课予义务诉讼为有理由情形，法院应视案件是否已达可为裁判之程度，分为作成单纯的课予义务判决或答复判决。所谓"案件已达于可为裁判之程度"，系指系争案件依诉讼全辩论意旨及调查证据之结果，相关事证及法律关系已臻于明确，可认为被告行政机关负有依原告之申请，作成特定具体内容之行政处分者而言。此时，无论系争案件是否涉及行政裁量或判断余地之审查，行政法院均应于原告起诉声明范围内，作成命被告机关为特定内容之行政处分之判决（可能为全部胜诉判决或一部胜诉判决），并无将案件发回命被告机关另为适法处分之必要。

B. 答复判决：依本法第 200 条第 4 款规定，如原告之诉虽有理由，但案件事证尚未明确或因涉及行政机关之行政裁量（解释上包括判断余地）决定，致影响案件之审查使其无法达于可为裁判之程度者，行政法院应判命被告机关遵照其判决之法律见解（包括已经裁判认定之事实或证据）基础上，对原告申请案件作成准驳之决定，此即为答复判决。惟前开本法第 200 条第 4 款规定所称"事证尚未明确"或"涉及行政机关之行政裁量（解释上包括判断余地情形）决定"者，应限于极端例外情形始得为之；否则，如轻易允许行政法院作成此类判决而不对案件实质内容自为判决者，将如同撤销诉讼允许作成撤销并命另为适法处分之判决情形般，使行政法院再次沦为发回法院，违背本法对行政诉讼制度改革之根本意义[587]。亦即,所称"事证尚未明确",因本法采职权探知主义以及本法立法目的主要在于保障人民权益,解释上必须行政法院对该不明确无法经由职权调查事实证据方式予以厘清,或由法院依职权调查显然须花费不符合比例之时间费用而宜发回被告机关重为调查,或系争事实证据之厘清涉及诉外第三人之权益而不宜于本案诉讼中处理等例外情形,始为事证尚未明确。所称"涉及行政机关之行政裁量(或判断余地)决定",系指案件事证虽属明确,但因系争案件之决定涉及高度政策判断或专业科学技术性判断,行政法院不宜以判决方式介入代为决定,或有相当理由可预期若由被告机关重为决定对原告人民将更为有利或更能兼顾对诉外第三人之利益衡量者而言。简言之,行政法院除有上开情形而可作成答复判决外,于原告之诉有理由时,原则上应依本条第 3 款规定作成具有实质内容之课予义务判决[588]。此外,行政法院依本条款规定所为答复判决,性质上究属全部有理由之判决抑或一部有理由一部无理由之判决? 论者有采德国通说,认为属一部有理由一部无理由判决,因此原告应就其无理由部分负担诉讼费用者[589]。其中,就原告起诉声明请求被告机关应为特定内容之行政处分情形,行政法院所为答复判决之性质可认为系一部有理由一部无理由之判决[590]外,于关于诉讼费用之负担问题上,如原告系因被告机关对其依法申请案件不作为而提起本件诉讼,且诉愿机关复亦就被告机关负有答复义务一节于诉愿决定主文中予以纠正者,则原告提起本件诉讼无论其声明系请求判命被告机关应为行政处分抑或应为特定内容之行政处分,均不应认为其起诉具有可归责性,故纵使认为答复判决性质上属一部有理由一部无理由之判决,亦无使原告更负担诉讼费用之理。

（3）确认诉讼

本法第 6 条所规定之确认诉讼,包括处分无效确认诉讼、处分违法确认诉

[587]　同旨,吴庚前揭注 13 书第 206 页注 168 参照。

[588]　惟台湾行政法院实务似仍倾向采司法消极主义,习惯作成答复判决,而不愿轻易作成单纯的课予义务判决。例如,2002 年 6 月 28 日"最高行政法院"2002 年判字第 1112 号判决谓:按行政法院就课予义务诉讼命为特定内容之处分,须依事件之内容,达到行政法院可为特定行政处分内容之裁判之程度始可,若特定内容行政处分之作成尚涉及行政判断或尚须践行其他行政程序等情形,基于权力分立之原则,行政法院自不得遽为之。

[589]　翁岳生编前揭注 559 书第 487 页[彭凤至执笔]。

[590]　同旨,2003 年 10 月 2 日各级行政法院 2003 年度行政诉讼法律座谈会(法律问题第 8 则)决议谓:原告提起课予义务诉讼,系请求判决被告机关应为行政处分或应立为特定内容之行政处分,而高等行政法院审理结果,仅判命被告机关应依本判决之法律见解对于原告作成决定。显然原告并未获得全部胜诉之判决,自应认原告其余部分之请求,为无理由,主文一并谕知原告其余之诉驳回,俾使原告有上诉救济之机会。

讼以及公法上法律关系存否确认诉讼三种类型。理论上，因处分无效确认诉讼、处分违法确认诉讼与撤销诉讼同，均系以行政处分为其诉讼对象（或称程序标的），因此，于原处分主义设计下，构成处分无效确认诉讼与处分违法确认诉讼之诉讼对象之行政处分，宜与撤销诉讼同，均以第一次对人民产生不利益之原处分为其诉讼对象。惟因确认诉讼之目的在于经由法院之确认判决以排除因该无效或违法处分对人民法律关系或权益所造成之不安状态，故仅须针对两造间存有争执之特定行政处分请求确认即可达成上开目的。亦即，于此二类诉讼，纵不采原处分主义设计，而单以被告机关××年××月××日××字第××号函所特定之行政处分为其诉讼对象，通常亦不发生诉讼上困难。

因此，法院于作成处分无效确认或处分违法确认之判决时，亦仅须就该特定行政处分是否无效或违法一节作成确认即可。此时，法院之裁判方式于原告之诉无理由时，为"原告之诉驳回"之判决，于原告之诉有理由时，通常为"确认被告机关××年××月××日××字第××号函之处分无效"或"确认被告机关××年××月××日××字第××号函之处分为违法"之判决。

论者有认为如行政处分之效力于诉愿程序终结后提起行政诉讼前因执行完毕或其他事由而消灭者，原告于提起处分违法确认之诉时，"应声明对于相关诉愿决定之违法，一并请求确认"，并主张此时法院之判决应为：确认被告机关××年××月××日××字第××号函之处分及诉愿机关××年××月××日××字第××号函之诉愿决定为违法者[591]。关于此一问题，虽原行政处分于诉愿决定后因执行完毕或其他事由而失其效力后，诉愿决定通常亦因而失其效力；惟原告起诉请求救济之权利通常系因原行政处分而非该诉愿决定而受有侵害（原告对诉愿决定之违法确认请求，原则无确认利益），解释上并无一并声明请求确认诉愿决定为违法之必要。

至于确认公法上法律关系存否之诉，原告得请求确认之对象包括各种具体之公法上法律关系（如公用地役关系），或基于身份或成员资格所生之法律关系整体（如公务员关系），或该身份或成员资格本身（如农年水利会会员资格）、本于该法律关系所生之各种具体权利义务（如本于某行政契约所生之个别请求权或给付义务）之存否（或成立或不成立），甚至过去法律关系，如有确认利益，均得作为请求确认之对象[592]。因此，法院于原告之诉无理由时，应为"原告之诉

---

[591]　翁岳生编前揭注 559 书第 490 页、第 492 页[彭凤至执笔]。

[592]　除行政处分以外，其他法律关系之发生原因，例如行政契约之效力或其存否（或成立或不成立），并非法律关系本身，原则不得请求确认。不同见解，翁岳生编前揭注 559 书第 492 页[彭凤至执笔]曾举原告如声明请求"确认××契约无效"时，法院判决主文为："确认原告于××年××月××日与被告签订之损害赔偿契约无效。诉讼费用由被告负担"。

驳回"之判决;于原告之诉有理由时,应就原告请求确认之法律关系或权利义务之存否,作成积极确认或消极确认判决,例如:"确认原告于遭休职期间,与被告机关仍有职务关系"、"确认原告为××农田水利会会员"或"被告对于原告所有坐落××地号土地无(有)公用地役关系存在"[593]。

(4)一般给付诉讼

本法第 8 条规定之一般给付诉讼,法院审理结果,认为原告之诉为无理由时,应以判决驳回原告之诉;其为有理由者,则依原告声明为命被告为一定内容之给付之判决,其裁判书制作主文之方式,原则与民事诉讼关于给付诉讼判决主文之制作方式同。

惟于人民为原告提起给付诉讼情形,因原告对于其起诉主张之给付请求权或受给地位之存否,通常负有举证责任;因此,于法院审理结果如认为案件事证尚未明确,致其起诉主张之给付请求权或受给地位之存否仍有疑义,如完全依举证责任理论处理,原告即须受败诉之判决。此点,于被告机关对于原告人民之给付请求,依法须经行政调查等行政程序而被告机关未履行该程序或其程序之进行存有瑕疵,或被告对原告人民之给付请求依法须为合义务裁量而被告机关未履行该义务或其裁量有瑕疵,致影响人民后续给付请求权或受给地位之主张,且上开情形无法或不宜经由行政诉讼审理程序(尤其职权调查)予以厘清者,此时,行政法院如仍为原告败诉之判决,显然并不妥适。于此一情形,宜类推适用本法第 200 条第 4 款关于答复判决之规定,以原告之诉为有理由,判决命被告机关应遵照其判决之法律见解(包括已经裁判认定之事实或证据)基础上,对原告之给付请求作成决定[594]。

又原告起诉主张之给付请求权或受给地位为有理由,但于原告提起一般给付诉讼后裁判前,因情事变更,非当时所得预料,而依其原有效果显失公平者,本法第 203 条明定此时法院得依当事人之申请,为增、减给付货变更或消灭其他原有效果之判决。本条虽仅就一般给付诉讼为规定,理论上情事变更原则于其他各种诉讼类型亦可能发生,故于其他诉讼亦有类推适用之可能。又其他有关本条规定之说明及相关问题,已如前述,此不再赘论。

(四)裁判之效力

1.裁判效力之发生与确定

判决经宣示或公告主文后而生效,裁定经宣示或公告或送达后而生效;此时,为该判决之法院或为该裁定之法院、审判长、受命法官或受托法官,原则受

---

[593] 整理引自,吴庚前揭注 13 书第 206 页以下;陈计男前揭注 16 书第 527 页以下。

[594] 同旨,翁岳生编前揭注 559 书第 488 页[彭凤至执笔]。

其拘束（第 206 条、第 208 条）。除有得为判决之更正或补充事由外，为判决之法院，不得再自行将该判决撤销或变更；于裁定之情形，除法律别有规定者外，亦同。

判决经宣示或公告主文而发生效力后，如该判决不得声明不服或当事人已穷尽通常之救济途径，而使判决处于不能再依通常程序予以废弃或变更之状态时，则为判决之确定。关于行政诉讼，本法原则采二级二审设计，对于高等行政法院之终局判决，须以其违背法令为理由，始能上诉于"最高行政法院"（第 242 条）；对于适用简易程序之判决，其提起上诉须经"最高行政法院"之许可（第 235 条）；又"最高行政法院"之判决为终审判决，亦属不能上诉之判决。因此，凡判决得提起上诉者，于上诉期间（判决送达后二十日内，第 241 条）届满时确定，但于上诉期间内有合法之上诉者，阻其确定（第 212 条第 1 项）；不得上诉之判决，于宣示时确定，不宣示者，于公告主文时确定（同条第 2 项）；其舍弃上诉权或撤回上诉者（第 240 条、第 262 条），判决易于舍弃时或撤回时确定。至于所称"合法之上诉"，系指其上诉合于法定要件而言，通常系指该上诉须遵守上诉之不变期间（第 241 条）、不得变更或扩张上诉之声明（第 250 条）[595]、未舍弃上诉权或撤回上诉等属之。又在必要共同诉讼情形，共同诉讼人一人所为之上诉或对共同诉讼人一人之上诉，其效力及于全体（第 39 条第 1 款、第 2 款），其有阻断判决确定之作用；于第 41 条、第 42 条之参加人提起上诉情形，亦同。

对于裁定，除法律别有规定不得抗告者外，原则得为抗告（第 264 条、第 265 条）；惟裁定不得抗告者，除法律明文规定不得声明不服者外，得随同判决并受"最高行政法院"之审判（第 239 条[596]）。至于裁定于何时确定，本法并未设有明文，解释上得准用上述关于判决确定之规定[597]；于当事人舍弃抗告权或撤回抗告情形（第 270 条准用第 240 条、第 262 条），裁定于舍弃抗告权或撤回上诉时确定。

2. 判决之效力

行政诉讼之判决，依现行法规定及学说理论，其性质与种类约可分为羁束力、确定力、形成力、拘束力以及执行力。兹说明如下：

---

[595] 故上诉人就对其不利之判决未经声明上诉之部分，因嗣后不得再为声明之扩张或变更，该部分因而确定；又因本法未如民事诉讼采附带上诉制度（"民事诉讼法"第 460 条以下参照），故纵使一造已对其受有不利部分之判决声明上诉者，他造亦不得就对其不利部分之判决附带上诉。

[596] 本条规定：前条判决前之裁判，牵涉该判决者，并受"最高行政法院"之审判。但依本法不得声明不服或得以抗告声明不服者，不在此限。

[597] 陈计男前揭注 16 书第 539 页参照。

（1）羁束力

所谓判决之羁束力，系指判决经宣示或公告主文后，为判决之行政法院应受该判决之拘束，不得再自行将该判决予以撤销或变更之效力。此一判决之羁束力，系考虑裁判之安定性以及各种诉讼程序之内在要求（如上诉审程序或法律审或事实审程序之制度功能）而产生，亦称判决之自缚力或不可撤回性。判决之羁束力，于判决因宣示或公告主文而发生效力后，即已发生，不以判决确定为必要；且不以终局判决为限，中间裁判经宣示或公告主文者，亦有羁束力，其后所续行之诉讼及终局判决，均不得与中间裁判相抵触[598]。又自理论上而言，所称判决之羁束力，应系指同一诉讼程序内部，判决对于法院之拘束效果而言，亦即指该当事件之系属尚未因确定终局判决或其他事由而消灭时，为免于同一诉讼程序内部，法院对于同一事件所为各种判决（不以同一审级之判决为必要），其判断内容发生相互抵触矛盾之现象所设。因此，判决之羁束力与事件之系属已因确定终局判决而消灭情形所生之形式确定力，宜加以严格区别。对此，台湾学界与实务界并未为此严格区别，致判决羁束力之概念容易与判决形式确定力甚至实质确定力概念相混淆者，实属遗憾。本书于此一部分，虽采与通说实务相同说明与安排，但纯系说明方便，并不赞同此一论述结构，运请留意。

判决之羁束力，依其羁束之对象，可分为对原为判决法院之羁束力以及对其他法院之羁束力。亦即：

①对原为判决法院之羁束力

首先，判决经宣示或公告主文后，为该判决之行政法院受其羁束，除有法定事由并依法定程序外，不得再任意将该判决予以撤销或变更。此种判决之羁束力，系指判决有拘束同一审判系统内同一审级法院之效力。严格而言，此一判决对原为判决法院之羁束力，又可区分为对"（实际）为该判决之行政法院之羁束力"以及对"（实际）为该判决之行政法院以外之其他同一审级行政法院之羁束力"。惟学者对此并未进一步区别，本书从之。

其次，判决之羁束力于有下列法定事由并经法定程序情形，其羁束力可被排除：a）原判决经上诉"最高行政法院"而废弃并发回由原行政法院更为审理者；b）原判决因当事人申请再审（第273条、第274条），经受理再审之诉之原行政法院认为再审有理由续行或再开前诉讼程序者[599]；c）因撤销或变更原处分或

---

[598]　陈计男前揭注16书第541页。

[599]　1979年3月22日"最高法院"1979年台上字第764号判例谓：再审之诉，实质上为前诉讼程序之再开或续行，如向原第一审或第二审法院提起再审之诉，而应行言词辩论者，法院应按前诉讼言词辩论终结时之程序续行辩论，当事人两造在前程序所为诉讼行为之效力，不因再审之诉为形式上之新诉而受影响。

决定之判决，而权利受损害之第三人，依本法第284条规定申请重新审理，经受理重新审理之原行政法院认为申请有理由而以裁定命为重新审理者（第288条），该开始重新审理之裁定确定后，即回复原诉讼程序，依其审级更为审判（第290条第1项）；此时，原为判决之行政法院即不受该确定判决之羁束，而续行或更新前诉讼程序[600]。又依本法第218条准用"民事诉讼法"第232条规定，判决如有误写、误算或其他类此之显然错误，或判决正本与原本不符者，法院得依申请或依职权以裁定更正，此一更正裁定系在不影响判决之羁束力前提下所为，严格而言，尚非判决羁束力之例外。

再者，原判决经上诉"最高行政法院"而废弃原判决，并发回原行政法院或发交他有管辖权之行政法院更为审理后，当事人对更审判决再上诉于"最高行政法院"者，此时，受理后诉之"最高行政法院"，应否受前诉为发交或发回判决之法律见解之羁束[601]？上开情形，论者以为如前后所为上诉所涉及之事实或法律状态并未变更，仍应受同院前审判庭所为判决之羁束[602]；如其事实或法律状态已有变更者，则非前判决羁束力所及；又于后诉判决前，如"最高行政法院"对该法律见解，已依法予以变更并宣示者，亦可不再受前判决之羁束[603]。

最后，高等行政法院判决撤销违法行政处分后，于事实及法律状态均未有变更之情形下，原行政处分机关重为相同内容之行政处分，或不依行政法院判决意旨重为处分时，当事人对重为之行政处分再行起诉者，此时后诉高等行政法院应否受前诉行政法院判决之羁束问题，论者有将之列为判决之"实质羁束力"项下说明者[604]。惟此一情形，除涉及后诉是否抵触前诉之既判力，而生一事不再理问题外，至于后诉法院之审理，于事实及法律状态均未变更下，能否不受前诉判决之羁束而另为不同之裁判问题，则因论者对于此一情形前后二诉之诉讼标的是否相同而有差异。亦即：a）如认为前后二诉之诉讼标的相同者，则发生一事不再理问题，除非认为既判力之本质为禁止前后二诉裁判内容之歧异而非禁止更行起诉[605]，否则后诉法院既不得就同一事件更为实体之审理及裁

---

[600]　于法院认为再审或重新审理之申请为有理由，而续行或再开（更新）前诉讼程序者，仅排除原确定判决之羁束力，原确定判决之"确定力"尚未因此而当然失其效力。

[601]　对此，学者称为"判决之实质羁束力"，以有别于对"为该判决法院自身"之"形式羁束力"问题。

[602]　陈敏前揭注170书第1510页及同页注1参照。

[603]　翁岳生编前揭注559书第453页［彭凤至执笔］参照。

[604]　陈敏前揭注170书第1510页及同页注1；翁岳生编前揭注559书第452页以下［彭凤至执笔］。

[605]　吴庚前揭注13书第216页注183参照。

判,自不发生前诉判决是否对后诉法院有羁束力问题。b)在认为前后二诉属同一事件但主张既判力本质在于禁止歧异而非禁止更行起诉者,表面上固发生后诉法院应否受前诉法院判决之羁束问题,然后诉法院既已因既判力之作用,而被禁止其作成与前判决相歧异之判决,亦无再讨论前诉判决对后诉法院有无羁束力之必要。c)如认为前后二诉之诉讼标的内容不同(即非同一事件),后诉法院就此类案件虽得更为实体之审理及裁判;惟既认为前后二诉非属同一事件,后诉事实即与前诉事实不同而有变更,理论上应不发生前诉判决是否羁束后诉法院之判决羁束力问题,如仍以之为裁判之羁束力问题讨论[606],似存有逻辑论证上之矛盾。简言之,本书以为于上开情形,并不发生判决羁束力问题。

②对其他法院之羁束力

判决原则仅对于同一审判系统内同一审级之法院发生羁束力,例外于下列情形,本法规定判决对于同一审判系统内不同审级法院,亦有羁束力:a)"最高行政法院"废弃原判决而将事件发回高等行政法院或发交其他高等行政法院者(第260条第1项),受发回或发交高等行政法院更为审判时,应以"最高行政法院"所为废弃理由之法律上判断为其判决基础(同条第3项)。b)"最高行政法院"为法律审、高等行政法院为事实审,故除别有规定外,"最高行政法院"应以高等行政法院判决确定之事实为判决基础(第254条第1项)。

(2)确定力

①概说

判决之确定力,系指为诉讼标的之法律关系经行政法院于确定终局判决中判断者,当事人对该确定判决不得再以通常之救济途径声明不服,或于他诉讼中为与确定判决内容相反之主张,称判决之确定力。

判决之确定力,可分为"形式确定力"和"实质确定力"说明。

称判决之"形式确定力"者,系指判决处于当事人不得以通常之救济途径声明不服(即请求废弃或变更)之状态而言。对于高等行政法院之终局判决于上诉期间内未有合法之上诉者,于上诉期间届满时确定;对于不得上诉之判决(例如"最高行政法院"之判决或高等行政法院适用简易程序之判决其上诉未经许可者),或当事人全部舍弃上诉权(第240条)或撤回上诉(第262条)者,于判决宣示或公告主文时确定(第212条),发生形式的确定力。又台湾通说认为仅终局判决(包括一部终局判决与全部终局判决)有形式确定力,中间判决因不能独

---

[606]　例如,陈敏前揭注170书第1510页、第1514页以下;翁岳生编前揭注559书第453页、第458页以下[彭凤至执笔]参照。

立上诉,并不生确定问题,自无形式确定力[607]。

称判决之"实质确定力"者,又称"既判力",指判决发生形式确定力后,诉讼标的之法律关系于确定终局判决中经裁判者,当事人不得就该法律关系更行起诉,且于其他诉讼中所为攻击或防御方法,不得为与确定判决内容相反之主张,而后诉法院于审理案件时,亦须以前诉既判事项为其判决之基础,不得为与该确定判决内容相抵触之裁判[608]。至于实质确定力之本质或根据为何,因论者对于诉讼制度之目的与功能以及诉权理论之理解与所持态度之不同,而有各种学说理论争议[609];惟各种学说所欲解决者,主要在于应如何妥适说明"承认既判力之正当性基础(如错误判决之既判力问题)"以及于诉讼制度上"前诉既判力对于后诉当事人与法院之拘束范围与程度"(即既判力之作用)。

实质确定力,依本法第 213 条规定,原则仅于诉讼标的法律关系于确定之终局判决中经裁判之部分(既判事项)有之,至于诉讼标的法律关系中未经裁判之部分以及诉讼标的法律关系以外其他事项(如前提问题或某项争点)之判断,原则不生实质确定力。因此,实质确定力原则仅本案之确定终局判决有之;于中间判决(第 192 条)因仅就本案前提问题或中间争点作成判断,并未就本案诉讼标的法律关系本身为判断,并不生实质确定力问题(但可能有争点效问题)。至于行政法院以诉、上诉不合法所为驳回之裁判(包括因欠缺当事人适格要件

---

[607]　此与德国学说不同,林腾鹞前揭注 41 书第 397 页;陈敏等译前揭注 117 书第 1360 页[彭凤至执笔]参照。

[608]　关于判决之实质确定力之具体内容为何?无论于民事诉讼抑或行政诉讼,论者之说明均略有不同。例如,有谓判决之实质确定力系指"诉讼标的之法律关系,于确定之终局判决经裁判者,当事人不得就该法律关系更行起诉,且于其他诉讼用作攻击或防御方法,亦不得为与确定判决意旨相反之主张"者(于民事诉讼情形,王甲乙等三人合著:《民事诉讼法新论》,自刊,2003 年 8 月,第 552 页;于行政诉讼情形,翁岳生编前揭注 559 书第 454 页[彭凤至执笔],陈敏前揭注 170 书第 1511 页);或谓系指"判决确定后,就当事人,关于判决内容(实质上)之确定的判断,此后于其他诉讼上,不得有效的为与该确定判决内容相反之主张;就法院言,不得为与该确定判决内容相抵触之裁判"者(于民事诉讼情形,姚瑞光:《民事诉讼法论》,自刊,2004 年 2 月,第 550 页;于行政诉讼情形,陈计男前揭注 16 书第 543 页;类似说明,吴庚前揭注 13 书第 216 页)。

[609]　相关学说,论者说明未必一致,例如,"实体法说"、"权利实在说或具体法规范说"、"新实体法说(正当性担保说)"、"诉讼法说"、"新诉讼法说(新一事不再理说)"、"自己责任说或程序保障说"以及"制度效力与程序保障二元论"等属之。又关于既判力之本质与根据之概略说明,陈计男前揭注 16 书第 543 页以下;陈荣宗等前揭注 441 书第 619 页以下;李木贵:《民事诉讼法(下)》,自刊,2006 年 3 月,第 7-39 页以下;新堂幸司:"民事诉讼法",弘文堂,1998 年,第 570 页以下。

或其他权利保护利益要件所为之判决驳回），论者多认为不具有实质确定力[610]，惟自纷争之终局解决与法安定性观点，似有再具体检讨分析必要。实质确定力之存否，为法院应依职权调查之事项，当事人不得自由处分或以合意抛弃既判力，而更行起诉；但当事人对于因既判力而确定之实体法上权利义务，于依法行政范围内，仍得自由处分。

又实质确定力（既判力）之作用，系指为实质确定力所及之人，就同一事件不得更行起诉（一事不再理），且于其他诉讼中所为攻击或防御方法，不得为与确定判决内容相反之主张，法院对该反于既判力之主张亦不得为实体审理（既判力之消极作用）；而后诉法院于审理案件时，亦须以前诉既判事项为其判决之基础，不得为与该确定判决内容相抵触之裁判（防止裁判之矛盾或歧异，既判力之积极作用）[611]。亦即：

a)于前诉诉讼标的与后诉诉讼标的同一之情形：于"前诉败诉原告对前诉胜诉被告"或"前诉败诉被告对前诉胜诉原告"就同一诉讼标的之事件（其前后二诉之声明通常为相同、相反或前诉声明包括或可代替后诉之声明）起诉者，因有关事实或法律状态于裁判基准时后并无变更，行政法院应以违反一事不再理原则，而驳回后诉原告之诉（第 107 条第 1 项第 9 款）。惟于例外情形，如前诉胜诉原告对前诉败诉被告有就同一诉讼标的之事件更行起诉之特别利益者，例如判决确定后，判决原本及正本均灭失，而无其他方法证明判决之内容者，当事人得就同一事件更行起诉（第 95 条第 2 项准用"民刑事诉讼卷宗灭失案件处理法"第 17 条），不受一事不再理原则之限制。

b)于前诉诉讼标的法律关系构成后诉诉讼标的法律关系之前提（先决）问题者，后诉之裁判应以前诉确定判决之内容为其基础，不得为与之相抵触之判断。

c)又于前诉诉讼标的之法律关系虽非后诉诉讼标的法律关系之前提（先决）问题，但后诉法律关系所争执之金钱或数额曾经前诉诉讼对象之行政处分加以确认（如租税裁决），且法律对该行政处分所涉及金额或数额之审查，已明定应依特定救济程序声明不服（如"税捐稽征法"第 35 条之复查及行政争讼途

---

[610]　陈计男前揭注 16 书第 545 页；陈敏前揭注 170 书第 1512 页。

[611]　林腾鹞前揭注 41 书第 398 页以下参照。又 2004 年 6 月 18 日"最高行政法院"2004 年判字第 782 号判决亦采类似见解，该判决谓：为诉讼标的之法律关系于确定终局判决中经裁判，该确定终局判决中有关诉讼标的之判断，即成为规范当事人间法律关系之基准，嗣后同一事项于诉讼中再起争执时，当事人即不得为与该确定判决意旨相反之主张，法院亦不得为与该确定判决意旨相反之判断，其积极作用在避免先后矛盾之判断，消极作用则在禁止重复起诉。

径)者,如系争行政处分或前诉救济程序已确定者,除非原告有不可归责于己之事由致无法依前开法定救济途径(即前诉)寻求救济,否则宜认为对该行政处分或前诉判决所涉及金额或数额之确认已因用尽法定救济途径而不能再予争执,而发生类似判决确定力之遮断效果。例如,关于人民于租税裁决确定后,能否再依"税捐稽征法"第 28 条申请退税之问题,台湾行政诉讼实务迄有不同见解,最近 2006 年"最高行政法院"2006 年 2 月份庭长法官联席会议(一)就法律问题第 1 则[612]所作成之决议[613]即采如系争租税裁决曾经前诉判决确定者,其对后诉退税之请求,即有实质确定力之见解。亦即该决议谓:"行政诉讼法"第 213 条规定:"诉讼标的于确定终局判决中经裁判者,有确定力。"故诉讼标的于确定终局判决中经裁判,嗣后当事人即不得为与该确定判决意旨相反之主张,法院亦不得为与该确定判决意旨相反之判断(本院 1983 年判字第 336 号判例参照)。本件纳税义务人依"税捐稽征法"第 28 条规定请求退税被驳回,而提起行政诉讼,其主张核课处分适用法令错误或计算错误之部分属原确定判决意旨范围,纳税义务人自不得为相反主张而请求退税,行政法院亦不得为相反之裁判,故纳税义务人以与原确定判决确定力范围相反之理由,请求退税为无理由,高等行政法院应判决驳回[614]。

---

[612] 本则法律问题为:原告(纳税义务人)对稽征机关核课税捐之处分不服,循行政争讼程序,经"最高行政法院"判决驳回其上诉确定,且又提起再审之诉,复遭驳回确定后。于"税捐稽征法"第 28 条规定之缴纳之日起 5 年内,就同一争点提出新证据借以否定原核课处分之基础事实,主张其依原核课税捐处分缴纳之税款,是因适用法令错误而缴纳,依据"税捐稽征法"第 28 规定,向稽征机关请求退还其已缴纳之税款;经稽征机关予以否准,并遭诉愿决定驳回后,向高等行政法院起诉,请求撤销诉愿决定及原处分,并请求被告(稽征机关)作成同意退还已缴纳税款之行政处分。高等行政法院应如何处理?

[613] "司法院"编印:《"司法院"公报》第 48 卷第 5 期,2006 年 5 月,第 146 页以下参照。

[614] 另本次联席会议对此一问题另有不同意见,兹摘录其见解于下,以供参酌。(1)甲说:应以原告无请求权,判决驳回之。因违法之行政处分,如非无效,即为有效,相对人亦受其拘束。相对人应依限提起行政争讼,请求有权机关撤销该违法行政处分,以为救济。相对人如未依限提起行政争讼或救济途径已绝,即不得再以一般之法律途径为反对。对该行政处分即具有"形式存续力"。至于"税捐稽征法"第 28 条规定,应限于未经稽征机关之核课,由纳税义务人自行申报缴纳,或自行贴用印花税票缴纳,而有适用法令错误或计算错误以致溢缴税款之情形,始有其适用。盖"税捐稽征法"第 28 规定并无法除去原确定行政处分之"形式存续力"。故原告并无依据"税捐稽征法"第 28 条规定提起本件诉讼之请求权存在。至于原告之主张是否符合"行政程序法"第 128 条重新审理之规定,则为另一问题。(2)乙说:应以原告之请求与税捐稽征法第 28 条所称"适用法令错误"之要件不合,予以驳回。查纳税义务人如对核课税捐之行政处分不服,应依"税捐稽征法"第 35 条、"诉愿法"第 1 条及"行政诉讼法"第 4 条规定,依循提起复查、诉愿及撤销诉讼之程序为之。又此等行政救济规

定所称行政处分之"违法",包含行政处分之作成不适用法规或适用不当,而认定事实正确但适用法规错误,即所谓涵摄错误,或认定事实关系违背经验法则与论理法则,均属之。至于"税捐稽征法"第 28 条则为关于退还已缴纳税捐之规定;并该条所称之"适用法令错误",就其法条文义及立法目的观之,应认与前述"违法"含义不同;而自法条之用字观之,应认其是指事实之认定不变,而就此确定之事实却发生适用法律错误之情事而言(改制前"行政法院"1982 年度判字第 1160 号判决谓:"此种课税原因事实之争执,并非本于确定之事实适用法令有无错误之争议,亦非单纯数额计算错误问题,故不适用'税捐稽征法'第 28 条规定",即采此见解)。且再就"税捐稽征法"第 35 条、"诉愿法"第 1 条及"行政诉讼法"第 4 条规定之救济程序及"税捐稽征法"第 28 条规定之请求程序观之,可知"税捐稽征法"第 35 条等行政救济程序规定有严格之法定救济期间,其目的即为使因行政处分未能确定造成权利义务关系不明确之状态,能尽快确定;至于"税捐稽征法"第 28 条之请求则仅有 5 年期间之限制,若谓"税捐稽征法"第 28 条规定之请求与"税捐稽征法"第 35 条规定之行政救济程序关于违法与适用法令错误之解释相同,岂非于一般行政救济程序外,又设第二次要件相同之行政救济程序,而此究非立法之原意;且若谓"税捐稽征法"第 28 条所称之适用法令错误与"违法"之含义相同,则其范围即包含认定事实关系违背经验法则与论理法则之违法,然此种违法,距离事实发生之时点愈久,认定即愈困难,而课税事实之是否存在又为纳税义务人所最知悉,且与纳税义务人关系最密切,是立法者当无使纳税义务人于一般救济程序得为主张而不主张,却容许其得于 5 年内再为主张之理;是"税捐稽征法"第 28 条规定所称之"适用法令错误"是指本于确定之事实所为单纯适用法令有无错误之争执,至于主张原处分认定事实错误,进而为适用法令错误之争执,则非属得依"税捐稽征法"第 28 条规定请求退税之范畴。本件原告系提出新证据借以否定原核课处分之基础事实,故其应非"税捐稽征法"第 28 条所称适用法令错误事项,应认原告请求与"税捐稽征法"第 28 条规定之要件不合,予以驳回。(3)丁说:①改制前"行政法院"1983 年判字第 336 号判例:"为诉讼标的之法律关系,于确定之终局判决中已经裁判者,就该法律关系有既判力,当事人不得以该确定判决事件终结前所提出或得提出而未提出之其他攻击防御方法,于新诉讼为与该确定判决意旨相反之主张,法院亦不得为反于该确定判决意旨之裁判"。该件争讼事实,为原告(纳税义务人)对被告税捐稽征机关就其于 1973 年度综合所得税课税案件发单补征其漏报财产交易所得部分计新台币 2956849 元课税处分不服,提起行政救济,案经行政法院以 1981 年度判字第 137 号判决驳回后,原告于 1982 年 10 月 12 日主张该笔交易应系免税所得,重行根据"税捐稽征法"第 28 条申请退还溢缴税款,亦遭税捐稽征机关驳回,原告不服此一驳回决定,提起行政诉讼,行政法院作成上揭判例,认为主张税额核算错误,依据"税捐稽征法"第 28 条请求退税之权利义务关系,亦为前案确定判决效力所及。②本题与上揭判例之争讼事实几近相同,则于该判例未变更或废止前,应受该判例之拘束,则本题高等行政法院应依"行政诉讼法"第 107 条第 1 项第 9 款"诉讼标的为确定判决效力所及"之规定,以原告之诉不合法裁定驳回。(4)己说:①"行政诉讼法"第 213 条规定:"诉讼标的于确定终局判决中经裁判者,有确定力。"依上规定,为诉讼标的之法律关系于确定终局判决中经裁判,该确定终局判决中有关诉讼标的之判断,即成为规范当事人间法律关系之基准。嗣后同一事项于诉讼中再起争执时,当事人即不得为与该确定判决意旨相反之主张,法院亦不得为与该确定判决意旨相反之判断,其积极作用在避免先后矛盾之判断,消极作用则在禁止重复起诉。本院 1983 年判字第 336 号判例意旨亦谓:

　　d) 另于前诉诉讼标的法律关系之前提问题或重要争点成为后诉诉讼标的之情形，如该前提问题或重要争点未经于判决主文中判断，仅为判决理由之判断者，原则不生抵触前诉既判力问题；但论者对此有主张宜本于诉讼法上之诚信原则，于一定条件下承认该前诉判决中关于前提问题或重要争点之判断，对后诉亦有争点效者[615]；又此一情形，将来后诉确定判决之判断如不同于前诉判决理由之判断者，可构成前诉再审之事由（第 273 条第 1 项第 11 款参照）。再者，判决一旦发生既判力，对于为既判力所及之两造当事人，不论有利或不利，均受其拘束（既判力之双面性）。

　　最后，所称"后诉法院"是否包括普通法院[616]？台湾学者多采肯定见解。

"为诉讼标的之法律关系，于确定之终局判决中已经裁判者，就该法律关系有既判力，当事人不得以该确定判决事件终结前所提出或得提出而未提出诉之其他攻击防御方法，于新诉讼为与该确定判决意旨相反之主张，法院亦不得为反于该确定判决意旨之裁判。"本件纳税义务人申请退税部分如系经原确定判决裁判部分之税捐，该部分税法债权债务关系即系于确定终局判决中经裁判者，具确定力，当事人自不得为相反之主张，行政法院亦不得为相反之判断。②"税捐稽征法"第 28 条系该法规定之具公法上不当得利性质之特别请求权，依该条规定请求退税被驳回，而提起行政诉讼，其诉讼标的系该条所定退税请求权之法律关系，与原确定判决之诉讼标的为原税捐债权债务关系不同，故非"行政诉讼法"第 107 条第 1 项第 9 款所谓诉讼标的为确定判决所及者。③两诉讼之诉讼标的虽不同，惟纳税义务人依"税捐稽征法"第 28 条规定请求退税，其主张原核课处分适用法令错误或计算错误之税捐债务关系既经原确定判决为裁判，在原确定判决确定力范围，纳税义务人自不得为相反主张而请求退税，行政法院亦不得为相反之裁判，故纳税义务人以与原确定判决裁判结果相反之理由，请求退税显无理由，高等行政法院应判决驳回。

　　〔615〕 陈计男前揭注 16 书第 551 页以下；新堂前揭注 609 书第 599 页以下；同：《诉讼物与争点效（上）》，有斐阁，1988 年。

　　〔616〕 但于若干是否构成更行起诉之问题上，实务上曾发生有难以判断之案例，例如 2003 年 8 月 14 日"最高法院"2003 年台抗字第 439 号判决谓：本件原法院以：按当事人不得就已起诉之事件，于诉讼系属中，更行起诉，"民事诉讼法"第 253 条定有明文。又判断当事人前后二诉是否同一，应以诉之要素为其基准，换言之，当事人相同、诉讼标的相同及诉之声明相同、相反或可以代用，即属禁止重复起诉之范畴。是以，若当事人所提起前后二诉其法律关系即诉讼标的并不相同，即非为同一之诉，"最高法院"1958 年台上字第 101 号判例可资参照。查本件相对人前于 2001 年 9 月 26 日以再抗告人未发觉诉外人林标源等集团持伪造证件及变造毁损之坐落台北县林口乡国宅段二七之八地号土地所有权状，申请换发新权状，以致为核发新权状之行政处分，该集团再冒充该地号土地之地主，持该新权状向相对人借款，相对人詹正治交付新台币（下同）500 万元、黄平凯交付 400 万元、吕聪呈交付 300 万元、杨福春交付 300 万元，共计 1500 万元，并设定抵押权。嗣再抗告人函告上开权状及印鉴证明等均系出于伪造，旋通知相对人将在上开土地所设定之抵押权登记涂销，致其所设定抵押权担

以撤销诉讼为例,如为撤销判决者,判决理由中关于行政处分违法性之判断,有拘束"国家"赔偿诉讼法院或其他民事法院之效力[617],但不能拘束普通法院关

保之债权未能受偿,因而受有损害等情,乃向台湾台北高等行政法院提起行政诉讼,请求再抗告人补偿其损害。业经该院以 2001 年度诉字第 5782 号判命再抗告人牵付相对人计 1500 万元,而上开行政诉讼,系依据"行政程序法"第 120 条第 1 项之规定为请求,有该判决书乙份可稽。相对人复于同年 11 月 5 日向台湾板桥地方法院(下称板桥地院)提起本件诉讼,请求再抗告人赔偿 1500 万元之损害,所依据之法律关系,系"国家赔偿法"第 2 条第 2 项前段及"土地法"第 68 条之规定,而此应审究者为国家赔偿责任之有无,与"行政程序法"第 120 条第 1 项规定之诉讼即违法授益处分是否撤销,尚非一事,亦非以违法行政处分被撤销为国家赔偿责任成立之必要要件,前后二诉之诉讼标的不相同,并非"国家赔偿法"第 11 条第 1 项但书所指"已依行政诉讼法规定,附带请求损害赔偿者,就同一原因事实,不得更行起诉"之情形。板桥地院遂以相对人提起本件诉讼系重复起诉予以裁定驳回,自有未洽。

〔617〕 1963 年 3 月 15 日"最高法院"1963 年台上字第 694 号判例谓:原告以私权侵害为理由,对于行政官署提起除去侵害或损害赔偿之诉者,既为私法上之法律关系,纵被告以基于行政处分,不负民事上之责任为抗辩,亦不得谓其事件非民事事件,此际沄院应就被告主张之行政处分是否存在、有无效力而为审究,如其处分确系有效存在,虽内容有不当或违法,而在上级官署未依诉愿程序撤销以前,司法机关固亦不能否认其效力;反之,若该处分为权限外之行为,应认为无效时,则其因此所生之损害自不能不负赔偿责任。另 2004 年 9 月 30 日"最高法院"2004 年台上字第 2014 号判决,亦同意旨,该判决谓:按民事或刑事诉讼之裁判,以行政处分是否无效或违法为据者,应依行政争讼程序确定之;前项行政争讼程予已经开始者,于其程序确定前,民事或刑事法院应停止其审判程序,"行政诉讼法"第 12 条第 1 项、第 2 项分别定有明文。由是以观,民事或刑事法院在行政争讼程序确定前,既应停止其审判程序,足见行政处分是否无效或违法,应先由行政争讼程序确定之。倘行政沄院对于行政处分之违法性已有认定,民事或刑事法院就此即不得再为实体审查而为相左之认定。查上诉人前开受降调之行政处分,业经行政法院 1997 年度判字第 2877 号判决予以撤销,嗣被上诉人对之提起再审之诉,亦经"最高行政法院"以 2003 年度判字第 388 号判决驳回在案。其理由略谓:"司法院"大法官会议释字第 483 号解释,虽于 1999 年 5 月 4 日公布,然系争调职事件至解释时,仍未确定,应受该解释之拘束,即被上诉人前开降调上诉人之处分,虽无降级减俸之名,实际上则生类似降级或减俸之惩戒效果,与"公务员惩戒法"第 1 条、"公务人员保障法"第 16 条及"公务人员俸给法"第 16 条之规定有违,被上诉人自不得依"公务人员任用法"第 18 条第 1 项第 3 款之规定为上开行政处分。且被上诉人甫于 1996 年 8 月 19 日以 85 府人三字第 85055129 号令,以上诉人言行不检,有损机关及公务人员声誉情节较重为由,将上诉人记过二次,竟再为调职处分,该处分是否双重惩戒,亦非无研究余地;并认被上诉人未依法律所定惩戒方式,而径以降调处分,造成实质惩戒效果,与"宪法"保障人民服公职权利之意旨不符等词,有上开"最高行政法院"判决可稽。行政法院既已认定被上诉人前开行政处分之违法性,原审竟认被上诉人对上诉人所为之上开调职处分乃法规所容许之行为,为上诉人不利之判断,已属可议。

于公务员有无故意或过失之判断[618]；反之，撤销诉讼如以系争诉讼对象之行政处分为合法，而驳回原告之诉者，嗣后受理同一原告所提起"国家"赔偿诉讼之法院，关于经行政法院判断之系争处分合法事由部分（不及于其他未经审查合法事由），应受其拘束。反之，于"国家"赔偿诉讼等民事诉讼中，其判决理由关于行政处分是否合法或有效等先决问题所为判断并无实质确定力，行政法院不受其拘束。以上论述，于行政法院所为其他诉讼之判决之实质既判力，民事法院应否受其拘束之问题，基本上可为相同解释[619]。但于刑事诉讼情形，除系争行政处分本身为刑事犯罪构成要件或法律明定应以处分认定事实为犯罪构成要件事实，而有发生行政处分构成要件效力或确认效力之问题外[620][621]，本书以

---

[618]　2003 年 3 月 21 日"最高法院"2003 年台上字第 556 号判决谓："国家"依"国家赔偿法"第 2 条第 2 项前段规定所负损害赔偿责任，系就公务员职务上侵权行为所负之间接责任，必先有特定之公务员于执行职务行使公权力时，因故意或过失不法侵害人民之自由或权利，该特定公务员之行为已构成职务上之侵权行为时，"国家"始应对该受损害之人民负赔偿之责任。又行政处分之当否，与承办之公务员是否构成职务上之侵权行为，原属两事，行政处分纵令不当，其为此处分或执行此处分之公务员未必构成职务上之侵权行为。本件被上诉人所属公务员系适用"不确定之法律概念"于具体之事实，难免产生"法律拘束相对性"之结果，是其本于专业智识判断，对妨害风化观念作较严格之认定，应为法所容许。纵令嗣后其判断经行政法院撤销，亦不能因此即认定该公务员有过失。

[619]　本书此一部分主张，于学者说明略有不同。例如，有认为"国家"赔偿事件之成立与否，常以行政处分是否违法为前提，普通法院在判决理由对此先决问题所为之判断并无确定力，行政法院不受其羁束；反之若行政处分之合法性成为诉讼标的并经行政法院判决确定者，包括民事法院在内之其他机关，亦应受其羁束（吴庚前揭注 13 书第 218 页）。亦有主张：违法之行政处分未经撤销以前，仍属有效之行政处分，故行政法院对于行政处分是否违法之判决，应有拘束普通法院之效力；至于行政处分无效之情形，司法机关固应尊重行政法院判决之结果，惟无效之行政处分自始不生效力，不能因行政法院判决驳回确认行政处分无效之诉，而使自始无效之行政处分变为有效。故吾人认为于"以行政处分是否无效"之判决，应无拘束普通法院之效力（陈计男前揭注 16 书第 557 页）。

[620]　2003 年 10 月 8 日台湾高等法院台中分院 2003 年上易字第 969 号刑事判决谓：按犯罪事实应依证据认定之，无证据不得认定犯罪事实，"刑事诉讼法"第 154 条第 2 项定有明文。又"违反第 15 条第 1 项之管制使用土地者，由该管直辖市、县（市）政府处新台币 6 万元以上 30 万元以下罚锾，并得限令其变更使用、停止使用或拆除其地上物恢复原状"、"违反前条规定不依限变更土地使用或拆除建筑物恢复土地原状者，除依行政执行法办理外，并得处 6 个月以下有期徒刑、拘役、或科 3000 元以下罚金"。"区域计划法"第 21 条、第 22 条定有明文，是"区域计划法"第 22 条之刑事处罚即须以行为人违背直辖市或县（市）政府之行政机关命限期恢复土地原状之行政处分为前提，苟行政处分自始并不存在，即不能认为与"区域计划法"第 22 条所定之犯罪构成要件相合。……按违法行政处分经撤销后，溯及既往失其效力，"行政程序法"第 118 条第 1 项前段定有明文。查本件公诉意旨所据之上开彰化县政府

2002 年 6 月 17 日、同年 7 月 23 日,府地用字第 09101114600 号、第 09101357710 号函处分书通知被告为限期回复原状之行政处分,因被告不服,乃依法提起诉愿、行政诉讼,业经台中高等行政法院分别以 2002 年度诉字第 899 号、908 号及 2003 年度诉字第 193 号等判决,将上开通知被告应依限回复原状函文之行政处分,予以撤销确定,业经本院调阅上开行政诉讼案件之卷宗查核无误,并有判决书复印件附于本院卷可凭。则彰化县政府原上开函文之行政处分既经撤销确定,依前揭"行政程序法"规定之说明,该行政处分即应溯及既往而失其效力,认为自始不存在。因之,被告就其所有上开土地,自无发生恢复土地原状之公法上义务,至为灼然。自难认被告有何违反主管机关依据区域计划法所为命限期恢复土地原状之行政处分,进而课以刑事罚。

〔621〕 在系争处分构成犯罪构成要件情形,刑事法院更有自行审查该处分之合法性,并据此认定如该处分系不合法者,应不构成犯罪者。例如,2004 年 10 月 28 日"最高法院"2004 年台非字第 247 号刑事判决谓:"空气污染防制法"于 2002 年 6 月 19 日修正公布施行,同月 21 日生效(修正前简称旧法,修正后简称新法),新法第 49 条第 1 项规定:"公私场所不遵行主管机关依本法所为停工或停业之命令者,处负责人……"所称停工或停业之命令,系指主管机关依该法发布之合法命令而言。非依该法所定要件发布之停工或停业命令,既不具实质正当性,当事人未予遵行,其行为亦不具实质违法性,自不能以该罪相绳。又旧法第 51 条第 1 项规定:"公私场所违反第 20 条第 1 项……者,处……";第 2 项规定:"依前项处罚锾者,并通知限期补正或改善,届期仍未补正或完成改善者,按日连续处罚;情节重大者,得命其停工或停业,必要时,并得废止其操作许可证或令其歇业。"依前后文义观之,主管机关必须先依第 1 项处罚,并通知限期补正或改善,届期仍未补正或完成改善,且符合情节重大之要件,始得依该条第 2 项为停工或停业之处分。倘仅有第 1 项之处罚,未命限期补正或改善,即无于其后依第 2 项命停工或停业之余地,此由"情节重大者,得命其停工或停业……"等文字,并非直接规定于第 1 项即明。本件原判决引用第一审判决书记载之事实,认定被告系"叶昌热处理厂股份有限公司"(下称叶昌公司)负责人,该公司经营金属材料热处理业务,2000 年 4 月 18 日,因从事热处理操作,致产生明显之粒状污染物散布于空气中,违反旧法第 29 条第 1 项第 1 款规定,经主管机关台中市政府于同年月 24 日,依旧法第 54 条第 1 项,以中市空污处字稽 036 号处分书处以罚锾 10 万元,并限于 2000 年 6 月 6 日以前完成改善,然未改善。次于 2000 年 7 月 18 日,复因从事热处理操作,致产生明显之粒状污染物散布于空气中,违反旧法第 29 条第 1 项第 1 款规定,经台中市政府于同日,依旧法第 54 条第 1 项,以中市空污处字稽 068 号处分书处以罚锾 10 万元,并限于 2000 年 10 月 16 日以前完成改善。叶昌公司于期限届至前,复于 2000 年 8 月 19 日,因私场所之固定污染源突发事故,大量排放空气污染物,负责人未于一小时内通知当地主管机关,违反旧法第 30 条第 1 项规定,经台中市政府于同年月 21 日,依旧法第 55 条,以中市空污处字稽 085 号处分书处以罚锾 10 万元,并限于 2000 年 9 月 4 日前完成改善,仍未改善。嗣叶昌公司于 2000 年 10 月 28 日,复因私场所固定污染源排放空气污染物,未符合排放标准,违反旧法第 20 条第 1 项规定,经台中市政府于 2000 年 11 月 6 日,依旧法第 51 条第 1 项(处分书误载为第 54 条第 1 项),以稽 119 号处分书处罚锾 20 万元,且因叶昌公司前于一年内,经三次限期改善,仍继续违反"空气污染防制法"之规定,认其违规事实符合旧法第 75 条第 4 款所定情节重大之情形,依旧法第 51 条第 2 项(处分书记载为第 54 条第 2 项,原判决认系误载),命于文到之日起立即停工,并以 2000 年

为原则上刑事法院应不受行政诉讼判决既判力之拘束。附带一提，论者有认为本法第 12 条规定之性质，除有划分行政法院与普通法院审判权之作用外，主要在于明定行政诉讼判决（包括全部诉讼类型）就相关行政处分是否无效或违法所认定之事实或适用法令所表示之见解，得拘束民、刑事法院，属法律明定判决有"确认效力"之例者[622]。此一见解，似有商榷余地。

②实质确定力之范围

关于判决实质确定力之范围，应如何妥适划定？涉及各种因素之考虑[623]，一般讨论实质确定力之范围，包括确定终局判决于何时点所为之判断有既判力（时的范围）、对何人有既判力（主观范围）以及判决中就何种事项之判断有既判力（客观范围）三者。

---

11 月 13 日 89 府环稽字第 156882 号函通知叶昌公司。因被告反映未收到该函，乃于 2002 年 6 月 24 日再以环稽字第 0910020477 号函附台中市政府前开函文通知叶昌公司，经被告于 2002 年 6 月 25 日收受。讵叶昌公司并未遵行停工命令，自 2002 年 6 月 26 日起，仍继续热处理之作业，嗣于 2002 年 6 月 26 日及 2003 年 3 月 24 日，经台中市政府二次派员查获等情。并以叶昌公司违反主管机关依"空气污染防制法"所为停工命令行为，在新法生效之后，因而维持第一审依新法第 49 条第 1 项论处被告私场所之负责人，不遵行主管机关依空气污染防制法所为停工之命令罪刑之判决，驳回被告在第二审之上诉确定。依前开事实，台中市政府认叶昌公司违反旧法第 20 条第 1 项规定，即径依旧法第 51 条第 1 项、第 2 项规定，处以罚锾同时命令停工。并未先依第 1 项处罚，通知叶昌公司限期改善，于届期未完成改善之后，再命叶昌公司停工，揆之前揭说明，台中市政府依旧法第 51 条第 2 项所为之停工命令，即非合法（叶昌公司其他违规行为，并非依旧法第 51 条第 1 项处罚），其后叶昌公司未予遵行，自不能论被告以新法第 49 条第 1 项之罪。原判决不察，遂依新法第 49 条第 1 项论处，委有适用法则不当之违法。案经确定，且于被告不利。非常上诉意旨执以指摘，洵有理由。为维持被告审级利益，应将原判决撤销，由台湾高等法院台中分院依判决前之程序更为审判，以资救济。末查台中高等行政法院 2003 年度诉字第 360 号确定判决，虽于理由中叙及上述停工命令系违法之行政处分，但行政诉讼程序之标的，系台中市政府 2002 年 8 月 27 日授环空字第 910120784 号函废止叶昌公司金属热处理程序固定污染源操作许可证之处分，上述判决亦仅将该废止许可证之处分撤销，不及停工命令。是原审未依"行政诉讼法"第 12 条规定，停止其审判程序，并无不当。上诉意旨另指原判决有违反"行政诉讼法"第 12 条之违法，容有误会，此部分上诉非有理由，附此叙明。

〔622〕 翁岳生编前揭注 559 书第 462 页以下［彭凤至执笔］。

〔623〕 例如，当事人双方对等程序保障之程度、是否已诉讼过程中适当时点就本案争点尽其攻防义务、可否诉讼制度目的（如纷争之强制、终局解决）、诉讼之审理是否已符合纷争（相对或统一）解决之必要最小要求、能否与实体法规范秩序相协调、能否与其他判决效力妥适分工、违反既判力之情形如何处理等，均为判断既判力之范围时，所应考虑之因素（新堂前揭注 609 书第 578 页以下参照）。

A. 时的范围

实质确定力,系行政法院就本案实体法律关系之存否之判断,而发生之效力,法院此一具有实质确定力之实体判断,究系以何种时点之事实及法律状态为其基准,直接影响既判力之发生时点。简言之,法院就本案实体法律关系之存否之判断,仅于该时点发生实质确定力,至于本案实体法律关系于该时点之前(过去法律关系)或之后(将来法律关系)是否存在之问题,均非实质确定力所及。因此,实质确定力之时的范围问题,实与法院应以何一时点存在之事实或法律状态为其判决基础之问题(即"裁判基准时"),互为表里,为一体之两面。就台湾行政诉讼学说与实务理论而言,现行行政诉讼第一审诉讼程序,虽采必要的言词辩论设计,但并非一切于言词辩论终结前已存在之事实或法律状态,当事人均得于诉讼上主张,仅于裁判基准时以前存在之事实或法律状态,始能于言词辩论终结前适当时期提出(第 132 条准用"民事诉讼法"第 196 条第 1项)。因此,关于行政诉讼裁判基准时如主张不应以言词辩论终结时为其基准时之情形,则判决实质确定力时的范围,亦应以其所主张之裁判基准时点所存在之事实或法律状态为准,而非以言词辩论终结时为其标准时[624]。换言之,除已经前诉确定终局判决判断之诉讼标的法律关系本身外,凡于前诉裁判基准时已存在之事实或法律状态,如当事人于前诉主张或提出作为攻击或防御方法并无事实上及法律上障碍者,其于后诉即不得再为相反之主张,且行政法院亦应予以排斥而不得对之为实体审理(此即既判力之排除效或遮断效)。例如,于裁判基准时前已发生并可主张之清偿、免除或时效消灭等事由,当事人纵未于前诉为主张,亦不能再于后诉主张[625]。反之,如裁判基准时点后,为判决基础之事实或法律状态发生变更者,即为前诉确定判决实质确定力所不及,此时当事人得另行起诉主张或于前诉强制执行时提起债务人异议之诉(第 307 条、第 306条第 2 项准用"强制执行法"第 14 条)。

---

[624]　同旨,陈敏前揭注 170 书第 1516 页;翁岳生编前揭注 559 书第 456 页以下[彭凤至执笔]。不同意见,认为应以言词辩论终结时为判断既判力时的范围之基准时,而与其所主张之裁判基准时发生是否歧异之疑义者,陈计男前揭注 16 书第 548 页;林腾鹞前揭注 41 书第 403 页以下;翁岳生编前揭注 37 书第 592 页[蔡茂寅执笔]。

[625]　惟于裁判基准时点已存在并可主张(行使)之撤销权、解除权、抵销权等形成权,如未于前诉主张,嗣后能否再于后诉中提出主张? 其中,关于抵销之抗辩系独立于本案诉讼标的法律关系之权利,如主张类推适用"民事诉讼法"第 400 条第 2 项规定(主张抵销之请求,其成立与否经裁判者,以主张抵消之额为限,有既判力)者,则其未经前诉主张之部分,解释上得另于后诉为请求;至于其他形成权之情形,则仍存有争议。

B. 主观范围

判决实质确定力系诉讼法上效力效力之一种,原则仅于对立当事人间发生作用(判决效力相对性原则),惟于若干情形,基于确保当事人间纷争解决实效或划一处理关系人间法律关系之必要,实质确定力所及人的范围,亦有例外扩张及于诉讼当事人以外之第三人之情形者。本法第 214 条规定:确定判决,除当事人外,对于诉讼系属后为当事人之继受人者及为当事人或其继受人占有请求之标的物者,亦有效力(第 1 项)。对于为他人而为原告或被告者之确定判决,对于该他人亦有效力(第 2 项)。其中,所称"当事人",系指本法第 23 条规定行政诉讼当事人,包括原告、被告以及依本法第 41 条或第 42 条规定取得参加人地位之人[626]。至于 b)—d)等当事人以外第三人之范围,与民事诉讼法之情形略同,此不拟论述[627]。

惟应注意者,于行政机关为一方当事人情形,判决之实质确定力是否亦及于"其他关系机关"? 对此一问题,有进一步说明必要:

台湾行政诉讼制度承认公法人与行政机关有当事人能力,且于当事人适格问题之判断上,除农田水利会(公法人)与"国立中正文化中心"(行政法人)系以公法人资格作为行政诉讼之当事人外,于其他情形,不问其诉讼类型为何,率皆以行政机关(中间权利义务主体)为行政诉讼之当事人,而未见有以国家或地方公共团体等统治团体(公法人,最终权利义务主体)为当事人之情形;尤其于撤销诉讼或课予义务诉讼等以诉愿前置为其特别实体判决要件之情形,其被告行政机关之判断,更于本法第 24 条予以明定(本条理论上采原处分主义)。此点,与德国原则以公法人为行政诉讼之当事人[628]者,存有重大差异。亦即,在德国情形,行政法院对于公法人所为之判决,其实质确定力当然及于该公法人所属行政机关;反之,于例外允许以行政机关为被告情形,判决之实质确定力亦及于该行政机关所属公法人[629]。于台湾情形,一方面承认行政机关之当事人能力,他方面本法第 214 条明定判决之实质确定力原则仅及于诉讼之当事人(判决效力之相对性原则),且于行政机关依本法第 44 条参加诉讼情形,本法明文准用"民事诉讼法"第 63 条关于参加效之规定,似乎有意使该参加诉讼之行政机关

---

[626] 至于第三人为辅助参加人之情形,判决仅对之发生参加效(第 48 条准用"民事诉讼法"第 63 条),尚非判决之实质确定力所及之人。

[627] 此一为实质确定力所及第三人之具体范围,陈清秀前揭注 13 书第 516 页以下;陈计男前揭注 16 书第 553 页以下参照。

[628] 《德国行政法院法》第 78 条参照。

[629] 吴庚前揭注 13 书第 219 页以下;翁岳生编前揭注 559 书第 454 页以下[彭凤至执笔]参照。

不受本案判决之实质确定力所及,致使行政法院判决之效力能否扩张及于当事人行政机关以外之其他行政机关,遂成问题。

对于上开问题,应如何处理? 本法第 216 条规定:"撤销或变更原处分或决定之判决,就其事件有拘束各关系机关之效力"(第 1 项);"原处分或决定经判决撤销后,机关须重为处分或决定者,应依判决意旨为之"(第 2 项);"前二项之规定,其他诉讼准用之"(第 3 项)。因此,台湾学说遂多引本法第 216 条规定,认为本条规定属扩张判决之实质确定力及于当事人行政机关以外其他行政机关之例外规定。亦即,多数学者认为本法第 216 条规定之性质为判决实质确定力(既判力)之特别规定,而非于既判力之外,另外规定其他性质之判决效力。惟依本法第 216 条规定,为判决实质确定力主观范围扩张所及之"各关系机关"之范围如何,学者间说明则有不同。例如:

a)有认为本法第 216 条规定系为补充第 48 条规定(即准用民诉参加效)之不完备,但本条所称"各关系机关"之范围如何,则应就个案情形为个别具体认定。亦即[630],认为:i)就撤销诉讼或确认行政处分无效诉讼而言,而具有诉愿或相当于诉愿程序管辖等级关系之机关,其应为确定力之所及。甲机关之处分如有违背管辖及适用法规错误而遭行政法院撤销或宣告无效确定,乙机关恰属有管辖权之机关,自得重新正确适用法规而为处分,不生既判力问题。若甲机关败诉确定,系行政法院认为相对人并无该机关所指之违背法律应受行政罚之行为,因管辖竞合理由,由乙机关出面再对行为人裁罚,虽表面上规避既判力,但仍非法之所许(在公务员惩戒罚情形,同一行为经公惩会议决不予惩戒后,主管机关如仍依考绩法予以惩处处分情形,亦同)。ii)就一般给付诉讼而言,行政机关基于法令或公法契约对人民负有给付义务,经诉讼结果行政机关受败诉判决确定,如议会不愿通过相关预算案,致行政机关无款项可供履行给付义务者,意思决定机关(议会)与意思执行机关(行政部门)应同受拘束,不能以议会之决议对抗公法上之债权人。iii)本法第 216 条第 2 项规定之适用问题,如行政法院认为原告之诉有理由而撤销原处分或原决定者,原则上应自为裁判,例外情形始得行政机关重为处分或决定。遇有行政机关重为处分或决定之情形,该机关自应依照判决意旨为之,此为确定力之当然效果,若于判决确定至重为处分期间法律变更或发现新事实,致无法依判决意旨重为处分者,不能认为违背判决之确定力。类似情形于课予义务诉讼,行政机关因怠为行政处分或拒绝人民申请而受败诉判决确定,该机关自应依照判决意旨作成行政处分,纵然已逾法定期限,仍不能免于作成处分之义务。例如申请输入某物种遭拒绝后,诉讼中该物

---

[630]　以下引自吴庚前揭注 13 书第 220 页以下。

种已禁止自特定国家输入，其后原告取得胜诉判决虽在禁止输入日期之后，被告机关仍有遵守判决之义务。但课予义务诉讼之判决后，如其法律上或事实上关系变更者，受败诉判决之原处分机关仍有免为行政处分之可能。例如，确定判决后，该物种输入地区始被宣布为疫区，此时被告机关仍可拒绝核发输入许可。iv）至于其他确认诉讼及一般给付诉讼事件受确定力拘束之情形，则与民事诉讼同。

b）亦有将本法第 215 条、第 216 条同列于既判力项下说明，但认为第 215 条为形成判决之形成效果；至于第 216 条性质其虽未明白表示，但实际上系认为既判力之规定者。亦即[631]，其认为：i）本法第 216 条第 1 项规定所谓各关系机关，在对于经驳回诉愿决定起诉时，为原处分机关之上级机关；对于撤销或变更原处分之诉愿决定起诉时，为原处分机关。且不问被告机关与关系机关是否属于同一法人。ii）其他情形，如形成同一目的行政处分，依法律之规定，各由目的事业主管机关行使职权时，若谓同一行政处分经判决确定，他机关即当然受拘束，则有不合理情形。例如，某甲申请开发其位于水源保护区之私有土地，自来水事业机关基于"自来水法"第 11 条规定否准其申请，经行政法院判决甲胜诉确定，此项判决应无拘束环境保护机关依环境影响评估法为不应开发之处分之效力。故其他情形，关于各关系机关之范围，应就个案情形为不同解决。

c）有认为本法第 216 条第 2 项系判决实质确定力之特别规定，但同条第 1 项规定之性质，则属形成判决之对世效力之规定。亦即[632]，认为撤销诉讼之标的，系经诉愿决定形成之原处分，该诉愿决定亦经行政法院判决，故判决之实质确定力，除原处分机关外，亦应及于诉愿决定机关。无论被告机关为原处分机关或诉愿决定机关，皆受行政法院撤销或变更原处分或原决定判决之拘束。"行政诉讼法"第 216 条第 2 项即为如此之规定。又为能确实达成有效救济之目的，判决亦应拘束其他关系机关。依"行政诉讼法"第 216 条第 1 项规定，各法院及行政机关，皆应以原处分或原决定已被撤销或变更，而全部或部分不复存在，为其司法裁判或行政措施之基础。惟"其他关系机关"并非行政诉讼当事人，并无判决对其发生实质确定力之问题。此一拘束力之本质，应属形成判决之对世效力。至于上开行政诉讼法第 216 条第 1 项之规定，依同条第 3 项，亦准用于其他诉讼。其实际适用机会如何，有待观察。

d）亦有将第 216 条第 1 项及第 2 项规定，均解释为本法第 214 条第 1 项关于判决之既判力对于"原机关"应如何受拘束时之注意规定者。亦即，认为[633]：

---

[631] 以下引自陈计男前揭注 16 书第 556 页以下。

[632] 以下引自陈敏前揭注 170 书第 1513 页。

[633] 以下引自翁岳生编前揭注 559 书第 456 页以下、第 464 页以下［彭凤至执笔］。

i)依本法第 23 条、第 24 条、第 214 条等规定观之,行政法院对于经诉愿程序之行政诉讼所为判决确定力之主观范围,原则上应仅及于被告机关,既不及于其所属之公法人,犹不及于该公法人所属之其他机关。ii)于经过诉愿程序之行政诉讼,诉愿决定如维持原处分或"变更"原处分,但并非第一次对人民权益造成侵害者,则行政法院系以经诉愿决定维持之原处分为审理对象。此时依本法第 24 条第 1 款规定,行政诉讼虽仅以原处分机关为被告,但诉愿决定既经行政法院于确定之终局判决中裁判,依本法第 213 条规定,应为相关判决既判力客观范围所及。因此依本法第 214 条规定,确定判决对判决之"当事人"有确定力者,如适用于经过诉愿程序,而原处分经诉愿决定维持之行政诉讼时,宜解释为除对被告机关外,尚包括对维持原处分之诉愿机关有确定力,使判决既判力之客观范围与主观范围相当,较为符合本法之体系与立法目的。iii)经过诉愿程序之行政诉讼,诉愿决定撤销或变更原处分,故诉愿人以外之利害关系人,依本法第 24 条第 2 款规定,以诉愿机关为被告时,则行政法院仅以诉愿决定为审理对象。此时原处分机关既非被告,原处分亦未经行政法院于确定之终局判决中裁判,自应为相关判决既判力之主观、客观范围所不及。此时,行政法院如驳回原告之诉,则原处分经撤销或变更确定,原处分机关乃受诉愿决定之拘束,而非受行政法院判决之拘束;行政法院如撤销或变更原决定,则原处分机关应依本法第 216 条第 1 项规定,受行政法院形成判决形成效力之拘束(按此时该条项系属形成力规定之性质),而无法律或法理依据,应受行政法院对诉愿机关所为判决之既判力之拘束。至诉愿机关依行政法院判决意旨重为决定,如系维持原处分,当事人有所不服而提起行政诉讼时,则可回归上段原处分经诉愿决定维持之行政诉讼,相关判决既判力之主观、客观范围认定之原则。iv)自本法第 216 条第 1 项、第 2 项之立法理由观之,本法第 216 条第 1 项规定之'关系机关'及第 2 项规定之"机关",自相关立法理由观之,均指"原机关"而言,不包括原机关以外之机关。原机关原为之处分或决定被行政法院判决撤销,则各该"原机关",应属本法第 24 条规定之被告机关。论者如径以"关系机关"为被告机关以外之其他机关,则与立法理由略有出入。被告机关乃判决之当事人,本应受撤销判决实质确定力(既判力)拘束,故"不得"为经行政法院判决撤销或变更原处分或决定内容相同之处分或决定;如有须"重为"处分或决定之必要者,应依判决之意旨为之。由于经过诉愿程序之行政诉讼,其判决既判力所及之范围,可能超出原处分机关而及于诉愿机关,因此,本法第 216 条第 1 项及第 2 项规定,如依立法意旨观之,应认为系形成判决之既判力,对于为被告之原处分或原决定机关,就其所应发生拘束力之内容,所为之注意规定,不能认为系既判力主观范围之扩张。v)本法第 216 条第 2 项规定之"机关",乃得"重为处分或决定"之机关,因此必然系"原为处分或决定"之机关,而不可能为其他机关;但自文理解释而言,本法第216条第1项规定之所谓"各关系机关",实无必要限制解释为"原机关";而所谓"就其事件有拘束各关系机关之效力",亦无必要限制解释为"应课原机关以尊重判决内容之义务,以防杜原机关以同一违法之理由,对同一人为同一之处分或决定"。故自本法之体系完整而言,似可将本法第216条第1项规定"各关系机关"解释为"包括原判决当事人之被告机关以及其他关系机关"——如为当事人,发生拘束力之效力基础为判决之既判力,如为其他机关,则为形成判决之形成效力——而"就其事件有拘束各关系机关之效力",则宜予解释为:如为当事人,发生如立法理由所明定之拘束力;如为当事人以外之其他机关,则指"行政法院于撤销诉讼中,所为撤销或变更原处分或原决定之判决确定后,所有其他法院及行政机关,皆应以该行政处分或决定业经撤销,为其裁判或行政措施之基础"(性质上乃形成判决形成效力之规定)。vi)惟受拘束之机关为法院时,因为为判决之法院,或与判决法院同一审判系统之法院,依法应受判决羁束力之拘束;与判决法院不同审判系统之法院,如有法律明文规定时,依法应受判决构成要件效力或确认效力之拘束者,自应优先适用各该法律规定。vii)至于行政机关于一般给付诉讼经行政法院判决败诉确定,而无预算可供履行给付义务,乃属行政法院判决执行之问题,而非效力问题。如因此认为行政法院所为一般给付诉讼之判决效力,亦可及于既判力主观范围以外的其他机关,恐欠缺与形成判决具有对世效力相当之法理基础。

　　e)亦有将本条规定解为判决实质确定力之客观范围之规定者。亦即[634],其以撤销诉讼为例,认为撤销诉讼之诉讼标的系双层的,第一层为原告诉讼上之请求,即请求撤销之行政处分;第二层为确认原告之法律上主张,即行政处分违法侵害其权利,其目的主要在于考虑撤销诉讼之目的,亦即考虑重复处分、损失补偿及损害赔偿之角度,以拘束行政机关。进而主张本法第2165条规定,自其立法理由观之,显系采双层理论,并认为台湾实务见解,亦同旨趣[635]。

　　f)本书观点:特殊效力说。按本法第216条规定系修正旧"行政诉讼法"第

---

[634]　以下引自林腾鹞前揭注41书第399页以下。

[635]　亦即,其引2002年11月15日"最高行政法院"2002年判字第2059号判决,认为已采双层理论。该判决谓:行政法院之判决,就其事件有拘束各关系机关之效力,为1998年10月28日修正前之"行政诉讼法"第4条(现行法第216条)所明定,官署之行政处分,经人民依行政争讼手段,而经行政法院就实体判决确定者,即兼有形式上及实质上之确定力。当事人对于同一事项,不得再行争执,为该处分之官署及其监督官署,亦不能复予变更。是原行政处分如经本院实体判决撤销,原处分机关即应受拘束,自不得再为与原处分内容相同之处分,否则难谓未违反上开规定。

4 条规定而来,该条原规定:行政法院之判决,就其事件有拘束"各关系机关"之效力。本法第 216 条则为使行政法院所为撤销或变更判决对于原告之权利救济具有实效[636],并配合本法扩大诉讼类型之设计[637],遂一方面修正旧法条文用语(本条第 1 项),他方面增订第 2 项及第 3 项,而成现行第 216 条之规定样貌。此一规定,并非德国法制所有,然为其内容几与日本法制规定霍同。因此,解释本条规定"判决拘束力"之性质时,宜不妨参酌该国学说理论。

亦即,日本关于判决拘束力之规定,系规定于《日本行政事件诉讼法》第 33 条(1962 年法):撤销处分或裁决之判决,就其事件,有拘束"为当事人之行政机关及其他关系行政机关"之效力(第 1 项)。对申请或审查请求予以程序或实体否准之处分或裁决,经依判决撤销时,为该处分或裁决之行政机关,应依判决之意旨,对申请重为处分或对审查请求重为裁决(第 2 项)。前项规定,于依申请所为处分或因容认审查请求所为裁决,经判决以程序上违法为理由而撤销情形,准用之(第 3 项)。第 1 项之规定,于停止执行决定,准用之(第 4 项)。而上开判决拘束力之规定,除撤销诉讼外,于其他诉讼(如处分无效确认诉讼、不作为违法确认诉讼、当事人诉讼)亦均准用(同法第 38 条、第 41 条);甚至该国于 2005 年修正《日本行政事件诉讼法》时,关于前开判决拘束力之规定,亦仍维持,且于新增之课予义务诉讼与预防性不作为诉讼类型(该修正后法律第 37 条之 2 以下、第 37 条之 4)之情形,亦明定准用该判决拘束力之规定(修正后法律第 33 条、第 38 条、第 41 条)。其次,就日本关于前开判决拘束力规定之立法沿革而言,早于《日本行政裁判法》时代,于该法第 18 条即有类似规定,亦即该条规定:行政裁判所之判决,就其事件有羁束"关系行政机关"之效力。其后于《日本行政事件诉讼特例法》时代,该法第 12 条亦规定:确定判决,就其事件有拘束"关系行政机关"之效力。因此,日本上开判决拘束力之沿革与当时学者之讨论观之,于《日本行政裁判法》时代明定判决之拘束力者,因彼行政裁判所属行政权之一环,自行政一体观点而言,处分机关应尊重行政裁判所判决所为判断之内容而行为者,系属当然;其后彼宪法改制为三权分立,一切法律上争讼(包括行政诉讼事件)均由属司法权之普通法院审理,而仍明定行政法院判决有拘束各关系行政机关之效果者,其目的即在"经由使行政机关负有遵守法院判决之义

---

[636] 本条修正理由二谓:"为使行政法院所为撤销或变更原处分或决定之判决,对于原告之权利救济具有实效,应课原机关以尊重判决内容之义务,以防杜原机关以同一违法之理由,对同一人为同一之处分或决定。又原处分或决定经判决撤销后,原机关有须重为处分或决定者,亦应依判决之意旨为之,借以督促原机关有依判决意旨作为之义务。"

[637] 本条修正理由三谓:"本条有关判决拘束力之规定,于其他诉讼亦有准用之必要,爰设明文,俾有依据。"

务，以贯彻行政处分之司法审查制度之实效"[638]。

整体而言，就日本行政诉讼制度之设计而言，其中与"判决拘束力"规定构成配套设计者，包括：i）承认行政机关有当事人能力（但 2005 年新法已改采权利主体之公法人为当事人）；ii）设有行政机关诉讼参加制度（参加行政机关之诉讼行为准用辅助参加、未准用辅助参加之参加效但仍有判决拘束力之适用[639]）；iii）当时彼之行政诉讼类型仅有撤销诉讼、处分无效确认诉讼、不作为违法确认诉讼抗告诉讼以及当事人诉讼，而欠缺课予义务诉讼等给付诉讼类型（新法则增订课予义务诉讼与预防性不作为诉讼）；iv）制度设计虽采职权调查主义但实践上几未曾被贯彻，而仍存有浓厚辩论主义色彩；v）欠缺行政诉讼强制执行机制（尤其对抗告诉讼之强制执行）；vi）明定"撤销诉讼（形成诉讼）"之对第三人效力（通说认为系形成力，类似台湾"行政诉讼法"第 215 条规定）与判决之拘束力，并于停止执行决定之效力准用之，且于其他诉讼类型之判决，亦明定准用判决之拘束力。由上可知，日本关于判决拘束力之规定，确有扩大判决效力之主观范围之目的，而就其行政事件诉讼特例法时代学者主要讨论之拘束力内容集中于"同一处分之反复禁止效"或"同一错误之反复禁止效"而论，确有扩大判决既判力主观范围使及于"关系行政机关"之作用（既判力说）[640]；但自彼历次修法沿革逐渐扩大判决拘束力规定之适用范围（除关系行政机关外并明定对当事人行政机关亦有拘束力，且扩大适用于所有诉讼类型所为判决与执行停止决定），且判决拘束力之内容除课予行政机关消极的禁止反复同一错误此种消极的不作为义务外，通说并扩及"不整合处分（关连处分）之调整义务"、"既成违法状态之回复原状义务"以及"对申请或审查请求之重新审查义务"等积极的作为义务[641]而言，则又非单纯以判决之实质确定力（既判力）概念所能说明。

---

[638]　园部前揭注 71 书第 416 页[村上敬一执笔]；南博方前揭注 71 书第 756 页以下[冈光民雄执笔]参照。

[639]　因日本行政机关之诉讼参加仅准用其"民事诉讼法"辅助参加人诉讼行为之限制，而未准用同法关于参加效之规定，故该国学说实务关于行政机关参加人参加之效果如何，遂有主张应依同法第 33 条判决之拘束力规定处理者（园部前揭注 71 书第 334 页[中込秀树执笔]）；亦有主张仍发生参加效，但如同时属于该法第 33 条之关系行政机关时，则依判决之拘束力处理者（南博方前揭注 76 书第 592 页[松泽智执笔]）。

[640]　按当时日本学说对于判决拘束力之性质为何，即已有强烈论争，而有"既判力说"（诉讼法的效果说）"与"特殊效果说（实体法的效果说）"之争论，以特殊说为通说。相关说明，园部前揭注 71 书第 418 页以下[村上敬一执笔]；南博方前揭注 71 书第 758 页以下[冈光民雄执笔]参照。

[641]　园部前揭注 71 书第 420 页以下[村上敬一执笔]；南博方前揭注 71 书第 761 页以下[冈光民雄执笔]参照。

因此,就台湾行政诉讼制度关于第 216 条判决拘束力规定之内容以及本法与判决拘束力相关之立法设计而言,此一规定之沿革与内容显然与日本法制若符合节。是以,本条规定之性质能否如台湾学者通说解为既判力主观范围之特别规定或注意规定,显有疑问。其次,就本条条文之具体内容而言,虽与日本法规定存有若干差异,但似仍不足以影响关于本条判决拘束力性质之判断。甚至,本法第 304 条明定:"撤销判决确定者,关系机关应即为实现判决内容之必要处置",如认为本法第 216 条仅为裁判实质确定力之规定,仅有消极禁止同一错误之效力,而无课予积极作为义务之效果,或认为该条主管范围以原机关为限不应扩及关系机关者,亦无法妥适解释前开第 304 条规定之根据与目的[642]。因此,本书以为:i)本法第 216 条第 1 项虽仍延续本法旧法规定,规定其适用主体为"各关系机关",于"当事人行政机关"是否亦有判决拘束力之适用,遂有疑问。但使判决效力扩张及于各关系机关本为规定判决拘束力之主要用意(贯彻行政诉讼判决之实效性),至于"当事人行政机关"部分,经由判决之实质确定力作用,已可相当程度达成立法目的;如仍有不足者,经由适用同条第 2 项规定或类推适用本条项(举重以明轻)之结果,亦可达成本条立法目的。ii)同条第 2 项规定,在日本法之情形,其用意显然在于弥补当时欠缺课予义务诉讼等给付诉讼类型所生之问题。在台湾情形,则在于解决撤销诉讼行政法院不自为判决时(即作成撤销判决并命另为适法处分)或撤销后原处分机关须重为处分情形,经由本条规定课予"机关"(本条项所称机关,解释上应包含当事人行政机关与各关系机关)有遵守判决意旨重为处分之作用(经由课予机关作为义务而使撤销判决发生给付判决之效果)。iii)至于本条第 3 项规定于其他诉讼准用判决之拘束力者,则在于其他诉讼如经由判决之确定力、形成力或执行力等判决之原始效力之作用,仍无法充分贯彻行政诉讼判决之实效时,可经由本条规定予以补充。

由以上说明可知,本书以为,本条判决拘束力之性质,应非单纯判决实质确定力(既判力)之特殊规定,而宜如同日本通说,解为判决之特殊效力为宜。至于,本条规定之具体内容,拟改项论述,此不再论。

C. 客观范围

行政诉讼判决实质确定力之客观范围,以诉讼标的之法律关系于确定之终局判决中经裁判者为限,有实质的确定力。其诉讼标的经确定终局判决者,当事人原则不得就同一事件更行起诉(第 107 条第 1 项第 9 款)。至于"于确定之

---

[642] 本条立法理由二谓:行政处分经判决撤销确定后,溯及失其效力,关系机关自应以判决所示之见解为依据,重为处分或决定,或应为其他必要之处置,俾判决内容得以实现。

终局判决中经裁判者"之判断,原则指"判决主文"对当事人诉讼上请求之事项(即诉讼标的)作成判断之部分而言;惟因台湾行政法院判决主文之记载使用文句简洁,故关于实质确定力所及客观范围之判断,多仍须参酌判决理由之记载后,始能具体认定,尤其于判决"原告之诉驳回"之情形,更须参酌原告(包含反诉原告)起诉之声明与诉讼标的及其原因事实等事项后,始得确认其客观范围。至于未经判决之法律关系或与判决主文无关之判决理由中之其他判断,除关于抵销之抗辩之判断外(类推适用"民事诉讼法"第 400 条第 2 项),或为判决对当事人攻击或防御方法之论断,或为与判决之傍论(obiter dicta),均非判决实质确定力之客观范围所及[643]。兹分别各种诉讼类型进一步说明如下:

a)撤销诉讼

撤销诉讼之性质通说认为形成诉讼,其原告之诉有理由之判决为形成判决,如为原告之诉无理由之驳回判决,则为确认判决。关于形成判决有无实质确定力(既判力)问题,台湾学说与实务均采肯定见解。因此,撤销诉讼之诉讼标的于确定之终局判决经裁判者,无论为撤销判决抑或驳回原告之诉之判决,均有实质的确定力。

于撤销判决情形,行政法院于撤销请求之范围内,关于判决理由中关于系争处分之违法性与系争处分侵害人民权益二部分(即形成要件)之判断,有拘束当事人及后诉法院之效果。此时,被告机关于事实或法律状态未变更之情形下,原则不得重为同一内容或有同一错误之行政处分;但如行政法院撤销原处分系因影响裁判结果之事实未臻明确,且有不就本案诉讼关系为判决,而以判决撤销系争处分并命被告机关调查事证后另为适法之处分之必要时,被告机关即应依判决意旨或本于职权调查事证,倘依重为调查结果认定之事实,认前处分适用之法规并无错误,虽不禁止重为与前处分相同内容之处分(第二次裁决),但仍应遵照行政法院判决之法律见解作成决定(类推适用本法第 200 条第 4 款)[644]。反之,于行政法院判决驳回原告所提撤销诉讼之情形,该判决为确认

---

[643] 同旨,吴庚前揭注 13 书第 217 页;陈计男前揭注 16 书第 551 页以下参照。

[644] 实务亦有类似见解,参照:(1)1994 年 12 月 9 日"司法院"大法官释字第 368 号解释谓:(旧)"行政诉讼法"第 4 条"行政法院之判决,就其事件有拘束各关系机关之效力",乃本于"宪法"保障人民得依法定程序,对其争议之权利义务关系,请求法院予以终局解决之规定。故行政法院所为撤销原决定及原处分之判决,如系指摘事件之事实尚欠明了,应由被告机关调查事证另为处分时,该机关即应依判决意旨或本于职权调查事证。倘依重为调查结果认定之事实,认前处分适用法规并无错误,虽得维持已撤销之前处分见解;若行政法院所为撤销原决定及原处分之判决,系指摘其适用法律之见解有违误时,该管机关即应受行政法院判决之拘束。行政法院 1971 年判字第 35 号判例谓:"本院所为撤销原决定及原处分之裁

判决,有确定力。因此,关于原告系争处分违法损害其权利之主张,经法院于判决理由中判断为无理由之部分,亦有实质确定力。

被告行政机关如违反判决实质确定力之拘束,于事实或法律状态未有变更之情形下,重为同一内容或同一错误之行政处分者,人民如对该重为之处分另行起诉(后诉)者,是否抵触前诉判决之实质确定力,发生一事不再理之问题?对此,学理上对于前诉判决之实质确定力,究系禁止后诉法院不得为与前诉判决歧异之裁判,抑或禁止原告更行起诉,存有不同见解[645]:i)禁止歧异判决说:认为判决之实质确定力,仅禁止法院对相同当事人及事件为另一不同判决,而非禁止重为判决。因此,行政法院不得以诉讼不合法裁定驳回,而应直接根据原确定判决,在实体上撤销重为之第二次裁决,无须另行审查其违法性[646]。ii)一事不再理说:认为撤销诉讼之诉讼标的在于原告主张行政处分违法侵害其权利,并请求废弃该行政处分。行政法院之判决,除论断行政处分是否违法外,并确认行政机关有无干涉当事人权利之直接之法律授权根据。事实及法律状态皆未改变,行政机关仍重为相同内容之行政处分时,当事人再行提起之撤销诉讼,虽同在确认并无干涉当事人权利之直接之法律授权根据,但废弃之请求则有不同。其诉讼标的与确定判决并非完全相同,无一事不再理之适用。因此,行政法院并不得以诉讼不合法裁定驳回,而应直接根据原确定判决,径以其诉为有理由,判决撤销重为之处分。对于上开问题,论者[647]以为"行政诉讼法"第107条第1项第9款将诉讼标的非为确定判决之效力所及者,明定为诉讼合法要件之一,应系采一事不再理说,且实务上对于此类案件并不认为系同一事

判,如于理由内指明由被告官署另为复查者,该官署自得本于职权调查事证,重为复查之决定,其重为复查之决定,纵与已撤销之前决定持相同之见解,于法亦非有违",其中与上述意旨不符之处,有违"宪法"第16条保障人民诉讼权之意旨,应予适用。(2)1989年判字第1408号判决谓:按"行政法院之判决,就其事件有拘束各关系机关之效力",(旧)"行政诉讼法"第4条定有明文。又"行政法院所为撤销原决定及原处分之裁判,如于理由内指明由被告机关另为复查者,该管机关自得本于职权,调查事证,重为复查之决定,其重为复查之结果,纵与已撤销之前决定持相同之见解,于法亦非有违",本院固有有1971年度判字第35号判例。惟上开所谓重为复查之结果,纵与已撤销之前决定持相同之见解,于法亦非有违,系指复查发见新事实或新证据,足以支持相同内容之处分而言,若事实及法律状态均未变更,且未发现新证据,而为内容相同之反复处分者,则与上开法条及说明有违。

　　[645]　以下引自,陈敏前揭注170书第1514页以下;翁岳生前揭注559书第458页以下[彭凤至执笔]。

　　[646]　吴庚前揭注13书第216页注183系采此一见解。

　　[647]　翁岳生前揭注559书第458页以下[彭凤至执笔]。

件,仍予以受理,,并就系争否准行为有无抵触前诉判决之实质确定力为实体审理[648],其实际上处理结果与禁止歧异判决说并无太大不同。

上开论述,除被告机关于事实及法律状态均未改变之情形,如重为同一内容之处分,本书认为系抵触撤销判决之拘束力而非实质确定力之问题外,其他部分之相关说明,可资赞同[649]。盖于重为处分情形,被告机关系于诉讼外重为同一内容之处分,并非"于后诉中用作攻击或防御方法之主张与前诉确定判决内容相反",且于采一事不再理说之情形,论者既认为原告对重为处分所提起之诉讼,与前诉之诉讼标的不同,非属同一事件,理论上当不发生所谓"后诉法院应以前诉既判事项为其判决之基础,不得为与该确定判决内容相抵触之裁判"此一判决之实质确定力问题,但上开论者一方面认为前后二诉非属同一事件,一方面又认为后诉法院应受前诉实质确定力之拘束,其前后推论非无矛盾。以下关于给付诉讼与确认诉讼判决之实质确定力之类似说明部分,本书亦采同一态度,还请留意。

b)给付诉讼:课予义务诉讼、一般给付诉讼

课予义务诉讼为给付诉讼之一种,于判决原告胜诉(有理由)之情形,除判决主文关于原告对被告有请求为行政处分或特定内容之行政处分之公权力部分之判断,有实质确定力外,判决理由中构成判决主文基础之判断,亦即有关原告之申请权存在以及系争否准行为或不作为违法侵害原告权利部分之判断,亦有实质确定力。惟应注意者,行政法院依本法第 200 条第 4 款规定作成答复判

---

[648] 例如,(1)1994 年 1 月 13 日行政法院 1994 年判字第 56 号判决谓:被告机关之答辩意旨,虽一再强调办理本案征收补偿程序之合法性,惟本院前此之 1992 年度判字第 1006 号判决系指被告机关所为不同标准之补偿实已属实质之不公平,而为撤销再诉愿决定、诉愿决定及原处分之判决,并认应由被告机关基于公平原则重为审酌处分。惟被告机关仍维持原补偿标准,又未对上开判决质疑之点详予说明,自有违"行政诉讼法"第 4 条之规定。综上所述,本件被告机关所为原处分自属违误,一再诉愿决定未予纠正而径予递次维持,亦非合法。原告执此指摘原处分及原决定为不当,非无理由,应并予撤销,由被告机关基于公平原则重为审酌处分。(2)1995 年 5 月 31 日行政法院 1995 年判字第 1397 号判决谓:行政法院判决确定后,该事件之当事人及各关系机关即应依判决之内容据以执行,以符行政诉讼之本旨。惟如撤销原决定及原处分之判决确定后,原机关依法重为处分前,为前判决基础之事实或法令变更,如大法官就同一或同类事件已作成拘束力之解释,或行政诉讼终审法院统一法令见解之结果,变更前判决之见解者,原机关尚非不得依变更后之事实及当时有效之法令重为处分。至其是否违背(旧)"行政诉讼法"第 4 条规定及一般法律适用原则,应由行政法院就重为之处分为审理时并予审查。

[649] 另外,在采禁止歧异判决说之情形,其关于前后二诉是否为同一事件之判断,似有将行政处分之性质模拟为法院之裁判(即行政处分具有"法之宣示作用"),而认为前后二诉为同一事件。

决情形,虽不禁止被告机关对原告之申请重为否准之决定,但应遵照判决之法律见解对原告作成决定;此时,原告如对被告机关重为之否准决定不服而更行起诉(课予义务诉讼)者,法院仍应予以受理,并就系争否准行为有无抵触前诉判决之实质确定力(拘束力?)为实体审查,其情形与前开关于撤销诉讼之说明同。另外,关于一般给付诉讼判决之实质确定力问题,亦可与课予义务诉讼情形,为相同处理(例如关于给付金额之判决,拘束其后有关利息之给付诉讼[650]),此不再赘论。反之,行政法院对于原告所提课予义务诉讼或给付诉讼为无理由而予以驳回之情形,其驳回判决为确认判决。因此,关于其实质确定力问题,于课予义务诉讼,可与撤销诉讼驳回判决为相同解释;于给付诉讼,可与公法上法律关系不存在之消极确认判决为相同解释,此不再论述。

　　c)确认诉讼

　　于处分无效确认诉讼或处分违法确认诉讼情形,原告之诉有理由者,判决主文关于确认处分为无效或违法之判断,以及判决理由中构成判决主文基础之处分无效事由或违法事由之判断,有实质确定力;此时,当事人双方(尤其被告机关)不得再为与确定判决相反之主张。如原告之诉因无理由而被判决驳回者,判决理由中构成驳回判决基础之说明部分,亦同。此外,于处分经判决确认为无效或违法后,于事实及法律状态未改变之情形下,被告机关亦不得再为相同内容之处分,否则即与判决之实质确定力(拘束力?)有违。例如,对否准集会游行申请之行为因拟进行集会游行之日期经过而提起否准处分违法确认之诉,经法院判决确认系争否准行为为违法后,如事实与法律状态未改变,则被告机关对原告嗣后申请之相同集会游行,即不得再以同一事由予以否准。

　　至于法律关系存否确认之诉,其实质确定力之判断原则与民事诉讼情形同,原告请求确认公法上法律关系存在为有理由者,他造不得再于后诉争执该法律关系为不存在,其无理由者,原告不得再于后诉主张该法律关系存在。反之,原告起诉请求确认公法上法律关系不存在为有理由者,他造不得再于后诉主张该法律关系存在,其无理由者,原告不得再于后诉主张该法律关系不存在。此外,当事人行政机关如本于系争公法上法律关系之存否而须为一定行为者,该后续行为亦须以确认判决为基础,不得抵触确认判决之实质确定力(拘束力?)。

　　(3)形成力

　　本法第 215 条规定:撤销或变更原处分或决定之判决,对第三人亦有效力,此为撤销判决之形成力或对世效力[651]。所称撤销诉讼之形成力,系指为诉讼

　　[650]　陈敏前揭注 170 书第 1515 页。

　　[651]　本条立法理由二谓:形成之诉,经法院认为有理由者而为撤销或变更原处分或决定之判决,于确定时应赋予一定之法律效果,使任何人均不得对之争执,以适应行政上法律关系划一性之要求,爰规定此项判决,对第三人亦有效力。

对象之行政处分经依确定终局判决（全部或一部）撤销后，该经撤销部分之行政处分原则溯及自始（处分时）确定不存在或失其效力，此一处分已经撤销之法律效果，不仅于当事人间，甚至于当事人与第三人间，或第三人与第三人间，任何人均不得再主张该行政处分存在或该经撤销之部分仍为有效，其彼此间之法律关系或后续行为，均须以该处分业经撤销为基础。由于形成力具有创设、消灭或变更（撤销诉讼原则仅有消灭或变更之形成力，并无创设之法律效果）既存法律关系或法律状态之效果（创设性质），与实质确定力之性质仅对争执之法律关系，"确认"其法律效果之存否，而仅有"宣示性质"者，存有不同。因此，实质确定力原则仅存于诉讼双方当事人及其继受人（判决效力之相对性原则），与形成力能及于任何第三人，甚至其他法院（包括民事与刑事法院）亦受形成力之拘束者，有重大不同。

撤销判决形成力之范围，可分为时的范围、主观范围与客观范围说明。

a）所称时的范围，系指撤销判决有使行政处分之效力"溯及处分时"消灭之效果而言。惟应注意者撤销判决应否具有使系争处分效力溯及既往消灭？涉及本于该处分对其生活或法律关系有所安排之第三人信赖保护问题。因此，例外情形，非无考虑依法行政原则、法安定性原则、信赖保护原则、比例原则等一般法律原则之要求后，而使系争处分之效力仅于判决时或特定时点后之失其效力之可能（类推适用"行政程序法"第118条）。

b）撤销判决形成力之主观范围，系指处分经判决撤销之结果对第三人之通用力问题，此与处分经判决撤销之结果于当事人间之通用力以及判决理由中构成判决主文基础之处分瑕疵事由之判断对当事人与第三人之通用力问题（主要涉及判决之确定力、拘束力问题），有所不同。由于处分经撤销之结果于当事人间之通用力问题，究竟应以撤销诉讼之形成力抑或确定力说明，仅有理论上意义，并无太大实践上实益，因此，关于撤销判决形成力之主观范围问题，论者遂多仅集中于讨论受其拘束之第三人之范围问题。对此，涉及形成力之本质及根据问题[652]，学说上有国家处分行为说（形成力本质说）[653]、事实效力或反射效力说（一般性承认义务说）[654]、

---

[652]　园部前揭注71书第393页以下［村上敬一执笔］；南博方前揭注71书第715页以下［冈光民雄执笔］参照。类似说明，翁岳生编前揭注559书第461页注379；陈荣宗等前揭注441书第656页以下参照。

[653]　指法院审查法律关系变动要件存在并以判决宣示使该法律关系变动之作用，其性质上当然对第三人亦有效力。

[654]　指因判决所形成之法律关系，此一事实效力或反射效力说，任何人对之均有一般性承认义务，此即形成力对第三人之效力。

构成要件效果说(实体法拘束力说)〔655〕、既判力根据说以及程序保障说、撤销诉讼本质说〔656〕。除既判力根据说主张形成力之主观范围,原则应与既判力之主观范围一致,如欲扩及第三人须有法律之明文规定,以及程序保障说认为是否承认形成力之对世效力,应考虑第三人于诉讼程序之参与与受保障程度(如第三人参加制度、重新审理制度)而设计外,其他各说,均认为形成力具有对世效力者,系形成力之本质使然,无待法律之明文规定。于行政诉讼情形,通说基于行政法律关系之安定性以及有于一般第三人划一处理必要,以及本法设有第三人诉讼参加及重新审理制度等考虑,故多主张撤销判决有对世效力。因此,不仅当事人以外之第三者人民,即使当事人行政机关以外之其他行政机关、其他法院,均受其拘束〔657〕。

　　c)撤销诉讼形成力之客观范围,指处分经撤销而不存在或失其效力之结果,任何人均不得予以否认之效力。因此,构成法院判决撤销系争处分之违法瑕疵事由之判断,系判决之确定力或拘束力之客观范围问题,并非形成力所及。因此,系争处分经判决撤销后,任何第三人虽不得再为反于处分已经撤销结果之主张,但仍得争执系争处分是否存有违法瑕疵之事由。因此,第三人于重新审理程序,自不妨对原判决之诉讼标的,即被撤销或变更之行政处分或决定是否违法而侵害他人权利,提出与原判决意旨不同之主张〔658〕。又系争处分虽因撤销判决之形成力,而确定溯及不存在或失其效力,任何人不得再主张系争处分为存在或该经撤销部分仍有效力,但此一撤销判决形成力之客观范围应与下列情形严格区分。亦即,系争处分经判决撤销后,本于系争处分(如租税核课处分/前阶段处分)所为之其他处分(如滞纳处分/本于前阶段处分所为之后阶段处分),或本于系争处分有效存在为前提(如政府采购法之决标公告),而取得或发生之法律关系(如因此所缔结之政府采购契约),以及其他与系争处分有效存在有密切关联之其他处分(如诉愿决定)或其他法律关系,是否亦因撤销判决而

---

　　〔655〕　指法律关系之变动,系因已确定判决之存在为其构成要件所生之法律效果,任何人对确定判决之存在此一事实既然须承认而不能加以争执,则作为其法律效果之法律关系发生变动之事实,自亦不能争执。

　　〔656〕　指撤销判决使行政处分溯及失效之效力,系撤销诉讼制度所当然具有之效力,与撤销诉讼之性质为确认诉讼抑或形成诉讼并无直接必然关系,且讨论撤销诉讼之诉讼法性质对于撤销诉讼判决对世效问题之解决与解释亦无帮助,故主张应脱离民事诉讼法理论之束缚,确立适合行政法律关系之行政救济的诉讼法理论。

　　〔657〕　反对见解,认为法院或行政机关应依本法第 216 条规定使受形成判决之形成效力拘束,故第 215 条所称第三人,应限于法院与行政机关以外之第三人(翁岳生编前揭注 559 书第 464 页[彭凤至执笔])。

　　〔658〕　翁岳生编前揭注 559 书第 464 页[彭凤至执笔]。

随同失其效力等问题,系属实体法上问题,须就具体个案为判断,与撤销判决形成力问题无涉,更非撤销判决形成力之客观范围所及,还请留意[659]。

d)对世效力于其他诉讼(包括暂时权利保护制度)之类推适用:本法第 216 条仅明定撤销判决形成力之主观范围及于第三人,并未规定法院于其他诉讼或关于停止执行等程序所为之裁判,对第三人亦有效力。然就处分无效确认判决而言,虽属确认判决,但鉴于处分无效确认诉讼与撤销诉讼之功能分单要求,以及处分是否无效此一事实,理论上宜对所有人均为一致,以免发生行政法律关系之不安定或与法治"国家"依法行政原则有所抵触。因此,宜使处分无效之确认判决取得与撤销判决相同之对世效力,且第三人得类推适用本法第 284 条,对处分无效确认判决申请重新审理。另外,于法院所为停止执行、假处分或假扣押之裁定或撤销裁定,除法律关系之安定性要求外因尚涉及暂时权利保护制度之实效性问题,亦宜类推本条规定使其对第三人亦有效力[660]。

(4)拘束力

称判决之拘束力者,系指行政法院经由撤销判决,而于实体法上,就其事件,所课予行政机关之各种作为或不作为义务而言。本法第 216 条规定:撤销或变更原处分或决定之判决,就其事件有拘束各关系机关之效力(第 1 项)。原处分或决定经判决撤销后,机关须重为处分或决定者,应依判决意旨为之(第 2 项)。前二项之规定,于其他诉讼准用之(第 3 项)。本条即为判决拘束力之规定。关于本条规定之性质,台湾学者多认为系判决实质确定力(既判力)之特别规定或注意规定,惟本书以为应系行政诉讼判决之特殊效力,此已如前述,此不再赘论。以下仅就本条拘束力之主观范围与客观范围,稍作论述:

本条第 1 项规定用语"各关系机关"与第 2 项规定用语"机关"虽有不同,但本条拘束力之主观范围以公行政为其对象,解释上应包括当事人行政机关与其以外各关系机关,至于当事人人民或其他第三人,则非本条拘束力之对象。所称"各关系机关",凡以经撤销之处分或决定为基础或前提,而于事后或是后曾作成与之(即该经撤销之处分或决定)存有密切关联之处分或后续行为者(如环境影响评估审查结论公告机关与核发开发许可机关),或其处分或行为构成该经撤销处分或决定之基础或前提者(事前同意或核准机关与原处分机关),均属

---

[659] 进一步说明,园部前揭注 71 书第 394 页以下[村上敬一执笔]参照。

[660] 于日本情形,除《日本行政事件诉讼法》第 32 条第 2 项明定于停止执行之决定或其撤销决定,亦准用撤销判决之对世效力(即同条第 1 项规定)外,于处分无效确认判决,多数通说亦主张应有对世效力(园部前揭注 71 书第 403 页以下[村上敬一执笔];南博方前揭注 71 书第 733 页以下[冈光民雄执笔];室井力编:《行政救济法》,日本评论社,1986 年,第 324 页[晴光一穗执笔]参照)。

之。至于,该关系机关与当事人行政机关是否隶属于同一行政三体抑或分属不同行政主体、有无业务无隶属关系以及是否为诉愿管辖机关,均非所问。因此,本条各关系机关之范围与第44条参加诉讼之行政机关范围,二者未必一致。

本条规定拘束力之客观范围,限于"就其事件"有关事项之判断。因此,除既判力客观范围内之事项外,所称"就其事件"究何所指,并不明确。惟本条规定之拘束力在于拘束行政机关,与上级审法院废弃判决对于下级审法院之拘束力,受发回或发交之法院应以上级审法院所为废弃理由之法律上判断,为其判决基础者(本法第260条第3项、"民事诉讼法"第478条第4项参照),尚有不同[661]。亦即,所称"就其事件"并不限于与构成本案撤销判决之事件本身或其同一事件,其凡属原依该经撤销处分所欲处理之法律关系本身[662],或与该法律关系有同一目的而可反复继续发生之事件,解释上均包括在内。例如,某次集会游行申请许可所为附款经判决撤销后,于事实与法律状态未改变之情形下,对于同一当事人基于同一目的所为之另一次集会游行申请,主管机关即不得再以同一理由附加相同附款。其次,撤销判决拘束力之客观范围,限于行政法院"就其事件""有关事项之判断"者,此所称"有关事项之判断",系指撤销判决理由中构成撤销判决基础(即违法事由)之事实与法律上之判断而言,不包括与判决主文无关之其他判决理由之判断。换言之,其范围与判决实质确定力之客观范围,基本上相同。因此,行政法院对于须经他机关协力之处分,如行政法院以该他机关之同意为违法而撤销该处分并命另为适法之处分者,该他机关(非当事人之行政机关)即不得以经判断为违法之同一事由而同意。

最后,受判决拘束力之行政机关,违反该判决拘束力所重为之处分或其他行为,构成违法(甚至无效)之瑕疵,除可成立国家赔偿责任外,对该行为亦可另依行政争讼程序请求救济。至于,此一判决拘束力之具体内容为何,依日本学者之整理[663],包括:"同一处分或同一错误之反复禁止效"(消极不作为义务)、

---

[661]　关于民事诉讼情形,学者以为废弃判决之拘束力所及之事项范围,应考虑下述论点(陈荣宗等前揭注352书第742页以下):(1)所谓废弃理由之法律上判断,系指对实体法及程序法所为解释之判断而言,包括对习惯法及经验法则内容有无之判断;(2)对诉讼要件存在之确认,下级审法院亦应受其拘束;(3)该法律上判断必须系直接导致废弃原判决者,始有拘束力;(4)第三审法院废弃判决之拘束力,系以废弃判决时之法令为依据,且以当时原审判决所认定之事实为基础,因此,于此时点以后,如发生法令变更,或因新证据、新事实关系之存在,而认定不同事实者,下级审法院不受拘束。

[662]　园部前揭注71书第430页以下[村上敬一执笔];南博方前揭注71书第775页以下[冈光民雄执笔]。

[663]　以下整理自,园部前揭注71书第420页以下[村上敬一执笔];南博方前揭注71书第761页以下[冈光民雄执笔]。

"不整合处分(关连处分)之调整义务"、"既成违法状态之回复原状义务",以及"对申请或审查请求之重新审查义务"(积极的作为义务)。其中:

a)所称"同一处分或同一错误之反复禁止效",主要适用于处分相对人提起撤销诉讼之情形。即撤销判决确定后,行政机关于事实及法律状态未改变之情形下,就同一事件,不得再以同一理由,对同一当事人,作成同一内容之行政处分;如其有须重为处分或决定者,亦须依判决意旨为之,不得再有同一内容之错误,而与撤销判决所认定之事实或法律上判断相抵触。本条第2项规定,即属此一效力之规定。又当事人行政机关于撤销诉讼言词辩论终结前,已可提出或主张之事证或各种攻防方法而未提出或主张者,于处分经判决撤销后,解释上亦不得再以该事证或理由,对同一当事人作成同一内容之处分。

b)所称"不整合处分(关连处分)之调整义务",属后述回复原状义务之一种,系指系争处分经判决撤销后,行政机关对于与该处分相关联之其他处分或行为,负有重新检讨是否抵触撤销判决中法院所为有拘束力事项之判断,并依判决意旨予以整合调整之义务。因此,为达特定目的,而须于同一行政过程或行政程序中,结合数个行政处分(或其他行政行为),始能共同完成该特定行政目的之情形(如重大开发程序之环境影响评估、开发许可、都市计划或区域计划变更等行为),或数个处分于一个行政过程或行政程序中互为前提者(如纳税申报、滞报或怠报处分、核课处分、滞纳处分、禁止处分等保全处分、行政上强制执行;或如罚锾、限期改善、停止营业或停工、勒令歇业等),或于经诉愿程序等行政声明不服程序先后出现之数个处分(如原行政处分、申诉、复查或异议决定、诉愿决定或其他相当于诉愿之决定),其先行处分经判决撤销后,先行处分如构成后续处分之要件事实,或先行处分所认定之事实或法律关系对后续处分有确认效力,或后续处分或行为存有与判决撤销先行处分之同一违法事由者,相关行政机关即应检讨是否撤销后续处分或更正其内容或为其他必要之处置,此即不整合处分之整合调整义务。

c)所称"既成违法状态之回复原状义务",系指系争处分经判决撤销前,因该处分之效力、处分之执行或程序之续行,所生各种违法状态,各行政机关负有依公法或私法等实体法规定,除去该违法状态之义务。例如,征收处分经撤销后,发生发还被征收土地之义务;罚锾或其他课予人民公法上义务之行政处分经撤销后,负有撤销查封等强制执行程序之义务;公共设施封闭使用处分经撤销后,负有开放公众使用之义务。

d)称"对申请或审查请求之重新审查义务"者,属"同一处分或同一错误之反复禁止校"之一种,主要系针对处分相对人以外第三人起诉请求撤销系争处分后,而有续行原申请程序之必要之情形,课予行政机关须依撤销判决之意旨,对原申请案重新审查之义务。

（5）执行力

本法第 305 条第 1 项规定：行政诉讼之裁判命债务人为一定之给付，经裁判确定后，债务人不为给付者，债权人得以之为执行名义，申请高等行政法院强制执行。此为判决执行力之规定。因此，并非所有行政诉讼之判决均有执行力，仅于给付判决且其内容适于强制执行者，有执行力，得作为强制执行程序之执行名义[664]。惟如其给付内容不适于强制执行，或属给付判决以外之确认判决或形成判决等，其判决性质无须强制执行或不待强制执行即可实现者，无执行力[665]。

第六节　暂时的权利保护制度

行政诉讼程序，为经由独立法院就原告权利主张之存否，依据法律并以裁判方式予以强制确定，以保障当事人权利之程序（本案诉讼权利保护程序）。为确保法院以判决方式作成法之宣示前，因事实或法律状态之变动，致使当事人权利虽获判决确认，但已无法救济、过迟救济或仍有不公平现象，致损害法院判决威信、救济之实效以及当事人对裁判之信赖等情事，各国诉讼程序于确定判决前，率皆设有暂时的权利保护制度，以供适用。此一暂时的权利保护制度，与权利存否之确定程序同属司法权之核心内容事项[666]，具有：'确保本案判决

---

〔664〕 其他情形，于"依本法成立之和解、及其他依本法所为之裁定得为强制执行者，或科处罚锾之裁定，均得为执行名义"（第 305 条第 4 项）。

〔665〕 本法第 304 条规定：撤销判决确定者，关系机关应即为实现判决内容之必要处置。此一规定，如认为系广义的执行力规定，故体例上将之明定于本法第八编强制执行之中，虽无不可；惟其系配合判决拘束力之规定，尚非一般讨论之狭义的执行力规定，还请留意。

〔666〕 "司法院"大法官释字第 599 号解释谓："司法院"大法官依据宪法独立行使"宪法"解释及"宪法"审判权，为确保其解释或裁判结果实效性之保全制度，乃司法权核心机能之一，不因"宪法"解释、审判或民事、刑事、行政诉讼之审判而异。如因系争"宪法"疑义或争议状态之持续、争议法令之适用或原因案件裁判之执行，可能对人民基本权利、"宪法"基本原则或其他重大公益造成不可回复或难以回复之重大损害，而对损害之防止事实上具急迫必要性，且别无其他手段可资防免时，即得权衡作成暂时处分之利益与不作成暂时处分之不利益，并于利益显然大于不利益时，依申请人之申请，于本案解释前作成暂时处分以定暂时状态。又同院大法官释字第 585 号解释（真调会案）亦谓："司法院"大法官依"宪法"规定独立行使"宪法"解释及"宪法"审判权，为确保其解释或裁判结果实效性之保全制度，乃司法权核心机能之一，不因"宪法"解释、审判或民事、刑事、行政诉讼之审判而有异。

(Sicherungsfunktion)"、"分配与降低错误判决风险(Verteilung und Minimierung des Fehlentscheidungsrisikos)"以及"暂时满足(interimistische Befriedigungsfunktion)"等功能[667]。对此,本法亦设有行政诉讼之暂时的权利保护制度。

本法旧法时代,因仅有撤销诉讼一种诉讼类型,故关于暂时的权利保护制度亦仅有停止执行制度一种[668];至新法修正时,鉴于诉讼类型已有扩大,原来停止执行制度已不足因应,遂于停止执行制度之外,仿照"民事诉讼法"之设计,设有假扣押与假处分两种保全程序[669]。因此,执行停止与保全程序二者,遂构成台湾行政诉讼暂时权利保护制度之两种主要类型。其中,执行停止制度之目的,在于暂时排除因行政处分效力或实施,所造成之不利益或负担;而保全程序制度则在于确保将来权利之实现,不因现状之改变而受有影响。因此,通常情形,如得以停止执行方式提供暂时的权利保护者,即无请求以保全程序予以保护之必要。惟应注意者,民事诉讼之保全程序,目的在于避免因债务人之无资力或事后法律状态之变动,致使债权人权益难以实现,其所考虑者为债权人与债务人间之利益衡量;而在行政诉讼之暂时的权利保护制度,目的在于保障人民之公权利,避免因公行政之行为造成难以弥补之损害,其所考虑者为人民之公权利与依法行政、行政效率或公益(第三人利益)间之权衡或利益衡量,基本

---

[667] 关于各项功能之具体内容,"立法委员"赖清德等85人解释宪法申请书("司法院"大法官释字第599号解释及第603号解释)参照。

[668] 此一时期,法院所能提供的暂时权利保护,亦仅暂时停止对原告不利的行政处分之执行一种。依(旧)"行政诉讼法"第12条规定,行政诉讼虽原则无停止执行之效力,但行政法院或为处分或决定之机关,得依职权或原告之请求停止之。事实上,为处分之机关,依职权或当事人之请求停止系争行政处分之执行者,并不少见,但行政法院依职权或依原告之请求而停止系争行政处分之执行者,则几乎未见有相关案例。究其原因,不外旧法规定,原告申请停止执行以"已合法提起行政诉讼(诉讼系属)后",始得提出申请(此一限制,释字第353号认系合宪),且依旧法规定,提起撤销诉讼须先经诉愿、再诉愿程序。因此,诉愿人虽依(旧)"诉愿法"第23条规定,得申请原处分机关或受理诉愿机关,停止其执行,但如该机关拒绝其申请或对其申请不为准许与否之表示者,申请人仅能于嗣后提起本案行政诉讼时再为申请。因此,待至撤销诉讼系属时,系争行政处分多已执行完毕;他方面,旧法之行政法院组织,仅设一级一审,本案既已系属,行政法院毋宁直接为本案判决,使当事人获得终局保护,而非提供暂时的保护。因此,暂时权利保护制度于台湾旧法时期之行政诉讼实务,可谓并未发挥功能(陈敏前揭注170书第1534页;翁岳生编前揭注559书第563页[彭凤至执笔]参照)。

[669] 本法所以不仿照德国法制关于"假命令(或称暂时命令)"(einstweilige Anordnung)之设计者,其理由为"已有民诉法之成规可循,较为简便,且因公法契约或其他公法上债之关系,人民亦有成为债务人之可能,保全诉讼结果以便强制执行也有必要"(吴庚前揭注13书第278页;又本法增订保全程序之起草过程,"司法院"编:《"司法院"行政诉讼制度研究修正资料汇编(五)》,1988年6月,第434页以下、第465页以下、第486页以下参照)。

上不存有人民利益与公行政利益间之衡量问题。

最后，由于本法所规定之停止执行与假扣押、假处分三种暂时的权利保护制度，人民究竟应选择何种制度请求暂时的权利保护，往往与其所欲保全本案请求应提起之诉讼类型为何有密切关联（第 299 条参照），因此，与诉讼类型之选择问题相同，究竟应申请停止执行、假扣押抑或假处分，人民往往发生错误之情形[670]。

---

[670]　例如：(1)2002 年 11 月 15 日高雄高等行政法院 2002 年全字第 15 号裁定谓：本件被告于 1999 年 10 月 11 日以(88)教注字第 176 号函，同意原告以选读生身份至该校法律研究所选读，系属对原告授予利益之行政处分；嗣被告又以 2002 年 2 月 8 日(2002)成大教字第 9100742 号函通知原告，其内容为"……台端因选读学分所提诉愿，本校依教育部诉愿决定经项目讨论，认台端选读期间曾犯公然辱骂师长的不当行为，本校为维护正常授课及其他学生学习权益，恕难同意台端继续选读，……"等情，核其真意应属前开"行政程序法"第 123 条所规定之废止原先同意原告至该校选读之授益行政处分，是此一废止原告继续选读之函文，性质上仍属另一行政处分，且系对原告不利益之行政处分，则其行政救济之方法应对之提起撤销诉讼而非课予义务诉讼（盖原告先前既已因被告之授益行政处分而取得选读生之身份，嗣若因被告之违法废止该授益之行政处分而遭剥夺选读之权利，则仅须将该废止之行政处分予以撤销，即得回复原来的选读身份状态，而不是请求被告准予继续选读），此从原告所提起之本案诉讼系诉请撤销原处分及诉愿决定之撤销诉讼亦可印证。则原告既然就该废止授益行政处分之处分申请暂时之权利保护，揆诸首开说明，原告自不得以假处分之方式就行政机关之行政处分请求救济。从而本件原告就上开被告废止其继续在该校选读权利之行政处分申请假处分，即属于法不合，应予驳回。(2)2004 年 10 月 14 日"最高行政法院"2004 年裁字第 1306 号裁定谓：按于争执之公法上法律关系，为防发生重大之损害或避免急迫之危险而有必要时，得申请为定暂时状态之处分。"行政诉讼法"第 298 条第 2 项固定有明文。惟同法第 299 条明定关于行政机关之行政处分，不得为假处分。故本件相对人所为之停止特约如属行政处分，则依法不得对之申请假处分。本院查：依"司法院"释字第 533 号解释意旨，相对人依其组织法规系"国家"机关，为执行其法定之职权，就办理全民健康保险医疗服务有关事项，与各医事服务机构缔结全民健康保险特约医事服务机构合约，约定由特约医事服务机构提供被保险人医疗保健服务，以达促进人民健康、增进公共利益之行政目的，该项合约具有行政契约之性质，系指该提供医疗服务及请求支付医疗费用之内容而言。如相对人基于健保主管机关之地位，依法所为之监督管理行为，仍属单方之下命处分，此部分与单纯之提供医疗服务及请求医疗费用给付之契约行为，为不同之阶段行为，应分别而论。查"全民健康保险特约医事服务机构合约"第 28 条规定，系依据"全民健康保险法"第 72 条及行政院卫生署依"全民健康保险法"第 55 条第 2 项授权订定发布之"全民健康保险特约医事服务机关特约及管理办法"第 34 条第 7 款之规定而来。并非单纯属于契约内容，是以相对人前述之停止特约一个月行为，应属相对人基于监督机关之地位，所为之下命处分，属于行政处分，依前开法律规定，尚不得对之申请假处分，抗告人申请法院就此准予假处分，于法自有未合。原裁定（按 2004 年 7 月 30 日台北高等行政法院 2004 年全字第 98 号裁定）以本件法律关系为行政契约，而从假处分实体要件加以审核，据以驳回抗告人之申请，理由虽有未洽，然其裁判结果并无不合，仍应予维持。

理论上，于人民选择错误之暂时权利保护制度之情形，受理申请之行政法院应加以阐明，使之有转换或变更申请之机会，始符暂时权利保护制度之目的与性质（紧急性、暂定性与密行性之程序）。惟台湾实务虽于诉讼类型选择错误问题之处理上，已逐渐有经由阐明方式予以缓和之趋势，然于暂时权利保护制度选择错误问题上，却仍一如旧习，率皆不加阐明即径自以其申请不合法予以驳回，令人有司法酷吏且不友善之强烈印象，实有再加检讨改善之必要。

暂时权利保护程序属申请程序，关于申请程序之合法要件，例如行政法院之审判权与管辖权、申请人之申请适格（权能）（即权利受侵害之主张）与申请利益（事件之暂时保护必要）等，原则均须具备，其情形与诉之一般合法要件（一般实体判决要件）之说明略同。法院对于人民之申请，应以裁定为准驳之表示，人民原则上可经由抗告程序对其裁定声明不服。兹分别停止执行制度与保全程序二者，说明如下：

一、停止执行

（一）停止执行之意义与不停止执行原则

除法律别有规定或附有始期或停止条件或为无效行政处分之情形外，行政处分经合法通知后，依其内容对相对人或利害关系人发生效力。因此，行政处分一旦生效，即对处分相对人或利害关系人发生各种效力，非经撤销、废止或因其他事由而失效者，其效力继续存在[671]。又具有下命性质之行政处分经合法送达后，其内容适于执行者，有执行力，且不待处分确定，可为行政强制执行之执行名义，得开始执行程序[672]。因此，人民如对公行政所为行政处分不服而提起行政争讼者，于争讼程序终结前，为免其权利因处分之效力或执行而受有损害，遂设有执行停止制度以资提供暂时性保护。

关于人民提起行政争讼，有无冻结行政处分或决定之效力，或构成其程序之续行或执行之法律上障碍之效果，各国法例不尽相同，应如何设计，原属立法者之形成自由。台湾行政争讼制度基于维护行政效率、实现行政目的并避免对公益造成影响，与日、奥法制同，均采"不停止执行原则"（"诉愿法"第93条第1项、"行政诉讼法"第116条第1项），而与德国采"停止执行原则"者不同；惟本

---

[671] "行政程序法"第110条第1项至第3项规定：书面之行政处分自送达相对人及已知之利害关系人起；书面以外之行政处分自以其他适当方法通知或使其知悉时起，依送达、通知或使知悉之内容对其发生效力（第1项）。一般处分自公告日或刊登政府公报、新闻纸最后登载日起发生效力。但处分另订不同日期者，从其规定（第2项）。行政处分未经撤销、废止，或未因其他事由而失效者，其效力继续存在（第3项）。无效之行政处分自始不生效力（第4项）。

[672] "行政执行法"第11条、第27条参照。

法复考虑旧制停止执行功能之不彰,而又仿日本法例,明定得停止执行之要件及效果,以平衡公益与私益。

依"诉愿法"第 93 条第 1 项、本法第 116 条第 1 项规定,原处分或决定之执行,除法律另有规定外,不因提起诉愿或行政诉讼而停止。是采不停止执行原则。目前法律别有规定采停止执行者,例如"税捐稽征法"第 39 条[673]、"银行法"第 134 条[674]、"票券金融管理法"第 69 条[675]、"信托业法"第 58 条[676]、"农业金融法"第 53 条[677]等规定属之,另"司法院"大法官释字第 491 号解释认为"依'公务人员考绩法'第 18 条规定[678],服务机关对于项目考绩应予免职之人员,在处分确定前得先行停职。受免职处分之公务人员既得依法提起行政争讼,则免职处分自应于确定后方得执行",亦属一项例外。

依本法第 116 条第 5 项规定:停止执行之裁定,得停止原处分或决定之效力、处分或决定之执行或程序之续行之全部或一部。因此,依停止执行制度所停止者,为行政处分之效力或其实施。对此,台湾学者参酌德国学说理论关于"效力说(Wirksamkeitsthiorie)"与"执行说(Vollziebarkeitstheorie)"之争议,主张采效力说[679],认为停止执行有延缓行政处分发生法律上或事实上效果,即有

---

[673]　本条规定:纳税义务人应纳税捐,于缴纳期间届满 30 日后仍未缴纳者,由税捐稽征机关移送法院强制执行。但纳税义务人已依第 35 条规定申请复查者,暂缓移送法院强制执行(第 1 项)。前项暂缓执行之案件,除有左列情形之一者外,稽征机关应移送法院强制执行:一、纳税义务人对复查决定之应纳税额缴纳半数,并依法提起诉愿者。二、纳税义务人依前款规定缴纳半数税额确有困难,经稽征机关核准,提供相当担保者(第 2 项)。

[674]　本条规定:前二项罚锾之受罚人不服者,得依诉愿及行政诉讼程序,请求救济。在诉愿及行政诉讼期间,得命提供适额保证,停止执行。

[675]　本条规定:本法所定之罚锾,由主管机关处罚。受罚人不服者,得依诉愿及行政诉讼程序,请求救济。于诉愿及行政诉讼期间,得命提供适额保证,停止执行。

[676]　本条规定:本法所定罚锾,由主管机关依职权裁决之。受罚人不服者,得依诉愿及行政诉讼程序,请求救济。在诉愿及行政诉讼期间,得命提供适额保证,停止执行。

[677]　本条规定:前二项罚锾之受罚人不服者,得依诉愿及行政诉讼程序,请求救济。在诉愿及行政诉讼期间,得命提供适额保证,停止执行。

[678]　本条规定:年终办理之考绩结果,应自次年一月起执行;一次记二大功项目考绩及非于年终办理之另予考绩,自主管机关核定之日起执行。但考绩应予免职人员,自确定之日起执行;未确定前,应先行停职。

[679]　因停止执行裁定所生之延缓效果,究竟为何?德国学说有"效力说(Wirksamkeitsthiorie)"与"执行说(Vollziebarkeitstheorie)"之争议。所称"效力说"又可分为"严格效力说(strenge Wirksamkeitsthiorie)"与"限制效果说(eingeschränkte Wirksamkeitsthiorie)"。"严格效力说"认为争讼标的之行政处分,其效力之发生因提起行政争讼而延宕,以迄于诉愿决定发生存续力或法院判决发生确定力后,始由该时起始发生效力。"限制效力说"则主张行

"延宕效果或延缓效果（aufschiebene Wirkung）"。亦即，因行政处分所生作为或不作为义务或为实现其内容之行为，均暂不实施，而该处分所形成或确认之法律关系，亦不发生应有之形成或确认效果，故非单仅停止行政处分之强制执行之谓[680]。台湾学者所以主张采效力说者，其主要理由在于得依停止执行制度申请停止执行者，不以具有执行力之下命处分为限，于形成处分或确认处分，亦可申请停止执行，如采执行说无法将说明此一情形而发生适用上之困难。例如，邻人对建筑起造人所取得之建筑执照（第三人效力之处分）不服，申请延缓效果（即停止执行）之裁定，并经行政法院准许。此时，如采执行说则根本不发生救济功能，此类处分官署无从执行，而起造人继续兴建亦无违背行政法院裁定之可言，如采效力说，则视为已发出之建造执照尚不发生效力，较为合理[681]。

惟本书以为：a）本条用语所称停止"执行"，并非单指停止"强制执行"而言[682]，解释上应指停止处分之"实施"，亦即冻结处分目的之实现而言；其情形与"行政程序法"第174条[683]但书所称"得强制执行"之处分，并不限于具有下命性质而得为行政强制执行执行名义之程序处分，应包括具有形成或确认性质之程序处分，故该条所称"强制执行"解释上应指处分得独立实施或处分目的可单独因处分之作成而实现者，应为相同解释。b）效力说所称停止执行裁定所延缓处分之效力，究为何种效力，并不清楚。且依本说于实际适用上，亦有难以说明之处。例如，前开邻人起诉请求撤销建筑执照之例，采效力说将使已发出之建筑执照视为尚不发生效力，则已依该建造兴建之施工中建筑物是否因此成为无照建筑（"建筑法"第25条、第86条参照）？该起造人（本法第42条之独立参加人）如不顾系争处分已经停止执行，仍继续鸠工兴建时，又应如何处理？又如

政处分之效力暂时受阻而浮动无效，该处分如经诉愿决定或行政法院判决确定予以维持，则溯及生效。"执行说"主张仅行政处分之执行力（正确而言，为实行力）受阻，暂不发生（以上引自，陈敏前揭注170书第1533页）。

〔680〕 吴庚前揭注13书第160页及注128；陈敏前揭注170书第1533页参照。

〔681〕 吴庚前揭注13书第160页注128之举例；陈敏前揭注170书第1533页以下。

〔682〕 但台湾实务对此一"执行"，认为系指处分之"强制执行"而言，亦即，2000年8月31日"最高行政法院"2000年裁字第1117号裁定谓："行政诉讼法"第116条第3项既明定于行政诉讼起诉前，行政法院亦得依受处分人或诉愿人之申请，裁定停止执行，自需对于具有执行力之行政处分，即得作为行政争讼标的者，受处分人或诉愿人方得申请行政法院裁定停止执行。倘无具有执行力之行政处分存在或对于不得为争讼标的之非行政处分申请裁定停止执行，即与上开规定停止执行之要件不符。

〔683〕 本条规定：当事人或利害关系人不服行政机关于行政程序中所为之决定或处置，仅得于对实体决定声明不服时一并声明之。但行政机关之决定或处置得强制执行或本法或其他法规另有规定者，不在此限。

核准征收公告经裁定停止执行后,被征收土地或土地改良物得否为分割、合并、移转或设定负担或为其他处分("土地征收条例"第 23 条参照)? 在系争处分构成其他各种处分之基础或前提,或须与其他各种处分相结合共同构成同一行政过程或行政程序之连续行为,始能实现特定行政目的情形,停止执行裁定因涉及其他行政处分之效力或须他关系机关配合始能有效达成暂时权利保护目的,此时,如何解释停止执行裁定之效力? 例如:租税核课处分经裁定停止执行后,则前已依"行政执行法"查封扣押之标的物,应否解封并发还义务人? 如已拍卖或已依"税捐稽征法"第 24 条第 1 项或第 3 项规定实施之禁止处分或限制出境通知,应否为回复原状之措施或使该后续行为随同溯及失效? 以上问题,似非单纯采效力说或执行说即可妥适解决。

因此,本书以为本法第 216 条第 1 项既采执行不停止原则,停止执行效果之发生须待行政法院之执行停止裁定,此与德国采停止执行原则,一旦争讼系属后不待法院之裁定原则即发生停止执行之效果者,并不相同;且本条第 5 项已明定执行停止裁定之效果,其目的即在授权行政法院针对具体个案情形,考虑暂时权利保护之必要与实效,就申请人利益、第三人利益以及公益间为妥适衡量后,选择最适切之停止执行方法与效果者,亦与德国情形存有差异[684];加以如论者所承认,效力说与执行说二者,于具体实践上并无太大差异。因此,在说明台湾行政诉讼之停止执行制度情形,实无如德国法制讨论效果说抑或执行说之必要与实益。

(二)停止执行之对象

1.本案诉讼类型与暂时的权利保护制度之关系

本法第 116 条规定停止执行制度之适用对象,学者因本法第 299 条规定:关于行政机关之行政处分,不得为前条之假处分。因此,主张本法仅适用于撤销诉讼与处分无效确认诉讼之情形,于课予义务诉讼、一般给付诉讼、公法上法律关系存否确认诉讼等其他诉讼情形,因其暂时的权利保护并非停止执行制度所能提供,故应适用保全程序[685]。

惟应注意者,关于停止执行制度与保全程序之关系,依本案诉讼类型判断

---

[684]　实际上,德国法制虽存有诸多停止执行原则之例外情形(《德国行政法院法》第 80 条第 2 项、第 3 项),对此彼亦设有各种由行政机关或法院决定停止执行之要件、程序与效果(同法第 80 条第 4 项至第 8 项、第 80 条之 1 关于双效行政处分之停止执行,第 30 条之 2 关于停止执行之效力),但其规定似仍以效力说为基础。

[685]　吴庚前揭注 13 书第 286 页;陈计男前揭注 16 书第 764 页以下;翁岳生编前揭注 37 书第 401 页、第 756 页[林明锵执笔];林腾鹞前揭注 41 书第 446 页;陈敏前揭注 170 书第 1531 页;翁岳生编前揭注 559 书第 536 页以下[彭凤至执笔]。

其适用，通常情形固不发生问题。然上开主张系以本法对于各该诉讼类型，已分别提供符合各自特质所须之完整而有实效之暂时的权利保护制度，为上开论述正当性之理论前提。但若各该诉讼类型所提供之暂时的权利保护制度，其各自所提供之暂时性权利保护如在理论上或实践上确有不足或欠缺者，上开以本案诉讼类型判断应适用之暂时性权利保护制度之主张，即有待商榷。

简言之，与其以诉讼类型判断其应适用何种暂时的权利保护制度，毋宁单纯比较停止执行制度与保全程序之制度功能，以决定其应如何适用，或更妥适。亦即，假处分制度相对于停止执行制度固为一种补充（辅助）性机制，如能经由停止执行方式达成暂时的权利保护目的者，即不得申请假处分[686]；反之，如无法经由停止执行方式达成暂时的权利保护目的者，即应以假处分制度以为补充。

例如，下列情形，能否单纯以本案诉讼之类型决定其暂时性权利保护制度，即有进一步检讨必要：

a) 于处分无效确认诉讼，理论上既属无效之行政处分应无停止执行之可言，惟因当事人既对处分之效力存有争执，故系争处分仍有可能被视为有效而实施之可能。因此，本法第 117 条遂明定于处分无效确认诉讼之暂时的权利保护制度，亦准用停止执行，以杜争议。

b) 同理，于处分违法确认诉讼情形，因此类诉讼通常系于提起撤销诉讼后转换而来（继续的处分违法确认诉讼），如于转换前已有停止执行裁定转换为处分违法确认诉讼后，该停止执行裁定之效力是否继续，解释上不无疑义，且系争处分是否已因执行完毕或其他事由而消灭，当事人间通常存有争议，此时究应经由停止执行或假处分制度提供暂时的权利保护，亦容易对当事人造成困扰。对此，本书以为不妨径自准用停止执行制度处理[687]。

---

[686]　按本法第 216 条规定原有不得以假处分之方式排除行政处分之效力或实施之意，但如贯彻适用结果，易遭误会为凡有关行政处分者均不得为假处分，导致课予义务诉讼、预防性不作为诉讼等涉及行政处分之诉讼能否申请假处分发生疑义，有造成暂时权利保护漏洞之虞。为祛除适用疑虑，"行政诉讼法部分条文修正草案"遂修正本条为：得依第 116 条请求停止原处分或决定之执行者，不得申请为前条之假处分。

[687]　类似见解：(1)陈敏前揭注 170 书第 1538 页谓：在"已执行完毕"之情形，例如物品遭扣押、驾照遭扣留或金钱遭收取，此等执行之结果亦须暂时排除，始能给与当事人有效之暂时权利保护。"行政诉讼法"上开规定（即第 116 条第 5 项），似未将执行之回复原状纳入。惟法文中所谓之"停止原处分或决定之效力"，应包括所有之行政处分，不以形成处分或确认处分为限。如停止行政处分之效力，使其浮动无效，则执行该浮动无效行政处分之结果，命为回复原状，应亦属行政法院之权限。(2)翁岳生编前揭注 37 书第 411 页〔林明锵执笔〕谓：

c)于有合一裁判(非合一确定)必要之多数当事人诉讼中,其所涉及当事人之利益彼此不相一致,致使双方均可单独申请法院提供暂时权利保护,法院对于双方各自同时或先后所提申请或仅其中一方所提申请进行审理时,应同时考虑申请人双方或申请人与他方当事人利益冲突之衡量,且其所为准驳与否之裁定须合一裁判(不能矛盾)者,理论上即可能发生究应合并停止执行申请与假处分申请或选择其中一种,始能达成暂时的权利保护目的之问题。例如,于涉及第三人效力或双重效力之行政处分情形,处分相对人与他方利害关系人中之一方成为他方诉讼之参加人情形,例如邻人参加起造人提起之课予义务诉讼,或起造人参加邻人提起之撤销诉讼,属之。其中,i)在仅核准部分申请内容之建筑许可(修正负担)情形,起造人提起课予义务诉讼后邻人参加诉讼,此时,邻人得否申请停止执行,即成问题。对此,本书以为如以假处分冻结建筑许可之效力者,与本法排除以假处分方式排除不利益处分效力之立法目的不符,解释上邻人应可申请停止执行。ii)于邻人所提撤销诉讼中,邻人申请停止执行经准许后,起造

若原处分或决定已于停止执行裁定前事实上已执行完毕者,行政法院得否再为停止执行之裁定?台湾行政诉讼法未有明文规定,在解释上即不无疑义。例如:原告被认定为"新违建"者,虽向行政法院申请停止拆除处分之执行,但于行政法院裁定前,拆除大队突进行全部之拆除工作,并已拆除完毕,此时,行政法院应为如何之裁定?应为驳回申请或应为准许申请?此一问题,若依《德国行政法院法》第80条第5项第3句规定:"若行政处分于行政法院裁定前已执行完毕者,行政法院得命撤销(Aufhebung)执行。"此处行政法院之"撤销执行"系指:赋与申请人一种程序上的"结果除去请求权"(Folgenbeseitigungsanspruch)(或称为"执行除去请求权"),例如:请求返还被没入之物品,或请求补发受扣减之俸给等,但若行政机关之执行措施,在事实上不能回复原状者(例如:违建拆除),则转变成为确认行政机关之为停止执行之要求。综上所述,若回复可能时,行政法院应为许可停止执行,此时,申请人取得暂时性之结果除去请求权;但若回复不可能时,申请人则取得暂时性之确认效力,故法院似应皆为准许申请之裁定。不同见解:(1)翁岳生编前揭注559书第536页注567[彭凤至执笔]谓:《德国行政法院法》第80条第5项第3句规定:"系争行政处分于本项裁判时已执行完毕者,法院得命撤销执行",乃配合德国行政救济程序中,诉愿与撤销诉讼,原则上有停止执行之效力所为立法。本法第116条第1项及"诉愿法"第93条第1项之立法原则,与德国有关停止执行之立法原则恰为相反,即诉愿与撤销诉讼,原则上并无当然停止原处分及(或)原决定执行之效力。因此本法既未明文规定,请求停止执行得包含撤销执行,则依停止行政处分之执行,于台湾行政救济法制,乃例外情形之立法原则,其效力范围自不宜参酌前开德国立法例为扩张解释,而宜限制解释为以冻结现状为限。因此,申请停止行政处分执行时,系争行政处分如已执行完毕,其申请宜以欠缺权利保护必要,不合法驳回。(2)对此,实务似亦采类似见解,2001年7月13日"最高行政法院"2001年裁字第510号裁定谓:依"行政诉讼法"第116条第2项规定,申请裁定停止执行者,以有行政处分之存在为必要。观法条文义至明。若原处分已被撤销而不存在,犹裁定停止原处分之执行,自非适法。

人固得申请撤销停止执行之裁定(第 118 条)或为抗告(第 119 条)[688]；但若起造人不为申请撤销停止执行之裁定或不为抗告，而继续鸠工兴建者，虽法院裁定准许停止执行，但实际仍无法达成暂时的权利保护目的。对此，《德国行政法院法》明定仍应适用停止执行制度请求暂时的权利保护[689]，故论者有主张本法之适用亦应为相同解释者[690]；但于此一情形本法既未如德国法制明文排除假命令制度之适用(《德国行政法院法》第 123 条第 5 项)，又未如德国法制于一般停止执行制度外，另明定关于双效行政处分之暂时权利保护制度，而依本法既有停止执行制度之设计，则于上开情形(按上开争议之本质为民事纠纷)应如何适用，无论自理论上或实践上均生有疑问[691]。因此，如能径自允许其申请假处分

---

[688] 反之，于起造人所提课予义务诉讼中，起造人申请假处分经裁定准许后，邻人亦得申请撤销假处分裁定或为抗告(第 302 条准用第 297 条、准用"民事诉讼法"第 528 条及第 530 条)。

[689] 《德国行政法院法》第 80 条之 1(复效的行政处分)规定：第三人对于对他人授益的行政处分申请法律救济时，机关(即原处分机关及异议审查机关)得为下列处置：一、本于受益人之申请，依第 80 条第 2 项第 4 款规定，命为实时执行。二、本于第三人之申请，依第 80 条第 4 项规定中止执行，且于保护第三人权利有必要时，作成暂时性处置(第 1 项)。相对人对于侵害自己但对第三人为授益的行政处分，申请法律救济时，机关得因第三人之申请，依第 80 条第 2 项、第 4 项规定命为实时执行(第 2 项)。法院得因申请，变更或撤销依第 1 项及第 2 项规定所为之处置，或为该处置。第 80 条第 5 项至第 8 项规定，准用之(第 3 项)。第 123 条(假命令)第 5 项规定：第 1 项至第 3 项规定(即假命令之申请要件及程序)，不适用第 80 条及第 80 条之 1 之情形(即停止执行)。

[690] 翁岳生编前揭注 559 书第 540 页[彭凤至执笔]谓："在核发建筑执照事件中，第三人提起诉愿或撤销诉讼，如原核发执照之处分已依法停止执行，申请人却仍继续建筑，此时邻人所得请求之暂时权利保护，究系本法第 298 条第 2 项规定的定暂时状态处分，请求行政机关禁止申请人为逾越之行为，或应适用本法第本法第 116 条第 2 项及第 3 项规定，请求执行对核发建筑执照处分之停止执行？ 本法未设明文规定。比较正确的见解应属后者，因为此时邻人诉讼的最终目的，仍是撤销行政处分的问题，而暂时停止执行乃是功能较接近的法律规定"。但在上开情形，论者所谓"适用本法第本法第 116 条第 2 项及第 3 项规定，请求执行对核发建筑执照处分之停止执行"究何所指？ 系指请求法院对"原已准许之停止执行裁定"为强制执行，抑或得另请求法院"核发停止建筑之命令"，抑或指其他情形，并不清楚。

[691] 于旧行政诉讼法时期，实务上曾发生类似案例，其案例事实如下："缘彰化县员林镇明伦段 68 地号土地原为诉外人张铅、张永火二人所共有，1992 年 8 月 6 日分割出同段 68－1 及 68－2 地号两笔，1992 年 8 月 20 日由余瑞坤、余淑娟、余俊升买受 68－1 地号土地，同年月 28 日完成所有权移转登记，1994 年 7 月 13 日、10 月 1 日余瑞坤、余淑娟、余俊升分别于上开 68、68－1、68－2 地号等三笔土地兴建房屋(其中 68 及 68－2 地号土地系与地主合建)向彰化县员林镇公所申请核发建造执照在案。嗣因张铅、张永火于 1993 年 4 月 4 日将 68 及 68－2 地号土地部分所有权赠与原告吴清洲等八人，并于 1994 年 8 月 22 日完成所有权移转

登记完竣,1995 年 12 月 19 日余瑞坤、余淑娟、余俊升向员林镇公所提报竣工,申请核发使用执照,员林镇公所以该 68－1 地号土地曾涉及私权争执,由原告等向余瑞坤等人提出涂销所有权移转登记之诉,尚在'最高法院'系属中,且该笔土地曾由台湾彰化地方法院裁定假处分,禁止余瑞坤就该笔土地为让与、设定抵押权、出租及其他一切处分行为在案,乃以 1996 年 3 月 11 日员镇建字第 35793 号函否准申请,余瑞坤等提起诉愿后,经彰化县政府 1996 年 7 月 29 日(1996)彰府诉字第 100043 号诉愿决定将该否准核发使用执照之处分撤销,命由员林镇公所另为适法之处分,原告以利害关系人地位对该诉愿决定不服,提起再诉愿,惟为台湾省政府决定驳回,遂提起本件行政诉讼"。对此,行政法院判决如下:按建筑工程完竣后,应由起造人会同承造人及监造人申请使用执照。……其主要结构、室内隔间及建筑物主要设备等与设计图样相符者,发给使用执照"为"建筑法"第 70 条所规定。又"建筑基地,有关私权发生争执,主管建筑机关已核发建筑执照……后,土地权利关系人提出异议时,应通知其向法院提起诉讼,俟法院判决确定后再行依法处理,在未经法院判决确定前异议人如欲对造停工,得依"民事诉讼法"规定之保全程序请求假处分以定暂时状态,须经法院裁定许可后,主管机关始得禁止施工。亦经"内政部"1973 年 2 月 23 日台(1973)内 1610 号函释有案。本件原诉愿人余瑞坤、余淑娟、余俊升等三人于彰化县员林镇明伦段 68、68－1、68－2 地号土地上兴建房屋,领有建造执照,完工后于 1995 年 12 月 19 日向原处分机关员林镇公所提出竣工报告书,申请核发使用执照,原处分机关以该系争土地及私权争执,原告且曾对系争 68－1 地号土地申请假处分裁定为由,否准原诉愿人余瑞坤等人之请求,余瑞坤等提起诉愿,被告审查后以系争土地上建造执照既已核发,纵权利人对之有所争执,亦仅能向民事法院提起诉讼,并无中断工程继续施工之效力。系争 68－1 地号土地虽经原告等申请假执行禁止余瑞坤等人为让与、设定抵押、出租及其他一切处分行为,但其效力是否及于核发建物使用执照,尚有待斟酌,原处分机关否准原诉愿核发使用执照之申请,于法未合,而将原处分撤销,令由员林镇公所另为适法之处分。原告以利害关系人身份对被告诉愿决定不服,诉称:原告既曾对 68－1 地号土地实施假处分,依"内政部"1973 年 2 月 23 日台(1973)内 1610 号函释即不应准许余瑞坤等继续兴建,纵令未禁止继续兴建,亦不应对余瑞坤等核发使用执照,员林镇公所否准核发使用执照至为正当。被告及再诉愿决定撤销该镇公所之处分显然违误,惟查假处分强制执行之标的范围,应依执行名义记载之内容为断,本件原告固曾对上开 68－1 地号土地申请假处分,而该假处分所欲保全之请求则为所有权移转登记(见原处分卷所附台湾彰化地方法院 1995 年度全字第 33 号裁定案由栏记载)故该裁定主文所谕示余瑞坤不得对 68－1 地号土地为让与、设定抵押、出租及其他一切处分行为,自系限于妨害所有权移转登记之一切行为而言,并不包括建筑在内,是故原告如欲禁止余瑞坤等继续在该土地上施工兴建房屋应另请求定暂时状态之假处分,否则即无禁止继续施工之效力,原告引用由行政院 1973 年 2 月 23 日台(1973)内 1610 号函谓余瑞坤在其申请保全所有权转登记之假处分后不得继续施工,亦不得申领使用执照云云,显系误解。查余瑞坤等在上开 68－1 地号土地上兴建房屋既已取得合法之建造执照,兴建中又无定暂时状态之假处分存在,不能禁止其继续施工,则兴建完竣后是否可以核发使用执照,自应以是否符合"建筑法"第 70 条规定以为断,初与该房屋地有无纠纷无关,被告以员林镇公所未就余瑞坤等兴建房屋有无符建筑法核发使用执照之规定审酌,仅以土地有纠纷,即否准核发使用执照尚有未妥,将其否准核发之处分撤销,命由员林镇公所另为妥适之处分,再诉愿决定递予维持俱无违误,原告起诉论旨核无理由,应予驳回。

以为救济,岂不更为直接且简便。附带一提,上开问题,于处分相对人与利害关系人同时或先后独立提起诉讼者(例如对同一建筑许可,邻人则提起撤销诉讼,而起造人提起课予义务诉讼),则涉及法院关于停止执行之裁定与假处分之裁定应如何为合并审理及裁判问题,尚请留意。

2. 行政处分之种类与暂时的权利保护制度之关系

停止执行制度目的在于延缓(或冻结)因行政处分之效力或实施所造成之法律状态,以对申请人提供暂时的权利保护。因此,凡其效力或实施可能对申请人权益造成影响之"行政处分",且仅须经由延缓(或冻结)该处分之效力或实施即可达成申请人请求暂时权利保护之目的者,原则均得作为停止执行之对象(程序标的);至于,系争行政处分之种类为授益或负担性质,为下命处分、形成处分抑或确认处分,原则不影响其申请之合法性。但由于暂时权利保护制度无法提供超越本案诉讼请求目的之暂时性救济,故凡其诉讼上请求得以撤销诉讼提供救济者,则其暂时的权利保护原则应以停止执行制度提供。因此,通常情形,对人民起诉目的在于单纯排除对其造成不利益之处分规范效力者,其暂时的权利保护应以申请停止执行方式为之;如人民起诉目的并非在于排除处分之规范效力,而系在于请求核发其所申请之行政处分(课予义务诉讼)或对之为一定之给付(一般给付诉讼)者,其暂时权利保护应以申请保全程序方式为之。

其次,得为停止执行之对象(程序标的),除系争行政处分外,是否包括本于该处分所为之执行或其程序之续行有密切关联之其他行政处分或措施? 对此,台湾学说未见有明确表示,惟实务上则认为不包括在内。例如:(1)2000 年 8 月 31 日"最高行政法院"2000 年裁字第 1117 号裁定谓:"行政诉讼法"第 116 条第 3 项既明定于行政诉讼起诉前,行政法院亦得依受处分人或诉愿人之申请,裁定停止执行,自需对于具有执行力之行政处分,即得作为行政争讼标的者,受处分人或诉愿人得申请行政法院裁定停止执行。倘无具有执行力之行政处分存在或对于不得为争讼标的之非行政处分申请裁定停止执行,即与上开规定停止执行之要件不符。……上开函显系抗告人为实现前述土地改良物公告征收处分之接续执行行为,亦即抗告人系本于被征收之厂房、农作物等地上物所有权人之地位将于一定期间内进行拆除地上物之事实通知相对人,不得认为系对相对人发生法律效果之另一行政处分,该函自非"行政诉讼法"第 116 条第 3 项所定得申请裁定停止执行之原处分或决定。原行政法院未察及此,遂为抗告人 2000 年 6 月 29 日(2000)府工公字 8903316300 号拆除处分,于该处分行政争讼确定前,停止执行之裁定,其适用法律不无违误。次按受行政执行命令之义务人或利害关系人,除该据以执行之行政处分已依法撤销或变更者外,对执行命令、执行方法、应遵守之程序或其他侵害利益之情事,仅得于执行程序终结前,向执行机关声明异议（新制定公布之"行政执行法"第 9 条参照）。抗告人之上开函系将公告征收处分之接续执行行为通知相对人，既非另一行政处分，已如前述，则相对人对执行拆除地上物所应遵守之程序有所陈述或主张，自无提起行政争讼之余地。相对人对于上开不得作为行政争讼标的之非行政处分，申请裁定停止执行，即与"行政诉讼法"第 116 条第 3 项所定申请停止执行之要件不符，从而相对人在原行政法院之申请，自不应准许。(2)2000 年 3 月 24 日"最高行政法院"2000 年裁字第 1091 号裁定谓：若为实现已确定行政处分之接续执行行为，不得认为系独立之行政处分；对此接续执行行为，自亦不得依修正"诉愿法"第 93 条第 3 项或"行政诉讼法"第 116 条第 3 项前段，申请行政法院裁定停止执行。(3)2002 年 5 月 16 日"最高行政法院"2002 年裁字第 418 号裁定谓：对行政机关之行政处分，始得申请停止执行，即对行政处分外之其他行政行为则不得申请，否则行政法院应驳回之。……本件抗告人申请停止执行之标的，系彰化县员林镇公所员镇字第 4091 号役男复检通知。该镇公所固系受相对人委托，承办役男兵役体位检查，惟上开通知内容，仅系通知抗告人于 2002 年 2 月 27 日上午 7 时 45 分至员林镇公所报到后前往台中荣民总医院受检（即复检），仅系事实之通知，尚未发生具体法律上之效果，即尚未发生判定体位等级之效果，自非行政处分，抗告人不得对之申请停止执行。(4)2002 年 4 月 25 日"最高行政法院"2002 年裁字第 344 号裁定谓：不论依据"诉愿法"第 93 条第 3 项或"行政诉讼法"第 116 条第 3 项规定，申请停止执行，其申请停止执行之对象均应为行政处分，否则其停止执行之申请，即不备要件，应予驳回。……本件抗告人于原审申请意旨略谓：抗告人参与"嘉义市市政中心新建工程委托规划、设计、监造"劳务工程之投标，该劳务工程经评审结果由郭自强建筑师事务所获第一名，抗告人第二名，抗告人不服征选结果，乃依法向行政院公共工程委员会提出申诉，经该会评议申诉有理由，建请相对人撤销决标，重行招标，惟相对人仍执意决标给郭自强建筑师事务所，目前并已签订契约，正在履行中，抗告人知悉后旋即去函相对人，请其立刻与得标厂商解除契约。相对人未予答复，并将该决定上网公告阅览；基此，依"诉愿法"第 93 条第 3 项及"行政诉讼法"第 116 条第 3 项规定，请求就"嘉义市政中心新建工程委托规划、设计、监造"决标一案，准予裁定停止相对人决标暨"嘉义市市政中心新建工程"招标之执行；盖倘不停止执行，抗告人将发生难以回复之损害，且其情事属急迫，并相对人决标之行政处分不仅合法性显有疑义且系违法，为此请求准予裁定停止执行等语。惟查抗告人申请停止"嘉义市政中心新建工程委托规划、设计、监造"案决标，及"嘉义市市政中心新建工程"案招标之执行；其中关于"嘉义市市政中心新建工程"案之招标，性质上并非行政处分，另就"嘉义市市政中心新建工程委托规划、设计、监造"案之决标，原处分并无合法性显有疑义，执行后将发生难于回复之损害，亦无停止执行之急迫必要性等情事，本件停止执行之申请，核与上述"诉愿法"第 93 条第 3 项或"行政诉讼法"第 116 条第 3 项规定之停止执行要件不合，不应准许。（5）2002 年 2 月 7 日"最高行政法院"2002 年裁字第 107 号裁定谓：相对人为实现土地及地上物公告征收处分之接续执行行为，亦即相对人本于被征收之地上物所有权人之地位将于一定期间内进行拆除地上物之事实为公告，不得认系发生法律效果之另一行政处分，该公告自非"行政诉讼法"第 116 条第 2 项所定得申请裁定停止执行之原处分或决定[692]。

---

[692]　其他于高等行政法院情形，亦采同一态度。例如：（1）2000 年 12 月 27 日台北高等行政法院 2000 年停字第 49 号裁定谓：本件相对人废标，申请人提出异议后，相对人为公共利益之必要，于 2000 年 12 月 13 日对系争标案另行公告重行招标，开标日期 2000 年 12 月 28 日上午 10 时 30 分。而上开相对人将于 2000 年 12 月 28 日上午 10 时 30 分开标，乃为实现上开公告重行招标之接续执行行为，系不得作为行政争讼标的之非行政处分，自非"行政诉讼法"第 116 条第 3 项所定得申请裁定停止执行之原处分或决定。申请人对于该不得作为行政争讼标的之非行政处分申请裁定停止执行，既与行政诉讼法第 116 条第 3 项所定停止执行之要件不符，从而，申请人之申请无理由，应予驳回。（2）2000 年 10 月 7 日高雄高等行政法院 2000 年停字第 12 号裁定谓：停止执行，系在停止行政处分或诉愿决定之效力、处分或决定之执行或程序之续行（"行政诉讼法"第 116 条第 5 项参照）。故申请人所申请停止执行者若非行政处分，其申请自非法之所许。……而依法令或本于法令之处分，负有行为义务，而不为者，得由该管行政官署或命第三人代执行之，向义务人征收费用，现行"行政执行法"第 3 条亦有明文。是于行政执行程序中，依行政处分有作为或不作为义务之人，主管机关所为执行或代执行行为（现行"行政执行法"第 2 条第 1 项参照），均属行政处分之实施行为；至于就此类依行政处分有作为或不作为义务之人，主管机关所为告诫行为（现行"行政执行法"第 2 条第 2 项参照），则系实施行政处分前之观念通知，属行政法上之事实行为，并非行政处分。……本件申请人系声明请求相对人应停止于 2000 年 10 月 24 日拆除李蔡素琴等如附表所示十七户之房屋，亦即申请人请求停止者系相对人之拆除行为，而拆除行为系一事实行为，并非行政处分，依前揭所述，并不得作为"行政诉讼法"第 116 条第 3 项停止执行之对象，是申请人依据"行政诉讼法"第 116 条第 3 项规定请求相对人停止拆除房屋之行为，显有误会，合先叙明。……本件相对人之上开函文系属其为执行拆迁公告（书）之行政处分，而对申请人等所为限期履行否则即径予实施强制执行之告诫行为，属行政处分实施前之观念通知，为事实行为，并非行政处分。本件相对人 2000 年 9 月 25 日 2000 年高市新处字第 25167 号函既非行政处分，自不生"行政诉讼法"第 116 条第 3 项所谓原处分之执行将发生难以回复之损害问题，故申请人以之作为申请停止执行之事由，即非适法。（3）2000 年 7 月 24 日高雄高等行政法院（2000）停字第 2 号裁定谓：本件申请人系就相对人高市府地发字第 18387 号函为除去系争征收土地上之改良物所为限期命申请人履行拆迁作为义务，否则将定期强制执行之公函为本件停止执行之申请。查相对人之函文应属相对人为执行本件征收行政处分除去征收土地上之改良物或农作物，所为限期履行，否则即径予实施强制执行之告诫行为，并非行政处分，不生原行政处分之合法性显有疑义，或原行政处分之执行将发生难以回复之损害问题，即不属"诉愿法"第 93 条第 3 项得依申请停止执行之行政处分，亦非"行政诉讼法"第 116 条第 3 项前段所定得申请裁定停止执行之原处分或决定。

　　本书以为,因本法关于停止执行之裁定,并未如确定终局判决,明定其有拘束力。因此,如单纯依本法第 116 条规定停止系争处分之执行外,尚须被告机关或其他各关系机关之配合(如课予回复原状等作为义务或不作成后续处分等不作为义务),始能达成暂时权利保护目的者,此时,即不得不考虑以假处分制度予以补充;否则,即应考虑是否扩张停止执行裁定效力之主观范围(即类推判决拘束力之规定),以为救济[693]。而最近台湾行政法院实务于停止执行涉及"宪法"上所保障之人身自由等重大基本权利之保护情形,似有缓和认定停止执行之对象之迹象。例如:2003 年 9 月 4 日"最高行政法院"2003 裁字第 1249 号裁定谓:原审以⋯⋯原处分或决定之执行,如并无将发生难于回复之损害,或损害与原处分或决定之执行,并无因果关系,原处分或决定即无依"行政诉讼法"第 116 条第 2 项规定停止执行之必要。查抗告人所请求停止执行之原处分系相对人 2001 年 6 月 14 日发文之北区"国税法"第 90024133 号重核复查决定,并非停止"法务部行政执行署"板桥行政执行处 2003 年度拘管字第 8 号之执行,业据抗告人于原审 2003 年 5 月 28 日调查时陈明。而相对人 2C01 年 6 月 14 日发文之北区"国税法"第 90024133 号重核复查决定系就抗告人为纳税义务人补征应纳赠与税 493865137 元为维持原核定之决定,业据原审调阅原审 2002 年度诉字第 275 号卷查核无讹。依该重核复查决定之内容,既系补征应纳赠与税之处分,系以财产为标的之金钱给付义务之执行,抗告人因该处分执行所受财产损害,在一般社会通念上,并非不能以金钱赔偿或回复,自难谓将发生难于回复之损害。抗告人虽主张抗告人三人目前经"法务部行政执行署"板桥行政执行处管收中,会对名誉、身体及精神上造成损害,有急迫情事,故依"行政诉讼法"第 116 条第 2 项规定申请停止执行云云。但查,抗告人等三人因 2003 年度拘管字第 8 号拘提管收事件经台湾板桥地方法院管收,有抗告人所提该院管收票三纸可凭,该管收系"法务部行政执行署"板桥行政执行处为强制执行抗告人等三人公法上金钱给付义务而申请法院裁定所为之执行行为,抗告人如不服该管收之

---

　　[693]　台湾学者多数主张以扩张停止执行裁定效力之客观范围方式处理,例如:陈计男前揭注 16 书第 740 页即明白主张应类推本法 216 条第 1 项规定,使停止执行之裁定有拘束各关系机关之效力者;而翁岳生编前揭注 559 书第 540 页以下[彭凤至执笔]则主张:以一单独之行政处分,以执行另一行政处分者,当事人对另一行政处分提起诉愿或撤销诉讼,其请求暂时停止执行该系争行政处分为有理由时,则暂时停止执行裁定之效力,应及于执行该系争行政处分之行政处分;而两个以上之行政处分,以共同实现一行政目的者,当事人对其中一行政处分提起诉愿或撤销诉讼,其请求暂时停止执行该系争行政处分为有理由时,则暂时停止执行裁定之效力,应及于与该系争行政处分共同达成同一行政目的之另一行政处分之执行,乃均所谓停止行政处分之续行。

裁定,自应依"行政执行法"第 17 条第 3 项提起抗告,惟依同条第 4 项规定,抗告仍不停止拘提管收之执行。上述"法务部行政执行署"板桥行政执行处之执行行为,与抗告人所请求停止执行之原处分即相对人 2001 年 6 月 14 日发文之北区"国税法"第 90024133 号重核复查决定系属二事,亦即抗告人因相对人 2001 年 6 月 14 日发文之北区"国税法"第 90024133 号重核复查决定该公法上金钱给付义务之执行,并不当然导致抗告人管收之结果,抗告人之管收仍须合于"行政执行法"第 17 条第 1 项、第 2 项一定条件下始得为之,因此抗告人所主张其遭"法务部行政执行署"板桥行政执行处之管收所致名誉、身体及精神上损害与抗告人申请停止执行之相对人 2001 年 6 月 14 日发文之北区"国税法"第 90024133 号重核复查决定并无因果关系,依首开说明,原处分即无依"行政诉讼法"第 116 条第 2 项规定停止执行之必要。……然查:本件管收既系"法务部行政执行署"板桥行政执行处为强制执行本件赠与税之原处分所为依行政执行法规定之行政执行程序,苟本件原处分未送强制执行,即不可能有系争管收之强制执行程序,难谓系争管收之行政执行程序与本件系争赠与税之原处分之移送强制执行无因果关系,乃原裁定竟认定系争管收之行政强制执行程序与本件系争赠与税之原处分之移送强制执行无因果关系,其适用法规,难谓无有待商榷之余地。次查:管收乃对人身自由予以限制之强制执行程序,与单纯之金钱给付之查封、拍卖之性质究有不同,原裁定对于抗告人所争执之管收之强制执行程序是否将发生难于回复之损害并未详审酌论驳,乃竟为驳回抗告人本件停止执行之申请,其裁定亦有不备理由之虞。

对于上开得作为停止执行之对象(程序标的)为何之问题,本书以为除系争行政处分本身外,解释上应包括与该处分之执行或程序之续行有密切关联之其他行政处分或措施。例如:

a)于政府机关办理采购,发现厂商有"政府采购法"第 101 条各款所列情形,而将其事实及理由通知厂商,并附记如未提出异议者,将刊登政府采购公报。则被通知之厂商于接获通知后未于规定期限内提出异议或申诉,或经提出申诉结果不予受理或审议结果指明不违反本法或并无不实者,该厂商得否依本法第 116 条第 3 项之规定,申请就"刊登政府采购公报"之部分停止执行之问题。高等行政法院 2000 年度第 2 次法律座谈会提案讨论第 4 号[694]提案时,曾有不同意见[695],惟其后则认为不良厂商之认定属行政处分,对之得申请停止执

---

〔694〕《各级行政法院法律座谈会资料汇编(一)》,2001 年 12 月版,第 433 页以下参照。

〔695〕 本次座谈会讨论意见如下:甲说:刊登政府采购公报仅属前开通知之附记,并非单独之行政处分,故不得申请停止执行。乙说:政府机关多有俟行政诉讼确定后再行刊登政府采购公报之情形,故虽得刊登,非必会立即刊登,于未刊前申请人难谓有急迫情事,亦无保

行,且停止执行裁定后,有拘束主管机关不得刊登之法律效果[696](即发生停止程序续行之效果)。但于申请停止执行时如已刊登政府公报者,得否以停止执行裁定命主管机关回复原状,或其停止执行裁定具有课予主管机关回复原状义务之效力,则未见说明。本书以为,通说[697]既主张于处分违法确认之诉,得经由申请停止执行方式命行政机关为回复原状,则于本案诉讼为撤销诉讼情形而有回复原状之问题者,无论本案原告是否已依本法第196条规定追加将来给付诉讼请求,解释上均宜肯定。

　　b)于租税核课处分经裁定停止执行后,前已依"行政执行法"查封扣押之标的物,应否解封并发还义务人,如已拍卖或已依"税捐稽征法"第24条第1项或第3项规定实施之禁止处分或限制出境通知,应否为回复原状或随同失效?此时,如认为停止执行裁定并无对"各关系机关"之拘束力者,即不得不以假处分制度以为补充。对此,实务见解似倾向认为各关系机关仍应受法院停止执行裁定拘束之见解。例如,2001年4月25日"最高行政法院"2001年裁字第251号裁定谓:按"停止执行之裁定,得停止原处分……之执行",为"行政诉讼法"第116条第5项所规定,而此之所谓停止原处分之执行,应系指停止原处分之执行力而言。原处分之执行力一经裁定停止,其实施执行之事实行为自当随之停止。查"主管建筑机关,……在县(市)为工务局或建设局,未设工务局或建设局者,为县(市)(局)政府"、"……县……主管建筑机关对倾颓或朽坏而危害公共安全之建筑物,应通知所有人或占有人停止使用,并限期命所有人拆除;逾期未拆除者,得强制拆除之。前项建筑物所有人住址不明无法通知者,得径予公告强制拆除",为"建筑法"第2条第1项,第81条所明定。依此规定,本件危险建筑物之强制拆除,其决定权责机关应为相对人(本书按即台中县政府),而非大里市公所。大里市公所仅为配合拆除单位。本件相对人命为乔除之公告处分一经裁定停止执行,其为配合拆除单位之大里市公所(本书按其非本件裁定之相对人而为诉外第三人),其实施拆除之事实行为即须随之停止。原裁定以停

护利益,故不得申请停止执行。丙说:依"政府采购法"第102条第3项之规定,政府机关并毋庸俟行政诉讼确定,随时可将厂商名称及相关情形刊登公报。且一经刊登,不仅厂商之声誉立即受损,而依同法第103条第1项之规定,复不得参加投标或作为央标对象或分包厂商,刊登公报自属行政处分,依法非不可申请停止执行。

　　[696]　本次座谈会研讨结果谓:"刊登"为事实行为,并非行政处分,故不得对之申请停止执行。本件申请人经审判长阐明,如欲获得暂时权利保护,宜依"行政诉讼法"第116条第5项规定,对主管机关认定申请人为不良厂商之行政处分,提出申诉驳回后,且有必要时,申请停止执行,以发生主管机关不得将其认定刊登于政府采购公报之结果,申请人如仍不变更申请停止执行之对象,其申请应以不合法驳回。

　　[697]　前揭注687及本文说明参照。

止本件相对人命为拆除之处分无法达到停止大里市公所执行拆除之目的为由，遂予驳回抗告人之申请，即有未合。

c）于本法第 196 条之诉讼，其性质属于撤销诉讼与将来给付诉讼（执行结果除去请求诉讼）之法定客观合并类型，此时，行政处分虽已因执行完毕而无再以停止执行制度命停止处分之执行之必要与实益，但因仍有回复原状可能，故仍有请求法院提供暂时的权利保护之利益。因此，如认为停止处分效力之裁定，仅有延缓（延宕）处分效力发生之效力（同时亦暂时解除回复原状请求权之规范障碍），而无如同确定判决对被告机关及各关系机关之拘束力者，人民将难以借由停止执行制度达成暂时回复原状之目的。此一情形，似亦宜承认于申请停止执行外，尚得同时申请假处分方式，请求暂时回复处分前之状态[698]。

d）又于二以上具有同一目的或可造成相同法律状态之行政处分，且各处分互相排斥而不兼容之情形，如人民仅对其中一处分存有争议，对他处分并无争执，于对该处分之争讼进行中，如不同时冻结另一当事人间无争执之处分之效力，或对本于该无争执之处分所生法律关系定暂时状态，将无法于本案诉讼达成暂时的权利保护目的者，解释上亦得对该诉讼对象外之行政处分或法律关系，申请停止执行或定暂时状态之假处分。例如，于请求确认有本国国籍之确认诉讼（确认公法上法律关系存在），于诉讼过程中，因先前以外侨身份居留之期间届满，为避免即将面临遭递解出境（事实行为一种），亦得申请假处分定暂时状态[699]。

（三）停止执行之要件

本法第 116 条第 2 项、第 3 项规定：行政诉讼系属中，行政法院认为原处分或决定之执行，将发生难于回复之损害，且有急迫情事者，得依职权或依申请裁定停止执行。但于公益有重大影响，或原告之诉在法律上显无理由者，不得为之（第 1 项）。于行政诉讼起诉前，如原处分或决定之执行将发生难于回复之损害，且有急迫情事者，行政法院亦得依受处分人或诉愿人之申请，裁定停止执行。但于公益有重大影响者，不在此限。

据此，申请停止执行，应具备下列要件：

---

[698] 或仿照前述《德国行政法院法》第 80 条第 5 项第 3 句规定，仍以停止执行方式处理（前揭注 687 参照）。

[699] 本件实例引用自吴庚前揭注 13 书第 287 页。惟陈计男前揭注 16 书则持保留态度，认为：依第 116 条第 5 项关于停止执行裁定效力之规定，尚得停止原处分或决定之执行或程序之续行之全部或部分，则因否认本国国籍之行政处分，进而因非法居留递解出境之续行，是否属不能申请停止执行，而须以假处分方法救济，亦属值得探讨问题。

1.申请适格与利益:权利保护必要

(1)申请当事人适格

依本法第116条规定,得申请停止执行者,于诉讼已系属情形,是否限于本案诉讼之原告,并不明确(同条第2项参照),但于诉讼系属前申请者,本条第3项明定受处分人或诉愿人亦得申请;因此,解释上凡处分之相对人或诉愿人均得申请。至于处分相对人以外之第三人,虽非处分相对人或诉愿人,解释上亦得提出申请[700]。简言之,凡就已提起或将来可能提起之本案诉讼,有诉讼权能或第41条或第42条参加利益之人,无论诉讼是否已经系属,均有行政诉讼停止执行制度之申请人适格。又鉴于暂时权利保护制度系为提供人民暂时的权利救济而非终局救济,故于本案系属后申请之情形,本案是否合法原则上不影响申请人停止执行申请之合法性。至于行政机关,无论是否为被告,原则并无申请适格[701](但仍可依本法第118条申请撤销停止执行之裁定)。

至于停止执行之被申请人适格,原则上于已系属或将来可能系属之本案诉讼具有被告适格之行政机关,得为被申请机关(即相对人)。然因停止执行之对象除行政处分外,尚包括与该处分之执行或程序之续行有关联之其他行政处分或措施。因此,如行政法院于裁定停止该处分之效力或处分之执行或程序之续行时,须"被告机关以外之其他机关"之配合,始能达成暂时的权利保护目的者,此时,为求法律关系明确计,该各关系机关亦得为停止执行之相对人。换言之,一个停止执行裁定之相对人,可能仅为被告机关,亦可能于被告机关以外并列其他关系机关,或不列被告机关而仅列其他关系机关[702]。惟于台湾实务情形,

---

[700]　同旨,吴庚前揭注13书第161页、第162页注130;陈敏前揭注170书第1535页参照。

[701]　2002年11月29日台中高等行政法院2002年停字第23号裁定谓:经查行政法院之裁定停止执行,于行政诉讼系属中,可依职权为之,亦得依申请为之,此时之申请人应指提起行政诉讼之原告(即受处分人),本件由申请人(即被告)向本院申请停上原行政处分之执行,于法未合。又执行停止之目的,在于停止原行政处分之效力、处分之执行或程序之续行。而本件兵役体位判定之原行政处分尚未向相对人发通知单入伍服役执行,亦无急迫之情事可言。另原行政处分是否执行及如何执行,本应由处分机关依法发动。而申请人为本件行政处分之作成机关,申请人自行向本院申请停止原行政处分之执行,似乎对自己作成之行政处分认为有违法或不当之处。果若如此,行政机关亦应本乎行政程序之规定做适当之处置,应无于行政处分尚未执行前即申请本院予以停止执行之理。

[702]　于日本法制情形,关于停止执行决定之被申请人(即相对人),被学说与实务即主张如此处理。南博方前揭注71书第618页[金子正史执笔];室井力前揭注660书第290页[市桥克哉执笔];又于实务案例情形,例如,冈山地决昭和43、12、17(行集第19卷第12号第1940页)决定,其本案系以税务署长为被告,提起之课税处分撤销诉讼,但本件决定则系以基于该课税处分作成滞纳处分之"国税局"局长为被申请人,请求停止滞纳处分之执行。

实际上仍以具有被告适格之行政机关为被申请人(相对人),其结果将导致其他关系机关是否受该裁定拘束,以及受裁定拘束之关系机关范围为何等疑义,相当程度限缩停止执行制度之功能。

(2)申请利益

申请停止执行须申请人之权利有以停止执行方式,提供暂时性权利保护之必要与可能,如当事人权利并未因该处分之效力、处分之执行或程序之续行而受影响,或其影响事后已不存在,或有更简便之暂时权利保护途径者,其停止执行申请,即因欠缺权利保护必要而不合法。

台湾行政诉讼实务上,由于"诉愿法"第93条亦有停止执行制度之设计,故于本案须经诉愿程序始为合法者,诉愿人或利害关系人于本案诉讼系属前,未先依"诉愿法"规定申请停止执行,即径行向行政法院申请停止执行者,对此,学说[703]实务[704]率皆以为此一情形无异规避诉愿程序,故除非其情况紧急,非实时

---

[703] 吴庚前揭注13书第163页;陈计男前揭注16书第731页;林腾鹞前揭注41书第452页以下;陈敏前揭注170书第1537页;翁岳生前揭注559书第539页[彭凤至执笔]参照。

[704] 例如:(1)高等行政法院2000年度第1次法律座谈会第7号、第9号提案研讨结论认为:"诉愿法"第93条第2项既规定受处分人得申请受理诉愿机关或原处分机关停止执行,理论上得由上开机关获得救济,殊无径向行政法院申请之必要,且行政法院系审查行政处分违法性之最终机关,若一有行政处分,不待诉愿程序即申请行政法院停止原处分之执行,无异规避诉愿程序,而请求行政法院为行政处分之审查。必须其情况紧急,非实时由行政法院予以处理,则难以救济,否则尚难认有以行政法院之裁定予以救济之必要,应认欠缺保护之必要而驳回其申请,庶不致浪费司法资源。(2)2001年10月22日"最高行政法院"2001年裁字第830号裁定谓:人民对于不利益之行政处分请求救济,依"诉愿法"第1条及"行政诉讼法"第4条规定意旨,原则上应提起诉愿及撤销诉讼,是为对不利益行政处分之本案救济程序,至于申请停止系争不利益行政处分之执行,则为暂时权利保护程序。当事人如可先依本案救济程序请求撤销系争行政处分而获得终局救济者,原则上即无申请停止执行,以寻求暂时权利保护之必要。因此,当事人就不利益行政处分寻求救济,如尚未依法提起诉愿,即依"行政诉讼法"第116条第3项规定,向行政法院申请停止执行,其申请原则上因欠缺权利保护必要而不应准许。又当事人就不利益行政处分寻求救济,如已依法提起诉愿,则"受理诉愿机关或原行政处分机关得依职权或依申请,就原行政处分之全部或一部,停止执行","诉愿法"第93条第2项定有明文。因此当事人提起诉愿,可同时向受理诉愿机关或原行政处分机关申请就原行政处分停止执行,以获得本案诉愿之暂时权利保护,如未及时为之,而径依"行政诉讼法"第116条第3项规定,向本案诉讼尚未系属之行政法院申请停止执行,则非行政救济请求暂时权利保护程序中,最简便、有效之途径,其申请原则上亦因欠缺权利保护必要为不应准许,以符合诉讼法上有效法律保护原则之法理。(3)2002年9月5日"最高行政法院"2002年裁字第906号裁定谓:"诉愿法"第93条第2项既规定受处分人得申

由行政法院实时予以救济,将发生难以回复之损害者,否则其申请应以欠缺权利保护必要而予以驳回。反之,如诉愿人或利害关系人已依"诉愿法"规定申请停止执行,而原处分机关或受理诉愿机关未依职权或依申请准予停止执行[705],或对其申请予以搁置等不作为情事,或其对停止执行申请案之处理进度缓慢而发生难以达成暂时的权利保护制度目的之情事者[706],其向行政法院申请停止执行,应认仍有权利保护必要。

又行政法院受理处分相对人或利害关系人之停止执行申请后,作成准驳裁

———————————

请受理诉愿机关或原处分机关停止执行,理论上得由上开机关获得救济,殊无径向行政法院申请之必要。且行政诉讼系审查行政处分违法之最终机关,若一有行政处分,不待诉愿程序即申请行政法院停止原处分之执行,无异规避诉愿程序,而请求行政法院为行政处分之审查,故纵其情况紧急,非实时由行政法院予以处理,则难以救济,否则尚难认有以行政法院之裁定予以救济之必要,应认欠缺保护之必要,而驳回其申请。但实务亦有采不同见解者,例如:2000 年 9 月 27 日台中高等行政法院 2000 年停字第 12 号谓:"行政诉讼法"第 116 条第 3 项……须以申请人无向原处分或决定机关申请停止执行为其前提要件,否则其申请即不合法。

〔705〕 2000 年 11 月 30 日"最高行政法院"2000 年裁字第 1663 号裁定谓:原处分或决定机关未依职权或依申请停止执行者,行政法院即不应径以受处分人或诉愿人已向原处分或诉愿机关为停止执行之申请为由驳回停止执行之申请,盖因当事人如向原处分机关或受理诉愿机关申请,如申请被驳回,或原处分或受理诉愿机关不于适当期间内为准驳,应由行政法院处理,始能获救济,是除原处分或决定机关已依职权或依申请为停止执行外,当事人自有向行政法院申请裁定停止执行之利益。

〔706〕 例如:(1)2003 年 1 月 29 日"最高行政法院"2003 年裁字第 154 号裁定谓:然于行政诉讼起诉前,如原处分或决定之执行将发生难于回复之损害,且有急迫情事者,自应赋与行政法院依受处分人或诉愿人之申请,裁定停止执行,俾兼顾受处分人或诉愿人之利益。查抗告人既已向原处分机关以有急迫情形请求停止原处分之执行,原处分机关逾时已久,迄今仍不予处理,致抗告人等无从依停止执行制度向原处分机关申请而受到应之保护,于此急迫情形下,非实时由行政法院予以处理,则难以救济,自应许抗告人等直接向行政法院申请对原处分之停止执行。原裁定仅以原处分机关尚未对该申请处理前,申请人并无径向原审法院申请停止系争行政处分执行之必要,据以驳回抗告人等之申请,而未审酌抗告人等已依法向相对人申请,相对人未依法妥适尽速处理,使抗告人等权益无法受到合理保护等情,自嫌速断。(2)2005 年 2 月 25 日"最高行政法院"2005 年裁字第 327 号裁定谓:查抗告人既已向诉愿机关以有急迫情形请求停止原处分之执行,诉愿机关逾时已久,迄今仍不予处理,致抗告人等无从依停止执行制度向诉愿机关申请而受到应有之保护,自应许抗告人等直接向行政法院申请对原处分停止执行。原裁定仅以诉愿机关尚未对该申请处理前,抗告人并无径向原审法院申请停止系争行政处分执行之必要,据以驳回抗告人等之申请,而未审酌抗告人等已依法向相对人申请,相对人未依法妥适尽速处理,及本件申请是否符合"行政诉讼法"第 116 条第 3 项前段停止执行之要件,自嫌速断。

定前,原处分机关或受理诉愿机关已依职权或依申请停止执行者,其申请原则亦欠缺权利保护必要,行政法院应为驳回申请之裁定(第116条第4项后段)。但此所称"已依职权或依申请停止执行",系指其停止执行决定已满足申请人申请停止执行之暂时权利保护目的而言,若其停止执行并未满足申请之人申请目的者,仍非不能再向行政法院申请停止执行。又关于是否"满足申请人申请停止执行之目的"之判断,应就具体个案认定。例如,如单纯停止处分之执行仍不能达成申请目的者,非不得申请停止处分之效力;反之,如停止处分效力仍有无法提供暂时的权利保护者,则可再申请停止处分之执行或程序之续行。

2. 客观要件:实体要件

依本法第116条规定,停止执行之申请,须符合下列要件始应予以准许:a)有发生难以回复之损害之虞;b)有急迫之情事;c)于公益无重大影响;d)本案在法律上非显无理由。其中,前二者为积极要件,其事由之存否申请人负有释明义务,后二者为消极要件,其事由之存否应由被告机关或相对人释明[707]。因此,行政法院于为停止执行之裁定前,应先征询当事人之意见(同条第4项前段)后,始得为之。兹说明如下:

(1)积极要件

申请停止执行,须申请人有因原处分或决定之执行,将发生难以回复之损害,且有急迫情事者,始得为之。就本法条文规定而言,有无发生难以回复之损害以及有无急迫情事,分属不同要件,而台湾行政诉讼实务,亦忠实解释本条法条结构,倾向于对此二要件予以区别审查[708],且于当事人侧如存有消极维护其权利之态度或事由时,则认为并无急迫情事[709]。惟本书以为,此二要件实际上

---

[707] 此为日本实务与通说态度,南博方前揭注71书第621页、第624页、第625页参照。就台湾情形而论,关于"本案在法律上非显无理由"要件之判断,因于判断申请适格及利益问题(可能性理论,申请人负有释明责任)时,法院已为初步判断;因此,于审查停止执行之实质要件时,应可与日本学说实务为相同处理,使被告机关或相对人就本案在法律上显无理由之事由负释明责任。

[708] 2001年9月28日"最高行政法院"2001年裁字第750号裁定、2001年9月14日"最高行政法院"2001年裁字第701号裁定参照。

[709] 2002年11月21日"最高行政法院"2002年裁字第1342号裁定谓:抗告人于2001年9月30日以(2001)碧董字第002号函向相对人(台北市政府教育局)呈报思恩幼儿园第八届第五次董事会会议记录,遭相对人以系争函答复。惟系争处分自相对人2001年11月23日作成,迄至抗告人2002年8月27日向原审申请停止系争处分之执行,期间超过九个月,抗告人并未有停止招生收费或任何影响幼儿园园务运作之情形,足见系争处分客观上并无申请意旨所称必须立即停止执行之急迫情事。且对上开抗告人第八届第五次董事会议暨会议记录不予核备之行政处分,纵停止执行,亦仅回复至原未核备前之状态,不因此而转换为

似无个别判断必要,不妨将二者视为一体判断[710]。盖是否有难急迫情事,系指时间上相当迫切,已无充裕时间等待本案判决作成,而有必要于申请时点即停止该处分之执行,以避免难以回复损害之发生。简言之,如不于申请时停止执行,将来原告纵使取得本案胜诉判决,对原告而言亦已无实益(即本案胜诉判决已无法提供原告有效的权利保护)而言。因此,有无急迫情事,通常已包含于有无难以回复之损害之判断中。

所称"难于回复之损害",台湾实务早期所采态度倾向保守,认为:所谓"难于回复之损害",系指其损害不能回复原状,或不能以金钱赔偿,或在一般社会通念上,如为执行可认达到回复困难之程度而言[711]。甚至更有认为如为罚镜

核备之效果,难认有申请停止执行之利益。……又抗告人主张其因上开不予核备之行政处分之执行,所受支出费用难以收回,未能获得相对人经费补助,及新成立之董事会将冻结其原有管理之资产,使其无法动支银行资金等损害,在一般社会通念上,非不能以金钱赔偿或回复,难谓将发生难于回复之损害;又所称系争处分之执行,可能导致其聘雇之教职员离职、招募之园生流失,使其无法持续实现办学理念,损害其讲学、结社之宪法上权利,并剥夺抗告人之荣誉及社会评价,与圣道育幼院孤儿、院童之福祉等节,尤与本件系就相对人所为不予核备抗告人第八届第五次董事会暨会议记录之行政处分之申请停止执行无涉。

〔710〕 同旨,南博方前揭注 71 书第 624 页[金子正史执笔];宫田三郎前揭注 205 书第 242 页;盐野宏:《行政法 II》(第二版)有斐阁,1994 年,第 158 页;林腾鹞前揭注 41 书第 452 页;蔡进良:《论行政救济上人民权利之暂时保护——新修正诉愿法及行政诉讼法之检讨》,《月旦法学杂志》第 47 期,第 73 页参照。

〔711〕 2005 年 2 月 25 日"最高行政法院"2005 年裁字第 316 号裁定、2000 年 10 月 13 日"最高行政法院"2000 年裁字第 1286 号裁定参照。又 2002 年 4 月 25 日"最高行政法院"2002 年裁字第 344 号裁定谓:所谓"原处分或决定之执行,将发生难于回复之损害,且有急迫情事",系指"须有避免难以回复损害之急迫必要性",而所谓"难以回复之损害"系指其损害不能回复原状,或不能以金钱赔偿,或在一般社会通念上,如为执行可认达到回复困难之程度而言。另类似情形。例如:(1)2000 年 11 月 30 日"最高行政法院"2000 年裁字第 1675 号裁定谓:解散之公司为了结现务及便利清算之目的,得暂时经营业务,亦为"公司法"第 26 条所明文规定。故抗告人公司经撤销登记后,在进行清算时,仍得为了结其未履行完成之契约而暂时经营业务,且公司清算原则上虽以六个月为限,但依"公司法"第 87 条第 3 项规定,仍得叙明理由向法院申请延长,故本件行政处分之执行,并不致影响与抗告人公司于抗告人公司于遭撤销前,已有契约关系之人之权益。且纵使撤销登记为违法,抗告人如因买卖契约或与员工之雇佣契约所生之损害,亦属得以金钱赔偿者,均非"行政诉讼法"第 116 条第 3 项规定所谓难以回复之损害。(2)2000 年 11 月 16 日"最高行政法院"2000 年裁字第 1575 号裁定谓:"回复原状"一语在法律上本有广狭之分,狭义之"回复原状"固然如抗告人所言,是指回复物品之原有物理状况或权利之原始形态,但广义之"回复原状",即等同于"损害之回复与填补",其方法本包括狭义之"回复原状"、"金钱补偿"、"现有侵害状态之排除"等多种形态,而本院认为"行政诉讼法"第 116 条第 3 项所称之"回复原状"一词应采广义之解释,因为狭

等金钱给付义务之处分,其执行后将来既仍可以金钱偿还,纵人民因处分之执行而破产,亦非所谓难于回复之损害者[712],其见解显然与严重侵害"宪法"关于人性尊严之保障且亦与执行应符合比例原则等基本观念存有重大违背,应属错误。台湾上开实务之保守态度,近年似已有改变迹象[713]。例如,2006 年 10 月

义之"回复原状"之做法,在技术上,经常是不切实际而不可行,或者即是需费过巨。所以现今司法实务上,大部分之损害赔偿案件均是采用"金钱补偿"之方式。"行政诉讼法"第 116 条第 3 项之制定目的,则是在"行政处分不因行政争讼程序而停止执行"立法原则下,为顾及人民之权益,特别针对可能导致"人民重大损害"之特殊案型,例外规定得停止执行,故其所谓之"难以回复"者,系指无法用经济手段填补之精神上损害或事后填补损害,如与当初加损害之公益目的及损害之花费相比较,其之费用过巨,而影响重大之情形,并无意将一般须以金钱填补损害之情况排除在外。(3)2000 年 11 月 13 日台北高等行政法院 2000 年停字第 30 号裁定谓:况事实上相对人已就相关房屋进行实体拆除,其申请裁定停止执行,已无实益,退万步言,日后纵然证明本件执行所依据之处分违法,非不能以金钱赔偿,况停止拆屋建路,对公益亦有重大影响,申请人等所请,亦与"行政诉讼法"第 116 条第 2 项规定要件不符,应予驳回。(4)2001 年 9 月 28 日"最高行政法院"2001 年裁字第 750 号裁定谓:当事人对于本院审理中之上诉案件,申请裁定停止原处分之执行者,须具备原处分之执行,将发生难于回复之损害,且有急迫情事之要件始可,有一要件不具备,即应驳回其申请。原处分之内容系关于一定金额之给付者,其执行后纵因本案判决结果应予回复,返还同一金额即可,不生难于回复之损害问题。依前述说明,不具备裁定停止执行要件之一,应驳回其申请。(5)2001 年 9 月 14 日"最高行政法院"2001 年裁字第 701 号裁定谓:所谓难以回复之损害,系指其损害不能回复原状,或不能以金钱赔偿,或在一般社会通念上,如为执行可认达到回复困难之程度而言。本件相对人以抗告人撤销其外劳健康检查医院之资格,禁止相对人再为外劳健康检查,致其医疗设备闲置、聘雇医护人员花费及每月近千万元业务之流失等损失,然该等"损害"非不得由损害赔偿请求权之行使而以金钱补偿回复之,非属"行政诉讼法"第 116 条第 2 项所称"难以回复之损害"。且相对人一再陈称其因原行政处分受有如何之难以回复之损害,却未释明该等损害具有如何之"急迫"情事,以致须停止执行,其申请显不符"行政诉讼法"第 116 条第 2 项之规定。

[712] 2003 年 7 月 24 日"最高行政法院"2003 年裁字第 1017 号裁定谓:系争执行之标的为"金钱"(补征税及罚锾),属于金钱给付义务之执行,将来仍可以金钱偿还,如经执行,难谓将发生难于回复之损害。至抗告人之公司是否破产,与系争处分之执行,尚无必然之关联。纵不停止执行,嗣后仍能以金钱返还回复。抗告人主张系争补征税额及罚锾之处分尚有争议,及其目前处于亏损之财务情况无法一次缴交,若执行庞大补征税捐及罚锾,抗告人之公司将有破产之虞等云,核与前开规定得申请裁定停止执行之要件不符。

[713] 实际上,早期亦有少数采较为务实之态度者,例如:(1)2000 年 8 月 18 日高雄高等行政法院 2000 年停字第 5 号裁定谓:相对人所为撤销申请人废弃物清除许可证之行政处分,造成申请人停止营业之损失,日后申请人本案纵获得胜诉,虽非不得以金钱予以补偿。惟申请人另指原处分之执行将影响其所建立之商誉及十二名员工无法生存部分,如待本案终局之救济,将使申请人日后营运造成困难,且使该公司员工及其家属陷于生活之困境,均

属难于回复之损害,且有急迫之情形。综上所述,申请人申请停止执行,为有理由,应予准许。(2)2001 年 9 月 5 日高雄高等行政法院 2001 年停字第 13 号裁定谓:相对人依"政府采购法"第 102 条第 3 项规定,函请行政院公共工程委员会将申请人名称及相关情形刊登于政府采购公报,并依同法第 103 条第 1 项规定予以停权三年,即自 2001 年 3 月 13 日刊登之日起,至 2004 年 3 月 12 日止,不得参加政府机关办理投标或作为决标对象或分包厂商。则申请人依上开处分于拒绝往来日期截止前,即不得参加政府机关之采购,业已限制其营业范围,亦滋造成一般公司行号或他人,于知悉申请人被刊登为不良厂商后,可能影响申请人之商誉及营业生存。如待本案终局确定之救济,将使申请人之营运发生困难,均属难于回复之损害,且有急迫之情形,是申请人申请停止原处分之执行,揆诸首揭法条之规定,尚无不合。(3)2003 年 3 月 27 日台中高等行政法院 2003 年停字第 3 号裁定谓:如待本案终局确定之救济,有使申请人之营运发生困难,并将影响申请人员工及其家属经济状况之可能,所生之损害尚属难于回复,且相对人于该管采购申诉审议机关对申请人等为申诉不受理之审议判断后,随即分别于日前将申请人路×通企业有限公司及伍×科技股份有限公司予以刊登政府采购公报之上,亦有急迫之情形。(4)2002 年 11 月 21 日"最高行政法院"2002 年裁字第 1350 号裁定谓:本件相对人前以 2001 年 12 月 24 日电核端字第 90121335 号函通知抗告人"将刊登政府采购公报",其后于 2002 年 7 月 24 日执行将抗告人刊登政府采购公报之行为,依"政府采购法"第 103 条第 1 项第 2 款规定,抗告人于一年内,不得参加投标或作为决标对象或分包厂商。则抗告人所主张:政府机关之招标工程为抗告人营业生存之命脉,相对人将抗告人刊登政府采购公报,将发生抗告人营业难以为继之情形;另相对人将抗告人刊登公报后,抗告人已不得参与政府机关相关案件,而此项标案均有投标期限,现阶段抗告人不参标,即无法累积工程实绩,工程实绩又为参标承揽日后工程之必要条件,是已乌抗告人永久丧失参标机会之结果等情,应非无稽。苟本件执行行为系属错误,已为之执行行为对抗告人所造成无法累积工程实绩及永久丧失参标机会之损害,相对人原应回复其原状以为赔偿,惟抗告人之工程实绩因无法参标之一年期间之经过,必无法累积成与未经执行时相同;另已丧失之参标机会或因已由他人得标而无法取得,则回复原状势所不能。况本件执行行为如致身为法人之抗告人无法存续,自无从使其复存。再者,回复原状系属不能时,法律固定有得以金钱赔偿损害之规定,惟此项代替赔偿之金钱与前述损害之财产性质究非相同,能否谓此项损害非属难于回复之损害,自有商榷余地。从而原法院认得以金钱赔偿之损害即不发生难于回复损害之情况,进而谓本件抗告人申请停止执行,与"行政诉讼法"第 116 条第 2 项所定要件不合,驳回其停止执行之申请,非无可议。(5)2003 年 3 月 31 日台北高等行政法院 2002 年停更一字第 3 号裁定谓:申请人为一倚赖政府机关相关海事港湾等工程为生之公司,其参与政府之采购案,虽未必均具有招标机关所要求之履约能力或符合投标厂商之特殊资格要件,亦未必每件采购案均能以最低价得标,但客观上系有极高之发生可能性。准此,相对人于原处分撤销诉讼确定前,即将申请人刊登政府采购公报,使其一年内不得参加投标或作为决标对象,显将使申请人发生营业困难甚至难以为继之情形,凡此均非金钱赔偿即能回复其原状者,自应认属符合"将发生难以回复之损害"之停止执行要件。又本件刊登政府采购公报之效力即一年内不得参加投标或作为决标对象,系继续发生中,显有急迫之情事。(6)台北高等行政法院 2000 年停字第 1 号裁定谓:相对人之拆除行为(指拆除已征收补偿之厂房地上物)将使订单不能履行,滋生国际贸易纠纷,本国员工发生实时丧失工作,如待终局之救济,将使员工及其家属陷于生活上之困境;外籍劳工则发生遣送回国,均属难于回复之损害。

19 日"最高行政法院"2006 年裁字第 2380 号裁定谓："难以回复之损害"，固然要考虑将来可否以金钱赔偿，但不应仅以"能否用金钱赔偿损失"作为惟一之判准。如果损失之填补虽能以金钱为之，但其金额过巨或计算有困难时，为避免将来"国家"负担过重金钱支出或延伸出耗费社会资源之不必要争讼，仍应考虑此等后果是否有必要列为"难以回复损害"之范围。

对此，本书以为于判断是否构成"难于回复之损害"时，宜综合损害之性质与程度、回复之可能性与困难程度、处分之目的与性质等具体因素后，衡量决定。下列情形，原则应认为如不停止执行将发生难于回复之损害。例如：

a)例如对大陆地区人民或外籍人士之容留处分或驱逐出境、行政强制执行方法之管束处分等，系争处分之执行于涉及对人性尊严、人身自由、生存权等重大基本权利之侵害[714]，或其系对良心自由、言论自由等精神活动基本权利之限制或对其实现有重大妨害，或对于"宪法"所保障之婚姻或家庭制度之精神或价值有重大违背，或其影响"国家"对人民保护义务（如社会救助义务）之履行者，除非处分之执行系为保护与之相对立且更重要之利益或其确系为达成处分目的之必要且合比例手段，否则亦应认为有难于回复之损害。又虽属财产上损害而能以金钱补偿，但如待至终局的救济，将对原告或受其抚养之人（如其家属）或其生活与原告存有密切经济从属性之人（如受雇人），将造成生活上困难者。例如"公务员之停职处分，如不停止执行，申请人及其家属之生活即面临穷困难以维生，或营业许可撤销之行政处分若不停止执行，将有事业面临倒闭之虞之情形"[715]属之。

b)于涉及例如将不良厂商刊登于政府采购公报等，行政机关之行为将对人民造成金钱以外之商誉损失、无法累积工程实绩等损害，纵使于人民事后获得胜诉判决亦难以金钱填补其损害或其填补显然需耗费过巨者。

c)于人民之损害虽可以金钱予以填补（私益），但其填补费用与维持系争处分之执行所欲达成之目的（公益），显然不符比例者。此尤其于涉及公法上金钱

---

[714] 2003 年 9 月 4 日"最高行政法院"2003 年裁字第 1249 号裁定谓：本件管收既系法务部执行署板桥行政执行处为强制执行本件赠与税之原处分所为依行政执行法规定之行政执行程序，苟本件原处分未送强制执行，即不可能有系争管收之强制执行程序，难谓系争管收之行政执行程序与本件系争赠与税之原处分之移送强制执行无因果关系，乃原裁定竟认定系争管收之行政强制执行程序与本件系争赠与税之原处分之移送强制执行无因果关系，其适用法规，难谓无有待商榷之余地。管收乃对人身自由予以限制之强制执行程序，与单纯之金钱给付之查封、拍卖之性质究有不同，原裁定对于抗告人所争执之管收之强制执行程序是否将发生难于回复之损害并未详审酌论驳，乃竟为驳回抗告人本件停止执行之申请，其裁定亦有不备理由之虞。

[715] 陈计男前揭注 16 书第 733 页。

给付义务之处分之停止执行时,更应注意此一比例原则要求。

d)鉴于本法规定撤销诉讼与处分违法确认诉讼之制度目的及此两种诉讼类型之功能分担,于涉及例如违章建筑之拆除处分、开除学籍或退学处分等,其处分规范内容之效力可能因处分之效力、处分之执行或程序之续行而用尽(了结),致使原告所提撤销诉讼可能因此嗣后丧失权利保护利益者(即将导致原告须转换处分为处分违法确认诉讼),除非被告机关释明确有先予以执行之必要,或系争处分之执行确系为达成贯彻重大之公益要求[716],否则亦应认存有难于回复之损害。亦即,"被告机关"将因处分之执行,而取得实质上胜诉(即"本案先取(Vorwegnahme der Hauptsache)")之效果者,通常应认为有难于回复之损害。其情形通常发生于剥夺身份或资格之处分,而该身份或资格本身或本于该身份或资格所生法律关系有一定任期或存续期限之情形。例如,地方议会议员之解职处分,于争讼中该议员身份或资格将因任期届满而无法回复之情形属之。

(2)消极要件

原处分或决定之停止执行,如于公益有重大影响者,行政法院不得依职权或依申请为停止执行之裁定(第116条第2项但书、第3项但书)。至于是否于公益有重大影响,应就原处分之停止执行对当事人之利益与对第三人之不利益、原处分之实时执行对当事人之不利益与对第三人之利益以及系争处分所欲达成行政目的等因素,为具体衡量。因此,此一要件是否具备实际上无法单独考虑,而须于审查前述"难于回复之损害"要件时,一并考虑。简言之,此一要件并无脱离"难于回复之损害"要件而单独存在之必要[717],否则将使行政法院轻易以抽象公益理由,而牺牲已可具体明确预见之"对申请人所蒙受难于回复之损害之保护";或发生如论者单纯以台湾行政诉讼暂时的权利保护制度因采执行不停止原则,而主张于"对公益有无重大影响或怀疑时,应推定对公益有重大影响"[718]之不当结论。至于第三人权益因停止执行裁定而受有损害者,例如于

---

[716]　例如,2002年10月18日"最高行政法院"2002年裁字第1171号裁定谓:原处分解除抗告人等董事职务,由前所组管理委员会代行董事会职权至新董事会成立时为止,新董事会之成立后,由新董事会执行董事会职务,推行校务。若本案判决抗告人胜诉确定,另组成之管理委员会或新董事则不复存在,应无二董事会同时存在问题。管理委员会或新任董事或所聘校长,对校务之推行、财产之处分,均应本于学校利益而为,否则对该校造成损害,该校可依法请求赔偿,不致发生难于回复之损害。

[717]　盖公益系各种既存相互冲突之多元私益间经利益衡量后之均衡状态,因此,停止执行是否于公益有重大影响,除第三人之利益外,本应同时纳入申请人之利益为具体衡量,如抽离申请人之利益而单独考虑第三人利益者,即非所称公益。

[718]　林腾鹞前揭注41书第453页;翁岳生编前揭注37书第407页[林明锵执笔]。

邻人诉讼情形，经裁定停止执行后，其后本案判决认为原建筑许可并无违法情事，则起造人因停止执行裁定所受停工等损失，应如何处理，能否类推适用本法假扣押或假处分等保全程序中关于赔偿机制（第 296 条、第 302 条参照）之规定，则为另一问题[719]，尚不影响行政法院关于本项要件之审查。

其次，于行政诉讼系属中申请停止执行者，如停止执行之裁定对公益有重大影响或原告之诉在法律上显无理由者，不得为之（第 116 条第 1 项但书）。其于起诉前申请者，本条第 2 项但书虽未以"本案在法律上非显无理由"为其消极要件，但申请停止执行亦须具备权利保护必要要件，故宜认为亦应具备此一消极要件。因此，法院于依职权或依申请为停止执行之审理时，虽不就本案实质内容为判断[720]，仍应就卷附资料并征询当事人意见（第 116 条第 4 项前段）后，对本案有无胜诉机率加以预估（概括审查或总括审查，Summarische Prüfung），如本案显无胜诉希望者，仍不得为停止执行之裁定[721]。对此，台湾行政诉讼实务亦持类似见解，例如，2006 年 10 月 19 日"最高行政法院"2006 年裁字第 2380 号裁定谓：按所有"暂时权利保护"制度（包括"停止执行"及"假扣押"或"假处分"等），其审理程序之共同特征，均是要求法院在有时间压力之情况下，以较为简略之调查程序，按当事人提出之有限证据资料，权宜性地、暂时性地决定是否要先给予当事人适当之法律保护（以免将来的保护缓不济急）。是以"行政诉讼法"第 116 条第 2 项所定"行政诉讼系属中，行政法院认为原处分或决定之执行，将发生难于回复之损害，且有急迫情事者，得依职权或依申请裁定停止执行，但于公益有重大影响或抗告人之诉在法律上显无理由者，不得为之"，其构成要件之诠释，或许不宜过于拘泥于条文，而谓一定要先审查"行政处分之执行结果是否将立即发生难于回复之损害"，而在有确认有此等难以回复之损害将立即发生后，才去审查"停止原处分之执行是否于公益有重大影响"或"本案请求在法律上是否显无理由"，因为这样的审查方式似乎过于形式化。比较稳当的观点或许是把"保全之急迫性"与"本案请求胜诉之盖然率"当成是否允许停

---

[719]　陈敏前揭注 170 书第 1538 页认为因停止执行裁定而受有损害之第三人，尚非不得对申请停止执行之当事人请求赔偿。

[720]　2002 年 12 月 30 日"最高行政法院"2002 年裁字第 1532 号裁定谓：补税通知之送达是否合法，得否据以为强制执行之执行名义，为执行机关基于权责应斟酌之事项。本件是否合于停止原处分执行之要件，所应审究之事项，在于是否符合"行政诉讼法"第 116 条第 3 项之规定，与课税处分或罚锾处分之送达是否合法无关。

[721]　同旨，吴庚前揭注 13 书第 161 页以下；陈计男前揭注 16 书第 733 页以下；林腾鹞前揭注 41 书第 454 页以下；陈敏前揭注 170 书第 1536 页以下；翁岳生编前揭注 559 书第 539 页[彭凤至执笔]。

止执行之二个衡量因素,而且彼此间有互补功能,当本案请求胜诉机率甚大时,保全急迫性之标准即可降低一些;当保全急迫性之情况很明显,本案请求胜诉机率值或许可以降低一些。另外"难以回复之损害",固然要考虑将来可否以金钱赔偿,但也不应只以"能否用金钱赔偿损失"当成唯一之判准。如果损失之填补可以金钱为之,但其金额过巨时,或者计算有困难时,为了避免将来国家负担过重的金钱支出或延伸出耗费社会资源的不必要争讼,仍应考虑此等后果是否有必要列为"难以回复损害"之范围。

附带一提,于起诉前申请停止执行者,"诉愿法"第 93 条第 2 项明定"原行政处分之合法性显有疑义者",为准许停止执行之要件。对此,论者强烈质疑前开"诉愿法"规定之合理性与必要性,认为:[722]若原处分合法性显有疑义,则原处分机关或诉愿机关应无不知之理,自不难由原处分机关或受理诉愿机关获得救济,倘尚有争议,即非"显"有疑义,殊无径向行政法院申请之必要,且行政法院系审查行政处分违法性之最终机关,若一有行政处分,不待诉愿程序即申请行政法院停止原处分之执行,无异规避诉愿程序,而请求行政法院为行政处分之审查。对上开问题,台湾实务亦持相同见解,认为:"行政诉讼法"第 116 条第 3 项起诉前申请停止执行之要件,并未有"原行政处分合法性显有疑义"之规定,故行政法院仅须就原处分或决定之执行,是否将发生难以回复之损害,且有急迫情事者,而于公益无重大影响等要件,予以审查即可,如未符合上述要件,即应予驳回,不得依"诉愿法"第 93 条第 2 项或第 3 项规定,审查行政处分之合法性是否显有疑义[723]。惟本书以为,于极端情形,若果真原行政处分之合法性显有疑义,而原告原处分机关或诉愿机关亦未依原告之申请停止执行者,是否仍不准其以此为由向行政法院申请停止执行,似仍有斟酌余地。何况,a)"诉愿法"既已明定以之为准许停止执行之要件;b)且本法于存有"重大明显瑕疵"之处分无效确认诉讼,亦准用本法之停止执行制度救济;c)加以行政法院于审查起诉前之停止执行申请时,既须对"本案非显无理由"为审查,则于总括审查结果认为原行政处分合法性显有疑义(即"本案显有理由")之情形,反认为行政法院不应予以斟酌,亦不妥当。因此,本书以为行政法院关于起诉前之停止执行申请,仍应就"行政处分之合法性显有疑义"问题,进行审查。

(四)停止执行之审查与裁判

受理停止执行申请之管辖法院为何?本法未设规定。解释上得以本案系属或应系属之高等行政法院为管辖法院(类推本法第 294 条第 2 项);起诉前之

---

[722]　陈计男前揭注 16 书第 730 页以下参照。

[723]　2002 年 3 月 28 日"最高行政法院"2002 年裁字第 238 号裁定。

停止执行申请,如有急迫情形且有必要时,亦得向执行标的物所在地高等行政法院(类推同条第 1 项后段),或为实现处分内容或因程序之续行所为行为所在地高等行政法院,申请停止执行。第一审判决后提起上诉者,则以上诉法院("最高行政法院")为管辖法院。

除依职权裁定停止执行之情形外,停止执行,得以书状(第 57 条)或以言词(第 60 条之以笔录代书状方式)提出申请[724]。法院于受理停止执行之申请后,应先自程序上审查其申请之合法性。如其申请有不合法情形而可以补正者,应先限期命补正,如逾期不补正或不能补正者,应以其申请不合法裁定驳回其申请。惟应注意者,本案诉讼是否已经合法系属,尚非申请停止执行之合法要件,但得于审查本案是否显无胜诉之望时,加以考虑。

行政法院如认为停止执行之申请为合法者,应即就其申请有无理由就前述停止执行之实质要件为审查。行政法院为审理时,得行任意的言词辩论,就申请事件之事实与法律状况,依卷附资料及当事人或其他关系人之陈述结果,尽速为总括审查并作成准驳裁定。又本法第 116 条第 4 项前段规定,行政法院于为准否停止执行之裁定前,应先征询当事人之意见,以使当事人有为事实上及法律上陈述并提出相关释明所须资料之机会;如当事人以外第三人权益可能因停止执行裁定而受有影响时,解释上亦同;此外,行政法院因审理停止执行申请而有为职权调查必要或为确保审理之迅速与正确,亦非不得征询当事人行政机关以外之各关系机关之意见。

行政法院审理结果认为停止执行之申请合法且有理由者,应即依审理之结果,斟酌具体个案情节轻重,提供暂时权利保护之必要性与程度以及申请人之声明,以裁定谕知停止执行之内容(处分之效力、处分之执行或程序之续行)及范围(全部或一部)(第 116 条第 5 项)。反之,行政法院认为其申请不合法或无理由者,应即以裁定驳回其申请。

当事人或利害关系人对于停止执行之裁定、驳回停止执行申请之裁定、撤销停止执行裁定之裁定或驳回撤销停止执行裁定之申请之裁定,得为抗告(第 119 条)[725]。又本法关于抗告之效力,依第 272 条准用"民事诉讼法"第 491 条

---

[724]　陈计男前揭注 16 书第 734 页。

[725]　本法第 119 条规定:关于停止执行或撤销停止执行之裁定,得为抗告。其规定用语有欠明确,容易使人误以为关于驳回停止执行申请之裁定或驳回撤销停止执行裁定之申请之裁定等情形,不得抗告。惟依本条修正理由说明谓:关于停止执行或撤销停止执行之裁定,无论准许与否,攸关当事人及其他利害关系人之权益至巨,自应予因裁定而受不利益之人,有救济之机会。因此,解释上条之适用范围,宜扩张如本段之说明。同旨,陈计男前揭注 16 书第 736 页参照。

第 1 项规定之结果,抗告原则无停止执行之效力。故抗告无停止"停止执行裁定之效力"之效力,还请留意。

(五)停止执行裁定之内容与效力

1.执行停止裁定之内容

本法第 116 条第 5 项规定:停止执行之裁定,得停止原处分或决定之效力、处分或决定之执行或程序之续行之全部或一部。因此,停止执行裁定之内容,包括"效力之停止"、"执行之停止"以及"程序续行之停止"三种。本条项所称"停止处分之效力"系指停止"处分之内部效力"而言;所称"停止处分之执行"系指停止"可作为强制实现处分内容之规范基础(执行力)以及为实现该处分内容所实施之行为";所称"停止程序之续行",则指停止"以系争处分有效为其基础或前提所发展之法律关系或其他行为"。至于行政法院于具体个案中,究应采何种内容之停止执行,以及究应为全部或一部之停止,本法未如日本法制明定其优劣顺位[726],解释上可由行政法院审酌具体个案情节轻重、提供暂时权利保护之必要性与程度以及申请人之声明后,自行裁量决定。

2.执行停止裁定效力之种类

停止执行裁定,有与判决相似之羁束力与形式确定力。亦即,为停止执行裁定之法院非有法定事由并依法定程序,原则不得任意撤销或变更该裁定(羁束力);且该停止执行裁定因抗告期间之经过或抗告法院之确定裁定而确定(形式确定力)。

由于停止执行裁定有停止"处分或决定之效力、处分或决定之执行或其程序之续行"(即冻结现状)之效力,故亦发生与形成判决相似之形成力;惟此一形成力有使现状回复至处分生效前、执行前或程序续行前之溯及效力? 对此,通说以为此一形成力原则仅能自作成停止执行裁定时向将来发生效力;但如仅向将来生效将无法达成所申请暂时的权利保护目的者,则可例外使其有溯及效力[727]。因此,停止执行裁定生效后,任何人(当事人或第三人)即不得再以该处分有效为前提或基础而作成后续处分,或本于该处分而继续相关行政程序或措施,或否认该经停止执行处分之效力。

停止执行裁定有无类似判决之拘束力? 本法未如日本法制明定停止执行决定亦准用判决拘束力之规定,本书以为鉴于贯彻暂时的权利保护制度之实效

---

[726] 《日本行政事件诉讼法》第 25 条第 2 项但书规定:但以停止处分之执行或程序之续行方式即可达其目的者,不得停止处分之效力。

[727] 陈计男前揭注 16 书第 739 页;翁岳生编前揭注 559 书第 541 页[彭凤至执笔]参照。

性要求,停止执行裁定宜准用本法第 216 条规定,使发生拘束力为宜[728]。因此,停止执行裁定生效后,当事人行政机关或当事人以外各关系行政机关,均应尊重裁定之意旨而行为或不得有反于该裁定内容之行为;但因停止执行裁定仅在提供人民暂时的权利保护,且原则并无如同撤销判决有使处分效力溯及消灭之效果,因此尚无法因停止执行裁定之拘束力,而课予当事人行政机关或当事人以外之各关系机关,积极作成满足当事人诉愿或起诉目的之行政处分之义务。例如,邻人申请停止建筑许可之效力后,并无课予行政机关应驳回起造人建筑执照申请之义务;又如公务员对不合其意愿之人事调派命令申请停止执行后,被告机关并不因此而负有应改派其至其所希望服务之机关之义务。

对于上开问题,最近台湾行政诉讼实务于 ETC 案[729]中,申请人(台湾宇通信息科技股份有限公司)以"交通部台湾区'国道'高速公路局"(以下称高公局)为相对人所为申请停止执行一案(本件申请之本案诉讼为请求撤销行政院公共工程委员会申诉审议判断之撤销诉讼),申请人申请:"准命被告机关高公局于本件促进民间参与公共建设事件行政诉讼裁判确定前,停止执行高公局 2004 年 2 月 27 日业字第 0930005550 号公告远东联盟为'民间参与高速公路电子收费系统建置及营运'案最优申请人之决定(下称本件甄审公告),并停止由远东联盟(包括远东联盟所组远通电收股份有限公司)进行'民间参与高速公路电子收费系统建置及营运'案之执行;暨命被告机关立即通知远东联盟(包括远通电收股份有限公司)有关上述停止执行之决定。"对于上开停止执行之申请,2006 年 2 月 24 日台北高等行政法院 2005 年停字第 122 号裁定虽以申请人之申请不

---

[728] 同旨,陈计男前揭注 16 书第 739 页以下参照。

[729] 本案所涉问题极为广泛与复杂,相关实务裁判亦有多起(例如 2006 年 8 月 3 日"最高行政法院"2006 年判字第 1239 号判决、2006 年 2 月 24 日同院 2006 年诉字第 752 号判决、2005 年 10 月 13 日台北高等行政法院 2005 年诉字第 752 号判决、同院 2005 年停字第 122 号裁定、2006 年 2 月 24 日同院 2006 年诉字第 301 号判决、2005 年 12 月 8 日同院 2005 年诉字第 301 号判决)。又本案有关学说相关论述,请参照陈爱娥:《促进民间参与公共建设事件中的行为形式与权力划分——评台北高等行政法院 2005 年度诉字第 752 号判决、2005 年度停字第 122 号裁定》,《月旦法学杂志》第 134 期,2006 年 7 月,第 27 页以下;同:《法律原则的具体化与权限分配秩序——评"最高行政法院"2006 年度判字第 1239 号判决》,陈英钤:《谁毁了 ETC?》,程明修:《公私协力契约相对人之选任争议——以"最高行政法院"95 年判字第 1239 号判决(ETC 案)之若干争点为中心》,詹镇荣:《竞争者"无歧视程序形成请求权"之保障——评"最高行政法院"2006 年度判字第 1239 号判决》,以上均收于《月旦法学杂志》第 138 期,2006 年 11 月,第 5 页以下;林明昕:《论 ETC 案中之行政争议问题——以暂时权利保护为中心》,《台湾本土法学杂志》第 82 期,2006 年 5 月,第 226 页以下。

符合"将发生难于回复之损害，且有急迫情事"之要件，而驳回其停止执行之申请[730]，但台北高等行政法院于上开裁定傍论中论及本件甄审公告经同院2005年诉字第752号判决撤销后，于确定前，因高公局持续办理其与远通公司间所缔结本件高速公路电子收费系统建置及营运契约（以下称本件营运契约），对法律状态所造成重大变动所衍生问题。该裁定傍论虽似以上开问题系因本法欠缺"假执行制度"所致，但实际问题点应为前述有关"停止执行之对象（程序标的）、停止执行裁定之内容与该裁定之效力范围之问题"，但本件裁定傍论对此问题之思考仍有帮助，兹引述如下：惟查，本件甄审公告既经本院以2005年度752号实体判决撤销远通电收股份有限公司最优申请人资格，依"促参法"第45条第1项规定，即无与主办机关签约及兴建、营运之资格，远通公司与相对人所签之营运契约，于本件实体判决确定发生原甄审公告为违法之既判力后，即应为无效，自属当然。但因行政诉讼并无假执行制度，则在本件判决后迄判决确定之期间，因原营运契约均未虑及资格不符情事，并未约定如何处理，此一情事，显系情事重大变更，基于民间参与公共建设工程之特异性，相对人非不得斟酌申请人所提公益事项，本件审标之结论系有违平等原则及公共利益，及考虑将来继续兴建营运之风险，为防止或除去重大危害亦即减轻或避免一再遭申诉审议机关及行政法院认定违法遭致"国家"赔偿损害之情事，依"行政程序法"第146或147条调整契约内容（本件情形似尚与促参法第52、53条规定不符），基于公益之考虑，采取必要之方法，如延缓建置时程，迄本案判决确定等，附此叙明。

---

[730]　本件裁定驳回申请人申请之理由主要如下：申请人主张：因相对人执意继续违法，才有后续关系之发展，则基于相对人明显违法之甄审公告所进展之建置营运契约关系当然侵害申请人次优申请人之权利与法律上地位，兹相对人要以试营或营运测式，造成由远东联盟办理高速公路通行费收取之既成事实，依此结果，申请人纵日后获得撤销远东联盟最优申请人资格之胜诉判决，仍不能以次优申请人之资格递补云云，认将发生难以回复之损害，且有急迫情事。惟查申请人参与高速公路电子收费系统之建置及营运甄审为次优申请人，其所主张：纵日后获得撤销远东联盟最优申请人资格之胜诉判决，仍不能以次优申请人之资格递补云云，系属将来预期所失利益，并非停止执行所谓之损害，已有未合。况申请人为本件甄审公告认定为次优申请人，依"促参法"第45条第2项规定："经评定为最优申请案件申请人，如未于前项规定时间筹办，并与主办机关完成投资契约签约手续者，主办机关得订定期限，通知补正之。该申请人如于期限内无法补正者，主办机关得决定由合格之次优申请案件申请人递补签约或重新依第42条规定公告接受申请。"可知，甄审决定选出最优申请人之后，倘无法完成议约或被撤销最优先申请人资格，并非当然由次优申请人递补，纵使停止甄审决定之"最优申请人资格"之效力，申请人亦尚非马上即得开始系争高速公路电子收费系统之建置及营运，应无申请所谓无从建置营运之损害，更无难以回复之损害可言，申请人停止执行申请为无理由，应予驳回。

3.停止执行裁定效力之终结

停止执行裁定之效力有无存续期间？对此，于日本法制情形，因彼实务通常于停止执行决定主文中谕知"于本案判决确定前停止执行"，故停止执行裁定之效力因本案判决确定而当然失效；纵于未有上开谕知之情形，彼学者亦主张自停止执行制度之精神而言，亦应为相同解释[731]。至于德国情形，则以立法解决方式，于《德国行政法院法》第80条之2明定：异议审查请求（即诉愿）及撤销诉讼之停止决定之效力，于不可争讼时，或于撤销诉讼经第一审判决驳回，对驳回判决提起法律救济之法定理由提出期间届满后经三个月时终止。由行政机关停止执行，或由法院回复停止之效力或命其回复者，亦同。但行政机关已停止执行以迄于不可争讼者，不在此限（第1项）。上级行政法院得依申请，命令继续停止执行（第2项）。第80条第5项至第8项以及第80条之1之规定，准用之（第3项）。

就台湾现行法制而言，学者多采肯定见解，惟其主张略有不同[732]。本书以为，如自停止执行制度目的在于提供人民"暂时的"权利保护观点而言，宜为肯定。至于停止执行裁定发生形式确定力后，其停止执行裁定之效力期间应如何判断问题（于发生形式确定力前因仍可抗告，故无讨论必要），似应分别情形判断：a)如停止执行裁定于本案系属后作成者（即于本案系属后始申请停止执行、或虽于本案系属前申请但裁定时本案已系属者），其停止执行裁定之效力宜解为自本案判决确定时失其效力。此时，理论上似无再依职权或依申请撤销停止执行裁定之必要[733]？惟于撤销判决确定情形，因撤销判决形成力与拘束力之作用，原停止执行裁定自无再予撤销之必要。若为撤销判决驳回原告之诉确定情形，因不发生形成力与拘束力，原停止执行裁定似不因而当然失其效力，且本法第118条立法理由说明谓：行政法院裁定停止原处分或决定之执行后，如……原告之诉业经败诉确定……行政法院自得依职权或依申请撤销停止执行之裁定，以确保行政处分或决定之执行力[734]；据此，本法立法者似乎认为停

---

[731] 园部前揭注71书第352页[山田二郎执笔]参照。

[732] 陈计男前揭注16书第738页；林腾鹞前揭注41书第456页以下；翁岳生编前揭559书第541页以下[彭凤至执笔]参照。

[733] 同旨，陈计男前揭注16书第738页参照。

[734] 又于假扣押情形，即明定于债权人受本案败诉判决确定者，构成得申请撤销假扣押之情事变更原因。亦即本法第297条准用"民事诉讼法"第530条第1项规定：假扣押之原因消灭、债权人受本案败诉判决确定或其他假扣押之情事变更者，债务人得申请撤销假扣押。依本项修正理由一谓：债权人于请准假扣押裁定后，如已提起本案诉讼，则其请求权是否存在，应待本案判决确定，始得判断有无情事变更，爰于第一项增列"债权人受本案败诉判决确定"之例示，以杜争议。至起诉后，有因清偿、抵销、抛弃权利等原因而终结诉讼者，仍应就具体情形斟酌是否为其他之情事变更。

止执行裁定之效力,于撤销诉讼判决驳回原告之诉确定后,仍须另外作成撤销停止执行裁定之裁定后,始因而失其效力。b)如本案因无理由或不合法而经高等行政法院裁判驳回者,"最高行政法院"于受理上诉或抗告时(第 239 条、第 264 条),因本案是否合法或有无理由业经审理裁判,解释上宜认为有本法第 118 条规定之"其他情事变更之情形","最高行政法院"得依职权或依申请撤销该停止执行之裁定。c)如停止执行裁定系于本案系属前作成且系争处分有关诉讼事后并未系属于行政法院,或该本案之系属因原告撤回其诉而溯及消灭之情形,高等行政法院所为停止执行裁定之效力虽不因其后系争处分发生形式存续力而消灭,解释上亦可认为有本法第 118 条规定之"其他情事变更之情形",原为停止执行裁定之行政法院或本案应系属之行政法院,得依职权或依申请撤销该停止执行之裁定。

(六)停止执行裁定之撤销

本法第 118 条规定:停止执行之原因消灭,或有其他情事变更之情形,行政法院得依职权或依申请撤销停止执行之裁定。因此,行政法院裁定停止执行后,如发觉停止执行之原因已然消灭,或有其他情事变更之情形,例如已无避免发生难于回复损害之必要性、本案诉讼业经撤回等,行政法院自得依职权或依申请撤销停止执行之裁定,以确保行政处分或决定之执行[735]。因此,本条所称停止执行裁定之撤销,系指停止执行裁定已发生形式确定力后之撤销而言,如尚未发生形式确定力者,可依本法第 119 条规定以抗告方式救济,尚无依本条规定申请撤销停止执行裁定之必要。

本条所称"停止执行之原因消灭",系指前开申请停止执行之实质要件嗣后消灭之情形而言。所称"其他情事变更之情形",系指于停止执行裁定基准时构成该裁定基础之事实或法律状态,嗣后发生变更而言。因此,于停止执行裁定基准时之前已存在但为当事人所不知之事实或法律状态,于裁定确定后始发现之情形,理论上宜准再审(第 283 条)规定处理,尚无适用本条规定之必要[736];惟亦有未明确区别事实或法律状态之发生时点,而主张可依本条规定依职权或依申请撤销停止执行裁定者[737]。本书以为,如构成停止执行裁定之基础之事实

---

[735] 本条立法理由说明二参照。

[736] 同旨,翁岳生编前揭注 559 书第 542 页[彭凤至执笔]参照。

[737] 例如,陈清秀前揭注 13 书第 583 页认为下列情形,亦得适用本条撤销停止执行裁定:(1)于停止执行裁定期间,已作成本案判决,其判决之判断有别于停止执行裁定之判断;(2)发现新证据,客观上足以正当化显无胜诉希望之判断,或因此要求重新进行利益衡量;(3)依本案诉讼程序之发展结果,本案胜诉希望,必须另为不同之判断;(4)行政法院发现其

或法律状态，因争讼程序之进展而经法院裁判厘清者，不问该裁判是否为确定判决，原则均得申请撤销停止执行之裁定[738]；惟于其他情形，则限于停止执行裁定基准时点以后发生事实或法律状态有变更情形，始得依本条申请撤销。

二、保全程序

当事人提起之给付诉讼，为确保其诉讼之结果能获实现，本法于制度设计上仿民事诉讼制度，设有保全程序。由于私权间争执，原则须待取得确定判决为其执行名义后，因此，民事诉讼遂有必要于确定判决前，设保全程序，以保全将来之强制执行（假扣押及通常之假处分）或为防免有争执之法律关系发生重大之损害或急迫之危险（定暂时状态之假处分）。于行政诉讼情形，早期仅有撤销诉讼，并无给付诉讼之设，故无设保全程序之必要；殆至行政诉讼诉讼类型增加后，乃有设置保全程序之必要。惟因行政诉讼主要系民告官之制度，"国家"为债务人而对人民负有公法上金钱给付义务，于确定判决后发生给付不能之情形，实难想象；在"国家"为债权人情形，因通常可依行政上强制执行制度保全或实现其权利，通常亦无对人民提起诉讼并于判决前申请保全权利之必要。因此，行政诉讼保全程序虽与民事诉讼类似，但其适用对象与范围却与民事诉讼情形有明显差异。

本法关于保全程序，规定三种型态，即假扣押（第293条）、（保全性）假处分以及定暂时状态之假处分（第298条）。本法第七编规定之保全程序，仅就保全执行名义之取得而为规定，至于保全行为之强制执行，则依第八编规定之强制执行程序办理。

（一）假扣押

本法第293条第1项规定：为保全公法上金钱给付之强制执行，得申请假扣押。本法第297条准用"民事诉讼法"第523条第1项规定：假扣押，非有日后不能强制执行或甚难执行之虞者，不得为之。因此，本法规定之假扣押制度，

于停止裁定之时点所未发现之情况，因此于停止裁定时未能及时加以斟酌者；(5)系争法律问题已经"司法院"大法官解释加以澄清；(6)行政机关创造情事变更，例如变更原处分，或当事人不履行停止执行处分所附加之负担（同旨，林腾鹞前揭注41书第458页以下参照）。又陈计男前揭注16书第738页以下则谓：行政法院为停止执行之裁定后，停止执行之原因消灭，或有其他情事变更之情形，例如急迫情形已消灭；或行政法院为本案审理后，发现原告之各主张在法律上均不能成立，纵其将来上诉亦无推翻原判决可能之情形；或申请人之财产状况显然好转，已无赖其俸给维生之必要等情事变更之情形，行政法院得依职权或依申请撤销停止执行之裁定。

[738] 前开3（第6页以下）之说明参照。

系为确保公法上金钱给付之强制执行,避免将来不能强制执行或甚难执行,而暂时扣押债务人之财产或权利而禁止其处分所设之制度。于本法第 8 条规定之公法上一般给付诉讼,如为人民对公行政提起者(人民对公行政之公法上金钱给付债权),实难想象作为债务人之公行政日后有不能强制执行或甚难执行之情形[739];于公行政对人民之公法上金钱给付债权,因通常可于行政强制执行程序中,查封拍卖人民之财产,其有于强制执行前预为保全必要者,若干行政实体法律亦已有假扣押或其类似债权保全机制之设计[740],殊无再以假扣押保全强制执行之必要。因此,于德国行政诉讼制度,其未设假扣押(Arrest)制度者,理由即在于无此需要[741]。本法于研修过程中,关于应否增设假扣押制度曾有不同意见[742],结论则以:"本法修正后,行政诉讼之种类已然增加,其中有关中央或地方机关与人民间,因公法上原因发生之金钱给付,或因公法上契约发生之金钱给付,于判决确定前,亦有依假扣押程序以保全强制执行之必要"[743],而仍仿民事诉讼之例,设假扣押制度。因此,本法所设行政诉讼假扣押制度,其适用对象虽不以人民为债务人之情形为限,然实际上,多仅发生于行政契约等不得采取行政强制执行之公法上金钱给付,而由公行政以人民为债务人申请假扣押之情形。

又依法应依撤销诉讼请求者,其请求之目的殆为排除行政处分之效力,而非命被告机关为一定之给付。因此,纵人民因行政处分而发生之公法上金钱给付义务,例如税捐、规费、罚锾等,因此类行政处分本身通常即具有自力执行力

---

[739]　例外情形,多发生于"国家"赔偿诉讼案件或涉及人民生存照料之情形,例如:(1)"国家赔偿法"第 11 条第 2 项规定:依本法请求损害赔偿时,法院得依申请为假处分,命赔偿义务机关暂先支付医疗费或丧葬费。(2)"犯罪被害人保护法"第 21 条第 1 项规定:复审委员会或审议委员会对于补偿之申请为决定前,于申请人因犯罪行为被害致有急迫需要者,得先为支付暂时补偿金之决定。按本条原系为履行"国家"对人民之生存照料义务而设,然本条第 2 项却规定"关于暂时补偿金之决定,不得申请复议或提起行政诉讼",本项规定显然有重大违宪疑虑。

[740]　例如,"税捐稽征法"24 条、第 25 条,"'国军'老旧眷村改建条例"第 24 条,"所得税法"第 110 条之 1,"关税法"第 48 条,"海关缉私条例"第 49 条之 1,"森林法"第 11 条,"水污染防治法"第 71 条,"土壤及地下水污染整治法"第 15 条,"废弃物清理法"第 71 条,"农地重划条例"第 36 条,"工程受益费征收条例"第 6 条第 3 项,"山坡地保育利用条例"第 27 条,"台湾地区与大陆地区人民关系条例"第 85 条第 2 项,"公路法"第 75 条,"空气污染防治法"第 74 条第 2 项等属之。

[741]　吴庚前揭注 13 书第 277 页以下;陈敏前揭注 170 书第 1540 页参照。

[742]　有关讨论,"司法院"编印:《'司法院'行政诉讼制度研究修正资料汇编(五)》,1988年 6 月,第 434 页以下参照。

[743]　本条修正理由说明二参照。

而得为"行政执行法"之执行名义，加以本法明定起诉并无停止处分之执行之效力（执行不停止原则），故行政机关为确保行政处分内容之公法上金钱给付义务之实现，乃作为债权人之行政机关应如何依"行政执行法"为行政执行之问题，此与行政诉讼假扣押制度目的在于确保债权人于取得确定给付判决为其债权之执行名义前，为避免将来不能执行或甚难执行，而以假扣押制度确保其将来债权之实现者，有所不同。简言之，于对内容涉及公法上金钱给付之行政处分提起撤销诉讼情形，被告机关尚无申请假扣押以确保将来债权之实现之必要[744]。

附带一提，台湾于各种行政实体法律中有规定行政机关得申请假扣押者，惟其多为作成行政处分前之保全措施[745]，如其未于处分前申请假扣押，殆至作成行政处分后始申请者，因已可依"行政执行法"为强制执行，而行政机关竟不为移送强制执行者，应认为其申请已无权利保护必要，应予以驳回；惟若法律明文规定于处分作成后移送强制执行前得申请法院为假扣押者，解释上仍非不得申请假扣押[746]；但无论如何，此类设计与本法规定之假扣押制度仍有不同，还

---

[744] 同旨，吴庚前揭注13书第279页参照。不同意见，陈计男前揭注16书第746页谓：按行政处分不待确定即有执行力，提起诉愿或行政诉讼，原则上不停止行政处分之执行，故有学者认不得申请假扣押者。惟在停止执行期间，债务人（受处分人）如有脱产情形，似非不得假扣押。再如查获重大漏税账册，从核算至作成处分，尚须一段期间，为避免受处分人（债务人）脱产，似亦得申请假扣押。惟本书以为，前开不同见解所举二例，前者系停止执行之内容与效力范围之问题，尚无依假扣押程序处理必要，已如前述，后者则为行政处分前之保全程序问题（如本文后段论述般），与本法假扣押制度设计存有不同制度功能与目的，尚非相同。

[745] 前揭注740所引法律中即有属此种规定者。

[746] 例如，2005年8月17日高雄高等行政法院2005年度全字第22号裁定及2005年12月15日"最高行政法院"2005年裁字第2773号裁定谓：经核原裁定系以：（一）查假扣押系债权人为保全其公法上金钱请求将来得以强制执行为目的，暂时扣押债务人之财产或权利而禁止其处分之意，此观"行政诉讼法"第293条之规定自明。因此，原处分机关于行政处分具有执行力而得申请强制执行时，即无再申请对受处分人之财产实施假扣押之必要；是"海关缉私条例"第49条之1第1项前段关于申请法院假扣押或假处分之规定，自其规定之内容及假扣押规范之目的观之，可知，其系为防免受处分人于原处分未具执行力前隐匿财产或移转财产，所为保全将来强制执行而为之规范；故如原处分已可依"行政执行法"第11条第1项第2款规定移送强制执行者，即不得再依"海关缉私条例"第49条之1第1项前段规定申请假扣押（"最高行政法院"2003年度裁字第760号裁定参照）；反之，原处分尚未确定，或原处分虽已确定，然其尚无从依据"行政执行法"第11条第1项第2款规定移送强制执行者，即应认原处分机关有申请假扣押之必要，而得依"海关缉私条例"第49条之1第1项前段规定申请假扣押。（二）经查，相对人2005年第09401259号处分书虽于2005年7月22日

请留意[747]。

中央或地方机关与人民间,因公法上契约等行政处分以外其他公法上原因发生金钱给付请求,有于判决确定前,依假扣押程序以保全强制执行之必要者,本法第293条至第297条规定假扣押程序,除有若干内容及文字之出入外,其余内容几与"民事诉讼法"规定相同或径自准用"民事诉讼法"之规定。兹进一步说明如下:

1. 申请假扣押之要件

(1)程序要件

申请假扣押,除应具备一般诉讼要件(如当事人能力、当事人适格或诉讼权能、诉讼能力等)外,与申请停止执行同,并应具备申请适格与申青利益,但于申请假扣押之申请适格与申请利益问题,通常于判断后述假扣押实质要件时即已一并判断,而少有独立判断之必要。

送达抗告人,有该送达证书附卷可稽,惟相对人迄亦未发函通知抗告人限期缴纳罚锾等情,已经原审法院向相对人查询甚明,有电话记录单1份附卷可稽;故相对人就上述处分尚无从依前述"行政执行法"第11条第1项第2款规定移送强制执行,则依首开说明,相对人即有对抗告人之财产实施假扣押之必要,是相对人本件申请,经核尚无不合,应予准许为由,裁定债权人(即本件相对人)得对于债务人(即本件抗告人)之财产于新台币(下同)1532482元范围内为假扣押。债务人如为债权人供担保金新台币1532482元后,得免为或撤销假扣押。(三)本院按:"海关缉私条例"第49条之1第1项前段规定"受处分人未经扣押货物或提供适当担保者,海关为防止其隐匿或移转财产以逃避强制执行,得于处分送达后,申请法院假扣押或假处分……"查本件相对人就抗告人因违反"海关缉私条例"所处罚锾,因抗告人未经扣押货物或提供适当担保,乃于处分书送达后,申请原法院裁定假扣押,于法自属有据。抗告意旨虽称:相对人未告知其限期缴纳或提供适当担保,遂行申请法院裁定假扣押,于法未合云云,惟查相对人于2005年7月20日寄发处分书予抗告人时,即于通知事项中告知抗告人如未提供相当担保,海关得于处分书送达后采取各种保全措施,有该处分书暨通知事项附卷可稽,是抗告意旨所指事项,自无可采,相对人依法申请假扣押既无不合,原法院裁定准许假扣押,自无违误。

[747]　实务上对于税捐机关依照税法规定申请假扣押裁定后,因未能提起给付之诉,此时,如债务人依本法第295条规定申请撤销假扣押时,法院应如何处理问题,高等行政法院2000年度第1次法律座谈会题案第16号法律问题研讨结论谓:以不能之条件为条件视为无条件,应认为特别法规定之假扣押及假处分,性质上仅为税捐或其他公法上金钱给付之保全,其给付内容,由行政机关以下命处分即可达成目的,无起诉之必要,自无"行政诉讼法"第295条、第302条限期起诉规定之适用。第295条限于得提起给付之诉者,方有其适用,对于不能提起给付之诉者,即无本条之适用(即以不能之条件为条件者,视为无条件),而甲说之各税法既已明定得申请假扣押,其给付内容,应以行政处分确定之,不能提起给付之诉请求,即应认无第295条之适用(《各级行政法院法律座谈会资料汇编(一)》,2001年12月,第261页以下)。

申请假扣押,得以书面提出于高等行政法院为之,亦得于高等行政法院书记官前,以言词为之,但须由书记官作成笔录(第 60 条)[748]。其提出假扣押申请状者,因属当事人书状之一种,并应符合本法当事人书状之规定(第 57 条以下)。无论以何种方式申请,依本法第 294 条及第 297 条准用"民事诉讼法"第 525 条、第 526 条规定,均应表明下列各款式项,向管辖行政法院为之。亦即,申请人应表明:

①当事人及其法定代理人:当事人系指申请假扣押之债权人(申请人)及其债务人(相对人)。如当事人无诉讼能力者,应表明其法定代理人。

②请求及其原因事实:所称"请求"指应以假扣押保全强制执行之公法上金钱给付请求,即本法第 293 条规定之"公法上金钱给付"而言。此一公法上金钱给付请求,包括"得易为公法上金钱请求之请求"[749]。惟并非所有公法上金钱给付均得依本法申请假扣押,得申请假扣押者须该请求将来得以行政诉讼程序确定(即行政法院对之有审判权)者,始能足当之。又表明请求时应一并表明该请求权发生之原因事实,其所欲保全者为金钱请求者,并应表明该金额,如为非关于一定金额但得易为金钱之请求者,则应记载其价额(第 297 条准用"民事诉讼法"第 525 条第 2 项)。盖此一定金额或价额之记载,涉及假扣押之范围及高等行政法院对假扣押担保之决定(第 297 条准用"民事诉讼法"第 526 条、第 527 条),故不可遗漏[750]。

③假扣押之原因:指本法第 297 条准用"民事诉讼法"第 523 条第 1 项申请假扣押之原因而言。亦即,指申请人所欲保全之公法上金钱给付债权,如何有日后不能强制执行或甚难强制执行之虞之原因。

④行政法院:指申请假扣押求为裁定之高等行政法院。另外,如系向假扣押标的所在地之高等行政法院申请者,并应记载假扣押之标的及其所在地(第 297 条准用"民事诉讼法"第 525 条第 3 项)。

假扣押申请之管辖法院,依本法第 294 条第 1 项、第 2 项规定,包括:a)管辖本案之高等行政法院:本案已系属者为该本案诉讼系属之高等行政法院;本案未系属者为本案应系属之高等行政法院,本案应系属之高等行政法院有二以上者,得任向其中一高等行政法院申请(第 18 条准用"民事诉讼法"第 22 条之选择管辖)。b)假扣押标的所在地之高等行政法院:所称假扣押标的物系指应行

---

[748]　陈计男前揭注 16 书第 744 页。

[749]　按本法第 293 条第 1 项虽仅规定"公法上金钱给付",而未如"民事诉讼法"第 522 条第 1 项明定"金钱请求及得易为金钱请求之请求",然本法研修过程中,多数意见认为"得易为金钱给付之请求"亦属"公法上金钱给付"之一种,遂未于本条规定中重复规定("司法院"编印前揭注 742 书第 466 页以下参照)。

[750]　陈计男前揭注 16 书第 745 页。

假扣押之物或权利；假扣押标的属债权者，则以债务人住所或担保之标的所在地，为假扣押标的所在地（同条第 3 项）。债权人向假扣押标的所在地行政法院申请假扣押者，因假扣押标的所在地高等行政法院仅能就其所在地之假扣押标的物准其假扣押，未必能保全债权人所欲保全债权之全部请求，故债权人仍得向其他管辖高等行政法院再为假扣押之申请。

（2）实质要件

①须为保全公法上金钱给付之强制执行

依本法第 293 条第 1 项规定，债权人为保全其对债务人公法上金钱给付之强制执行，得申请假扣押。因此，凡债权人所主张之公法上金钱给付请求（包括得易为公法上金钱请求之请求），得依行政争讼程序予以确定者，原则均得依本法规定申请假扣押；且对于未到履行期之公法上金钱给付，如有保全之必要者，亦得申请（同条第 2 项）。故如债权人所欲保全者为私法上金钱给付请求，即不能依本法申请假扣押[75]。

所称"得易为公法上金钱请求之请求"亦得申请假扣押者，系指对于特定物之给付请求权或金钱请求以外之其他财产上请求权，因债务人日后不履行债务或解除契约之结果，转为金钱损害赔偿请求权而请求之情形。对此类权利之保全，债权人对于该特定物或其他财产上之请求权，原可依本法第 298 条规定申请假处分。惟债权人如预料已无法适时经由假处分保全其权利，亦得依本条规定申请假扣押而不申请假处分；又债权人申请假处分后，发现债务人已处分该

---

[75] 2004 年 2 月 6 日"最高行政法院"2004 年裁字第 104 号裁定谓："三、抗告意旨略谓：抗告人就相对人之财产申请予以假扣押，所欲保全者系债务人翟宇杰将来应缴纳之罚锾，该罚锾为公法上之金钱请求，故抗告人依法请求代位行使债务人翟宇杰对相对人银行账号中之房屋买价金返还请求权，实为保全抗告人对债务人翟宇杰之公法上之金钱请求。原裁定以抗告人所欲直接保全者，为债务人对相对人之价金返还请求权，其为私法上而非公法上之金钱请求，据以驳回抗告人假扣押之申请，不无违误，为此，请求废弃原裁定云云。四、本院查：相对人苏雅涵并非违反海关缉私条例案件之受处分人，故抗告人对相对人并无任何公法上金钱请求权，已属甚明。抗告意旨仍执词其对相对人欲保全者为公法上之金钱请求权，自无可取。至抗告人如欲依民法上之代位权规定对相对人主张，宜循民事程序为之，无从向行政法院申请。至抗告人既已取得对债务人翟宇杰之假扣押之执行名义，抗告人就债务人对相对人之返还价金之债权，似非不得向执行机关直接请求执行，以资解决。综上，原裁定并无不合，其抗告难认有理由，应予驳回。"另按本件究竟系涉及本法第 294 条第 3 项规定之"为假扣押标的之债权"，抑或如本件法院见解所言系以"私法上金钱给付请求"为申请假扣押所欲保全之请求之问题，似仍有待厘清。惟应注意者，本法第 294 条第 3 项所称"假扣押之标的为债权"者，此一债权是否包括假扣押相对人（债务人）对于第三债务人之私法上债权问题，本法未设规定，且亦未见有学者明确说明，惟自假扣押系为保全将来之强制执行而言，解释上似可予肯定。

特定物或财产之行为者致无法执行者,亦得因情事变更而以假扣押之声明代最初之假处分声明(第 111 条第 3 项第 3 款)。

又债权人所欲保全之公法上金钱给付请求权上是否存在,原为本案请求所应审究之事项,除非其所主张之公法上请求权显未发生或本案显无理由,否则受理假扣押申请之行政法院原无先予审查之必要[752]。又所称"未到履行期之给付",原系指"履行期未到"之给付请求而言,原不包括"履行之条件未能就"之给付请求[753],惟本法第 115 条准用之"民事诉讼法"第 246 条规定业已将原条文规定"请求将来给付之诉,以有预为请求之必要者为限,得提起之"修正为"请求将来给付之诉,以有预为请求之必要者为限,得提起之",因此,前开付条件之请求其条件尚未成就者,如有预为请求之必要,仍得申请假扣押。

②须有日后不能强制执行或甚难执行之虞:权利保护必要

申请人申请以假扣押保全之公法上金钱给付,其本案请求须得以行政争讼程序确定,且尚未经本案判决确定者,始得为之。如其公法上金钱给付之本案请求,行政法院对之无审判权,或业经行政法院判决驳回其请求确定其并无所欲保全之公法上金钱给付,或已经行政法院判决确定而取得执行名义之公法上金钱给付[754],均无申请假扣押以保全该公法上金钱给付之强制执行之必要。

申请假扣押非日后有不能强制执行或甚难执行之虞者,不得为之(第 297 条准用"民事诉讼法"第 523 条第 1 项)。所谓不能强制执行或甚难执行之虞,系指因债务人浪费财产、增加负担或将其财产为不利之处分,致达于无资力之状态之情形;所谓甚难执行之虞,例如债务人移往远方或逃匿之情形属之[755]。其应在外国为强制执行者,视为有日后甚难执行之虞(第 297 条准用"民事诉讼

---

[752] 惟实务上于审理假扣押申请时,于若干情形似仍就本案公法上给付请求权是否存在加以审究。例如,2002 年 3 月 27 日台中高等行政法院 2002 年全字第 4 号裁定(本件债权人为"废弃物处理法"之执行机关即台中市环境保护局,相对人为负有清除处理废弃物义务之事业主)谓:经查依前揭"废弃物清除处理法"第 71 条规定,执行机关固得向不限期清除处理废弃物之事业主或土地所有人请求清理、改善及衍生之必要费用,惟亦须执行机关代为清除、处理废弃物后,此项请求权始存在。本件申请人既委托瑞昶公司进行上开场址污染调查计划,而尚未着手代为清除、处理废弃物,其请求金额自无法确定,尚难认其申请假扣押所欲保全之公法上金钱给付请求权,现已得请求相对人清偿。况假扣押非有日后不能强制执行或甚难执行之虞者,不得为之,申请人对此假扣押之原因,亦未提出任何证据,以释明其为真实,本件申请即属不应准许。

[753] 1957 年 5 月 4 日"最高法院"1957 年台上字第 745 号判例(本号判例已经决议不再援用)参照。

[754] 类似见解,1942 年 1 月 1 日"最高法院"1942 年声字第 151 号判例参照。

[755] 1930 年 1 月 1 日"最高法院"1930 年抗字第 232 号判例参照。

法"第523条第2项)。

因此,申请假扣押之相对人(债务人)如为公行政者,因以"国"(公)库作为公法上金钱给付请求之担保,原则不发生所谓不能强制执行或甚难执行之虞。而行政诉讼实务上,于遇有人民以公行政为债务人申请假扣押之案件,亦率皆以不具备本项要件而驳回其申请。此点,纵于被告为受委托行使公权力之个人或团体,因原告之公法上给付请求最终仍可转换为"国家"赔偿请求("国家赔偿法"第4条第1项、"行政诉讼法"第7条参照)而获得救济,人民之假扣押申请,通常亦与本项要件不符。换言之,得依本法申请假扣押以保全公法上金钱给付之强制执行者,原则仅存于申请人为公行政,且其所保全之公法上金钱给付无法以行政处分为其执行名义获致实现之情形。因此,理论上公行政能依本法申请假扣押者,亦仅为少数案例。

又债权人依行政契约约定自愿接受执行者,该行政契约依法已得作为执行名义("行政程序法"第148条第1项),理论上债权人既可径自申请强制执行,亦应认为无申请假扣押之必要[756]。另债权人所欲保全之公法上金钱给付请求,已有抵押权等担保物权以为担保者,原则上亦仅能就担保不足额之部分固得申请假扣押。反之,如该债权有保证人者,纵该保证人仍有代负履行之能力,仍得对债务人申请假扣押,且于本案仅列债务人为被告请求公法上金钱给付,而未将保证人同列被告或另案请求履行其保证债务者,保证人纵有脱产情事,对其本案请求而言,亦非日后不能强制执行或甚难执行之虞。

2.假扣押申请之审查

高等行政法院受理申请假扣押事件后,应先依职权审查其一般诉讼要件以及申请假扣押之程序要件,如有欠缺而可补正者,应限期命其补正,经命补正而未补正或其申请不合法又不能补正者,应以其申请不合法予以裁定驳回。

如申请人之申请合法者,应就其申请之实质要件为审查。又假扣押程序系为保全公法上金钱给付义务之强制执行而设,属性质上具有紧急性、暂定性、密行性之程序,因此,程序之进行不以经言词辩论为必要,亦无如本法第116条第4项或第298条第4项规定须于裁定前征询或讯问双方当事人意见之必要,高

---

[756]　类似见解:1986年3月28日"司法院"(1986)厅民一字第1139号函谓:按债权人就金钱请求或得易为金钱请求之请求,欲保全强制执行者,得申请假扣押,又假扣押非有日后不能强制执行或甚难执行之虞者,不得为之,"民事诉讼法"第522条第1项、第523条第1项定有明文。足见假扣押系使债权人得不经通常确定私权之程序而取得执行名义,以保全强制执行之制度。倘债权人已得实现其债权,自无再予保全之必要。债权人就其金钱请求,提起给付之诉,既经法院判决准为假执行,则债权人已得依法强制执行,于判决确定前先获清偿自无复就同一金钱请求,再裁定假扣押之必要,其假扣押之申请应予驳回。

等行政法院于判断债权人所主张之公法上金钱给付请求权或法律关系是否存在时，原则仅由债权人就其请求及假扣押原因为释明，并于此一基础上为总括审查即可。因此，债权人申请假扣押时，应就请求及假扣押之原因为释明（第297条准用"民事诉讼法"第526条第1项）。如债权人不为释明者，本法第297条准用"民事诉讼法"第526条第2项、第3项规定虽得"供担保以代释明"，惟债权人申请假扣押，应使高等行政法院信其请求及假扣押之原因大致为正当，故纵使债权人陈明愿供担保者，亦仅能用以补强释明之不足，而无法取代申请人之释明责任；因此，故其经高等行政法院阐明后仍未为或不为释明者，应认为其申请为无理由，于以裁定驳回[757]。

如债权人之释明如有不足，而债权人陈明愿供担保或高等行政法院认为适当者，高等行政法院得定相当之担保，命供担保后为假扣押（第297条准用"民事诉讼法"第526条第2项）。债权人虽陈明愿供担保以补释明之不足，若高等行政法院认为申请人释明之不足无法经由供担保予以补足，或其所供担保尚不足补释明之不足时，既仍无法使高等行政法院信其请求及假扣押原因大致为正当，其申请仍为无理由。又请求及假扣押之原因虽经释明，法院亦得命债权人供担保后为假扣押（第297条准用"民事诉讼法"第526条第3项）[758]。此项担保兼具备供债务人因假扣押之强制执行或因供担保免为或撤销假扣押之裁定所受之损害，因此，高等行政法院于斟酌此项担保金额时，应衡酌债务人可能受之损害，但不得超过申请人（债权人）本案请求之金额或价额。

高等行政法院于申请人以为充分之释明或经命供担保以补释明者，其申请为有理由，应为准予假扣押之裁定。高等行政法院所为准许假扣押之裁定，得不附条件（单纯之假扣押裁定），亦得附以命债权人供担保之条件（附供担保条件之假扣押裁定）。由于本法第297条准用之"民事诉讼法"第526条第2项、第3项已修正为"命供担保后为假扣押"，其裁定系属"附供担保条件之假扣押裁定"性质，故不再适用"先命债权人供担保之裁定，俟供担保后，再为准予假扣

---

[757] 按本法第297条准用"民事诉讼法"第526条第2项原规定："债权人虽未为前项释明者，如就债务人所应受之损害已供法院所定之担保者，得命为假扣押"，嗣于2003年修法时修订为"前项释明如有不足，而债权人陈明愿供担保或法院认为适当者，法院得定相当之担保，命供担保后为假扣押"，显然于债权人未为释明者，纵其陈明愿供担保者，法院仍应以其假扣押申请为无理由予以裁定驳回（本条修正理由三参照）。

[758] 本法第297条虽亦准用"民事诉讼法"第526条第4项，惟于行政诉讼之假扣押制度，其申请人几为公行政之情形而言，上开规定几无适用余地。

押之裁定"之第二次裁定制度[759]。准许假扣押之裁定内,并应记载债务人供所定金额之担保或将请求之金额提存后,得免为或撤销假扣押(第 297 条准用"民事诉讼法"第 527 条)。

　　关于假扣押申请之裁定,得向"最高行政法院"为抗告(第 267 条、第 269 条、第 297 条准用"民事诉讼法"第 528 条第 1 项)。故债务人对于准许假扣押申请之裁定,债权人对于驳回假扣押申请之裁定,均得抗告。另依本法第 272 条规定准用之"民事诉讼法"第 489 条原规定:"抗告,得提出新事实及证据",惟前开准用条文于 2003 年修正"民事诉讼法"时,以该法已改采适时提出主义其第二审程序原则禁止提出新攻击或防御方法为由,而删除前开第 489 条规定,故关于假扣押申请之裁定提出抗告,能否提出新事实或证据,遂生疑义,尚有待学说与实务厘清。本书以为,自适时提出主义之精神及作为抗告法院之"最高行政法院"其法律审功能,以不得提出为宜。

　　"最高行政法院"(抗告法院)为裁定前,应使债权人及债务人有陈述意见之机会(第 297 条准用"民事诉讼法"第 528 条第 2 项);其认为抗告有理由者,应自为裁定(第 297 条准用"民事诉讼法"第 528 条第 3 项),不得依本法第 272 条准用"民事诉讼法"第 492 条后段发回原高等行政法院更为裁定。"最高行政法院"就假扣押裁定之抗告所为裁定,为终审之裁定,故高等行政法院所为准许假扣押之裁定,经"最高行政法院"自为裁定废弃后,即为确定,其已实施之假扣押执行程序应即撤销;因此,本法第 297 条虽准用"民事诉讼法"第 528 条第 4 项规定:"准许假扣押之裁定,如经抗告者,在驳回假扣押申请裁定确定前,已实施之假扣押执行程序不受影响",但理论上应无适用可能。

　　3.假扣押裁定之撤销

　　假扣押裁定有下列原因者,得因债权人或债务人之申请,撤销假扣押之裁定。撤销假扣押裁定之申请,向命假扣押之高等行政法院为之,如本案已系属者,向本案系属之高等行政法院为之(第 295 条、第 297 条准用"民事诉讼法"第 530 条第 4 项)。

　　(1)假扣押裁定撤销之原因

　　①债务人申请撤销

　　债务人有下列原因之一者,得申请撤销假扣押裁定:

---

[759]　2003 年"民事诉讼法"第 526 条修正理由二谓:依原第 2 项、第 3 项规定,法院得为附供担保条件之假扣押裁定,或先为命债权人供担保之裁定,俟供担保后,再为准予假扣押裁定。因后者须为二次裁定,繁琐费时,难符保全程序应求简捷以确保债权人权利之目的,且实务上甚少采用,为省劳费,爰将之修正为附供担保与准许假扣押之裁定,于同一裁定中为之,不再适用第二次裁定之制度。

a) 未依限起诉：假扣押裁定送达后，尚未提起给付之诉者，应于裁定送达后10日内提起；逾期未起诉者，行政法院应依申请撤销假扣押裁定（第295条）。因此，本条规定与"民事诉讼法"第529条须由债务人申请法院命债权人于定一定期限起诉，俟债权人未依限起诉后再申请撤销假扣押裁定者，有所不同。依本条规定，债权人不待行政法院之命即应于裁定送达后10日内，提起本案给付诉讼。此10日起诉期间虽为法定期间但非不变期间，债权人纵逾时日始提起给付之诉，但在行政法院尚未依申请为撤销假扣押裁定前，仍应认为已有合法提起给付之诉，不得再撤销假扣押裁定[760]。又假扣押裁定送达于债权人超过30日后，债权人能否申请假扣押之执行？实务有不同意见，多数意见以为：不问将来高等行政法院系嘱托普通法院民事执行处执行（债权人为人民情形）抑或嘱托行政机关代为执行（债权人为公行政情形），均应依本法第306条第2项准用"强制执行法"第132条第3项规定，债权人于收受裁定逾30日者，不得再申请执行[761]。

b) 假扣押之原因消灭、债权人受本案败诉判决确定或其他命假扣押之情事变更者，债务人得申请撤销假扣押裁定（第297条准用"民事诉讼法"第530条第1项）。所称假扣押之原因消灭，系指本案判决已无日后不能强制执行或甚难执行之虞之谓，即欠缺假扣押之实质要件或债务人情形，原则应以假扣押裁定基准时候所发生之事由为限，例如债务人已依假扣押裁定供所定金额之担保或将请求之金额提存者（第297条准用"民事诉讼法"第527条），属之。所谓命假扣押之情事变更，除法条例示之债权人受本案败诉判决确定外，例如债权人所欲保全之请求已因清偿、抵销或债权人之抛弃权利或免除等行为而消灭者，

---

[760] 陈计男前揭注16书第752页。

[761] 2000年高等行政法院2000年度第1次法律座谈会提案第17号，其讨论意见有下列三说：甲说（肯定说）：依第295条规定，假扣押裁定后，尚未提起给付之诉者，应于裁定送达后10日内提起；逾期未起诉者，行政法院应依申请撤销假扣押裁定。行政法院应依债务人之申请方撤销假扣押裁定，而在债务人申请撤销假扣押裁定前，并无不能执行之规定。且事实上，在尚未对债务人执行前，债务人亦无从知悉已经有假扣押之裁定，法院似无必要在债务人申请撤销假扣押前，不准假扣押之执行。乙说（否定说）：债权人既然申请假扣押，即有尽速为保全执行之必要，而无任其延宕之理，故在"强制执行法"第132条第3项规定"债权人收受假扣押或假处分裁定后逾30日者，不得申请执行"。应依第306条第2项准用"强制执行法"第3项规定，债权人收受裁定逾30日者，不得再申请执行。丙说（乙说之修正说）：债权人如系向高等行政法院申请假扣押执行，而高等行政法院将嘱托普通法院民事执行处执行时，依第306条准用"强制执行法"第132条第3项规定，于假扣押裁定送达债权人后逾30日者，不得申请；如高等行政法院系嘱托行政机关代为执行者（"行政执行法"第11条第2项），则不受30日之限制。

亦可认为有情事变更。如其债权人之本案请求已经高等行政法院判决驳回或因不合法而驳回者,宜于上诉或抗告时,并由"最高行政法院"审酌是否构成情事变更。至于债权人与债务人达成和解者,虽原有之公法上给付请求已因和解而消灭,但并非当然构成情事变更,仍应由高等行政法院依具体情形审酌认定。又行政法院受理撤销假扣押之申请后,必要时,得使债权人或债务人陈述意见(类推适用"民事诉讼法"第 528 条第 2 项),并自为裁定(第 297 条准用"民事诉讼法"第 530 条第 2 项准用同法第 528 条第 3 项)。行政法院审理结果认为申请不合法或无理由者,应以裁定驳回其申请;认为有理由者,应以裁定撤销假扣押裁定。对于高等行政法院所为上开裁定,依法均得抗告(第 264 条),但撤销假扣押之裁定经抗告者,在撤销假扣押裁定之裁定确定前,已实施之假扣押执行程序,不受影响(第 297 条准用"民事诉讼法"第 530 条第 2 项准用同法第 528 条第 4 项)。

②债权人申请撤销

假扣押裁定后,债权人得申请撤销之(第 297 条准用"民事诉讼法"第 530 条第 3 项),至于债权人申请撤销之原因为何,并非所问。

(2)假扣押裁定撤销之效果

假扣押裁定因自始不当而撤销,或因债权人未依限起诉(第 295 条),或因债权人之申请而撤销者,债权人应赔偿债务人因假扣押或供担保所受之损害(第 296 条第 1 项)。所称"假扣押裁定自始不当而撤销",解释上专指裁定后经债务人抗告,抗告法院审理结果认为依假扣押裁定基准时存在之事实及法律状态,不应为假扣押裁定而予以撤销之情形[762],因此嗣后因情事变更而撤销者,并非所谓自始不当。假扣押裁定因有上开事由而被撤销,债务人因假扣押或供担保所受之损害,均得向债权人请求赔偿,且本条赔偿请求权之成立,只须审究假扣押与损害间有无因果关系即可,不以债权人以故意或过失为必要[763]。假扣押裁定因有本条事由而撤销后,如假扣押所保全之本案请求已起诉者,前项赔偿,行政法院于言词辩论终结前,应依债务人之声明(准反诉),于本案判决内命债权人为赔偿;债务人未声明者,应告以得为声明(第 296 条第 2 项)。其未起诉者,除将来债务人依国家赔偿法规定提起国家赔偿诉讼外,解释上应许其单独提起行政诉讼请求。又第三人因保全程序而受有损害之情形,得否向债权

---

〔762〕　同旨,吴庚前揭注 13 书第 281 页,另 1980 年 6 月 19 日"最高法院"1980 年台上字第 1879 号判例参照。不同见解,陈计男前揭注 16 书第 754 页认为:系指对于假扣押裁定提起抗告或申请撤销后,行政法院认为依命假扣押裁定时客观存在之情事,不应为此裁定之情形而言。

〔763〕　1969 年 5 月 22 日"最高法院"1969 年台上字第 1421 号判例参照。

人请求损害赔偿？本书以为仍得请求，惟其请求权基础不能类推适用本法第296条第1项，而应分别假扣押申请人为公行政或人民而有不同，于前者情形，第三人对公行政得依"国家赔偿法"请求救济，其于后者情形，第三人得对主张"民法"之侵权行为损害赔偿。

（二）假处分

假处分制度之目的，在于保护申请人公法上之权利或公法上法律关系，于本案诉讼判决确定前，不致发生有不能实现或甚难实现之虞，或发生有重大之损害或急迫之危险，而使债权人之权利无法实现或其法律上地位因而受有重大影响而设[764]。由于本法诉讼类型已有增加，于撤销诉讼之外，另有确认诉讼与给付诉讼，因此，有于停止执行制度之外，另设保全程序之必要，而本法第298条所规定之假处分制度，即为因应本法增加诉讼类型后所需。亦即，除撤销诉讼与处分无效确认诉讼原则应以停止执行制度提供暂时的权利保护（第116条、第117条、第299条），以及应以假扣押保全日后之强制执行之公法上金钱给付请求（一般给付诉讼）外，其本案请求无论系课予义务诉讼、其他一般给付诉讼（包括就得易为公法上金钱请求之请求而提起者）或其他确认诉讼，原则均得依本法申请假处分。

本法第298条规定：公法上之权利因现状变更，有不能实现或甚难实现之虞者，为保全强制执行，得申请假处分（第1项）。于争执之公法上法律关系，为防止发生重大之损害或避免急迫之危险而有必要时，得申请为定暂时状态之假处分（第2项）。上开规定之假处分制度，系仿自《德国行政法院法》第123条之假命令（暂时命令，eistweilige Anordnung）制度而来，与民事诉讼之假处分（einstweilige Verfügung）制度未尽相同，而与停止执行制度同为行政诉讼之独特制度。前开本法第298条第1项所规定者系为保全日后之强制执行而设，为"保全性质之假处分（或称保全处分）"，与德国法制上之"保全命令（Sicherungsanordnung）"相当；同条第2项所规定之目的在于采取必要措施，以定暂时状态，为"定暂时状态之假处分"，与德国法制之"规制命令（Regelungsanordnung）"相当。

1. 申请假处分之要件

（1）程序要件

鉴于假处分制度作为停止执行制度之补充（辅助）机制之性格（第299条参

---

[764] 本法第298条立法理由二谓：公法上争议，固得依本法提起行政诉讼，但因诉讼程序至为繁复，如公法上权利状态已有变更或将有变更，嗣后权利人虽取得确定之胜诉判决，亦将无从实现其权利，爰设假处分制度，以资保全。

照），凡可依停止执行制度获致暂时的权利保护者，即无申请假处分之必要。又基于假扣押制度与假处分制度在保全程序中之功能分担，如应以假扣押保全日后之强制执行者，亦无申请假处分之必要。因此，得申请假处分之诉讼类型，除其本案请求为撤销诉讼与处分无效确认诉讼，以及应以假扣押保全日后之强制执行之公法上金钱给付请求（一般给付诉讼）外，其本案请求无论系课予义务诉讼、其他一般给付诉讼（包括就得易为公法上金钱请求之请求而提起者）或其他确认诉讼，均得申请。

申请假处分，除应具备一般诉讼要件（如当事人能力、当事人适格或诉讼权能、诉讼能力等）外，并应具备申请适格与申请利益。有关申请假处分之申请适格与申请利益问题，其情形因所欲保全之本案请求所应提起之诉讼类型或其所争执之公法上法律关系之性质，而有不同。一般而言，申请人所欲保全之本案请求为课予义务诉讼或系请求命行政机关不得为特定内容之行政处分而提起预防性不作为诉讼（一般给付诉讼）者，假处分申请适格与申请利益之判断，与申请停止执行之情形类似；其他提起一般给付诉讼或公法上法律关系存否确认之诉情形，除人民申请假处分时亦应具备诉讼权能要件外，其申请适格与申请利益之判断原则与申请假扣押情形同。

因此，a) 如申请假处分之本案请求无法经由行政争讼加以确定[765]或其应以

---

[765] 例如，对于私法关系不得申请假处分：(1)2001 年 4 月 27 日"最高行政法院"2001 年裁字第 270 号裁定谓：依卷附之"国防部军务局"与台北市政府签订"合作运用健军新村土地兴建国民住宅个案协议书"，双方系约由"军务局"提供健军新村土地，与台北市政府合作兴建住宅，由台北市政府负责兴建工程，双方并按约定比例分配房屋。房屋兴建完成后，台北市政府将住宅价格表通知"军务局"，由"军务局"就该局分得之房屋办理配售与眷户后，将确定配售名单通知台北市政府与配售户进行签约缴款及点交等程序。是健军新村"国军"眷户配售资格之决定，由"军务局"办理，仅配售名单确定后，所涉移转房地所有权及交付占有等程序，始由台北市政府所属经列为起造人之抗告人依前述契约约定办理。本件系争房屋即系原由"军务局"配售与相对人者，抗告人纵有移转所有权、交付系争房屋与"军务局"所确定之配售户之义务，亦系依其上级台北市政府与"军务局"间之前述合建契约而来，抗告人与"军务局"间并无何公法上之权利义务关系，与相对人更无何公法关系可言。相对人于抗告答辩状亦陈述本件所有权移转登记属民事关系，纵依其主张，"军务局"就配售关系所为决定为公法关系，乃移转系争配售房屋所有权所涉民事诉讼之先决问题，并不更易所有权移转为民事法律关系之性质，且抗告人所负移转、交付系争房屋之义务，为基于其上级机关与"军务局"之上开合建契约而来，难认系对相对人所负义务，相对人主张抗告人与"军务局"对其负有协同给付义务，为公法上关系云云，并不可采。此外，相对人未能举出其对抗告人有何公法上之权利存在，揆诸首揭说明，自不得对之申请假处分。原裁定对此部分，未予详查，遂予准许，洵非无误。抗告意旨执以指摘，为有理由，应由本院将原裁定关于抗告人部分废弃，并

撤销诉讼或处分无效确认诉讼确定者，即不得申请假处分。例如，对依法不得单独救济之程序行为（"行政程序法"第174条参照）、对不具可分性质之附款、对公务员[766]或公立学校教师[767]所为职务命令或内部措施等性质上非行政处

自为裁定驳回相对人此部分假处分之申请。（2）2005年8月25日"最高行政法院"2005年裁字第1641号裁定谓：申请假处分自须有欲保全之"公法上之权利"或"有争执之公法上法律关系"存在，为其前提要件。次按厂商与机关间关于履约或验收之争议，系属私法上法律关系，应循民事途径解决。本件原得标厂商合建公司因有无法依照契约顺利完工情事，乃由保证银行代洽经相对人机关审核符合原招标文件所订资格之其他厂商就未完成部分完成履约，核其性质仍属私法上法律关系，与行政法学上所谓"两阶段理论"无涉。本件抗告人系以其分包商推荐之厂商身份，请求相对人将系争未完成之工程交其承揽完成，亦即主张按原承揽契约继续完成原得标人所承揽之工程，其既未获承揽系争工程，所生争议仍属民事纠葛，并无所欲保全之"公法上之权利"或"有争执之公法上法律关系"存在。另抗告人与相对人间，纵有系争工程分包之小包、工头未领工资情事或有其他权利受损害之虞，均属私法上之争议。原裁定以抗告人请求假处分，于法不合而予驳回，并无违误。

[766] 2005年5月19日"最高行政法院"2005年裁字第876号裁定谓：假处分系保全强制执行方法之一种，原为在本案请求尚未经判决确定前，为预防将来债权人胜诉后因现状变更，有日后不能实现或甚难实现之虞而设，故假处分之申请，应以债权人对于债务人现在或将来有诉讼系属之本案请求为前提要件；如其请求非属得提起行政诉讼之事件，自不得申请假处分。次按"'中央'或地方机关依公务人员考绩法或相关法规之规定，对公务员所为之免职处分，直接影响其'宪法'所保障之服公职权利，受处分之公务员自得行使'宪法'第16条诉愿及诉讼之权。该公务员已依法向该管机关申请复审及向铨叙机关申请再复审或以类此之程序谋求救济者，相当于业经诉愿、再诉愿程序，如仍有不服，应许其提起行政诉讼，方符有权利即有救济之法理。……至公务人员考绩法之记大过处分，并未改变公务员之身份关系，不直接影响人民服公职之权利，上开各判例不许其以诉讼请求救济，与'宪法'尚无抵触"，"司法院"释字第243号着有解释。本件抗告人之服务机关以抗告人违反纪律，言行不检，损害公务人员声誉，有确实证据（"公务人员考绩法施行细则"第1项第2款第2目参照），以前揭令予以记一大过惩处，揆诸上开说明，抗告人即不得对之提起行政诉讼请求救济，其据而于原审为前揭假处分之申请，于法自有未合，原审为驳回申请之裁定，核无违误。

[767] 台湾行政实务甚至于公立学校对教师之内部管理措施，纵使其本案请求为一般给付诉讼，亦不得申请假处分。亦即，2004年11月4日"最高行政法院"2004年裁字第1404号裁定谓：按公立学校教师之聘任，虽属行政契约，惟公立学校具有机关之地位，公立学校聘任之教师，亦系受有国家俸给之人员，与公务人员并无不同，为确保教育之质量，国家颁布法令对于教师予以适当之规范及管理，乃有其必要。故教师之聘任虽属公法上之契约，惟关于待遇、工作条件等，则系依照有关之法令，无须以行政契约为之，亦不得以行政契约排除其适用。本件依抗告人所提《台中县立宜欣国民小学教师聘约》第5条规定："教师之权利、义务、……申诉、诉讼等，均依据'教师法'及相关法令规定办理之。相关法令未规定前，依现行规定或本聘约办理。出勤、差假依据《台中县立中小学教师及职员出勤差假管理要点》办理。"亦即抗告人得否因处理教师会会务而请公假及每周授课四节，应依"教师法"及相关法令。则

分之行为,原则均不能申请假处分[768]。b)又无论本案请求为何种诉讼类型,如申请人为公行政而其假处分申请所欲保全之权利或避免损害或危害之法律关系,依法得自行以作成行政处分或事实行为等行政措施即可达成目的者,其申请假处分应认为欠缺权利保护必要而不合法[769]。

此外,申请假处分,须依法定程序向管辖行政法院为之。其中,申请假处分所应遵守之法定程序,依本法第 302 条规定系准用申请假扣押之程序(第 297 条准用"民事诉讼法"第 525 条),此不再赘论。至于管辖行政法院依本法第 300 条规定,假处分之申请由管辖本案之高等行政法院管辖,但有急迫情形时,得由请求标的所在地之高等行政法院管辖。至于有无急迫情事,应依具体个案情节认定之。

(2)实质要件

申请假处分之实质要件,因其所申请者为保全性质之假处分(保全处分)抑或定暂时状态之假处分,而有不同。

①保全处分

本法第 298 条第 1 项规定:公法上之权利因现状变更,有不能实现或甚难实现之虞者,为保全强制执行,得申请假处分。因此,依本条项申请假处分者,其目的在于避免本案请求之公法上权利因现状变更,而发生不能实现或甚难实

相对人是否准其所请,尚非本于聘任关系,仍属机关就公法上具体事件所为之决定而对外直接发生法律效果之单方行政行为,应属行政处分。教师与公务员均受"国家"俸给,而公立学校复具有机关之地位,业如前述,则关于行政处分之救济,自不应与公务人员有所不同。参照"司法院"释字第 187 号、第 201 号、第 243 号、第 266 号、第 298 号、第 312 号、第 323 号、第 338 号、第 430 号、第 483 号等解释意旨,公务人员得依行政诉讼法提起救济之权益为:(一)改变公务员身份关系,直接影响其服公职之权利,如免职处分等。(二)对于公法上财产请求权受到影响者,如退休金、考绩奖金、福利互助金之请领等。(三)对于公务人员有重大影响之惩戒处分,如降低官等、降级、减俸等。至于公务人员请求给予公假,上级机关就其监督范围内所发布之职务命令,或其他工作条件及管理之必要处分,则不许提起行政诉讼。抗告人虽为聘任之教师,就所受处分其得提起行政诉讼之范围,自应比照适用一般公务人员之标准。本件抗告人系依"教师法"第 18 条之 1 规定请求给予公假,核属服务机关所为之"管理措施"或"有关工作条件之处置",尚未改变抗告人教育人员身份,不直接影响其服公职之权利,不得提起行政诉讼,则无就当事人间争执之法律关系定暂时状态之必要。至"司法院"释字第 308 号解释,仅谓公立学校聘任之教师非公务员服务法之公务人员,惟亦未明示教师受学校之行政处分,其得提起之行政救济优于一般公务人员。原裁定(按 2004 年 9 月 15 日台中高等行政法院 2004 年全字第 19 号裁定)认抗告人本件申请与"行政诉讼法"第 298 条定暂时状态之假处分之要件不合,予以驳回,并无违误。

[768] 吴庚前揭注 13 书第 288 页参照。

[769] 吴庚前揭注 13 书第 286 页以下;陈敏前揭注 170 书第 1542 页参照。

现之结果。因此,申请保全处分须具备下列要件:

A.须有欲保全之公法上权利。依保全处分所欲保全者须为金钱给付请求以外之其他公法上权利,包括特定物之给付或其他非属金钱给付请求之作为、不作为或忍受等给付之权利在内。又上开公法上权利,虽属"得易为金钱给付请求之请求",于其转换为金钱给付之请求前,仍得申请保全处分,但如纯属金钱给付请求者,则属应依假扣押保全之对象,尚不得申请假处分。

保全处分目的系为保全将来之强制执行,以免本案请求尚未判决确定前,所欲保全之公法上权利因现状变更而不能实现或甚难实现之虞。因此,申请假处分自以申请人(债权人)对于债务人,现在或将来有诉讼系属之本案请求为前提要件[770],如该本案请求已有确定终局判决,或该本案请求系属他人间之诉讼事件,申请人对之纵有利害关系,亦不得谓自己对于债务人现在或将来有诉讼系属之本案请求,自无申请假处分可言[771]。简言之,该所欲保全之公法上权利,须存于申请人(债权人)与债务人间且该权利现在或将来有以行政争讼程序加以确定之可能者而言。

又申请保全处分,须所欲保全公法上权利本身或该权利之标的物,有因现状变更致该权利日后有不能强制执行或甚难执行之虞者,始得为之。因此,保全处分系用以确保债权人本于其与债务人间既存之基础关系已发生之权利之实现而设,并非先行使债权人取得其尚未成立之权利[772][773]。

---

[770] 2001年4月20日"最高行政法院"2001年裁字第247号裁定谓:按公法上之权利因现状变更,有不能实现或甚难实现之虞,为保全强制执行,依"行政诉讼法"第298条第1项规定,债权人固得申请假处分。惟上开假处分系为债权人在公法上权利之本案请求尚未确定以前,预防因现状之变更,将来胜诉后,有不能实现或甚难实现之虞而设,故以债权人自己对于债务人,现在或将来有诉讼系属之本案请求为前提要件,亦即债权人对于债务人应有公法上之权利存在,始得依首开规定申请假处分。

[771] 陈计男前揭注16书第757页参照。

[772] 类似见解,陈敏前揭注170书第1543页谓:此种假处分(按即保全命令)系用以"确保个别之请求权(zur Sicherung eines Individualanspruchs)",行政法院仅能采取"存在保护措施(bestandsschützende Maßnahmen)"。

[773] 例如,(1)2002年8月23日"最高行政法院"2002年裁字第852号裁定谓:"土地法"第219条第1项规定之收回权,限于土地所有权被征收者,不包括土地改良物被征收情形。故抗告人之收回请求亦限于土地所有权,其地上建物,非请求权之范围,自不得以地上建物将被拆除为由,申请假处分。(2)2002年5月30日"最高行政法院"2002年裁字第457号裁定谓:按公法上之权利因现状变更,有不能实现或甚难实现之虞者,为保全强制执行,得申请假处分,"行政诉讼法"第298条第1项定有明文。假处分乃以保全将来之强制执行为目的,故债权人申请假处分,必以自己对于债务人,现在或将来有诉讼系属之本案公法上请求权为前提要件,否则即无欲保全之公法上权利,自不符合假处分之要件,至于就他人间尚未

B.须因现状变更有日后不能实现或甚难实现之虞。所称"现状变更"系指所欲保全公法上权利之标的物之现状之改变而言。所欲保全权利之标的物现状虽已有变更,如该变更部分之状态仍在持续改变或恶化者,亦包括在内[774]。因此,对系争土地进行整建等各项工程或后续措施,而变更或持续恶化系争土地之现有之使用状态者,属之。例如,被征收土地所有人(原土地所有权人)主张公法上买回权经该管机关拒绝,而该被征收土地已经需地机关作变更土地状态之使用,例如将土地挖成湖泊或水库,则其收回被征收土地之权利将有不能实现或甚难实现之虞,即可申请假处分禁止在原地动工。通常情形,于债权人所欲保全之公法上权利,可能因债务人之行为(通常为"积极行为"[775])发生现状

具体发生公法上之权利,纵使自己有利害关系,亦无保全之必要,仍不得申请假处分。次按于争执之公法上法律关系,为防止发生重大之损害或避免急迫之危险而有必要时,得申请为定暂时状态之处分,为"行政诉讼法"第298条第2项所规定。于争执之公法上法律关系,所为定暂时状态之处分,其本案之请求,应即为该"争执之公法上法律关系"者,始足当之。若该公法上法律关系并不存在,或系私法上之法律关系,则行政法院不得以假处分命定暂时状态。按"土地法"第72条及第73条规定,土地登记其公法上之权利义务之发生,系权利人及义务人会同申请土地登记机关时开始,迄于登记完毕终止。至于登记簿上登记状态,并非公法法律关系,若有争议,应循私法程序解决。所以土地登记簿上登记之土地权利人若尚未向土地登记机关申请变更登记,第三人应不得申请公法上之假处分。本件抗告人就桃园县观音乡大同段1659地号土地申请假处分,请求应暂禁止移转、设定及其他权利变更登记等必要处置云云。惟查本件登记之权利人尚未申请变更登记,此为两造所不争,则本件登记簿上权利登记之存续状态,系私法权利事项,系争土地登记之公法上法律关系尚未发生,揆诸上开说明,自不符合申请假处分之要件,其申请于法无据,因将抗告人之申请驳回,于法洵无违误。按"土地法"第43条规定,依本法所为之登记,有绝对效力。查抗告人在原审之行政诉讼申请状业已叙明"……曾庆南等五人其后于1995年8月1日、8月14日、1996年12月2日及1997年6月27日就大同段1659地号(即重测改编前下大堀段61-1地号)土地以'买卖'及'赠与'等原因所为移转登记,……为避免其后有参加人再为移转、设定及其他权利变更登记之情事,而影响判决之效力,自应请求就系争土地有为必要之处置"。依其所述事实,系争土地既已移转为第三人所有,则该第三人取得土地权利,有绝对效力。抗告人对该土地将来再为移转、设定及其他权利变更登记,若有争议,即属因私法关系所生之争执,而无欲保全之公法上之权利,自不符合假处分之要件。

[774] 例如,禁止债务人于某山地垦殖耕作行为之假处分,虽于假处分前债务人已开垦系争土地之一部,该被开垦之部分已非从前存在之状态,但仍为假处分效力所及,不得再行变更(陈计男前揭注16书第758页)。

[775] 除上开学者所举保全处分之例外,陈敏前揭注170书第1543页所举之例,亦多因债务人之积极行为所致,但无论如何均以所欲保全之权利于"将来"有无实现可能为断。例如:(1)暂时禁止环保机关在特定尚未施工完成之垃圾掩埋场堆放垃圾;(2)暂时禁止卫生主

变更,导致"将来"有不能实现或甚难实现之虞时,即可申请保全处分以为暂时的权利保护。反之,如债权人所欲保全之公法上权利系因债权人之行为(包含积极行为与消极行为)导致"现在"无法实现或甚难实现有其他"现状"变更情事,但"将来"该权利经判决确定后仍可实现者,则非此所称现状变更,此一情形能否申请定暂时状态之假处分姑且不论,但若申请此处之保全处分,通常不应准许[776]。

又本法第 298 条第 1 项系以"公法上权利因现状变更,有不能实现或甚难实现之虞"为申请保全处分之权利保护必要要件,其规定用语与"民事诉讼法"第 532 条第 2 项"假处分,非因请求标的之现状变更,有日后不能强制执行,或甚难执行之虞者,不得为之"之规定,有所不同。因此,是否公法上权利因现状变更"有不能实现或甚难实现之虞",解释上非专以所欲保全之公法上权利之现状,日后能否经由强制执行之方法予以回复为断,而应就保全处分所欲保全之公法上权利之性质、现状变更对于相对人之利益与对申请人权利之影响、作成或否准保全处分对社会之可能影响及其范围与程度以及否准保全处分后将来回复原状费用与所欲保全权利间之合比例性等因素,为适切利益衡量后决定[777]。然台湾行政诉讼实务于审查上开保全处分之实质要件时,却似专以系

管机关发布某业者特定产品不安全之警告。至同书另举"暂时确认当事人之特定行为为法律所许可"亦为保全命令之适例;但吴庚前揭注 13 书第 287 页注 244 所举类似案例,亦即"厂商申请行政法院以假处分暂时确认,其商品得以某一商标上市销售",却认属不应准许之情形,显然二者存有不同意见。

[776] 2005 年 10 月 24 日台中高等行政法院 2005 年全字第 31 号裁定谓:申请人申请假处分所保全之重新领牌、换发行照之权利,并非继续性之公法上法律关系,自非属定暂时状态假处分之标的,且不符合防止发生重大损害会避免发生急迫危险之要件,此部分之申请并无理由。而法律就通常假处分之规定,所称公法上之权利现状变更,有不能实现或甚难实现之虞,应系指为公法上权利标的物,其现状变更,日后有不能以强制执行回复原状或甚难回复者而言。本件申请人请求相对人在其未缴清罚锾前准其重新领牌,并无公法上权利现状变更,日后有不能以强制执行回复原状或甚难回复之虞,难谓符合上开要件。揆诸上开说明,申请人自不得以假处分之方式请求救济。

[777] 类似见解,2005 年 8 月 29 日台中高等行政法院 2005 年全字第 28 号裁定关于定暂时状态假处分之申请,谓:定暂时状态假处分之申请须有定暂时状态之必要始得为之。因假处分程序,行政法院仅依申请人片面之主张及其提出之证据,决定对于假处分申请之准驳,而相对人不得就申请人主张之实体上理由,作为对假处分裁定不服之理由,故此制度,基本上对相对人有相当之不利益,则行政法院就假处分之必要性为判断时,应依利益衡量之原则,就申请人因未准予假处分致本案判决胜诉时所生损害与相对人因准予假处分所生损害衡量比较以为决定。

争公法上权利将来能否经由强制执行方法予以回复为断[778]，显然受前开"民事诉讼法"规定用语及民事诉讼实务之影响甚深，是否妥适，容有再加斟酌必要。

---

[778] 例如：(1)2002 年 4 月 4 日 2002 年"最高行政法院"2002 年裁字第 249 号裁定谓：本件抗告人申请假处分所保全之土地买回权，并非继续性之公法上法律关系，自非属定暂时状态假处分之标的，应属通常假处分之范围，而法律就通常假处分之规定，所称公法上之权利现状变更，有不能实现或甚难实现之虞，应系指为公法上权利标的之物，其现状之变更情况，日后有不能以强制执行回复原状或甚难回复者而言。本件征收之土地，据抗告人所陈，系作为辟建公园，果所言非虚，其开辟后地上物应不复杂，倘抗告主张之买回权日后果能获胜诉确定判决，非不能以相对人之费用，借强制执行程序回复土地原状。(2)2002 年 12 月 20 日"最高行政法院"2002 年裁字第 1517 号裁定谓：一、按公法上之权利因现状之变更，有不能实现或甚难实现之虞者，为保全强制执行，得申请假处分，为"行政诉讼法"第 298 条第 1 项所明定。所谓有不能实现或甚难实现之虞者，系指公法上之权利因现状之变更，嗣后权利人虽经确定得行使其权利，亦无从实现或虽非不能实现，但其实现极为困难者而言。若权利标的物现状之变更，嗣后回复原状，并非极为困难，即无致生其权利之实现不能或极为困难之情事，自不符合假处分之要件。二、本件相对人前以其所有土地为都市计划公共设施用地，经征收后未依计划期限使用，相对人申请照原征收补偿价额收回，抗告人却编列预算完成，欲执行征收计划，将变更现状，使其收回权不能实现或甚难实现，遂申请原法院准为假处分。原法院审理结果，以如原裁定附表所示之土地为广场用地，其工程预算业经议会审议通过，抗告人即将进行工程等情，有相对人提出之证物为证，已足释明该土地之现状变更，相对人请求收回之公法上权利将有甚难实现情事，因而裁定准相对人供担保后为假处分。但查相对人之前已向抗告人申请收回系争土地，如符合收回之要件，并不因抗告人之后始编列预算完成，进行系争土地辟建为广场之行为而受影响；且抗告人之后所为，充其量完成广场之建设，于系争土地之原有地形，并无重大改变，以系争土地为都市计划公共设施保留地之性质，所得申请为临时建筑使用或不得妨碍其指定目的之使用而继续为原来之使用（"都市计划法"第 50 条、第 51 条），实无困难。是系争土地现状之变更，回复原状并非极为困难，依前述说明，不合假处分之要件。原裁定认与假处分之要件合致，准相对人申请为假处分，尚有未合。抗告人执以指摘，为有理由。至于抗告人主张相对人未提起本案诉讼，且抗告人非本案诉讼之适格被告，相对人申请假处分无权利保护必要一节。查有无提起本案诉讼，为假处分之后应否撤销假处分之问题，非关假处分之有无保护必要应否准许。又查抗告人为受理申请收回被征收土地之机关，其审查结果认与规定不合，亦得作成否准决定而为处分机关（参考本院 2002 年 9 月、10 月份庭长法官联席会议决议），非不得于收回被征收土地涉讼时为适格之被告。是抗告人上开主张并不可采。(3)2002 年 12 月 20 日"最高行政法院"2002 年裁字第 1517 号裁定谓：按公法上之权利因现状之变更，有不能实现或甚难实现之虞者，为保全强制执行，得申请假处分，为"行政诉讼法"第 298 条第 1 项所明定。所谓有不能实现或甚难实现之虞者，系指公法上之权利因现状之变更，嗣后权利人虽经确定得行使其权利，亦无从实现或虽非不能实现，但其实现极为困难者而言。若权利标的物现状之变更，嗣后回复原状，并非极为困难，即无致生其权利之实现不能或极为困难之情事，自不符合假处分之要件。

②定暂时状态处分

本法第 298 条第 2 项规定:于争执之公法上法律关系,为防止发生重大之损害或避免急迫之危险而有必要时,得申请为定暂时状态之假处分。同条第 3 项规定:前项处分,得命先为一定之给付。因此,申请定暂时状态之假处分,须具备下列要件:

A. 须有争执之公法上法律关系。得依定暂时状态之假处分予以保全之标的,须为"有争执之公法上法律关系",亦即,须为有关公法上具体权利义务。包括:a)该有争执之公法上法律关系本身;b)构成该法律关系基础之法律上地位;c)以该法律关系为基础所延伸或扩展之其他法律关系,并与该争执之公法上法律关系之现在实现有密切关联者。至于该有争执之公法上法律关系之内容为何,原则不问,甚至不排除该法律关系以金钱给付为其内容。至于此类有争执之公法上法律关系是否以有继续性为必要,论者多以为虽以继续性之法律关系为主,但不以此为限[779]。亦即能否申请定暂时状态之假处分,纯粹依该有争执之公法上法律关系有无防止发生重大之损害或避免急迫之危险而有必要为断。惟台湾行政诉讼实务上,能申请定暂时状态之公法上法律关系,却限于继续性法律关系,此一态度,容有再加斟酌之处[780]。

例如,下列情形,实务均以其所争执者非继续性法律关系而驳回其定暂时状态之假处分之申请:i)因资格不符而否准报考之行为(本案为课予义务诉讼),申请准予暂时先参加考试[781];ii)申请人主张其继续居住于系争土地上房

---

[779] 不同见解,陈计男前揭注 16 书第 763 页。

[780] 《德国行政法院法》第 123 条第 1 项第 2 句规定:行政法院亦得以假命令定暂时状态,尤其于继续性法律关系情形,如为避免申请人重大不利益,或防止急迫之公暴力,或因其他理由而认有必要时,亦得为之。其中法条虽举继续性法律关系为定暂时状态假命令之主要适用对象,但本条并无排除于其他情形亦有适用之可能,还请留意。

[781] 2004 年 12 月 23 日"最高行政法院"2004 年裁字第 1671 号裁定:依"行政诉讼法"第 298 条第 2 项为定暂时状态之假处分申请,须于争执之公法上法律关系,为防止发生重大之损害或避免急迫之危险而有必要者,始得为之,且应以有继续性之公法上法律关系为要件,盖如该法律关系并无继续性,即无定暂时状态之必要。……查本件抗告人于原审申请意旨略以:抗告人现任委任五职等警察行政职系职务,依"警察人员升级考试规则"第 5 条、"警察人员管理条例"第 14 条及"警察人员管理条例"第 3 条、第 39 条、第 14 条规定,已符合参加警察升级考试资格。惟经报考 2004 年警察人员升官等考试,遭相对人以 2004 年 10 月 6 日选高字第 0931400697 号函复与"警察人员升官等考试规则"第 5 条、第 6 条规定不符,不得报考。历年来警察行政职系从未举办过升级考试,抗告人无法参加该考试,即永无升迁机会,相对人不准报考,无异剥夺抗告人之工作及考试权益,为此申请定暂时准予参考状态之假处分,即准抗告人得暂时参与警察人员升官等考试,并命相对人发给暂时准考证等语。原审则

舍多年,此系属事实状态,如未具体表明有何居住权源之法律关系,亦无继续性之公法上法律关系[782]。

又定暂时状态所欲保全之法律关系,为有争执之公法上法律关系,且该法律关系须能经由本案诉讼予以确认者,始足当之。因此,如该有争执之法律关

略以:经查抗告人系就其是否符合应考资格、考试规则有关应考资格之规定有无法律上之瑕疵为争执,并非就有继续性之公法上法律关系为争执,自不得据以申请定暂时状态之假处分,因予裁定驳回其申请。本院经核原裁定并无违误。抗告意旨犹执词略谓原审误会抗告人之争议点,抗告人接受完整警察训练且服务于双轨制警察机关台北市政府警察局,警察人员升级考试规则明显违反警察人员管理条例准用服务于双轨制警察人员,原审以抗告人未以法律上争执为理由,违法裁定驳回其申请,求予废弃原裁定云云。然查原审系认抗告人未就"有继续性之公法上法律关系"为争执,而系就其是否符合应考资格、考试规则有关应考资格之规定有无法律上之瑕疵为争执,自不得据以申请定暂时状态之假处分。

[782] 2005 年 10 月 20 日"最高行政法院"2005 年裁字第 2122 号裁定谓:经核原裁定(按 2005 年 7 月 14 日台北高等行政法院 2005 年全字第 43 号裁定)系以:经核抗告人主张之保障身心障碍之权利、居住迁徙自由权、生存权,均属"宪法"原则性之揭示,其实现端赖法律明定具体得以主张之请求权,惟其并未具体表明有何实体法依据之请求权,所称人权基本法草案及国际人权法公民与政治权利亦然,自难谓其有何公法上之权利存在,而得申请假处分。查"癫病"(即麻风病、汉森病)为"传染病防治法"第 3 条规范之第 3 类传染病,相对人"行政院卫生署"为加强办理癫病之预防治疗、复健研究计划示范及工作人员训练,特设置乐生疗养院,抗告人系因患癫病,基于公权力介入而于乐生疗养院住院治疗,与其居住迁徙自由权本无相关。况系争 294-21 号土地业经拨用作为兴建新庄捷运机厂之用地,拆除系争土地上原有乐生疗养院房舍,系基于"国家"公共建设之整体利益而为,并非无理由。而相对人乐生疗养院委托"内政部营建署"代办新建医疗院舍大楼之兴建工程即将完工,相对人乐生疗养院以新建院舍继续提供医疗照护及赡养处所,于抗告人身心障碍之保障、生存权或其他基本人权无碍,难谓其有权利受公权力之违法干涉,为排除该违法干涉之事实结果,以回复原有状况之结果除去请求权,亦无使其发生重大损害或急迫危险可言。至于所称抗告人居住之系争土地上房舍为其原始取得之建筑物,如予强制拆除,系侵犯其财产权,得向相对人主张结果除去请求权一节,亦属私权争执,并非公法上之权利。抗告人之主张既非公法上之权利,即无公法上之权利因现状变更,有不能实现或甚难实现之虞,是其依"行政诉讼法"第 298 条第 1 项规定申请为假处分,请求禁止相对人就系争土地上之房屋、地上物及医疗设备为拆除迁移之行为,即有未合,不应准许。另抗告人所称与相对人间有请求积极给付适合之生活环境之公法上法律关系,并无实体法上之依据,显非适于为行政诉讼标的之请求,自不得泛称为继续性之公法上法律关系。至于所称其继续居住于系争土地上房舍多年,系属事实状态,其未具体表明有何居住权源之法律关系,亦无继续性之公法上法律关系可言。况依前所述,乐生疗养院新建医疗院舍大楼即将完工,抗告人可安置于新院舍,系争地上物之拆除,并未使其发生重大损害或急迫危险,是抗告人依"行政诉讼法"第 298 条第 2 项规定申请定暂时状态之处分,请求准许抗告人于本案诉讼确定前得继续居住于系争土地上之房屋及地上物,亦有未合,因而驳回抗告人于原诉讼程序所为申请,核无违误。

系非可经由本案诉讼予以确认（如行政法院对之无审判权，或其非公法上争议[783]），或已经本案判决确定而无争执者，均非可申请定暂时状态之假处分。凡此，均与申请假扣押或保全处分之情形同。惟应注意者，该"有争执之公法上法律关系"，是否亦须同时为假处分所欲"定暂时状态之法律关系"；亦即定暂时状态之假处分之对象，除有争执之法律关系外，是否包括"以该法律关系为基础所延伸或扩展之其他法律关系，并与该争执之公法上法律关系之现在实现有密切关联者"。对此，实务采否定见解，因此对于该类与本案法律关系有关联之其他公法上法律关系，如未经于本案诉讼中一并请求或自始不请求或无法请求者，即不得对该本案法律关系以外之其他法律关系，申请定暂时状态之假处分。例如，本案争执之公法关系为"公用地役关系"之存否，即不得申请对"公车站牌及候车亭之设置与取消之法律关系"定暂时状态[784]；又如本案争执之公法法律

---

[783] 2004 年 12 月 30 日"最高行政法院"2004 年裁字第 1696 号裁定谓：况按水利主管机关对于所辖之河川堤防等防水之建造物，固得于有必要时予以兴建，以保护照顾人民之生命财产，然此系属行政机关之行政作为，为行政权之作用，人民于认有必要时，虽得对于行政机关之施政内容予以陈情、请求，然此一请求，并非基于人民法律上所保障之权利，因此人民对于政府机关基于此类行政权作用之行政行为，如认有不利益，倘非权利的损害，且人民亦无请求作为之权利。尚难认抗告人等有提起本件请求相对人作成前开特定内容行政处分之权利。是本件抗告人等此部分之起诉，与"行政诉讼法"第 5 条之规定，尚有不合。原法院（2003 年 4 月 16 日 2003 年度诉字第 909 号裁定）即系以上开理由驳回抗告人此部分之诉，有该裁定附卷可凭。按定暂时状态处分之目的在保全将来当事人就公法上争执所生判决内容之实现，须有争执之公法上法律关系，为防止发生重大之损害或避免急迫之危险，而有为定暂时状态之假处分之必要者，始得准许，若当事人间之争执，非依行政诉讼所得救济，则无就当事人间争执之法律关系定暂时状态之必要。乃据以驳回抗告人等所为假处分之申请，揆诸首开说明，核无不合。抗告意旨仍执前词，指摘原裁定违误，声明废弃，为无理由，应予驳回。

[784] 例如，2006 年 4 月 13 日"最高行政法院"2006 年裁字第 742 号裁定谓：抗告人申请意旨略以……系争土地是否成立公用地役关系，业经抗告人向原法院提起确认诉讼在案，相对人急欲回复本已迁移之公车站位并恢复公交车路线停靠之行为，除将使抗告人原发包施工之校门口广场地景观改造工程延宕落后，迫使抗告人依工程合约必须支付承包厂商巨额违约金、迟延损害赔偿、利息等金额，巨额投资随之付诸东流，而受有重大损害，爰依"行政诉讼法"第 298 条第 2 项规定申请本件定暂时状态之假处分，请求：（1）禁止相对人于系争土地上，设置公车站牌及候车亭。（2）禁止相对人回复公交车路线行经系争土地并停靠该处公车站牌及候车亭。原法院（按 2006 年 1 月 20 日台北高等行政法院 2006 年全字第 186 号裁定）以抗告人所称之"本案"被告为"台北市政府"，而本件假处分之相对人却为"台北市政府交通局"，当事人已不相同，且抗告人起诉之本案争执之公法关系为"公用地役关系"与本件假处分争执之公法关系为"公车站牌之设置与取消"显然有别；又相对人迁回公车站牌系依

关系为"申请人与相对人学校间之教师介聘法律关系",即不得申请对"第三人与相对人学校间之介聘关系"定暂时状态(保留系争职缺并不得另行聘请合格教师占缺任教)[785];本案争执"是否具备服国防役之资格之法律关系"(被告为

法令之行政裁量范围,抗告人并未对该迁回公车站牌之处分提起诉愿等行政救济,即径行提起本件假处分,显无本案基础;又现有公车站牌所在之系争土地上,分别设有管制交通之号志及行人穿越道等标线,并无交通安全之急迫危险;况抗告人所称之赔偿金额仅为866744元,与公众通行之公益予以衡量,难认金额重大而属重大损害,与"行政诉讼法"第298条第2项之假处分要件不符为由,裁定驳回抗告人之申请。(本院)按"行政诉讼法"第298条第2项规定之定暂时状态之假处分,须争执之公法上法律关系,为防止发生重大之损害或避免急迫之危险而有必要为要件。又于争执之公法上法律关系,所为定暂时状态之处分,其本案之请求,应即为该"争执之公法上法律关系"者,始足当之。经查,系争土地为抗告人管理之国有土地,此有土地登记簿誊本复印件附卷为凭,并为两造所不争执,虽抗告人向原法院提起确认诉讼,请求确认台北市政府对于系争土地之公用地役关系不存在,然公用地役关系乃私有土地而具有公共用物性质之法律关系("司法院"释字第400号解释理由书参照),系争土地既为国有土地,是否可能成为公用地役关系,已不无疑义,且本案争执之公法关系为"公用地役关系"之存否,与本件所争执者,为"公车站牌及候车亭之设置与取消"之法律关系,两者并不相同,况系争土地即使无公用地役关系,然相对人基于其为台北市交通业务主管机关,为了系争土地周遭居民行车之方便,自得本于职权就公车站牌及候车亭之设置及其地点为裁量,足见抗告人本案之请求与本件就该争执之公法关系定暂时状态之假处分,并无必然关系。又查,系争土地于1971年起即供欣欣客运股份有限公司作为乘客上下车及停车场使用,此有抗告人于原法院所提出之航空摄影图及抗告人1971年、1980年、1981年毕业纪念册上之照片附卷为凭,嗣相对人虽于系争土地设置公车站牌,但同时设有管制交通之号志及行人穿越道等,足见于交通安全上并无急迫之危险,虽于系争土地上偶有车祸发生,惟究不得认全系因该公车站牌所致。另相对人迁回系争公车站牌,致抗告人原发包施工之校门口广场景观改造工程延宕,依工程合约支付承包厂商违约金等损害赔偿,共866744元,然斟酌抗告人所支付之该笔金额占其总预算之比例微,且与公众通行便捷之公益予以衡量,其损害尚难认属重大,从而,原法院驳回抗告人之申请,于法并无不合。

〔785〕 2005年11月10日"最高行政法院"2005年裁字第2428号裁定谓:原审裁定系以:(一)于争执之公法上法律关系,为防止发生重大之损害或避免急迫之危险而有必要时,得申请为定暂时状态之处分,固为"行政诉讼法"第298条第2项所明定,惟定暂时状态假处分之申请须有定暂时状态之必要始得为之。(二)抗告人主张其原任职台中县大雅中学之教师兼特教组组长,参加2005年台闽地区公立中学教师外县市介聘作业,于2005年6月1日收到审查报到通知单介聘至相对人学校身心障碍科(类别),并于同年6月10日报到,因抗告人未同意相对人校长黄俊文要求签具"台中市立三光中学新进教师同意切结书",担任资源班数学的教学及配合行政工作。经隔数日后,即接到通知介聘案被退件。……因各中小学校于2005年8月30日即将开学,且听闻相对人将另以甄试方式聘请老师任教,而申诉救济途径至确定时,旷日废时,至其时,恐无法避免抗告人之重大损害。因此,就抗告人与相对人间之聘任关系,因急迫而有定暂时状态之必要。又如抗告人日后诉讼败诉,可能会影响原

对其志愿服国防役之申请予以否准之国防部)，不得对"征召入伍服预备军官役之法律关系"(征召处分机关为台南市政府)申请定暂时状态(缓召及保留预备军官资格)[786]。惟本书以为，为使定暂时状态之假处分功能能得以充分发挥，关

任大雅中学教职;反之，如胜诉后却可能因相对人已另聘任正式合格教师而无特教职缺，进而影响抗告人日后到相对人学校任职之权利或影响已合格任用之第三人教师权利。爰依"行政诉讼法"第 298 条规定，申请相对人自 2005 年 8 月 30 日起，应将身心障碍资源班特教老师正式职缺暂时保留，不得聘请正式合格教师(可改以聘请代课老师进行教学工作)。(三)经查依教育部 2004 年 5 月 26 日台特教字第 0930070873 号函释，凡持有特教教师证书者，均可参加身心障碍特教班之特教教师甄选及介聘，至于是否符合学校出缺教师之任教需求，则应依"教师法"规定经学校教师评审委员会审查决议。因公立中学为分科教育，不似公立小学为包班制，可教授各种科目，相对人之教师遗缺为数动科，抗告人之专长则为英语，相对人教师评审委员会基于学校资源班课务安排有实际上之困难，并顾及资源班学生之受教权益，决议不予通过，自无不合。况抗告人嗣亦已回任原台中县大雅中学任教，既未改变其教师之身份，亦未影响其权益。抗告人虽陈称因台中县大雅中学靠近海边，离其住居所较远，须每日舟车劳顿，造成身体不适。惟相对人拒绝抗告人之申请，则系维护多数资源班学生之受教权，抗告人之本件申请难认具必要性，应予驳回。……经核抗告人申请相对人自 2005 年 8 月 30 日起，应将身心障碍资源班特教老师正式职缺暂时保留，不得聘请正式合格教师(可改以聘请代课老师进行教学工作)，事涉多数资源班学生受教权之公益，其维护应重于保障抗告人所受之损害，本件假处分之申请自难认具必要性，遑论抗告人并不得就其与相对人之间所争执之介聘关系以外，其他相对人另行聘请合格教师之行政措施申请假处分。原审裁定予以驳回，并无违误。

[786] 2000 年 12 月 21 日"最高行政法院"2000 年裁字第 1728 号裁定谓:原法院准为:"两造间关于申请 2000 年研究所毕业役男志愿服务'国防'工业训储为预备军官事件，于申请人(指本件相对人)对相对人(指本件抗告人)2000 年 5 月 18 日炼销字第 8900006893 号函之行政争讼确定前，申请人得暂时不依台南市政府 2000 年 10 月 1 日南市民征字第 41976 号台南市 2000 年第 J50－2－6 期考选预备军(士)官入营通知书入营，并得暂时保留申请人服预备军官役之资格"之定暂时状态假处分，无非以:预备军官役及"国防役"之教育、服役期间长短各有不同外，预备军官役及"国防役"之教育训练内容亦不相同，从而，申请人如依入营通知书入营服预备军官役，将来倘经审认应改服"国防役"时，除无法将其预备军官役之教育期间折抵"国防役"之教育期间外，亦可能发生申请人实际服役期间超逾法定服役期间之损害，申请人已就申请"国防役"事件争讼，如其未依入营通知书所载报到时间 2000 年 10 月 16 日上午 8 时至下午 5 时入营服预备军官役时，依"大专预备军官选训服役实施办法"第 10 条第 2 项后段及第 17 条规定，将发生无法保留预备军官名额，而应征服常备兵役之结果，将对申请人发生重大之损害，且其入营期限在即，情事亦属急迫。矧"国防役"之服役期间较诸预备军官役之服役期间为短，于三个月教育期间届满合格后，即发给退伍证书，办理退伍，不受现役军人身份之拘束，倘本件申请人"国防役"之申请为正当时，其所服超逾三个月役期所受现役军人身份之拘束，亦难于用金钱补偿其所受之损害为所持之论据。惟查于争执之公法上法律关系，得申请为定暂时状态之假处分，固为"行政诉讼法"第 298 条第 2 项所规定。然

于本案公法上法律关系以外之其他法律关系,如属"以本案争执之法律关系为基础所延伸或扩展之其他法律关系,并与该争执之公法上法律关系之现在实现有密切关联者",并符合"防止发生重大之损害或避免急迫之危险而有必要"之要件者,仍应以肯定为宜。

最后,应注意者,在台湾情形,本法虽采民事诉讼之假扣押制度,但并未采用其假执行制度(本法第 218 条并未准用"民事诉讼法"第 389 条至第 395 条)[787]。因此,例如公务员之俸给请求权及社会救助给付等事项有关之公法上权利或法律关系,于台湾仅能依假扣押制度予以保全将来之强制执行,但实际上因此类假扣押申请几乎均因欠假扣押之实质要件,而未见有允许之例。而此类案件之特征,通常在于债权人与债务人间具有高度经济从属关系,且该争执权利或法律关系性质属继续性法律关系;因此,其主要争执点,并非因将来权利有不能实现或甚难实现之虞,而欲保全将来之强制执行,而系因上开案件之特质(从属性与继续性),申请人如不能于"现在"全部或部分实现系争公法上权利或法律关系之内容,对申请人将造成重大之损害或发生急迫之危险,故有经由暂时的权利保护机制予以保护之必要。

关于上开类型之暂时的权利保护制度,在民事诉讼有附随于本案终局判决

此之所谓争执之公法上法律关系,系指为假处分所保全之本案行政争讼标的之公法上法律关系而言,不包括与该法律关系相牵涉之其他公法上法律关系在内。本件相对人主张其因申请 2000 年研究所毕业役男志愿服"国防役",经抗告人以前述函复,谓其专长与规定不符,不予准许,乃对之提起诉愿云云,则为本件争讼标的者,显系就相对人是否具有服"国防役"之资格,两造间有争执,乃相对人不针对其此一资格之有无,申请定暂时状态之假处分,而对台南市政府依法征召其服预备军官役之处分,为此项申请,已嫌无据。且依同法第 299 条规定,关于行政机关之行政处分,不得为假处分。台南市政府前开预备军官入营通知,系就相对人应服预备军官役所为对外直接发生法律效果之单方行政行为,自属行政处分。依上开规定,不得为假处分之标的,乃相对人申请准其暂不依该征召通知入营服预备军官役,并暂保留其此一预备军官役资格之定暂时状态假处分,亦属无据。原裁定未查,遂予准许,即非无违误。抗告意旨执以指摘,为有理由,应由本院将原裁定废弃,并自为裁定驳回相对人假处分之申请。

[787] 本法于研修过程对于行政诉讼应否设假执行制度曾有讨论,然因论者对于是否实行以及如何设计多存疑虑,最终决定本法不采假执行制度。整体而言,赞成者认为于给付诉讼中仍有假执行存在之必要,但"民事诉讼法"假执行规定中与行政诉讼本质不兼容者,不宜准用;反对者则认为行政诉讼多以政府机关为被告,有无实行假执行制度之必要,有待斟酌,纵于以人民为被告而有假执行之必要,但行政诉讼仅有二级二审诉讼程序上较为缩短,虽无法实时实现判决之内容,然诉讼程序不致拖延,配合假扣押程序以资保全,应无假执行之必要("司法院"编印前揭注 742 书第 690 页以下参照)。

之"假执行制度[788]"("民事诉讼法"第 389 条至第 395 条参照),以及于终局判决前"预为实现本案请求内容之全部或一部"(包括预为实现本案金钱给付请求之全部或一部[789])之"定暂时状态之假处分制度"(同法第 538 条至第 538 条之 4 参照)。反之,于行政诉讼情形,例如德国行政诉讼制度,因不采假扣押程序,故关于公法上权利如涉及金钱给付时,并非不得以假处分(保全处分)代替假扣押以达保全之目的,尤其在公务员之俸给请求权及社会救助给付等事项方面,实例不少[790]。至于台湾现行行政诉讼制度,学界虽有明确表示得经由假处分制度,预为实现公法上金钱给付之内容者[791];但实务关于金钱给付之暂时的权利

---

[788] 例如,"民事诉讼法"第 389 条第 1 项规定:下列各款之判决,法院应依职权宣告假执行:……二、命履行扶养义务之判决。但以起诉前最近六个月分及诉讼中履行期已到者为限(第 2 款)……;第 390 条第 1 项规定:关于财产权之诉讼,原告释明在判决确定前不为执行,恐受难于抵偿或难于计算之损害者,法院应依其申请,宣告假执行。

[789] 2003 年 2 月修正"民事诉讼法"第 538 条时,其修正理由谓:"一、于争执之法律关系定暂时状态,系为防止发生重大之损害,或避免急迫之危险,或有其他相类之情形而有必要者,与纯为保全将来执行之一般假处分有所不同……。又此项申请不限于起诉前或起诉后,亦不论是本案之原告或被告,均得为之。二、法院裁定准为定暂时状态,仅系当事人间争执之法律关系暂为之处分,……其诉讼种类端视争执之法律关系内容而定;至已系属或应系属之本案诉讼,其起诉之事项应限于能确定该争执之法律关系……。四、定暂时状态之处分,往往系预为实现本案请求之内容……"第 538 条之 2 修正理由谓:"一、法院依第 538 条第 3 项规定为命先为一定给付之裁定后,如抗告法院废弃或变更该裁定时,……于此情形,抗告法院应依抗告人之申请,在废弃或变更之范围内,于裁定中同时命申请人返还其所受领之给付,其给付为金钱者,并应依申请附加自受领时起之利息。"

[790] 吴庚前揭注 13 书第 283 页。

[791] 例如吴庚前揭注 13 书第 284 页、陈敏前揭注 170 书第 1544 页,于论述定暂时状态之假处分要件时,明确表示所争执之法律关系,不排除其内容为金钱给付。另翁岳生编前揭注 37 书第 753 页[林明锵执笔]谓:纵使系金钱请求,内容亦可能包含于定暂时状态假处分之内。……例如:"中央健保局"与某特约医疗院所因特许合约争议事件,拒绝给付该院所有之费用,致该院所提起一般给付诉讼外,并申请定暂时状态假处分,要求"中央健保局"先给付医疗费用,否则该院所将因该费用之拒付,致病人之医疗必须中断,甚至于该院所濒临破产倒闭之危险,此时,受理之行政法院即可依"行政诉讼法"第 298 条第 3 项之规定,命"中央健保局"为一定之给付(全部或部分金额依法皆无不可),以防止该医疗院所遭受重大损害,并避免病人面临医疗中断之危险。又如陈计男前揭注 16 书第 763 页关于定暂时状态之假处分要件虽主张必须系"公法上金钱请求以外,凡适于为行政诉讼标的,而有继续性"之公法上法律关系,但同书第 762 页却谓:例如债权人为请求救济金或薪金之给付,或确认通行权,而申请定暂时状态之处分,命相对人于判决确定前,暂时按月给付救济金或薪金若干元或忍受申请人之暂时通行是。此时如高等行政法院准为定暂时状态之处分时,申请人虽在本案执行前,即得请求给付裁定所定救济金或薪金或通行,相对人亦有给付义务或忍受通行之义务,申请人在本案执行前,即得享有现实之利益,足见与保全的假处分不同。

保护申请,因已设有人民甚难利用之假扣押制度,故亦几集中于申请假扣押,几乎未见有以申请定暂时状态之假处分,预为实现公法上金钱给付之内容者[792]。就此而言,台湾行政诉讼假处分制度,实际上似并未发挥其真正应有功能,甚为可惜。

B. 须为防止发生重大损害或避免急迫之危险而有必要:须有定暂时状态之必要。本条项定暂时状态之假处分,目的不在于确保权利之将来得以实现,而系在该有争执之公法上法律关系之"预为实现"其内容之全部或一部。因此,申请此类假处分之目的,须为防止发生重大损害或避免急迫之危险,此与保全处分目的在于保全将来之强制执行者,有所不同。因定暂时状态之假处分有预为实现本案争执之法律关系内容之全部或一部之作用,其反而具有事先限制或剥夺相对人甚至其他第三人权益之效果,因此,于判断有无准许定暂时状态假处分之必要时,必须充分衡量申请人之申请利益与准为定暂时状态假处分对相对人之不利益之平衡[793]。因此,本法特别严格其申请要件,限于必须申请人系为"防止发生重大之损害或避免急迫之危险"而有"必要"时,始能为之。否则,此一目前不能实现争执法律关系内容之不利益(损害或危险)即应先由申请人承受,留待确定终局判决解决。简言之,立法者于定暂时状态之假处分,经由规定严格要件之方式,已先于申请人与相对人间作第一次风险分担。因此,申请定暂时状态假处分之请求及原因,申请人仍负有释明责任,原则不得命供担保以代释明(即不采以担保代替释明之制度)(第301条),且行政法院于裁定前,得先讯问当事人、关系人或为其他必要之调查(第298条第4项),以强化其作成准否决定时之正当性。

惟应注意者于申请人之申请利益与准为定暂时状态假处分对相对人之

---

[792]　其如有预为实现公法上金钱给付内容之必要者,多系仿照民事诉讼之例,申请"假执行",而行政法院受理此类申请时,如非因其本案请求无理由而未加论究外,均以行政诉讼无假执行制度而驳回其申请,例如:(1)2002年4月11日台北高等行政法院2001年诉字第3951号、2003年11月6日"最高行政法院"2003年判字第1508号(以上为请求退职金事件);(2)2000年11月30日台北高等行政法院2000年诉字第111号、2001年12月7日"最高行政法院"2001年判字第2346号(以上为返还税捐担保品事件合并请求损害赔偿及假执行之申请);(3)2002年9月11日台北高等行政法院2001年诉字第3461号(抚恤事件);(4)2002年9月26日台北高等行政法院2001年诉字第3779号(退伍疏处慰励金事件,又本件为撤销诉讼合并金钱给付请求,本件判决虽判原告全部胜诉对原告假执行之申请却未置一辞)。至于唯一一件准许假执行申请案为2001年4月17日高雄高等行政法院2000年诉字第1265号判决(本件系劳保局依"劳工保险条例"第17条第2项后段规定向投保单位请求损害赔偿并申请供担保后假执行)。

[793]　同旨,陈计男前揭注16书第763页以下参照。

不利益时,宜区别"申请人为人民而相对人为公行政"以及"申请人为国家而相对人为人民"二种情形,为差别处理。亦即,于申请人为人民相对人为公行政,如行政法院于依法行政原则所容许之限度内,能善用第303条准用"民事诉讼法"第1项之规定,经由酌定"假处分所必要之方法"之方式,既能达成申请人定暂时状态之损害与危险回避目的或降低其损害与风险(比例原则之最小侵害手段原则要求),并能兼顾行政目的之达成(避免发生"本案先取"效果)者,应即准许定暂时状态之假处分。反之,于申请人为国家而相对人为人民情形(实务鲜有此类案例),通常情形,采用严格态度审查其申请是否具备实质要件,反较符合依法行政与比例原则等要求;亦即,除非基于重大公益或有达成行政目的之紧急必要,否则其申请原则不应准许。因此,下列情形,宜予准许其定暂时状态假处分之申请:a)于限额招生情形,命相对人先行许可某学生入学注册以免额满;b)于有职缺限制情形,暂时先准予录用以免录用他人占用缺额;c)对应考资格有争议之考生暂时准许其参加考试[794];d)对申请复学遭拒即将受征兵召集之学生,暂时准许其复学[795];e)对于申请延长服务

---

[794] 以上 a)—c)案例,引自陈敏前揭注170书第1544页。

[795] 2002年12月20日"最高行政法院"2002年裁字第1513号裁定谓:一、抗告人于原审申请意旨略以:其为相对人所属"国防"医学院之六年级学生,于2001年10月间因在网络上刊登恶作剧广告致遭检察官约谈,相对人于2001年12月10日以(2001)教决字第6813号令,认抗告人因涉嫌刑事案件致不能继续修业,依《军事学校学生研究生学籍规则》第35条规定,命抗告人办理休学。并限定需于2002年11月1日止前一周内办理复学,逾期未复学者,将依《军事学校学生研究生学籍规则》第40条第5款所定"休学期满未依限复学"之规定,予以退学处分。抗告人依令接受相对人之休学处分,但事后因检察官侦查稽延时日,无法结案,而休学期限即将届满,抗告人遂于2002年10月20日以信函向相对人申请复学,相对人以欠缺休学事由消灭证明之不起诉处分书为由,拒绝受理申请人之复学申请,并表示逾期将直接予以退学。相对人上开拒绝复学申请之表示为违法之行政处分,而且因为其拒绝结果,申请人不能依限复学,相对人又即刻可依《军事学校学生研究生学籍规则》第40条第5款之规定,给予退学处分。纵使事后申请人将来获得不起诉处分,仍无法恢复学籍,导致抗告人作为学生之公法上地位无法回复与实现,形成重大损害,故有必要定暂时权利保护状态之必要,因此申请假处分等语。二、原裁定以:本件假处分所欲保全之本案权利,系以拒绝复学处分违法为由,请求相对人应作成"准其复学"之行政处分,而拒绝处分本身没有积极之内容,不能以停止执行来作为"暂时权利保护",因此"行政诉讼法"第299条之规定,应采狭义之解释,不包括上开情形,从而本案之申请仍属合法。惟本件抗告人申请定暂时状态之假处分其理由不外是其学籍将来无法回复,但事实上如果相对人拒绝复学之处分为违法,则相对人即必须接受抗告人之复学申请,此时亦无《军事学校学生研究生学籍规则》第40条第5款所定"休学期满未依限复学,应予退学处分"适用之可能,因此本案并不具备"暂时权利保护"制度所须具备之急迫要件,是其申请为无理由,据以驳回抗告人在原审之申请。固非无见。

（延退）^{〔796〕}或遭解聘之教师，暂时准许继续任教^{〔797〕}；f）或基于人道因素，准许暂

三、惟查：按"于争执之公法上法律关系，为防止发生重大之损害或避免急迫之危险而有必要时，得申请为定暂时状态之处分"。"前项处分，得命先为一定之给付。""行政诉讼法"第298条第2项、第3项定有明文。本件抗告意旨主张其向相对人申请复学，相对人迄今置之不理，抗告人若无法及时复学，将与医学院课程脱节，且若无法立即复学，即需入伍服兵役，将导致学业中断，抗告人作为学生之公法上之地位将难以回复而受到重大之损害，并有时间上之急迫性等情，提出台北县板桥市公所北县版兵字第0910042840号函，证明抗告人之兵役仅核定延期兵役征集至2002年11月8日为止。经核抗告人上开主张尚非无据。查抗告人如无法及时复学而遭兵役征集，致中断其学业，是否已足认将发生重大之损害，自不无审酌之余地。且抗告人兵役缓征期限仅至2002年11月8日止，受兵役征招在即，似尚难谓非属急迫情形，原审（按2002年11月14日台北高等行政法院2002年全字第65号裁定）未及审酌上开事由，遂以将来本案诉讼如属有理由，则相对人即必须接受抗告人之复学申请，此时亦无《军事学校学生研究生学籍规则》第40条第5款所定"休学期满未依限复学，应予退学处分"适用之可能，因此本案并不具备"暂时权利保护"制度所须具备之急迫要件，而驳回抗告人在原审之申请，尚有未洽。抗告意旨据以指摘原裁定，求为废弃，为有理由。

〔796〕 2004年1月16日高雄高等行政法院2003年停字第35号裁定谓：所谓定暂时状态之假处分，系指于争执之公法上法律关系，为防止发生重大之损害或避免急迫之危险而有必要之情形时所为之处分，而假处分之必要性，则为行政法院裁定假处分时，就申请人利用假处分制度，有无正当必要性之判断事项。行政法院就假处分之必要性为判断时，应依利益衡量之原则，就债权人因未假处分致本案判决胜诉时所生损害与债务人因假处分所生损害衡量比较以为决定。查本件申请人系1995年8月获得李远哲杰出人才讲座，应邀回台湾获聘于相对人大学担任教授职务，依相对人1996年度通过礼遇延退条款，应每年自动延聘至七十岁为止，且申请人现有"人类转译后修饰蛋白质（SUMO、SMT3）之构造及功能"、"猪与土鸡繁殖力表现体及CDNA芯片研发计划"等二个"国家型"科技类研究计划，上开计划均系经由相对人申请补助经费，纵使主管机关"国家科学委员会"及"行政院农业委员会"同意申请人退休后继续执行各该计划，亦必须经相对人教评会三级三审事先办理退休者为名誉教授或兼任教授始得为之，且须经系所务会议同意通过让名誉或兼任教授继续使用研究实验仪器及指导研究生，迄今相对人未为任何处置，申请人于2004年2月1日之后，就不能再执行上开"国家型"科技计划，且上开基因体医学计划所研究的SUMO蛋白，是申请人回台后在1996年全世界第一个发现的，现有基因体医学科技计划三年补助经费，且有很多合作学者进行研究，如果申请人被迫退休，其科学研究生命将结束，是永久不可弥补及回复之损害等情，业据申请人陈明在卷，复据其提出有2002、2003、2004年度"人类转译后修饰蛋白质（SUMO、SMT3）之构造及功能"经费核定清单、经费预核清单、专题研究计划执行同意书、"行政院农业委员会"主管科技计划2003年度单一计划说明书及"中央研究院"生物化学研究所所长王惠钧院士函等复印件为证。爰审酌大学教授主要之职责在于教学与研究，两者相辅相成，且具有持续性及一贯性，亦即研究中断后，不但会影响其教学质量，且因科学研究日新月异具有时效性，申请人如因延退案未通过被迫退休而中断研究后，日后纵获胜诉判决，亦难以回复，其对申请人所造成之损害甚巨。而相对人因假处分之结果，因申请人暂缓

办理退休，仅影响相对人对教学计划之安排，因申请人仍继续其教学与研究工作，对相对人之师资及学生权益，尚无影响，故相对人所受损害显属较为轻微。因此，本院认申请人就本件所争执之公法上法律关系，为防止发生重大之损害，申请定暂时状态之假处分，有其正当必要性，核其所请，尚无不合，应予准许。

〔797〕除前开所举案例外，实务于教师申请定暂时状态假处分以继续任教之案例，均以不符申请之实质要件予以驳回。例如：(1)2004 年 6 月 3 日"最高行政法院"2004 年裁字第 654 号裁定(即前揭注 796 案之抗告法院)谓：按公立大学聘任之教师系基于聘约关系，担任教育工作，依其聘约之内容，要在约定教师应履行公立大学应提供之教育服务，及所得行使之公权力行政，性质上系公法上契约。教师基于此项聘约，负有于大学内从事教学及研究工作之义务，大学则以给付教师薪资为其义务。教师基于前开聘约，因而具有特定之资格得以指导学生、从事研究，惟此乃其应履行义务之内容，非可认其因聘约而生之权利或利益；至因教师于履行其义务即从事教学或研究可获致之学术上成就，则仅为前开事实行为之结果，尤非聘约所生之权利或利益可比。苟大学未提供必要之协力，致教师无从履行其义务；或大学拒绝接受教师所提供之教学或研究给付；或违反法令办理终止聘约之相关程序，教师可毋庸为教学及研究之给付，即得主张聘约关系存在，请求大学给付薪资，而不得主张其从事教学或研究之"权利"或"利益"受损。另按"行政诉讼法"第 298 条第 2 项规定："于争执之公法上法律关系，为防止发生重大之损害或避免急迫之危险而有必要时，得申请为定暂时状态之处分"。得为此项申请之人，应系于争执之公法上法律关系将受重大损害或急迫危险之人，否则，即不得依此规定申请假处分。经查：本件抗告人李水龙主张其系 1995 年 8 月获得李远哲杰出人才讲座，应邀回台湾获聘于抗告人"中山大学"担任教授职务，于 2003 年 10 月 20 日因届满六十五岁，依法须办理退休，乃于 2003 年 6 月 20 日依抗告人"中山大学"1996 年度通过之礼遇延退条款，认应每年自动延聘至七十岁为止，向抗告人"中山大学"提出延长服务之申请，抗告人"中山大学"所属理学院于 2003 年 12 月 9 日 2003 学年度第三次教评会决议未通过。抗告人"中山大学"如未继续聘用抗告人李水龙，抗告人李水龙现进行之"人类转译后修饰蛋白质(SUMO、SMT3)之构造及功能"、"猪与土鸡繁殖力表现体及 CDNA 芯片研发计划"等二个"国家型"科技类研究计划，就不能再执行；共同参与上开"国家型"研究计划之学生，于抗告人李水龙被迫退休，必须变更指导教授及研究题目，抗告人李水龙之科学研究生命亦将结束，将造成永久不可弥补及回复之损害云云。揆之前开说明，本件抗告人李水龙纵未能继续其于抗告人"中山大学"之教师职务，基于两造间之聘约所生权利之损害，应为其无法受领薪资之损害，至抗告人李水龙所述者，则非对其权利或利益所生之"损害"或"危险"。况依抗告人李水龙所述之受害者，或为其学生，或为提供研究计划之机关，而非其本人。此外，若本案诉讼之结果，抗告人李水龙若获胜诉判决，则其薪资均应恢复并获给付，是于本件争执之公法上法律关系，并不致发生重大之损害或急迫之危险，而有为假处分之必要。原审(按 2004 年 1 月 16 日高雄高等行政法院 2003 年停字第 35 号裁定)就此未为详查，而如抗告人之申请，裁定准为假处分，经核尚有未合，抗告人"中山大学"抗告意旨求为废弃，为有理由，应将原裁定废弃，并驱回抗告人李水龙于原审之申请；另抗告人李水龙之抗告部分核无理由，应予驱回。(2)2005 年 10 月 20 日 2005 年"最高行政法院"2005 年裁字第 2188 号裁定谓：本件抗告人主张其自 2004 年 8 月 1 日起，经相对人聘任为教师，乃相对人竟于聘约将届满时，以抗告人有教学不力或不能胜任工作，有具体事实或违反聘约情节重大情事，

时入境[798]。

（3）本案诉讼之事先裁判问题

暂时的的权利保护制度之特质,在于对系争公法上权利或有争执之公法上法律关系,于经由慎重缓慢之诉讼程序判决确定前,行政法院于有限之时间与诉讼数据之限制下（紧急性）,先不就本案请求之系争公法上权利或法律关系之存否加以确认（形式性）,而对申请人提供"暂时性"保护。亦即,此一制度之最终目的仍在为本案之审理做准备,并非取代本案诉讼程序,其公法上权利或法律关系之存否仍有待本案诉讼程序为最终确认（确认性）。因此,申请人如经由暂时性权利保护制度所提供之保护,实质上已达成其本案诉讼之目的（即本案是否继续进行对申请人已无关紧要）者,即发生申请人于暂时的权利保护程序"预先且实质上终局取得本案诉讼结果"之效果,而使"本案诉讼程序"（慎重性、

————————————

决定不续聘抗告人。揆之前开说明,本件抗告人未能继续于抗告人学校担任教师职务,于两造间之聘约所生权利上之损害,应为其无法受领薪资之损害,抗告人既未因受聘取得其他内容之人格权,自无其所述人格权受损之可言。又本案诉讼之结果,抗告人若获胜诉判决,纵抗告人因相对人之违法拒绝受领给付,而未实际给付教学、研究服务,相对人仍有给付薪资与抗告人之义务。是于本件争执之公法上法律关系,抗告人并不致发生重大之损害或急迫之危险,而有为定暂时状态处分之必要,其所为假处分之申请,自无从准许。

[798] 例如,申请人入境申请被否准后,申请定暂时状态之假处分,命相对人"因人道考虑"允许申请人入境直至太太生产于台湾,宝宝满月以及法院处理完毕一切此诉讼的过程为止;申请人（瑞保罗）认为有申请定暂时状态之必要之理由为:主张其台湾妻子陈×璇怀孕9个月,即将生产,胎儿有发育迟缓迹象,身心受到严重煎熬,情况紧急,需要申请人陪伴身旁,因恐怕即使向原处分机关或受理诉愿机关申请停止执行,也会来不及获得适时的救济,无法及时入境陪伴妻子,恐将发生难于回复的身心损害。对此,2006年6月8日台北高等行政法院2006年停字第43号裁定则驳回其假处分之申请,其理由相当奇特而令人难以苟同,亦即该裁定谓:在此首先必须厘清以下之观念:"未成年子女必须长期与父母团聚共司生活",在本案中是属于"本案权利"之课题。而"妻子怀孕到生产前必须先在旁持续予以照顾",则是属于"保全必要"之课题,二者在判断层次上不能混为一谈。（1）本院承认"妻子怀孕到生产前必须先在旁持续予以照顾"对申请人而言,或许有其急迫性,但其急迫程度并非十分明显（申请人并没有证明其妻子在台别无亲朋好友）,加上其本案权利存之盖然性甚低,所以并无给予暂时保护之正当性。何况在本案调查阶段亦发现,申请人之妻子已生产完毕。（2）是以本件申请人假处分之申请,在经本院参酌"行政诉讼法"第298条第2项之规定,且一并衡量同法第116条第2项所定各项因素后,认为全案并无作成"命相对人作成准许入境居留授益处分"之定暂时状态假处分之必要,爰以裁定驳回之。而申请人目前真正需要的是,直接就本案权利寻求救济（至于提起行政争讼时,其诉讼形态是典型的"课予义务争讼类型",抑或是其他的"预防性确认争讼类型",因所涉课题目前在学说及实务上仍无定论,本院在此亦不做任何建议）。

终局性、确认性)实质被"暂时的权利保护程序"(形式性、紧急性、暂定性)所取代者，即发生所谓"本案先取(Vorwegnahme der Hauptsache)"之现象。对此，理论上鉴于本案诉讼程序与暂时的权利保护程序之区别与功能分担，原则即应禁止于暂时的权利保护程序发生上开现象，此即"本案先取禁止原则(Verbot der Vorwegnahme der Hauptsache)"。

然如前所述，于定暂时状态之假处分，其制度设计主要即系经由"预为实现"申请人本案法律关系内容之全部或一部之方式，以达避免损害或危险之目的，且实际上多数情形均属此类案例。因此，于行政法院于准许定暂时状态之假处分时，最容易发生是否违反"本案先取禁止原则"之问题。惟应注意者，所称"本案先取禁止原则"并非禁止行政法院核发定暂时状态之假处分使申请人取得本案法律关系内容之全部(或一部)，而系禁止经由定暂时状态之假处分，实质获致仅于本案始能获致之终局权利保护结果[799]。因此，纵使以定暂时状

---

[799]　例如，下列案例表面上似非本案先取问题，但如申请人申请目的在于动工施筑，则其本案请求虽主张维持道路通行，但真正目的实在动工施筑，则若允许为定暂时状态之假处分，日后申请人一旦施工完成即已达成其提起本案请求之背后真正目的。亦即，2001年10月11日"最高行政法院"2001年裁字第783号裁定谓：按依"行政诉讼法"第298条第1项规定申请假处分，须以公法上之权利因现状变更，有不能实现或甚难实现之虞者，为保全强制执行，始得为之。是以其申请如逾越假处分之目的，而申请命为直接可达强制执行目的之处分，则无异于假处分程序即确定申请人请求之存在，自非假处分程序所得准许。本件抗告人于原审申请意者略谓：伊所有坐落××县××市××里段××里××段124－4、124－7地号土地，系作为工厂之用，并已申领建筑使用执照，而工厂平日赖以通行之道路即坐落同小段37－13、186－7地号土地，自1976年以前即供公众通行使用，该37－13地号土地甚且编为交通用地，抗告人于2001年4月间申领杂项执照，而于动工前夕，第三人邱庆铜竟于2001年5月8日纠集不知名之民众多人，强行将该道路以水泥块等杂物堆置，妨害公众通行，迫使抗告人不得续行施工，经抗告人报案由警方人员搜证中，然抗告人因每日均须通行该原有道路，且因第三人之行为致使抗告人无法如期完工并交付厂房予承租人茂林光电科技公司，道路堆满障碍物等亦有公共安全之虞，经抗告人向桃园县政府申请排除，该府虽函请桃园县中坜市公所派员清除，惟迄今仍未予以执行，乃公务员怠于执行职务之行为，显然系就抗告人有无公用通行权予以争执，而抗告人向桃园县政府申领之杂项执照系有完工期限，又加以抗告人迟延一天施工，所生损害及费用十分庞大而难以估计，因堵塞亦生公共危险，自属有防止发生重大之损害及避免急迫之危险且有必要，而得申请定暂时状态。又本件道路通行遭阻碍，乃系公用地役权因现状变更而有难以实现之虞。另查本件所争执者系抗告人有无公用通行权而生，理应为给付诉讼，亦即依"行政诉讼法"第8条第1项之规定"人民与中央或地方机关间，因公法上原因发生之请求作成行政处分以外之其他非财产上之给付"。为免损害扩大，爰依"行政诉讼法"第298条第1项、第2项规定申请假处分，请求裁定命彼等就坐落××县××市××里段××里××段37－13、186－7地号土地上之水泥石块

态之假处分预先获致本案法律关系内容之全部,但如实质上并未取代本案诉讼程序者,仍非违反本案先取禁止原则[800][801]。例如申请人境遭否准后,基于婚

等障碍物除去,并维持该既成道路通行等语。原审以:本件抗告人所为请求命相对人就前开地号土地上之水泥石块等障碍物除去,并维持该既成道路通行之假处分,已与本案诉讼请求所能达到之目的相同,无异于假处分程序即确定抗告人请求之存在,此部分如准其为假处分,则抗告人即无诉讼之必要,殊非假处分制度设置之本意。本件假处分之申请,既系利用假处分程序申请命为直接可达强制执行目的之处分,显然逾越假处分之目的,应非假处分程序所得准许。揆诸首揭说明,核非无据。次按于争执之公法上法律关系,为防止发生重大之损害或避免急迫之危险而有必要时,得申请为定暂时状态之处分,为"行政诉讼法"第298条第2项所规定。查于争执之公法上法律关系,所为定暂时状态之处分,其本案之请求,应即为该"争执之公法上法律关系"者,始足当之,且必为该诉讼标的之法律关系有其继续性,若无继续性之法律关系,如一次给付即可终了者,法院不得以假处分命当事人之一造暂为此等给付。抗告人据以申请假处分之本案诉讼,系在将来欲提起之行政诉讼中,请求相对人作成排除障碍之给付行为,并未以其声称之"争执之公用通行权",作为诉讼标的,自难认抗告人系以有争执之法律关系申请假处分。又本件抗告人申请假处分,主张相对人须就坐落××县××市××里段××里××段37-13、186-7地号土地上之水泥石块等障碍物除去,然因土地上之水泥石块等,一经清除完毕,其行为即告完成,足见抗告人所欲申请者,系属于行为不行为之请求,性质上非具有继续性之法律关系,即不适于定暂时状态之假处分,而与"行政诉讼法"第298条第2项所规定之假处分不符,因认其申请于法无据,裁定驳回其所为申请,经核亦无不合。抗告意旨仍执前词并以伊既就系争土地通行权之有无予以争执,而第三人就原通行状况予以变更,自属日后难以实现之可能,仍有假处分之必要云云,自非可采。

[800]　类似见解,2005年9月29日"最高行政法院"2005年裁字第2037号裁定谓:本件抗告人于1999年依"卫星广播电视法"(下称"卫广法")申请获得"欧棚频道"(下称系争频道)卫星广播电视事业执照,有效期限至2005年8月2日止。抗告人于2005年2月25日前送件申请换发系争频道卫星广播电视事业执照,相对人以2005年8月2日新广四字第0940601016号行政处分书(下称原处分)不予换发,抗告人以相对人之处分显然于法不符且将造成抗告人难以回复之损害,为此依"行政诉讼法"第298条第2项之规定,向原审申请定暂时状态之假处分,请求准予抗告人换发欧棚卫星电视台"行政院新闻局卫星广播电视执照"或将原证照予以延长之处分云云。原审(按2005年8月23日台北高等行政法院2005年全字第122号裁定)以:按"行政诉讼法"第298条第2项规定:"于争执之公法上法律关系,为防止发生重大之损害或避免急迫之危险而有必要时,得申请为定暂时状态之处分"。上开暂时权利保护制度,于法理上须受到一定程度的"禁止本案先取"原则之限制,亦即假处分不得达到与本案胜诉相同之结果,惟在例外情形下,为满足申请人之生存必要之请求,或拒绝此种假处分申请,将导致申请人严重且无可期待之负担时,为确保权利之有效保护,始许其违反上开"本案先取"原则。查本件抗告人之声明系在请求相对人准许换发执照或延长原执照,已如前述,关于延长原执照部分,未经抗告人向相对人提出申请,且与"卫广法"第6条第2项规定之执照有效期限为6年,期限届满前应申请换发之明文不合,抗告人纵系为本案之请求,亦不合法且无理由,自更无以假处分定暂时状态之必要。又关于命相对人准许换照部

分，核此一申请如获准许，将达到与本案胜诉相同之结果，依前说明，违反前揭"禁止本案先取"之原则，自非法之所许。又查抗告人此部分之申请，非为满足申请人即抗告人之生存必要之请求，盖虽其理由称系为防止面临歇业、庞大财产损失等重大损害及急迫危险，惟为避免上开损害或危险，抗告人仍非无依其他之请求而达成此一目的，是于本件为本案之先取非属必要。再者，本件假处分申请之驳回，亦无导致前揭所谓严重且无可期待之负担之可言，是本件申请于法无据等由，据以驳回抗告人之申请。（本院）按"于争执之公法上法律关系，为防止发生重大之损害或避免急迫之危险而有必要时，得申请为定暂时状态之处分"，为"行政诉讼法"第298条第2项所明定。该规范意旨，系因公法上权利之争执，常因诉讼之进行旷日废时，即使权利人事后己取得胜诉判决，往往因损害已经发生或公法上权利状态有所变更，导致权利无从实现，故有给予暂时性保护之必要。……次查依上引"行政诉讼法"第298条第2项规定，必须有防止发生重大之损害或避免急迫之危险必要时，始得申请为定暂时状态之处分。申请人对于上开要件应举证释明之，如未能加以释明，则其申请自难准许。所谓"重大损害"应综合情形判断是否对申请人造成非仅通常而难以回复之损害，而所称"急迫危险"系指危险刻不容缓，无法循行政或争讼程序处理者。本件抗告人并未举证释明其如未能请准定暂时状态之处分有何急迫之危险。抗告人虽提出节目托播合约书4份、广告托播单多纸及器材订购单1纸，欲证明其将因原处分而受重大之损害，然查卷附节目托播单均系短期之托播，大部分于今（2005）年10月间即期满，足见尚不致因未获换发执照而造成巨额之节目托播费之损失，又抗告人检送之广告托播单均无任何人署名，自无文书之效力而无从采为释明之证据，另依抗告人公司登记资料，其所营事业共登记9项，卫星广播电视节目供应业仅属其中一种，此有抗告人公司登记资料在原审卷可稽，故尚难以原执照未获换发即将造成抗告人倒闭歇业之重大程度，所购器材是否供卫星广播业使用，亦无从释明，从而抗告人所提出之证据，尚未对其受有重大损害一事达到已尽释明之程度，自应受不利之认定。次查台湾有线电视普及率甚高而几乎深入每一家庭，其效果无远弗届，苟有违反法律或公序良俗，势将影响深远，综合审酌抗告人因未获换照所受之损失，及有线电视影响之重大等情事，揆诸前开法律说明，抗告人之定暂时状态假处分之申请，尚难谓已达准许申请必要之程度，自难准许。末查依"行政诉讼法"第303条准用"民事诉讼法"第535条之规定，法院应依职权予以审酌定暂时状态处分所必要之方法，故法院尚难以抗告人请求之处分方法违反"禁止本案先取"原则，而遂以驳回其申请，抗告意旨主张其未违反"禁止本案先取"原则一节，固非无据，惟抗告人本件申请尚未依法释明"重大损害"及申请之必要性，因而不合定暂时状态假处分之要件，已如前述，是原裁定虽有部分理由未尽妥适，然裁判之结果则无异，仍应予维持。

〔801〕另就台湾学者所举案例观之，其似有将"本案先取禁止原则"解为系禁止直接做成本案请求内容之全部，而非本书所称系禁止假处分程序取代本案诉讼程序者。例如，陈敏前揭注170书谓：假处分之裁定，原则不得就本案预为审判。因此，不得命行政机关直接作成当事人所申请之行政处分，如核准归化、核发拆除建筑物之杂项执照，以之为假处分之方法。翁岳生编前揭注559书第548页［彭凤至执笔］谓：所谓禁止本案诉讼事先裁判，就是申请人请求相对人提供，仅于本案诉讼可以获得的权利保护。……譬如申请假处分时，请求核发正式的入学许可、核发建筑执照或临时建照、核发砍树之许可、提供可预见无法偿还之金钱给付、制发任命证书等，均不得准许。

姻或家庭健全等人道因素之理由,而定暂时状态准许入境;甚至在提起预防性不作为诉讼请求不得作成特定内容之行政处分情形,以定暂时状态之假处分方式事先禁止被告机关于本案诉讼确定前不得作成争执之行政处分,除非被告机关于本案判决确定后再作成该处分已无任何意义,否则亦非不许[802]。

反之,下列情形应认为构成应予禁止之本案先取,例如:a)申请于某一特定节日于某一地点进行集会游行遭否准后,申请定暂时状态之假处分请求先准许其集会游行,如一旦准许则申请人本案请求之许可集会游行之目的即已确定达成,其后再继续进行本案审理即无必要者,即违反本案先取禁止原则而不应予以准许;b)又如申请入境参加特定日期举办之政治活动遭拒后,或 c)申请提供政府信息遭拒后,以定暂时状态之假处分预先准许入境或命提供数据,原则亦不应准许。然而,本案先取禁止原则亦非毫无例外,如系因申请人"生存必要之满足"或"避免严重而无可期待之负担"考虑,而以定暂时状态之假处分而预为

---

[802] 以下案例虽涉及行政不作为,但其本案诉讼非预防性不作为诉讼,故与此处讨论略有不同,还请留意。亦即,2001 年 8 月 17 日"最高行政法院"2001 年裁字第 621 号裁定谓:按关于行政机关之行政处分,不得为保全定暂时状态之假处分,"行政诉讼法"第 299 条规定至明。盖假处分将阻碍行政机关之行政处分或其他公权力之行使,而"行政诉讼法"第 116 条已就行政处分之停止执行设有规定,该项规定可谓假处分之代替制度,是就行政机关之处分,自无适用假处分程序之余地。此一规定于人民在行政机关作成行政处分前,预先申请假处分,亦适用之。盖人民可等到行政处分作成后,始依法请求救济,若其提起预防性之假处分,将成为行政法院以假处分方式代替行政机关之行政处分,显有违权力分立之"宪法"设计,自为法之所不许。本件申请人(即抗告人)以老松小学征收土地之原计划目的为"兴办老松小学扩建校地",而相对人将原列为教育使用之校地征收计划变更为"教育与文化结合使用",已属变更核定计划目的,违反"土地法"第 219 条之"未依核准征收原定兴办事业使用"之规定,申请人有权依法行使买回权。并主张在系争土地买回权之行政诉讼确定前,为防止发生重大之损害或避免急迫之危险,故有必要申请将老松小学征收地于都市计划内之使用分区项目定于现行状态云云。查其假处分之内容系请求"将老松小学征收地于都市计划内之使用分区项目定于现行状态(即学校用地之使用分区项目)",亦即禁止将该土地登录为历史建筑物,此经申请人陈明在案,惟依历史建筑物登录及辅助办法规定,历史性建筑物之登录须经调查后送历史性建筑物审查委员会审查通过后登录,该登录行为为一种关于确认物之性质的行政处分。本件尚未经作成登录之行政处分,此为双方所不争,是相对人就建物部分进行委托、研究、调查,亦仅止于行政程序中之阶段行为,申请人显系就行政机关尚未为行政处分前,预先提起本件假处分,揆诸前开说明,其申请为无理由,据以驳回假处分之申请,经核于法并无不合。兹抗告意旨略以其并非对行政处分申请假处分,相对人至今未将系争被征收土地及建物登录为历史建筑,足证其无合法性及必要性云云求为废弃。查抗告人系就行政机关未为行政处分前预为假处分之申请,业经原裁定叙明甚详,而系争被征收土地及建物登录为历史建筑是否具有合法性及必要性,系属本案诉讼实体上之事由,与是否合于假处分申请要件无涉,是抗告意旨非有理由。

本案内容之给付者，纵构成本案先取，亦不得不允许[803]。

最后，本法第 298 条第 3 项规定：前项处分，得命先为一定之给付。此一规定之性质，论者有认为立法者似有意缓和"本案先取禁止原则"之限制[804]，或认为可作为容许"本案先取"之法律上依据者。惟本书以为本条项规定与"本案先取"问题无涉，仅在例示行政法院于定暂时状态之假处分，得使有争执之法律关系内容预为实现其全部或一部，同时并有提示关于公法上金钱给付亦得申请定暂时状态之假处分。至于真正涉及本案先取者，为本法有关行政法院假处分方法之选择问题之规定，亦即第 303 条准用"民事诉讼法"第 535 条规定，还请留意。

2. 假处分申请之审查

行政法院于受理人民假处分之申请后，应即就其申请之合法性，例如是否具一般诉讼要件、遵守申请之法定程序等申请假处分之程序要件，加以审查。审查结果，如认为其申请不合法经定其命补正而不补正或无法补正者，即应予以裁定驳回其申请。应注意者，于申请人就同一请求申请假处分经准许后，得否更为申请？论者以为[805]，假处分之申请与假扣押之申请不同，假扣押一旦允许后，通常即足以达保全之目的，而无再申请必要。惟于假处分情形，为达保全之目的，可能有就同一之请求，须同时或先后准许不同目的之假处分者。例如债权人为保全依"土地法"第 219 条所定收回权，以达到本案请求移转土地所有权之目的，申请假处分禁止债务人为所有权移转之行为后，嗣发现债务人在系争土地上准备大兴土木，遂又申请债务人在系争土地为建筑之行为者，即属适例。

申请人假处分之申请合法者，应即就假处分是否具备实质要件进行审查。亦即审查其申请是否符合本法第 298 条第 1 项或第 2 项规定之要件。例如，是否存在所欲保全之公法上权利[806]？该权利是否因现状变更而有日后不能实现

---

[803]　同旨，陈敏前揭注 170 书第 1543 页；翁岳生编前揭注 37 书第 754 页[林明锵执笔]；翁岳生编前揭注 559 书第 548 页[彭凤至执笔]。

[804]　翁岳生编前揭注 37 第 754 页[林明锵执笔]；林明昕：《假处分之本案事先裁判——兼论行政诉讼法第 298 条第 3 项之规范意义》，《中原财经法学》第 15 期，2005 年 12 月，第 77 页以下参照。

[805]　陈计男前揭注 16 书第 758 页以下参照。

[806]　2003 年 3 月 27 日"最高行政法院"2003 年裁字第 378 号裁定谓：按"土地征收条例"第 9 条及"土地法"第 219 条规定，原系防止征收机关为不必要之征收，或迁延兴办公共事业，特为原土地所有权人保留收回权。原土地所有权人得申请照原征收补偿价额收回其土地，系以被征收之私有土地为其前提要件。至协议价购之土地，既非被征收之土地，自无

或甚难实现之虞？或是否存在所欲定暂时状态之争执之法律关系？该法律关系有无定暂时状态以避免重大或急迫危害之必要？其次，法院于审查假处分申请时，关于本案是否显无理由以及系争行政行为之合法性是否显有疑义，应否一并考虑？鉴于法院审查系采总括审查以及假处分制度与停止执行制度二者存有功能互补之共通目的，本书以为仍以审查为宜。于此须强调者，如为保全处分，其重点应在于保全将来之权利实现，如为定暂时状态之假处分，其重点在于争执法律关系内容之预为实现。因此，于申请保全处分情形，如准许假处分所造成之损害得以金钱补偿且法律上容许此种替代补偿（如以金钱填补对公行政或第三人之损害）者，因与假扣押具有共通之制度目的，解释上并无不许以供担保方式以缓和释明责任之理由；就此点而论，本法第 301 条禁止供担保以代释明之适用范围，宜限于其他情形之保全处分申请（即准许假处分所造成之损害无法以金钱补偿之情形）或定暂时状态之假处分始有适用[807]。

　　其次，虽行政诉讼采职权探知（调查）主义，但鉴于暂时的权利保护制度之紧急性要求，行政法院于审查假处分申请之实质要件时，通常仅依当事人之声明与陈述为审查。因此，申请人于申请假处分时，就假处分之请求及原因，负有释明责任。于涉及审查之密行性要求时，亦即一旦讯问相对人意见恐有无法达到保全目的之情形（例如假扣押或部分保全处分之审查），通常仅就申请人之释明为审查判断；反之，于定暂时状态之假处分，因涉及相对人或第三人权益之预为限制或剥夺或往往影响及重大社会利益（公益），因此，本法第 298 条第 298 条第 4 项遂明定行政法院于裁定前得讯问当事人、关系人或为其他必要之调查，以示行政法院为此类假处分审查时，立法者要求较诸审查假扣押或保全处

上开规定之适用，参照本院 1951 年判字第 18 号判例自明。次按"公法上之权利因现状变更，有不能实现或甚难实现之虞者，为保全强制执行，得申请假处分"。为"行政诉讼法"第 298 条第 1 项所明定。同法第 301 条规定："关于假处分之请求及原因，非有特别情事，不得命供担保以代释明。"准此，原土地所有权人如主张依"土地征收条例"第 9 条或"土地法"第 219 条之规定，有收回其土地之权利，而申请就该土地假处分者，自应释明其请求收回之土地系属被征收之土地。……本件依抗告人黄×莹请求依"土地法"第 219 条第 1 项第 1 款之规定收回其土地，并未释明系争土地系属被征收之土地，甚为明显。原裁定（按 2003 年 1 月 8 日台北高等行政法院 2002 年全字第 70 号）误以抗告人黄×莹依"土地征收条例"第 9 条第 1 项第 1 款之规定，自得申请照征收补偿价额收回其土地，已释明如台北市政府将系争土地所有权移转、设定他项权利或建筑房屋，其公法上权利将有甚难实现之情事，准于供担保 47916000 元后假处分，不无适用法规不当之违法。抗告人台北市政府执此理由，指摘原裁定有适用法规错误之违法，非无理由，自应由本院将原裁定废弃，并将抗告人黄×莹在原法院之申请驳回。

　　[807]　同旨，翁岳生前揭注 559 书第 547 页［彭凤至执笔］参照。

分之申请时，应更加审慎。基于同一理由，于审查保全处分之申请时，如有必要，解释上亦非不能类推适用前开第 298 条第 298 条第 4 项之规定。

再者，行政法院审查结果，如认为申请合法但不具备实质要件者，应即以申请无理由予以裁定驳回，如认有理由者，应即为准许假处分之裁定。惟应注意者，行政法院为准许假处分之裁定时，应依职权裁量选择假处分所必要之方法（第 303 条准用"民事诉讼法"第 535 条），不受当事人声明之拘束。至于如何定假处分之方法，应就申请之目的、保全之必要性与程度就具体个案情节酌定适当之方法，惟应注意是否发生"本案先取"问题。另法院于裁定准许假处分时，得否命申请人提供担保，本法第 301 条虽禁止供担保以代释明，但并非禁止行政法院裁定命债权人供担保为假处分，且同法第 302 条亦明定："除别有规定外，关于假扣押之规定，于假处分准用之。"因此，能否命债权人供担保，遂生疑义。本书以为就假处分裁定之撤销事由与限制问题，本法第 303 条准用"民事诉讼法"第 536 条规定，非有特别情事，不得许债务人供担保而撤销假处分；就上开规定之反面意旨推知，本书以为非有特别情事，行政法院亦不得裁定命债权人供担保为假处分。

最后，关于假处分之裁定之抗告、假处分裁定之撤销等问题，除本法第 303 条准用"民事诉讼法"第 536 条有特别规定外，其余情形均准用关于假扣押之规定（第 302 条），其情形俱如前述（例如关于第 295 条规定之限期起诉），此不再赘论。

第七节 简易诉讼程序

一、概说

基于案件繁简之性质与司法资源之合理分配，于增加审级为二级二审后，亦本法仿民事诉讼之例，对于有予迅速处理必要之案件，设有简易诉讼程序。此种简易程序等不同或特别诉讼程序之设置、审级制度之规划与利用限制[808]，以及大量或大宗案件之处理程序[809]等问题，均与人民诉讼权之完整而实效保护问题相关，原则属立法政策上基于一定标准，如何于人民间分配司法资源之

---

[808] 例如，本法第 235 条规定，以诉讼事件所涉及之法律见解具有原则性者为限，经"最高行政法院"之许可后，始得对于适用简易程序之裁判提起上诉或抗告。

[809] 例如，《德国行政法院法》为解决大宗诉讼或大批诉讼问题，于该法第 93 条之 1 规定"范例诉讼（Musterverfahren）"，即为另一种简化诉讼程序与裁判之方式（彭凤至前揭注 100 书第 144 页以下参照）。

问题,且于诉讼案件大量增加[810]情形,亦具有避免诉讼洪水、减轻司法负荷、维持司法功能正常运作之作用[811]。但无论如何,因涉及对人民诉讼权之限制,因此,如其划分标准欠缺实质合理关联性,亦容易引起违宪疑虑[812]。

至于应如何妥适划分案件性质以适用不同第一审诉讼程序,其方式约有二种[813]:其一为形式标准,例如以一定金额或一定种类之诉讼上请求,作为判断适用诉讼程序之标准,台湾"行政诉讼法"第229条之规定属之;其二为实质标准,例如德国于1997年修正《德国行政法院法》所引进之"法院裁决(Gerichtsbescheid)"制度,即对于"诉讼事件在事实上或法律上并无特别困难,或事实之内容已臻明确"之案件,规定其第一审诉讼程序得不经言词辩论,而以法院裁决为裁判[814]。

另外,本法不采如"民事诉讼法"合意选用或拟制合意适用简易或小额诉讼程序(同法第427条第3项、第4项,第436条之8第4项)以及裁定改用其他通常或简易程序并由原法官继续审理(同法第427条第5项、第436条之8第2项)之设计,因此,本法制度设计运用上略嫌僵硬而无弹性。

兹就台湾简易诉讼程序说明如下:

二、简易诉讼事件之范围

依本法第229条规定,适用简易诉讼程序之案件,不因其诉讼种类而有不同,系以金额及案件轻微与否为其判断标准。其适用简易诉讼程序之案件,包括:(1)关于税捐课征事件涉讼,所核课之税额在新台币3万元以下者;(2)因不服行政机关所为新台币3万元以下罚锾处分而涉讼者;(3)其他关于公法上财产关系之诉讼,其标的之金额或价额在新台币3万元以下者;(4)因不服行政机关所为告诫、警告、记点、记次或其他相类之轻微处分而涉讼者[815];(5)依法律

---

[810]　自2000年至2005年,高等行政法院行政诉讼第一审终结77850件,以简易程序进行诉讼者35390件,约占全部诉讼件数的45.46%(引自翁岳生编前揭注559书第499页注490[彭凤至执笔]),显见以简易诉讼程序处理之案件,占有相当比例。

[811]　实际上,如何避免发生诉讼洪水、减轻司法负荷,以维持司法正常功能问题,早为学者与实务所关注,且于比较法上亦不乏相关立法例。

[812]　吴庚前揭注13书第233页以下参照。

[813]　翁岳生编前揭注559书第499页注490[彭凤至执笔]。

[814]　关于《德国行政法院法》"法院裁决(Gerichtsbescheid)"制度之说明,彭凤至前揭注100书第139页以下参照。

[815]　本条第1项第4款所称告诫、警告、记点、记次等轻微处分,目前大多针对专业技术人员或一定身份人员或各种营利或公益团体或事业设有类似规定,例如:"人民团体法"第

之规定应适用简易诉讼程序者(第 1 项)。前项所定数额，"司法院"得因情势需要，以命令减为新台币 2 万元或增至新台币 20 万元(第 2 项)。据此，"司法院"为因应自本法公布施行后社会情势之变迁，曾分别于 2001 年 10 月 22 日以(2001)院台厅行一字第 25746 号令增至新台币 10 万元并自 2002 年 1 月 1 日起实施，以及 2003 年 9 月 17 日以院台厅行一字第 23681 号令增至新台币 20 万元并定于 2004 年 1 月 1 日实施[816]。由于适用简易诉讼程序案件之金额(价额)已提高至法定上限 20 万元，"司法院"于最近研拟之"行政诉讼法部分条文修正

---

58 条，"商业团体法"第 64 条、第 67 条，"工业团体法"第 60 条、第 63 条，"教育会法"第 42 条，"公益劝募条例"第 26 条、第 28 条，"不动产经纪业管理条例"第 31 条，"不动产估价师法"第 35 条、第 36 条，"地政士法"第 41 条、第 43 条、第 44 条，"工程技术顾问公司管理条例"第 32 条、第 33 条，"营造业法"第 56 条、第 62 条，"建筑师法"第 40 条、第 45 条、第 46 条，"检肃流氓条例"第 4 条，"集会游行法"第 25 条，"保全业法"第 18 条，"入出境及移民法"第 49 条，"记账士法"第 27 条，"关税法"第 81 条至第 91 条，"存款保险条例"第 19 条，"证券交易法"第 37 条、第 66 条、第 110 条，"会计师法"第 37 条、第 40 条，"期货交易法"第 25 条、第 100 条，"证券投资信托及顾问法"第 103 条，"强迫入学条例"第 9 条，"科学工业园区设置管理条例"第 31 条、第 31 条之 2，"法医师法"第 31 条、第 34 条，"律师法"第 18 条，"技师法"第 36 条、第 40 条、第 41 条，"冷冻空调业管理条例"第 21 条，"加工出口区设置管理条例"第 22 条之 1、第 23 条，"贸易法"第 28 条、第 29 条，"水利法"第 60 条之 4、第 60 条之 6，"自来水法"第 93 条之 1、第 93 条之 2、第 93 条之 4、第 93 条之 5，"航业法"第 61 条，"引水法"第 38 条，"船员法"第 77 条至第 79 条，"医师法"第 25 条之 1、第 40 条，"医疗法"第 101 条，"心理师法"第 58 条，"呼吸治疗师法"第 37 条，"营养师法"第 51 条，"助产人员法"第 55 条，"农业科技园区设置管理条例"第 36 条、第 38 条，"渔会法"第 44 条、第 45 条，"饲料管理法"第 32 条，"农会法"第 41 条，"劳工安全卫生法"第 36 条之 1，"电影法"第 48 条，"广播电视法"第 41 条至第 43 条，"有线广播电视法"第 64 条、第 66 条，"卫星广播电视法"第 35 条、第 36 条，"公务人员协会法"第 21 条，"替代役实施条例"第 55 条等，属之。至于对于公务员或律师之惩戒，依"公务员惩戒法"与"律师法"规定，原则由具有司法机关性质之公务员惩戒委员会或律师惩戒委员会与律师惩戒复审委员会处理，而关于"道路交通管理处罚条例"规定之记点、记次等处分及其有关处罚，则由普通法院交通法庭异议，其他例如，"公务人员考绩法"第 12 条与"警察人员管理条例"第 28 条规定之申诫、记过、记大过，"决算法"第 29 条规定之告诫等涉及公务人员、教育人员或学生之惩处或处分，依目前实务态度，原则均不许其提起行政诉讼救济。

[816] 关于适用简易诉讼程序案件之金额(数额)提高前已系属、终结、上诉或抗告之案件，应如何处理，2001 年 11 月 1 日"最高行政法院"2001 年 11 月份庭长法官联席会议暨法官会议之决议可供参照，该决议谓："行政诉讼法"简易程序之金额(价额)于 2002 年 1 月 1 日提高为 10 万元后，诉讼标的金额(价额)逾 3 万元至 10 万元间之事件，于提高后始提起行政诉讼者，依简易程序审理。提高前已系属各高等行政法院而于提高后尚未终结者，改分为简字案件，并通知当事人，仍由原股依简易程序继续审理；于提高前已终结者以及于提高前已提起上诉或抗告者，均仍依通常程序办理。

草案"时,即将本条第 1 项规定之金额或价额,修正为新台币 20 万元。而第 2 项授权增减之范围,则修正为 10 万元至 50 万元。

又于本法第 229 条第 1 款至第 3 款规定以金额(价额)决定适用简易程序之案件,其后因诉之变更、追加或提起反诉,致其金额(价额)有变更者,应如何处理。依本法第 230 条规定,如因诉之变更,致诉讼标的之金额或价额逾前开法定金额(目前为新台币 20 万元,以下同),其辩论及裁判不得依简易程序之规定;追加之新诉或反诉,其诉讼标的之金额或价额逾法定金额,而以原诉与之合并辩论及裁判者,亦同(即原诉不得适用简易诉讼程序)。

三、简易诉讼程序之特别规定

简易诉讼程序除本法第二编第二章有特别规定外,仍适用通常诉讼程序之规定(第 36 条)。所谓特别规定如下:

1. 起诉及其他期日外之声明或陈述,概得以言词为之(第 231 条第 1 项)。以言词起诉者,应将笔录送达于他造(同条第 2 项)。

2. 简易诉讼程序在独任法官前行之(第 232 条)。

3. 当事人于其声明或主张之事实或证据,以认为他造非有准备不能陈述者为限,应于期日前提出准备书状,并得直接通知他造;其以言词为陈述者,由法院书记官作成笔录,送达于他造(第 237 条准用"民事诉讼法"第 431 条)。

4. 通知证人或鉴定人,得不送达通知书,依法院认为便宜之方法行之。但证人或鉴定人如不于期日到场,仍应送达通知书(第 237 条准用"民事诉讼法"第 433 条)。

5. 简易诉讼程序之裁判得不经言词辩论为之(第 233 条第 1 项);行言词辩论者,其言词辩论期日之通知书,应与诉状或第 231 条第 2 项之笔录一并送达于他造(同条第 2 项)。言词辩论期日之通知书,应表明适用简易诉讼程序,并记载当事人务于期日携带所用证物及偕同所举证人到场(第 237 条准用"民事诉讼法"第 430 条)。惟关于就审期间,本法并未准用"民事诉讼法"第 429 条短缩就审期间之规定,故解释上仍应依第 109 条规定予被告 10 日以上之就审期间。

6. 行政法院行简易程序制作之判决书,虽仍应遵守第 209 条规定之法定格式,但本法设有简化之规定。亦即,判决书内之事实、理由,得不分项记载,并得仅记载其要领(第 234 条)。此外,"行政诉讼法部分条文修正草案"第 234 条之 1 更进一步就简易程序之判决书制作格式予以简化,增订以笔录替代判决书之设计。亦即:有下列情形之一者,高等行政法院于宣示判决时,得将判决主文记载于言词辩论笔录或宣示判决笔录,不另作判决书,其笔录正本或节本之送达,与判决正本之送达,有同一之效力:(1)本于舍弃或认诺之判决者;(2)受不利益判决之当事人于宣示判决时,舍弃上诉权者;(3)受不利益判决之当事人于宣示判决时,履行判决所命之给付者。

7. 对于适用简易程序之裁判提起上诉或抗告者,本法采许可制,须经"最高行政法院"之许可,并以诉讼事件所涉及之法律见解具有原则性者为限(第 235 条)。否则仅能申请再审(第 273 条)或准再审(第 283 条)。至于本法关于许可上诉或抗告制度之相关配套设计,欠缺明文,解释上得依下列方法处理[817]:

(1)关于对适用简易程序之判决不服之程序,本法规定上诉人提出上诉状时,应于其上诉理由应具体表明该诉讼事件所涉及之原则性法律见解(第 244 条第 3 项),其未具体表明者,原高等行政法院应定期命补正,其不补正者原高等行政法院应以裁定予驳回(第 246 条第 2 项、第 3 项),对此项裁定得为抗告(第 264 条)。因此,本法关于适用简易程序之判决不服之程序,似无意将之分割为"申请许可上诉程序"与"本案上诉程序"[818]。亦即,对于适用简易程序之判决申请许可上诉,原则应连同上诉之提起一并为之。因此,其申请许可上诉之期间及其应遵守之程序,原则与上诉程序同。即应于法定上诉期间内(20 日)内连同上诉,一并向原高等行政法院申请(第 241 条、第 244 条);其逾法定期间始提出申请者,其申请为不合法。其仅提出上诉而未于理由中表明申请上诉之许可者,原高等行政法院应限期命补正(第 246 条第 3 项);其仅申请上诉之许可者,视原裁判有无救济途径之教示,依第 210 条规定处理。原高等行政法院收受上诉状后依形式审查,除因上诉不合法而依第 246 条规定裁定驳回者外,其未驳回(即初步审查认为合法)者,于完成第 247 条第 1 项、第 2 项规定之送达与答辩状提出程序后,应即将诉讼卷宗送交"最高行政法院"(第 247 条第 3 项、第 4 项)。"最高行政法院"对于原高等行政法院送交之上诉或抗告案件,应先就其上诉是否符合一般诉讼要件进行合法性审查,其不合法者以裁定驳回;其具备一般诉讼要件者,再就其上诉应否许可进行审查,如认为诉讼事件所涉及之法律见解不具有原则性(即属不应许可上诉案件),应即以申请许可上诉无理由以裁定驳回其申请;如"最高行政法院"认为申请许可上诉有理由者(即属应予以许可上诉之案件),应先为许可上诉之裁定[819]后,续就本案之上诉是否

---

[817] 以下参考吴庚前揭注 13 书第 236 页;陈计男前揭注 16 书第 623 页以下;翁岳生编前揭注 559 书第 501 页以下[彭凤至执笔]。

[818] 翁岳生编前揭注 559 书第 502 页及同页注 494 关于本法研修过程之说明参照。

[819] 理论上"最高行政法院"应否就适用简易程序之裁判之上诉或抗告,就其上诉或抗告应否许可一事,即是否符合第 235 条规定之问题,先作成裁定?抑或可不另为许可上诉或抗告之裁定,而径自进入本案上诉或抗告有无理由之审查,并作成裁判? 如基于方便双方当事人为攻防等诉讼行为之准备,自以先为许可上诉或抗告之裁定为宜,如为符合简易程序程序经济之目的,则可不另为裁定,仅于将来就本案作成裁判时于理由中说明即可。

合法以及有无理由进行审理。

（2）至于对简易诉讼裁定不服者，因本法对于简易程序之裁定申请许可抗告者，亦不宜区分"申请许可抗告程序"与"本案抗告程序"，故应于十日法定抗告期间内（第268条、第217条准用第210条）连同抗告一并向原高等行政法院提出抗告状或以言词为之（第269条）。原高等行政法院认为抗告合法且有理由者，应撤销或变更原裁定（自为裁定，第272条准用"民事诉讼法"第490条第1项）；如未以抗告不合法驳回抗告，亦未自为裁定者，应速将抗告事件送交"最高行政法院"（第267条、第272条准用"民事诉讼法"第490条第2项前段），如认为必要时，应送交诉讼卷宗，并得添具意见书（第272条准用"民事诉讼法"第490条第2项后段）。此时，"最高行政法院"就该简易程序抗告事件，应先就其抗告是否符合一般诉讼要件，进行合法性审查，其不合法者应以裁定驳回抗告；如认为具备一般诉讼要件，再就其抗告应否许可进行审查，如认为抗告不应许可者，应以其申请许可抗告无理由以裁定驳回其申请；如认为申请许可抗告有理由者，应先为许可抗告之裁定后，续就本案抗告之是否合法性以及有无理由进行审查。

附带一提，本法关于简易程序裁判之声明不服应否许可之审查与许可，系由""最高行政法院""为之，此与"民事诉讼法"关于简易诉讼第二审裁判提起第三审上诉或抗告者，规定由"原裁判法院"审查决定应否许可不同。依"民事诉讼法"第436条之3之规定，原裁判法院如认为上诉或抗告不应许可者，应以裁定驳回其上诉或抗告，对于此项裁定，得向"最高行政法院"抗告（同条第3项后段、第4项）；如认为抗告应予许可且有理由者，可即自为裁判（第490条第1项），原裁判法院如认为上诉应予许可，或对于抗告如未以抗告不合法而驳回或未自为裁者，应即添附意见书并检卷送"最高法院"（第436条之3第3项前段）。此时"最高行政法院"对于原裁判法院送交之上诉或抗告案件，依本案上诉或抗告程序就其上诉或抗告之合法性以及有无理由进行审判。

就前开"民事诉讼法"之设计而言，程序设计显然较诸本法更为简便且明确，为此，最近"行政诉讼法部分条文修正草案"遂将简易程序裁判之许可制予以大幅修正。亦即，将本法第235条规定删除，并增定许可上诉制度，不再区别通常诉讼程序与简易诉讼程序之上诉要件。亦即，关于适用简易程序之"裁定"提起抗告者，依本法第236条准用第272条再准用"民事诉讼法"第490条规定处理，其处理程序前开与民事简易程序第二审裁定之抗告程序同。至于对于通常程序或简易程序判决之上诉，应以上诉状记载草案第244条规定之事项提出于原高等行政法院为之，其上诉系以第243条第2项规定各款以外之违背法令事由提起上诉者，须经终审法院（"最高行政法院"，以下同）之许可（草案第243

条之 1)，此时其上诉状应记载应予许可上诉之理由（草案第 244 条第 1 项第 5 款）；其上诉状未记载理由或应予许可上诉之理由，而未于法定期间（二十日）内提出于原高等行政法院者，原高等行政法院毋庸命补正应以裁定驳回之（草案第 245 条）；上诉不合法而其情形不能补正或经命补正而不补正者，原高等行政法院应以裁定驳回之（草案第 246 条）。对于高等行政法院所为驳回之裁定，得为抗告（第 264 条）；高等行政法院未以裁定驳回者，高等行政法院应于完成送达及提出答辩书程序后，应即检具诉讼卷宗送交终审行政法院。终审行政法院如认为上诉不具许可上诉要件而不应许可者，应以裁定驳回之（草案第 249 条第 3 项），其上诉经终审行政法院许可者，可直接进本案审理程序（同条第 1 项、第 2 项，第 255 条至第 260 条），毋庸另为许可之裁定。

第五章　行政诉讼之上级审程序

　　现行行政诉讼法对于旧行政诉讼制度之重要结构性改变设计之一,厥为采用审级救济制度[1],将原来之一审制(仅有一所行政法院且仅设一审级既为事实审亦为法律审),改为二级二审制;设高等行政法院为第一审法院及事实审,设"最高行政法院"为终审及法律审法院。因此,除应经许可之简易程序裁判或别有规定情形(第235条、第238条、第264条)外,人民不服高等行政法院未确定之裁判,原则均得向"最高行政法院"声明不服,请求废弃或变更之。

　　由于审级救济系对下级审行政法院未确定之裁判所设之救济程序,因此,依本法提起审级救济者,原则有阻止裁判确定与发生移审之效力。依本法所规定之审级救济程序,有上诉程序与抗告程序,对判决不服应以上诉救济,对裁定不服应以抗告救济。因上诉与抗告均属对未确定裁判之声明不服之方式,故人民对于应以上诉声明不服之案件,误以抗告为之,或对应以抗告声明不服之案件,误以上诉为之,虽非所许,但均应认为已对裁判声明不服,仍应使其补正后,视为已提起合法之上诉或抗告。又如系下级行政法院对于应作成判决之案件,误用裁定为之,或应作成裁定之案件,误用判决为之,无论当事人系以上诉或抗告方式声明不服,基于当事人审级救济权益之维护,亦应认已合法声明不服[2]。

---

　　〔1〕　关于审级救济制度之功能,主要为纠正下级审法官可能发生之认事用法错误,俾使当事人正当权益获得保障,以及统一各法院间歧异之法律见解,确保法之安定性与明确性(吴庚:《行政争讼法论》(修订第3版),自刊,2005年5月,第239页参照)。

　　〔2〕　此即所谓"最有利原则(Grundsatz der Meistbegünstigung)"。吴庚前揭注1书第243页;陈敏:《行政法总论》(第4版),自刊,2004年11月,第1546页。

第一节 上诉审程序

上诉为行政诉讼当事人不服下级审法院之终局判决,认为有违背法令,而向上及行政法院声明不服,请求废弃或变更之救济程序。本法审级制度采二级二审,其上诉管辖法院为"最高行政法院",原则为法律审而非事实审。因此,上诉仅能以判决违背法令为理由而提起(第 242 条),"最高行政法院"除别有规定(第 254 条第 2 项、第 3 项)外,应以高等行政法院判决确定之事实为判决基础(第 254 条第 1 项)。因此,"最高行政法院"原则不行言词辩论而采书面审理(第 253 条第 1 项前段),当事人原则不得于上诉时提出新事实或新证据或新攻击防御方法,且当事人亦不得为诉之变更、追加或提起反诉(第 238 条第 2 项),亦不能变更或扩张上诉之声明(第 250 条)。又上诉程序,除本法别有规定外,准用高等行政法院第一审通常诉讼程序(第 263 条)。

一、提起上诉之要件

(一)上诉权人(上诉适格):附论诉讼参加

提起上诉,应由有上诉权之人提起。有上诉权之人,系指受高等行政法院不利益终局判决之当事人与其他依法得上诉之诉讼关系人。

因上诉制度系对受不利益判决之人提供之审级救济途径,因此,须"受不利益判决"之人,始有利用上诉制度予以权利保护之必要。惟关于如何判断受不利益判决之人,学说上有"形式不服说"与"实质不服说"。所称形式不服说,认为是否受不利益,专依判决主文决定,如判决主文与当事人之声明一致者,为有利判决,否则即属不利益判决。所称实质不服说,认为当事人提起上诉后,如于上诉审能获致较原判决更为有利裁判者,为不利益判决,反之属有利判决;因此,纵使判决主文对当事人并非不利,但如判决理由之判断对当事人不利者,亦属不利益判决。在原告给付请求被告给付价款,而被告主张抵销抗辩之情形,如判决认为被告有给付价款之义务但被告抵销之抗辩亦为有理由情形,依形式不服说系有利判决,不得上诉;如依实质不服说,则可上诉,就原判决理由中准为抵销之部分,再予争执[3]。台湾民事诉讼实务原则采形式不服说,至于本法究竟应采形式不服说抑或实质不服说,仍有待将来学说与实务发展。

所称"当事人",依本法第 23 条规定,包括原告、被告及依第 41 条、第 42 条

---

[3] 陈计男:《行政诉讼法释论》,自刊,2000 年,第 629 页以下参照。

规定参加诉讼之人；但未取得第 41 条或第 42 条诉讼参加人之地位者，仍非本法所称当事人，而不得提起上诉。应注意者，于第 41 条参加人提起上诉之情形，其效力亦及于其所参加之一造当事人（即与其有必要共同诉讼关系之原告或被告）（第 46 条准用第 39 条第 1 款）；于第 42 条参加人提起上诉之情形，解释上其效力不及于原告与被告（同条第 2 项）[4]。

所称"其他依法得上诉之诉讼关系人"，包括：

（1）依第 44 条参加诉讼之辅助参加人，得为辅助当事人为一切诉讼行为（第 48 条准用"民事诉讼法"第 61 条），自得为辅助当事人而上诉。惟其上诉不得以自己名义为之，须以其所辅助之当事人为上诉人，自己为辅助参加人，且其上诉权不得与其所辅助当事人行为抵触，故如其所辅助之当事人已舍弃上诉权，或上诉后又撤回上诉者，辅助参加人即不得再提起上诉。此外，本法并未准用"民事诉讼法"第 58 条第 2 项、第 3 项，因此如未于原诉讼程序取得辅助参加人之地位者，仍不得为辅助当事人提起上诉。

（2）有特别代理权之代理人，亦即受特别委任之诉讼代理人（第 51 条第 1 项但书），得以其委任之当事人为上诉人，提起上诉。

（3）于必要共同诉讼情形，共同诉讼人中一人提起上诉者，其效力及于全体共同诉讼人（第 39 条第 1 款），此时其他未声明上诉之共同诉讼人，亦应并列为上诉人。

又有上诉权人之上诉权如已丧失者，亦不能合法提起上诉。亦即，如未于法定上诉期间（20 日）内提起上诉者，即不得再提起上诉。当事人于高等行政法院判决宣示、公告或送达后，舍弃上诉权者，其上诉权即丧失。又上诉人于终局判决宣示或公告前，得将上诉撤回（第 262 条第 1 项）；其撤回上诉者[5]，除有终结上诉审诉讼系属之效果外，并丧失其上诉权（同条第 2 项），此时纵使上诉期间尚未届满，亦不得再行上诉，原判决因而确定。另本法与"民事诉讼法"法律审上诉程序（同法第 473 条第 2 项）同，不采民事诉讼第二审之附带上诉制度（同法第 460 条）[6]，故上诉权丧失之人，亦不得利用他造之上诉，以附带上诉方式表示不服。

附带一提，上诉系对下级审法院未确定之终局判决所为之救济，如上级审法院亦为事实审，基于诉讼经济与纷争一次解决要求，并无完全禁止其为诉之变更、追加或提起反诉，或提出新事实、新证据或其他新攻击或防御方法，或参

[4] 不同见解，陈计男前揭注 3 书第 634 页。
[5] 撤回上诉，应以书状为之，但在言词辩论时，得以言词为之（第 262 条第 3 项），此时，应记载于言词辩论笔录，如他造不在场，并应将笔录送达（同条第 4 项）。
[6] 但《德国行政法院法》第 127 条、第 141 条均有附带上诉设计。

加诉讼之必要，民事诉讼第二审上诉程序即属此类（"民事诉讼法"第446条、第447条参照）。惟本法仅有二级二审制，其作为上诉审之"最高行政法院"系法律审，其上诉程序，原则禁止为诉之变更、追加或提起反诉（第238条第2项）。惟法律审虽禁止为诉之变更、追加或提起反诉，目的系在使诉讼程序迅速进行，并避免法律审需自为调查新事实或新证据，而违背其作为法律审之功能。因此，如仅单纯为"诉讼类型之转换"情形，解释上应无禁止必要[7]。

至于法律审禁止诉讼参加之问题，关于未于第一审诉讼程序参加诉讼之第三人，能否于法律审上诉程序参加诉讼，对此本法未设明文。《德国行政法院法》虽有禁止为诉之变更及参加之明文（第142条第1项第1句），但同法第142条第1项第2句、第2项，却明定允许第65条第2项之必要参加人，得于法律审补行其参加程序。对此一问题，台湾学者除举德国法例肯定于法律审程序亦得申请必要参加外，因本法并未有如德国法制禁止参加之明文，且台湾"最高行政法院"法律审程序，事实上无法避免第三人参加诉讼，故亦多持肯定见解[8]。其理由为：（1）于诉讼参加有合一确定必要者（第41条之参加），为避免同一诉讼标的之诉讼结果两歧，解释上宜允许其于上诉审参加诉讼。（2）"最高行政法院"于例外行言词辩论（第253条第1项）而自为判决（第259条第3款）时，因得自为调查事实证据，不以事实审法院判决确定之事实为基础（第254条第3项），此时"最高行政法院"具有事实审性质，并无不准其参加诉讼之理。（3）依第284条以下规定之重新审理制度，"最高行政法院""自为判决"（第259条第1款至第3款）时，第三人亦可向原判决之"最高行政法院"（第285条准用第275条）申请重新审理，如其申请有理由者经以裁定命重新审理确定后，即应回复原诉讼程序，依其审级更为审判，此时第三人当然参加诉讼（第290条）。关于上开学说见解，本书基本上亦持肯定见解。此外：（4）虽第42条之参加人得独立上诉，第44条之辅助参加人得为辅助当事人上诉，但如其未于第一审参加诉讼而未取得参加人之地位者，得否于法律审上诉程序依职权或依申请而许其参加，论者虽持肯定见解，但未有明确说明。本书以为，就第42条之独立参加情形，因与第41条参加情形同，且本书认为本条之参加包括德国法制上之必要参加（及普通参加），应可许其参加诉讼。惟于第三人辅助参加情形，除"最高行政

---

〔7〕　惟最近"司法院""行政诉讼法部分条文修正草案"第11第3项第4款规定，将诉讼种类错误亦规定为"诉之变更或追加"之一种，则将来于上诉审得否为诉讼类型之转换，将产生疑义。

〔8〕　同旨；吴庚前揭注1书第259页以下；陈敏前揭注2书1547页；刘宗德、彭凤至：《行政诉讼制度》，收于翁岳生编：《行政法（下）》，元照，2006年10月三版，第506页［彭凤至执笔］参照。

法院"因行言词辩论而自为判决情形外,因不能提出新事实、新证据或新攻击防御方法,第三人申请辅助参加通常欠缺参加利益,且纵令参加,被参加人亦难对之主张参加效以达分配败诉风险与预防纷争再燃之目的,因此,通常并无许第三人于法律审上诉程序申请辅助参加之必要。但于第 44 条行政机关参加诉讼情形,虽本法规定为辅助参加,因实际上此种参加制度之功能主要在于厘清本案所涉及各项事实或法律关系,与有法律上利害关系之第三人为辅助一造而为辅助参加者仍有不同,且于涉及须他机关协力之行政行为或多阶段行政处分情形,"最高行政法院"甚至认为高等行政法院应依职权命该他机关参加诉讼否则其判决即属违背法令[9],则"最高行政法院"基于厘清法律关系之必要或于自为裁判情形,解释上亦可依职权或依申请使行政机关参加诉讼。惟无论如何,"最高行政法院"于受理诉讼参加之申请时,仍须审查其是否符合参加要件,如其参加不合法者,应即驳回其参加,并非一有参加之申请,即当然许其参加,还请留意。

(二)得为上诉之裁判:对象适格

本法第 238 条第 1 项规定,对于高等行政法院之终局判决,除法律别有规定外,得上诉于"最高行政法院"。因此,仅能对"未确定之终局判决"提起上诉。至于高等行政法院为终局判决之准备所为各种程序上处置或中间判决,因非终局判决,当事人通常不得对之独立提起上诉;惟因此类处置或裁判通常牵涉终局判决,因此,如当事人就终局判决已提起上诉者,虽未对前开处置或裁判并为声明不服,亦可并受上诉法院之审判(第 239 条前段)。但前开处置或裁判如依法不能声明不服或得以抗告声明不服者,即无使其再受"最高行政法院"审判之必要(同条但书)。例如,对于行政法院以诉为非变更追加,或许诉之变更追加之裁判,不得声明不服(第 111 条第 5 项前段),或如对于驳回第三人申请参加诉讼之裁定(第 43 条第 3 项)或准许第三人承当诉讼之裁定(第 110 条第 3 项),得为抗告,均属本条但书规定不得于上诉程序一并声明不服之情形。

其次,法律别有规定不得上诉者,除前述第 239 但书规定情形外,例如:(1)前述简易程序之裁判,其上诉或抗告须经"最高行政法院"之许可(第 235 条),其未经许可者;(2)对于有利于己之判决;(3)关于诉讼费用之裁判,非对于本案有上诉时(第 104 条准用"民事诉讼法"第 88 条),均不得上诉。

又行政法院之裁判应以判决为之却误以裁定为之,或应以裁定为之却误以判决为之者(即所谓"违式裁判"),当事人对之究应以裁判之形式为判决或裁

---

〔9〕 "最高行政法院"2002 年判字第 2319 号判决以及本书前开行政机关参加诉讼部分之说明参照。

定,决定究应以上诉或抗告方式声明不服(形式说),抑或应依判决之实质内容系应以判决或裁定为之,以决定应采上诉或抗告(实质说),对此台湾行政诉讼实务因早期未设上诉制度,故乏先例可循。学者认为当事人如以裁判形式决定其声明不服之途径者,固应准许;如未依裁判形式,而主张违式裁判,依裁判实质内容提起上诉或抗告者,行政法院审查结果如认为确属违式裁判,亦应从其实质,审查其上诉或抗告之合法性[10]。

(三)上诉之程序

1.上诉期间

提起上诉,应于高等行政法院判决送达后 20 日之不变期间内为之。但因判决经宣示或公告后,当事人得不待送达,本于该判决为诉讼行为(第 205 条第 3 项),因此,宣示或公告后送达前之上诉,亦有效力(第 241 条)。此项上诉期间为不变期间,不因法院之裁定或当事人之行为而延长或缩短(第 90 条第 1 项但书),但仍有扣除在途期间之问题(第 89 条),以及回复原状规定之适用(第 91 条)。惟应注意者,关于高等行政法院之判决得上诉者,本法仿行政程序之教示制度,明定应为救济期间与救济途径之教示以及错误教示之通知更正方式(第 210 条第 3 项、第 4 项),其未为教示或教示错误而未依法通知更正,当事人因此迟误上诉期间者,视为不应归责于己之事由,得自判决送达之日起 1 年内,申请回复原状(同条第 5 项)[11],还请留意。但行政法院对于不得上诉之判决为上诉之教示者,该判决仍不得上诉,不受错误教示之影响,该判决仍于宣示或公告主文时确定(第 212 条第 2 项)。

2.法定程序

提起上诉,应以上诉状表明下列各款事项,提出于原高等行政法院[12]为之

---

[10] 陈计男前揭注 3 书第 631 页。

[11] 于民事诉讼情形,"民事诉讼法"第 229 条第 3 项规定判决书正本应为告知上诉期间与提出上诉状之法院之规定,民事诉讼学说与实务认为系训示规定,纵未为此项记载,或记载有错误,其上诉期间之进行,并不因此而受影响("最高法院"1940 年抗字第 98 号判例参照),另送达于当事人之裁定正本记载抗告期间纵有错误,其期间亦不因而延长("最高法院"1941 年声字第 42 号判例),且逾不变期间之上诉,为不合法之上诉,即令上诉法院误为合法之上诉而为实体上之裁判,或发回更审者,该上诉法院之判决及发回更审后之判决,均属重大违背法令不生效力(释字第 135 号解释参照)。以上引自吴庚前揭注 1 书第 242 页注 206—1。

[12] 上诉人如径向上诉管辖法院提出上诉,为当事人利益计,仍应认为有效;但此时应否扣除在途期间,依"司法院"1936 年院字第 1416 号解释旨意,宜以该上诉人是否居住于受理上诉法院所在地为准(陈计男前揭注 3 书第 637 页;翁岳生编前揭注 8 书第 508 页注 507 [彭凤至执笔])。

（第 244 条第 1 项）。因此不得以言词代替上诉状而提起上诉。

上诉状，应记载下列事项（第 244 条）：

（1）当事人

有上诉权人提起上诉者，称上诉人；其对造为第一审判决之他造当事人，称被上诉人。

（2）高等行政法院判决，及对于该判决上诉之陈述

高等行政法院判决之记载，不以载明案号或判决日期为必要，如足以知悉上诉人系对何判决声明不服即可。所谓对于该判决上诉之陈述，则指对该判决声明不服之表示，不论其使用陈情、抗议、抗诉、抗告、异议或为其他文字，如就其文义观察，足认已有不服该判决之意思，应认为已有上诉之陈述。

（3）对于高等行政法院判决不服之程度，及应如何废弃或变更之声明

本项记载，目的在于表明上诉（声明不服）之范围与请求上诉法院救济之方式。所谓"对于高等行政法院判决不服之程度"，系指上诉人提起上诉欲请求上诉审法院审判之范围，其未表明对高等行政法院判决何部分不服者，应解为系对其败诉部分之判决全部不服。

至于所谓"应如何废弃或变更之声明"，即指"上诉之声明"而言。至于上诉之声明应如何记载，与上诉人为何方当事人（原告或被告）、上诉人对高等行政法院判决不服之范围、判决之种类与当事人胜负之程度有关，须视具体个案情形而断。通常情形，于原告上诉情形，其上诉之声明为"原判决（关于其不服之部分）废弃"，如为给付诉讼，并应声明"被上诉人应对上诉人为如何之给付"；于被告上诉之情形，其上诉之声明为"原判决（关于其不服之部分）废弃"，以及"关于废弃部分，被上诉人在原审之诉驳回"[13]。另外，依本法第 253 条第 1 项但书、第 254 条第 3 项及第 259 条第 3 款规定，"最高行政法院"因行言词辩论而自为判决者，兼具有事实审之性质。此时，上诉人提起上诉时，其上诉声明不宜仅记载"原判决废弃"或"原判决不利于上诉人部分废弃"，而应进一步声明上诉审法院应就如何之内容为判决[14]。至于被上诉人声明请求驳回上诉人之上诉者，性质上属答辩之声明，非上诉之声明。

上诉之声明一经提出后，即不得再变更或扩张之（第 250 条），但缩减上诉之声明则不受限制。又本法虽未如"民事诉讼法"第 473 条第 2 项明文限制第三人附带上诉，但研修过程[15]则显示本法系因不许附带上诉故未设附带上诉

---

[13]　关于上诉之声明应如何具体记载，陈计男前揭注 3 书第 638 页以下参照。

[14]　吴庚前揭注 1 书第 243 页参照。

[15]　"司法院"编印：《行政诉讼制度研究修正资料汇编（五）》，1988 年 6 月，第 191 页、第 192 页、第 227 页、第 233 页。

制度。惟学者以为附带上诉制度系基于武器平等原则而来,与审级为事实审抑或法律审并无关联,而建议可参考德国法制者[16]。

(4)上诉理由

对于高等行政法院判决之上诉,非以其违背法令为理由,不得为之(第242条)。因此,提起上诉,应于上诉状记载上诉理由,并应添具关于上诉理由之必要证据(第244条第2项)[17];如为对简易诉讼事件之判决提起上诉,更应于上诉理由中具体表明该诉讼事件所涉及之原则性法律见解(同条第3项)。

本法采上诉理由强制设计,故上诉人提起上诉时,如未及于上诉状记载上诉理由者,应于提起上诉后20日内,如为判决宣示或公告送达前提起上诉者,则自判决送达后20日内,补提上诉理由书于原高等行政法院(第245条第1项前段、第2项);其未提出者,原高等行政法院毋庸命其补正,即可以其上诉不合法,裁定驳回其上诉(同条第1项后段)。惟此补提上诉理由书之20日法定期间,并非不变期间,故上诉人虽逾期始提出上诉理由书,如原高等行政法院尚未以裁定驳回其上诉者,即不得再以上诉人未提上诉理由书裁定驳回其上诉。但应注意者,对于简易诉讼事件之判决提起上诉,而未于判决理由中具体表明该诉讼事件所涉及之原则性法律见解者,原高等行政法院仍不得径自驳回,而应先定期命补正,逾期不补正者,始得以裁定驳回其对简易程序判决之上诉(第246条第3项)。就此点而言,本法于对通常诉讼程序判决之上诉,如未附理由者,无庸命补正即可径自裁定驳回,而对简易程序判决之上诉未附应许可上诉之理由者,却规定应先命补正,二者显然轻重失衡,并不妥适[18]。

提起上诉非以判决违背法令为理由不得提起(第242条),其以违背法令以外事由作为上诉理由者,应不被准许。其中,所称"违背法令",依本法第243条规定,可分为:

①相对的上诉理由:判决不适用法规或适用不当者(同条第1项)。

②绝对的上诉理由:包括a)判决法院之组织不合法者;b)依法律或裁判应回避之法官参与裁判者;c)行政法院于权限(按即审判权)之有无辨别不当或违

---

[16] 吴庚前揭注1书第244页;翁岳生编前揭注8书第508页以下、第509页注511[彭凤至执笔]参照。

[17] 本项必要证据之添具,并非上诉之必要程序,故如未添具并不影响其上诉之合法性,仅生上诉有无理由之问题(陈计男前揭注3书第640页)。

[18] 对此,"司法院""行政诉讼法部分条文修正草案"已修正第245条、第246条规定,明定对应经终审法院许可始可上诉之判决(包括对简易程序判决上诉之事由符合草案第243条之1之规定者),其上诉未于补提理由法定期间内,提出应许可上诉之理由书者,均毋庸再命补正即可予以裁定驳回其上诉。

背专属管辖之规定者;d)当事人于诉讼未经合法代理或代表者;e)违背言词辩论公开之规定者;f)判决不备理由或理由矛盾者等六款事由(同条第 2 项)。

又台湾诉讼实务为免当事人漫无限制指摘判决违背法令,逦例均课予上诉人有具体指陈违背法令之义务[19]。"民事诉讼法"第 470 条第 2 项更设有应如何于第三审上诉状内记载上诉理由之规定,亦即,该条项规定上诉理由应表明下列各款事项:a)原判决所违背之法令及其具体内容;b)依诉讼资料合于该违背法令之具体事实;c)须经许可上诉之事件,具体叙述"为从事法之续造"、"确保裁判之一致性"或"其他所涉及之法律见解具有原则上重要性"之理由。本法关于高等行政法院之上诉,其上诉理由应如何记载,未有明文,不妨参酌上开规定为之。

附带一提,何谓"诉讼事件所涉及之法律见解有原则上重要性",系指该诉讼事件所涉及之法律问题重大而有加以阐释之必要者而言[20]。例如对于行政命令是否抵触法律所为之判断、就同类事件所表示之法律见解与其他行政法院所表示之见解互相抵触[21]者,属之;纵使系争法律问题仅具有个案之意义,未涉及不特定多数案件,但该法律问题有厘清之必要,例如:有不同见解之学说存在、"最高行政法院"未曾就相关问题表示意见者,亦属具有原则上重要性。此外,"行政诉讼法部分条文修正草案"第 243 条之 1 第 2 项规定,许可上诉事由,限于下列情形:a)诉讼事件所涉及之法律见解具有原则上重要性;b)判决与终审行政法院先前裁判之见解歧异;c)诉讼程序重大瑕疵足以影响裁判之结果。其中,与上开"民事诉讼法"第 470 条第 2 项明定"为从事法之续造"亦列为有原则上重要性之事由,似有排除以"法律之持续发展"为由申请许可上诉[22]。至于草案所称"诉讼程序重大瑕疵足以影响裁判之结果",则指草案规定绝对上诉理由以外涉及宪法上诉权保障基本内涵[23]之重大诉讼程序瑕疵而言,例如阐明义务之违背、显然应调查之证据而未调查等,虽仅涉及个案之法律适用错误,但有助于统一裁判之维护,故亦以之为许可上诉事由之一[24]。

---

〔19〕 吴庚前揭注 1 书第 245 页及同页注 210 参照。

〔20〕 "民事诉讼法"于 2003 年增订第 469 条之 1 时之增订理由说明二,以及最近"司法院""行政诉讼法部分条文修正草案"第 243 条之 1 增订理由三参照。

〔21〕 本法第 235 条修正理由三参照。

〔22〕 "司法院""行政诉讼法部分条文修正草案"第 243 条之 1 增订理曰三谓:判决歧异许可原属于原则性许可下之一类,然本款之重心并非法律之持续发展,而系维护法律之统一适用,故而独立为一款。

〔23〕 例如适时审判请求权、听审、公正程序、公开审判请求权、程序上之平等权等。

〔24〕 "司法院""行政诉讼法部分条文修正草案"第 243 条之 1 增订理由三参照。

二、上诉事件之审理

（一）原审之处置

提起上诉应以上诉状提出于原高等行政法院（第 244 条第 1 项），原高等行政法院收受上诉人之上诉状后，应就其上诉是否合法为"形式上审查"。亦即，除前述关于上诉状未表明上诉理由或逾期未补提上诉理由书（均不包括对简易程序判决上诉之应许可上诉之理由，第 246 条第 3 项参照）者，毋庸命补正即可径自以裁定驳回（第 245 条）外，其余上诉不合法而其情形不能补正者，或其情形可以补正但经定期命补正而未补正者，原高等行政法院均应以裁定驳回之（第 246 条第 1 项、第 2 项）。

原高等行政法院经形式审查后未以裁定驳回者，应速将上诉状送达于被上诉人（第 247 条第 1 项）。被上诉人得于上诉状或上诉理由书送达后 15 日内，提出答辩状于原高等行政法院（同条第 2 项）。原高等行政法院于收到被上诉人之答辩状或其提出答辩状之期限届满，以及各当事人之上诉期间均已届满后，将诉讼卷宗送交于"最高行政法院"（同条第 3 项）。至于送交于"最高行政法院"之卷宗，如为原高等行政法院所需者，应自备缮本、复印件或节本（同条第 4 项）。

又第 247 条第 2 项规定之答辩状与当事人在高等行政法院为准备言词辩论而提出之答辩状（第 120 条第 2 项）不尽相同，其答辩状原则应就上诉状所指摘之上诉理由为之。至于被上诉人依前述第 247 条第 2 项规定之提出答辩状期间，并非法定不变期间，其未提出者，不当然发生不利益之效果；被上诉人于"最高行政法院"未判决前，仍得提出答辩状及其追加书状于"最高行政法院"（第 248 条第 1 项前段）。

（二）上诉审之审查

1.形式要件审查

高等行政法院对于上诉合法性之审查，原则仅为形式审查，因此"最高行政法院"于高等行政法院送交上诉状等诉讼卷宗（移审）后，仍应审查上诉是否具备合法要件。"最高行政法院"审查结果认为上诉不合法者，如其情形可以补正，除已经高等行政法院命其补正而未补正者得不命补正外，审判长应定期间先命补正，如逾期不补正或其情形不能补正者，应以裁定驳回之（第 249 条）。

又案件一旦送交"最高行政法院"而发生诉讼系属后，被上诉人在"最高行政法院"未判决前，得提出答辩状及其追加书状于"最高行政法院"，上诉人亦得提出上诉理由追加书状（第 248 条第 1 项）。当事人如误向原高等行政法院递交书状者，原高等行政法院亦应将书状转送"最高行政法院"。"最高行政法院"

收受当事人书状后,以认为有必要时为限,得将前开书状送达他造(同条第 2 项)。

另外,当事人就简易程序之判决提起上诉者,"最高行政法院"应先依本法第 235 条及第 244 条第 3 项规定,就其申请应否许可,先行审查。如认为申请欠缺一般合法要件者,其申请为不合法;申请如具备一般合法要件,惟上诉事件所涉及之法律见解不具有原则性者,则申请为无理由;此时,均应以裁定驳回其申请。如其申请许可上诉有理由并经以裁定许可者,即再依上开说明审查其上诉之合法性。至于此类事件之其他具体审查流程,已于前述简易诉讼程序说明,此不再赘论。

2.实质要件审查:本案诉讼有无理由之审查

上诉具备合法性后,"最高行政法院"应就上诉是否具备实体要件,亦即上诉有无理由为审查。因"最高行政法院"为法律审,其上诉之实本审查与作为事实审之高等行政法院之审查不同。亦即:

(1)审查之基础

①调查范围应受上诉声明之限制

"最高行政法院"应于上诉声明之范围内进行调查(第 251 条第 1 项),其判决原则上不得逾越此声明之范围,使更有利或不利于上诉人,此即"利益变更禁止或不利益变更禁止原则(Verbot der reformatis in peius)"[25]。另"最高行政法院"之判决,原则上不经言词辩论,为使调查易于进行,诉讼迅速终结,本法亦禁止上诉人变更或扩张其诉之声明(第 250 条),惟缩减上诉之声明,仍得为之;此外,并不许被上诉人提起附带上诉[26]。又"最高行政法院"且应于上诉声明之范围内调查之,但因适用法规乃法院之职权,故"最高行政法院"调查高等行政法院判决有无违背法令,不受上诉理由之拘束[27]。亦即,构成原高等行政法院判决基础之全言词辩论意旨与调查证据之结果而经记载于笔录之事实(例如原高等行政法院于调查证据、准备程序或言词辩论笔录所记载当事人之陈述等事实或其他卷附诉讼数据中之事实)以及高等行政法院确定之事实,如发现高等行政法院判决违背法令者,不问是否曾经上诉指摘,均得于上诉声明之范围内,废弃原判决。

②以高等行政法院判决确定之事实为其判决基础

"最高行政法院"为法律审,故判决应以高等行政法院判决确定之事实为基础(第 254 条第 1 项)。亦即,事实认定为高等行政法院之"事实审之专权","最

---

[25]　陈计男前揭注 3 书第 651 页。

[26]　陈计男前揭注 3 书第 652 页。

[27]　陈计男前揭注 3 书第 652 页;翁岳生编前揭注 8 书第 511 页[彭凤至执笔]。

高行政法院"除应依职权调查之事项[28]外，仅就法律问题为审理而不及事实问题，其原则不自行调查事实证据。因此，当事人在"最高行政法院"不得提出新事实、新证据或变更其事实之主张作为其新攻击或防御方法，且亦不得为诉之追加、变更或提起反诉，以免影响高等行政法院确定之事实。

惟例外于下列事实，"最高行政法院"得斟酌之：

a)以违背诉讼程序之规定为上诉理由时，所举违背之事实，及以违背法令确定事实或遗漏事实为上诉理由时，所举该事实(第 254 条第 2 项)[29]：所称"以违背诉讼程序之规定为上诉理由时，所举违背之事实"，例如，上诉人指摘原审未参与言词辩论之法官，参与判决之作成，有违本法第 188 条第 2 项之规定，或指摘依法应回避之法官参与审判，此等事实，"最高行政法院"自应加以确定。又因所谓"认作主张事实(指当事人未主张之事实，法院认为已主张之事实而言)"，因违反本法职权探知主义之精神，故不属"以违背法令确定事实或遗漏事实为上诉理由时，所举该事实"之范围[30]。另此处所称"违背法令"，即系指违反证据法则(包括举证责任分配法则、经验法则及论理法则)以及解释意思表示之法则等情形。

b)于依职权或依申请行言词辩论情形，于言词辩论所得阐明或补充诉讼关系之资料(第 254 条第 3 项)，"最高行政法院"亦得斟酌之。惟如应注意者，"最高行政法院"因行言词辩论所得补充资料之范围，仍应受上诉声明之拘束(第 253 条第 2 项)。又此一部分，与"最高行政法院"采书面审理原则之问题有关，兹改项论述。

③"最高行政法院"之裁判基准时

"最高行政法院"审查对高等行政法院判决之上诉，系审查其判决有无违背法令。因此，原高等行政法院如以错误裁判基准时点之事实或法律状态为其判决基础者，其判决亦属违背法令，"最高行政法院"自得加以审究。如原高等行政法院作为判决基础之裁判基准时无误，则高等行政法院基于其作为事实审之专权，"最高行政法院"应予尊重；此时，"最高行政法院"原则应以高等行政法院判决所确定之事实为其判决基础，此有如前述。简言之，于"最高行政法院"不行言词辩论自为判决之情形，除"最高行政法院"应依职权调查之事实、例外得

---

[28] 例如，原高等行政法院判决是否对于起诉、诉之变更或追加、反诉不合法之事件(例如原告之诉有第 107 条第 1 项、第 2 项情形)，作成实体裁判，或关于其他诉或上诉是否具备例如当事人适格、诉讼权能或权利保护必要等要件或其诉讼类型有无错误等情形，"最高行政法院"均应依职权调查。

[29] 以下说明引自吴庚前揭注 1 书第 259 页。

[30] 不同见解，陈计男前揭注 3 书第 655 页参照。

加以斟酌之事实外,作为其判决基础之事实,应以高等行政法院判决所确定之事实为其判决基础。纵于高等行政法院判决基准时已存在之事实或证据,而未经当事人于诉讼上主张或经高等行政法院职权调查认定者,原则亦非"最高行政法院"所应审酌。

"最高行政法院"审查高等行政法院判决有无违背法令时,同应以高等行政法院裁判基准时所应适用之法规为其审查依据,然于高等行政法院判决后,"最高行政法院"判决前,如事件所涉及之法律状态有变更者,"最高行政法院"应适用何种法规? 于此一问题,向有旧法基准说(即以高等行政法院裁判基准时点之法律状态定其所应适用法规)与新法基准说(即以"最高行政法院"裁判时之法律状态定其所应适用法规)。于行政诉讼学说上,因高等行政法院裁判基准时向因案件性质、诉讼种类而不同主张,故论者倾向主张原则应以"原高等行政法院所应适用之法规"作为"'最高行政法院'裁判所应适用之法规"。亦即:a)高等行政法院之裁判,依案件之性质,应以裁判前特定时点之事实及法律状况为基础者,"最高行政法院"亦应以该时点之事实及法律状况为基础,审查高等行政法院之判决有无违背法令;b)高等行政法院之裁判,依案件之性质,应以裁判时之事实及法律状况为裁判基准者,"最高行政法院"亦应以原判决确定之事实,及其本身裁判时之法律状况为基础,审查原判决有无违背法令。c)例外于"最高行政法院"行言词辩论自为判决之情形(第 253 条第 1 项但书、第 259 条第 3 款),则以其裁判时之事实或法律状况为其基准时[31]。上开说明,可资赞同。

(2)审查方法:兼论书面审理原则之商榷

"最高行政法院"调查上诉有无理由,采书面审理原则,其判决不经言词辩论为之(第 253 条第 1 项)。由于"最高行政法院"法律审性质,其专在审查法律问题,由高等行政法院之诉讼卷宗内资料及当事人在上诉时提出之上诉状、上诉理由书及答辩状等诉讼数据,通常已足以供"最高行政法院"裁判之用,故为节省劳费,遂明定其判决不经言词辩论为之。惟法律问题亦有复杂难明、见解分歧,或有涉及公益或影响当事人权益重大者,此时,"最高行政法院"为使调查之法律问题臻于明确,如认为有行言词辩论之必要时,亦得依职权或依申请,于判决前行言词辩论[32]。本法规定"最高行政法院"于下列情形,得于上诉声明之范围内,依职权或依申请行言词辩论(第 253 条第 2 项、第 3 项),亦即:①法律关系复杂或法律见解分歧,有以言词辩明之必要者;②涉及专门知识或特殊

〔31〕 陈敏前揭注 2 书第 1555 页以下参照。同旨,翁岳生编前揭注 8 书第 513 页以下〔彭凤至执笔〕参照。

〔32〕 陈计男前揭注 3 书第 652 页。

经验法则，有以言词说明之必要者；③涉及公益或影响当事人权利义务重大，有行言词辩论之必要者。

本法明定"最高行政法院"例外得行言词辩论，其理由系自立法政策上鼓励终审法院多行言词辩论，以避免一再废弃发回重审[33]。因此，"最高法院"如依本条规定行言词辩论者，与不行言词辩论之事件，其效果存有两项差别[34]：①行言词必论所得阐明或补充诉讼关系之资料，"最高行政法院"亦得斟酌之（第254条第3项）；其不行言词辩论者，则应以高等行政法院判决所确定之事实为判决基础（第254条第1项）；但无论何者，均得斟酌第254条第2项规定之事实。②行言词辩论之事件，"最高行政法院"必须自为判决（第259条第3款），而不得废弃发回或发交之判决。

又本法规定"最高行政法院"例外行言词辩论，其性质属任意的言词辩论，无言词审理主义之适用。故当事人虽于言词辩论期日不到场或到场而不为辩论时，法院仍得专据卷宗而为判决；且虽两造迟误期日，亦不生合意停止诉讼程序或撤回诉讼之效果（第185条）[35]。

附带一提，台湾"民事诉讼法"2003年修正时，其第三审上诉审程序，一方面对于凡非以绝对的上诉理由上诉者，均采上诉许可制（第469条之1），一方面采律师强制代理原则（第466条之1、第474条第2项、第3项），但于"最高法院"审理方法上则改采"言词辩论原则"（第474条第1项），其采言词辩论之理由依该法第474条修正理由谓：当事人于所争执之权利义务受审判时，有在法庭上公开辩论之权利，此为人民之基本权利，亦为多数国家立法例所采取。为顺应上述原则，兼以第三审系法律审，就法律问题辩论，更能发挥法律审之功能，并可提升当事人对裁判之信赖，故第三审原则上应行言词辩论。惟如依上诉意旨足认上诉为无理由，或所涉及之法律上争议不具重要性者，为节省劳费，应许第三审法院斟酌实际情形，不经言词辩论而为判决。而在"司法院""行政诉讼法部分条文修正草案"规定之情形，与民事诉讼同，均不区分通常诉讼程序判决与简易诉讼程序判决，凡以相对的上诉理由上诉者，均应经"最高行政法院"之许可（草案第243条之1第1项），对于不应许可之案件应以裁定驳回之，对于应许可之案件，毋庸另为准许之裁定，而直接进入审理程序（草案第249条第3项），他方面亦采律师强制代理原则（草案第241条之1、第241条之2），然却仍

---

[33] "司法院"编印前揭注15书第150页以下参照（引自翁岳生编前揭注8书第512页及注518[彭凤至执笔]）。

[34] 吴庚前揭注1书第258页；翁岳生编前揭注8书第512页[彭凤至执笔]参照。

[35] 陈计男前揭注3书第653页参照。

维持任意的言词辩论设计，是否妥适，似有再检讨必要[36]。对此，上开民事诉讼第三审上诉改采言词辩论原则之理由，或可供行政诉讼应否改采言词辩论之参考。

三、上诉之裁判

"最高行政法院"之裁判，因其上诉是否合法或有无理由，而有下列各种裁判之情形：

（一）裁定驳回上诉或许可上诉之申请

经原高等行政法院初步审查认为合法而送交"最高行政法院"之上诉案件，"最高行政法院"认为其上诉不合法，其情形无法补正，或经定期命补正而未补正，或依法毋庸命补正者，应以裁定驳回其上诉（第249条）。

至于经高等行政法院初步审查合法而送交"最高行政法院"之简易程序判决上诉案件，理论上，"最高行政法院"应先审查其上诉许可申请是否具备程序与实质要件。亦即，审查其申请之合法性（如是否具备一般诉讼要件）与有无理由（即是否具备本法第235条第2项规定之许可要件），其认为申请不合法或无理由者，应以裁定驳回其许可上诉之申请，毋庸进入本案之合法性审查；如其许可上诉之申请有理由者，通说认为应先为许可上诉之裁定后，再进入本案是否合法之审查（包括其上诉状之上诉理由是否记载本法第244条第3项规定之事项）。因此，上诉不应许可而予以裁定驳回者，原简易程序判决该判决生效时确定而非自驳回上诉许可申请之裁定生效时确定（第212条第2项）；如系案件应许可上诉但其上诉不合法而予驳回者，则原判决何时确定仍应视是否另有合法之上诉而定。但实际上，对简易程序判决上诉是否取得"最高行政法院"之"许可"，亦为对该判决上诉之合法要件，故对"上诉许可申请"之程序与实质要件审查，与对"本案之上诉合法性"审查二者，似无严格区别并依序审查之必要，故凡其中一项要件不具备者，"最高行政法院"应即可以"上诉不合法"予以裁定驳回。对此，如前所述，最近"司法院""行政诉讼法部分条文修正草案"之规定，已不在区别对通常诉讼程序判决之上诉与对简易诉讼程序判决之上诉，而一律采上诉许可制，关于上诉应否许可，规定为"本案之上诉合法性"要件，故对于不应许可之上诉案件，应"以裁定驳回其上诉"而非"裁定驳回其上诉许可之申请"[37]，还请留意。

---

〔36〕　同旨，陈计男前揭注3书第652页注18参照。

〔37〕　"行政诉讼法部分条文修正草案"第249条第3项规定：上诉不具第243条之1之要件而不应许可者，终审行政法院应以裁定驳回之。

(二)判决驳回上诉:上诉无理由

"最高行政法院"认为上诉为无理由者,应为驳回之判决(第 255 条第 1 项)。所称上诉无理由除原判决并无违背法令之情事外,包括:a)原判决依其理由虽属不当,而依其他理由认为正当者,应以上诉为无理由(同条第 2 项);b)除违背专属管辖之规定外,"最高行政法院"不得以高等行政法院无管辖权而废弃原判决(第 257 条第 1 项),此时其上诉亦为无理由;c)原判决除有本法第 243 条第 2 项第 1 款至第 5 款之违背法令事由外,原判决虽有其他违背法令之事由(例如同条项第 6 款之判决不备理由或理由矛盾),但如不影响裁判之结果者,"最高行政法院"仍不得废弃原判决(第 258 条),应以上诉无理由予以驳回。

(三)废弃原判决:上诉有理由

"最高行政法院"审查结果,认为原判决确有违背法令,又无维持原判决之法定事由(第 255 条第 2 项、第 257 条第 1 项、第 258 条)时,应以上诉为有理由,将原判决关于该上诉有理由之部分予以废弃(第 256 条第 1 项)。其因违背诉讼程序之规定废弃原判决者,其违背之诉讼程序部分,视为亦经废弃(同条第 2 项)而不存在,该经废弃之原诉讼程序,即不得再作为判决之基础。

"最高行政法院"废弃原判决者,依情形可为自为判决、发回或发交判决或移送判决:

1.原则:自为判决

按本法第 259 条自为判决与第 260 条发回或发交判决其规定之顺序,于研修过程中究应先规定发回或发交判决后规定自为判决,抑或先设自为判决后规定发回或发交判决,于研修过程曾有讨论[38]。最后认为"人民上诉之目的,非仅欲废弃原判决,并就该事件为正当之判决"[39],故乃借由条文规定先后顺序,宣示"最高行政法院"废弃原判决后,原则应先自为判决,例外情形始将该事件发回重审,以改正传统原则发回重审例外始自为判决之作法[40]。

据此,经废弃原判决而有下列各款情形之一者,"最高行政法院"应就该事件自为判决(第 259 条),不得发回原高等行政法院更行审理。亦即:a)因基于

---

[38] 讨论过程请可参照"司法院"编印前揭注 15 书第 160 页以下;翁岳生编前揭注 8 书第 514 页以下[彭凤至执笔]。

[39] 本法第 259 条立法理由二参照。

[40] 2003 年修正"民事诉讼法"时,其"最高法院"废弃原判决时,原则亦采自为判决例外始发回重审之设计,亦即依该法第 474 条修正理由说明一谓:原条文第 1 项之规定,极易被误解为第三审法院废弃原判决时,即应将事件发回或发交原法院或其他同级法院。实则统一法律见解及对于具体个案为法律上救济,为迅速达成此项功能及目的,第三审法院废弃原判决时,原则上应自为判决。

确定之事实或依法得斟酌之事实,不适用法规或适用不当废弃原判决,而事件已可依该事实为裁判者。b)因事件不属行政法院之权限(无审判权),而废弃原判决者。c)依第 253 条第 1 项行言词辩论者。

此外,本法虽未明定应自为判决,但解释上应自为判决者:a)原判决就诉不合法之事件(第 107 条)误为实体裁判者:例如原告之诉虽有当事人能力有欠缺、当事人不适格或欠缺诉讼权能或欠缺其他权利保护必要要件情形,而原判决仍为实体裁判者,属之。b)原判决未本于当事人之舍弃或认诺为裁判(第 202 条)者。c)其他无发回或发交使重为调查或辩论必要者:例如,原判决有诉外裁判(第 218 条准用"民事诉讼法"第 388 条)、认定事实违背经验法则或论理法则(第 189 条第 1 项)而"最高行政法院"得自行确定事实以为判断等情形,属之。

2.发回或发交判决

"最高行政法院"审查结果,如认为原判决违背法令,惟案件事证未臻明确,而重为调查辩论必要者,应将该事件发回原高等行政法院或发交其他高等行政法院(第 260 条第 1 项)[41]。此时,"最高行政法院"于发回或发交判决,就高等行政法院应调查之事实,应详予指示(同条第 2 项),避免往复更审,徒增讼累;而受发回或发交之高等行政法院,应以"最高行政法院"所为废弃理由之法律上判断为其判决基础(同条第 3 项),亦即须受"最高行政法院"所为发回或发交判决之拘束,不许更持相异之见解,已收统一法令见解之效果。"最高行政法院"为发回或发交判决后,应速将判决正本附入卷宗,送交受发回或发交之高等行政法院(第 261 条)。

上开"最高行政法院"发回或发交判决,因多未直接就本案当事人起诉争执之实体法律关系为判断,具有诉讼判决性质[42]。且此一"最高行政法院"发回或发交判决对高等行政法院之拘束力,性质亦颇为特殊,因发回或发交判决仍为终局判决,故其性质非中间判决之拘束力,又因发回或发交判决拘束高等行政法院者,为废弃判决理由之法律上判断,此亦与终局判决之既判力有间[43]。本书以为应类似本法第 216 条规定之行政法院确定终局判决对当事人机关及各关系机关之拘束力。至于"最高行政法院"发回或发交判决之拘束力范围如何,论者下列说明,可资参照。亦即[44]:a)受拘束之案件只限于该受废弃之个案,同类案件则不受其拘束。b)受拘束之法院不以受发回或发交之法院,亦包

---

[41]　惟应注意者,如事证明确但因涉及公益或影响当事人权利义务重大,而有重开辩论以保障当事人之程序主体权之必要者,"最高行政法院"仍宜依本法第 253 条第 1 项但书第 3 款规定行言词辩论即可,应无发回或发交重审之必要。

[42]　陈计男前揭注 3 书第 657 页。

[43]　吴庚前揭注 1 书第 261 页以下参照。

[44]　吴庚前揭注 1 书第 261 页以下参照。

括"最高行政法院"本身在内，从而更审后第二次上诉于"最高行政法院"时，该院即应以前次废弃之理由作为审查事实审行政法院是否确实遵守之基准，不得借口各庭独立审判而造成歧异，此为自我拘束原则。c）但例外于下列情形，受发回或发交之法院及"最高行政法院"可不受拘束：如废弃发回或发交后，法律或事实状态变更，诸如法规已修改或废止，解释、判例已变更，或"最高行政法院"所持见解已与其全院会议决议相反者，均属之。

3．移送判决

"最高行政法院"因高等行政法院无专属管辖而废弃原判决者，应以判决将该事件移送于管辖之高等行政法院（第257条第1项但书、第257条第2项）。

四、上诉程序停止与终结

除有本法第177条规定之诉讼程序停止事由（第185条之拟制合意停止于上诉审程序尚无法适用）外，"最高行政法院"就其受理事件，对所适用之法律，确信有抵触宪法之疑义时，得以裁定停止诉讼程序，申请大法官解释（第252条）。

上诉程序，除因裁判而终结外，亦可因撤回上诉而终结。亦即，上诉人于终局判决宣示或公告前，得将上诉撤回（第262条第1项）；撤回上诉者，丧失其上诉权（同条第2项）；上诉之撤回，应以书状为之，但在言词辩论时，得以言词为之（同条第3项）；于言词辩论时所为上诉之撤回，应记载于言词辩论笔录，如他造不在场，应将笔录送达（同条第4项）。此外，上诉程序亦可因诉讼上和解（第263条准用第219条）而终结。

第二节　抗告程序

抗告（Beschwerde），系指当事人或诉讼关系人（如辅助参加人、证人、鉴定人等）对于行政法院或审判长所为未确定裁定不服，向上级行政法院请求废弃或变更该裁定之行为。抗告与上诉制度，同为对行政法院裁判声明不服之方法；惟抗告系针对行政法院之裁定为之，主要系对程序上事项不服，所设之简易救济程序。因此，虽判决前之裁判，牵涉该判决者，得随同上诉并受上级审行政法院审判，但如该事项已经抗告程序声明不服者，即不再受上级审行政法院之审判（第239条），因此，抗告制度亦具有防止上级审之审理复杂化之作用。本法因仅二级二审，且明定抗告以"最高行政法院"为抗告法院（第267条），故仅有抗告制度，而未有如"民事诉讼法"有再抗告（同法第486条）之设计；此外，对适用简易程序之裁定,本法明定须经"最高行政法院"之许可(第235条);其余情形,本法抗告制度之设计,几与"民事诉讼法"之规定相同。

　　抗告,系对于"行政法院"或"审判长"所为之裁定,向上级行政法院声明不服之方法;至于受命法官或受托法官因通常仅能行使受诉行政法院所委托之权限与职务,故对受命法官或受托法官所为裁定,不得抗告(第266条第1项前段),但其裁定如系受诉行政法院所为而依法得为抗告者,得向受诉行政法院提出"异议"(同条第1项但书),并准用对于行政法院同种裁定抗告之规定(同条第2项),故异议又称"准抗告"。对受诉行政法院就异议所为之裁定,得依抗告程序向"最高行政法院"抗告(同条第3项)。对于依第四编抗告程序之规定,应为抗告而误为异议者,视为已提起抗告;应提出异议而误为抗告者,视为已提出异议(第272条)。又"最高行政法院"所为裁定不得抗告。系属于"最高行政法院"之事件,受命法官、受托法官所为之裁定,依第266条第1项规定,原不得异议,故同条第4项特别规定得向受诉行政法院即"最高行政法院"提出异议;其不得上诉"最高行政法院"之事件,高等行政法院受命法官、受托法官所为之裁定,亦同(同条第4项)。最后,对于受命法官或受托法官所为牵涉判决之裁定,其不能异议者,如法律上别有不得声明不服之限制,解释上得随同判决,于上诉审程序中,并受"最高行政法院"之审判(第239条)。

　　附带一提,本法关于抗告程序,除自为规定外,本法系准用"民事诉讼法"第489条至第492条及第494条之规定。惟于2003年修正"民事诉讼法"时上开本法准用条文俱修正,尤其将原第489条之规定[45]予以删除,改采抗告原则不得提出新事实及证据之设计,而原第494条规定抗告法院裁定后之处置,亦因该法已增订抗告程序分别准用第二审及第三审上诉程序(第495条之1),而予以删除。其中,依"中央法规标准法"第17条规定,本法固可准用修正后"民事诉讼法"条文,但本法抗告程序应如何准用前已经删除之"民事诉讼法"条文,则发生疑义。对于上开问题,"司法院""行政诉讼法部分条文修正草案"于修正第272条规定时,除疏未注意上开删除条文,而仍加以准用外,并准用"民事诉讼法"第495条之1第1项规定关于抗告程序准用第二审上诉程序之规定。因此,于本法配合修正前,本书以为,前开现行"民事诉讼法"删除第489条改采关于采抗告原则不得提出新事实及证据之设计,本法不妨准用。至于"民事诉讼法"删除旧法第490条第2项规定部分,则可依前开"司法院"草案准用"民事诉讼法"第495条之1准用同法第442条规定处理,或依"民事诉讼法"第495条第2项再抗告准用第三审程序之精神,直接类推本法关于上诉审程序之规定处理。

---

〔45〕　本条规定:抗告,得提出新事实及证据。

最后于"民事诉讼法"删除旧法第494条关于抗告法院裁定后之处置之规定,本法亦可如"司法院"草案准用新"民事诉讼法"第495条之1第1项再准用同法第462条规定,"最高行政法院"对抗告事件为裁定后,应速将裁定正本附入卷宗,送交原高等行政法院。

二、抗告之提起

提起抗告,应具备下列要件,始为合法:

(一)抗告权人

抗告须由有抗告权人提起,其范围较诸上诉权人为广,凡受裁定而受有不利益之当事人或其他诉讼关系人,皆属有抗告权之人,如非受裁定之人,即不得提起抗告。所称其他利害关系人,例如证人、鉴定人或有提出文书义务之第三人属之。提起抗告之人,称抗告人,其与抗告人利害关系相反之关系人,称相对人,惟如抗告事件欠缺利害关系相反之相对人者,亦非少见。

抗告人丧失其抗告权者,其抗告不合法。例如,抗告人舍弃抗告或撤回抗告(第270条准用第240条与第262条),其抗告不合法。提起抗告应于裁定送达后10日之不变期间内为之(第268条前段),逾此法定抗告期间,其抗告不合法。惟送达前之抗告,亦有效力(第268条但书)。

(二)抗告对象

除别有不许抗告之规定外,对于裁定得为抗告(第264条)。因"最高行政法院"之裁定为终审裁定,无对之提起抗告之余地,故本条规定能提起抗告之裁定,限于高等行政法院之裁定。又高等行政法院之裁定,其用以终结诉讼者(终结诉讼之裁定),为终结诉讼之裁定,亦有在诉讼进行程序中,用以指挥诉讼或为终局裁判作准备或其他于诉讼终结前所为者(诉讼程序中之裁定),亦有如申请更正裁判之裁定等于诉讼终结后所为者(诉讼终结后之裁定)。其中,如为"诉讼程序中之裁定",通常情形,当事人如有不服,得随同上诉受上诉审法院之审判,以免延滞诉讼程序之进行,故除别有规定外,对此类裁定不得抗告(第265条)。至于本法明定得为抗告之裁定,不问是否为诉讼程序中之裁定,均得抗告[46]。

---

[46] 例如,驳回申请回避之裁定(第20条准用"民事诉讼法"第36条)、申请驳回参加之裁定(第48条准用"民事诉讼法"第60条第2项)、命负担诉讼费用之裁定(第104条准用"民事诉讼法"第89条第3项)、关于声明承受诉讼或依职权命续行诉讼之裁定(第186条、第179条)、停止诉讼程序之裁定及关于撤销停止之裁定(第186条、第187条)、科处证人或鉴定人罚锾之裁定(第143条第4项、第148条第2项、第153条、第156条)、拒绝证言或拒绝鉴定之当否之裁定(第176条准用"民事诉讼法"第310条第2项、第156条)、以拒却鉴定人

此外,对于受命法官或受托法官所为之裁定,亦不得抗告(第 266 条前段),其情形已如前述,兹不赘论。

(三)抗告程序

提起抗告,应向为裁定之原高等行政法院或原审判长所属高等行政法院提出抗告状为之(第 269 条第 1 项),其径向"最高行政法院"提出抗告者,亦为有效;但高等行政法院适用简易诉讼程序之事件或关于诉讼救助提起抗告,及由证人、鉴定人或执有证物之第三人提起抗告者,得以言词为之(同条第 2 项)。至于抗告状之格式、应如何记载,本法未有明文,解释上可适用第 57 条当事人书状之规定,惟应表明抗告人及其所不服之裁定为何,又如系对简易程序裁定提起抗告,并宜表明其具备第 235 条第 2 项应许可抗告事由之理由(第 235 条第 2 项)。

三、抗告之裁判

对于抗告事件之裁判,依第 272 条规定系准用"民事诉讼法"第 490 条、第 492 条规定,可分别就"原法院或审判长"以及"抗告法院"说明如下:

(一)原法院或审判长之裁判与处置

抗告权人以抗告状向原高等行政法院或审判长所属高等行政法院提出抗告后,原高等行政法院或审判长应如何处理,本法第 272 条准用"民事诉讼法"第 490 条,惟未准用同法第 495 条之 1。因此,自 2003 年"民事诉讼法"修正删除旧法第 490 条第 2 项规定后,原法院或审判长应如何处理遂生疑义。对此,如依"司法院""行政诉讼法部分条文修正草案"第 272 条修正条文,其增列准用"民事诉讼法"第 495 条之 1 第 1 项关于同法"第二审上诉程序"之规定,即准用同法第 442 条规定处理。因此,对此一问题,理论上虽非不得仿"民事诉讼法"第 495 条之 1 第 2 项规定再抗告准用"第三审上诉程序"之精神,直接类推本法关于上诉审程序之规定处理,惟本书限于篇幅,仍以"司法院"草案之规定加以说明,还请留意。

原法院或审判长就抗告事件,应先为"形式审查"与"实质审查":

之声明为不当之裁定(第 176 条准用"民事诉讼法"第 333 条)、因第三人不提出文书或勘验之标的物而处罚锾及命强制处分之裁定(第 169 条第 3 项、172 条第 2 项、第 173 条、第 174 条)、关于证人与鉴定人或提出文书、对象、勘验标的物之第三人请求费用之裁定(第 155 条第 2 项、第 156 条、第 170 条、第 173 条、第 174 条)、关于假扣押或假处分申请之裁定(第 297 条准用"民事诉讼法"第 528 条第 2 项、第 302 条准用"民事诉讼法"第 533 条)。以上引自陈计男前揭注 3 书第 668 页以下。

（1）形式审查：抗告已逾抗告期间，或系对不得抗告之裁定而提起抗告者，原法院或审判长应以抗告不合法予以裁定驳回；抗告不合程序或有其他不合法之情形而可以补正者，原法院或审判长应先定期命补正，逾期不补正者，应以裁定驳回；但抗告未具抗告理由者，仍应移送"最高行政法院"处理（类推适用"民事诉讼法"第495条之1第1项再准用同法第442条）。对于原法院或审判长以抗告不合法所为驳回之裁定，抗告人得以抗告无不合法事由提起抗告，此时，原法院或审判长不得更执相同理由将该抗告驳回，否则抗告法院（"最高行政法院"）应将原法院或审判长所为第二次驳回抗告之裁定废弃，就抗告人第一次提起之抗告为裁定[47]。

（2）实质审查：原法院或审判长认为抗告合法且有理由者，应撤销或变更原裁定（第272条准用"民事诉讼法"第490条第1项），此即原法院或审判长之自为裁定。

（二）抗告法院之审查与裁判

原法院或审判长未以抗告不合法而驳回抗告，亦未自为裁定者，应速将抗告事件送交抗告法院，如认为必要时，应送交诉讼卷宗，并得添具意见书（第272条准用"民事诉讼法"第490条第2项）。此时，抗告即应由"最高行政法院"裁定（第267条）。

"最高行政法院"审理抗告事件，应先审查抗告之合法性，其认为抗告不合法者但其情形可以补正者，应先定期命补正；但如已经原法院或审判长定期命补正而未补正者，得不命补正。"最高行政法院"审查结果，如认为抗告不合法且不能补正或命补正而未补正或毋庸命补正者，应以裁定驳回之（类推"民事诉讼法"第495条之1第1项准用同法第444条）。抗告未具抗告理由者，"最高行政法院"得定期命补正，其未补正者，裁定驳回其抗告；必要时得将抗告理由书送达相对人，并得定期命相对人提出答辩状及命抗告人就答辩状提出书面意见类推"民事诉讼法"第495条之1第1项准用同法第444条之1）。

"最高行政法院"认为抗告合法者，应即就抗告有无理由为审查。审查结果，认为抗告无理由者，应以裁定驳回（类推"民事诉讼法"第495条之1第1项准用同法第449条）。其认为抗告有理由者，应废弃或变更原裁定；非有必要，不得命原法院或审判长更为裁定（第272条准用"民事诉讼法"第492条）。

另关于简易程序裁定之抗告，已于前述，此不再论。

---

[47] 1941年3月31日"最高法院"民刑庭总会决议（一）参照。

四、抗告之效力

抗告具备合法要件者,原则上与上诉相同,均发生移审及阻断裁定确定之效力。但仍有不同之处,亦即[48]:(1)关于移审效力:原法院或原审判长认为抗告有理由,而自为裁定时,不必将抗告事件移审于抗告法院。(2)关于阻断裁定确定之效力:抗告所发生阻断裁定确定之效力,原则上并不能使原裁定停止执行(第272条准用"民事诉讼法"第491条第1项)。但于例外情形,仍许原法院或审判长、或抗告法院于抗告事件裁定前,以裁定停止执行或为其他必要处分;对此一裁定,不得抗告(第272条准用"民事诉讼法"第491条第2项及第3项)。

五、抗告程序之终结

抗告程序除因裁定而终结者外,亦因抗告人撤回抗告而终结(第270条准用第262条)。抗告法院为裁定后或抗告程序非因裁定而终结后,应速将裁定正本附入卷宗,送交原高等行政法院或审判长所属高等行政法院。

---

[48] 翁岳生编前揭注8书第520页以下[彭凤至执笔]。

第六章　行政诉讼之再审及重新审理程序

第一节　行政诉讼之再审

再审(WiederaufnahmeKlage),系确定终局判决之当事人或其继受人,因该判决之诉讼程序或判决基础有重大瑕疵,请求废弃原确定判决,再开始诉讼程序重新审理之制度。再审为非常之救济程序,与一般审级救济程序不同,无移审及阻断原判决确定力之效力;且再审因系对确定终局判决之特别救济程序,基于法安定性及信赖保护原则之要求,再审之诉之判决,对于第三人因信赖确定终局判决以善意取得之权利无影响;但显于公益有重大妨害者,不在此限(第282条)。又对于已确定之裁定,如有与确定判决相同之再审事由时,亦得准用再审规定申请再审,此即准再审(第283条)

一、再审之诉之提起

再审之诉,应由原确定终局判决之当事人或为该判决既判力所及之人(当事人之继受人)提起,为再审原告,以该判决之他造当事人或其继受人为再审被告[1]。再审之诉,应于30日不变期间内提起;再审期间之计算,自判决确定时起算,但再审之理由知悉在后者,自知悉时起算(第276条第1项、第2项)。依第273条第2项以确定终局判决所适用之法律或命令经申请大法官解释为抵触宪法者,再审期间自解释公布当日起算(同条第3项、释字第177号解释及第188号解释参照)。再审之诉自判决确定时起,如已逾5年者,不得提起;但以第273条第1项第5款、第6款及第12款情形为再审之理由者,不在此限。又对

---

[1]　依本法第281条规定,除本法再审程序别有规定外,再审之诉讼程序准用关于各该审级诉讼程序之规定。据此,依本法第281条准用第113条、第114条、第262条规定,再审权人于再审之诉终局判决前,得撤回再审之诉;再审权人撤回再审之诉者,丧失其再审权。

于再审确定判决不服,复提起再审之诉者,其最长 5 年再审期间,自原判决确定时起算;但再审之诉有理由者,自该再审判决确定时起算(同条第 5 项)。

再审之诉专属为判决之原行政法院管辖(第 275 条第 1 项);对于审级不同知行政法院就同一事件所为之判决提起再审之诉者,由"最高行政法院"合并管辖之(同条第 2 项);但对于"最高行政法院"之判决,本于第 273 条第 1 项第 9 款至第 14 款事由声明不服者,虽有前二项之情形,仍专属原高等行政法院管辖(同条第 3 项),惟此一情形,于"最高行政法院"行言词辩论自为判决时,解释上似不宜认为仍有本项规定之适用,而应由"最高行政法院"管辖。

提起再审之诉,应以诉状表明下列各款事项,并添具确定终局判决缮本,提出于管辖行政法院为之:(1)当事人;(2)声明不服之判决及提起再审之诉之陈述;(3)应于如何程度废弃原判决及就本案如何判决之声明;(4)再审理由及关于再审理由并遵守不变期间之证据(第 277 条第 1 项)。再审诉状内,宜记载准备本案言词辩论之事项(同条第 2 项),以便再审之诉有理由时,即可开始本案之审理程序事宜,但如向"最高行政法院"提起再审之诉者,因不行言词辩论,可不必记载。

二、再审事由

提起再审之诉,须有再审事由始得对确定终局判决提起再审之诉;但当事人已依上诉主张其事由或知其事由而不为主张者,仍不得提起(第 273 条第 1 项)。

再审事由,包括下列各项(第 273 条第 1 项):(1)适用法规显有错误者(第 1 款);(2)判决理由与主文显有矛盾者(第 2 款);(3)判决法院之组织不合法者(第 3 款);(4)依法律或裁判应回避之法官参与裁判者(第 4 款);(5)当事人于诉讼未经合法代理或代表者(第 5 款);(6)当事人知他造之住居所,指为所在不明而与涉讼者,但他造已承认其诉讼程序者,不在此限(第 6 款);(7)参与裁判之法官关于该诉讼违背职务,犯刑事上之罪者(第 7 款);(8)当事人之代理人、代表人、管理人或他造或其代理人、代表人、管理人关于该诉讼有刑事上应罚之行为,影响于判决者(第 8 款);(9)为判决基础之证物系伪造或变造者(第 9 款);(10)证人、鉴定人或通译就为判决基础之证言、鉴定或通译为虚伪陈述者(第 10 款);(11)为判决基础之民事或刑事判决及其他裁判或行政处分,依其后之确定裁判或行政处分已变更者(第 11 款);(12)当事人发现就同一诉讼标的在前已有确定判决或和解或得使用该判决或和解者(第 12 款);(13)当事人发见未经斟酌之证物或得使用该证物者,但以如经斟酌可受较有利益之裁判者为限(第 13 款);(14)原判决就足以影响于判决之重要证物漏未斟酌者(第 14

款）。其中，以第 273 条第 1 项第 7 款至第 10 款事由提起再审之诉者，以宣告有罪之判决已确定，或其刑事诉讼不能开始或续行非因证据不足者为限，始得提起（第 273 条第 3 项）。

又为确定终局判决基础之裁判，如有第 273 条所定之再审事由者，亦得据以对于该确定终局判决提起再审之诉（第 274 条）。惟所称"为判决基础之裁判"，应限于"同级或下级审之裁判"，应不包括上级审之裁判，否则将发生由下级审法院审查上级审法院之不合理现象[2]。

三、再审之诉之审理及裁判

管辖行政法院受理再审之诉后，应就其再审是否合法与有无理由分三阶段审查。亦即：

（1）应先审查再审之诉是否合法，认为不合法者，应以裁定驳回之（第 278 条第 1 项）。如再审之诉欠缺一般诉讼要件，或其再审之诉欠缺再审事由，或已依上诉主张其事由或知其事由而不为主张，或有欠缺其他申请再审要件者，其再审之诉不合法。

（2）再审之诉合法者，其次应就再审之诉有无理由为审查。如并无再审原告所主张第 273 条、第 274 条规定之再审事由存在者，其再审之诉为无理由；如确有再审事由之存在者，其再审之诉为有理由。再审之诉显无再审理由者，得不经言词辩论，以判决驳回之（第 278 条第 2 项）。

（3）再审之诉有再审理由者，应即开始本案之审理。所谓本案，指据以再审之前诉讼程序诉讼事件。本案之审理及诉讼程序，除别有规定外，准用关于各该审级诉讼程序之规定（第 281 条）；且本案之辩论及裁判，以声明不服之部分为限（第 279 条）。此时，本案审理结果，行政法院认为原判决正当者，应以判决驳回其再审之诉（第 280 条第 1 项），而非再对本案为驳回之判决。

本案审理结果，如认原判决不当者，则应将原判决经再审声明不服之部分予以废弃改判，亦即自行另对本案作成新判决，或为发回或发交之判决。惟此一判决，对于第三人因信赖确定终局判决以善意取得之权利无影响，但显于公益有重大妨者，不在此限（第 282 条）。

四、准再审

确定终局裁定，有本法第 273 条之再审事由者，得准用再审之诉之规定，申请再审（第 283 条），此为准再审。

---

〔2〕 吴庚：《行政争讼法论》（修订第 3 版），自刊，2005 年 5 月，第 269 页以下参照。

第二节　行政诉讼之重新审理

重新审理为本法仿日本第三人再审之诉而来,所称"重新审理",系指权利因撤销或变更原处分或决定之判决而受有损害之第三人,因有非可归责于己之事由而未参加诉讼,致不能提出足以影响判决结果之攻击或防御方法者,对于该确定终局判决请求予以废弃,重新审理之救济程序。

再审程序与重新审理,虽均以废弃原确定判决为目的,伹二者仍有不同,即[3]:(1)申请人不同:再审之申请人为原判决之原告或被告;重新审理则以权利因原确定判决而受有损害之第三人为申请人。(2)申请事由不同:再审事由规定于本法第 273 条,申请重新审理之事由,则以申请人因无可归责于己之事由而未参加诉讼之第三人,原则上限于因有不可归责于己之事由而未能取得本法第 41 条、第 42 条参加人地位之人。(3)当事人地位变换不同:再审之诉有理由者,申请人即为再审之原告,他造则为再审之被告;申请重新审理有理由者,申请人成为原诉讼程序之参加人(第 290 条第 2 项)。(4)回复原诉讼程序之处置不同:再审之诉有理由者,应即径行开始本案之审理程序;申请重新审理有理由者,应先以裁定命为重新审理(第 288 条前段)。(5)提起申诮之审级不同:再审之诉不论确定终局判决系事实审抑或法律审行政法院所为,均得对之提出再审申请;申请重新审理,原则仅能对事实审行政法院所为确定终局判决为之。

一、重新审理之申请

申请重新审理,应向管辖行政法院提起。重新审理之管辖行政法院,准用关于再审之管辖行政法院之规定(第 285 条)。

申请重新审理,应于知悉确定判决之日起 30 日之不变期间内为之;但自判决确定之日起已逾 1 年者,不得申请(第 284 条第 2 项)。申请重新审理,应以申请状表明下列各款事项,提出于管辖行政法院为之:(1)申请人及原诉讼之两造当事人;(2)申请重新审理之事件,及申请重新审理之陈述;(3)就本案应为如何判决之声明;(4)申请理由及关于申请理由并遵守不变期间之证据(第 286 条第 1 项)。又申请状内,宜记载准备本案言词辩论之事项(同条第 2 项)。

申请人于法院就重新审理为裁判前,得以书状或言词撤回其申请;撤回申

---

　〔3〕　吴庚前揭注 2 书第 273 页以下;陈计男:《行政诉讼法释论》,自刊,2000 年,第 714 页以下参照。

请者，丧失其申请权（第 289 条）。

二、重新审理申请之审理及裁判

申请重新审理不合法者，行政法院应以裁定驳回之（第 287 条）。申请合法但无申请重新审理之理由者，其申请无理由，应以裁定驳回之（第 288 条后段）；认为重新审理之申请有理由者，行政法院应以裁定命为重新审理（同条前段）。对于上开法院之裁定，得提出抗告。开始重新审理之裁定确定后，应即回复原诉讼程序，依其审级更为本案之审判（第 290 条第 1 项），因此，原确定终局判决并不因开始重新审理之裁定而失其效力，故申请重新审理无停止原确定判决执行之效力，但行政法院认为有必要时，得命停止执行（第 291 条）。又申请人于回复原诉讼程序后，当然参加诉讼（同条第 2 项）。

因重新审理而更为本案之审判后，如认为原判决无不当者，应判决驳回重新审理之诉，不得更为相同之本案判决。如其申请为有理由者且原判决亦属不当者，则废弃原判决，另以新判决代替；此时，对于第三人因信赖原判决而善意取得之权利不生影响（第 292 条准用第 282 条）。

第七章 行政诉讼裁判之强制执行

理论上,形成判决与确认判决,因自判决确定时,以有执行力(广义之执行力),不发生是否应再以判决作为执行名义对败诉当事人为强制执行之问题。台湾旧"行政诉讼法"之诉讼种类,仅有撤销诉讼一种,且行政诉讼采无偿主义,并无收取裁判费之问题,故当时并不发生强制执行之问题。惟自本法生效施行后,因诉讼种类扩大,行政法院已有为给付判决或发生其他可为强制执行名义者,自宜对有关强制执行问题有所因应设计。因此,本法遂于第八编规定行政诉讼裁判之强制执行,以资因应。

一、执行名义

依法律规定得以之为依据而实施强制执行者,为执行名义。本法第305条第1项、第4项规定,得据以向高等行政法院申请强制执行之执行名义如下:(1)行政法院之确定给付判决;(2)依本法成立之和解;(3)依本法所为裁定得为强制执行者:如科处罚锾之裁定、假扣押或假处分之裁定。

至于本法第304条虽规定:撤销判决确定者,关系机关应即为实验判决内容之必要处置。但本条规定尚非执行名义之规定,仅系重申本法行政法院判决对行政机关之拘束力(第216条)。

二、执行程序

高等行政法院为办理强制执行事务,得设执行处,或嘱托普通法院民事执行处或行政机关代为执行(第306条第1项)。其未设执行处者,仍应指定法官办理强制执行事务。持有本法规定执行名义之债权人申请强制执行,应向高等行政法院为之(第305条第1项),有关申请程序,本法并未规定,解释上得适用第57条关于当事人书状之规定。高等行政法院收受强制执行申请状后,应先作形式审查,其不合规定者应命补正或予以驳回(第306条第2项准用"强制执行法"第 30 条之 1）。

强制执行申请合法者，高等行政法院应先定相当期间通知债务人履行，逾期不履行者，始开始强制执行（第 305 条第 1 项）。债务人为中央或地方机关或其他公法人者，并应通知其上级机关督促其如期履行（同条第 2 项）。

强制执行之执行程序，本法因其执行机关之不同，而有不同设计。亦即，执行机关为高等行政法院或嘱托普通法院民事执行处代为执行者，其执行程序准用"强制执行法"之规定；其嘱托行政机关代为执行者，其执行程序准用"行政执行法"之规定（第 306 条第 2 项）。

三、强制执行之救济

本法对于强制执行事件之救济，设有三种不同救济途径：(1) 债务人异议：债务人对执行名义有异议者，不问系高等行政法院自为执行抑或嘱托普通法院或行政机关代为执行，均由高等行政法院裁定之（第 306 条第 3 项）。(2) 债务人异议之诉：由高等行政法院受理（第 307 条前段）。(3) 其余有关强制执行之诉讼：例如第三人异议之诉、参与分配之诉、分配表异议之诉等，因均系就执行标的物或执行债权之归属所生争执，性质上原则属私权之争议，故规定由普通法院受理（第 307 条后段）。

后　记

应应松年教授之邀，我们参与"中国大陆、台湾、香港、澳门行政诉讼：制度、立法与案例"丛书的写作方案，负责撰写关于台湾地区行政诉讼部分之介绍。

依原写作方案规划，除介绍台湾地区行政诉讼制度及立法外，并应选编具有代表性之案例，加以分析介绍；且本书章节架构，原写作方案要求须分为三大部分，第一编为台湾行政诉讼制度概况，第二编为台湾相关行政诉讼之法律规范，第三编为台湾行政诉讼之经典案例选编。

惟因台湾"行政诉讼法"规模庞大，且台湾行政法院自新法实施至今，已累积相当案例，以原计划写作规模约为 25 万字计，如纳入"行政诉讼法"条文（约 3 万字）与选编相关经典案例案例，实难对现行台湾行政诉讼制度作一较完整介绍。且就本书写作过程而言，故自写作开始，撰写规模即逐渐扩大，至完成第一编行政诉讼制度概况初稿为止，规模甚至已达约 70 万字，其后虽一再精简，仍远超过预计之 25 万字规模。因此，本书乃舍弃纳入第二编相关行政诉讼之法律规范，同时将第三编经典案例部分，尽予纳入第一编制度概况介绍中一并说明。

本书章节架构分成为七章，包括第一章台湾行政诉讼制度之历史沿革与现况、第二章行政诉讼事件、第三章行政诉讼之主体、第四章行政诉讼之第一审程序、第五章行政诉讼之上级审程序、第六章行政诉讼之再审及重新审理程序，以及第七章行政诉讼裁判之强制执行。因此，本书章节架构完整，基本上已就台湾行政诉讼制度作一较为完整介绍，不仅介绍现行"行政诉讼法"规定之内容，就相关学说、实务裁判介绍亦尽予搜罗整理纳入。此外，关于最近"司法院"三次修正公布之"行政诉讼法部分条文修正草案"之内容，亦多已纳入说明；甚至于本法准用"民事诉讼法"规定之部分，更已配合最新"民事诉讼法"之修正，以修正后新"民事诉讼法"之内容为本书论述基础,就此一部分而言,台湾市售行政诉讼法相关书籍,几乎未曾配合改正,故本书可能系台湾市售书籍中内容最新者。

刘宗德　赖恒盈

2010 年 6 月

图书在版编目（CIP）数据

台湾地区行政诉讼：制度、立法与案例／刘宗德，赖恒盈著．—杭州：浙江大学出版社，2011.5

（中国大陆、台湾、香港、澳门行政诉讼：制度、立法与案例丛书／应松年主编）

ISBN 978-7-308-08038-5

Ⅰ.①台… Ⅱ.①刘… ②赖… Ⅲ.①行政诉讼－研究－台湾 Ⅳ.①D927.558.304

中国版本图书馆 CIP 数据核字（2010）第 199515 号

台湾地区行政诉讼：制度、立法与案例

刘宗德　赖恒盈　著

策　　划	袁亚春
责任编辑	田　华
封面设计	雷建军
出版发行	浙江大学出版社
	（杭州天目山路 148 号　邮政编码 310007）
	（网址：http://www.zjupress.com）
排　　版	杭州中大图文设计有限公司
印　　刷	杭州日报报业集团盛元印务有限公司
开　　本	710mm×1000mm　1/16
印　　张	30.75
字　　数	686 千
版 印 次	2011 年 5 月第 1 版　2011 年 5 月第 1 次印刷
书　　号	ISBN 978-7-308-08038-5
定　　价	78.00 元